Volker Sellin
Gewalt und Legitimität

I0081829

Volker Sellin

Gewalt und Legitimität

Die europäische Monarchie
im Zeitalter der Revolutionen

Oldenbourg Verlag München 2011

Bibliografische Information der Deutschen Nationalbibliothek

Die Deutsche Nationalbibliothek verzeichnet diese Publikation in der Deutschen Nationalbibliografie; detaillierte bibliografische Daten sind im Internet über http://dnb.d-nb.de abrufbar.

© 2011 Oldenbourg Wissenschaftsverlag GmbH
Rosenheimer Straße 145, D-81671 München
Tel: 0 89 / 4 50 51-0
www.oldenbourg-verlag.de

Titelbild: Nikolaj Dmitrievič Dmitriev-Orenburgskij (1838–1898), General Skobelev zu Pferde (1883), Regionales Kunstmuseum V. P. Sukačev in Irkutsk.

Konzept und Herstellung: Karl Dommer
Einbandgestaltung: hauser lacour
Satz: primustype Hurler, Notzingen
Druck: Grafik+Druck GmbH, München
Bindung: Thomas Buchbinderei, Augsburg

Dieses Papier ist alterungsbeständig nach DIN/ISO 9706

ISBN   978-3-11-048527-1

Inhalt

Vorwort

Jeder Wissenschaftler steht auf den Schultern derer, die vor ihm geforscht haben. Die Autoren, aus deren Schriften ich gelernt habe, sind im Literaturverzeichnis aufgeführt. Ich habe versucht, an ihren Ergebnissen weiterzuarbeiten. Während der Entstehung des Manuskripts hatte ich mehrfach Gelegenheit, meine Überlegungen zur Diskussion zu stellen. Dafür habe ich verschiedenen Kollegen und Institutionen zu danken. Die Kapitel „Aufklärung" und „Charisma" sind aus Vorträgen hervorgegangen, die ich in den letzten Jahren auf Veranstaltungen der Heidelberger Akademie der Wissenschaften gehalten habe. Für die Entwicklung der Fragestellung haben mir drei internationale Tagungen Anstöße vermittelt. Im Dezember 2000 nahm ich auf Einladung von Lucien Bély an der Sorbonne an einer Tagung über „La présence des Bourbons en Europe, XVIᵉ–XXIᵉ siècle" teil, im Oktober 2002 lud mich Marina Tesoro zu einer Tagung über „Monarchia, tradizione, identità nazionale" an der Universität Pavia ein, und im November 2007 nahm ich an einer Tagung an der Facoltà di Scienze Politiche der Universität Bologna über „Monarchia e legittimazione politica in Europa tra Otto e Novecento" teil, die Fulvio Cammarano und Giulia Guazzaloca vorbereitet hatten. Schließlich gaben mir Fabio Rugge und Marina Tesoro im März 2009 im Rahmen einer vierwöchigen Gastprofessur am Istituto Universitario di Studi Superiori der Universität Pavia über „La legittimità della monarchia nell'Europa contemporanea" die Möglichkeit, mein Buchprojekt mit italienischen Studierenden zu erörtern. Mein besonderer Dank gilt den Mitarbeitern der zahlreichen wissenschaftlichen Bibliotheken, aus denen ich geschöpft habe, vor allem dem Stab der Heidelberger Universitätsbibliothek unter ihrem Direktor Dr. Veit Probst und Frau Irina Lukka in der Slawonischen Abteilung der Finnischen Nationalbibliothek in Helsinki. Herrn Martin Rethmeier danke ich für die Aufnahme des Buches in das Verlagsprogramm des Hauses Oldenbourg, Frau Dr. Julia Schreiner für ihr vorzügliches Lektorat.

Heidelberg, am 18. April 2011   Volker Sellin

1. Einleitung

Legitime und illegitime Herrschaft

Zu den wichtigsten Gegenständen der politischen Theorie gehört seit jeher die Frage, unter welchen Bedingungen Menschen es hinnehmen, daß andere Menschen Herrschaft über sie ausüben. Grundsätzlich gilt, daß die Menschen sich beherrschen lassen, wenn sie die Herrschaft als legitim anerkennen. Kriterium für die Legitimität von Herrschaft ist deren Übereinstimmung mit den geltenden Rechtsüberzeugungen. „Legitimität ist soziale Geltung als rechtens", schreibt Peter Graf Kielmansegg.[2] Überzeugungen sind jedoch veränderlich. Eine Rechtsordnung kann ihre Legitimität verlieren. Wenn die Legitimität jedoch verloren gegangen ist, wird Herrschaft zur Diktatur und kann nur durch Zwang aufrechterhalten werden. Diesen Zusammenhang hatte Benjamin Constant im Auge, als er feststellte, es gebe nur zwei Arten von Herrschaft: „Die eine ist illegitim, das ist der Zwang; die andere ist legitim, das ist der allgemeine Wille". Indem Constant die Legitimität mit dem allgemeinen Willen gleichsetzte, drückte er aus, daß legitime Herrschaft auf einer Anerkennung beruht, die der einzelne Bürger gar nicht versagen kann, solange er die geltende Wertordnung bejaht. Insofern ist diese Anerkennung „kein Akt freier Entscheidung", sondern eine „Geltungserfahrung".[3] Von der Möglichkeit solcher Geltungserfahrung nahm Constant ausdrücklich keine Regierungsform aus: „Nimmt man an, daß die Herrschaft der kleinen Zahl durch die Zustimmung der Allgemeinheit sanktioniert wird, dann wird diese Herrschaft zum Allgemeinwillen. Dieser Grundsatz findet auf alle Regierungsformen Anwendung: Wenn die Theokratie, die Monarchie, die Aristokratie die Geister beherrschen, sind sie der allgemeine Wille".[4] Constants „Zustimmung der Allgemeinheit" ist von der Popularität eines Herrschers zu unterscheiden. Wird der Inhaber der Hoheitsgewalt durch Erbfolge bestimmt, dann entspricht es dieser Ordnung, daß das Amt auch auf Personen fallen kann, denen es nicht gegeben ist, Volkstümlichkeit zu erlangen. Nach

---

[1] *Benjamin Constant*, Principes de politique, in: *ders.*, Œuvres, hg. von *Alfred Roulin*, Paris 1957, S. 1103.

[2] *Peter Graf Kielmansegg*, Legitimität als analytische Kategorie, in: PVS 12 (1971), S. 367.

[3] Ebd., S. 368.

[4] *Constant*, Principes, in: *ders.*, Œuvres, S. 1103: *Si vous supposez le pouvoir du petit nombre sanctionné par l'assentiment de tous, ce pouvoir devient alors la volonté générale. Ce principe s'applique à toutes les institutions. La théocratie, la royauté, l'aristocratie, lorsqu'elles dominent les esprits, sont la volonté générale.*

dem Urteil von Linda Colley hat in Großbritannien zwischen der Restauration Karls II. im Jahre 1660 und dem Regierungsantritt Georgs III. einhundert
Jahre später, abgesehen vielleicht von der Königin Anna, kein Herrscher mehr
als eine allenfalls beschränkte oder vorübergehende Popularität genossen.[5]

Nach den Kriterien Rechtmäßigkeit und Anerkennung auf der einen, Willkür und Zwang auf der anderen Seite hatte bereits Aristoteles die „richtigen"
von den „entarteten" Verfassungen unterschieden. Zur Erläuterung verwies
er auf die Herrschaftsverhältnisse innerhalb der Hausgemeinschaft. Die Herrschaft des Hausherrn über die Sklaven nannte er despotisch. Sie wurde über
Unfreie ausgeübt. Die Herrschaft des Hausvaters über seine Kinder und die
Herrschaft des Hausherrn über seine Ehefrau dagegen charakterisierte er als
eine vernunftgeleitete Führung von Freien. In Übertragung auf das Gemeinwesen bezeichnete Aristoteles die Herrschaft über Freie in einer Monarchie
als „königlich", in einer Demokratie als „politisch".[6] Despotische Herrschaft
dagegen definierte er als die absolute Bestimmung des Willens der Beherrschten durch den Herrscher. Nach Aristoteles war das ausschlaggebende Kriterium für die Unterscheidung zwischen der Herrschaft über Freie und der
Herrschaft über Sklaven der Nutzen, in dessen Dienst die Herrschaft jeweils
ausgeübt wurde. Herrschaft über Freie diene dem Gemeinwohl, despotische
Herrschaft dagegen nur dem Vorteil der Herrschenden.[7]

Die aristotelischen Unterscheidungen beherrschten noch das politische
Denken der frühen Neuzeit. Am Ausgang des 16. Jahrhunderts bestimmte Johannes Althusius den „legitimen Herrscher" (legitimus magistratus) ganz in
der aristotelischen Tradition durch das Ziel, das gemeine Wohl zu verwirklichen.[8] Der legitime Herrscher regiere nach Gesetzen. Nach Jean Bodin zeichnete sich die „königliche und legitime" (royale et légitime) Monarchie dadurch
aus, daß sie die natürlichen Gesetze achtete.[9] Im vernunftrechtlichen Denken
der Aufklärung wurde Herrschaft aus einem ursprünglichen Vertrag heraus
gerechtfertigt, dessen Zweck es war, die Befolgung der Gesetze der Natur und
das Wohl der Gesamtheit sicherzustellen. Louis de Jaucourt schrieb im Artikel Société in der Encyclopédie, Herrschaft sei nur insoweit „legitim", als sie
zu dem Zweck beitrage, um dessentwillen sie eingerichtet worden sei.[10] Das

---

[5] Linda Colley, The Apotheosis of George III: Loyalty, Royalty and the British Nation 1760–
     1820, in: PP 102 (1984), S. 95.
[6] Aristoteles, Politica, 1259 a 37–b 1, 1254 b 2–6.
[7] Ebd., 1279 a 17–21, 27–31.
[8] Johannes Althusius, Politica methodicè digesta atque exemplis sacris et profanis illustrata,
     Herborn 1614, Kap. 38, S. 938: Officium veri et legitimi magistratus est, curare salutem et bo-
     num regni publicum, atque Rempublicam administrare secundum leges honestas et justas, etc.
[9] Jean Bodin, Les six livres de la République, Paris 1583, Buch 2, Kap. 3, S. 280. Vgl. im üb-
     rigen Thomas Würtenberger, Art. Legitimität, Legalität, in: Geschichtliche Grundbegriffe,
     Bd. 3, Stuttgart 1982, S. 677–740.
[10] Louis de Jaucourt, Art. Société, in: Encyclopédie, Bd. 15, Neufchastel 1765, S. 254:
     L'autorité n'est légitime, qu'autant qu'elle contribue à la fin pour laquelle a été instituée
     l'autorité même. Vgl. dazu Würtenberger, Art. Legitimität, Legalität, S. 692f.

Substantiv „Legitimität" (*légitimité*) wurde erst kurz vor der Französischen Revolution verwendet. Im Jahre 1788 finden sich bei Le Roy de Barincour die Formulierungen „Legitimität der reinen Demokratie" (*légitimité de la pure démocratie*) und „Legitimität der Verfassung" (*légitimité de la constitution*).[11] Zu Beginn der Restaurationszeit schob sich ein Begriff von Legitimität in den Vordergrund, der in der politischen Theorie bis dahin lediglich eine ihrer Spielarten bezeichnet hatte. Die Legitimität der Erbmonarchie von Gottes Gnaden wurde von den Anhängern der überlieferten monarchischen Ordnung als die einzige Form legitimer Herrschaft und damit als die Legitimität schlechthin betrachtet. Legitimität wurde dadurch zum Parteibegriff, der sich gegen Revolution und Volkssouveränität richtete. Seit den dreißiger Jahren des 19. Jahrhunderts wurde diese Doktrin als Legitimismus und ihre Vertreter als Legitimisten bezeichnet.[12]

Ohne sich dem einseitigen Legitimitätsbegriff der Restaurationsepoche zu verschreiben, handelt auch die vorliegende Untersuchung von der Legitimität der Monarchie, nicht von der Legitimität von Herrschaft überhaupt. Die Rechtfertigung für diese Einschränkung liegt darin, daß die Monarchie auch nach der Französischen Revolution noch über ein Jahrhundert lang in Europa die vorherrschende Regierungsform geblieben ist.

Monarchie und Revolution

In der Französischen Revolution wurde die Legitimität von Herrschaft und damit auch die Legitimität der Monarchie neu bestimmt. Am 26. August 1789 verabschiedete die Nationalversammlung die Erklärung der Menschen- und Bürgerrechte. Der dritte Artikel handelt von der Souveränität. Er lautet: „Die Quelle jeglicher Souveränität liegt ihrem Wesen nach bei der Nation. Keine Körperschaft und kein Individuum können Herrschaft ausüben, die nicht ausdrücklich von der Nation ausgeht".[13] Dieser Satz war nicht als Kriegserklärung an die Monarchie gedacht. Die überwiegende Mehrheit der Nationalversammlung konnte sich im Sommer 1789 für Frankreich gar keine andere Staatsform vorstellen. Allerdings legte der Artikel die Grundlage für eine gänzlich andere Art von Monarchie, als bisher dort bestanden hatte. Indem die Nationalversammlung die Souveränität auf die Nation übertrug, verblieb dem König nur noch die Rolle eines Verfassungsorgans mit bestimmten genau definierten Rechten. Die zwei Jahre später von der Versammlung verabschiedete Verfassung ordnete den König vollständig dem Gesetz unter. In

---

[11] Zit. nach ebd., S. 695.
[12] Ebd., S. 730.
[13] Déclaration des droits de l'homme et du citoyen, 26. 8. 1789, Art. 3, in: *Jacques Godechot* (Hg.), Les Constitutions de la France depuis 1789, Paris 1970, S. 33 f.: *Le principe de toute souveraineté réside essentiellement dans la nation; nul corps, nul individu ne peut exercer d'autorité, qui n'en émane expressément.*

dem Abschnitt über die Rechte und Befugnisse der königlichen Gewalt heißt es, in Frankreich gebe es keine „höhere Gewalt als das Gesetz". Der König regiere nur aufgrund des Gesetzes, und „Gehorsam verlangen" könne er nur „im Namen des Gesetzes".[14]

Die aufgrund dieser Verfassung geschaffene Monarchie hatte keinen Bestand. Elf Monate, nachdem er sie beschworen hatte, wurde Ludwig XVI. von der gesetzgebenden Versammlung seines Amtes enthoben. Sechs Wochen später beschloß der Nationalkonvent die Abschaffung der Monarchie. In den darauffolgenden Monaten hielt der Konvent über den König Gericht. Ludwig XVI. wurde zum Tode verurteilt und am 21. Januar 1793 hingerichtet. Innerhalb von drei Jahren hatte Frankreich damit zweimal einen radikalen Umbruch seiner politischen Ordnung erlebt. Hatte die Inanspruchnahme der Souveränität durch die Nation in der Erklärung der Menschen- und Bürgerrechte von 1789 gezeigt, daß die absolute Monarchie ihre Legitimität verloren hatte, so besiegelte die Entscheidung für die Republik am 21. September 1792 den Legitimitätsverlust auch der erst im Jahr zuvor begründeten demokratischen Monarchie. Die Umbrüche waren erfolgt, weil die jeweils bestehende Verfassung in beiden Fällen nicht mehr dem allgemeinen Willen entsprach und deshalb als Zwang oder, wie man auch sagen könnte, als Gewalt ohne Legitimität empfunden wurde.

Gewalt ohne Legitimität galt in der politischen Theorie seit jeher als tyrannisch. Zwei Arten von Tyrannen wurden unterschieden: der Tyrann, der die Herrschaft durch Usurpation erworben hatte (*usurpator ex defectu tituli*), und der Tyrann, der zwar legal an die Macht gelangt war, jedoch despotisch regierte (*usurpator ex parte exercitii*).[15] Im *Ancien Régime* waren Herrscherabsetzungen in der Regel damit begründet worden, daß der betreffende Herrscher sich im Laufe seiner Regierung zum Despoten entwickelt habe. Dem entsprach die Praxis, dem Absetzungsbeschluß der Stände eine Liste von Verfehlungen des Herrschers beizulegen, mit denen der tyrannische Charakter seiner Amtsführung bewiesen werden sollte. Ein bekanntes Beispiel für dieses Verfahren ist die Verabschiedung der *Declaration of Rights* durch das englische Parlament im Jahre 1688. Nach der Erklärung hatte Jakob II. seine Legitimität durch wiederholten Verfassungsbruch verwirkt. Zweck seiner Absetzung war dementsprechend die Verteidigung des geltenden Rechts, die Wiederherstellung des *rule of law*.[16] Das Recht wurde insoweit als etwas Unveränderliches und durch die Tradition Geheiligtes ausgegeben.

---

[14] Constitution française 1791, Titre 3, Chapitre 2, Section 1, Art. 3, ebd., S. 44: *Il n'y a point en France d'autorité supérieure à celle de la loi; le roi ne règne que par elle, et ce n'est qu'au nom de la loi, qu'il peut exiger l'obéissance.*

[15] *Hella Mandt*, Art. Tyrannis, Despotie, in: Geschichtliche Grundbegriffe, Bd. 6, Stuttgart 1990, S. 663.

[16] *Volker Sellin*, The Breakdown of the Rule of Law: A Comparative View of the Depositions of George III, Louis XVI and Napoleon I, in: *Robert von Friedeburg* (Hg.), Murder and Monarchy. Regicide in European History, 1300–1800, Houndmills 2004, S. 259.

Die Beschränkung Ludwigs XVI. auf die Rolle eines Verfassungsorgans durch die *Constituante* folgte einem anderen Muster. In der Erklärung der Menschen- und Bürgerrechte wurden keine Rechtsbrüche des Königs aufgezählt. Der König wurde nicht mit dem Argument auf die Funktion des Trägers der Exekutive beschränkt, daß er seine Macht mißbraucht habe. Vielmehr wurden die Anforderungen an die Legitimität einer Regierung von Grund auf neu bestimmt. Ludwig XVI. hatte die Rechtsgrundlage seiner Herrschaft verloren, weil sich die Grundsätze monarchischer Legitimität selbst weiterentwickelt hatten. Mit den Begriffen Benjamin Constants gesprochen war die Monarchie des *Ancien Régime* infolge mangelnder Anpassung an den Wandel des „allgemeinen Willens" (*volonté générale*) unmerklich in eine Zwangsherrschaft (*force*) umgeschlagen.

Legitimitätssicherung, eine unabschließbare Aufgabe

Die Inanspruchnahme der verfassunggebenden Gewalt durch die *Constituante* bezeichnete den Beginn eines Prozesses, in dessen Verlauf sich in ganz Europa das Verhältnis zwischen Legitimität und Gewalt, zwischen Monarchie und Tyrannis grundlegend veränderte. Eine noch so unbezweifelbar als legitim angesehene Monarchie konnte zum Gewaltregime werden, wenn der Herrscher starr an den einmal erreichten Rechtspositionen festhielt. Daher standen die europäischen Monarchien von nun an vor der Aufgabe, sich ihrer Legitimität fortwährend neu zu vergewissern und gegebenenfalls Strategien zu entwickeln, um sie den gesellschaftlichen Veränderungen anzupassen. Nur durch seinen Eid auf die Verfassung konnte Ludwig XVI. im September 1791 seinen Thron bewahren. Auch die Restauration Ludwigs XVIII. wurde 1814 allein dadurch möglich, daß der König eine Verfassung konzedierte, die grundlegende Errungenschaften der Revolution und des Kaiserreichs garantierte.

Ein Symptom des Versiegens überlieferter Legitimitätsquellen war der Bedeutungsverlust des Gottesgnadentums. Auch wenn die Mehrzahl der europäischen Monarchien während des 19. Jahrhunderts im Titel des Herrschers daran festhielt, verlor das Dogma doch rapide an Glaubwürdigkeit. Die französische Nationalversammlung hatte es in der Verfassung von 1791 aus dem Titel des Königs gestrichen. Ludwig XVIII. ließ es wieder aufleben, konnte jedoch nicht verhindern, daß es zunehmend in Frage gestellt wurde. An Überzeugungskraft büßte es nicht nur in Frankreich ein. Im Jahre 1831 konstatierte der Württemberger Liberale Paul Pfizer einen „immer schwächer werdenden Glauben an die göttliche Einsetzung und den höhern Ursprung der Fürstengewalt",[17] und 1853 bekannte der Jurist und ehemalige

---

[17] *Paul Pfizer*, Briefwechsel zweier Deutschen, 14. Brief, 2. verbesserte und vermehrte Aufl., Stuttgart / Tübingen 1832, S. 152.

Abgeordnete der Frankfurter Nationalversammlung Heinrich Albert Zacha-
riae, daß „das göttliche Recht der Obrigkeit" ihm „eine völlig unbekannte
Größe" sei.[18]

Jacob Burckhardt prägte für die Epoche, die mit dem Zusammentritt der
Generalstände im Mai 1789 begann und in seiner Lebenszeit fortdauerte,
den Begriff des Revolutionszeitalters. In Burckhardts Augen waren die Revolutionen des 19. Jahrhunderts nur Ausdruck und Manifestation eines seit
spätestens 1789 untergründig wirkenden Prinzips, eines „Geistes der ewigen
Revision", als einer nicht zur Ruhe kommenden Tendenz des fortgesetzten
„Änderwollens mit dem Ziel des öffentlichen Wohls".[19] Es war genau dieser beständige Geist der Revision, der die Legitimität der Monarchie immer
wieder in Frage stellte. Wiederholt konnte die Monarchie der unterschwellig
fortwirkenden Revolution nur dadurch die Stoßkraft nehmen, daß sie sich
einen Teil ihrer Grundsätze zu eigen machte. Monarchische Legitimierungspolitik war einerseits restaurativ, indem sie die Monarchie zu sichern und
zu befestigen suchte, andererseits in dem Maße revolutionär, in dem sie den
Forderungen der Revolution entgegenkam. In einem Prozeß der fortgesetzten Restauration betrieb die Monarchie das Geschäft der Revolution, und sie
betrieb es erfolgreicher, als die Revolution selbst es bis dahin vermocht hatte.
Ein Vergleich zwischen der demokratisch zustande gekommenen französischen Verfassung von 1791 und der von Ludwig XVIII. oktroyierten *Charte
constitutionnelle* von 1814 verdeutlicht den Unterschied. Während die Verfassung der *Constituante* schon nach einem Jahr wieder abgeschafft wurde,
blieb die *Charte* zunächst 16 Jahre und nach ihrer Revision in der Julirevolution von 1830 noch einmal 18 Jahre lang in Kraft. Zugleich wurde sie zum
Muster und Vorbild für eine große Zahl weiterer oktroyierter Verfassungen in
Polen, Deutschland, Belgien, Spanien und Italien. Denn nicht nur in Frankreich, sondern auch im übrigen Europa war die Geschichte der Monarchie im
Revolutionszeitalter eine Geschichte immer neuer Restaurationen, ein nicht
enden wollender Prozeß der Anpassung an jeweils neue Herausforderungen.
Um die monarchische Legitimität zu wahren, kam es darauf an, Konzessionen
zu machen, bevor sie erzwungen wurden. Schon in der Rigaer Denkschrift
vom September 1807 schrieb der preußische Staatskanzler Karl August von
Hardenberg über die Revolution, die „Gewalt" ihrer „Grundsätze" sei „so
groß", und diese Grundsätze seien „so allgemein anerkannt und verbreitet,
daß der Staat", der sie nicht annehme, „entweder seinem Untergang oder der
erzwungenen Annahme derselben entgegensehen" müsse. Daher empfahl er,
der „gewaltsamen Impulsion" von unten durch „Weisheit der Regierung" die

---

[18] Zit. nach *Hans Boldt*, Art. Monarchie V–VI, in: Geschichtliche Grundbegriffe, Bd. 4,
Stuttgart 1978, S. 207.
[19] *Jacob Burckhardt*, Das Revolutionszeitalter, in: ders., Historische Fragmente, hg. von *Emil
Dürr*, Stuttgart 1942, S. 205.

Spitze abzubrechen, um das monarchische Prinzip zu wahren.[20] Als zu Beginn des Jahres 1848 angesichts der von Sizilien aus herandrängenden Revolution ein italienischer Staat nach dem anderen eine Verfassung oktroyierte, riet der Innenminister des Königreichs Sardinien, Giacinto Borelli, auch König Carlo Alberto zum Oktroi einer Verfassung. Wenn eine Konstitutionalisierung des Königreichs schon nicht zu umgehen sei, dann sei es besser, daß der König die Verfassung aus freien Stücken gewähre, als daß er warte, bis sie ihm aufgezwungen werde; man müsse „die Bedingungen diktieren, nicht entgegennehmen".[21] Am 30. April 1856 erklärte Zar Alexander II. in einer Rede vor den Marschällen des Adels in Moskau, daß die Befreiung der leibeigenen Bauern zwar nicht unmittelbar bevorstehe, daß die Bauern jedoch früher oder später befreit werden müßten. Wie Innenminister Borelli im Februar 1848 in Turin gab auch der Zar zu bedenken, „daß es bei weitem besser wäre, wenn die Befreiung von oben geschähe, als von unten".[22]

Reformen setzen voraus, daß ihre Notwendigkeit erkannt wird. Die Fähigkeit gekrönter Häupter, die Gefährdung der Legitimität ihrer Herrschaft zu durchschauen, wurde im Zeitalter der Revolutionen eher gering eingeschätzt. Berühmt ist das Wort, das Johann Jacoby im November 1848 König Friedrich Wilhelm IV. von Preußen entgegenschleuderte: „Das eben ist das Unglück der Könige, daß sie die Wahrheit nicht hören wollen".[23] In einem offenen Brief riet Lord Henry Brougham der jungen Königin Viktoria kurz nach ihrer Thronbesteigung im Interesse der Erhaltung der Monarchie dringend dazu, bei der halbherzigen Erweiterung des Wahlrechts durch die Parlamentsreform von 1832 nicht stehen zu bleiben. Am Ende bemerkte er im Ton der Resignation, er habe seinen Rat wahrscheinlich umsonst gegeben. „Hat es je einen Monarchen gegeben, der von einem Aufstand nicht überrascht wurde? Wie ein getäuschter und entehrter Ehemann ist der Souverän stets der letzte, dessen Augen vor seiner Lage geöffnet werden [...]. So schlummert der Monarch leise auf dem angesammelten Zunder der politischen Explosion, nicht anders

---

[20] *Karl August von Hardenberg*, Rigaer Denkschrift, 12. 9. 1807, in: *Georg Winter* (Hg.), Die Reorganisation des Preußischen Staates unter Stein und Hardenberg, Teil 1, Bd. 1, Leipzig 1931, S. 305 f.

[21] Consiglio di conferenza presieduto da Sua Maestà, Seduta n. 6, Processo verbale della seduta del 3 febbraio 1848, in: *Luigi Ciaurro* (Hg.), Lo Statuto albertino, illustrato dai lavori preparatori, Roma 1996, S. 114: *Bisogna darla, non lasciarsela imporre; dettare le condizioni, non riceverle*; zum Oktroi von Verfassungen im Königreich beider Sizilien, im Kirchenstaat, im Großherzogtum Toskana und im Königreich Sardinien zu Beginn des Jahres 1848 vgl. *Kerstin Singer*, Konstitutionalismus auf Italienisch. Italiens politische und soziale Führungsschichten und die oktroyierten Verfassungen von 1848, Tübingen 2008.

[22] Zit. nach *Aleksej Popel'nickij*, Reč' Aleksandra II, skazannaja 30-go marta 1856 g. moskovskim predvoditeljam dvorjanstva, in: Golos Minuvšago. Žurnal Istorii i Istorii Literatury 4 (1916), Nr. 5–6, S. 393: *gorazdo lučše, čtoby eto proizošlo svyše, neželi snizu*.

[23] *Karl Wippermann*, Jacoby, Johann (1805–1877), in: ADB 13 (1881), S. 626.

als die Bewohner des Vesuvs es tun, während der Ausbruch des Vulkans im Begriff ist sie hinwegzufegen".[24]

Der Sturz Karls X. von Frankreich in der Julirevolution von 1830 bestätigte Lord Broughams These von der politischen Blindheit der Könige. Nach der geltenden Verfassung, der *Charte constitutionnelle* von 1814, war Karl nicht verpflichtet, die Berufung des leitenden Ministers mit der Kammer abzustimmen. Mochte die Ernennung des für seine reaktionären Überzeugungen berüchtigten Jules de Polignac im August 1829 insoweit mit dem Buchstaben der Verfassung übereinstimmen, so stand sie in den Augen der Kammer doch im Widerspruch zu deren Geist. Legalität und Legitimität waren nicht länger im Einklang. Die *Charte* von 1814, obwohl nach wie vor in Geltung, hatte unversehens einen Teil ihrer Legitimität verloren. Auch der im Sommer 1830 eingesetzte König Louis-Philippe verstieß nicht gegen die Verfassung, als er in den vierziger Jahren eine Erweiterung des Wahlrechts ablehnte. Dennoch wurde die Julimonarchie angesichts ihrer oligarchischen Verkrustung nicht länger als legitim empfunden. Da das Regime die wachsende Kritik nicht ernst nahm, wurde es in der Februarrevolution von 1848 gestürzt. Sowohl Karl X. als auch Louis-Philippe haben ihre Throne verloren, weil sie es nicht verstanden hatten, sich rechtzeitig den veränderten Anforderungen an die Legitimität eines monarchischen Regimes anzupassen.

Auch wo sie am Ende gelang, war die Anpassung an die Erwartungen einer Gesellschaft, die sich auf dem Wege der Demokratisierung befand, für die Herrscher mühsam und schmerzhaft. Selbst in England und Italien, Monarchien, die vergleichsweise frühzeitig zur parlamentarischen Regierung übergingen, dauerte es bis weit in die zweite Hälfte des 19. Jahrhunderts, bis die Monarchen sich mit der Beschränkung ihrer Vorrechte abzufinden begannen.[25]

Fragestellung und Gliederung

Trotz der Skepsis von Brougham und Jacoby haben sich die meisten europäischen Monarchien im Zeitalter der Revolutionen noch lange an der Macht halten können. Diesen Erfolg verdankten sie den verschiedenen Legitimierungsstrategien, die sie unter dem Eindruck der revolutionären Bedrohung

---

[24] [*Henry Brougham,*] Letter to the Queen on the State of the Monarchy. By a Friend of the People, London 1838, S. 45: *Thus slumbers the monarch softly upon the collected materials of the political explosion; as the inhabitants of Vesuvius do, while the eruption is about to sweep them away*; vgl. dazu auch: *Richard Williams*, The Contentious Crown. Public Discussion of the British Monarchy in the Reign of Queen Victoria, Aldershot 1997, S. 10–16.

[25] Vgl. *Fulvio Cammarano*, Il "garante interessato": monarchia e politica in Italia e Gran Bretagna dopo il 1848, in: *Giulia Guazzaloca* (Hg.), Sovrani a metà. Monarchia e legittimazione in Europa tra Otto e Novecento, Soveria Mannelli 2009, S. 72 f.

nach und nach entwickelten. Legitimierungsstrategien sind Strategien des Machterhalts. Den Legitimierungsstrategien, mit deren Hilfe die von der Revolution bedrohten Monarchien ihre Macht zu bewahren suchten, ist dieses Buch gewidmet. Ziel der Legitimierungspolitik war nicht so sehr die Ersetzung, als vielmehr die zeitgemäße Weiterentwicklung und Ergänzung der traditionellen Legitimitätsfaktoren. So blieb die Herkunft aus einer historischen Dynastie bis zum Ende der Monarchie eine Quelle der Legitimität. Im Jahre 1814 wurde der französische Thron wesentlich deshalb Ludwig XVIII. und nicht einem anderen europäischen Prinzen angeboten, weil er der alten Dynastie angehörte. Selbst Napoleon III. hoffte zusätzliche Legitimität daraus zu schöpfen, daß er sich als Abkömmling der Dynastie Bonaparte empfahl. Übereinstimmend drückten beide Herrscher ihren Anspruch auf dynastische Legitimität dadurch aus, daß sie in der Herrscherzählung jeweils eine Nummer für denjenigen Prinzen frei ließen, der aufgrund der politischen Wechselfälle nicht an die Regierung gelangt war, Ludwig XVIII. für den 1795 verstorbenen Sohn Ludwigs XVI., Napoleon III. für den Herzog von Reichstadt, den Sohn Napoleons I. Am Gottesgnadentum hielten auch konstitutionelle Herrscher fest. Den religiösen Glauben der Bürger suchte selbst der revolutionär an die Macht gelangte Napoleon für die Sicherung seiner Herrschaft zu instrumentalisieren.

Das Buch ist in elf Kapitel gegliedert. Auf die Einleitung (Kapitel 1) folgt im zweiten Kapitel eine Analyse monarchischer Gewalt, der die Legitimität verloren gegangen war oder verloren zu gehen drohte. Das Kapitel erörtert Fälle, in denen Legitimierungsstrategien ausblieben oder fehlschlugen. Im Mittelpunkt stehen dabei Versuche, dem Machtverlust durch den Einsatz militärischer Gewalt zu steuern. An den oftmals daraus hervorgehenden Krisen der monarchischen Herrschaft soll die Unausweichlichkeit zeitgemäßer Legitimierungspolitik aufgezeigt werden. Deshalb steht diese Analyse am Anfang. Die nachfolgenden drei Kapitel sind historischen Legitimitätsquellen gewidmet, aus denen die Monarchie bereits im *Ancien Régime* geschöpft hatte, die im Revolutionszeitalter jedoch ihre Bedeutung behielten. So wird im dritten Kapitel nach der Rolle der Dynastie im *Ancien Régime* und im Revolutionszeitalter, im vierten Kapitel nach der Instrumentalisierung der Religion und im fünften Kapitel nach der Bedeutung des Kriegserfolgs für die Legitimität der Monarchie auch im 19. und frühen 20. Jahrhundert gefragt. Das sechste Kapitel ist dem Verhältnis von Monarchie und Aufklärung gewidmet. Indem die Aufklärung alle bestehenden Verhältnisse der Prüfung durch die Vernunft unterwarf, nahm sie die Infragestellung der Monarchie durch die Revolution bereits vorweg. Die Suche nach der vollkommenen Monarchie, wie sie sich bei Schriftstellern des Zeitalters findet, war nichts anderes als die Suche nach einer Form monarchischer Herrschaft von unbezweifelbarer Legitimität. Sämtliche im Revolutionszeitalter entwickelten Legitimierungsstrategien wurzelten in höherem oder geringerem Grad in politischen Grundsätzen der Aufklärung. Drei Strategien werden in je eigenen Kapiteln analysiert. Sie entsprechen den drei grundlegenden Veränderungsprozessen, die das 19. Jahrhundert beherrschten: der Konstitutionalisierung des Staates, dem Durchbruch des Nationalprinzips und der sozialen Reform. Das siebte Kapitel verfolgt die Entstehung und Entwicklung der konstitutionellen Monarchie. Es fällt auf, daß die Konstitutionalisierung der Monarchie weit häufiger durch monarchischen Oktroi als durch die Beschlüsse demokratisch gewählter Versammlungen nach dem Vorbild der französischen *Constituante* bewirkt wurde. Im achten Kapitel wird gezeigt, wie sich Herrscher aus historischen Dynastien zu nationalen Führern entwickelten, obwohl der Nationalismus sich ursprünglich revolutionär gegen die Strukturen der überkommenen Staatenwelt gerichtet hatte. Das neunte Kapitel geht im Anschluß an Lorenz von Steins Theorie des sozialen Königtums der Frage nach, seit wann und in welcher Form die Monarchie in der Arbeiterschaft und in den bäuerlichen Unterschichten einen Ansatzpunkt für Legitimierungsstrategien erblickte. Im zehnten Kapitel wird geprüft, ob Charisma der Monarchie zu neuer Legitimität verhelfen konnte. Charisma wird dabei im Sinne Max Webers als ein revolutionäres Prinzip verstanden, das sich erst im Zeitalter der Massen zu einer politischen Kraft entfaltete. Für die Monarchie lagen darin Chance und Gefahr zugleich, je nach dem, ob dem Monarchen selbst oder einem seiner Untertanen Charisma zugeschrieben wurde. In einem kurzen elften Kapitel werden die wesentlichen Ergebnisse der Untersuchung zusammengefaßt.

Ebenen der Betrachtung

Die Legitimität der Monarchie läßt sich grundsätzlich auf drei Ebenen analysieren. Auf der ersten Ebene kann nach der Legitimität der Monarchie im Unterschied zur Republik gefragt werden. Über diese Frage wurde in Frankreich dreimal zum Nachteil der Monarchie entschieden: auf der konstituierenden Sitzung des Nationalkonvents am 21. September 1792, durch die provisorische Regierung der Zweiten Republik am 24. Februar 1848 und in der im Februar 1871 gewählten verfassunggebenden Versammlung der Dritten Republik. Auf der zweiten Ebene kann nach der Legitimität einer bestimmten Dynastie im Unterschied zu einer anderen Dynastie gefragt werden, also etwa im England des frühen 18. Jahrhunderts nach der Legitimität des Hauses Hannover im Gegensatz zur Legitimität des Hauses Stuart. Dieser Konstellation vergleichbar war der Konflikt zwischen Napoleon I. und der Dynastie Bonaparte auf der einen und Ludwig XVIII. und der Dynastie Bourbon auf der anderen Seite in den Jahren 1804 bis 1814 und 1815. In beiden Fällen lag die Ursache des Konflikts in der Unterbrechung der regulären Erbfolge durch eine Revolution. Auf der dritten Ebene schließlich geht es um die Legitimität des Herrschaftsanspruchs einer Person im Verhältnis zu konkurrierenden Ansprüchen einer anderen Person aus derselben Dynastie. Eine Anspruchskonkurrenz dieser Art bestand 1833 in Spanien zwischen Don Carlos, dem Bruder, und Isabella II., der Tochter Ferdinands VII. Im Unterschied zu den Konflikten der zweiten Betrachtungsebene wurde in diesem Fall die dynastische Erbfolge in der regierenden Familie von keiner der beiden Parteien bestritten. Strittig war vielmehr die Auslegung der Thronfolgeordnung, im angesprochenen Fall die Frage, ob in Spanien die weibliche Erbfolge gelte oder nicht.

Eine Monarchie und eine Dynastie konnten als legitim anerkannt sein, der aktuelle Herrscher jedoch nicht. Diese Konstellation lag im Oktober 1918 vor, als Wilhelm II. die Abdankung zugunsten seines Enkels mit dem Argument nahegelegt wurde, nur durch rechtzeitigen Verzicht für seine Person könne er die Monarchie als solche retten. Eine Unterscheidung zwischen Monarch und Monarchie nach diesem Muster kann jedoch nur für begrenzte Zeit aufrechterhalten werden. Durch sein Zögern diskreditierte Wilhelm II. die Monarchie binnen weniger Wochen in solchem Maße, daß sie nicht länger als legitime Form der Herrschaft anerkannt werden konnte.

Soziale Bezugsgruppen, geographischer und zeitlicher Rahmen

Legitimität von Herrschaft beruht auf dem Legitimitätsglauben der Beherrschten. Die Beherrschten ordnen sich gesellschaftlichen Gruppen mit unterschiedlichen Mentalitäten und Überzeugungen, aber auch mit unterschiedlichen politischen Handlungsmöglichkeiten zu. Im *Ancien Régime* wurden Herrscher von den politischen Eliten abgesetzt. Wenn überhaupt, dann waren allenfalls ständische Körperschaften befugt, gegen einen tyrannischen Herrscher Widerstand zu leisten. Jakob II. von England wurde 1688 vom Parlament abgesetzt, Napoleon I. 1814 vom französischen Senat. Im Laufe des 19. Jahrhunderts dagegen traten bei politischen Unruhen die Unterschichten der Hauptstädte in den Vordergrund. So wurde der Sturz Karls X. in Paris 1830 auf den Barrikaden durchgesetzt, und auch die Absetzung Napoleons III. wurde am 4. September 1870, nur zwei Tage nach der französischen Niederlage bei Sedan, vom Pariser Pöbel erzwungen, obwohl das Regime nur wenige Monate zuvor in einem nationalen Plebiszit bestätigt worden war. Der Legitimitätsglaube war offensichtlich nicht in allen gesellschaftlichen Gruppen derselbe.

Die Untersuchung zielt auf die Herausarbeitung von Typen. Um jedoch das Typische vom Zufälligen zu unterscheiden, bedarf es des Vergleichs zwischen verschiedenen ähnlich gelagerten Fällen. Der angestrebte Vergleich beruht auf der Hypothese, daß auch die europäische Monarchie als Herrschaftsform einen eigenen Typus verkörpert. Schon diese Hypothese zwingt dazu, die nationalgeschichtliche Ebene zu verlassen und die Untersuchung auf eine größere Zahl von Monarchien in Europa auszudehnen. Die Einbeziehung sämtlicher Monarchien des Kontinents erschien jedoch weder möglich noch angesichts des typologischen Zugriffs zwingend. Kriterium für die

Auswahl der berücksichtigten Staaten war zunächst die Überlegung, daß die Wiederherstellung und Sicherung der Legitimität der Monarchie nach der Niederwerfung Napoleons das Anliegen vor allem der fünf Großmächte des Europäischen Konzerts war. Waren somit neben Großbritannien, Frankreich, Österreich und Rußland Preußen und das spätere Deutsche Kaiserreich in die Untersuchung einbezogen, so lag es schon unter dem Gesichtspunkt des Vergleichs der deutschen und italienischen Nationalstaatsbildung nahe, auch das Königreich Italien zu berücksichtigen. Ebenfalls aus Gründen des Vergleichs erschien es sinnvoll, aus der Geschichte der spanischen Monarchie die nach dem Tod Ferdinands VII. im Jahre 1833 ausbrechende dynastische Krise und die Absetzung Isabellas II. im Jahre 1868 in die Betrachtung aufzunehmen. Nicht berücksichtigt sind die skandinavischen Länder.

Die einzelnen Kapitel sind exemplarisch angelegt. Der typische Charakter eines Phänomens soll dadurch in Erscheinung treten, daß es nicht nur in verschiedenen Ländern, sondern gegebenenfalls auch in weit auseinanderliegenden Zeiträumen nachgewiesen wird. Da die Legitimität einer Monarchie oder eines bestimmten Herrschers in der Regel auf einer Mehrzahl von Faktoren beruhte, kommen nicht selten dieselben Monarchien und Herrscher in mehreren Kapiteln vor. Angesichts seiner typologischen Zielsetzung konnten weder das Buch insgesamt noch die einzelnen Kapitel nach der Chronologie aufgebaut werden. Bei bestimmten Themen greift die Darstellung weit in die Geschichte zurück. Eine Erörterung monarchischer Legitimität in Europa kann nicht an der Übertragung des Königtums von den Merowingern auf die Karolinger vorübergehen. Zur Verdeutlichung der Krisenanfälligkeit der dynastischen Erbfolge werden unter anderem die Krise des Hauses Valois in Frankreich zwischen 1559 und 1589 und die Zeit der Wirren in Rußland zwischen 1598 und 1613 analysiert. Im wesentlichen setzt die Darstellung jedoch im ausgehenden 17. Jahrhundert mit dem Zeitalter der Aufklärung ein. Am Ende des Ersten Weltkriegs brachen die Monarchien in Rußland, Deutschland und Österreich-Ungarn zusammen. Sie überstanden den Krieg unter anderem deshalb nicht, weil sie nur schwach demokratisch legitimiert waren. Infolgedessen fiel die Verantwortung für die historisch beispiellosen Opfer, die der Krieg ihren Bürgern abverlangt hatte, auf die Monarchen zurück. Diese Last vermochten sie nicht zu tragen. Da in Frankreich die letzte Monarchie bereits im Jahre 1870 gestürzt worden war, blieb von den fünf Großmächten, die 1914 in den Krieg eingetreten waren, nur Großbritannien über das Kriegsende hinaus monarchisch. Da sich die Grundlagen der monarchischen Legitimität dort seither jedoch nicht mehr wesentlich verändert haben, erscheint es sinnvoll, die Untersuchung mit dem Jahr 1918 abzuschließen.

Forschungsstand und Forschungsziel

Die Untersuchung stützt sich im wesentlichen auf gedruckte Quellen und eine große Zahl von Veröffentlichungen aus dem Bereich der Geschichte der europäischen Monarchie der Neuzeit. Die bisherige Forschung ist allerdings ganz überwiegend national- oder landesgeschichtlich ausgerichtet, sei es, daß sie sich Schlüsselereignissen oder bestimmten Aspekten der Geschichte einzelner Monarchien oder den Biographien von Herrschern zugewandt hat. Eine staatenübergreifende vergleichende Untersuchung monarchischer Legitimierungspolitik im Zeitalter der Revolutionen fehlt bislang, sieht man von den unlängst veröffentlichten Referaten einer Tagung ab, die im November 2007 an der Universität Bologna stattfand. Der von *Giulia Guazzaloca* herausgegebene Tagungsband mit dem Titel „Sovrani a metà" berücksichtigt im wesentlichen denselben Staatenkreis wie die vorliegende Arbeit.[26] Am Phänomen des Königsmords untersuchen mehrere Autoren aus verschiedenen Ländern das Problem monarchischer Legitimität in dem 2004 von *Robert von Friedeburg* besorgten Band „Murder and Monarchy. Regicide in European History 1300–1800".[27] Einer anderen Form des vorzeitigen Abbruchs monarchischer Herrschaft ist der von *Susan Richter* und *Dirk Dirbach* herausgegebene Tagungsband „Thronverzicht. Die Abdankung in Monarchien vom Mittelalter bis in die Neuzeit" von 2010 gewidmet.[28] Die Geschichte einer weitverzweigten europäischen Dynastie war Gegenstand einer internationalen Tagung in Paris im Dezember 2000. Anlaß war die dreihundertste Wiederkehr des Tages, an dem Philipp V. Bourbon auf den Thron Spaniens gelangte. Die Tagungsbeiträge wurden 2003 von *Lucien Bély* unter dem Titel „La présence des Bourbons en Europe. XVIe–XXIe siècle" veröffentlicht.[29] Die Geschichte der Bourbonendynastie schließt selbstverständlich die Geschichte ihres vielfältigen Scheiterns mit ein. Sammelbände zu europäischen Themen haben den Vorteil, daß die einzelnen Beiträge Autoren übertragen werden können, die dafür besonders ausgewiesen sind. Ihr Nachteil besteht darin, daß sie eben deshalb im einzelnen, von Ausnahmen abgesehen, häufig der nationalgeschichtlichen Perspektive verhaftet bleiben. Von vornherein auf europäischen Boden gestellt hat sich wiederum *Lucien Bély* im Jahre 1999 mit seinem Buch „La société des princes. XVIe–XVIIIe siècle".[30] Auch *Martin Kirsch* hat als einzelner Autor in seinem 1999 erschienenen Werk „Monarch und Parlament im

---

[26] *Giulia Guazzaloca* (Hg.), Sovrani a metà. Monarchia e legittimazione in Europa tra Otto e Novecento, Soveria Mannelli 2009.

[27] *Robert von Friedeburg* (Hg.), Murder and Monarchy. Regicide in European History, 1300–1800, Houndmills 2004.

[28] *Susan Richter / Dirk Dirbach* (Hg.), Thronverzicht. Die Abdankung in Monarchien vom Mittelalter bis in die Neuzeit, Köln / Weimar / Wien 2010.

[29] *Lucien Bély* (Hg.), La présence des Bourbons en Europe. XVIe–XXIe siècle, Paris 2003.

[30] *Ders.*, La société des princes, XVIe–XVIIIe siècle, Paris 1999.

19. Jahrhundert" eine Legitimierungsstrategie der Monarchie für den Bereich des kontinentalen Mittel- und Westeuropa vergleichend untersucht.[31]

Eine angemessene Würdigung der großen Zahl von Arbeiten, auf die sich das vorliegende Buch im einzelnen stützt, ist im Rahmen einer Einleitung nicht möglich. Statt dessen sei auf das Literaturverzeichnis und die Anmerkungen verwiesen.

---

[31] *Martin Kirsch*, Monarch und Parlament im 19. Jahrhundert. Der monarchische Konstitutionalismus als europäischer Verfassungstyp – Frankreich im Vergleich, Göttingen 1999. Vgl. die ausführliche Würdigung dieses Buches durch *Hans-Christof Kraus*, Monarchischer Konstitutionalismus. Zu einer neuen Deutung der deutschen und europäischen Verfassungsentwicklung im 19. Jahrhundert, in: Der Staat 43 (2004), S. 595–620.

2. Gewalt

Akzeptanz oder Zwang

Herrschaft ist ein Gewaltverhältnis. Die Gewalt wird hingenommen, wenn sie legitimiert ist. Ohne Legitimität hat Herrschaft keinen Bestand. Die Französische Revolution stellte die traditionelle Legitimität der Monarchie in Frage. Der daraus folgenden Bedrohung setzten die monarchischen Regierungen die Ideologie des Legitimismus entgegen. Nach der Niederwerfung Napoleons im Jahre 1815 schlossen sie eine Heilige Allianz zur gemeinsamen Abwehr aller revolutionären Bestrebungen. Im April 1820 suchte die russische Diplomatie das Prinzip solidarischer Intervention der Großmächte in allen Staaten durchzusetzen, die von der Revolution erfaßt würden. Damit forderte sie die Anwendung von Gewalt statt der Gewinnung von Legitimität. Diese Politik war zum Scheitern verurteilt. Bereits am 5. Mai 1820 erinnerte der britische Außenminister Castlereagh daran, daß die Allianz zwischen den Mächten der antinapoleonischen Koalition zum Schutz vor einer erneuten militärischen Bedrohung durch Frankreich und nicht zur Unterdrückung sämtlicher demokratischen Bewegungen geschlossen worden sei. Mit dem Kongreß von Verona 1822 fand das Projekt solidarischer Interventionspolitik ein frühzeitiges Ende. Das militärische Eingreifen in Spanien zur Wiederherstellung des Absolutismus im folgenden Jahr war ein Alleingang Frankreichs.[1]

Die Revolutionen von 1820 und 1821 in Spanien, im Königreich beider Sizilien und im Königreich Sardinien zeigen, daß die im Zeitalter des Wiener Kongresses durchgeführte Neuordnung dort keine Legitimität erlangt hatte. Regime, die der Legitimität entbehren, werden als Zwangsregime empfunden und rufen früher oder später Widerstand hervor. Zwar wurden die Revolutionen in Italien durch österreichische, in Spanien durch französische Truppen niedergeschlagen, aber von nun an mußte grundsätzlich überall mit dem Ausbruch neuer Revolutionen gerechnet werden. Schon im Jahre 1830 wurden weite Teile Europas von einer neuen Welle von Erhebungen erfaßt. Um dem drohenden Verlust der bisherigen Legitimitätsgrundlage zuvorzukommen, entwickelten die europäischen Monarchien verschiedene Legitimierungsstrategien.

---

[1] *Volker Sellin*, Gleichgewicht oder Konzert? Der Zusammenbruch Preußens und die Suche nach Wiedergewinnung der äußeren Sicherheit, in: *Andreas Klinger / Hans-Werner Hahn / Georg Schmidt* (Hg.), Das Jahr 1806 im europäischen Kontext. Balance, Hegemonie und politische Kulturen, Köln 2008, S. 59.

Auf zwei Wegen konnten im Zeitalter der Revolutionen Herrschaftsverhältnisse entstehen, die der Legitimität entbehrten. Entweder gelangte jemand
durch Gewalt zur Herrschaft, ohne dazu legitimiert zu sein, oder ein Herrscher verlor die Legitimität, die er einst besessen hatte, weil die Beherrschten
höhere Ansprüche stellten als zuvor. Durch Gewalt zur Herrschaft gelangten
im Jahre 1799 Napoléon Bonaparte, als er das Direktorium, und 1851 sein
Neffe Louis-Napoléon Bonaparte, als er die Zweite Republik zum Einsturz
brachte. Bezeichnenderweise beeilten sich beide, den Gewaltakt durch Einführung einer Verfassung und durch Plebiszit nachträglich zu rechtfertigen.
Die überwältigende Zustimmung, die sie dabei erhielten, verlieh ihrer Herrschaft alsbald eine demokratische Legitimation. Durch fremde Gewalt wurde
Ludwig XVIII. im Zuge der zweiten Restauration 1815 auf seinen Thron zurückgeführt. Die Großmächte erkannten das Plebiszit, das Napoleon nach
seiner Rückkehr von der Insel Elba hatte durchführen lassen, nicht an. Nach
ihrem Sieg bei Waterloo konnte sie niemand daran hindern, die Monarchie
der Bourbonen ein zweites Mal wiederherzustellen. Die Wiedereinsetzung
Ludwigs XVIII. war die erste Intervention der Alliierten im Zeichen der soli-
darischen Bekämpfung der Revolution. Da Gewalt jedoch für sich allein keine
Legitimität zu schaffen vermag, war zunächst fraglich, ob der König in seinem
Land wieder Fuß fassen würde.

Beide Kaiser aus dem Hause Bonaparte haben ihre Legitimität wieder
verloren, der eine nach 15, der andere nach 19 Jahren der Regierung. Ihre
überlieferte Legitimität eingebüßt haben im Revolutionszeitalter aber auch
Monarchen aus historischen Dynastien. Ludwig XVI., Karl X. und Louis-
Philippe sind Beispiele für Herrscher, die es versäumten, sich rechtzeitig den
gewandelten Anforderungen an die Legitimität der Monarchie anzupassen.
Anzeichen für das Schwinden der Legitimität waren regelmäßig öffentliche
Kritik, parlamentarische Obstruktion, Protestbewegungen und Widerstands-
handlungen aller Art. Gegenüber solchen Erscheinungen bedurften die Monarchen eines Gespürs für die Kraft gesellschaftlicher Bewegungen. Der Widerstand einzelner konnte gegebenenfalls mit den Zwangsmitteln des Staates
überwunden werden. Widerstand der Eliten oder substanzieller Teile der Bevölkerung dagegen waren ein Zeichen dafür, daß die Legitimität der Monarchie auf breiter Front zweifelhaft geworden war. Der schleichende Verlust der
Legitimität allein führte jedoch noch nicht notwendig zum Sturz der Monarchie. Selbst angesichts offener Proteste blieben fast immer Spielräume für eine
Verständigung. In vielen Fällen verspielten die Monarchen erst dadurch ihre
Throne, daß sie den Widerstand mit physischer Gewalt zu brechen suchten.
Der Einsatz der Armee gegen Demonstranten steht jedoch im Gegensatz zu
einer der fundamentalen Erwartungen, die an eine legitime Regierung gerichtet werden: die Erwartung, daß sie die Bürger schütze. Er ist aber auch schon
deshalb riskant, weil Gewalt schwer zu kontrollieren ist. Wenn die Truppe
erst aufgestellt ist, kann niemand die versehentliche Abgabe von Schüssen
oder Gewaltexzesse durch nervös gewordene Soldaten ausschließen. Auch

kann kein Herrscher der unbegrenzten Loyalität seiner Truppen sicher sein, wenn er sie gegen die eigenen Landsleute einsetzt. Seit der Amerikanischen Revolution haben zahlreiche Herrscher ihre Throne verloren, weil sie sich in der Illusion gewiegt hatten, ihre Herrschaft notfalls mit militärischen Mitteln behaupten zu können. Diese Fehleinschätzungen hätten vermieden werden können, wenn die Verantwortlichen die Zeichen der Zeit ernstgenommen und wohlmeinende Warnungen sorgfältiger geprüft hätten. Das soll im folgenden an drei Herrscherabsetzungen exemplarisch gezeigt werden: der Absetzung Georgs III. von England in der Amerikanischen Revolution 1776, der Absetzung Karls X. von Frankreich in der Julirevolution von 1830 und der Absetzung Louis-Philippes in der Februarrevolution von 1848. Alle drei Fälle gleichen sich darin, daß die Protestbewegungen, die den Absetzungen vorausgingen, von breiten Kreisen der Bevölkerung getragen wurden und daß es eine hinreichende Zahl von Warnungen gab, welche die Herrscher vor falschen Entscheidungen hätten bewahren müssen. Die Fälle gleichen sich auch darin, daß der Absetzung jeweils eine Phase vorausging, in der das Festhalten der Regierung am Status quo zwar als Zwang und Willkür wahrgenommen, in der gleichzeitig jedoch die Hoffnung genährt wurde, daß der Monarch auf die in den Augen der Opposition mißbräuchliche Herrschaftsausübung verzichten und dadurch die Legitimität seiner Regierung wiederherstellen werde. Die Chance auf friedliche Beilegung des Konflikts wurde in allen drei Fällen zuletzt dadurch zunichte, daß der Monarch auf seinem Standpunkt beharrte und seinen Willen mit militärischen Mitteln durchzusetzen suchte. Der Einsatz physischer Gewalt wurde den Herrschern jedoch nicht mehr verziehen.

Georg III. und die Amerikanische Revolution

Als im April 1775 die ersten Feindseligkeiten zwischen britischen Truppen und amerikanischen Siedlern ausbrachen, lagen die Anfänge der Oppositionsbewegung in den Kolonien bereits über zehn Jahre zurück. An der Nachhaltigkeit der Opposition gegen die Besteuerung durch das Mutterland und an der breiten Unterstützung, die sie unter den Siedlern fand, konnte in London schlechterdings kein Zweifel bestehen. Die Geschichte der vom britischen Parlament zwischen 1763 und 1774 verabschiedeten Steuergesetze war eine Serie von immer neuen Anläufen und immer neuen Verzichten und insofern eine Art von Dialog zwischen Fiskus und Steuerpflichtigen, in dem der Fiskus seine Durchsetzungsfähigkeit und die Siedler ihre Widerstandskraft aneinander maßen. Daran zeigt sich, daß die britische Regierung grundsätzlich um einen Kurs bemüht war, den die Amerikaner akzeptieren konnten. So widerrief das Parlament den *Stamp Act* von 1765 angesichts der massiven Widerstände der Siedler schon ein Jahr später wieder und setzte den *Declaratory Act*, der lediglich den Anspruch auf Besteuerung auch der Kolonien in Gesetzesform brachte, an seine Stelle. Dem von den Siedlern reklamierten

Grundsatz, daß Besteuerung und Repräsentation nicht voneinander getrennt werden dürften, suchte Joseph Galloway, wenn auch vergeblich, mit seinem Unionsplan Rechnung zu tragen. Berühmt sind die Warnungen Edmund Burkes vor einem unnachsichtigen Kurs der britischen Regierung gegenüber den Kolonien. Am 22. März 1775 stellte er in einer Rede im *House of Commons* fest, daß die britischen Siedler von einem Freiheitsgeist erfüllt seien, wie man ihn sonst bei keinem anderen Volk der Welt finde. Dafür gebe es sechs Ursachen, die man als unveränderbare Tatsachen anerkennen müsse. Ihren Freiheitsdrang verdankten die Amerikaner ihrer britischen Herkunft. Die gesetzgebenden Versammlungen in den einzelnen Kolonien hätten sie an parlamentarische Verfahren gewöhnt. Ihre Religion sei in den nördlichen Kolonien vom dissentierenden Protestantismus geprägt. In den südlichen Kolonien habe sich unter den Sklavenbesitzern ein halbaristokratisches Standesbewußtsein entwickelt. In der Bildung der Amerikaner nehme das öffentliche Recht einen besonders breiten Raum ein. Von Blackstone's „Commentaries on the Laws of England" seien in Amerika fast genauso viele Exemplare verkauft worden wie in England selbst. Das Studium des Rechts aber mache die Menschen „scharfsinnig, wißbegierig, gewandt, angriffslustig, verteidigungsbereit, wendig".[2] Die sechste Ursache sah Burke in der geographischen Distanz: „Dreitausend Meilen Ozean liegen zwischen Euch und ihnen. Es gibt kein Mittel, mit dem man verhindern könnte, daß diese Entfernung die Regierungsautorität schwächt".[3] Die Ausübung der Staatsgewalt, wie sie Parlament und Regierung gegenüber den Kolonien bisher gepflegt hätten, so legal sie auch sein möge, sei mit Vorstellungen von Freiheit nicht vereinbar, schon gar nicht mit denjenigen der Amerikaner. Angesichts dessen riet Burke zur Aussöhnung mit den Kolonien und zum Verzicht auf ihre Besteuerung durch das britische Parlament.

Burkes Warnungen verhallten ungehört. Der Konflikt spitzte sich zu. Im April 1775 brach der Krieg aus. Ein Jahr später erklärten die Kolonien ihre Unabhängigkeit. Die Unabhängigkeitserklärung war ein Dekret des amerikanischen Kontinentalkongresses, in dem König Georg III. von England für abgesetzt erklärt wurde – abgesetzt, soweit sich seine Herrschaft auf die dreizehn Kolonien erstreckt hatte. Begründet wurde die Absetzung mit seinen angeblich tyrannischen Akten, für die in Wahrheit jedoch nicht er, sondern das Parlament verantwortlich war. Die Aufzählung erreichte ihren Höhepunkt in einer Serie von Anschuldigungen, in denen der Einsatz militärischer Gewalt angeprangert wurde. Eingeleitet wurde dieser Teil der Erklärung durch eine Feststellung, die alles Folgende in sich schloß: Der gegenwärtige König

---

[2]   *Edmund Burke*, Speech on Moving his Resolutions for Conciliation with the Colonies, 22.3.1775, in: *ders.*, Select Works, hg. von *E. J. Payne*, Bd. 1, Oxford 1904. S. 183: *This study renders men acute, inquisitive, dexterous, prompt in attack, ready in defence, full of resources.*

[3]   Ebd.: *Three thousand miles of ocean lie between you and them. No contrivance can prevent the effect of this distance in weakening government.*

von Großbritannien „hat seine hiesige Regierung niedergelegt, indem er uns seinen Schutz entzogen hat und gegen uns Krieg führt".[4] Das Thema wurde im weiteren Verlauf in einer Serie von wuchtigen Anklagen vertieft: „Er hat unsere Gewässer ausgeplündert, unsere Küsten heimgesucht, unsere Städte niedergebrannt und die Leben unserer Landsleute ausgelöscht".[5] Mit diesen Sätzen brachte der amerikanische Kontinentalkongreß zum Ausdruck, daß der britische König durch den Einsatz militärischer Gewalt jegliche Herrschaftsberechtigung gegenüber den amerikanischen Siedlern verloren habe.

Genau genommen warfen die aufständischen Amerikaner dem Mutterland illegitime Gewaltausübung auf zwei verschiedenen Ebenen vor. Der erste Vorwurf galt der Anmaßung einer Herrschaft, die ihre Legitimität eingebüßt hatte und deshalb als Zwang wahrgenommen wurde. Zu den Anklagen dieser Kategorie gehörte die Besteuerung ohne Zustimmung der Besteuerten, eine Anklage, die seit Beginn der Auseinandersetzungen mit der britischen Regierung erhoben worden war. Der zweite Vorwurf zielte auf den Einsatz der Armee. Dieser Vorwurf wog schwerer, denn durch die Entsendung von Truppen hatte die Regierung in London eine Grenze überschritten, jenseits derer eine Verständigung kaum noch möglich war. Bezeichnenderweise wurde der Entschluß zur Trennung vom Mutterland erst gefaßt, nachdem der Krieg ausgebrochen war.

Karl X. und die Julirevolution

Die Monarchie der Bourbonen war nach dem Sturz Napoleons im April 1814 in Frankreich wiedereingesetzt worden. Die Restauration gelang, weil Ludwig XVIII. durch Erlaß einer Verfassung, der *Charte constitutionnelle*, eine Bürgschaft für die Anerkennung wesentlicher Errungenschaften der Revolution und des Kaiserreichs gegeben hatte. Dazu gehörte die Feststellung einer Reihe von Grundrechten und die Übernahme des *Code civil*. Außerdem suchte der König die Akzeptanz seines Regimes dadurch sicherzustellen, daß er das Verbot jeder Art von politischer Säuberung in die *Charte* aufnehmen ließ.[6] Ludwig XVIII. starb 1824. Ihm folgte sein Bruder, der Graf von Artois, als Karl X. nach. Karl X. besaß weder die Klugheit noch die Anpassungsbe-

---

[4] Declaration of Independence as Adopted by Congress, 4.7.1776, in: [*Thomas Jefferson*] The Papers of Thomas Jefferson, hg. von *Julian P. Boyd*, Bd. 1: 1760–1776, Princeton 1950, S. 431: *He has abdicated Government here, by declaring us out of his Protection and waging War against us.*

[5] Ebd.: *He has plundered our seas, ravaged our Coasts, burnt our towns, and destroyed the Lives of our people.*

[6] Vgl. Charte constitutionnelle française du 4 juin 1814, Art. 11, in: *Jacques Godechot* (Hg.), Les Constitutions de la France depuis 1789, Paris 1970, S. 219: *Toutes recherches des opinions et votes émis jusqu'à la restauration sont interdites. Le même oubli est commandé aux tribunaux et aux citoyens.*

reitschaft seines Vorgängers. Gegen Ende der zwanziger Jahre geriet er in einen Konflikt mit der Kammer über die Frage, welchen Anteil die Deputierten an der Bildung des Staatswillens haben sollten. Der Konflikt entzündete sich im August 1829 an der Berufung des ultraroyalistischen Botschafters Frankreichs in London, des Herzogs Jules de Polignac, zum leitenden Minister. Einen ersten Höhepunkt erreichte die Auseinandersetzung im Frühjahr 1830. Die Thronrede des Königs vom 2. März zur Eröffnung der Sitzungsperiode der Kammer enthielt kaum verhüllte Warnungen an die Opposition:

Pairs von Frankreich, Deputierte der Départements, ich zweifle nicht an Ihrer Mitwirkung bei der Verwirklichung des Guten, das ich im Sinne habe. Sie werden die perfiden Unterstellungen zurückweisen, die Übelwollende zu verbreiten suchen. Wenn meiner Regierung jedoch durch schuldhafte Machenschaften Hindernisse in den Weg gelegt werden sollten, an die ich gar nicht denken möchte, würde ich die Kraft zu ihrer Überwindung finden, in meiner Entschlossenheit, den öffentlichen Frieden aufrechtzuerhalten, im gerechten Vertrauen der Franzosen und in der Liebe, die sie ihren Königen jederzeit entgegengebracht haben.[7]

Am 16. März stimmte die Deputiertenkammer über ihre Antwortadresse ab. In der mit 221 gegen 181 Stimmen verabschiedeten Erklärung stellte die Kammer fest, der Kurs der Regierung widerspreche dem Geist der Verfassung, weil die Wünsche der Volksvertretung keine Berücksichtigung fänden. Das war eine Anspielung auf die Berufung Polignacs. Der entscheidende Passus lautet:

Sire, die *Charte*, die wir der Weisheit Ihres erhabenen Vorgängers verdanken, […] etabliert das Recht des Landes zur Teilnahme an der Beratung der öffentlichen Angelegenheiten. Diese Teilnahme […] macht aus dem ständigen Zusammenwirken der politischen Auffassungen Ihrer Regierung mit den Wünschen Ihres Volkes die unverzichtbare Bedingung des ordentlichen Gangs der öffentlichen Angelegenheiten. Sire, unsere Loyalität, unsere Ergebenheit zwingen uns dazu, Ihnen zu sagen, daß dieses Zusammenwirken nicht gegeben ist.[8]

Mit ihrer Adresse brachten die 221 Abgeordneten zum Ausdruck, daß sie die Ernennung Polignacs als einen Akt der Gewalt ohne Legitimität empfanden. Die Anforderungen an die Legitimität der konstitutionellen Monarchie waren seit der Verkündung der *Charte constitutionnelle* im Jahre 1814 gestiegen. Obwohl die *Charte* dem König formal das Recht zur Berufung der Minister ein-

---

[7]   AP, Serie 2, Bd. 61, Paris 1886, S. 544: *Pairs de France, députés des départements, je ne doute pas de votre concours pour opérer le bien que je veux faire; vous repousserez les perfides insinuations que la malveillance cherche à propager. Si de coupables manœuvres suscitaient à mon gouvernement des obstacles que je ne veux pas prévoir, je trouverais la force de les surmonter dans ma résolution de maintenir la paix publique, dans la juste confiance des Français et l'amour qu'ils ont toujours montré pour leurs rois.*

[8]   Ebd., S. 618: *Sire, la Charte que nous devons à la sagesse de votre auguste prédécesseur, […] consacre comme un droit l'intervention du pays dans la délibération des intérêts publics. Cette intervention […] fait du concours permanent des vues politiques de votre gouvernement avec les vœux de votre peuple, la condition indispensable de la marche régulière des affaires publiques. Sire, notre loyauté, notre dévouement nous condamnent à vous dire que ce concours n'existe pas.*

räumte, wollte die opponierende Mehrheit in der Kammer die Wahrnehmung dieses Rechts nunmehr an die Bedingung knüpfen, daß der Geist der Verfassung, so wie sie ihn sah, dadurch nicht verletzt werde. Die Adresse bedeutete jedoch noch nicht den Bruch mit dem Monarchen. Die Kammer hoffte, daß der König einlenke und durch Entlassung des Ministers die Legitimität zurückgewinne, die er durch dessen Berufung aufs Spiel gesetzt hatte.

Die Reaktion Karls auf die Adresse ließ jedoch erkennen, daß der König entschlossen war, die Kraftprobe zu riskieren. Er vertagte die Kammer zunächst bis September. Am 17. Mai löste er sie auf und schrieb Neuwahlen aus. Als sich in den ersten Julitagen abzeichnete, daß auch in der neuen Kammer die Opposition über die Mehrheit verfügen werde, entschloß sich der König zum Staatsstreich. Unter Berufung auf Artikel 14 der *Charte* ließ er vier Verordnungen ausarbeiten, die den Widerstand der Opposition brechen sollten. Nach Artikel 14 oblag es dem König, die „notwendigen" Anstalten zu treffen „zur Ausführung der Gesetze und der Sicherheit des Staates".[9] Die vier Verordnungen sahen die erneute Auflösung der soeben gewählten Kammer und Neuwahlen sowie die Einschränkung des Wahlrechts und der Pressefreiheit vor. Mit dem Versuch, diese Ziele auf dem Verordnungswege zu verwirklichen, setzte Karl sich über das durch die Verfassung garantierte Recht der Kammern zur Mitwirkung an der Gesetzgebung hinweg. Ein weiterer Verstoß gegen die Verfassung wurde darin gesehen, daß der König die neugewählte Kammer auflöste, bevor sie sich überhaupt konstituiert hatte.

Am Sonntag, dem 25. Juli 1830, versammelten sich die Minister Karls X. im Schloß von Saint-Cloud. Der König hatte sie eingeladen, um die Verordnungen zu unterzeichnen. Die Berichte über den Ablauf des Aktes lassen keinen Zweifel daran, daß sich die Beteiligten des Risikos ihres Schritts bewußt waren. Immerhin hatte die Kammer den Kurs der Regierung mit eindrucksvoller Mehrheit für verfassungswidrig erklärt. In den Juniwahlen war diese Mehrheit durch die Wahlberechtigten bestätigt worden. Insofern hatte nicht nur die Kammer, sondern auch das Land dem König seine Grenzen aufgezeigt. Der Baron von Vitrolles berichtet in seinen Memoiren, daß er vor der Sitzung in Saint-Cloud mehrere Minister einzeln auf die bevorstehenden Entscheidungen angesprochen und zur gewissenhaften Selbstprüfung ermahnt habe. Finanzminister Montbel will er mit den Worten gewarnt haben: „Passen Sie auf, Sie setzen Ihren Kopf aufs Spiel, und, was noch weit mehr ist, die Monarchie und das Schicksal Frankreichs".[10] Zu Innenminister Pierre-Denis de Peyronnet habe er gesagt: „Ihr werdet im nächsten Augenblick an diesem Tisch über

---

[9] Charte constitutionnelle du 4 juin 1814, Art. 14, in: *Godechot* (Hg.), Constitutions, S. 220: *[Le roi] fait les règlements et ordonnances nécessaires pour l'exécution des lois et la sûreté de l'état.*

[10] *Eugène d'Arnauld, baron de Vitrolles*, Mémoires et relations politiques, Bd. 3, Paris 1884, S. 363: *Mais prenez-y garde, vous jouez votre tête, et bien plus, vous jouez la royauté et les destinées de la France!*

das Schicksal der Monarchie entscheiden".[11] Im Vertrauen auf die Stärke und
Loyalität der Armee setzten der König und die Minister sich jedoch über alle
Bedenken hinweg. Karl X. entschied sich für die Gewaltoption und gegen einen Kurs der Verständigung. Dabei hätte er die Bestätigung der Oppositions-
mehrheit in der Neuwahl ohne Gesichtsverlust zum Anlaß nehmen können,
die Regierung umzubilden und den unpopulären Polignac zu ersetzen.

Die Verordnungen – bekannt als „Juliordonnanzen" – wurden am 26. Juli
im regierungsamtlichen *Moniteur* veröffentlicht. Noch am selben Tag unter-
zeichneten 44 Journalisten einen von Adolphe Thiers entworfenen Protest, der
am nächsten Morgen in den elf von ihnen vertretenen Zeitungen erscheinen
sollte. Darin hieß es, „diese denkwürdigen Verordnungen" seien die „offen-
kundigste Verletzung der Gesetze": „Das legale Regime ist also unterbrochen,
das Regime der Gewalt hat begonnen".[12] Prägnanter läßt sich der Gegensatz
von Legitimität und Gewalt nicht formulieren. Am 27. Juli schossen Angehörige der königlichen Garde vor dem Palais-Royal in die empörte Menge. Am
selben Tag setzte die Regierung die Armee ein. Der Oberbefehl wurde Marschall Marmont übertragen. Der ließ sofort alle strategischen Positionen in
der Stadt durch Truppen besetzen. Die Bevölkerung errichtete Barrikaden. In
dreitägigen Kämpfen gelang es Marmont nicht, Paris unter Kontrolle zu bringen. Am 29. Juli zog er die Konsequenzen und räumte die Stadt. Am Morgen
des nächsten Tages hingen an Hauswänden und öffentlichen Plätzen Plakate,
auf denen ein Thronwechsel gefordert wurde. Louis-Philippe von Orléans
sollte neuer König werden. Verfasser der Plakate waren Adolphe Thiers und
François-Auguste Mignet. Der erste Satz des Aufrufs lautete: „Karl X. kann
nicht mehr nach Paris zurückkehren; er hat das Blut des Volkes vergossen".[13]

Daß er die Waffen gegen sein eigenes Volk gerichtet habe, ist der einzige
Vorwurf, der Karl auf dem Plakat gemacht wird. Wie schon in der amerikanischen Unabhängigkeitserklärung wird auch hier die Anwendung von Gewalt
gegen die eigenen Bürger als unausgesprochene Abdankung ausgelegt. Vom
Verfassungsbruch durch die Juliordonnanzen ist nicht mehr die Rede. Das
bedeutet, daß der König in den Augen der Urheber des Plakats erst durch die
Anwendung militärischer Gewalt jede Chance verspielt hatte, den Konflikt
durch die Widerrufung der Ordonnanzen wieder aus der Welt zu schaffen.
Thiers und Mignet hatten erkannt, daß es kein durchschlagenderes Argument
für die Vertreibung Karls X. gab als den Einsatz der Armee. Dadurch hatte
er seine Legitimität endgültig verloren. Über die Frage, welche Vollmachten

---

[11] Ebd., S. 364: *Vous allez dans un instant, autour de cette table [...] décider du sort de la
monarchie.*

[12] Zit. nach *Prosper Duvergier de Hauranne*, Histoire du gouvernement parlementaire en
France, 1814–1848, Bd. 10, Paris 1871, S. 537: *Cependant le* Moniteur *a publié enfin ces
mémorables ordonnances, qui sont la plus éclatante violation des lois. Le régime légal est
donc interrompu, celui de la force est commencé.*

[13] Zit. nach ebd., S. 590: *Charles X ne peut plus rentrer à Paris; il a fait couler le sang du peuple.*

Abb. 1: *Eugène Devéria (1805–1865), Louis-Philippe von Orléans beschwört die revidierte* Charte constitutionnelle *am 9. August 1830 vor den Kammern.*

Artikel 14 der *Charte* dem König tatsächlich zusprach, konnte man verschiedener Meinung sein. Aber der Einsatz der Armee und die zahllosen Opfer: Diese Ungeheuerlichkeit ließ sich nicht mehr gut machen. Charles de Rémusat erläuterte am selben Tag in ganz ähnlichem Sinne für die Zeitung *Globe*, warum es für eine Aussöhnung zu spät sei. Bliebe Karl X. auf dem Thron, so erhöbe sich eine „blutige Barriere zwischen dem König und dem Volk. Kann man sich einen König vorstellen – schuldig und gedemütigt, mit dem Blut der Franzosen bedeckt und besiegt, verhaßt und erniedrigt, alles zugleich? Nein, nein, er muß gehen, Frankreich und er müssen auf ewig voneinander Abschied nehmen".[14]

Über den Herzog Louis-Philippe von Orléans wird demgegenüber auf dem Plakat von Mignet und Thiers festgestellt: „Der Herzog von Orléans hat niemals gegen uns gekämpft".[15] Kurze Zeit später akzeptierte Louis-Philippe den Thron unter den Bedingungen, welche die liberale Kammeropposition inzwischen als unabdingbare Grundlage einer legitimen Monarchie betrachtete (Abb. 1). Das Wahlrecht wurde erweitert und die parlamentarische Regierung eingeführt.

[14] *Charles de Rémusat*, Mémoires de ma vie, Bd. 2, hg. von *Charles H. Pouthas*, Paris 1959, S. 350: *Une barrière sanglante se lèverait entre le roi et le peuple. Se figure-t-on un roi coupable et humilié, couvert du sang des Français et vaincu, odieux et avili tout ensemble? Non, non, il faut qu'il parte, la France et lui doivent se faire d'éternels adieux.*
[15] Zit. nach *Duvergier de Hauranne*, Histoire, Bd. 10, S. 590.

Louis-Philippe und die Februarrevolution

Achtzehn Jahre später wurde jedoch auch Louis-Philippe der Vorwurf gemacht, daß er das Blut der Bürger vergossen habe. Nicht anders als zuvor
die Restaurationsmonarchie war auch das Bürgerkönigtum in den Strukturen
erstarrt, die bei seiner Gründung geschaffen worden waren, während die Gesellschaft sich unterdessen weiterentwickelte. In den vierziger Jahren wurde
die Kritik an der verbreiteten Korruption, am hohen Anteil von Beamten in
der Kammer und an den Beschränkungen des Wahlrechts immer lauter. Alle
Anläufe, den Kreis der Wahlberechtigten auf gesetzlichem Wege zu erweitern,
scheiterten an der reformfeindlichen Kammermehrheit und am leitenden
Minister François Guizot. Schließlich versuchte die Opposition, die längst
überfällige Reform mit Hilfe außerparlamentarischer Aktionen durchzusetzen. Seit Juli 1847 organisierte sie in weiten Teilen des Landes Bankette, auf
denen Abgeordnete, Schriftsteller und Journalisten die öffentliche Meinung
durch ihre Ansprachen zu mobilisieren suchten. Die Ansprachen wurden anschließend in den führenden Zeitungen des Landes veröffentlicht. Unter der
Tarnung privater Veranstaltungen trat auf diese Weise eine mächtige politische Bewegung ins Leben. Die in den zahlreichen Trinksprüchen erhobenen
Forderungen reichten von der Reform des Wahlrechts bis zur Anerkennung
der Volkssouveränität. Im Januar und Februar 1848 führte das Verbot eines
weiteren Banketts im überwiegend von Arbeitern bewohnten zwölften Pariser
Arrondissement bis nahe an einen offenen Konflikt zwischen Regierung und
Opposition. Die Regierung befürchtete eine Radikalisierung der Bewegung.
Doch auch die Verlegung des Banketts in ein anderes Arrondissement und
die Verdoppelung des Eintrittspreises, die Arbeitern die Teilnahme erschwe-
ren sollte, vermochten sie nicht umzustimmen. Da entschlossen sich die Ver-
anstalter am 21. Februar, das zuletzt auf den 22. Februar angesetzte Bankett
ganz abzusagen. Aus Protest gegen diese Absage und gegen den Druck der
Regierung, der sie herbeigeführt hatte, organisierten Studenten und Arbeiter
gleichwohl am folgenden Morgen einen Demonstrationszug durch diejenigen
Straßen, durch die der Marsch zu dem Bankett hätte führen sollen. Es kam
zu ersten Zusammenstößen mit der Nationalgarde. Die Revolution wurde allerdings erst am nächsten Abend durch ein Blutbad ausgelöst, das die Armee
anrichtete. Auf dem Boulevard des Capucines vor dem Außenministerium
suchte ein Offizier mit seiner Abteilung eine Gruppe von Demonstranten
am weiteren Vorrücken zu hindern. Plötzlich fielen Schüsse. Zweiundfünf-
zig Bürger starben, fast hundert wurden verletzt.[16] Sofort wurden Barrikaden
errichtet. Die Aufrührer requirierten ein zufällig vorbeikommendes Fuhr-
werk, luden sechzehn Gefallene darauf und paradierten sie anschließend quer

---

[16] *Henri Guillemin*, 24 février 1848. La première résurrection de la République, Paris 1967,
S. 92.

durch Paris.[17] Diesen Eklat überlebte die Monarchie nicht. Tags darauf wurde die Republik ausgerufen und eine provisorische Regierung gebildet. In einer Proklamation dieser Regierung vom selben Tag an das französische Volk hieß es gleich anfangs, der König sei geflohen und habe „eine Blutspur hinterlassen, die es ihm unmöglich mache, sich noch einmal eines Besseren zu besinnen". Es folgt eine ausdrückliche Bezugnahme auf die Revolution von 1830: „Das Blut des Volkes ist geflossen wie im Juli".[18] Wiederum wie schon 1776 und 1830 wurde die Tötung von Bürgern durch die Armee zum symbolischen Ausdruck der Abdankung erklärt.

Friedrich Wilhelm IV. und die Märzrevolution

Vor diesem Hintergrund wird das Erschrecken des preußischen Königs Friedrich Wilhelm IV. über die Opfer der Straßenkämpfe in Berlin am 18. und 19. März 1848 erst voll verständlich.[19] Schon in den Tagen zuvor war es immer wieder zu blutigen Zusammenstößen mit dem Militär gekommen. Am 18. März strömten Tausende von Berlinern auf den Schloßplatz, um dem König ihre Forderungen nach Aufhebung der Zensur, nach der Berufung einer verfassunggebenden Versammlung, nach Erneuerung des Ministeriums und nach Abzug der Truppen vorzutragen. Vor dem Schloß angekommen, erfuhren sie, daß der König die Forderungen bereits bewilligt habe. Als Friedrich Wilhelm am frühen Nachmittag vor die Menge trat, schlugen ihm von allen Seiten Dankbarkeit und Freude entgegen. Eine Stunde aber, nachdem der König sich wieder ins Schloß zurückgezogen hatte, fielen plötzlich zwei Schüsse. Die Bürger fühlten sich verraten. Sofort wurden überall in der Stadt Barrikaden errichtet. Soldaten schossen auf wehrlose Menschen. Erst am nächsten Morgen wurden die Kämpfe abgebrochen und die Truppen aus der Hauptstadt abgezogen. 277 Bürger hatten ihr Leben gelassen.

Der Württemberger Demokrat Ludwig Pfau aus Heilbronn hat die politische Dimension des Geschehens in seinem Gedicht „Ein deutscher König" ausgemessen.[20] Der dritte Vers lautet:

---

[17] *William Fortescue*, France and 1848. The End of Monarchy, London 2005, S. 70.
[18] Le Moniteur universel Nr. 56, 25.2.1848: *Ce gouvernement s'est enfui en laissant derrière lui une trace de sang qui lui défend de revenir sur ses pas. Le sang du peuple a coulé comme en juillet.*
[19] Das folgende nach *Rüdiger Hachtmann*, Berlin 1848. Eine Politik- und Gesellschaftsgeschichte der Revolution, Bonn 1997, S. 157–208.
[20] Zit. nach *Erich Weinstock*, Ludwig Pfau. Leben und Werk eines Achtundvierzigers, Heilbronn 1975, S. 45 f.

Da liegen sie, Jung und Alte,
Starr, mit zerfetztem Leib;
Da kommen sie, weinend und klagend:
Braut, Bruder, Schwester und Weib;
Da kommen Vater und Mutter
Und schauen die Ihren an
Und sagen: das hat ein König,
Ein deutscher König getan!

Die Kämpfe hatten ein Nachspiel. Am Nachmittag des 19. März versammelte sich erneut eine unübersehbare Menschenmenge auf dem Schloßplatz. Nach Pariser Muster hatten die Aufständischen die Gefallenen auf Wagen gelegt und die Wunden der Opfer demonstrativ zur Schau gestellt. In mehreren Zügen brachten sie die Leichen vor das Schloß und in den Schloßhof und zwangen den König, sein Haupt vor den Toten zu entblößen.[21]

Dazu Ludwig Pfau mit dem vierten Vers:

Und tausend Stimmen drohen:
Da muß der König herab;
Er salutiert die Toten
Und nimmt sein Hütlein ab.
Da bluten all' auf's neue
Bei ihres Mörders Nahn,
Als sprächen sie: das hat ein König,
Ein deutscher König getan!

Die Demütigung des Königs war ein Gewaltakt der Untertanen, der sich gegen die von ihm geübte Gewalt richtete. Gewalt wie Gegengewalt waren Ausdruck einer Legitimitätskrise der Monarchie. Dem König blieb nichts anderes übrig, als um neues Vertrauen zu werben, indem er die Versprechungen vom Vortag wahrmachte. Die Demütigung des 19. März aber hat er zeitlebens nicht verwunden.[22]

Der Republikaner Pfau hoffte, daß die Bluttat des 18. März das Ende der Monarchie einleiten werde. Sein Gedicht endet mit dem Vers:

Das Grab wird nah zum Grabe
Der königlichen Macht!
Die Blut gesäet haben,
Die ernten eine Schlacht.
Im Blute wird ersticken
Der alten Treue Wahn –
Gottlob! Das hat ein König,
Ein deutscher König getan.

---

[21] Vgl. die Aufzeichnung des Oberbürgermeisters von Berlin, Heinrich Wilhelm Krausnick, und andere Augenzeugenberichte in: *Karl Ludwig von Prittwitz*, Berlin 1848, hg. von *Gerd Heinrich*, Berlin 1985, S. 329–332.

[22] *Dirk Blasius*, Friedrich Wilhelm IV. 1795–1861. Psychopathologie und Geschichte, Göttingen 1992, S. 128.

Allerdings setzte sich alsbald die Überzeugung durch, das Militär habe auf Befehl nicht Friedrich Wilhelms IV., sondern des Kronprinzen Wilhelm, seines jüngeren Bruders, des späteren Königs von Preußen und deutschen Kaisers Wilhelm I., gehandelt. Das erleichterte es dem König, die Akzeptanz bei den Berlinern zurückzugewinnen, zumal er den unpopulären Kronprinzen unverzüglich nach England geschickt hatte, um eine wesentliche Ursache des Mißvergnügens an der Monarchie vom Schauplatz zu entfernen. In Frankreich waren Karl X. im Juli 1830 und Louis-Philippe im Februar 1848 vor ihren Untertanen selbst nach England geflohen. In Preußen genügte es offenbar, wenn allein der Kronprinz außer Landes ging.

Mirabeau und die Gewalt der Bajonette

Daß Legitimität nicht mit Waffengewalt zu erzwingen ist, brachte Graf Mirabeau am 23. Juni 1789 an einem Wendepunkt der Französischen Revolution auf denkwürdige Weise zum Ausdruck. Ludwig XVI. hatte die drei Stände zu einer gemeinsamen Sitzung, einer *Séance royale*, einberufen, um ihnen seine Vorschläge zur Reform des Staates vorzutragen. Als er geendet hatte, befahl er den Versammelten, sich wieder zu entfernen. Während der Adel und ein Teil des Klerus der Anordnung Folge leisteten, blieb der Dritte Stand im Saal. Er hatte sich sechs Tage zuvor zur Nationalversammlung erklärt und konnte dem König in dieser Rolle nicht das Recht der Vertagung zugestehen. Als der Zeremonienmeister des Hofes, der Marquis von Dreux-Brézé, die Zurückgebliebenen noch einmal zum Auseinandergehen aufforderte, entgegnete ihm der Vorsitzende Bailly daher: „Ich glaube, daß die versammelte Nation keine Befehle entgegennehmen kann".[23] Mirabeau aber erhob sich und erklärte: „Richten Sie denjenigen, die Sie gesandt haben, aus, daß wir nach dem Willen des Volkes hier sind und daß wir nur der Gewalt der Bajonette weichen werden".[24] Bailly hat eine Version der Worte Mirabeaus überliefert, die noch entschiedener zum Ausdruck bringt, daß Legitimität nicht erzwungen werden kann: „Richten Sie denjenigen, die Sie gesandt haben, aus, daß die Gewalt der Bajonette gegen den Willen der Nation nichts auszurichten vermag".[25]

Mag sein, daß der Wille der Nation mit Gewalt nicht geändert werden kann. Daß der König durch den Einsatz der Armee jedoch dessen Ausführung verhindern könnte, das blieb bis zum Sturz der Monarchie im August

---

[23] Zit. nach *Jean-Christian Petitfils*, Louis XVI, Paris 2005, S. 671: *Je crois que la Nation assemblée ne peut pas recevoir d'ordre.*

[24] Zit. nach ebd., S. 671: *Allez dire à ceux qui vous ont envoyé que nous sommes ici par la volonté du peuple et que nous n'en sortirons que par la puissance des baïonettes.*

[25] Zit. nach ebd., S. 1019, Anm. 31: *Allez dire à ceux qui vous envoient que la force des baïonettes ne peut rien contre la volonté de la Nation;* vgl. dazu auch *Skadi Krause*, Die souveräne Nation. Zur Delegitimierung monarchischer Herrschaft in Frankreich 1788–1789, Berlin 2008, S. 57 f.

1792 eine vorherrschende Sorge der Anhänger der Revolution. Als sich am 11. Juli 1789 das Gerücht verbreitete, der König ziehe Truppen um Paris zusammen, bereiteten sich die Bürger auf einen Kampf vor. Auf der Suche nach Waffen stürmten sie am 14. Juli die Festung Bastille. Der König gab nach und entfernte die Truppen aus der Umgebung der Hauptstadt. Die Flucht des Königs zwei Jahre später deutete die Nationalversammlung als einen Versuch, die Landesgrenzen zu überschreiten, um die Revolution im Bunde mit auswärtigen Regierungen vom Ausland aus niederzuschlagen. Um für die Zukunft einem weiteren Versuch dieser Art vorzubeugen, fügte die Versammlung einen Artikel in die Verfassung ein, der noch einmal die Unvereinbarkeit von Gesetz und Gewalt zum Ausdruck brachte: „Wenn der König sich an die Spitze einer Armee setzt und deren Kräfte gegen die Nation lenkt, oder wenn er sich nicht durch einen formellen Akt einer solchen Unternehmung, die in seinem Namen ausgeübt wird, entgegenstellt, dann wird angenommen, daß er abgedankt habe".[26]

Der Artikel entsprang einem Dilemma. Die Nationalversammlung strebte nach einem möglichst vollkommenen Gleichgewicht der Gewalten. Daher wollte sie der gesetzgebenden Versammlung nicht das Recht einräumen, den König notfalls abzusetzen, denn dadurch hätte sie die Versammlung über den König gestellt. Auf der anderen Seite wollte sie aber auch nicht darauf verzichten, den König durch die Androhung der Absetzung daran zu hindern, die durch die Revolution geschaffene Ordnung wieder zu zerstören. Da aber ein anderes Verfassungsorgan das Haupt der Exekutive nicht absetzen durfte, verfiel die *Constituante* auf den Ausweg, in der Verfassung selbst Tatbestände zu definieren, deren Erfüllung als Abdankungserklärung aufzufassen sei. Diese Form der Abdankung heißt in der Verfassung „gesetzliche Abdankung" (*abdication légale*).[27] Außer der Eröffnung eines Krieges gegen die Nation wurde nach dem Fluchtversuch des Königs der Widerruf des Verfassungseids als weiterer Abdankungstatbestand in den Text aufgenommen. Bereits im März war als Ausdruck legaler Abdankung der Tatbestand eingefügt worden, daß der König das Land verließ und einer ausdrücklichen Aufforderung der gesetzgebenden Versammlung zur Rückkehr nicht Folge leistete.

Gewalt durch auswärtige Intervention

Der Artikel zur Abwehr von Versuchen, die Revolution militärisch niederzuschlagen, richtete sich gegen die Eröffnung eines Krieges gegen die Nation

---

[26] Constitution du 3 septembre 1791, Sept. 3, Titre III, Chapitre II, Section I, Art. 6, in: *Godechot* (Hg.), Constitutions, S. 45: *Si le roi se met à la tête d'une armée et en dirige les forces contre la Nation, ou s'il ne s'oppose pas par un acte formel à une telle entreprise, qui s'exécuterait en son nom, il sera censé avoir abdiqué la royauté.*

[27] Ebd., Art. 8.

entweder durch den König selbst oder durch Dritte im Namen des Königs, zum Beispiel durch auswärtige Regierungen. Die Nationalversammlung hegte von Anfang an den Verdacht, daß Ludwig XVI. Kaiser Leopold, den Bruder der Königin Marie Antoinette, zur Intervention in Frankreich zu bewegen suche. Interventionen zur Niederschlagung von Revolutionen in anderen Ländern wurden nach dem Wiener Kongreß im Rahmen des Europäischen Konzerts üblich. Die Fallstricke einer solchen Politik hatte ausgerechnet Ludwig XVI. bereits im September 1791 klarsichtig herausgestellt. Damals warnte er seine im Exil weilenden Brüder davor, befreundete Regierungen zur Intervention zu seinen Gunsten zu überreden. Man könne eine Nation nicht gegen ihre Neigungen regieren. Die Neigungen der Franzosen richteten sich gegenwärtig auf die Menschenrechte, so unvernünftig diese auch sein mochten. Der militärische Sieg allein sei wertlos, wenn man danach nicht regieren könne. Gegen einen vorherrschenden Geist aber lasse sich ein großes Reich nicht lenken.[28]

Zu den Interventionen eines Drittstaates gehört auch die Niederschlagung der badischen Revolution von 1849 durch preußische Truppen. Genaugenommen fand eine doppelte Intervention statt, weil Alexander von Dusch, Außenminister der badischen Exilregierung in Mainz, zunächst die Reichsregierung, danach jedoch auch die preußische Regierung um Hilfe ersucht hatte. Großherzog Leopold war in der Nacht vom 13. auf 14. Mai ins Elsaß geflohen. Die Führung des preußischen Interventionskorps lag in den Händen von Kronprinz Wilhelm, dem Bruder Friedrich Wilhelms IV. Die Kämpfe zogen sich über mehrere Wochen hin. Am 23. Juli kapitulierte die Festung Rastatt. Über die Aufständischen, soweit sie nicht hatten fliehen können, erging ein blutiges Strafgericht. Die Wirkung der preußischen Intervention auf das badische Volk hat wiederum Ludwig Pfau in seinem Badischen Wiegenlied in vier Versen festgehalten. Der erste Vers lautet:

Schlaf, mein Kind, schlaf' leis,
Dort draußen geht der Preuß'!
Deinen Vater hat er umgebracht,
Deine Mutter hat er arm gemacht,
Und wer nicht schläft in guter Ruh',
Dem drückt der Preuß' die Augen zu.
Schlaf', mein Kind, schlaf' leis,
Dort draußen geht der Preuß'![29]

---

[28] Louis à ses frères, [Septembre 1791], in: *Félix-Sébastien Feuillet de Conches*, Louis XVI, Marie-Antoinette, et Madame Elisabeth, Bd. 2, Paris 1864, S. 331–336.
[29] Zit. nach *Ute Faath / Hansgeorg Schmidt-Bergmann* (Hg.), Literatur und Revolution in Baden 1848/49. Eine Anthologie, Karlsruhe 1998, S. 128.

Peterloo 1819

Ein Blutbad unter Wehrlosen heißt Massaker. Wenn Militärs die Täter sind, kann ein Massaker politische Erschütterungen hervorrufen, die das bestehende Regime in Gefahr bringen. Nichts scheint unwiderleglicher den tyrannischen Charakter eines Herrschers zu enthüllen, als wenn seine Soldaten auf unbewaffnete Zivilisten schießen. Im folgenden sollen drei Massaker dieser Art in der europäischen Geschichte des Revolutionszeitalters miteinander verglichen werden: das Massaker auf St. Peter's Field in Manchester am 16. August 1819, die Niederschlagung der Arbeiterunruhen in Mailand im Mai 1898 und der Petersburger Blutsonntag vom 9. Januar 1905. Der Vergleich zeigt, daß nicht nur unter der Autokratie des Zaren, sondern auch in den liberalen Regimen des Westens unter grober Verletzung nicht nur der elementarsten Menschenrechte, sondern auch in Mißachtung der Schutzpflicht des Staates gegenüber seinen Bürgern nur geringe Hemmungen bestanden, die Armee gegen Demonstranten einzusetzen. Ausgelöst wurden die Aktionen der Militärs jedesmal von Protest- und Petitionsbewegungen der Arbeiterschaft, die vom Hunger diktiert waren. Insofern setzten sie die sozialen Spannungen und Umbrüche der industriellen Revolution voraus. Die Anwendung nackter Gewalt zeigt, daß die Behörden noch kein Mittel gefunden hatten, um die monarchische Herrschaft auch vor den neuen sozialen Klassen zu legitimieren.

Am 16. August 1819 versammelten sich rund 60 000 Menschen aus Manchester und Salford und der gesamten Grafschaft Lancashire, Männer, Frauen und Kinder, unbewaffnet und in Sonntagskleidung auf St. Peter's Field in Manchester, um für eine Verbesserung ihrer Lebensbedingungen und für eine Reform des *House of Commons* zu demonstrieren. Der Name Peterloo für den Ort des Massakers wurde nur wenige Tage später in satirischer Absicht geprägt, um der britischen Armee vier Jahre nach dem Sieg über Napoleon bei Waterloo einen weiteren großen Erfolg zu bescheinigen.[30] Daß der Name sich durchsetzte, zeigt, welchen Stellenwert das Ereignis im kollektiven Gedächtnis der Briten erlangte. Massenkundgebungen ähnlicher Art hatte es seit 1816 bereits mehrfach gegeben; eine der letzten hatte am 12. Juli 1819 in Birmingham stattgefunden. Die Demonstrationen waren Symptome der Gewerbekrise, in die England seit dem Ende der napoleonischen Kriege geraten war. In Lancashire waren vor allem die Heimweber betroffen. Im Jahre 1817 hatten viele Weber aus Manchester und Umgebung an einem Marsch nach London teilgenommen, um dem Prinzregenten ihre Not zu offenbaren. Die Organisation der Massenveranstaltungen ging allerdings nicht von den Webern selbst aus. Vielmehr hatte sich der politische Radikalismus der notleidenden Arbeiterbevölkerung angenommen. Die Radikalen forderten politische Reformen, in erster Linie das allgemeine Wahlrecht und jährliche Wah-

---

[30] *Donald Read*, Peterloo. The "Massacre" and its Background, Manchester 1958, S. 145; *R. J. White*, Waterloo to Peterloo, Harmondsworth 1957, S. 195.

len zum Unterhaus. Sie gewannen die Weber mit dem Argument, ihre Not sei eine Folge der verfehlten und selbstsüchtigen Politik der herrschenden Klasse. Die Macht dieser Klasse aber könne nur durch eine grundlegende Reform des Parlaments gebrochen werden. Unter dem Einfluß ihrer radikalen Mentoren forderten die Arbeiter von Manchester und Birmingham auch, daß diese Städte, deren Einwohnerschaft sich im Zuge der industriellen Revolution vervielfacht hatte, ermächtigt würden, eigene Abgeordnete ins Unterhaus zu entsenden. Diesem Verlangen wurde im Zuge der Parlamentsreform von 1832 Rechnung getragen. Das konnte 1819 jedoch niemand absehen. Daher organisierten die Radikalen im Jahre 1819 auch die Wahl von Abgeordneten durch die Massenversammlungen. Derartige nicht autorisierte Wahlen waren mit der Verfassung nicht vereinbar und konnten schon deshalb niemandem einen Sitz im Parlament verschaffen. Aber sie waren ein propagandistischer Kunstgriff, mit dem Regierung und Parlament unter Druck gesetzt werden sollten. Den Abgeordneten aus städtischen Wahlbezirken (*boroughs*), in denen nur eine überschaubare Zahl von Personen das Wahlrecht besaß, sollten Volksvertreter gegenübergestellt werden, die mit größerem Recht von sich behaupten konnten, daß sie aus einer demokratischen Wahl hervorgegangen seien. Auf der Versammlung in Birmingham war im Juli 1819 ein gewisser Sir Charles Wolseley zum *Legislatorial Attorney and Representative* der Stadt gewählt worden.[31] Das gleiche war zunächst auch für das ursprünglich auf den 9. August angesetzte Treffen in Manchester geplant. Das Innenministerium (*Home Office*) erklärte einen solchen Schritt jedoch für rechtswidrig. Daher verbot die Stadt Manchester die Zusammenkunft. Die Organisatoren luden daraufhin zu einem neuen Treffen auf den 16. August ein, und da sie größten Wert darauf legten, sich an das Gesetz zu halten, um den Behörden keinen Vorwand zum Einschreiten zu liefern, nahmen sie die Wahl eines Abgeordneten aus dem Programm. Die auf den 16. August angesetzte Kundgebung wurde nicht verboten. Entsprechend den Empfehlungen des *Home Office* schien es, als wollten die städtischen Behörden erst abwarten, ob aufrührerische Reden gehalten würden.

Sie warteten nicht. Angesichts der dichten Folge von Massenkundgebungen und der immer radikaler werdenden Forderungen nach politischer Reform waren der Magistrat der Stadt wie auch das *Home Office* überzeugt, daß der Ausbruch einer Revolution unmittelbar bevorstehe. Anders als das *Home Office* jedoch hielt der Magistrat schon die Zusammenkunft als solche für aufrührerisch, auch wenn die demonstrative Wahl eines Abgeordneten nicht vorgesehen war. Aufgrund dieser Überzeugung wäre es konsequent gewesen, wenn er das Treffen auch nach der zweiten Ankündigung verboten hätte. So aber griffen die Behörden im ungünstigsten Augenblick ein. Kaum hatte der radikale Agitator Henry Hunt die Tribüne inmitten der unübersehbaren Zahl von Menschen betreten und mit seiner Rede begonnen, bahnten sich die Mi-

---

[31] *Asa Briggs*, The Age of Improvement, London 1959, S. 210.

Abb. 2: George Cruikshank (1792–1878), Massacre at St. Peter's. Radierung, 16. August 1819.

liz von der einen Seite und kurz darauf reguläre Truppen von der anderen Seite mit ihren Säbeln einen Weg durch die Menge, um Hunt und die anderen Organisatoren der Veranstaltung in Gewahrsam zu nehmen. Verhängnisvoll wirkte sich aus, daß die im Umgang mit ihren Pferden weniger geübte Miliz zeitlich vor den Hussaren auf dem Platz eintraf. Das plötzliche Erscheinen und das rücksichtslose Vorgehen der Bewaffneten lösten unter den Versammelten eine Panik aus. Nachdem sie Hunt und andere Verantwortliche verhaftet hatten, räumten die Truppen den Platz. Elf Menschen starben. Rund 400 wurden verletzt, darunter 140 durch Säbelhiebe (Abb. 2).[32]

Fünf Tage später erhielten die Behörden von Manchester ein Dankschreiben des Prinzregenten. Darin drückte der ihnen seine „große Befriedigung" über die „raschen, entscheidenden und effektiven Maßnahmen zur Aufrechterhaltung der öffentlichen Ruhe" aus.[33] Das Schreiben war sorgfältig kalkuliert. Die städtischen Magistrate arbeiteten ehrenamtlich. Hätte die Regierung eine Untersuchung des Vorfalls eingeleitet oder die Verantwortlichen gar zur Rechenschaft gezogen, hätte sie möglicherweise viele Amtsträger im Lande zur Niederlegung ihrer Funktionen getrieben. Das glaubte sie, zumal in kritischen Zeiten, nicht riskieren zu dürfen.[34] Das Lob des Prinzregenten konnten

---

[32] *Read*, Peterloo, S. 140.
[33] Zit. nach ebd., S. 145: „The Prince Regent spoke of his *great satisfaction* at *their prompt, decisive and efficient measures for the preservation of the public tranquillity*".
[34] Ebd., S. 183; *Boyd Hilton*, A Mad, Bad, and Dangerous People? England 1783–1846, Oxford 2006, S. 252.

die Weber von Lancashire in der Zeitung lesen. Das war ganz im Sinne des Magistrats von Manchester, wurde er damit doch von höchster Stelle öffentlich von jedem Vorwurf des Amtsmißbrauchs und des Gewaltexzesses freigesprochen. Allerdings setzte der Prinzregent mit seiner Reaktion die Glaubwürdigkeit der Monarchie aufs Spiel und das um so mehr, als die Weber sich in ihrer Not schon zuvor mehrmals mit der Bitte um Hilfe an ihn gewandt hatten.

Nicht wenige Zeitgenossen machten die britische Regierung für das Massaker verantwortlich. Shelley nahm die Nachricht zum Anlaß für sein Gedicht „The Masque of Anarchy". Dessen zweiter Vers beginnt mit dem Satz: "Unterwegs traf ich auf Mord – er trug die Züge Castlereaghs".[35] Richard Carlile stellte in einem offenen Brief an den Prinzregenten die Frage: „Wie soll der künftige unparteiische Historiker darüber berichten, [...] daß der Regent Großbritanniens die Abschlachtung von mehreren Hundert seiner friedlichen Untertanen öffentlich gutgeheißen und nicht einen einzigen Schritt unternommen hat, um sich über den Hergang zu informieren"?[36] In London gab das Massaker den Anstoß für die Verschwörung in der Cato Street (*Cato Street Conspiracy).*[37] Ein gewisser Arthur Thistlewood hatte gerade eine einjährige Gefängnisstrafe verbüßt, als er von Peterloo hörte. Er beschloß, die Opfer zu rächen. Zusammen mit ein paar Mitverschwörern plante er die Ermordung des gesamten britischen Kabinetts. Der Plan wurde jedoch entdeckt. Am 23. Februar 1820 wurden die Verschwörer in ihrem Versteck in der Cato Street verhaftet und vor Gericht gestellt. Fünf von ihnen wurden gehängt.

Mailand 1898

Mailand war zusammen mit Turin und Genua am Ende des 19. Jahrhunderts eines der drei führenden industriellen Zentren Italiens. Im Mai 1898 kam es dort zu Zusammenstößen zuerst zwischen Arbeitern und der Polizei, dann zwischen Arbeitern und der Armee. Sie zeigten in vieler Hinsicht ein ähnliches Muster wie die Vorgänge in Manchester. Auch hier war der Hunger die eigentliche Ursache für die verbreitete Unruhe unter der Arbeiterschaft. Die Getreideernte des Jahres 1897 war in Italien außergewöhnlich schlecht

---

[35] *Percy Bysshe Shelley*, The Masque of Anarchy 1819, written on the occasion of the massacre at Manchester, in: *ders.*, The Complete Works, hg. von *Roger Ingpen* und *Walter E. Peck*, Bd. 3: Poems, London / New York 1965, S. 235: *I met murder on the way – He had a mask like Castlereagh.*

[36] Zit. nach *Steve Poole*, The Politics of Regicide in England, 1760–1850. Troublesome Subjects, Manchester / New York 2000, S. 154: *How shall the future impartial historian record, [...] that the Regent of Great Britain has publicly sanctioned the slaughter of several hundred of his unoffending subjects, and has not taken one step to satisfy himself of the facts of the case?*

[37] *White*, Waterloo, S. 197 f.

ausgefallen. Infolgedessen stieg der Brotpreis zwischen April 1897 und Januar 1898 in Mailand um 27%.[38] Zusätzliche Importe konnten ihn nicht senken, weil die Regierung die Getreidezölle aus fiskalischen Gründen im Jahre 1894 von 5 auf 7,50 Lire pro Doppelzentner angehoben hatte. Als sich die Hungerrevolten und Streiks zu Beginn des Jahres 1898 jedoch überall im Lande häuften, nahm die Regierung des Ministerpräsidenten Antonio Di Rudinì die Erhöhung der Zölle für drei Monate zurück. Inzwischen behinderte der Ausbruch des spanisch-amerikanischen Krieges jedoch die Getreideausfuhr aus den Vereinigten Staaten.[39] Ende April und Anfang Mai trieb die Bewegung in verschiedenen Teilen Italiens einem Höhepunkt zu. Zusammenstöße zwischen Demonstranten und der Polizei forderten immer neue Opfer. Am 4. Mai setzte die Regierung die Getreidezölle für zwei Monate ganz aus. Die erhoffte Beruhigung trat jedoch nicht ein. Am Abend des 6. Mai schoß die Polizei in Mailand zum ersten Mal auf Demonstranten. Daraufhin errichteten die Arbeiter überall in der Stadt Barrikaden. Am folgenden Tag übertrug der Präfekt von Mailand Antonio Winspeare dem achtundsechzigjährigen General Fiorenzo Bava Beccaris die Verantwortung für die Wiederherstellung der Ordnung. Stunden später verkündete die italienische Regierung für Mailand den Belagerungszustand und erteilte Bava Beccaris entsprechende Vollmachten. Der General setzte Artillerie gegen die Demonstranten ein. Auf die Bedenkenlosigkeit seines Vorgehens wirft ein Vorfall vom 9. Mai ein bezeichnendes Licht. Auf das, wie sich später herausstellte, unbegründete Gerücht hin, daß aus dem Kapuzinerkloster bei der Porta Monforte mit Gewehren geschossen worden sei, ließ er eine Bresche in die Klostermauer schießen. Die eindringenden Soldaten trafen etwa sechzig Personen in dem Gebäude an, außer den Mönchen eine Gruppe von Bettlern, die dort wie jeden Tag auf ihre Suppe warteten. Mönche und Bettler wurden in Handschellen gelegt und ins Gefängnis verbracht. Nach offiziellen Angaben forderte der Einsatz von Polizei und Militär zwischen dem 6. und 9. Mai 1898 in Mailand 80 Tote und 450 Verletzte. Folgt man Zeugenberichten, dann war die Zahl der Opfer jedoch weit höher.[40] Zum Einsatz der Armee hatten sich die Behörden entschlossen, weil sie glaubten, eine revolutionäre Erhebung stehe unmittelbar bevor, obwohl es dafür keinerlei belastbare Anzeichen gab. Am 7. Mai hatte der Mailänder Quästor Vittorio Minozzi an den Präfekten Winspeare telegraphiert: „Die Lage ist ernst [...]. Es handelt sich nicht um Demonstrationen, sondern um eine revolutionäre Bewegung".[41] In diesem Sinne hatte Winspeare die Regierung in Rom informiert. Unter dem Eindruck derartiger Berichte hatte Di Rudinì daraufhin den Belagerungszustand verhängt. Angesichts der Brutali-

---

[38] *Alfredo Canavero*, Milano e la crisi di fine secolo (1896-1900), 2. Aufl., Milano 1998, S. 148.
[39] Ebd., S. 154, 159.
[40] Ebd., S. 183–186.
[41] Zit. nach ebd., S. 173: *La situazione è grave [...]. Non si tratta di dimostrazioni, ma di un movimento rivoluzionario.*

tät des Vorgehens der Militärs schrieb Eugenio Torelli Viollier, Gründer und verantwortlicher Direktor des *Corriere della Sera*, an den Historiker Pasquale Villari über die Vorgänge: „Ich sehe Dinge, die mich an die Bourbonen erinnern".[42] Eine unerwartete Parallele zu den Ereignissen um Peterloo liegt in der Reaktion des Monarchen auf das Vorgehen der Armee. Für das „große Verdienst" das er sich um „die Institutionen und die Zivilisation" erworben habe, verlieh König Umberto I General Bava Beccaris das Kreuz des Großoffiziers des Militärordens des Hauses Savoia. Gleichzeitig berief er ihn in den Senat.[43]

Die Auszeichnung durch den König hatte ein Nachspiel. Am Abend des 29. Juli 1900 feuerte ein Seidenweber aus Coiano bei Prato namens Gaetano Bresci in Monza auf König Umberto, der soeben einem Turnwettkampf beigewohnt hatte, drei Schüsse ab. Der König starb wenige Augenblicke später.[44] Im Laufe seines Strafprozesses erklärte der Attentäter auf die Frage nach seinen Motiven, er habe den Plan für das Attentat gefaßt, nachdem er gehört habe, daß die Urheber des Blutbads von Mailand nicht aufgehängt, sondern belobigt und dekoriert worden seien.[45] Bresci war 1897 in die Vereinigten Staaten ausgewandert und hatte in Paterson in New Jersey in einer Seidenfabrik Arbeit gefunden. Auf die Nachricht von dem Blutbad, das General Bava Beccaris in Mailand angerichtet hatte, fing er an, von seinem mageren Gehalt für die Schiffsreise zurückzulegen. Als er genug erspart hatte, um die Passage zu bezahlen, kehrte er nach Italien zurück, entschlossen, den König zu bestrafen.

Die Tat Brescis war ein Verbrechen in der Dimension einer antiken Tragödie. Ein Seidenweber kam über den Ozean, um eine Tat zu rächen, die seinem elementaren Rechtsgefühl zuwiderlief. Gaetano Bresci handelte allein, und doch haben sicher auch viele andere Bürger des Landes das Verhalten des Königs als skandalös empfunden. Seine Reaktion zeigt ein weiteres Mal, daß die Monarchie ihre Legitimität aufs Spiel setzte, wenn sie nackte Gewalt gegen ihre Bürger ausüben ließ und die Täter dann auch noch öffentlich belobigte.

Bresci wurde am 29. August 1900 in Mailand zu einer Freiheitsstrafe verurteilt. Am 22. Mai 1901 starb er im Gefängnis. Nach Darstellung der Behörden hatte er sich in der Zelle erhängt. Eine Überprüfung ist kaum noch möglich, da die Akten über seine Gefangenschaft aus dem Archivio Centrale dello Stato in Rom verschwunden sind. Ebenfalls verschwunden sind die Akten seines Prozesses aus dem Archivio di Stato di Milano.[46]

---

[42] Eugenio Torelli Viollier an Pasquale Villari, 3. 6. 1898, in: *Lucio Villari*, I fatti di Milano del 1898, in: Studi Storici 8 (1967), S. 549.

[43] *Canavero*, Milano, S. 256 f.; *Raffaele Colapietra*, Bava Beccaris, Fiorenzo, in: DBI, Bd. 7, Roma 1965, S. 302 f.

[44] *Ugoberto Alfassio Grimaldi*, Il re "buono", Milano 1970, S. 442–447.

[45] *Bruno Anatra*, Bresci, Gaetano, in: DBI, Bd. 14, Roma 1972, S. 168 f.

[46] Ebd., S. 169.

Sankt Petersburg 1905

Am 9. Januar 1905, einem Sonntag, eröffnete in Sankt Petersburg die Armee das Feuer auf unbewaffnete Arbeiter, die Porträts des Zaren wie Heiligenbilder mit sich führten und singend zum Winterpalast zogen, um Nikolaus II. eine Petition zu überreichen. Nach Schätzungen von Beobachtern beteiligten sich mindestens 50 000, vielleicht jedoch bis nahe 100 000 Menschen an dem Marsch.[47] Die Zahl der Opfer wurde von den Behörden mit 130 Toten und 299 Schwerverletzten angegeben. Wahrscheinlich sind diese Ziffern zu niedrig.[48] Jan Kusber schätzt die Zahl der Toten auf etwa 1000.[49] Der Marsch war von Georgij Apollonovič Gapon organisiert worden, einem Priester, der schon seit Jahren in der Arbeiterbewegung tätig war. Im Jahre 1903 hatte er die Versammlung der Fabrikarbeiter in der Stadt Sankt Petersburg, eine Art Arbeiterbildungsverein, gegründet. Zu Beginn des Jahres 1905 zählte der Verein mehrere Tausend Mitglieder. Gapon arbeitete stets eng mit den Behörden zusammen. Er achtete peinlich darauf, sich an die Gesetze zu halten. Im Dezember 1904 hatten die Putilov-Werke, ein großes Rüstungs- und Schiffbauunternehmen, vier Arbeiter entlassen. Da alle vier dem Verein angehörten, bemühte sich Gapon in Verhandlungen mit der Firmenleitung um ihre Wiedereinstellung. Doch die Firma blieb unbeeindruckt. Daraufhin trat die Belegschaft des Werks, aus dem die vier entlassen worden waren, am 3. Januar in den Streik. In den folgenden Tagen schlossen sich immer mehr Belegschaften von Sankt Petersburger Unternehmen der Streikbewegung an. Am 7. Januar befanden sich rund 100 000 Personen im Ausstand. Das entsprach etwa zwei Drittel der Fabrikarbeiterschaft der Stadt. Der Arbeitskonflikt ließ in Gapon einen Plan reifen, den er schon früher gefaßt hatte. Am 6. Januar unterrichtete er den Militärgouverneur der Stadt, General Fullon, daß er am kommenden Sonntag eine Prozession zum Winterpalast führen werde, wo dem Zaren eine Petition überreicht werden solle. Bis dahin blieben ihm gerade drei Tage Zeit, um die Arbeiterschaft zu mobilisieren. Ungeachtet dessen setzte er seine Bemühungen fort, den schwelenden Arbeitskonflikt in den Putilov-Werken durch Verhandlungen zu lösen. Die Polizei behinderte die Vorbereitungen der Demonstration nicht. Am 7. Januar erließ der Militärgouverneur jedoch einen Aufruf, daß keinerlei Prozession geduldet werde. Am Abend des 8. Januar versuchte die Regierung, Gapon zu verhaften, um die Demonstration auf diese Weise zu verhindern. Gapon hatte sich jedoch versteckt. An seinen Plänen hielt er fest. Am selben 8. Januar richtete er ein formelles Gesuch an

---

[47] *Abraham Ascher*, The Revolution of 1905, Bd. 1: Russia in Disarray, Stanford 1988, S. 90.

[48] Ebd., S. 91 f.

[49] *Jan Kusber*, Krieg und Revolution in Rußland 1904–1906. Das Militär im Verhältnis zu Wirtschaft, Autokratie und Gesellschaft, Stuttgart 1997, S. 93; vgl. auch die Angaben bei *Gerald D. Surh*, 1905 in St. Petersburg. Labor, Society, and Revolution, Stanford 1989, S. 165, wo von Tod oder Verwundung von etwa 1000 Teilnehmern und Unbeteiligten die Rede ist.

den Innenminister Petr Danilovič Svjatopolk-Mirskij. Darin bat er um ein Treffen mit dem Zaren am 9. Januar, 14 Uhr, bei dem die Petition überreicht werden sollte. Die Petition lag seit dem 7. Januar vor und war den Behörden bekannt.

In der Petition wird der Zar in ebenso pathetischem wie ehrerbietigem Ton um Gerechtigkeit und Schutz ersucht. Zugleich werden Forderungen erhoben, die auf einen radikalen Umbau der russischen Monarchie zielten. Der Zar wird als der Vater seines Volkes angesprochen. Als Urheber der herrschenden Mißstände werden die Bürokratie und die Kapitalisten angeprangert. Die wichtigste politische Forderung galt der Wahl einer verfassunggebenden Versammlung nach allgemeinem, gleichem und geheimem Wahlrecht. Verlangt wurde auch das Ende des Krieges mit Japan „gemäß dem Willen des Volkes".[50] Unter den sozialen Forderungen ragen das Verlangen nach Streichung der Ablösungszahlungen für ehemaliges Adelsland, die Abschaffung der indirekten Steuern und die Einführung einer progressiven Einkommensteuer, der Achtstundentag sowie Koalitionsfreiheit und Streikrecht heraus. Der letzte Absatz liest sich wie eine bittere Prophetie dessen, was den Arbeitern am Sonntag bevorstand. An den Zaren gewendet heißt es dort:

Aber wenn Du [...] unseren Bitten nicht entsprichst, werden wir hier sterben, auf diesem Platz, vor Deinem Palast. Wir haben keinen Ort, an den wir gehen könnten, und keinen Grund, überhaupt noch weiter zu gehen. Zwei Wege sind uns geblieben: Der eine führt zu Freiheit und Glück, der andere ins Grab [...]. Mögen unsere Leben ein Opfer für das leidende Rußland sein. Uns reut dieses Opfer nicht, wir bringen es mit Freuden.[51]

Am Sonntagmorgen machten sich Zehntausende, Männer, Frauen und Kinder, aus verschiedenen Richtungen kommend, auf den Weg zum Winterpalast. Zunächst versuchte niemand sie aufzuhalten. Erst im Laufe der Zeit erschienen hier und da Soldaten und forderten die Demonstranten auf umzukehren. Die Ermahnungen wurden nicht beachtet. Als eine größere Gruppe, in deren Mitte sich auch Gapon befand, das Narva-Triumphtor erreichte, das noch weit vom Winterpalast entfernt liegt, ertönte ein Hornsignal. Darauf eröffneten Soldaten das Feuer. Das gleiche geschah an anderen Stellen der Stadt. Die friedliche Prozession endete in einem Blutbad.

Nikolaus II. führte regelmäßig Tagebuch, widmete einem einzelnen Tag jedoch nur selten mehr als fünf bis sieben Zeilen. Über den 9. Januar 1905 ist dort zu lesen:

Ein schwieriger Tag! In Petersburg ereigneten sich gefährliche Unruhen (*ser'eznye besporjadki*), weil Arbeiter zum Winterpalast marschieren wollten. Die Truppen mußten an verschiedenen Stellen in der Stadt schießen. Es gab viele Tote und Verwundete. Herr, wie

[50] Zit. nach *Aleksej Šilov, K dokumental'noj istorii „peticii" 9 janvarja 1905 goda*, in: *Krasnaja Letopis'. Istoričeskij Žurnal 2 (13) (1925)*, S. 34.
[51] Zit. nach ebd., S. 35; in englischer Übersetzung findet sich die Petition auch bei: *Ascher*, Revolution, Bd. 1, S. 87–89, und *Walter Sablinsky*, The Road to Bloody Sunday. Father Gapon and the St. Petersburg Massacre of 1905, Princeton 1976, S. 344–349.

schmerzlich und schwer! Mama kam aus der Stadt zu uns direkt in die Morgenmesse. Wir frühstückten mit allen. Ich ging mit Mischa spazieren. Mama blieb über Nacht bei uns.[52]

Der Zar schreibt gerade so, als gehe ihn das Geschehen auf den Straßen der Hauptstadt gar nichts an. Daß die Truppen schießen mußten (*dolžny byli streljat'*), stellt er keinen Augenblick in Frage. Eine Klage in der Petition der Arbeiter hatte gelautet: „Wenn einer von uns es wagt, seine Stimme zugunsten der arbeitenden Klasse und des Volkes zu erheben, wird er ins Gefängnis gesteckt oder verbannt".[53] Es wäre dem Zaren ein Leichtes gewesen, eine Delegation der Arbeiter zu empfangen und die Bittschrift entgegenzunehmen. Nikolaus II. nahm ihre Anliegen jedoch so wenig ernst, daß er sich nicht einmal die Mühe machte, aus Carskoe Selo an den Ort des Geschehens zu kommen. Auch einen Minister zu ermächtigen, die Vertreter der Arbeiter anzuhören, war ihm nicht eingefallen. Man kann daraus nur den Schluß ziehen, daß die Autokratie glaubte, auf die Akzeptanz bei den städtischen Massen und der Industriearbeiterschaft verzichten und ihre Macht im Konfliktfall statt dessen auf die Armee stützen zu können.

Wenige Tage später prophezeite Landwirtschaftsminister Aleksej Sergeevič Ermolov dem Zaren in einem persönlichen Gespräch, daß die gewaltsame Unterdrückung der Demonstration am 9. Januar weitere und noch schärfere Protestbewegungen nach sich ziehen werde. Auch wenn es gelungen sei, die Arbeiterdemonstration auf den Straßen Sankt Petersburgs durch Blutvergießen (*prolitie krovi*) zu unterdrücken, so sei dadurch in Wirklichkeit keine Beruhigung erreicht worden, sondern eher das Gegenteil. „Die Agitation hat nicht aufgehört, aber sie kann andere Formen annehmen, sie kann in einer Reihe von Anschlägen zum Ausdruck kommen, die, soweit bekannt, schon jetzt von anarchistischen Verschwörern angezettelt werden und vor denen niemand sicher ist, auch Ihr nicht, Euer Hoheit, trotz aller zu Eurer Sicherheit ergriffenen Vorkehrungen". In Sankt Petersburg sei die Truppe ihrem Auftrag nachgekommen. Inzwischen habe die Bewegung jedoch auf viele andere Städte übergegriffen. Auch dort erfülle die Armee ihre Pflicht. Was aber könne man tun, wenn die Unruhen aus den Städten auf die Dörfer übersprängen und die Bauern rebellierten? „Mit welchen Kräften und mit welchen Truppen wird man diesen neuen Pugačev-Aufstand (*pugačevčina*) niederschlagen, wenn er sich über das ganze Land ausbreitet"? Ermolov bezweifelte, daß die Truppen den Befehl, auf das Volk zu schießen, in einer ähnlichen Situation noch einmal befolgen würden. Die Soldaten stammten aus eben diesem Volk und stünden schon jetzt in ständiger Berührung mit der Bevölkerung. Sie hätten die Schreie und Verwünschungen ihrer Opfer anhören müssen.

Als Nikolaus entgegnete, er verstehe, daß die Regierung sich nicht allein auf die Armee stützen könne, fuhr Ermolov fort und erklärte, stützen könne sich der Zar allein auf das Volk, aber dafür sei es erforderlich, daß das Volk an ihn

---

[52] [*Nikolaj II*], Dnevniki Imperatora Nikolaja II, hg. von *S. M. Lukonin*, Moskva 1991, S. 246.
[53] Zit. nach *Šilov*, K dokumental'noj istorii, S. 33.

glauben und „in ihm auch künftig seinen Beschützer (*zaščitnik*) erblicken" könne. Und dann führte der Minister dem Selbstherrscher schonungslos vor Augen, was am 9. Januar geschehen war und wie der Zar sich jetzt verhalten müsse. Aus allen Stadtteilen Petersburgs seien die Arbeiter zum Winterpalast geströmt, „nicht mit bösen Absichten" und „nicht, um Euren Thron umzustürzen". Die Menge sei von ihren Anführern in den Glauben gesetzt worden, „daß Ihr sie empfangen und persönlich zu ihr heraustreten würdet, um ihr Flehen anzuhören". Dieses Blutbad hätte verhindert werden können. Die Gesuche der Arbeiter „hätten beizeiten angehört und geprüft werden müssen", und „vielleicht hätten Eure Hoheit rechtzeitig erklären können, daß Ihr bereit wärt, eine Abordnung der Arbeiter zu empfangen, und daß Ihr anordnen würdet, daß ihre Anliegen geprüft und befriedigt würden, soweit sie sich im Rahmen der Gesetze bewegten". Jetzt sei erforderlich, daß Nikolaus sich mit seinem „Zarenwort" an das Volk wende, damit die Bevölkerung aus seinem eigenen Mund sein „tiefes Bedauern über das Geschehene" vernehme, „den Ausdruck des Willens Eurer Hoheit, die Gesuche und Forderungen der Arbeiter, soweit sie den Gesetzen nicht widersprechen, zu prüfen und zu befriedigen". Nötig sei aber vor allem „der Ausdruck des Mitgefühls mit den ungewollten Opfern der Katastrophe". Unter der großen Zahl der Umgekommenen hätten sich „nicht nur Anführer und Revolutionäre befunden, sondern Leute aus der Menge, Frauen und Kinder, ja Personen, die sich zufällig am Ort des Geschehens" aufgehalten hätten. „Eure Hoheit müssen ihnen zu Hilfe kommen". Wenn es dort Schuldige gegeben habe und solche, die ihr Schicksal verdient hätten, so hätten doch ihre Familien und Kinder unverschuldet dieselben Opfer gebracht. In der Hauptstadt werde für die Notleidenden gesammelt. „Wenn ich in deren Namen um Hilfe gebeten werde, halte ich mich nicht für berechtigt, sie zu verweigern, aber nicht wir, sondern Ihr, Euer Hoheit, müßt Hilfe leisten, und nur dann unterscheidet das Volk Euch von den eigentlich Verantwortlichen für die Ereignisse vom 9. Januar. [...] Ein Wort von Euch, Herr, an das Volk gerichtet, das halte ich für unbedingt notwendig".[54]

Ermolov wartete vergeblich auf ein Wort des Zaren. Aber seine Befürchtungen waren begründet. Vom Petersburger Blutsonntag ging eine Streikbewegung aus, die schon bald weite Teile des Landes erfaßte, und am 4. Februar fiel zum ersten Mal seit der Ermordung Alexanders II. im Jahre 1881 wieder ein Mitglied der Zarenfamilie einem Attentat zum Opfer. Der Sozialrevolutionär Ivan Platonovič Kaljaev warf in der Nähe des Kreml eine Bombe auf die Kutsche des als harter Reaktionär berüchtigten Großfürsten Sergej Aleksandrovič, Generalgouverneur von Moskau und Onkel Nikolaus' II.

---

[54] [*Aleksej Sergeevič Ermolov*] Zapiski A. S. Ermolova, in: KA 8 (1925), S. 51–53: *Vaše slovo, gosudar', obraščennoe k narodu, ja sčitaju bezuslovno neobchodimym*; vgl. *Ascher*, Revolution, Bd. 1, S. 107.

Als zwölf Jahre später, am 23. Februar 1917 in Sankt Petersburg die Streiks ausbrachen, aus denen die Februarrevolution hervorgehen sollte, zeigte sich, daß der Zar aus seinen Fehlern im Jahre 1905 nichts gelernt hatte. Nikolaus war am Vorabend nach Mogilev ins russische Hauptquartier gefahren. Daher konnte er die Zuspitzung der Lage in der Hauptstadt nur aus den Berichten verfolgen, die ihm von dort telegraphiert wurden. Aufgrund dieser Berichte erteilte er am 25. Februar den Befehl, die Armee gegen die Demonstranten einzusetzen. Vielleicht hätte er anders entschieden, wenn er sich persönlich einen Eindruck von der Lage in Sankt Petersburg hätte verschaffen können. Wie schon im Januar 1905 dachte er jedoch auch diesmal nicht daran, in die Hauptstadt zurückzukehren. Wie Ermolov vorhergesagt hatte, verweigerten die ersten Truppenteile schon am nächsten Tag den Gehorsam. Zwei Tage später befand sich die gesamte Garnison der Stadt in offener Rebellion. In der Hoffnung, durch ein persönliches Opfer ein Übergreifen der Meuterei auf die kämpfende Truppe an der Front verhindern zu können, dankte der Zar am 2. März zugunsten seines Bruders Michail für sich selbst und seinen bluterkranken Sohn Aleksej ab.[55] Der Einsatz militärischer Gewalt gegen seine Untertanen war auf den Zaren zurückgeschlagen.

Im Zeitalter der Revolutionen konnte die europäische Monarchie sich ihrer überlieferten Legitimität nicht länger sicher sein. Entsprechend der gesellschaftlichen und politischen Entwicklung wurden kontinuierlich neue Anforderungen an sie gestellt. Verweigerte sich die Monarchie diesen Erwartungen, lief sie Gefahr, als Zwangsherrschaft wahrgenommen zu werden. Ob in einer konkreten Konstellation die überlieferten Legitimitätsressourcen ausreichten, um eine akute Bedrohung abzuwenden, konnte zweifelhaft sein. Setzte der Monarch auf die Armee, lief er Gefahr, seine Legitimität erst recht zu verspielen. In mehreren Revolutionen führte der Einsatz militärischer Gewalt zum endgültigen Legitimitätsverlust. Thomas Jefferson gebrauchte das Argument 1776 in der amerikanischen Unabhängigkeitserklärung und Adolphe Thiers 1830 in seinem Appell an die Bürger von Paris. Das Erschrecken Friedrich Wilhelms IV. im März 1848 darüber, was seine Soldaten in Berlin angerichtet hatten, zeigt, daß er sich darüber im klaren war, welches Risiko ein Herrscher einging, wenn er die Armee gegen die eigenen Untertanen einsetzte. Das gilt erst recht, wenn die Herrschaft gar nicht bedroht war. Die gewaltlosen Demonstrationen von Arbeitern in Manchester 1819, in Mailand 1898 und in Sankt Petersburg 1905 waren keine Angriffe auf die bestehende politische Ordnung. Erst ihre gewaltsame Niederschlagung und die öffentliche Auszeichnung der verantwortlichen Militärs durch die Herrscher verwandelten sie in Bedrohungen für den Bestand der Monarchie. Nichts zeigt diese selbstverschuldete Gefährdung deutlicher als Gaetano Brescis Rückkehr aus

---

[55] Vgl. unten Kapitel im Kapitel „Kriegserfolg" den Abschnitt „Die Abdankung Nikolaus' II."

Amerika und sein Attentat auf den König. Für die Anwendung militärischer Gewalt bezahlte Umberto I. mit seinem Leben. Nach dem Petersburger Blutsonntag traf die Rache nicht den Zaren selbst, sondern seinen Onkel, Großfürst Sergej Aleksandrovič, den Generalgouverneur von Moskau, und das ganze Land geriet in Aufruhr.

3. Dynastie

Dynastien und Staaten

In der Erbmonarchie wurde die Herrschaft innerhalb der regierenden Familie nach festen Rechtsregeln von Generation zu Generation weitergereicht. Die dynastische Abkunft und die ordnungsgemäße Thronfolge bildeten über Jahrhunderte hinweg eine wesentliche Grundlage der monarchischen Legitimität. Dabei blieb es auch im Revolutionszeitalter. Nicht nur pochten die Herrscher aus alten Familien weiterhin auf ihre dynastische Legitimität. Auch die seit 1789 neu geschaffenen Monarchien suchten eine dynastische Tradition zu begründen. Napoleon I. wollte seine Familie zu einer europäischen Dynastie erheben. Sein Neffe Napoleon III. verknüpfte mit der Erneuerung des Kaisertums auch die Wiedereinsetzung der Dynastie Bonaparte. Im Laufe des 19. Jahrhunderts bedurfte die dynastische Legitimität allerdings zunehmend der Ergänzung durch neue Legitimitätsfaktoren, vor allem durch Konstitutionalismus und Nationalismus.

Die legitimitätsstiftende Kraft von Dynastien läßt sich angemessen nur würdigen, wenn man hinter die Französische Revolution zurückblickt, um sich von den Leistungen des dynastischen Prinzips im Zeitalter des Fürstenstaats ein Bild zu machen. Zu diesen Leistungen zählen vor allem Gründung und Ausbau von Staaten. Wo die dynastische Legitimität fehlte oder in Zweifel stand, mußte ein Herrscher andere Legitimitätsgründe finden, ohne das Prinzip selbst preiszugeben. Die Erhebung Wilhelms von Oranien und seiner Gattin Maria Stuart auf den englischen Thron im Zuge der Glorreichen Revolution von 1688 wurde durch das Parlament sanktioniert. Katharina die Große, eine deutsche Prinzessin aus dem Hause Anhalt-Zerbst, die in keiner verwandtschaftlichen Beziehung zur Dynastie Romanov stand, versuchte, ihre Usurpation des russischen Throns nach dem gewaltsamen Tod ihres Mannes, des Zaren Peter III., durch eine Politik der Reformen zu rechtfertigen.[2] Die Aufgabe wurde ihr dadurch erleichtert, daß Peter der Große die dynastische Erbfolge in Rußland durch das Fundamentalgesetz von 1722

---

[1] *Benjamin Constant*, De l'Esprit de conquête et de l'usurpation dans leurs rapports avec la civilisation européenne, in: *ders.*, Œuvres, hg. von *Alfred Roulin*, Paris 1957, S. 1030.

[2] *Cynthia H. Whittaker*, The Reforming Tsar: The Redefinition of Autocratic Duty in Eighteenth-Century Russia, in: SR 51 (1992), S. 90; *Karen Rasmussen*, Catherine II and the Image of Peter I, in: SR 37 (1978), S. 57.

aufgehoben hatte. Das Gesetz ermöglichte es den Zaren, nach Wahl statt des ältesten einen der jüngeren Söhne und sogar eine Person außerhalb der Dynastie zu ihrem Nachfolger zu bestimmen, wenn sie es im Interesse des Staates für notwendig hielten.[3]

Die Sicherheit der Thronfolge bildete in der politischen Theorie eines der Hauptargumente zugunsten der Erbmonarchie. In Wirklichkeit war die Thronfolge oft genug umstritten. Das zeigen schon die zahlreichen Erbfolgekriege in der Geschichte Europas. Ansprüche auf die Thronfolge wurden dabei regelmäßig durch Rechtsargumente begründet, mochten diese im Einzelfall auch noch so weit hergeholt sein. Den Entstehungsgrund für Thronansprüche bildeten häufig dynastische Heiraten, die nicht selten eigens anberaumt worden waren, um eine Aussicht auf Territorialerwerb zu schaffen. Eines der bekanntesten Beispiele für eine dynastische Heiratspolitik dieser Art begann mit der Eheschließung des deutschen Königs Maximilian I. mit Maria, der Tochter Karls des Kühnen von Burgund. Philipp der Schöne, der aus dieser Ehe hervorging, heiratete Johanna die Wahnsinnige von Kastilien und Aragon. Deren Sohn, der spätere Kaiser Karl V., vereinigte von 1516 an die deutschen Erbländer des Hauses Habsburg mit den Niederlanden und Spanien sowie den zur spanischen Krone gehörenden italienischen Staaten in seiner Hand. Lediglich das Herzogtum Burgund mit der Residenzstadt Dijon vermochte er nicht für das Haus Habsburg zu sichern.

Das Ergebnis dynastischer Heiratspolitik waren zusammengesetzte Staaten, deren Teile nur durch das gemeinsame Herrscherhaus miteinander verbunden waren. In der Regel galt in den einzelnen Provinzen ganz unterschiedliches Recht, das die neuen Herrscher bei ihrer Thronbesteigung hatten beschwören müssen. Manchmal waren die Provinzen einander geographisch benachbart wie die Niederlande untereinander oder wie England und Schottland, die im Jahre 1603 in Personalunion verbunden wurden, als der kinderlosen Königin Elisabeth I. Tudor der schottische König Jakob VI. Stuart auf dem englischen Thron nachfolgte. Häufig genug jedoch wurden durch dynastische Heiratspolitik Ansprüche auf Gebiete begründet, die vom ursprünglichen Sitz der Dynastie weit entfernt lagen. Dafür bietet gerade das Ausgreifen des Hauses Habsburg in die Niederlande, nach Spanien und nach Italien bezeichnende Beispiele.

Die Entstehung zusammengesetzter Staaten als Folge dynastischer Politik zeigt, daß nicht die Dynastien aus den Staaten hervorgingen, sondern daß umgekehrt die Dynastien sich ihre Staaten schufen. Dynastische Politik führte jedoch nicht nur zur Ausdehnung bestehender Herrschaftskomplexe, sondern nicht selten auch zu deren Zersplitterung. Im Karolingerreich galt das Prinzip der gleichberechtigten Sukzession aller Söhne. Dementsprechend

---

[3] Text des Gesetzes im Original und in englischer Übersetzung in: *Antony Lentin* (Hg.), Peter the Great. His Law on the Imperial Succession in Russia, 1722. The Official Commentary, Oxford 1996. S. 128–133.

wurde das Reich Karls des Großen nach dem Tod Ludwigs des Frommen unter dessen drei Söhne Ludwig den Deutschen, Karl den Kahlen und Lothar geteilt. Auf zurückliegende Teilungen ist der Umstand zurückzuführen, daß dem Zweiten Deutschen Kaiserreich neben dem Königreich Sachsen vier weitere Herzogtümer angehörten, die schon durch ihre Namen anzeigen, daß sie einst aus einem größeren sächsischen Territorium hervorgegangen waren: Sachsen-Altenburg, Sachsen-Coburg-Gotha, Sachsen-Meiningen und Sachsen-Weimar.

Im *Ancien Régime* führten die Dynastien, nicht die Staaten Krieg gegeneinander und schlossen Friedensverträge. Im Frieden von Nystad 1721 trat nicht Schweden die Provinzen Estland, Livland und Ingermanland an Rußland ab, sondern der König von Schweden, Friedrich I., „und das Königreich Schweden" an seine „Czarische Majestät und dero Nachkommen und Successoren am reussischen Reich".[4] Nach der vernichtenden Niederlage bei Kunersdorf am 12. August 1759 rechnete Friedrich der Große mit einem Vorstoß der Russen nach Berlin. Daß der wider alles Erwarten ausblieb, nannte der König in einem Brief an Prinz Heinrich vom 1. September das „Mirakel des Hauses Brandenburg", nicht etwa Preußens oder der preußischen Staaten.[5] Im Frieden von Hubertusburg 1763 waren es ebenfalls die Herrscher, Maria Theresia und Friedrich der Große, nicht ihre Staaten, die wechselseitig für sich und ihre Nachkommen auf alle Ansprüche verzichteten, die sie gegeneinander hätten erheben können.[6] Erst nach der Revolution traten die Dynastien allmählich hinter ihre Staaten zurück. Im Präliminarfrieden zwischen Deutschland und Frankreich vom Februar 1871 verzichtete Frankreich nicht zugunsten des Hauses Hohenzollern, sondern zugunsten des Deutschen Reiches auf die Gebiete, die später zum Reichsland Elsaß-Lothringen zusammengefaßt werden sollten.[7]

Im zusammengesetzten Staat, den die Dynastie geschaffen hatte, stellte sich das Problem der Legitimität der Herrschaft nicht global, sondern je für sich in den einzelnen Provinzen, aus denen er bestand. In den Provinzen konnte die Thronfolge unterschiedlich geregelt sein. Schon dieser Umstand bedrohte den Zusammenhalt der bestehenden Herrschaftskomplexe. Als im Jahre 1837 die Kronprinzessin Viktoria den britischen Thron bestieg, fiel die Personalunion mit Hannover auseinander, weil dort nur die männliche Thronfolge galt. Um ihre Gesamtstaaten vor dem Auseinanderbrechen zu bewahren, strebten die

---

[4] Friede von Nystad, 10. 9. 1721, Art. 4, in: *F. W. Ghillany* (Hg.), Diplomatisches Handbuch. Sammlung der wichtigsten europäischen Friedensschlüsse, Congressakten und sonstigen Staatsurkunden, 1. Teil, Nördlingen 1855, S. 155.

[5] *Theodor Schieder*, Friedrich der Große. Ein Königtum der Widersprüche, Frankfurt / Berlin / Wien 1983, S. 196 f.

[6] Friede von Hubertusburg, 15. 2. 1763, Art. 3, in: *Ghillany* (Hg.), Handbuch, S. 182 f.

[7] Versailler Präliminarfrieden vom 26. Februar 1871, Art. 1, in: *Johannes Lepsius / Albrecht Mendelssohn Bartholdy / Friedrich Thimme* (Hg.), Die Große Politik der Europäischen Kabinette 1871–1914, Bd. 1, Berlin 1926, S. 3.

Herrscher über die bloße Personalunion hinaus daher naturgemäß nach einer stabileren staatsrechtlichen Verbindung und vor allem nach einer Vereinheitlichung des Erbfolgerechts in ihren Staaten. So schuf Kaiser Karl VI. in der Pragmatischen Sanktion für die zur habsburgischen Krone gehörenden Länder 1713 eine einheitliche Thronfolgeordnung, in der, abweichend von der bisher geltenden Regelung, unter bestimmten Voraussetzungen auch die weibliche Thronfolge vorgesehen war. Die Pragmatische Sanktion wurde allerdings nicht von allen Staaten anerkannt. So wurde ein Erbfolgekrieg unvermeidlich, als im Jahre 1740 Maria Theresia ihrem Vater auf dem Thron nachfolgte.

Die Schaffung gemeinsamer Erbfolgeordnungen und anderer übergreifender Institutionen stand am Anfang der Entstehung von neuen Großstaaten, die sich zuletzt auch in der Namensgebung niederschlug. Noch die im Jahre 1794 publizierte preußische Gesetzeskodifikation trug den Titel „Allgemeines Landrecht für die preußischen Staaten", nicht Allgemeines Landrecht für Preußen. Der Staatsname „Österreich" für die Gesamtheit der habsburgischen Länder entstand erst mit der Erfindung eines österreichischen Kaisertums durch den römisch-deutschen Kaiser und König, Franz II., jetzt zugleich Franz I., im Jahre 1804.

Solange die von den Dynastien zusammengetragenen Provinzen nur durch Personalunion miteinander verbunden waren, zumal wenn sie geographisch weit auseinanderlagen, fiel es schwer, in Bezug auf den Gesamtstaat von einem klar definierbaren Staatsinteresse zu sprechen. Zur Zeit Philipps II. stimmten das Staatsinteresse Spaniens und das Staatsinteresse der Niederlande kaum überein. Nicht zufällig erhoben sich die Niederländer in der zweiten Hälfte des 16. Jahrhunderts gegen die spanische Herrschaft. Schon eher gab es ein einheitliches dynastisches Interesse. Die Dynastien strebten im Wettbewerb mit anderen Dynastien nach Behauptung und Erhöhung ihrer Macht und ihres Ansehens in Europa. Dazu benötigten sie die materiellen Ressourcen ihrer Länder. Im Zeitalter der Söldnerheere genügte Geld, um Armeen aufzustellen. Die Erwerbung neuer Länder diente der Vermehrung der Einkünfte und verhinderte gleichzeitig, daß andere Dynastien sich aus diesen Ländern Einkünfte verschafften. Wenn die Dynastien ihre Länder jedoch in erster Linie als Geldquellen betrachteten, glichen sie modernen Investoren, denen es grundsätzlich gleichgültig ist, an welchem Ort und in welcher Branche sie sich gewinnbringend engagieren.

Nur unter dieser Voraussetzung erklärt sich die Bereitschaft von Herrschern, Territorien gegeneinander auszutauschen. Ein bezeichnendes Beispiel bot noch am Ende des 18. Jahrhunderts Karl Theodor von der Pfalz aus dem Hause Wittelsbach. Nach dem Aussterben der bayerischen Linie der Wittelsbacher im Jahre 1777 fiel dem pfälzischen Kurfürsten, der zugleich Herzog von Jülich und Berg und von Neuburg sowie Pfalzgraf von Sulzbach war, das Kurfürstentum Bayern zu. Ungeachtet der dynastischen Verbindung war Bayern Karl Theodor fremd, und so war er nicht abgeneigt, dem Vorschlag Kaiser Josephs II. zu folgen, ihm das bayerische Kurfürstentum im Tausch gegen die österreichischen Niederlande zu überlassen. Die österreichischen Niederlande waren erst 1713 durch den Frieden von Utrecht, der den Spanischen Erbfolgekrieg beendet hatte, aus der spanischen Erbmasse an die österreichischen Habsburger gelangt. Joseph II. erblickte darin einen namentlich gegen die notorischen Ansprüche Frankreichs nur schwer zu verteidigenden Außenposten, während sich Karl Theodor mit seinen am Rhein gelegenen Staaten und namentlich mit der Residenz des Herzogtums Berg in Düsseldorf in einem unverkennbaren geographischen Zusammenhang mit den Niederlanden befand. Bekanntlich kam der Tausch wegen des Dazwischentretens Friedrichs des Großen, der keinen Machtzuwachs Österreichs in Süddeutschland duldete, nicht zustande. Der Tauschplan selbst zeigt jedoch, daß es den Herrschern offenbar gleichgültig war, welche Untertanen sie regierten. Aus der Perspektive des 19. Jahrhunderts muß es besonders befremdlich erscheinen, daß der deutschsprachige Karl Theodor keine Bedenken trug, seine bayerischen Untertanen im Tausch gegen französisch und flämisch sprechende Niederländer wegzugeben.

Die Austauschbarkeit von Herrschaftsgebieten und deren Bewohnern wirft ein bezeichnendes Licht auf die dynastische Legitimität der Monarchie. Die dynastische Legitimität begründete zunächst einmal den Anspruch auf Gehorsam der in einem Territorium lebenden Untertanen. Der Anspruch stützte sich auf die rechtmäßige Erbfolge oder auf die rechtswirksame Abtretung des Herrschaftsrechts an den derzeitigen Herrscher in einem gültigen Friedens-, Kauf- oder Tauschvertrag. Die Rechtmäßigkeit der Herrschaft war von einer emotionalen Bindung der Untertanen an den Herrscher offenbar ebenso unabhängig wie umgekehrt von einer emotionalen Bindung des Herrschers an seine Untertanen. In Wirklichkeit jedoch wurde der Sproß einer alteingesessenen Dynastie nicht nur durch das abstrakte Recht seiner Abstammung legitimiert, sondern zugleich durch die Mythen, mit der die Erinnerung an große Gestalten aus seinem Hause umgeben war. Die Ratio der dynastischen Sukzession lag im Erbcharisma, durch das sich die legitime Dynastie von anderen Familien unterschied. Äußeres Zeichen des Erbcharismas war in England und Frankreich die Fähigkeit der Könige, durch Handauflegen von der Skrofulose zu heilen. In Zeiten des Umbruchs wurde die Dignität des Hauses Bourbon regelmäßig durch die Erinnerung an seine großen Könige in der Geschichte unterstrichen. Am 2. April 1814 veröffentlichte das *Journal des débats* einen Aufruf des im englischen Exil weilenden Grafen von Provence vom 1. Januar des Jahres. Darin bezeichnet der nachmalige Ludwig XVIII. Napoleon als „Usurpator" nicht seines, sondern „des Throns Ludwigs des Heiligen".[8] Chateaubriand setzte sich für die Restauration Ludwigs XVIII. mit dem Argument ein, daß er „der Erbe Heinrichs IV. und Ludwigs XIV." sei.[9]

---

[8] Journal des débats, 3.4.1814, S. 3.
[9] *François René de Chateaubriand*, De Buonaparte, des Bourbons, et de la nécessité de se rallier à nos princes légitimes, pour le bonheur de la France et celui de l'Europe, Zürich 1814, S. 56.

Dynastische Krisen

Die dynastische Thronfolge sollte die Dauerhaftigkeit der Monarchie und damit die Stabilität der politischen Ordnung über die Generationen hinweg verbürgen. Sie war jedoch nicht gegen Krisen gefeit. Grundsätzlich lassen sich zwei Typen dynastischer Krisen unterscheiden – die Krisen aus natürlichen und die Krisen aus politischen Ursachen. Die natürlichen Krisen ergaben sich daraus, daß die dynastische Thronfolge auf biologischen Voraussetzungen beruhte. Die wichtigste Voraussetzung für einen geordneten Erbgang bestand darin, daß überhaupt ein Thronerbe vorhanden war. Fehlte ein Thronerbe, oder war die leibliche Thronfolge nach dem Tod eines Herrschers aus anderen Gründen zweifelhaft, so entstanden leicht Kriege um die Erbfolge. Erbansprüche wurden nicht selten auch zum bloßen Vorwand genommen, um der Verfolgung anderer Ziele den Schein der Rechtmäßigkeit zu verleihen. So brach Ludwig XIV. im Jahre 1688, drei Jahre, nachdem die Simmernsche Linie des Hauses Wittelsbach ausgestorben war, den Pfälzischen Erbfolgekrieg wesentlich deshalb vom Zaun, weil er eine Verschiebung des europäischen Gleichgewichts zum Nachteil Frankreichs befürchtete, wenn Kaiser Leopold I. gegen die Türken weitere Siege erzielte.[10] Eine kritische Situation konnte jedoch auch dann eintreten, wenn zwar ein Thronerbe zur Verfügung stand, aber infolge Minderjährigkeit oder verminderter Zurechnungsfähigkeit die Regierung nicht oder nicht sofort mit der erforderlichen Autorität übernehmen konnte. In einem offenen Brief an die soeben im Alter von 18 Jahren auf den Thron gelangte Königin Viktoria bekannte Lord Henry Brougham im Jahre 1838, daß er sich um die Zukunft der britischen Monarchie sorge, weil die Regierung „einer Frau anvertraut werde und diese Frau ein Kind" sei.[11]

Von dynastischen Krisen aus politischen Ursachen kann man sprechen, wenn ein Herrscher abgesetzt oder zur Abdankung gezwungen worden war, zumal dann, wenn mit der erzwungenen Beendigung seiner Herrschaft auch die Aufhebung seiner Dynastie verbunden war. Diese Verknüpfung war allerdings die Regel, selbst bei denjenigen Herrscherabsetzungen des *Ancien Régime*, die formal damit begründet wurden, daß der Abgesetzte sich in einen Tyrannen verwandelt und daher sein Herrschaftsrecht verwirkt habe. Man sollte meinen, daß eine derartige, auf die Person des aktuellen Herrschers zugeschnittene Anklage nicht auch seine Nachkommen treffe. Vermutlich lag der entscheidende Grund für den Ausschluß auch der Nachkommenschaft von der Thronfolge jedoch in der Vorstellung, daß die Dynastie mit dem abge-

---

[10] *Volker Sellin*, Der benutzte Vermittler. Innozenz XI. und der pfälzische Erbstreit, in: *Joachim Dahlhaus / Armin Kohnle* (Hg.), Papstgeschichte und Landesgeschichte. Festschrift für Hermann Jakobs zum 65. Geburtstag, Köln / Weimar / Wien 1995, S. 607 f., 615 f.

[11] [*Henry Brougham*], Letter to the Queen on the State of the Monarchy. By a Friend of the People, London 1838, S. 9: *it is your fate to have the experiment tried in your person, how far a monarchy can stand secure in the nineteenth century, when all the powers of the executive government are intrusted to a woman, and that woman a child.*

setzten Herrscher zugleich ihr Erbcharisma und damit ihre Regierungsfähigkeit verloren habe. Darauf deutet der erste Absatz des Gesetzes hin, mit dem das englische Parlament sechs Wochen nach der Hinrichtung Karls I. auch die Monarchie als Institution abschaffte. Es heißt dort, aufgrund der Verurteilung Karls wegen Hochverrats sei auch seine Nachkommenschaft „unfähig" geworden, den Thron zu übernehmen. Dementsprechend entband das Gesetz das „gesamte Volk Englands und Irlands" ausdrücklich vom Gehorsam gegenüber den Leibeserben des hingerichteten Königs. Mit Namen genannt werden die beiden Söhne Karl und Jakob, die nachmaligen Könige Karl II. und Jakob II. Erst nachdem die Regierungsunfähigkeit der Nachkommen im ersten Teil des Gesetzes festgestellt war, wurde die Staatsform der Monarchie selbst im zweiten Teil für „unnötig, beschwerlich und für die Freiheit, die Sicherheit und das öffentliche Interesse des Volkes gefährlich" und daher für abgeschafft erklärt.[12] Die Aufhebung der Thronrechte des Hauses Stuart beschwor somit deshalb keine dynastische, sondern bloß eine politische Krise herauf, weil zugleich auch die Monarchie selbst mit abgeschafft wurde.

Bei der Absetzung Jakobs II. in der Glorreichen Revolution von 1688 verfuhr das Parlament anders. Zwar warf es auch ihm Verfassungsbruch vor, aber weder schaffte es deshalb die Monarchie ab, noch schloß es auch nur die gesamte Dynastie von der Erbfolge aus. Lediglich der soeben geborene Sohn Jakobs wurde ausgeschlossen, jedoch nicht weil das Erbcharisma des Hauses Stuart angezweifelt worden wäre, sondern weil der Prinz katholisch war. Statt seiner wurde die protestantische Tochter Maria aus Jakobs erster Ehe zur Thronfolgerin bestimmt. Damit blieb die dynastische Erbfolge prinzipiell gewahrt, auch wenn der eigentlich erbfolgeberechtigte Sohn übergangen wurde.[13] Im Vorfeld der Absetzung Napoleons durch den französischen Senat im April 1814 wurde zunächst erwogen, seinem dreijährigen Sohn den kaiserlichen Thron zu erhalten. Der Sohn sollte nicht auch für die Rechtsbrüche des Vaters büßen. Der Plan wurde jedoch aus praktischen Gründen wieder verworfen. Solange Napoleon lebte, würde er versuchen, hinter den Kulissen weiter auf die Politik Einfluß zu nehmen. Außerdem wäre als Regentin nur die Mutter Marie Luise von Österreich in Betracht gekommen. Damit aber wären die Geschicke Frankreichs in die Hände Metternichs gelegt worden.[14] So wurde der Weg frei für die Restauration der Bourbonen.

Eine dynastische Krise eigener Art löste die Abdankung des Zaren Nikolaus II. aus. Da der Thronerbe Aleksej an der Bluterkrankheit litt und daher, wie Nikolaus meinte, ohne den Vater nicht leben konnte, schloß er den

---

[12] An Act for the abolishing the kingly office in England and Ireland, and the dominions thereunto belonging, 17. 3. 1649, in: *John P. Kenyon* (Hg.), The Stuart Constitution 1603–1688. Documents and Commentary, Cambridge 1966, S. 339 f.

[13] Vgl. dazu unten den Abschnitt „Vom Hause Stuart zum Haus Hannover 1688–1714".

[14] *Volker Sellin*, Die geraubte Revolution. Der Sturz Napoleons und die Restauration in Europa, Göttingen 2001, S. 137, 153.

Sohn in seinen Thronverzicht mit ein und bestimmte seinen Bruder Michail zum Nachfolger. Angesichts der revolutionären Bedrohung lehnte dieser die Thronfolge jedoch ab. Damit war die Monarchie aufgehoben. Ein halbes Jahr später übernahmen die Bolschewisten die Macht in Rußland.

Isabella II. von Spanien wurde in der Septemberrevolution von 1868 abgesetzt, aber in der im Januar 1869 gewählten verfassunggebenden Versammlung blieben die Republikaner in der Minderheit. Dementsprechend sah die im Juni dieses Jahres verabschiedete Verfassung erneut eine konstitutionelle Monarchie vor, allerdings auf der Grundlage der Volkssouveränität. Die Regierung unter General Prim machte sich auf die Suche nach einem geeigneten König. Nachdem Napoleon III. die Berufung des Herzogs von Montpensier, Sohn des Bürgerkönigs Louis-Philippe und Schwager Isabellas, ausgeschlossen hatte, fiel die Wahl auf Leopold von Hohenzollern-Sigmaringen. Dessen Thronkandidatur löste im Juli 1870 den preußisch-französischen Krieg aus.[15] Daraufhin wurde Amadeus von Aosta, Sohn Viktor Emanuels II. von Italien aus dem Hause Savoia, zum spanischen König gewählt. Da Amadeus in Spanien jedoch überwiegend auf Ablehnung stieß, gab er den Thron im Februar 1873 zurück. Nun wurde die Republik proklamiert. Schon Ende 1874 kehrte Spanien jedoch zur Monarchie zurück. Zum König wurde jetzt Isabellas Sohn als Alfons XII. berufen.[16] Die Restauration der Bourbonen sechs Jahre nach der Absetzung Isabellas zeigt, daß die Monarchie als Staatsform nach wie vor auf breite Zustimmung stieß. Die mehrfachen Versuche, den vakanten Thron mit ausländischen Prinzen zu besetzen, lassen jedoch erkennen, daß die Bindung an die angestammte Dynastie sich abgeschwächt hatte. Im Jahre 1931 wurde Spanien erneut Republik.

Die schwersten dynastischen Krisen der Neuzeit erlebten Frankreich und Rußland in der zweiten Hälfte des 16. bzw. im frühen 17. Jahrhundert. In beiden Ländern waren die Krisenperioden dadurch gekennzeichnet, daß auf die auslösende Krise im Laufe der Jahre weitere dynastische Krisen folgten. Außerdem fielen beide Krisen in Epochen, die zugleich von schweren sozialen und politischen Erschütterungen erfüllt waren, so daß sich das Fehlen einer unangefochtenen Regierungsautorität besonders verhängnisvoll auswirkte.

Die Krise des Hauses Valois 1559–1589

Der französische König Heinrich II. kam im Jahre 1559 bei einem Turnierunfall ums Leben. Sein ältester Sohn Franz folgte ihm fünfzehnjährig auf dem Thron nach, starb jedoch schon ein Jahr später. Nun fiel der Thron dessen erst zehnjährigem Bruder Karl zu. Die Witwe Heinrichs II., Katharina von

---

[15] *Éric Anceau*, Napoléon III. Un Saint-Simon à cheval, Paris 2008, S. 496.
[16] *Walther L. Bernecker / Horst Pietschmann*, Geschichte Spaniens. Von der frühen Neuzeit bis zur Gegenwart, 4. Aufl., Stuttgart 2005, S. 272–277.

Medici, übernahm die Regentschaft. Damit begann die dynastische Krise als Minoritätskrise. Die Regentin war Ausländerin. Schon deshalb fehlte ihr die Autorität, um sich gegen die miteinander um den Einfluß bei Hofe rivalisierenden Adelsfamilien durchzusetzen. Der Kampf um die Macht verschränkte sich mit dem Konflikt zwischen den Konfessionen. Im Jahre 1562 brach der konfessionelle Bürgerkrieg aus. Der Konflikt zwischen den Religionsparteien drohte das Land zugleich in einen Krieg mit Spanien zu verwickeln. Die Ermordung Gaspard de Colignys und anderer Hugenottenführer in der Bartholomäusnacht 1572 hing unmittelbar mit deren Plan zusammen, den vom Herzog Alba bedrängten niederländischen Protestanten zu Hilfe zu kommen.[17] Das hätte Madrid kaum kampflos hingenommen. Karl IX. starb 1574. Ihm folgte sein nächstjüngerer, damals dreiundzwanzigjähriger Bruder im Königtum nach. Heinrich III. regierte nur 15 Jahre lang. Bei der Belagerung der von der Liga besetzten Hauptstadt Paris wurde er 1589 ermordet. Da er keine Leibeserben hinterließ und keine weiteren noch lebenden Brüder besaß, war das Haus Valois damit ausgestorben. Eine neue dynastische Krise war ausgebrochen. Zwar hatte Heinrich III. sterbend noch Heinrich von Navarra, den protestantischen Gemahl seiner Schwester Margarete, zu seinem Nachfolger designiert. Der neue König mußte sich jedoch erst überall und namentlich unter den Katholiken Anerkennung verschaffen. Dazu mußte er vor allem die Hauptstadt zurückgewinnen. Um der katholischen Partei entgegenzukommen, erklärte Heinrich IV. im Jahre 1593 seinen Übertritt zum katholischen Glauben. Durch das Edikt von Nantes gelangen ihm 1598 die langfristige Befriedung der konfessionellen Parteien und damit die Beendigung des Bürgerkriegs. Heinrich IV. wurde zum Stifter einer neuen Dynastie, des Hauses Bourbon, und damit zum Überwinder der tiefen dynastischen Krise, die Frankreich seit dem Tod Heinrichs II. erschüttert hatte. Das erklärt sich einerseits aus seiner Designation durch Heinrich III. und seiner Verschwägerung mit dem Hause Valois, andererseits daraus, daß er die Folgen der dynastischen Krise, den konfessionellen Bürgerkrieg, durch das Pazifikationsedikt von 1598 zu beenden vermochte.

Die Zeit der Wirren in Rußland 1598–1613

Im Jahre 1598 starb Zar Fedor, Sohn Ivans IV. des Schrecklichen (*Ivan Groznyj*). Da Fedor keine Leibeserben hinterließ und da die beiden anderen Söhne Ivans IV., Ivan und Dmitrij, in den Jahren 1581 und 1591 gestorben waren, gab es nach dem Tod Fedors keinen legitimen Nachfolger aus dem

---

[17] *Nicola M. Sutherland*, The Massacre of St. Bartholomew and the European Conflict 1559–1572, London 1973.

Hause der Rurikiden mehr. Mit dem Jahre 1598 begann in Rußland die sogenannte „Zeit der Wirren" (*smutnoje vremja* oder *smuta*), die bis 1613 an-
dauern sollte.[18]

Zur Lösung der Krise wurde noch im Jahre 1598 ein allgemeiner Landtag
(*Zemskij Sobor*) nach Moskau einberufen. Dieser wählte den Bruder Irinas,
der Frau des verstorbenen Zaren Fedor, Boris Godunov, zum neuen Zaren.
Für Godunov sprach unter anderem, daß er bereits unter dem geistig behin-
derten Zaren Fedor die Regierung geführt hatte. Er war mit der Dynastie der
Rurikiden jedoch nicht verwandt und konnte sich auch nicht auf eine Designation durch den verstorbenen Zaren berufen, ein Element, das in Rußland
neben der dynastischen Verbindung traditionell eine wichtige Rolle spielte.
An die Stelle dieser beiden legitimierenden Faktoren trat im Falle Godunovs
zunächst die Wahl durch den Landtag. Mit Boris Godunov wurde zugleich
seine Nachkommenschaft legitimiert. Künftig sollte also wieder die dynastische Erbfolge gelten. Die Wahl des neuen Zaren wurde in der feierlichen
Krönung durch den Patriarchen von Moskau, Iov, kirchlich sanktioniert. Für
wie wichtig gleichwohl die dynastische Legitimation oder etwas, das ihr na-
hekam, genommen wurde, zeigt sich daran, daß der Patriarch eine Art von
Adoption Godunovs durch Zar Ivan IV. fingierte. Angeblich hatte Ivan eines
Tages zu ihm gesagt, gleichwie die Zarin Irina, Frau seines Sohnes Fedor und
Schwester von Boris, seine ihm von Gott geschenkte Tochter sei, so sei auch
er, Boris, sein Sohn. Außerdem wurde eine indirekte Designation Godunovs
durch den Zaren Fedor konstruiert. Fedor habe seine Frau Irina zu seiner
Nachfolgerin designiert und diese wiederum ihren Bruder Boris.

Der neue Zar mußte sich mit zum Teil drakonischen Maßnahmen gegen
rivalisierende Bojarenfamilien durchsetzen. Dadurch schuf er sich zahlreiche
Feinde. Darüber hinaus wurde ihm die Gewinnung allgemeiner Anerkennung
durch einen Umstand erschwert, für den er nicht selbst verantwortlich war.
In den Jahren 1601 bis 1603 wurde Rußland von einer schweren Hungersnot
heimgesucht. Weite Teile des Landes wurden entvölkert. Vielerorts brach die
öffentliche Sicherheit zusammen. In einer Gesellschaft, die das Wohlgefallen
Gottes an einer Regierung aus deren Erfolgen erschloß, konnte die allgemeine
Not zumal eine noch ungefestigte Legitimität eines Herrschers in Frage stellen. Daher bedeutete es eine schwere Bedrohung für die Stellung Godunovs,
als plötzlich das Gerücht auftauchte, der jüngste Sohn Ivans des Schrecklichen, Dmitrij, lebe. Kein anderer als Boris Godunov, der damals für Zar Fedor
die Regierungsgeschäfte führte, habe im Jahre 1591 einen Anschlag auf ihn
verübt, um dereinst selbst die Nachfolge auf dem Thron antreten zu können.

---

[18]   Die folgenden Abschnitte über die Zeit der Wirren stützen sich auf *Chester S. L. Dunning*,
Russia's First Civil War. The Time of Troubles and the Founding of the Romanov Dynasty, University Park 2001, und *Giuseppe Olšr S. I.*, La Chiesa e lo Stato nel cerimoniale
d'incoronazione degli zar russi nel periodo dei torbidi (1598–1613), in: Orientalia Christiana Periodica 16 (1950), S. 395–434.

Dmitrij sei dem Anschlag jedoch glücklich entkommen. Im Oktober 1604 überquerte dieser angebliche Prinz Dmitrij, von Polen-Litauen kommend, mit einer kleinen Armee die russische Grenze, um sich als Sohn des Zaren Ivan IV. den russischen Thron zu erkämpfen. Damit begann der Bürgerkrieg.

Boris Godunov starb bereits im Jahre 1605. Nachfolger wurde sein sechzehnjähriger Sohn Fedor. Dmitrij beanspruchte den russischen Thron jedoch weiterhin für sich. Der junge Zar Fedor verlor zuletzt jede Unterstützung. Im Zuge eines Aufstands in Moskau wurde der Kreml gestürmt. Fedor und seine Mutter wurden erdrosselt. Am 21. Juli 1605 wurde Dmitrij zum neuen Zaren gekrönt. Wenn er in die Geschichte als der „falsche Demetrius" (*Lžedmitrij*) eingegangen ist, so reproduziert diese Bezeichnung die Behauptung seiner Feinde, er sei ein Betrüger. Die Geschichtswissenschaft ist sich jedoch bis heute nicht einig, ob Demetrius tatsächlich ein Betrüger war oder nicht doch der Sohn Ivans des Schrecklichen. Am 17. Mai 1606 fiel Dmitrij einem Bojarenaufstand unter Führung von Vasilij Šujskij zum Opfer. Dieser Mord erneuerte die dynastische Krise. Zwar ließ sich Šujskij im Moskauer Kreml ebenfalls zum Zaren krönen, aber im Unterschied zu Dmitrij im Jahr zuvor traf er auf verbreiteten Widerstand. Ein zweiter Bürgerkrieg entbrannte. Seit 1609 standen polnische Truppen im Land und besetzten zeitweilig auch die Hauptstadt Moskau. Große Teile der Gesellschaft empörten sich im Namen des ermordeten Dmitrij gegen den Usurpator Vasilij Šujskij. Im Juli 1610 wurde Šujskij abgesetzt. Mit seiner Absetzung begann ein Interregnum von drei Jahren. Es wurde beendet durch einen neuen allgemeinen Landtag, der am 8. Februar 1613 in Moskau zusammentrat. Erneut wurde die Nachfolge auf dem Thron durch Wahl geregelt. Am 21. Februar wurde der erst sechzehnjährige Michail aus der Familie Romanov zum Zaren gewählt und damit zugleich die neue Dynastie Romanov eingesetzt, die das Reich bis zum Ende der Monarchie im Jahre 1917 regieren sollte. Die neue dynastische Legitimität war nach derselben Methode erlangt worden, die schon Boris Godunov nach dem Tod von Zar Fedor angewandt hatte: Wahl durch einen allgemeinen Landtag und Bestätigung durch die Kirche. Daß die Methode nicht zur Begründung einer Dynastie Godunov geführt hatte, erklärt sich mit dem Auftreten des überaus geschickten und charismatischen Prätendenten. Selbst wenn er nur ein Instrument in den Händen der gegen Godunov opponierenden Bojarengruppe gewesen sein sollte, so war der Erfolg der Unternehmung doch seinem persönlichen Geschick zu verdanken. Die breite Zustimmung, auf die Demetrius stieß, zeigt, daß die dynastische Legitimität, auf die er sich berief, alle anderen Ansprüche überragte, so daß selbst die Wahl Godunovs durch einen allgemeinen Landtag und seine feierliche Krönung durch den Patriarchen den Glauben an die Überlegenheit der Ansprüche des Prätendenten nicht entkräften konnten. Die Anziehungskraft des Demetrius erklärt sich jedoch nicht nur daraus, daß er viele von der Rechtmäßigkeit seiner Thronansprüche überzeugte, sondern auch daraus, daß in der schweren Krise des Landes gerade von einem Sproß der legitimen Dynastie die Rettung erwartet wurde. Der Glaube an das Geblütsheil einer Dynastie war mit der Entmachtung der Merowinger durch den karolingischen Hausmeier Pippin keineswegs untergegangen.

Die dynastische Krise in Spanien 1833–1839: *Isabelinos* und *Carlistas*

Am 18. Mai 1829 starb Maria Josepha von Sachsen, die dritte Gemahlin Ferdinands VII. von Spanien, im Alter von noch nicht 26 Jahren, ohne Leibeserben zu hinterlassen. Da auch aus den ersten beiden Ehen des Königs keine Kinder hervorgegangen waren, machte sein Bruder, der Infant Don Carlos María Isidro, sich Hoffnungen auf die Thronfolge. Schon am 9. Dezember 1829 vermählte sich Ferdinand jedoch ein weiteres Mal. Seine vierte Gemahlin wurde die dreiundzwanzigjährige Maria Cristina von Neapel, über ihre Mutter eine Nichte Ferdinands. Am 10. Oktober 1830 wurde dem Paar eine Tochter, die Infantin María Isabel Luisa, geboren.[19]

Seit dem Übergang des spanischen Throns auf die Bourbonen im Jahre 1713 hatte in Spanien aufgrund des *Auto Acordado* Philipps V. die *Lex Salica* gegolten. Danach war die weibliche Thronfolge ausgeschlossen. Allerdings hatten die *Cortes* bereits im Jahre 1789 die Wiederabschaffung der *Lex Salica* gebilligt. Der damalige König Karl IV., Vater Ferdinands VII., hatte es jedoch versäumt, dem Beschluß seine Sanktion zu erteilen. Kaum war die Schwangerschaft Maria Cristinas festgestellt worden, holte der Sohn das Versäumnis des Vaters nach. Am 3. April 1830 unterzeichnete er die Pragmatische Sanktion, welche die *Cortes* vierzig Jahre zuvor verabschiedet hatten.[20] Don Carlos und seine Anhänger protestierten gegen diese Entscheidung. Sie bestritten dem König das Recht, einen Beschluß der *Cortes*, die sein Vorgänger berufen hatte, nachträglich in Kraft zu setzen. Allerdings war nicht auszuschließen, daß Maria Cristina nach Isabella auch noch einen Sohn gebären würde. Im Frühjahr 1832 brachte sie jedoch wiederum eine Tochter zur Welt – die Infantin Luisa Fernanda. Am 29. September 1833 starb Ferdinand. Die dreijährige Isabella wurde unverzüglich zur Nachfolgerin proklamiert. Das Testament des verstorbenen Königs übertrug die Regentschaft für die Zeit der Minderjährigkeit Isabellas auf deren Mutter Maria Cristina, als Prinzessin von Neapel eine Ausländerin wie in Frankreich einst Katharina von Medici.[21]

Auf der Seite des Infanten Don Carlos standen alle reformfeindlichen Kräfte – die große Mehrheit des Klerus, die Bauern und die Unterschichten der Städte im Landesinnern. Auf der Seite Isabellas standen der Hochadel,

---

[19] *Isabel Burdiel*, Isabel II. No se puede reinar inocentemente, Madrid 2004, S. 49 f.

[20] *José Luis Comellas*, Isabel II. Una reina y un reinado, Barcelona 1999, S. 23.

[21] *Joaquín Tomás Villarroya*, El sistema político del Estatuto Real (1834–1836), Madrid 1968, S. 20.

die Beamtenschaft und das Bildungsbürgertum, sowie die Bevölkerung der Küstenstädte.[22] Nach dem Tod Ferdinands VII. versuchte Don Carlos, seinen Thronanspruch mit Hilfe seiner Anhänger militärisch durchzusetzen. Da er politisch ein Reaktionär und Gegner jeder Form von Konstitutionalisierung war, blieb Maria Cristina gar nichts anderes übrig, als bei den Liberalen Unterstützung zu suchen. Die Liberalen ihrerseits fanden ihren Vorteil darin, die dynastische Legitimität und damit die Thronfolge Isabellas zu verteidigen.[23] In zahlreichen Gedichten wurde Isabellas Thronbesteigung als Befreiung von Reaktion und Obskurantismus gefeiert. Francisco de Galardí brachte diese Empfindungen in folgenden Versen zum Ausdruck:

Spanien gründet seinen Ruhm
Und setzt seine Treue
Auf die Liebe zur Majestät
Unserer Isabella der Zweiten […].
Mit Blut muß man schreiben,
Mit Blut muß man besiegeln:
Isabella muß herrschen,
Und Cristina muß regieren […].
Es sterbe der Aufrührer und Verräter,
Der Isabella nicht gehorcht,
Ebenso wie sich auflöst und dahinstirbt
Der Nebel, wenn die Sonne aufgeht.[24]

Erste Frucht der Allianz zwischen Regentin und Liberalismus war der Oktroi der Verfassung (*Estatuto Real*) von 1834 durch den leitenden Minister Martinez de la Rosa. Diesen hatte die Regentin auf den Rat des englischen und des französischen Gesandten berufen. Als Ausländerin setzte sie größeres Vertrauen in die Vertreter dieser beiden liberalen Mächte als in ihre höfische Umgebung. Der *Estatuto* übertrug die gesetzgebende Gewalt auf zwei Kammern, den *Estamento de Próceres* und den *Estamento de Procuradores*. Die Erste Kammer setzte sich aus den Granden des Königreichs und den Vertretern des hohen Klerus sowie verdienten Beamten, Großgrundbesitzern, Wirtschaftsführern, Wissenschaftlern und Künstlern zusammen. Die Granden besaßen ihre Sitze erblich, die übrigen *Próceres* wurden von der Krone auf Lebenszeit berufen.[25] Die Abgeordneten der Zweiten Kammer (*Estamento de Procuradores*) wurden von den 16 000 Höchstbesteuerten in indirekter Wahl bestellt.[26] Die Revolution vom 12. August 1836 beseitigte den *Estatuto Real*.

---

[22] *Burdiel*, Isabel II, S. 63 f.
[23] *Comellas*, Isabel II, S. 28; *Burdiel*, Isabel II, S. 63.
[24] *Francisco de Galardí*, A Doña Isabel II, Reyna de España, zit. nach *Burdiel*, Isabel II, S. 66: *España su gloria funda / y cifra su lealtad / en amar la Majestad / de Nuestra Isabel Segunda […]. / Con sangre se ha de escribir / Con sangre se ha de sellar: / Isabel ha de Reinar / Y Cristina ha de regir […]. Muera el faccioso traidor / Que a Isabel no obedeciere, / Como se consume y muere / La niebla al salir el sol.*
[25] Estatuto Real, Articulos 3–7, in: *Tomás Villarroya*, Sistema Politico, S. 635 f.
[26] *Comellas*, Isabel II, S. 32 f.

An seine Stelle trat die weitaus liberalere Verfassung vom Juni 1837. Sie sah ebenfalls zwei Kammern vor, einen Senat und einen gewählten Kongreß. Es blieb beim Zensuswahlrecht, aber die Zahl der Wahlberechtigten stieg auf 260 000.[27] Der Übergang des Landes zum Konstitutionalismus war eine Frucht der dynastischen Krise. Den Krieg gegen die Carlisten hatte die Regierung in den ersten beiden Jahren nicht ernst genommen. Erst die Erfolge des Prätendenten zwangen Maria Cristina seit 1835 dazu, sämtliche wirtschaftlichen Ressourcen des Landes für den Krieg zur Verfügung zu stellen. Als Maß ihrer Anstrengungen mag die für Spanien historisch beispiellose Zahl von insgesamt 370 000 Rekruten dienen, die sie im Laufe des Bürgerkriegs ausheben ließ.[28] Am Ende behielt Maria Cristina die Oberhand. Der Bürgerkrieg wurde im August 1839 durch den Vertrag von Vergara beendet. Don Carlos begab sich nach Frankreich ins Exil.[29] Ein Jahr später mußte auch die Regentin das Land verlassen. Die Regentschaft übernahm General Baldomero Espartero.

Dynastiefremde Prätendenten

Noch während der Regierungszeit des falschen Demetrius, um die Jahreswende von 1605 auf 1606, präsentierten die Terek-Kosaken einen Mann namens Il'ja Korovin aus Murom als Petr Fedorovič, angeblich ein Sohn des 1598 verstorbenen Zaren Fedor Ivanovič. Von Petrs Existenz hatte bis dahin niemand etwas gehört.[30] Außer dem falschen Demetrius, der es bis auf den Zarenthron geschafft hatte, behaupteten in der Zeit der Wirren noch weitere Personen, der echte Dmitrij, Sohn Zar Ivans IV., zu sein, und selbst nach Einsetzung der Dynastie Romanov im Jahre 1613 blieb das wiederholte Auftreten von Thronprätendenten (*samozvancy*) ein charakteristisches Merkmal der russischen Monarchie und zwar bis ins 19. Jahrhundert. Für das 17. Jahrhundert werden mindestens 23, für das 18. Jahrhundert mindestens 44 Prätendenten gezählt.[31] Das Phänomen stand wie schon beim falschen Demetrius im Zusammenhang mit Zweifeln an der Rechtmäßigkeit des jeweils aktuell regierenden Zaren. Solche Zweifel konnten entstehen, wenn die dynastische Erbfolge unterbrochen oder

---

[27] Ebd., S. 53–55.

[28] *Luis Garrido Muro*, Las palabras y los hechos: guerra y política durante la época de las regencias (1833–1843), in: Liberalismo y romanticismo en tiempos de Isabel II, Madrid 2004, S. 91 f.

[29] *Comellas*, Isabel II, S. 58.

[30] *Martin Krispin*, Der Bolotnikov-Aufstand 1606–1607, in: *Heinz-Dietrich Löwe* (Hg.), Volksaufstände in Rußland. Von der Zeit der Wirren bis zur „Grünen Revolution" gegen die Sowjetherrschaft, Wiesbaden 2006, S. 60.

[31] *Philip Longworth*, The Pretender Phenomenon in Eighteenth-Century Russia, in: PP 66 (1975), S. 61; vgl. auch *C. M. Troickij*, Samozvancy v Rossii XVII–XVIII vekov, in: Voprosy Istorii 1969, No. 3, S. 134–146.

verletzt worden war.[32] Der nach dem falschen Demetrius bekannteste Präten-
dent ist der Donkosake Emel'jan Pugačev, der vorgab, Zar Peter III. zu sein,
und der unter der Zarin Katharina der Großen zwischen September 1773 und
August 1774 im Südosten des damaligen Russischen Reiches eine gewaltige
Aufstandsbewegung entfachte.[33] Seine Anhängerschaft wird auf mindestens
zwei Millionen geschätzt.[34] Der wirkliche Peter III. war von seiner Gemahlin
Katharina im Sommer 1762 abgesetzt worden. Kurz darauf wurde er ermordet. Katharina regierte fortan als Zarin, nicht etwa als Regentin für ihren noch
unmündigen Sohn Paul, den späteren Paul I. Schon bald verbreitete sich das
Gerücht, Peter sei seinen Mördern entkommen und lebe. Insgesamt haben
sich von 1764 an 16 Männer, meist aus der Unterschicht, als Zar Peter III. ausgegeben.[35] Auch in anderen Perioden haben Prätendenten die Identität jeweils
eines bestimmten Zaren oder *Carevič* vorgespiegelt. Gemessen an den von
ihnen zumeist propagierten Zielen gehört das Auftreten von Prätendenten
in den Zusammenhang sozialer Protestbewegungen. Die spezifische Wahl
der Strategie dagegen erweist das Phänomen als eine Begleiterscheinung der
zahlreichen dynastischen Brüche in der Geschichte der russischen Monarchie
im 17. und 18. Jahrhundert. Damit bestätigt es indirekt die Geltungskraft der
dynastischen Legitimität. Daß die Prätendenten in wirtschaftlichen Krisenzeiten Scharen von Anhängern um sich versammeln konnten, war nur möglich,
weil in der Bevölkerung der Mythos vom guten Zaren, dem Befreier aus der
Not, verbreitet war. Der gute Zar jedoch konnte nur ein Zar sein, der aus der
legitimen Dynastie hervorgegangen war. Dieser Glaube ging so weit, daß sich
unter der harten Regierung Peters des Großen das Gerücht verbreitete, Peter
sei gar nicht der richtige Zar, sondern ein Fremder, der seiner Familie als Kind
untergeschoben worden sei. Dieses Gerücht erklärt das Auftreten von mindestens acht Personen, die sich als den echten Zarensohn Aleksej ausgaben,
denn wenn Peter nicht der wirkliche Zar war, dann konnte auch der 1718 im
Gefängnis verstorbene Sohn Peters nicht der wirkliche *Carevič* gewesen sein.[36]
Das Phänomen des Prätendententums in Rußland seit dem 16. Jahrhundert
wurde gefördert durch die Sakralisierung der Monarchie. Vielfach wurde der
Zar mit Gott oder mit Christus verglichen.[37] Dazu passen die Geschichten
von der wunderbaren Errettung vom Tode, wie sie der falsche Demetrius oder

---

[32] *Boris A. Uspenskij*, Zar und Gott. Semiotische Aspekte der Sakralisierung des Monarchen
in Rußland, in: *ders.*, Semiotik der Geschichte, Wien 1991, S. 144.
[33] *Alice Plate*, Der Pugačev-Aufstand: Kosakenherrlichkeit oder sozialer Protest?, in: *Löwe*
(Hg.), Volksaufstände, S. 353.
[34] *Longworth*, Pretender Phenomenon, S. 79.
[35] Ebd., S. 70, 80 f.
[36] *Boris A. Uspenskij*, Zar und „Falscher Zar". Usurpation als kulturhistorisches Phänomen,
in: *ders.*, Semiotik, S. 93; *Longworth*, Pretender Phenomenon, S. 69.
[37] *Michael Cherniavsky*, Tsar and People. Studies in Russian Myths, New Haven / London
1961, S. 44–47.

Pugačev erzählten.[38] Die Wiederkunft eines totgeglaubten Zaren wurde von Teilen der Bevölkerung als eine Form von Auferstehung erlebt. Die Struktur des Arguments blieb dieselbe. Die *samozvancy* fanden in sozialen Krisenzeiten Anhänger, weil sie sich als die echten Zaren ausgaben, die angeblich durch Gewalt um ihr Amt oder ihr Erbrecht gebracht worden waren. An die echten, also aufgrund ihrer Zugehörigkeit zur Dynastie allein legitimen Zaren jedoch knüpften sich die Hoffnungen auf Befreiung aus der Not. Es scheint, als ob Widerstand und sozialer Protest gegen einen herrschenden Zaren nicht naturrechtlich oder aus der Schrift, sondern nur durch Berufung auf die angeblich verletzte dynastische Legitimität begründet werden konnten.[39] Dementsprechend haben sich die großen Aufstände des 17. und 18. Jahrhunderts immer nur im Namen des wahren Zaren gegen die vermeintlichen Usurpatoren auf dem Thron gerichtet.[40]

Vereinzelt sind in Zeiten dynastischer Krisen auch im Westen Europas Prätendenten aufgetreten, die im Vergleich zu den regierenden Herrschern die höhere Legitimität für sich beanspruchten. Am 4. August 1578 war König Sebastian I. von Portugal in der Schlacht bei Alcazarquivir in Marokko gefallen. Sein Leichnam wurde auf dem Schlachtfeld jedoch nicht gefunden. Da Sebastian keine Leibeserben hinterließ, fiel das Land zwei Jahre später an Philipp II. von Spanien. In den folgenden Jahren sind mehrere Personen aufgetreten, die sich als König Sebastian ausgaben und eine Geschichte von ihrer wunderbaren Errettung vom Schlachtfeld erzählten.[41] Wäre Sebastian wirklich zurückgekehrt, hätte Philipp II. jede Berechtigung zur Regierung Portugals verloren.

Im Jahre 1595 trat in der Champagne ein gewisser François de La Ramée auf und behauptete, ein Sohn des 1574 verstorbenen Karl IX. und der Elisabeth von Österreich zu sein. Katharina von Medici habe ihn nach seiner Geburt heimlich gegen ein Mädchen ausgetauscht, weil sie dem jüngeren Bruder Heinrich, dem späteren König Heinrich III., die Nachfolge auf dem Thron habe sichern wollen. Hätte es diesen Prinzen wirklich gegeben, so wäre er vor dem seit 1589 regierenden Heinrich IV. von Bourbon erbfolgeberechtigt gewesen. Heinrich IV. kämpfte damals gegen eine Reihe von Vorbehalten. Dazu gehörte seine protestantische Vergangenheit ebenso wie der Umstand, daß er noch keinen Sohn besaß. Das ließ befürchten, daß die dynastische Krise nach seinem Tod erneut ausbrechen würde.[42]

Ein weiterer Prinz, dessen Identität sich mehrere Prätendenten aneigneten, war Karl-Ludwig, der Sohn Ludwigs XVI. von Frankreich, der 1792 beim Sturz

---

[38]   Für den falschen Demetrius vgl. *Maureen Perrie*, Pretenders and Popular Monarchism in Early Modern Russia. The False Tsars of the Time of Troubles, Cambridge 1995, S. 35–37.

[39]   Ebd., S. 246: "It is very striking that Russians at this time were apparently unable to legitimise revolt except through the ideology of hereditary monarchy".

[40]   *Daniel Field*, Rebels in the Name of the Tsar, Boston / London 1989, S. 2.

[41]   *Yves-Marie Bercé*, Le Roi caché. Sauveurs et imposteurs. Mythes politiques populaires dans l'Europe moderne, Paris 1990, S. 17–81.

[42]   Ebd., S. 156–175.

der Monarchie zusammen mit seiner Familie ins Gefängnis gebracht worden war, wo er drei Jahre später starb. Noch zu seinen Lebzeiten gab es Gerüchte, daß er aus dem Turm des Temple entkommen sei. Diese Gerüchte inspirierten Jean Baptiste Regnault-Warin zu seinem populären Roman „Le Cimetière de la Madeleine", der im Jahre 1800 veröffentlicht wurde und in dem der junge Ludwig XVII., als den ihn die Anhänger der Monarchie zählten, aus der Haft entflieht und sich zunächst nach Amerika einschifft, um danach nach Frankreich zurückzukehren. Aus dem Buch, das viele Details über die königliche Familie und den Prinzen enthielt, bezogen die falschen Karl-Ludwigs von da an die Kenntnisse, die sie benötigten, um ihre Rolle glaubwürdig zu spielen. Schon 1798 war ein Mann namens Jean-Marie Hervagault als Ludwig XVII. aufgetreten. Zwischen 1815 und 1817 bestritt ein gewisser Mathurin Bruneau Ludwig XVIII. die Herrschaftsberechtigung, indem er ebenfalls behauptete, der Sohn des hingerichteten Ludwigs XVI. zu sein. Insgesamt werden rund vierzig weitere Prätendenten gezählt, die sich als Ludwig XVII. ausgaben.[43]

Vom Hause Stuart zum Haus Hannover 1688–1714

Eleganter und schneller als im Frankreich der Religionskriege und in der Zeit der Wirren in Rußland wurde die dynastische Krise überwunden, die im Jahre 1688 in England durch die Absetzung Jakobs II. heraufbeschworen worden war. Auslöser des Absetzungsbeschlusses war ausgerechnet ein dynastisches Ereignis, die Geburt eines Thronfolgers aus der zweiten Ehe des Königs mit der katholischen Maria di Modena am 10. Juni 1688 gewesen. Jakob war selbst bereits im Jahre 1673 zum katholischen Glauben übergetreten. Versuche der Whigs um den Earl of Shaftesbury, ihn auf dem Wege der Gesetzgebung von der Thronfolge auf seinen damals noch regierenden Bruder Karl II. auszuschließen, waren zu Beginn der achtziger Jahre in der sogenannten Ausschließungskrise (*exclusion crisis*) gescheitert. Einen einzelnen König katholischen Glaubens glaubte die Mehrheit des Parlaments hinnehmen zu können. Die Geburt des katholischen Thronfolgers aber drohte dem Land auf Dauer eine katholische Dynastie zu bescheren. Aufgrund der Erfahrungen mit Maria I. Tudor, die mit Philipp II. von Spanien verheiratet war, beschwor eine katholische Monarchie in den Augen der Briten die Gefahr des Despotismus und der Einmischung auswärtiger Großmächte herauf. Nach der Geburt des Prinzen verbreitete sich alsbald das Gerücht, das Kind sei untergeschoben worden, um das englische Königshaus für den Katholizismus zu gewinnen. Zwar hielt das Parlament auch nach der Vertreibung Jakobs II. grundsätzlich an der dynastischen Legitimität fest, knüpfte sie jedoch an die Bedingung, daß das Königshaus protestantisch bleibe. Die Verbindung der beiden Gesichtspunkte kommt in der durch die *Bill of Rights* gefundenen Nachfolgeregelung

[43] Ebd., S. 328–339.

zum Ausdruck. Statt des katholischen Sohnes aus zweiter Ehe wurden die protestantische Tochter Maria aus erster Ehe und ihr Gatte, der Statthalter der Niederlande, Wilhelm von Oranien, ein Enkel Karls I., zu Nachfolgern Jakobs II. erklärt. Nachdem Maria 1694 und Wilhelm 1702 gestorben waren, ohne Leibeserben zu hinterlassen, wurde Marias Schwester Anna Königin. Da auch sie keine Erben hinterließ, gelangte im Jahre 1714 das Haus Hannover auf den britischen Thron. Durch den *Act of Settlement* von 1701 war noch einmal bekräftigt worden, daß Katholiken von der dynastischen Erbfolge ausgeschlossen seien. Der erste König aus dem Hause Hannover war Georg I. Er war ein Sohn Sophias, der Tochter Friedrichs V. von der Pfalz und seiner Gemahlin Elisabeth, ihrerseits eine Tochter Jakobs I.

Die Gründung neuer Erbmonarchien im Zeitalter der Revolutionen

Im Zeitalter der Französischen Revolution und Napoleons wurden zahlreiche alte Dynastien gestürzt. Den Anfang machte Frankreich mit dem Sturz der Bourbonen im Jahre 1792. Später entthronte Napoleon eine große Zahl regierender Häuser in Deutschland und Italien, darunter die Bourbonen in Neapel, die Savoyer in Piemont, das Haus Lothringen-Toscana in Florenz und das Haus Hannover in seinen deutschen Territorien. In Bayonne brachte er im Jahre 1808 Karl von Spanien und dessen Sohn Ferdinand durch eine List dazu, die spanische Krone vom Haus Bourbon auf das Haus Bonaparte zu übertragen. Nach dem Sturz des Kaisers wurden alle genannten Dynastien ausnahmslos restituiert.

Das Revolutionszeitalter war jedoch auch eine Epoche, in der neue Erbmonarchien gegründet wurden. Den Anfang machte die französische Nationalversammlung mit der Gründung einer demokratischen Monarchie durch die Verfassung von 1791. Auch wenn der neue König als Person zugleich der alte König war und die Dynastie dieselbe blieb, hatte die *Constituante* doch eine neue Monarchie ins Leben gerufen. Das ist schon daran erkennbar, daß die Stellung und die Rechte des Monarchen, die Erblichkeit des Throns und die zur Herrschaft berufene Dynastie (*race*), bisher ungeschriebenes Gewohnheitsrecht, jetzt in der Verfassung festgelegt wurden. Nicht ein historisches Recht seiner Dynastie legitimierte fortan den König, sondern die von der Nation geschaffene Verfassung. Im Jahre 1804 gründete Napoleon in Frankreich eine neue Monarchie, indem er die Würde eines erblichen Kaisers der Franzosen annahm. Die Geburt eines Thronfolgers im Jahre 1811 gab Grund zu der Hoffnung, daß das Kaisertum den Tod seines Stifters auch wirklich überdauern werde (Abb. 3). Im Jahre 1805 hatte Napoleon sich in Mailand auch zum König von Italien krönen lassen. Seine zahlreichen Geschwister versorgte er mit Thronen in ganz Europa in der Erwartung, daß sie dort neue Erbkönigreiche begründeten: Joseph wurde 1806 König von Neapel und 1808

Abb. 3: Bertrand Andrieu (1761–1822), Vorderseite einer Medaille mit dem Bildnis Napoleons und des Königs von Rom, angefertigt zur Taufe des Prinzen am 9. Juni 1811.

König von Spanien. Sein Bruder Ludwig wurde im Jahre 1806 König von Holland und Jérôme ein Jahr später König von Westphalen. Napoleons Schwager Murat wurde 1808 Nachfolger Josephs in Neapel. Auf die Gründung neuer Erbmonarchien durch Napoleon spielte Benjamin Constant mit seiner zu Beginn des Kapitels zitierten Feststellung an, ein Erbmonarch werde man nicht schon dadurch, daß man sich zu einem solchen erkläre. Was den Erbmonarchen ausmache, sei nicht der Thron, den er seinen Nachkommen vererben wolle, sondern der Thron, den er selbst geerbt habe. Damit wollte Constant sagen, daß ein neuer Herrscher wie Napoleon keine dynastische Legitimität erlangen könne, selbst dann nicht, wenn er wie ein dynastischer Herrscher auftrete, sich krönen lasse und das Zeremoniell einer erblichen Monarchie übernehme. Constant ging nicht auf die Frage ein, ob seine Feststellungen auch auf den deutschen Kaiser und König Franz II. anwendbar seien, der im Jahre 1804, ebenso willkürlich wie Napoleon das französische Kaiserreich, das erbliche Kaisertum Österreich proklamiert hatte, über das er fortan als Kaiser Franz I. zu herrschen gedachte.

Nachdem er Napoleon am 3. April 1814 gestürzt hatte, stand der französische Senat vor der Frage, von wem Frankreich künftig regiert werden solle. Da das Land mit der Republik schlechte Erfahrungen gemacht hatte, kam als Staatsform von vornherein nur die Monarchie in Frage. Daß der Bruder Ludwigs XVI. und damit das Haus Bourbon wieder auf den Thron berufen würden, stand zunächst keineswegs fest. Ganz abgesehen davon, daß vorübergehend auch erwogen worden war, am Hause Bonaparte festzuhalten und eine Regentschaft für den damals dreijährigen Sohn Napoleons einzurichten, wurden außer dem Grafen von Provence noch weitere Kandidaten ins Auge gefaßt, darunter der schwedische Kronprinz Graf Bernadotte und der Herzog von Orléans. Wenn die Wahl am Ende auf den Bourbonen fiel, so geschah dies keinesfalls in Anerkennung von dessen dynastischem Anspruch. Allerdings ist unverkennbar, daß seine Zugehörigkeit zum Hause Bourbon ihm einen Vorteil gegenüber allen anderen Kandidaten bescherte, machte sie es doch wahrscheinlicher, daß die neue Monarchie bei den Franzosen auch auf Zustimmung stoßen werde. Dennoch wollte der Senat die Anerkennung des Grafen von Provence, des späteren Ludwig XVIII., als König der Franzosen davon abhängig machen, daß dieser zuvor die von dem Gremium am 6. April verabschiedete Verfassung akzeptiere. Insofern könnte man sagen, daß der Senat keine Restauration der alten, sondern die Gründung einer neuen Erbmonarchie, wenn auch unter der historischen Dynastie der Bourbonen vorsah. Damit knüpfte er getreu an das Verfahren der *Constituante* zu Beginn der Revolution an. Das Projekt der Grundlegung einer neuen Monarchie wurde von Ludwig XVIII. nach seiner Rückkehr aus dem Exil allerdings eigenmächtig umgewandelt in das Projekt einer zeitgemäßen Restauration der alten. Der König ließ die auf dem Grundsatz der Volkssouveränität beruhende Verfassung des Senats umschreiben in eine *Charte constitutionnelle*, vom Monarchen formell aus freien Stücken oktroyiert.[44]

Im Zuge der Neuordnung Europas nach dem Sturz Napoleons entstanden auch in anderen Teilen des Kontinents neue Erbmonarchien: das Königreich der Vereinigten Niederlande, das Königreich Polen, das Königreich beider Sizilien und das Lombardo-Venezianische Königreich. Nach der Julirevolution wurde in Frankreich das Haus Orléans auf den Thron berufen. Belgien wurde ein selbständiges Königreich unter Leopold von Coburg-Gotha. Griechenland berief nach seiner Befreiung von der türkischen Herrschaft Otto von Wittelsbach zum König. 1852 schuf Louis-Napoléon Bonaparte das Zweite Kaiserreich. 1861 wurde das Königreich Italien und 1871 das Zweite Deutsche Kaiserreich gegründet. Die im Laufe des Jahrhunderts auf dem Balkan entstehenden Nationalstaaten Rumänien, Bulgarien, Serbien und Montenegro nahmen ohne Ausnahme die monarchische Staatsform an. Einen besonderen Fall bildet die Erneuerung des Kaiserreichs Mexiko. Napoleon III. konnte den Habsburger Erzherzog Maximilian dazu überreden, sich unter dem Schutze französischer Truppen zum Kaiser proklamieren zu lassen. Nach seiner Thronbesteigung glaubte Maximilian, die Mexikaner für sich gewonnen zu haben. Daher lehnte er es ab, mit den französischen Truppen wieder nach Europa zurückzukehren, als die Regierung der Vereinigten Staaten nach dem Ende des Sezessionskriegs unter Berufung auf die Monroe-Doktrin den Abzug der Franzosen verlangte. Das persönliche Schicksal Maximilians hat Edouard Manet in einem Gemälde verewigt. Zusammen mit zwei Generälen zeigt es den Kaiser vor einem Erschießungskommando des zurückgekehrten Präsidenten Juárez. Unter dem Gesichtspunkt monarchischer Legitimität ist

---

[44] Zur Restauration Ludwigs XVIII. und zur Entstehung der *Charte constitutionnelle* vgl. *Sellin*, Revolution.

die Geschichte Maximilians von Mexiko vor allem deshalb bemerkenswert, weil dieser Fürst sich, obwohl Sproß einer der ältesten Dynastien Europas, in den Dienst eines revolutionär an die Macht gekommenen cäsarischen Herrschers stellte, um in einem Land, auf das er keinerlei dynastische Ansprüche besaß, eine Monarchie zu begründen. In den Augen seines Gegners Benito Juárez war Maximilian, unerachtet seiner dynastischen Abkunft, ein Usurpator, der, nicht anders als vor ihm Napoleon III. in Frankreich, in Mexiko die Republik zerstört und die Macht an sich gerissen hatte.[45]

Dynastiejubiläen

Die zahlreichen Neugründungen von Erbmonarchien seit der Französischen Revolution zeigen, daß Dynastien auch im 19. Jahrhundert noch als unverzichtbare Grundlage für die Legitimität monarchischer Herrschaft angesehen wurden. Damit die dynastische Legitimität wirksam bleibe, wurde die Bevölkerung eingeladen, am Leben der Herrscherfamilie teilzunehmen. Dynastische Ereignisse wie Geburt, Eheschließung, Regierungsantritt und Regierungsjubiläum wurden nicht nur abgeschirmt am Hofe, sondern auch in aller Öffentlichkeit gefeiert, und auch der Tod des Herrschers wurde öffentlich mit einem Staatsakt gewürdigt. Die neuen Monarchien übernahmen diese Traditionen. So ordnete Napoleon I. am 19. Februar 1806 durch Dekret an, sowohl seinen Geburtstag am 15. August 1769 als auch den Tag seiner Krönung zum Kaiser der Franzosen am 2. Dezember 1804 alljährlich durch ein großes nationales Fest in allen Gemeinden des Reiches zu feiern.[46] Im napoleonischen Königreich Italien wurde als Krönungstag der 26. Mai 1805 gefeiert. Außer diesen periodischen Festen ließ der Kaiser einmalige dynastische Ereignisse ebenfalls im ganzen Land feiern, so seine Eheschließung mit Marie Luise von Österreich am 1. April 1810 und die Taufe seines Sohnes, des Königs von Rom, am 9. Juni 1811. Im Mittelpunkt aller Feiern stand am Vormittag jeweils ein Gottesdienst. Ein *Tedeum* wurde gesungen, und der Geistliche würdigte die Leistungen Napoleons. Außerdem wurde das rituelle Gebet für den Kaiser gesprochen.[47] Nach einem Mittagessen für die Spitzen der Behörden und der Garnison und für die örtlichen Notabeln war die Bevölkerung am Nachmittag zu Spielen und Wettkämpfen, den *réjouissances publiques*, eingeladen, in

---

[45] *Volker Sellin*, Die Bestrafung des Usurpators. Edouard Manets „Erschießung des Kaisers Maximilian von Mexiko", in: Pantheon 54 (1996), S. 113 f.; im *Corps législatif* wies der republikanische Abgeordnete Jules Favre darauf hin, daß die Stellung Maximilians in Mexiko allein auf „Gewalt" und „Unterdrückung" beruhe: *Nous sommes allés y établir un gouvernement par l'épée, un trône sur nos baïonettes*; zit. nach ebd., S. 114.

[46] Décret impérial concernant la Fête de Saint Napoléon, celle du Rétablissement de la Religion catholique en France etc., 19. 2. 1806, Titre I, Art. 1 und Titre II, Art. 6, in: Bulletin des lois de l'Empire français, 4. Serie, Bd. 4, Nr. 1335, S. 279 f.

[47] Vgl. unten im Kapitel „Religion" den Abschnitt „Kirche und napoleonischer Staatskult".

deren Mittelpunkt regelmäßig der Kletterbaum (*mât de cocagne*) stand. Den Bedürftigen wurden Lebensmittel gespendet. So wurde in Genua am Tauftag des Königs von Rom auf der Piazza Acqua Verde in zwei eigens errichteten Pavillons an 150 Kinder aus der Armenschule ein Mittagessen ausgegeben. Von besonderer Bedeutung war die Stiftung von Mitgiften, die mittellosen Mädchen, den sogenannten *rosières*, unter der Bedingung überreicht wurden, daß sie einen Veteranen heirateten. Anläßlich der Hochzeit des Kaisers wurden Mitgifte für die Heirat von 6000 Veteranen, die wenigstens einen Feldzug mitgemacht hatten, mit jungen Frauen aus ihrer jeweiligen Gemeinde bereitgestellt. Die Mitgift betrug in Paris jeweils 1200 Francs und in den anderen Teilen des Kaiserreichs je 600 Franc. Die Hochzeiten sollten im ganzen Reich gleichzeitig gefeiert werden.[48]

Im wilhelminischen Reich dienten die Feiern zum Geburtstag des Kaisers ebenfalls zur Einübung reichsmonarchischer Gesinnung und zur Festigung der nationalen Integration. Während die wichtigste Zeremonie in Gestalt eines höfischen Fests und mit öffentlichen Paraden entsprechend der in Preußen schon vor der Reichsgründung geltenden Praxis in der Hauptstadt Berlin stattfand, wurde der Tag zur gleichen Zeit in Städten und Dörfern des gesamten Reiches gefeiert. In Garnisonsstädten fanden Militärparaden und Zapfenstreiche statt. In anderen Städten führten private Vereine, vor allem Kriegervereine und Schützenvereine, Umzüge durch. In Essen lag die Organisation des Kaisergeburtstags seit 1905 in der Hand eines eigens eingerichteten Festkomitees, dem die führenden Repräsentanten des öffentlichen Lebens der Stadt angehörten.[49] Während an den Umzügen und Paraden alle Bürger als Zuschauer teilnehmen konnten, versammelten sich die Honoratioren, die Leiter von Behörden und Gerichten, Offiziere der örtlichen Garnison, führende Unternehmer, Schuldirektoren und andere Persönlichkeiten zu Festbanketten. In Essen und Köln nahmen etwa 800 geladene Personen am Festessen teil.[50] Auf den Banketten wurden die Gäste durch Ansprachen und Toasts auf die Verehrung des Monarchen eingeschworen. In der badischen Residenzstadt Karlsruhe fanden seit 1904 am Geburtstag des Kaisers sogar zwei Festbankette statt, das eine für die Spitzen der Zivil- und Militärbehörden des Großherzogtums, das andere für die gesellschaftliche Elite der Residenzstadt. Auf beiden Banketten wurde neben dem Kaiser jeweils auch

---

[48] Décret impérial contenant des Actes de bienfaisance et d'indulgence à l'occasion du Mariage de sa Majesté l'Empereur et Roi, 25.3.1810. Zu den öffentlichen Feiern im napoleonischen Kaiserreich vgl. demnächst *Volker Sellin*, Der napoleonische Staatskult, in: *Guido Braun* u. a. (Hg.), Napoleonische Expansionspolitik: Okkupation oder Integration?, Tübingen 2012.

[49] *Monika Wienfort*, Kaisergeburtstagsfeiern am 27. Januar 1907. Bürgerliche Feste in den Städten des Deutschen Kaiserreichs, in: *Manfred Hettling / Paul Nolte* (Hg.), Bürgerliche Feste. Symbolische Formen politischen Handelns im 19. Jahrhundert, Göttingen 1993, S. 161.

[50] Ebd., S. 162, 164.

der Landesherr gefeiert.[51] Eine wichtige Funktion gewann die Geburtstagsfeier des Kaisers in den Schulen.[52] Durch eine Ansprache des Lehrers oder
Schuldirektors und durch Absingen vaterländischer Hymnen wurden schon
die Kinder und Jugendlichen bei dieser Gelegenheit zu monarchischer Gesinnung erzogen. Von den Feiern des Kaisergeburtstags ausgeschlossen blieb
überall die Sozialdemokratie.

Während die Feiern in Preußen bruchlos an die Tradition der Königsgeburtstagsfeiern anknüpfen konnten, standen die süddeutschen Staaten vor
der Aufgabe, jedes Jahr die Geburtstage von jeweils zwei Souveränen zu feiern. Die Regierungen in Stuttgart und Karlsruhe unterstützten die Durchführung des kaiserlichen Geburtstagsfests in ihren Staaten. Dagegen empfand die bayerische Regierung das Kaiserfest als Eingriff in die Vorrechte des
Königs von Bayern und versuchte daher, seine Ausbreitung zu verhindern.[53]
Dahinter stand die Sorge, daß im Bewußtsein der Bürger Bayerns das eigene
Königshaus durch das Hohenzollernsche Kaisertum in den Hintergrund gedrängt werde. Diese Sorge zeigt, wie selbstverständlich die Zeitgenossen von
den dynastischen Feiern die Festigung der Anhänglichkeit an die Monarchie
erwarteten. Wenn dynastische Feste jedoch diese Wirkung besaßen, dann
durfte Wilhelm II. die Gelegenheit nicht ungenutzt verstreichen lassen, den
100. Geburtstag seines Großvaters, Wilhelms I., am 22. März 1897 mit besonderem Aufwand zu begehen.[54] Der Kaiser war bestrebt, alle Klassen in die
Feiern einzubeziehen. Daher sollten den Arbeitern der 22. und der 23. März
unter Fortzahlung des Lohns arbeitsfrei gegeben werden. In den Schulen
sollte der Unterricht ausfallen. Selbst in Bayern blieben die Schulen geschlossen. In Berlin wurde am 22. März unter Glockengeläut und Kanonendonner
das Kaiser-Wilhelm-Denkmal an der Schloßfreiheit enthüllt. Es folgte eine
zweistündige Parade, danach ein Galaempfang im Schloß. Am 23. März zogen
40 000 Veteranen und Bürger am Kaiser vorüber. Der politische Ertrag des Jubiläumsgeburtstags blieb dennoch hinter den Erwartungen zurück. Die Stiftung einer schwarz-weiß-roten Kokarde für das Heer stieß in altpreußischen
Kreisen und in Bayern auf Kritik. Die von Wilhelm II. bei dem Historiker
Wilhelm Oncken in Auftrag gegebene Festschrift zu Ehren seines Großvaters
mit dem Titel „Unser Heldenkaiser" fand nicht den erhofften Absatz. In Bayern wurde ein Pfarrer seines Amtes enthoben, weil er einem Schulkind auf
eine entsprechende Frage geantwortet hatte, Bayern habe keinen Anlaß zur
Feier des ersten deutschen Kaisers.[55]

Neun Jahre zuvor, vom 29. bis 31. Juli 1888, war in München der hundertste
Geburtstag des bayerischen Königs Ludwig I. festlich begangen worden. Zwar

[51] Ebd., S. 169.
[52] *Fritz Schellack*, Nationalfeiertage in Deutschland von 1871 bis 1945, Frankfurt 1990,
S. 19–21.
[53] Ebd., S. 23–26, 31.
[54] Vgl. für das folgende ebd., S. 33–43.
[55] Ebd., S. 42.

hätte der Geburtstag schon im Jahr 1886 gefeiert werden müssen, aber eine Reihe von Umständen machte eine Verschiebung um zwei Jahre erforderlich. Anders als bei der Centenarfeier für Kaiser Wilhelm I. war die Initiative nicht vom Hofe, sondern von der Stadt München ausgegangen. Auf deren Einladung wurde Anfang 1886 ein Komitee aus führenden Repräsentanten des öffentlichen Lebens konstituiert und beauftragt, die Geburtstagsfeier vorzubereiten.[56] Ludwig I. hatte sich um die künstlerische und architektonische Ausschmückung der Stadt München besondere Verdienste erworben. Die integrative Wirkung der Jubiläumsinitiative blieb allerdings auch hier begrenzt. Das zeigt sich schon daran, daß die Sammlung von Spenden für die aufwendig geplante Feier nur mit Mühe das gesteckte Ziel erreichte. Vielleicht lag ein Grund darin, daß der König vor allem als Künstlerfürst gewürdigt werden sollte.[57] Ob dieses Motiv in alle Bereiche der Gesellschaft hinein vermittelt werden konnte, erscheint zumindest fraglich. Vielleicht erinnerten sich viele Bürger Münchens auch noch daran, daß Ludwig I. im März 1848 wegen seiner Affäre mit der irischen Tänzerin Lola Montez unter unwürdigen Umständen zur Abdankung gezwungen worden war. Der Fachverein der Metallarbeiter Münchens wies darauf hin, daß er eine Zusammenkunft zur Sammlung von Spenden nicht einberufen könne, weil ihm jegliche politische Betätigung verboten sei.[58] Höhepunkt des dreitägigen Fests war am zweiten Tag die Enthüllung nicht wie in Berlin 1897 eines Denkmals, wohl aber einer Büste des Geehrten in der Ruhmeshalle auf der Theresienwiese.[59] Auch wenn die bayerische Monarchie im Mittelpunkt stand, so wurde in die Feier symbolisch zugleich die deutsche Nation einbezogen.[60]

In den Dynastiejubiläen wurde die Monarchie als rituelles Erlebnis immer wieder neu vergegenwärtigt, um die Anhänglichkeit der Bürger an ihren Herrscher zu stärken, ganz ebenso wie der Pfarrer das Evangelium in jedem Gottesdienst wie etwas nie Gehörtes zu verkünden sucht, um die Gemeinde in ihrem Glauben zu stärken. Mit Blick auf die Feiern zur silbernen Hochzeit von König Umberto I. von Italien und Königin Margherita im April 1893 bemerkte Marina Tesoro dementsprechend, die Militärparaden und Festzüge auf den Straßen zielten darauf, in den Männern und Frauen, die dort Spalier standen, Rührung und Begeisterung darüber auszulösen, daß sie, und sei es auch nur „als einfache Gläubige", an „einer kollektiven Liturgie" (*a una liturgia collettiva*) teilnehmen durften.[61]

---

[56] *Simone Mergen*, Monarchiejubiläen im 19. Jahrhundert. Die Entdeckung des historischen Jubiläums für den monarchischen Kult in Sachsen und Bayern, Leipzig 2005, S. 207 f.

[57] Ebd., S. 206.

[58] Ebd., S. 209 f.

[59] Ebd., S. 212.

[60] Ebd., S. 213 f.

[61] *Marina Tesoro*, Prove per un giubileo. Le feste pubbliche per le nozze d'argento di Umberto e Margherita di Savoia, in: *dies*. (Hg.), Monarchia, tradizione, identità nazionale. Germania, Giappone e Italia tra Ottocento e Novecento, Milano 2004, S. 119.

Es ist offenkundig, daß die Selbstdarstellung der Monarchie in öffentlichen Feiern gegen Ende des Jahrhunderts als immer dringlicher empfunden wurde. Die „Festangst", die Simone Mergen in der Jahrhundertmitte für Bayern diagnostiziert hatte, war geschwunden.[62] Jetzt mußten Wege gefunden werden, über die bürgerlichen Kreise hinaus auch in der Arbeiterklasse das Bewußtsein der Zugehörigkeit zur Nation zu verankern. Die Monarchie schien geeignet, diese Integrationsleistung zu erbringen. Der wachsende öffentliche Druck auf die Monarchie, die wiederkehrenden dynastischen Ereignisse zur Festigung ihrer Legitimität und zur Vertiefung des nationalen Zusammenhalts zu nutzen, läßt sich exemplarisch an der Geschichte der Königin Viktoria von England studieren. Bis in die siebziger Jahre des 19. Jahrhunderts hinein wirkten die utilitaristische Nüchternheit der britischen Gesellschaft und die Abneigung der Monarchin gegen jeglichen Pomp dahin zusammen, daß das monarchische Zeremoniell in England auf bescheidenem Niveau verharrte. Die Wahlrechtsreform von 1867 machte es in den Augen der Führer beider großen Parteien, Disraeli wie Gladstone, zumal angesichts nicht verstummender Rufe nach der Republik, unumgänglich, auch die städtischen Massen an die Monarchie heranzuführen. Die nächste Gelegenheit zu einer öffentlichen Feier war das Dankfest für die Wiedergenesung des Thronfolgers am 27. Februar 1872. Die Regierung setzte bei der Königin einen öffentlichen Dankgottesdienst in St Paul's Cathedral durch.[63] Die Höhepunkte der monarchischen Feste unter Königin Viktoria bildeten jedoch im Jahre 1887 ihr goldenes und zehn Jahre später ihr diamantenes Regierungsjubiläum. Am 22. Juni 1887 pries die *Times* es als die besondere Leistung der Königin, daß sie sich nicht nur „mit allen Freuden und Sorgen und dem ganzen Glück ihres Volkes identifiziert habe", sondern daß sie ihren Untertanen auch gestattet habe, „ihre eigenen persönlichen Freuden und Sorgen" zu teilen. Dadurch sei der einzigartige „persönliche Charakter der Beziehungen entstanden, die die lange Regierung der Königin zwischen der Nation und ihrem Souverän geknüpft habe".[64] Mit dieser Würdigung zeigte die Zeitung auf, welche Rolle die Monarchie in einer Gesellschaft, die sich auf dem Wege der Demokratisierung befand, übernehmen konnte.

Dynastie, Nation und Verfassung

Auch wenn die Dynastie für den Bestand der Monarchie im 19. Jahrhundert ihre Bedeutung behielt, so genügte sie allein doch immer weniger, um die

---

[62] *Mergen*, Monarchiejubiläen, S. 157.
[63] *Richard Williams*, The Contentious Crown. Public Discussion of the British Monarchy in the Reign of Queen Victoria, Aldershot 1997, S. 209; *Elizabeth Longford*, Victoria R.I., London 2000, S. 425.
[64] The Times, 22. 6. 1887, zit. nach *Williams*, Crown, S. 216.

monarchische Herrschaft zu legitimieren. Unter den weiteren herrschaftslegi-
timierenden Faktoren ragten Konstitutionalismus und Nationalismus hervor.
Ohne die in der *Charte constitutionnelle* enthaltenen Garantien wäre Ludwig XVIII. nicht als König akzeptiert worden. Seine Anhänger beriefen sich
auf das Recht der Dynastie, aber in der Benennung dynastischer Vorbilder
aus dem Hause Bourbon verfuhren sie äußerst selektiv. Heinrich IV. wurde
regelmäßig als der große Versöhner beschworen, Ludwig XIV. wurde außer
durch Chateaubriand nur selten erwähnt. Sein absolutistisches Regiment und
seine ständigen Kriege standen in schroffem Gegensatz zu den Erwartungen,
die an die restaurierte Monarchie gestellt wurden. Dagegen stand wie am
Ende des 16. Jahrhunderts die Aufgabe im Vordergrund, die tiefen Spaltungen in der Gesellschaft zu überwinden. Der Bruder Ludwigs XVIII., Karl X.,
stürzte vom Thron, weil er nach Meinung der liberalen Opposition die *Charte*
verletzt hatte. Das wog schwerer als die Zugehörigkeit zur Dynastie. An der
Berufung Louis-Philippes, der einer Seitenlinie des Hauses Bourbon ent-
stammte, in seine Nachfolge zeigt sich umgekehrt, daß die politische Klasse
auch damals noch so wenig wie möglich von den dynastischen Grundsätzen
abweichen wollte, doch wie schon Wilhelm von Oranien und Maria Stuart im
Jahre 1688 gelangte auch der Bürgerkönig erst auf den Thron, nachdem er die
revidierte Verfassung beschworen hatte.

In Süddeutschland hatten die politischen Umwälzungen durch Napoleon die Macht und den Rang der Häuser Wittelsbach, Württemberg und
Zähringen erhöht, aber die neuen Könige in München und Stuttgart und der
Großherzog von Baden mußten auf ihre neu hinzugekommenen Untertanen
Rücksicht nehmen, wenn sie sich auf ihre dynastische Herkunft beriefen.
Freiburg lag auf altem habsburgischem und Heidelberg und Mannheim auf
vormals wittelsbachischem Territorium. König Ludwig I. von Bayern änderte
noch im Stadium der Planung das Bildprogramm für das Nationaldenkmal
auf Wittelsbach bei Aichach. Ursprünglich sollten dort die Statuen von acht
wittelsbachischen Herrschern aufgestellt werden. Den Anfang hätte Pfalzgraf
Otto gemacht, den Friedrich Barbarossa 1180 mit dem Herzogtum Bayern
belehnte, den Abschluß Ludwig I. selbst. Mit diesem Programm wären, von
Ludwig abgesehen, ausschließlich altbayerische Herrscher gewürdigt worden, und die Geschichte der jüngst erworbenen Territorien bis zum Verlust
ihrer Selbständigkeit wäre unterschlagen worden. Daher ersetzte der König
die ursprünglich vorgesehenen Statuen durch die Wappen der acht bayerischen Kreishauptstädte München, Augsburg, Passau, Regensburg, Ansbach,
Bayreuth, Würzburg und Speyer, so daß Neubayern und Altbayern nunmehr
die gleiche Berücksichtigung fanden. In dieser Gestalt wurde das Denkmal
am 25. August 1834 vor einem Publikum von 20 000 bis 30 000 Menschen feierlich enthüllt.[65] Insoweit wird das Urteil von Hans-Michael Körner bestätigt,

---

[65] *Josef Bestler*, Das Nationaldenkmal auf Wittelsbach, in: *Toni Grad* (Hg.), Die Wittelsbacher im Aichacher Land. Gedenkschrift der Stadt Aichach und des Landkreises

daß „die Erinnerung an die Geschichte des Herzog- und Kurfürstentums"
überall da, wo sie „in ein Spannungsverhältnis zur politischen Wirklichkeit"
der Gegenwart trat, „einer integrationspolitisch motivierten Domestizierung
unterworfen" worden sei.[66] In Wirklichkeit übte Ludwig I. jedoch nicht immer die gleiche Zurückhaltung wie in Wittelsbach. So ist zum Beispiel der
zwischen 1826 und 1829 auf seine Anordnung entstandene Freskenzyklus in
den Münchner Hofgartenarkaden ausschließlich der Geschichte des Hauses
Wittelsbach und den Taten ihrer Herrscher gewidmet. Der König hatte gewünscht, daß „aus jedem der acht Jahrhunderte, in welchen Bayern von Wit-
telsbachern beherrscht" worden sei, „ein Friedens- und ein Kriegsgegenstand
gewählt werde".[67] Unter der Leitung von Peter von Cornelius, aber ausgeführt
von seinen Schülern, wurde an einer für jedermann zugänglichen Stelle der
Hauptstadt ein monumentales Bildprogramm verwirklicht, das in chrono-
logischer Abfolge, wie Monika Wagner treffend formuliert, die „Geschichte der
Wittelsbacher" zur „Geschichte Bayerns" machte.[68] Als die Kosten des Zyklus
1831 dem Landtag zur Prüfung vorgelegt wurden, ließ der Abgeordnete Dr.
Friedrich Wilhelm Kapp – protestantischer Geistlicher aus Bayreuth, einer
Stadt, die erst 1810 bayerisch geworden war – durchblicken, daß die einseitig
dynastische Ausrichtung des Bildprogramms die Bedürfnisse der neubaye-
rischen Bürger außeracht gelassen habe: „Ich wünschte nur, wir hätten Geld
genug, um noch mehr solche Thaten, wie die in den Arkaden sind, besonders auch aus der Geschichte der neu acquirirten Länder bildlich darstellen
zu können".[69] Die in Bilder gefaßten Ruhmestaten gipfeln in der Stiftung der
Verfassung durch Max I. Joseph im Jahre 1818. Dieses Ereignis gehört zwar
bereits der Geschichte des neuen Gesamtstaats an, aber im Zusammenhang
des Zyklus mußte es doch wieder vor allem als eine Leistung des Hauses Wittelsbach verstanden werden.[70]

Konflikte zwischen der dynastischen und der nationalen Legitimität lassen sich seit der Revolution von 1848 an zahlreichen Beispielen in Deutsch-

---

Aichach-Friedberg zur 800-Jahr-Feier des Hauses Wittelsbach, Aichach 1980, S. 337–
340, 343.

[66] *Hans-Michael Körner*, Staat und Geschichte in Bayern im 19. Jahrhundert, München
1992, S. 125.

[67] Zit. nach *Hans Reidelbach*, König Ludwig I. von Bayern und seine Kunstschöpfungen,
München 1888, S. 202.

[68] *Monika Wagner*, Allegorie und Geschichte. Ausstattungsprogramme öffentlicher Gebäude des 19. Jahrhunderts in Deutschland. Von der Cornelius-Schule zur Malerei der
Wilhelminischen Ära, Tübingen 1989, S. 72; zum Verhältnis von Dynastie und Nation in
Bayern vgl. auch unten im Kapitel „Nation" den Abschnitt „Partikularismus in Deutschland".

[69] Zit. nach *Eva Alexandra Mayring*, Geschichte und Geschichtsargumentation in den
bayerischen Landtagsverhandlungen zur Zeit Ludwigs I., in: *Johannes Erichsen / Uwe
Puschner* (Hg.), „Vorwärts, vorwärts sollst du schauen...". Geschichte, Politik und Kunst
unter Ludwig I., München 1986, S. 355.

[70] *Wagner*, Allegorie, S. 80.

land und Italien beobachten. Am Vorabend des Krieges von 1859 drängte das
Volk von Florenz den Großherzog von Toskana zum Eintritt in den Krieg
auf der Seite Piemont-Sardiniens und Frankreichs und damit gegen Österreich. Kaum hatte der Großherzog dieses Ansinnen abgelehnt, wurde er auch
schon abgesetzt. In den Augen seiner Untertanen hatte er trotz seiner unbe-
zweifelbaren dynastischen Legitimität die Herrschaftsberechtigung verloren,
wenn er sich nicht gleichzeitig mit dem nationalen Anliegen aller Italiener
identifizierte. Als Giuseppe Garibaldi und seine Freischaren im folgenden
Jahr das Königreich beider Sizilien zum Einsturz brachten, sprachen sich die
ehemaligen Untertanen des Hauses Bourbon mit überwältigender Mehrheit
für König Viktor Emanuel II. von Sardinien als König von Italien aus. Damit
bestritten sie zugleich ihren angestammten Herrschern die Herrschaftsberechtigung und verleugneten schroff das dynastische Prinzip. Dieser Abfall
der Bürger Siziliens und Neapels von ihrem überlieferten Herrscherhaus erklärt sich damit, daß Viktor Emanuel II. die nationale Einheit und zugleich
die Übertragung der piemontesischen Verfassung, des *Statuto albertino* von
1848, auf ganz Italien versprach. Viktor Emanuel II. wurde 1860 als erblicher
König von Italien vereidigt. So wurde auch hier eine neue zugleich nationale
und konstitutionelle Erbmonarchie begründet.

Auch in Deutschland war der Prozeß der nationalen Einigung mit dem
Sturz alter Dynastien verbunden. Den Sturz bewirkte hier freilich nicht ein
Revolutionär vom Schlage Garibaldis, sondern die Regierung der europäischen Großmacht Preußen. Der preußische Ministerpräsident Otto von Bismarck ließ nach dem militärischen Sieg über Österreich von 1866 nicht nur
Schleswig und Holstein, über deren Zukunft der Krieg ausgebrochen war,
sondern auch das Königreich Hannover, das Kurfürstentum Hessen, das Herzogtum Nassau und die Stadt Frankfurt annektieren. Die Annexionen erfolg-
ten im Wege der preußischen Gesetzgebung. Bismarck rechtfertigte sie vor
den preußischen Kammern mit der Erwägung, daß die betroffenen Dynastien
ihr Herrschaftsrecht verwirkt hätten, weil sie der Herstellung der deutschen
Nationaleinheit im Wege gestanden hätten. Die Motive des Gesetzentwurfs,
den der Ministerpräsident dem preußischen Abgeordnetenhaus vorlegte, begannen mit der Feststellung, die Regierungen der vier zur Annexion vorgesehenen Staaten hätten durch ihre Politik „bewiesen, daß auf ihre Mitwirkung
zur Befriedigung der nationalen Bedürfnisse und berechtigten Wünsche des
Deutschen Volkes nicht zu rechnen" sei. Im übrigen könne nur ein durch die
Annexionen gestärktes Preußen die deutsche Einheit zustande bringen.[71] In
der Diskussion im preußischen Abgeordnetenhaus verwahrte sich Bismarck

---

[71] Entwurf eines Gesetzes, betreffend die Vereinigung des Königreichs Hannover, des Kurfürstenthums Hessen, des Herzogthums Nassau und der freien Stadt Frankfurt mit der
Preußischen Monarchie, in: Anlagen zu den Stenographischen Berichten über die Verhandlungen des Hauses der Abgeordneten, 9. Legislaturperiode, 1. Session, 1866–1867,
Bd. 1, Aktenstück Nr. 29, S. 118.

gegen den Vorwurf, in der geplanten Form seien die Annexionen nichts als ein Akt nackter Gewalt, solange sie nicht durch eine Volksabstimmung sanktioniert würden, und rechtfertigte die Eroberung „mit dem Recht der Deutschen, als Nation zu existieren, zu athmen und sich zu einigen, zugleich aber mit dem Recht und der Pflicht Preußens, dieser Deutschen Nation die für ihre Existenz nöthige Basis zu liefern".[72] Die Annexionen wurden somit nationalrevolutionär gerechtfertigt, und dem Gedanken dynastischer Legitimität war abermals ein Stoß versetzt worden. Das ist um so erstaunlicher, als Bismarck für Preußen selbst auf unbedingter Anerkennung der Legitimität des Hauses Hohenzollern bestand.

Hätte Friedrich Wilhelm IV. im Frühjahr 1849 die ihm von der deutschen Nationalversammlung angetragene Kaiserkrone angenommen, hätte er sich als König von Preußen auf die dynastische, als Kaiser der Deutschen aber zugleich auf eine demokratische und nationale Legitimation berufen können. Da die Kaiserwürde nach der Reichsverfassung erblich sein sollte, wären ihm seine Erben sowohl in Preußen als auch im Reich nach dynastischem Recht nachgefolgt. Wie schnell aus einer neuen eine alte Dynastie werden konnte, zeigt sich am Beispiel Napoleons III., der sich auf die dynastische Legitimität des Hauses Bonaparte berief. Diese Berufung erklärt den von ihm angenommenen Herrschernamen. Aus denselben Gründen, aus denen sich der Graf von Provence den achtzehnten Ludwig nannte, zählte sich Louis-Napoléon Bonaparte nach seinem Staatsstreich von 1852 als den dritten Napoleon. Wie Ludwig XVIII. den Sohn seines hingerichteten Bruders als Ludwig XVII. zählte, obwohl dieser niemals regiert hatte, zählte Louis-Napoléon Bonaparte den 1811 geborenen Sohn Napoleons I. und der Kaiserin Marie Luise, den Herzog von Reichstadt, als Napoleon II., obwohl auch dieser niemals Kaiser gewesen war. Die Fiktion dynastischer Kontinuität blieb offenbar ein wichtiges Element monarchischer Legitimität selbst in einem Fall, in dem die Herrschaft ursprünglich plebiszitär und aufgrund charismatischer Zuschreibung erworben worden war. Wie bei Ludwig XVIII. drückte sich in der Herrscherzählung Napoleons III. zugleich ein politisches Programm aus, das den Thronanspruch unterstreichen sollte. Insofern war die Berufung auf die dynastische Legitimität weit mehr als eine bloße genealogische Herleitung. In der Präambel zu der Verfassung vom 14. Januar 1852 kündigte Louis-Napoléon Bonaparte an, daß er das Regime seines Oheims wiederherstellen wolle. Da er zunächst nur als Präsident einer Republik mit einer Amtszeit von zehn Jahren regieren wollte, beschränkte er sich damals allerdings auf die Feststellung, daß er sich die Konsulatsverfassung des Jahres VIII zum Vorbild genommen habe. Als er einige Monate später die Republik abschaffte und

---

[72] Bericht der 13. Kommission zur Vorberathung des Gesetz-Entwurfs, betreffend die Vereinigung des Königreichs Hannover, des Kurfürstenthums Hessen, des Herzogthums Nassau und der freien Stadt Frankfurt mit der Preußischen Monarchie, in: ebd., Aktenstück Nr. 47, S. 202.

das Zweite Kaiserreich proklamierte, machte er die Restauration des Ersten Kaiserreichs zum Ziel seiner Verfassungspolitik.

Historische Dynastien bestätigten ihren Rang durch ihre Heiratspolitik. Neue Dynastien suchten die eheliche Verbindung mit alten Häusern, um Anerkennung zu gewinnen. Das berühmteste Beispiel ist die Vermählung Napoleons I. mit Marie Luise von Österreich im Jahre 1810. Napoleon III. dagegen heiratete keine Prinzessin aus einer regierenden Dynastie, sondern eine spanische Gräfin, María Eugenia de Guzmán, Gräfin von Teba.[73] Am 22. Januar 1853 versammelte er den Senat, den *Corps législatif* und den Staatsrat in den Tuilerien, um ihnen seine Hochzeit anzukündigen. Gleich zu Beginn betonte er, daß diese Eheschließung nicht „mit den Traditionen der alten Politik übereinstimme". Mit der „alten Politik" war hier offensichtlich nicht nur allgemein die Heiratspraxis der historischen Monarchien, sondern speziell die Eheschließung Napoleons I. gemeint. Im weiteren Verlauf seiner Ansprache nahm er unüberhörbar darauf Bezug: „Wenn man inmitten des alten Europa durch die Kraft eines neuen Prinzips auf die Höhe der historischen Dynastien getragen wird, dann findet man nicht dadurch Anerkennung, daß man sein Wappen für alt erklärt oder um jeden Preis in die Familie der Könige einheiratet, sondern viel eher dadurch, daß man die Erinnerung an seine Herkunft stets aufrechterhält, seinen eigentümlichen Charakter bewahrt und gegenüber Europa freimütig die Stellung des Parvenu einnimmt, ein glorreicher Titel, wenn man ihn der freien Wahl eines großen Volkes verdankt".[74] In ihrer Doppeldeutigkeit bestätigen diese Worte einerseits die fortdauernde Geltung des dynastischen Prinzips, andererseits relativieren sie dessen Gewicht zugleich durch die Berufung auf den Grundsatz der Volkssouveränität.

Im Jahre 1915 wurde in Deutschland der fünfhundertsten Wiederkehr des Tages gedacht, an dem der Burggraf Friedrich VI. von Nürnberg von Kaiser Sigismund zum Markgrafen und Kurfürsten von Brandenburg berufen worden war. In einer Reflexion über das Jubiläum reduzierte Otto Hintze die seitherige deutsche Geschichte auf die Geschichte des Hauses Hohenzollern: „Die Hohenzollern haben den preußischen Staat geschaffen, und sie haben das neue Deutsche Reich gegründet".[75] Wie Ludwig I. einst das Haus Wittelsbach in Bayern, so erklärte Hintze die in Berlin regierende Dynastie damit zur treibenden Kraft des geschichtlichen Prozesses in Deutschland. Nation und Verfassung nahmen in seinen Augen eine nachgeordnete Funktion ein. Im Rückblick er-

---

[73] *Anceau*, Napoléon III, S. 226.

[74] *Napoléon III*, Communication relative au mariage de l'Empereur, 22.1.1853, in: *ders.*, Œuvres, Bd. 3, Paris 1856, S. 357–359: *Quand, en face de la vieille Europe, on est porté par la force d'un nouveau principe à la hauteur des anciennes dynasties, ce n'est pas en vieillissant son blason et en cherchant à s'introduire à tout prix dans la famille des Rois, qu'on se fait accepter. C'est bien plutôt en se souvenant toujours de son origine, en conservant son caractère propre et en prenant franchement vis-à-vis de l'Europe la position de parvenu, titre glorieux lorsqu'on parvient par le libre suffrage d'un grand Peuple.*

[75] *Otto Hintze*, Zum Hohenzollernjubiläum 1915, in: Hohenzollern-Jahrbuch 19 (1915), S. 1.

scheint das Hohenzollernjubiläum als der vergebliche Versuch, ein überholtes Herrschaftssystem aus der Geschichte zu legitimieren. Gleiches läßt sich vom dreihundertjährigen Jubiläum des Hauses Romanov sagen, das zwei Jahre zuvor im Zarenreich begangen worden war. Gefeiert wurde die Berufung des Stammvaters des Hauses, Michail Fedorovič Romanov, im Jahre 1613 durch eine Ständeversammlung, den *Zemskij Sobor*, auf den Zarenthron. Um unerwünschten Deutungen entgegenzutreten, betonte das Jubiläumskomitee, daß die autokratische Herrschaft des Zaren niemals auf vertraglicher Grundlage beruht habe. Die Wahl Michails sei ohne Bedingungen erfolgt.[76] Nikolaus II. nutzte das Jubiläum sogar, um den autokratischen Charakter seines Regimes eigens zu unterstreichen. In seinem Jubiläumsmanifest wurden weder die Verfassung noch die Duma erwähnt, und der Präsident der Duma, Michail Rodzjanko, hatte Mühe, den Abgeordneten während der Jubiläumsfeier in der Kazan-Kathedrale am 21. Februar 1913 einen angemessenen Platz zu sichern.[77]

Während König Ludwig I., Zar Nikolaus II. und Kaiser Wilhelm II. die historischen Leistungen ihrer Dynastien ins Licht stellten, verleugnete König Georg V. von England unter dem Druck der öffentlichen Meinung während des Ersten Weltkriegs seine dynastische Herkunft aus dem deutschen Hause Sachsen-Coburg und Gotha. Im Juli 1917 gab er bekannt, daß seine Dynastie den Namen eines Hauses Windsor annehme.[78] Das war für den Augenblick eine wirkungsvolle antideutsche Demonstration, aber auch ein Schritt, mit dem der König zugleich das dynastische Prinzip in Frage stellte. Durch Jahrhunderte hindurch hatten sowohl die Staatsraison als auch der Grundsatz der Ebenbürtigkeit es erfordert, daß die europäischen Herrscherdynastien sich durch Heirat untereinander verbanden. Dementsprechend waren nicht nur Zar Nikolaus II., sondern auch der deutsche Kaiser Wilhelm II. ein Vetter Georgs V. Wie wenig die Verwandtschaft der Herrscherhäuser zu Beginn des 20. Jahrhunderts einen Einfluß auf die Politik zu gewinnen vermochte, das hatte gerade der Ausbruch des Ersten Weltkriegs gezeigt. Wilhelm II. soll die Umbenennung des britischen Königshauses mit der Bemerkung quittiert haben, er freue sich schon auf die nächste Aufführung von Otto Nikolais Oper „Die lustigen Weiber von Sachsen-Coburg und Gotha".[79]

Restaurationsbestrebungen gestürzter Dynastien

Der Glaube an die Kraft des Erbcharismas schützte regierende Herrscher vor leichtfertiger Absetzung. Widerstand gegen ungerechte Herrschaft war in

---

[76] *Richard S. Wortman*, Scenarios of Power. Myth and Ceremony in Russian Monarchy, Bd. 2: From Alexander II to the Abdication of Nicholas II, Princeton 2000, S. 456.

[77] Ebd., S. 461 f.

[78] *Kenneth Rose*, King George V, New York 1984, S. 174.

[79] Ebd.

der frühen Neuzeit nicht den einzelnen Untertanen, sondern allenfalls ständischen Vertretungen erlaubt, und auch sie waren gezwungen, Absetzungen rechtlich zu begründen. Dabei kam es darauf an, durch Auflistung seiner angeblichen Rechtsbrüche den Nachweis zu führen, daß der legitime Herrscher sich zum Tyrannen entwickelt habe. Nur wenn das beschriebene rechtsförmige Verfahren beachtet wurde, bestand Aussicht, die Untertanen wirksam von ihrer Loyalitätspflicht zu entbinden. Dieses Ziel wurde jedoch nirgends sofort und schon gar nicht vollständig erreicht. Nach der Glorreichen Revolution von 1688 entfaltete sich auf den britischen Inseln eine breite jakobitische Bewegung mit dem Ziel, das Haus Stuart auf den Thron zurückzuführen. Der amerikanische Unabhängigkeitskrieg war nicht nur ein Krieg der Siedler gegen das Mutterland, sondern auch ein Bürgerkrieg zwischen den Anhängern der Republik und den sogenannten Loyalisten, die treu an der Seite der britischen Krone verharren wollten. In Frankreich entfaltete sich nach dem Sturz Napoleons 1814 und 1815 der Bonapartismus. Nach der Julirevolution blieb der Legitimismus, nach der Revolution von 1848 der Orleanismus noch auf Jahrzehnte eine starke politische Kraft. In der nach dem Sturz des Zweiten Kaiserreichs im Februar 1871 gewählten Nationalversammlung verfügten die beiden Gruppen des Monarchismus zusammen über zwei Drittel der Sitze.

Solange den gestürzten Herrschern und ihren Familien von Teilen der Bevölkerung weiterhin Loyalität entgegengebracht wurde, blieb die Legitimität des neuen Regimes ungefestigt. Gefahr drohte ihm vor allem dann, wenn die gestürzten Herrscher selbst oder ihre Nachkommen über Mittel verfügten, um ihre Anhängerschaft gegen das neue Regime zu mobilisieren. Daher hatten abgesetzte Herrscher und ihre Familien allen Grund, um ihr Leben zu fürchten. Häufig flohen sie ins Ausland, sobald sie erkannten, daß sie verloren hatten. War ihnen die Flucht gelungen, mußte damit gerechnet werden, daß sie versuchen würden, ihre Throne vom Exil aus zurückzugewinnen. An zwei Beispielen läßt sich das Zusammenspiel der um ihre Rückkehr kämpfenden Dynastie mit ihrer Anhängerschaft im Lande verfolgen, am Jakobitismus des 18. und am Bonapartismus des 19. Jahrhunderts.

Nach seiner Absetzung segelte Jakob II. am 23. Dezember 1688 von Rochester aus nach Frankreich, nachdem ein erster Versuch zwei Wochen zuvor daran gescheitert war, daß sein Schiff auf Grund lief. Seine Frau Maria di Modena und ihr Sohn waren bereits am 8. Dezember vorausgefahren. Jakob rechtfertigte seine Flucht mit der Sorge um seine persönliche Sicherheit: „Wenn ich mich nicht zurückziehe, werde ich ohne Zweifel in den Tower geworfen, und aus dem Tower ist noch kein König wieder herausgekommen, außer in sein Grab".[80] In Frankreich wies ihm Ludwig XIV. das Schloß Saint-Germain-en-Laye an. Dort unterhielt Jakobs Familie bis zum Tode des Sonnenkönigs im Jahre 1715 einen Hofstaat von bis zu tausend Personen. Von Saint-Germain-

---

[80] Zit. nach *William Alfred Speck*, James II, London 2002, S. 80: *If I do not retire, I shall certainly be sent to the Tower, and no King ever went out of that place but to his grave.*

en-Laye aus unternahm Jakob schon kurz nach seiner Ankunft mit französischer Hilfe die ersten Versuche, die neuen Herrscher wieder aus Whitehall zu vertreiben. Die Pläne zielten auf eine Koordination von militärischer Invasion und bewaffnetem Aufstand. Die mächtigste Gruppe innerhalb des Landes, auf deren Unterstützung Jakob zählen konnte, sofern er versprach, die Test-Akte wieder in uneingeschränkte Geltung zu setzen und ein freies Parlament zu berufen, waren anglikanische Edelleute. Die Initiativen scheiterten im Juli 1689 jedoch in der Schlacht bei Killiecrankie in Schottland und im Juli 1690 in der Schlacht am Boyne in Irland, bei der Jakob II. und Wilhelm III. sich persönlich gegenüberstanden. Im Jahre 1692 mißlang ein neuer Versuch, der *Ailesbury plot*, als die nach England entsandten französischen Schiffe bei La Hogue und Barfleur von den vereinigten britischen und holländischen Flotten vernichtet wurden.[81] Im Zusammenhang mit einem weiteren Versuch, dem *Fenwick plot*, planten Anhänger der Stuarts im Jahre 1696, König Wilhelm zu ermorden, um ihre Parteigänger im Lande zu neuen Aufständen und die französische Regierung zu einem neuen Landungsversuch anzustacheln. Der Plan wurde jedoch verraten.[82] Zahlreiche Verschwörer wurden verhaftet, sieben wurden verurteilt und hingerichtet, fünf weitere vom Parlament auf Lebenszeit eingekerkert.

Am 6. September 1702 starb Jakob II. Ludwig XIV. erkannte seinen Sohn, auch *Old Pretender* genannt, als Jakob III. an. Im Jahre 1708 scheiterte der Plan einer Invasion Schottlands durch französische Truppen, die das Signal für eine Erhebung im Lande hätte geben sollen.[83] Im Jahre 1715, ein Jahr nach dem Übergang des Throns an das Haus Hannover, erhoben sich die Jakobiten erneut. Besonders in Schottland stellten sie fast dreimal so viele Kämpfer ins Feld wie die Regierung.[84] Dennoch brach der Aufstand zusammen. Den letzten großen Aufstandsversuch unternahmen die Jakobiten unter Führung des *Pretenders* Karl Eduard, Sohn Jakobs III. und Enkel Jakobs II., im Jahre 1745. Nachdem der Prinz in Schottland zunächst Erfolge erzielt hatte, marschierte er in England ein. Das Ausbleiben einer Erhebung der Bevölkerung und einer flankierenden französischen Invasion zwangen ihn jedoch im Dezember zum Rückmarsch über die schottische Grenze.[85] In Schottland wurde er im April 1746 bei Culloden endgültig geschlagen.

Über ein halbes Jahrhundert lang hatte das Haus Stuart versucht, seinen 1688 verlorenen Thron zurückzugewinnen. Frankreich unterstützte es dabei in der Hoffnung, auf diese Weise England, seinen politischen Hauptrivalen in Europa, zu schwächen und in seine Abhängigkeit zu bringen. Die wichtigste

---

[81] *Eveline Cruickshanks*, Attempts to Restore the Stuarts, 1689–96, in: *dies. / Edward Corp* (Hg.), The Stuart Court in Exile and the Jacobites, London / Rio Grande 1995, S. 2–6.

[82] Ebd., S. 8 f.

[83] *Daniel Szechi*, The Jacobites. Britain and Europe 1688–1788, Manchester / New York 1994, S. 54–57.

[84] Ebd., S. 77.

[85] *Bruce Lenman*, The Jacobite Risings in Britain 1689–1746, London 1980, S. 258 f.

Voraussetzung für die Restaurationspläne bildete jedoch die breite jakobitische Bewegung in England und Schottland. So unblutig und schnell die Glorreiche Revolution ihr Ziel erreichte, so langwierig gestaltete sich der Prozeß der Gewöhnung der Briten an die neue Dynastie.

Am 11. April 1814 wurde zwischen Napoleon und der Koalition unter Federführung des Zaren Alexander der Vertrag von Fontainebleau geschlossen. Gegen die Überlassung der Insel Elba als souveränes Fürstentum und eine umfangreiche Pension verpflichtete der Kaiser sich dazu, seinem Thron zu entsagen und Frankreich zu verlassen. Sofern seine Verbannung die Bourbonenmonarchie vor einem Restaurationsversuch Napoleons bewahren sollte, lag Elba geographisch viel zu nah. Das zeigte sich im März 1815, als der Kaiser unvermutet in Frankreich landete und schon nach kurzer Zeit die Zügel der Regierung wieder in die Hand nahm. Nach seiner Niederlage bei Waterloo begab sich Napoleon am 15. Juli in englischen Gewahrsam. Die britische Regierung ließ ihn auf die Insel Sankt Helena im Südatlantik verbringen, nachdem die Verbündeten sie mit seiner Bewachung beauftragt hatten. Die Abgelegenheit und die Unzugänglichkeit der Insel, dazu die strenge Bewachung, der Napoleon dort unterworfen wurde, zeigen, für wie gefährlich die Briten ihn weiterhin hielten. 1821 ist er auf der Insel gestorben. In der Erinnerung der Franzosen blieb er jedoch lebendig, und besonders in der Zeit der Julimonarchie, die arm war an Glanz und äußeren Erfolgen, blühte der Bonapartismus. Diese Stimmung suchte Louis-Napoléon Bonaparte, der Neffe des Kaisers, für eine Rückkehr des Hauses Bonaparte auf den französischen Thron zu nutzen.

Louis-Napoléon Bonaparte, im Jahre 1808 geboren, war auf zweifache Weise verwandtschaftlich mit Napoleon I. verbunden. Er war der Sohn von Napoleons Bruder Louis, zeitweise König von Holland, und er war Sohn von Napoleons Stieftochter Hortense Beauharnais, Tochter der ersten Frau des Kaisers, Joséphine Beauharnais. Als die Familie Bonaparte nach der Schlacht von Waterloo aus Frankreich ausgewiesen wurde, ließ sich seine Mutter Hortense mit ihrem Sohn in Arenenberg im Kanton Thurgau am Untersee nieder.[86] Auf Drängen seines Privatlehrers Philippe Le Bas besuchte Louis-Napoléon seit Herbst 1820 für drei Jahre das Gymnasium in Augsburg. Mit seiner Mutter reiste er häufig nach Italien, wo große Teile der Familie Bonaparte lebten. Wiederholt hielt er sich in England auf. Dank des erzwungenen Exils lernte er diese Länder aus eigener Anschauung kennen und beherrschte zuletzt nicht nur die deutsche, sondern auch die italienische und die englische Sprache. Nach dem Tod des Herzogs von Reichstadt, des einzigen Sohns Napoleons I., im Jahre 1832 erhob Louis-Napoléon Bonaparte, dessen älterer Bruder bereits zwei Jahre zuvor gestorben war, Anspruch auf die Nachfolge im Kaisertum. Die aktuelle politische Lage ließ allerdings nicht erwarten, daß er diesen Anspruch in absehbarer Zeit würde umsetzen können. Am 30. Oktober 1836 unternahm er in Straßburg den Versuch, die Julimonarchie zu

---

[86] *Anceau*, Napoléon III., S. 36–38.

stürzen und die Herrschaft gewaltsam an sich zu reißen. Der Putsch miß-
glückte, noch bevor er richtig begonnen hatte.[87] Die französische Regierung
wies ihn in die Vereinigten Staaten aus, aber über London kehrte er bereits
1838 nach Arenenberg zurück. Von London aus organisierte er alsbald einen
weiteren Putschversuch. Ermutigt durch das Aufsehen, das die Rückführung
der Gebeine Napoleons nach Frankreich erregt hatte, und angespornt durch
die Rheinkrise, in der sich Frankreich wie 1814 und 1815 von den Großmächten unversehens isoliert sah, landete Louis auf einem gemieteten Dampfschiff,
von England kommend, in der Nacht vom 5. auf 6. August 1840 mit rund
50 Getreuen bei Boulogne an der französischen Küste. Wie schon vier Jahre
zuvor in Straßburg, so hoffte er auch hier die örtliche Garnison hinter sich zu
bringen, um sodann an der Spitze der Soldaten nach Paris zu marschieren.
Die Garnisonstruppen drängten die Eindringlinge jedoch ins Meer zurück.[88]
War Louis-Napoléon nach dem Anschlag von Straßburg lediglich ausgewiesen worden, so wurde er dieses Mal vor Gericht gestellt und zu lebenslanger
Haft auf der Festung Ham in der Picardie verurteilt. Im Mai 1846 gelang ihm,
als Handwerker verkleidet, die Flucht aus seinem Gefängnis. Über Brüssel
erreichte er binnen zwei Tagen London. Die Chance zur tatsächlichen Gewinnung der Herrschaft in Frankreich brachte ihm unverhofft die Februarrevolution von 1848. Am 10. Dezember 1848 wurde er mit überwältigender
Mehrheit nach allgemeinem Stimmrecht zum Präsidenten der Zweiten Republik gewählt. Nach der Verfassung betrug die Amtszeit vier Jahre. Eine Wie-
derwahl war frühestens nach weiteren vier Jahren möglich. Louis-Napoléon
wollte die Macht jedoch behalten. Daher strebte er eine Änderung der Verfassung an. Da die Nationalversammlung ihre Zustimmung versagte, vollzog er
am 2. Dezember 1851 einen Staatsstreich. Er ließ eine neue Verfassung ausarbeiten, nach der er zunächst für zehn Jahre als *Prince-Président* amtierte.
Schon ein Jahr später nahm er die Würde eines erblichen Kaisers der Franzosen an. Sowohl der Staatsstreich von 1851 als auch die Gründung des Zweiten Kaiserreichs wurden durch Plebiszit bestätigt. Die Monarchie des Hauses
Bonaparte war erfolgreich restauriert.

Im *Ancien Régime* bildeten die Dynastie und die Regeln der dynastischen Erbfolge die wichtigsten Faktoren der Legitimation monarchischer Herrschaft.
Sie bestimmten den Nachfolger eines verstorbenen Herrschers und schlossen Dritte von der Erbfolge aus. Die Ratio des dynastischen Prinzips bildete
das Erbcharisma. Daher spielte der Ahnenkult in den Herrscherfamilien eine
wichtige Rolle. Die historischen Leistungen der Vorfahren der herrschenden Dynastie dienten als Argument nicht nur gegen die Ansprüche fremder
Dynastien, sondern auch gegen die Einführung anderer Regierungsformen.
Dynastische Krisen führten einen Staat fast zwangsläufig in Bürgerkrieg und

---

[87] Ebd., S. 69–71.
[88] Ebd., S. 82 f.

Anarchie. Nur in wenigen Fällen erwiesen sich religiöse oder politische Prinzipien stärker als die dynastische Bindung. Die bekanntesten Fälle sind die Herrscherabsetzungen in den Niederlanden 1581, in England 1688 und in den dreizehn nordamerikanischen Kolonien 1776, aber auch die Tatsache, daß Heinrich IV. zum Katholizismus konvertieren mußte, um sein Königreich in Besitz nehmen zu können. Anders als die Amerikanische leitete die Französische Revolution noch nicht das Zeitalter der Republik ein. Nur zwölf Jahre nach dem Sturz Ludwigs XVI. kehrte Napoleon mit der Proklamation des Kaiserreichs in Frankreich wieder zur Erbmonarchie zurück und suchte eine neue dynastische Legitimität auf das Haus Bonaparte zu gründen. Auch anderswo in Europa wurden im Laufe des 19. Jahrhunderts neue Erbmonarchien ins Leben gerufen. Allerdings wurden die Akzeptanz der Erbmonarchie und damit die dynastische Legitimität je länger je mehr unter die Bedingung gestellt, daß sie bestimmte inhaltliche Erwartungen erfüllten. Dazu gehörten, in je verschiedener Gewichtung, der Übergang zum Verfassungsstaat, die Anerkennung der nationalen Bestrebungen und soziale Reformen.

Tout ce qui tend à rendre sacré celui qui
gouverne est un grand bien
Jean-Étienne-Marie Portalis[1]

4. Religion

Der sakrale Charakter der Monarchie

Die Monarchen des alten Europa leiteten ihre Herrschaft von Gott her. Daher fügten sie seit Karl dem Großen ihrem Titel die christliche Devotionsformel hinzu und nannten sich König oder Kaiser „von Gottes Gnaden".[2] Die Einführung dieser Formel war eine Folge der Zustimmung des Papstes Zacharias zur Übertragung des Königsamts von der Herrscherdynastie der Merowinger auf den karolingischen Hausmeier Pippin und seine Familie. Nach seiner Wahl durch die fränkischen Großen wurde Pippin im Jahre 751 von Bonifatius gesalbt. Zacharias begründete seinen Schritt damit, daß die bisherige Dynastie die Macht und damit ihre Eignung zur Herrschaft verloren habe.[3] Dagegen hätten die Hausmeier, welche die tatsächliche Macht längst in Händen hielten, vor allem ihre Fähigkeit bewiesen, die Heiden zu bekämpfen und die Kirche zu verteidigen. Im Jahre 732 hatte der Vater Pippins, Karl Martell, die über die Pyrenäen weit auf fränkisches Gebiet vorgedrungenen Araber bei Poitiers geschlagen, und von Pippin selbst erhoffte sich der Papst Schutz vor den Langobarden.

Die Übertragung der königlichen Würde von den Merowingern auf die Karolinger setzte voraus, daß die Geblütsheiligkeit der Merowinger, auf der die Legitimität dieses Hauses beruht hatte, durch eine Heiligung des karolingischen Geschlechts übertroffen wurde. Die Heiligung der Karolinger bewirkte die Salbung Pippins durch Bonifatius. Im Jahre 754 wiederholte Papst Stephan II. persönlich die Salbung an Pippin und salbte zugleich auch die Söhne Pippins, Karl und Karlmann. Als liturgisches Vorbild der Königssal-

---

[1] Zit. nach *Alfred Marquiset* (Hg.), Napoléon sténographié au Conseil d'État 1804–1805, Paris 1913, S. 25. Die Sitzung des Staatsrats, auf der die zitierten Worte fielen, fand am 23 prairial XII (12. Juni 1804) in Saint-Cloud statt. Portalis, Staatsrat, von 1804 bis 1807 Kultusminister, fuhr fort: *Le malheur de nos jours est qu'on raisonne trop la puissance. Quand les peuples la croyaient conférée par la divinité, ils la regardaient comme sacrée.*

[2] Ob schon Pippin selbst die Formel verwendete, kann hier außer Betracht bleiben. Von Pippin sind keine Originalurkunden überliefert. Die ersten Originalurkunden stammen von Karlmann aus dem Jahre 769; das frühestes Original Karls selbst datiert von 772; vgl. *Karl Schmitz*, Ursprung und Geschichte der Devotionsformeln bis zu ihrer Aufnahme in die fränkische Königsurkunde, Stuttgart 1913, S. 172 f.

[3] *Ernst Perels*, Pippins Erhebung zum König, in: *Eduard Hlawitschka* (Hg.), Königswahl und Thronfolge in fränkisch-karolingischer Zeit, Darmstadt 1975, S. 277; *Eugen Ewig*, Zum christlichen Königsgedanken im Frühmittelalter, in: *Theodor Mayer* (Hg.), Das Königtum. Seine geistigen und rechtlichen Grundlagen, in: VF 3 (1956), S. 45.

bung dienten die Taufsalbungen,[4] als biblische Vorbilder die Salbungen Sauls und Davids durch Samuel.[5] Dank der kirchlichen Weihe wurden von nun an die Karolinger als Königsgeschlecht anerkannt. Insofern verdankten sie ihr Amt in der Tat, wie die Devotionsformel es ausdrückte, der Gnade Gottes. Die Übertragung der Herrschaftsberechtigung galt dem Geschlecht insgesamt. Eine bestimmte Thronfolgeordnung war damit nicht festgelegt. Daher blieb die Wahl zunächst weiterhin ein unverzichtbares Element bei der Bestimmung des Nachfolgers. Der Grundsatz der Primogenitur setzte sich erst viel später durch, in Frankreich zum Beispiel im 12. Jahrhundert,[6] während das Deutsche Reich bis zu seinem Untergang 1806 Wahlreich blieb. Insofern verdankten die Herrscher ihr Amt noch auf lange Zeit nicht ausschließlich der Bestimmung durch Gott. Die Herrschaft erschien vielmehr „als Ergebnis des Zusammenwirkens von Wahl, Erbrecht und Weihe".[7] Die Herrscherweihe verlieh dem Gesalbten sakralen Charakter. Die göttliche Erwählung manifestierte sich in Frankreich und später auch in England in der Fähigkeit des Königs, durch Handauflegung von der Skrofulose zu heilen. Die Demonstration dieser Heilkraft gehörte in Frankreich bis zum Ende der Monarchie zu den Ritualen der Krönungsfeier. Zum Glauben an die göttliche Einsetzung des Herrschers trug auch das 13. Kapitel des paulinischen Römerbriefs bei: „Jedermann sei untertan der Obrigkeit, die Gewalt über ihn hat. Denn es ist keine Obrigkeit ohne von Gott; wo aber Obrigkeit ist, die ist von Gott verordnet."

König Jakob I. von England hat aus dem hohen Anspruch seines Amtes kein Hehl gemacht. Am 21. März 1610 erklärte er im Parlament, Könige „seien nicht nur Gottes Stellvertreter auf Erden und säßen auf Gottes Thron, sondern sie würden von Gott selbst Götter genannt", und das zu Recht, da ihre Macht auf Erden ein Abbild der Macht Gottes im Universum sei.[8] In diesen Worten verdichtete sich eine weit verbreitete Überzeugung, wonach die Monarchie schon deshalb die natürlichste aller Regierungsformen sei, weil sie die Weltregierung Gottes widerspiegle. Der Vergleich klingt weniger anmaßend,

---

[4]   *Arnold Angenendt*, Rex et Sacerdos. Zur Genese der Königssalbung, in: *Norbert Kamp / Joachim Wollasch* (Hg.), Tradition als historische Kraft. Interdisziplinäre Forschungen zur Geschichte des Früheren Mittelalters, Berlin / New York 1982, S. 100–119.

[5]   1. Samuel 10, 1; 16, 13; vgl. *Steffen Schlinker / Dietmar Willoweit*, Art. Gottesgnadentum, in: Lexikon für Theologie und Kirche, Bd. 4 (1995), Sp. 917; *Herbert Schneider*, Herrscherweihe, ebd., Bd. 5 (1996), Sp. 43.

[6]   *Percy Ernst Schramm*, Der König von Frankreich. Das Wesen der Monarchie vom 9. zum 16. Jahrhundert, Weimar 1939, S. 110 f.

[7]   *Fritz Kern*, Gottesgnadentum und Widerstandsrecht im früheren Mittelalter. Zur Entwicklungsgeschichte der Monarchie, 2. Aufl., Darmstadt 1954, S. 87.

[8]   James I on monarchy: speech to Parliament, 21 March 1610, in: *John P. Kenyon* (Hg.), The Stuart Constitution 1603–1688. Documents and Commentary, Cambridge 1966, S. 12 f.; ebd., S. 13: *Kings are justly called gods for that they exercise a manner or resemblance of divine power upon earth, for if you will consider the attributes to God you shall see how they agree in the person of a king.*

wenn man sich klarmacht, daß Jakob nicht vom leiblichen König sprach, sondern vom unvergänglichen Königtum, das sich in jedem individuellen König
personifiziert. Wie Edmund Plowden, englischer Rechtsgelehrter aus der Zeit
Elisabeths I., schrieb, vereinigt „der König in sich zwei Körper, nämlich einen
natürlichen Körper und einen politischen Körper. Sein natürlicher Körper
ist, wenn man ihn für sich betrachtet, ein sterblicher Körper und unterliegt
sämtlichen Gebrechen der Natur oder des Zufalls, […] die den natürlichen
Körpern anderer Leute eigentümlich sind. Aber der politische Körper des
Königs ist ein Körper, den man weder sehen noch anfassen kann. Er besteht
aus Politik und Regierung und ist zur Leitung des Volkes und zur Besor-
gung des öffentlichen Wohls ausgerüstet. Dieser Körper kennt anders als der
natürliche Körper keine Kindheit und kein Alter oder andere Mängel und
Geistesschwächen".[9] Es war der unvergängliche politische Körper des Königs,
den Jakob I. mit Gott verglich, nicht sein sterblicher und mit allen Schwächen
der Kreatur behafteter natürlicher Körper.

Die Unsterblichkeit des politischen Körpers des Königs fand seinen Ausdruck in dem rituellen Ruf, der bei der Beisetzung der Könige von Frankreich
in der Abtei von Saint-Denis erscholl: „Der König ist tot! Es lebe der König"![10]
Nachdem sich das Erstgeburtsrecht durchgesetzt hatte, stand beim Tod eines
Königs die Person fest, die ihm nachfolgte, und weil der König als Institution
nicht starb, begann die Regierung des neuen Königs im selben Augenblick,
in dem der alte gestorben war. Wenn aber weder die Wahl noch Salbung und
Krönung länger konstitutiven Charakter für die Übertragung der königlichen
Würde besaßen, konnte – rein rechtlich gesehen – ebenso gut auf das eine wie
auf das andere verzichtet werden. Wie Edward Coke im Jahre 1609 feststellte,
war die Krönung nichts als „ein königlicher Schmuck und eine äußerliche
Feier des Thronwechsels". Erzbischof Cranmer hatte schon ein halbes Jahrhundert zuvor bei der Krönung Eduards VI. erklärt, die Salbung sei nur eine
Zeremonie. Auch ohne Salbung wäre der König ein „vollkommener Monarch
und der Gesalbte Gottes ganz ebenso, wie wenn er die Salbung empfangen
hätte".[11] Wurden somit schon zu Beginn der Neuzeit Salbung und Krönung
zu bloßen Äußerlichkeiten ohne praktische Wirksamkeit erklärt, so verküm-
merte die Wahl in den meisten Erbmonarchien zu einer bloßen Formel im
Rahmen des Krönungsrituals. Seit dem 18. Jahrhundert hat eine wachsende
Zahl von Herrschern auf die Krönung gänzlich verzichtet. Dieser Verzicht ist
ein Symptom für die Versachlichung der Beziehungen zwischen Herrschern
und Untertanen und für die Säkularisierung der politischen Kultur. Aufge-
klärtes Denken stieß sich an der Krönungszeremonie, weil es darin zwei Einstellungen erblickte, die ihm zuwider waren: den religiösen Aberglauben und

---

[9] *Edmund Plowden*, Commentaries or Reports, zit. nach *Ernst H. Kantorowicz*, The King's
     Two Bodies. A Study in Mediaeval Political Theology, Princeton 1957, S. 7.
[10] Zit. nach ebd., S. 410: *Le roi est mort! Vive le roi!*
[11] Zit. nach ebd., S. 317 f.

den kritiklosen Traditionalismus. Als in den letzten Augusttagen des Jahres 1774 Anne Robert Jacques Turgot in Versailles sein Amt als Generalkontrolleur der Finanzen antrat, waren die Vorbereitungen für eine aufwendige Zeremonie zur Krönung Ludwigs XVI. bereits angelaufen. Der Tradition entsprechend sollte die Krönung (*sacre*) in der Kathedrale von Reims stattfinden. Am 11. November übermittelte Turgot dem König jedoch ein Memorandum, in dem er vorschlug, die Zeremonie, nicht zuletzt aus Kostengründen, zu vereinfachen und statt in Reims in Paris durchzuführen. Auf den Eid zur Bekämpfung der Häretiker sollte der König verzichten.[12] Bezeichnenderweise stellte der Aufklärer Condorcet in einem Brief an Turgot damals die Frage, ob „von allen unnötigen Aufwendungen der Aufwand für die Krönung nicht der unnötigste und lächerlichste" sei. Die Verlegung der Zeremonie von Reims nach Paris begrüßte Condorcet unter anderem deshalb, weil sie dazu beitragen könne, das Vorurteil zu zerstören, als komme dafür nur die Stadt Reims in Frage und als bedürfe es hierzu eines als wunderwirkend geltenden Öls. Das Festhalten an der Tradition trage schließlich dazu bei, „eine Zeremonie für notwendig zu halten, die den Rechten des Monarchen in Wahrheit nichts hinzufügt".[13] Ludwig XVI. lehnte die Vorschläge Turgots ab. Er war in dem Glauben erzogen worden, daß Gott ihm und seinem Land seinen Segen zugedacht habe. Angesichts dessen erschienen ihm die kirchliche Krönung und die Salbung mit dem heiligen Öl als unverzichtbarer Ausdruck seines dankbaren Einverständnisses mit dem göttlichen Heilsplan, von dem er sich selbst und sein Amt als einen wesentlichen Teil betrachtete.

Die Unverletzlichkeit des konstitutionellen Monarchen

Die Säkularisierung der monarchischen Würde im Zeitalter der Aufklärung gipfelte in den Artikeln der französischen Verfassung von 1791 über die königliche Gewalt. Wie die Beschwerdeschriften (*cahiers de doléances*) zeigen, welche die Abgeordneten im Mai 1789 in die Generalstände mitbrachten, strebte das Land zwar eine tiefgreifende Erneuerung, nicht aber den Sturz der Monarchie an. Die Gründe dafür sind nicht nur in der historischen Anhänglichkeit an die Dynastie und im Glauben an die Reformfähigkeit des monarchischen Staates zu suchen, sondern auch in der spätestens seit Montesquieu verbreiteten Überzeugung, daß Freiheit in einem großen Staat nur in einer gewaltenteiligen Monarchie gesichert werden könne. An dieser Überzeugung

---

[12] *Hermann Weber*, Das *Sacre* Ludwigs XVI. vom 11. Juni 1775 und die Krise des Ancien Régime, in: *Ernst Hinrichs / Eberhard Schmitt / Rudolf Vierhaus* (Hg.), Vom Ancien Régime zur Französischen Revolution. Forschungen und Perspektiven, Göttingen 1978, S. 540 f.; *Chantal Grell*, The *sacre* of Louis XVI: The End of a Myth, in: *Michael Schaich* (Hg.), Monarchy and Religion. The Transformation of Royal Culture in Eighteenth-Century Europe, Oxford 2007, S. 348.

[13] Zit. nach *Weber, Sacre*, S. 542.

hielt die Nationalversammlung in ihrer Mehrheit sogar noch fest, nachdem
der Fluchtversuch Ludwigs XVI. vom Juni 1791 bei vielen Abgeordneten
Zweifel an der Verfassungstreue des Königs geweckt hatte.

Wenn Frankreich monarchisch bleiben sollte, mußte die *Constituante* die
Monarchie allerdings aus einer historisch-dynastisch und von Gottesgnaden
legitimierten in eine ausschließlich demokratisch und konstitutionell begründete Institution umwandeln. Dementsprechend mußte sie die Attribute der
königlichen Gewalt je einzeln definieren und festlegen. Gemäß der 1791 von
Ludwig XVI. beschworenen Verfassung regierte das Haus Bourbon hinfort
zwar weiterhin nach den Regeln der Primogenitur im Mannesstamm, jedoch
nicht länger kraft historischen Rechts und schon gar nicht dank göttlicher
Einsetzung, sondern auf Grund der Delegation durch die Nation. Die Delegation der königlichen Gewalt durch die Gesamtheit der Bürger kam im
neuen Titel des Staatsoberhaupts zum Ausdruck. Es sollte nicht länger „König
von Frankreich" heißen, weil dieser Titel das Land zu einem Patrimonium
der Dynastie erklärt hätte, sondern „König der Franzosen", eine Bezeichnung,
die den demokratischen Ursprung seiner Herrschaft anzeigte. Mit der ausdrücklichen Festlegung, daß der König keine weiteren Titel führe, wurde das
Gottesgnadentum abgeschafft. Zur obersten Autorität in Frankreich erhob
die Verfassung „das Gesetz". Nur „im Namen des Gesetzes" konnte der König „Gehorsam fordern". Bei der Thronbesteigung mußte er einen Eid auf die
Verfassung ablegen. Salbung und Krönung waren nicht mehr vorgesehen.[14]

Diese Bestimmungen entsprachen der demokratischen Legitimation der
Monarchie und dem Charakter des Rechtsstaats. Rechtsstaatlich begründet
war auch die auf den ersten Blick an den ehemals sakralen Charakter der
Monarchie erinnernde Festlegung, die „Person des Königs" sei „unverletzlich und heilig" (*inviolable et sacrée*). Mirabeau hatte am 1. September 1789
in der französischen Nationalversammlung erklärt, man habe die Person des
Königs für „unfehlbar und heilig" (*irréprochable et sacrée*) erklären müssen,
um die Erblichkeit der Krone abzusichern. Erblich aber habe man die Krone
machen müssen, damit sie nicht „eine ständige Ursache von Umstürzen"
würde".[15] Heiligkeit bedeutete also Unantastbarkeit, und in der Tat wurde der
König zum einzigen Staatsorgan gemacht, dessen Inhaber von einem anderen
Organ nicht abberufen werden konnte. Die Heiligkeit des Königs bedeutete

---

[14] Constitution française 1791, Titre III, Chapitre II, Section I: De la royauté et du roi,
Art. 1–4, in: *Jacques Godechot* (Hg.), Les Constitutions de la France depuis 1789, Paris
1970, S. 44 f.

[15] Honoré-Gabriel Riqueti, comte de Mirabeau in: AP, Serie 1, Bd. 8, Paris 1875, S. 541
(1. 9. 1789): *Il a fallu rendre la couronne héréditaire, pour qu'elle ne fût pas une cause per-
pétuelle de bouleversements; il en est résulté la nécessité de rendre la personne du Roi irréprochable et sacrée, sans quoi on n'aurait jamais mis le trône à l'abri des ambitieux;* vgl.
Jean-Joseph Mounier, ebd., S. 413 (12. 8. 1789): *Pour maintenir les droits de la couronne,
il faut que la personne du Roi soit inviolable et sacrée; car, s'il existerait un pouvoir exécutif
supérieur au sien, il ne serait plus monarque.*

also nicht, daß seine Amtsgewalt weiterhin auf göttliche Einsetzung zurückgeführt worden wäre. Das wäre mit dem Grundsatz nicht vereinbar gewesen, daß alle Staatsgewalt auf dem Willen der Nation beruhe, wie im dritten
Artikel der Erklärung der Menschen- und Bürgerrechte von 1789 festgestellt
worden war.[16] Die von der Verfassung ausdrücklich geschützte Unantastbarkeit der Person des Königs wurde deshalb als ein spezifisches Erfordernis der
Erbmonarchie angesehen, weil nach ihren Regeln der jeweilige Amtsinhaber
für die Dauer seines Lebens zur Herrschaft berufen ist. Die Unverletzlichkeit
des Königs war mit den Grundsätzen einer demokratischen Verfassung jedoch nur unter der Voraussetzung vereinbar, daß er zugleich unverantwortlich war. Seine Unverantwortlichkeit kam in der Vorschrift zum Ausdruck,
daß jeder Regierungsakt des Königs nur dadurch Gültigkeit erlangte, daß er
von einem Minister gegengezeichnet wurde. Die Verantwortung für den Akt
lag aufgrund der Gegenzeichnung beim Minister. Unverantwortliche Herrschaft sollte es nicht länger geben. Die Unverantwortlichkeit des Königs war
ein Privileg, das mit der Bedingung erkauft wurde, daß er für rechtswirksame
Willenserklärungen seiner Selbständigkeit beraubt war.[17]

Im französischen Verfassungsstaat von 1791 war von der einstigen Sakrali-
tät des Königs also lediglich ein Rechtsgrundsatz zum Schutz der Erbmonarchie und zur Wahrung der Gewaltenteilung übrig geblieben. Der solcherart
begründeten Vernunftmonarchie fehlte trotz der Zuschreibung konstitutioneller Heiligkeit jede religiöse Überhöhung. Sie sollte auch nicht im christlichen Glauben der Bürger, sondern allein im Willen der Nation, der in die
Verfassung eingegangen war, ihr Fundament finden. Die Religion bot dem
König infolgedessen auch keinen Schutz gegen den Umsturz. Als im Jahre
1792 in Frankreich Zweifel an der Gesetzestreue des regierenden Monarchen
aufkamen, wurde die Monarchie abgeschafft mit dem Ziel, die Gesetzlichkeit
der Regierung auf andere Weise zu gewährleisten.

Zweifel am Gottesgnadentum

Während das Gottesgnadentum in der französischen Verfassung von 1791
nicht auftaucht, hielten andere monarchische Verfassungen des 19. Jahrhunderts daran fest, sofern sie auf dem monarchischen Prinzip beruhten. Die
Präambel der *Charte constitutionnelle* von 1814 beginnt mit dem Herrschertitel in der Form „Ludwig, von Gottes Gnaden König von Frankreich und Navarra". Das entsprach der Auffassung Ludwigs XVIII., wonach die Legitimität

---

[16] Déclaration des droits de l'homme et du citoyen, 26. 8. 1789, Art. 3, in: *Godechot* (Hg.),
Constitutions, S. 33 f.: *Le principe de toute souveraineté réside essentiellement dans la Nation; nul corps, nul individu ne peut exercer d'autorité, qui n'en émane expressément.*
[17] Vgl. unten im Kapitel „Verfassung" den Abschnitt „Der demokratische Konstitutionalismus: Die Monarchie nach der Verfassung von 1791".

des Königs von Frankreich wie vor der Revolution auf dynastischer Tradition und göttlicher Einsetzung beruhte. Nach der Revision der *Charte* in der Julirevolution von 1830 lautete der Herrschertitel nur noch „Ludwig Philipp, König der Franzosen". Der *Statuto albertino* des Jahres 1848, seit 1861 Verfassung des Königreichs Italien, hielt dagegen am Gottesgnadentum ebenso fest wie die von Friedrich Wilhelm IV. im Dezember 1848 oktroyierte und 1850 revidierte preußische Verfassung. Im Jahre 1899 nannte Philipp Zorn in der Neubearbeitung von Rönnes „Staatsrecht der preußischen Monarchie" den Gebrauch der Formel „von Gottes Gnaden" in der preußischen Verfassung von 1850 sowie die Rede des Königs von sich selbst im Plural ein bloßes „Ehrenrecht" des Monarchen.[18] Die Abgeordneten der preußischen Nationalversammlung von 1848 hatten jedoch sehr viel mehr als ein Ehrenrecht darin gesehen und nach längerer Debatte beschlossen, die Formel aus dem Königstitel zu streichen.

Am 12. Oktober 1848 beriet die Versammlung über die Eingangsformel der künftigen Verfassung. Im Entwurf lautete sie: „Wir, Friedrich Wilhelm, von Gottes Gnaden König von Preußen usw.". In der Diskussion erwiesen sich zwei Punkte in dieser Formel als strittig: der Herrschertitel „König von Preußen" statt „König der Preußen" und das Gottesgnadentum. Wie der Berichterstatter Lüdicke ausführte, hatte sich eine Minderheit in der Kommission für die Abschaffung der Formel „von Gottes Gnaden" ausgesprochen, weil sie darin ein Erbe des Absolutismus erblickte, in dem der Grundsatz gegolten habe, „daß man der von Gott eingesetzten Obrigkeit in allen Stücken unbedingt Folge leisten müsse". Die Kommissionsmehrheit habe sich jedoch für die Beibehaltung der Formel entschieden, „weil darin nur ein durch Jahrhunderte geheiligter Gebrauch ohne jede praktische Bedeutung zu erblicken sei".[19] Im Plenum bekräftigte der Abgeordnete Schneider die Kritik an der Formel mit dem Ausruf: „Die Revolutionen haben bewiesen, daß auch das Volk „von Gottes Gnaden" ist".[20] Der Abgeordnete Weichsel betonte, daß „das ganze von Haller-Metternichsche System auf den Satz von Gottes Gnaden gegründet" gewesen sei.[21] Der Abgeordnete Borchardt fügte hinzu, in der Märzrevolution habe es „von dem Willen des Volkes" abgehangen, „ob es ferner von einem Könige regiert sein wollte oder nicht". Daher hätten die Preußen „keinen König von Gottes Gnaden" mehr, „sondern einen König kraft des freien Willens des souveränen Volkes".[22] Der Abgeordnete Siebert meinte, ein „freies Volk" könne „sich nur von einem Fürsten regieren lassen, den es selbst mit der königlichen Macht bekleidet und auf den Thron berufen" habe, „von

---

[18] *Ludwig von Rönne*, Das Staatsrecht der preußischen Monarchie, in 5. Aufl. neu bearbeitet von *Philipp Zorn*, Leipzig 1899, S. 209.

[19] Verhandlungen der constituirenden Versammlung für Preußen 1848, Bd. 6, Berlin 1848, 73. Sitzung, 12. 10. 1848, S. 3920.

[20] Ebd., S. 3925.

[21] Ebd., S. 3929.

[22] Ebd., S. 3930.

dem herab er nur allein den Willen des Volkes zur Geltung bringen" solle.[23] Der Abgeordnete Kruhl dagegen verteidigte die Formel mit der Erwägung, daß „die Völker und die Menschen" eines „solchen Zeichens, eines solchen Symbols, woran sie ihre Treue und ihre Liebe fesseln", bedürften.[24] Der Abgeordnete Dallmann, ein Bauer, bestätigte die Volkstümlichkeit der Formel: Im Kreis Herford, aus dem er komme, sei unter zehn Leuten kaum einer, der sie nicht beizubehalten wünsche.[25] Mit einem unkonventionellen Argument meldete sich gegen Ende der Debatte der Abgeordnete Hermann Schulze aus Delitzsch zu Wort. Man pflege, meinte Schulze, „wenn ein Handlungshaus bankerott geworden sei, die Firma nicht mit in das neue Geschäft hinüberzunehmen". Er sei überzeugt, daß der Absolutismus mit der alten Firma „von Gottes Gnaden" vollständig bankrott gegangen sei. Daher rate er, „die alte bankerotte Firma" nicht beizubehalten.[26]

Bei der namentlichen Abstimmung sprachen sich 217 Abgeordnete für die Streichung und nur 134 Abgeordnete für die Beibehaltung der Formel aus.[27] Dieser Beschluß war einer der Gründe, warum König Friedrich Wilhelm IV. die Nationalversammlung unter Bruch seiner Zusagen vom März 1848 am 8. November zuerst nach Brandenburg verlegte und am 5. Dezember auflöste. Statt dessen oktroyierte er gleichzeitig mit der Auflösung eine Verfassung, in der das Gottesgnadentum wieder seinen Platz erhielt.

Herrscherkrönungen

Da die Revolution den religiösen Glauben der großen Mehrheit der Bevölkerung nicht zerstört hatte, stellte sich die Frage, ob als Gegengewicht gegen die anschwellende demokratische Bewegung eine Legitimierungsstrategie der Monarchie nicht auf diesen Glauben gegründet werden könne. Tatsächlich haben verschiedene Monarchen im 19. Jahrhundert versucht, an das historische Bündnis von Thron und Altar anzuknüpfen und ihre Herrschaft im Wettbewerb mit den durch Aufklärung und Revolution bestimmten Tendenzen der Säkularisierung durch öffentliche Akte und Zeremonien in den religiösen Überzeugungen ihrer Untertanen neu zu verankern. Zu den herausragenden Anlässen für die öffentliche Selbstdarstellung der Monarchie zählten traditionell die Königskrönungen. Als kirchlicher Akt unter Mitwirkung der Geistlichkeit war die Krönung ein sichtbares Zeichen der Einsetzung der Monarchen aus göttlicher Gnade. Mit diesem Argument hatte schon Ludwig XVI., wie dargelegt, gegen den Rat Turgots auf einer Krönung nach traditionellem

---

[23] Ebd., S. 3931.
[24] Ebd., S. 3933.
[25] Ebd., S. 3946.
[26] Ebd., S. 3946.
[27] Ebd., S. 3953.

Ritus in der Kathedrale von Reims bestanden. Obwohl das Ritual in Frankreich also schon vor der Revolution in unmittelbarer Umgebung des Königs
in Frage gestellt worden war, haben noch während des ganzen 19. Jahrhunderts in vielen Ländern Europas Herrscherkrönungen durch kirchliche Würdenträger stattgefunden. Diese Krönungen waren Demonstrationen gegen
den Zeitgeist. Soweit sie in konstitutionellen Monarchien anberaumt wurden, war zweifelhaft, ob sie mit der Verfassung vereinbar waren. Italienische
Verfassungsrechtler jedenfalls hielten die Krönung für unvereinbar mit der
Verfassung, dem *Statuto albertino* von 1848, in dem Stellung und Befugnisse
des Monarchen abschließend geregelt waren, so daß für deren Herleitung aus
göttlicher Gnade kein Raum blieb. An die Stelle der Krönung war der Verfas-
sungseid getreten.[28] Allerdings wäre für religiöse Zeremonien im Dienste der
Monarchie in Italien ohnehin kein Raum gewesen. Die Annexion Roms und
des Kirchenstaats, mit dem das Königreich Italien im Jahre 1870 seine Einheit
vollendete, hatte einen tiefen Bruch zwischen Kirche und Staat hervorgerufen, der erst durch das Konkordat Mussolinis im Jahre 1929 geheilt wurde.[29]
Wenn konstitutionelle Monarchen ihre Herrschaft dennoch durch das Ritual
der Krönung religiös zu legitimieren suchten, betrieben sie entweder die Restauration der Monarchie des *Ancien Régime*, oder sie spiegelten den unauf-
geklärten Massen vor, die bestehende Monarchie sei die einzige Form der
Herrschaft, die dem Willen Gottes entspreche.

Napoleon I. war ein Virtuose darin, den Klerus des Kaiserreichs für diese
Art von Eigenwerbung einzusetzen. Seine Krönung zum Kaiser im Jahre 1804
in der Kathedrale von Notre Dame in Paris in Gegenwart von Papst Pius VII.
ist ein Beispiel für die Instrumentalisierung der Religion für die Stabilisierung seiner Herrschaft. Ein Anspruch auf Gottesgnadentum im Sinne der
historischen Monarchien war damit nicht verbunden. Daher besteht auch
kein Widerspruch zum konstitutionellen Charakter des Regimes. Die Kaiserwürde selbst war durch Senatsbeschluß und Plebiszit längst sanktioniert,
als der Papst in Paris eintraf. Die Krönung Karls X. von Frankreich in der
Kathedrale von Reims im Jahre 1825 dagegen war ein Akt der Restauration,
der die göttliche Einsetzung des Königs unterstreichen sollte. Wie wenig sich
Karl durch die *Charte constitutionnelle* gebunden fühlte, bewies er fünf Jahre
später in der Krise des Jahres 1830, als er mit dem Erlaß der sogenannten
Juliordonnanzen bedenkenlos über sie hinwegging. Die Krönung Wilhelms I.
von Preußen 1861 in Königsberg glich der Krönung Karls X. darin, daß sie
das Gottesgnadentum gezielt demonstrieren sollte. Sie unterschied sich jedoch insofern von der Krönung Karls, als Wilhelm sich nicht trotz, sondern
wegen der preußischen Verfassung von 1850 krönen ließ, und zwar in der

[28] *Paolo Colombo*, Il re d'Italia. Prerogative costituzionali e potere politico della Corona
(1848–1922), Milano 1999, S. 61.
[29] Vgl. zu der gesamten Problematik: *Arturo Carlo Jemolo*, Chiesa e Stato in Italia negli
ultimi cento anni, Torino 1955.

Absicht, ihrer Reichweite öffentlich Grenzen zu setzen. Die drei Krönungen sollen im folgenden analysiert werden. Als Gegenbeispiel soll anschließend die Krönung Zar Alexanders III. im Jahre 1883 in der Uspenskij-Kathedrale im Moskauer Kreml betrachtet werden. Rußland war damals noch eine absolute Monarchie.

Die Kaiserkrönung Napoleons 1804

Die Gründung des französischen Kaiserreichs durch Napoleon Bonaparte im Jahre 1804 war ein Akt, mit dem noch wenige Jahre zuvor niemand hätte rechnen können. Nur zwölf Jahre nach der Proklamation der Republik durch den Nationalkonvent wurde die Monarchie in Frankreich wiederhergestellt, aber der neue Monarch war kein Abkömmling der Bourbonen oder einer anderen historischen Dynastie, sondern ein Soldat aus niederem korsischen Adel. Für die Gründung des Kaiserreichs sind in der Geschichtsschreibung mehrere Erklärungen gegeben worden. Nach der Verschwörung des Georges Cadoudal erschien es Napoleon zweckmäßig klarzustellen, daß das Regime nicht durch einen Anschlag auf das Staatsoberhaupt beseitigt werden könne, denn im Unterschied zur Republik gibt es in der Erbmonarchie immer einen Nachfolger. Die Annahme des Königstitels wäre allerdings allzu leicht als Versuch mißverstanden worden, an die in der Revolution untergegangene Monarchie anzuknüpfen. Wäre das die Absicht gewesen, hätte man besser gleich dem Grafen von Provence, Bruder Ludwigs XVI., auf den Thron berufen. Mit dem Kaisertitel dagegen verbanden sich andere Vorstellungen. Seine Wurzeln lagen in der römischen Antike. Vor allem aber erlaubte er Napoleon die Legitimierung der eigenen Herrschaft durch Berufung auf Karl den Großen. Durch den Anspruch auf die Nachfolge des Karolingers hob er sich auf denselben Rang wie der deutsche Kaiser und König. Außerdem konnte die Berufung auf Karl den Großen die im Zuge der Kriege seit 1792 erfolgte Ausdehnung der französischen Herrschaft auf Belgien und die Niederlande, auf Teile Deutschlands und auf Italien historisch rechtfertigen. Dazu paßt, daß Napoleon sich ein halbes Jahr nach seiner Kaiserkrönung nach dem Muster Karls mit der eisernen Krone der Langobarden auch zum König von Italien krönen ließ, allerdings nicht wie dieser in der alten langobardischen Krönungsstadt Pavia, sondern in Mailand. Vom Standpunkt des herrschenden Staats- und Völkerrechts aus waren beide Krönungen überflüssig. Sie konnten der Legalität der von Napoleon errungenen Machtstellung nichts hinzufügen.

Die Kaiserkrönung Napoleons am 2. Dezember 1804 war wesentlich ein politischer Akt mit hohem Symbolgehalt, und sie war Programm. Von kaum zu überschätzender Bedeutung war dabei die Mitwirkung des Papstes. Sie unterstrich vor der Öffentlichkeit Europas die von Napoleon beschworene Wiederauferstehung des Reichs Karls des Großen. Auch Karl hatte die Kaiserkrone einst aus der Hand des Papstes empfangen. Seit Otto dem Großen haben sich in Anknüpfung daran die deutschen Könige durch Jahrhunderte hindurch vom Papst zum Kaiser krönen lassen. Die Gründung des französischen Kaiserreichs wurde jenseits des Rheins denn auch als ein symbolischer Angriff auf das Heilige Römische Reich deutscher Nation empfunden, und so beeilte sich Kaiser Franz II. in Vorahnung der weiteren Entwicklung, im selben Jahr 1804 neben seiner deutschen Kaiserwürde auch noch einen österreichischen Kaisertitel unter dem Namen eines Franz' I. anzunehmen, damit ihm auf alle Fälle ein Kaisertum erhalten bleibe. Dieser Schritt des Habsburgers war nicht weniger usurpatorisch als Napoleons Selbsterhebung zur Kaiserwürde. Soweit die österreichischen Territorien zum deutschen Reich gehörten, widersprach der Akt dem Verfassungsgrundsatz, daß es auf Reichsboden nicht zwei Könige und schon gar nicht zwei Kaiser geben könne.

Die Gründung des französischen Kaiserreichs durch Napoleon war eine monarchische Restauration, aber eben deshalb rückte sie die Chancen für eine Erneuerung der Monarchie der Bourbonen in weite Ferne. Die Mitwirkung von Papst Pius VII. entzog den Anhängern der Bourbonen eine wichtige Stütze, war der Sohn der Revolution als Herrscher hinfort doch nicht nur demokratisch, kraft Plebiszits, sondern auch kirchlich, durch die Salbung des Herrn, legitimiert. In seiner Trauerrede für Pius VII. kam Pater Ventura auf die Krönung Napoleons zu sprechen. Dabei stellte er den restaurativen Charakter des Vorgangs heraus: „Pius heiligte nicht die Usurpation, sondern er stellte die Souveränität wieder her; er setzte keine neue Monarchie ein, sondern erneuerte die alte, damit sie als Stütze und Grundlage für alle anderen diene; er krönte nicht den Sohn der Revolution, sondern das Instrument und den Stellvertreter der Legitimität".[30] Im Volk hatten manche die Empfindung, man habe ihnen den Kaiser gestohlen, den Kaiser, der aus der Revolution hervorgegangen und revolutionär legitimiert war.[31] Nach einer Restauration der Monarchie unter einem Kaiser aus dem Hause Bonaparte bedurfte es selbstverständlich keiner weiteren Restauration unter der Dynastie der Bourbonen. Die „Geblütsheiligkeit" der Bourbonen wurde 1804 somit in ähnlicher Weise durch eine neue Heiligkeit verdrängt und übertrumpft wie die Geblütsheiligkeit der Merowinger durch die Salbung des Karolingers Pippin in den Jahren 751 und 754. Wie einst Pippin, so war auch Napoleon Bonaparte ein neuer Herrscher nichtköniglicher Herkunft, dessen Herrschaftsberechtigung kirchlich sanktioniert wurde. Die Benediktionen, die bei den Salbungen gesprochen wurden, erinnerten an die Berufung von Personen nichtköniglicher

---

[30] Zit. nach *Frédéric Masson*, Le Sacre et le Couronnement de Napoléon, Paris 1978, S. 233: *Pie VII ne consacra pas l'usurpation, il rétablit la souveraineté; il n'institua point une monarchie nouvelle, il renouvela l'ancienne pour servir d'appui et de fondement à toutes les autres; il ne couronna point le fils de la Révolution, mais l'instrument et le vicaire de la Légitimité.*

[31] Ebd.

Herkunft durch Gott im Alten Testament, nämlich Moses, Josua und Samuel.[32]

Die Entscheidung von Papst Zacharias von 751 hatte nun nicht nur den aktuellen König der Franken legitimiert, sondern zugleich die Herrschaft seines ganzen Geschlechts begründet. Sie hatte den Anfang einer neuen Dynastie gesetzt. In vergleichbarem Sinne gab die Krönung Napoleons durch Pius VII. auch der Herrschaft der Dynastie Bonaparte den kirchlichen Segen. Von nun an würde das Haus Bonaparte, so hoffte der Kaiser, ebenbürtig neben den traditionellen Dynastien Europas stehen. Neben die prekäre charismatische, die unvollkommene konstitutionelle und die schwankende plebiszitäre Legitimität, auf die sich Napoleon bis dahin in erster Linie gestützt hatte, würde nunmehr die dauerhafte dynastische Legitimität treten und so auch die Thronfolge der Leibeserben des Kaisers sichern. Im Grunde übertrumpfte Napoleon mit der kirchlichen Herrscherweihe durch den Heiligen Vater den deutschen Kaiser sogar, denn der wurde seit 1530 nicht mehr durch den Papst, sondern, nachdem der traditionelle Wahlort Frankfurt sich im 16. und 17. Jahrhundert auch als Ort der Krönung durchgesetzt hatte, durch den Metropoliten von Mainz gekrönt, so zuletzt im Jahre 1792, nur zwölf Jahre vor der Krönung Napoleons.[33]

Papst Pius VII. hatte sich erst nach einigem Zögern dazu durchgerungen, dem Drängen aus Paris nachzugeben und die Salbung an Napoleon persönlich zu vollziehen. Hauptgrund für diesen Entschluß war zuletzt die Sorge gewesen, daß eine Ablehnung der Einladung in Frankreich Repressalien gegen die Kirche nach sich gezogen hätte. So konnte Napoleon die päpstliche Zustimmung zu seiner Annahme der Kaiserwürde in einer aufwendigen kirchlichen Feier öffentlich demonstrieren. Die Öffentlichkeit der Zeremonie beschränkte sich nicht auf die Hauptstadt. Vielmehr wurde die Krönung am selben Tag auch in den einzelnen Departements unter Einsatz von Statuen oder Büsten Napoleons mitgefeiert. Außerdem war durch kaiserliches Dekret vom 10. Juli 1804 bestimmt worden, daß aus jedem Departement eine Deputation von jeweils 16 Mann mit einer Fahne zur Krönungsfeier nach Paris abzuordnen sei.[34]

---

[32] *Eugen Ewig*, Zum christlichen Königsgedanken im Frühmittelalter, in: *Mayer* (Hg.), Königtum, S. 45.

[33] *Wolfgang Sellert*, Zur rechtshistorischen Bedeutung der Krönung und des Streites um das Krönungsrecht zwischen Mainz und Köln, in: *Heinz Duchhardt* (Hg.), Herrscherweihe und Königskrönung im frühneuzeitlichen Europa, Wiesbaden 1983, S. 23–25; zur letzten deutschen Kaiserkrönung vgl. *Christian Hattenhauer*, Wahl und Krönung Franz' II. AD 1792, Frankfurt 1995.

[34] *Volker Sellin*, Der napoleonische Staatskult, in: *Guido Braun* u. a. (Hg.), Napoleonische Expansionspolitik: Okkupation oder Integration?, Tübingen 2012.

Kirche und napoleonischer Staatskult

Die Kaiserkrönung in der Kathedrale von Notre-Dame war nur die spektakulärste Manifestation von Napoleons Instrumentalisierung der Kirche und des christlichen Glaubens der Bürger des Reiches für die Befestigung seiner Legitimität. In Notre-Dame wurde am 1. April 1810 auch die Eheschließung Napoleons mit der österreichischen Prinzessin Marie Luise und am 9. Juni 1811 die Taufe des Königs von Rom gefeiert. Wie die Kaiserkrönung wurden auch diese Zeremonien am selben Tag in den Kirchen des ganzen Reichs mitbegangen. Diese Feiern waren Manifestationen des Staatskults, den Napoleon durch Dekret vom 13. Juli 1804 erstmals angeordnet hatte.[35] Im Rahmen dieses Kultes war dem Klerus eine maßgebliche Rolle zugedacht. Am Beginn eines nationalen Feiertags stand regelmäßig eine Messe. Die zivilen und militärischen Würdenträger einer Stadt versammelten sich zuvor im Rathaus, in den Hauptstädten der Departements in der Präfektur, um von dort aus nach dem Muster der Fronleichnamsprozession in protokollarischer Aufstellung zur Messe in die Kirche zu gehen. Obligatorischer Teil des Gottesdienstes war entsprechend dem kaiserlichen Dekret vom 19. Februar 1806 eine Ansprache des Priesters oder Bischofs „über den Ruhm der französischen Armeen und über den Umfang der jedem Bürger obliegenden Pflicht, sein Leben seinem Fürsten und seinem Vaterland zu opfern".[36] Außerdem wurde das *Tedeum* gesungen und zum Schluß das auf den neuen Herrscher hin abgeänderte Gebet für den Kaiser gesprochen, das im *Ancien Régime* den Königen gegolten hatte: *Domine, salvum fac nostrum imperatorem et regem Napoleonem.* Unter den nationalen Feiertagen sind die periodisch wiederkehrenden von denjenigen zu unterscheiden, die nur zu bestimmten Gelegenheiten angeordnet wurden. Zu jährlich begangenen Nationalfeiertagen erhob Napoleon den Tag der Kaiserkrönung, seit 1805 zugleich Tag der Schlacht bei Austerlitz, und den 15. August, Napoleons Geburtstag. Später ließ der Kaiser durch den Mailänder Kardinal Caprara einen Heiligen namens Napoleon entdecken, der unter Kaiser Diokletian den Märtyrertod erlitten haben soll und dessen Namenstag ebenfalls auf den 15. August gelegt wurde. Schließlich wurde an diesem Tag auch das Konkordat von 1801 gefeiert. Schon die Daten der nationalen Festtage zeigen, daß Napoleon kirchliche Traditionen für seine Zwecke zu nutzen suchte. Am 15. August wurde seit alters Mariae Himmelfahrt gefeiert, und der

---

[35] Décret impérial relatif aux Cérémonies publiques, Préséances, Honneurs civils et militaires, le 24 messidor an XII (13. Juli 1804), in: Bulletin des lois de l'Empire français, 4. Serie, Bd. 1, Nr. 110, S. 141–186; vgl. unten im Kapitel „Nation" den Abschnitt „Die Erschaffung der Nation durch den Monarchen" und im übrigen demnächst: *Sellin*, Staatskult (im Druck).

[36] Décret impérial concernant la Fête de Saint Napoléon, celle du Rétablissement de la Religion catholique en France etc., 19. 2. 1806, Titre II, Art. 8, in: Bulletin des lois de l'Empire français, 4. Serie, Bd. 4, Nr. 1335, S. 280: *sur la gloire des armées françaises, et sur l'étendue du devoir imposé à chaque citoyen de consacrer sa vie à son prince et à la patrie.*

erste Sonntag im Dezember war zugleich Adventssonntag. Die politischen Festtage wurden somit auf kirchliche Feiertage aufgepfropft und sicherten sich dadurch Aufmerksamkeit und Gewicht.

Die Instrumentalisierung des christlichen Glaubens für die Zwecke der Herrschaftssicherung fand ihren markantesten Niederschlag in der Auslegung des vierten Gebots im kaiserlichen Katechismus von 1806. Auf die Frage, welche Pflichten die Christen gegen ihre Fürsten zu beachten hätten und welches insbesondere „unsere Pflichten gegenüber Napoleon dem Ersten, unserem Kaiser" seien, lautete die Antwort: „Die Christen schulden den Fürsten, die sie regieren, und wir schulden insbesondere Napoleon I., unserem Kaiser, die Liebe, den Respekt, den Gehorsam, die Treue, den Militärdienst und die Steuern, die festgesetzt werden für die Erhaltung und Verteidigung des Reiches und seines Throns; außerdem schulden wir ihm inständige Gebete für sein Wohlergehen und für die geistliche und weltliche Wohlfahrt des Staates".[37] Daß Napoleon die Geistlichkeit überhaupt so unverblümt zu politischen Zwecken heranziehen konnte, erklärt sich aus den Bestimmungen des Konkordats, das er im Jahre 1801 mit dem Papst abgeschlossen hatte. Darin war dem Staatsoberhaupt das Recht zur Ernennung der Bischöfe zugestanden worden. Die Bischöfe waren also auf die Gnade des Herrschers angewiesen. Nach der Exkommunikation Napoleons durch den Papst im Juni 1809 verstärkte sich jedoch vor allem bei den Geistlichen der annektierten katholischen Gebiete in den südlichen Niederlanden und in Italien der Widerstand gegen die Zwangsfeiern und besonders gegen das *Tedeum* und das Gebet für den Kaiser.

Der *Sacre* Karls X. 1825

Ludwig XVIII. wurde nicht gekrönt, obwohl die *Charte constitutionnelle* eine Krönung nicht ausgeschlossen hatte. Die *Charte* war durch Revision der Verfassung entstanden, die der napoleonische Senat nach dem Sturz des Kaisers am 6. April 1814 verabschiedet hatte. In dieser Verfassung war von einer Krönung nicht die Rede gewesen. Der Senat hatte die Monarchie auf den Willen der Nation gründen wollen. Dem hätte jeder Akt widersprochen, der als Anerkennung des Gottesgnadentums hätte interpretiert werden können. In der *Charte* wurde die Krönung zwar ebenfalls nicht ausdrücklich vorgeschrieben, aber sie wurde an einer Stelle wie ein Vorgang erwähnt, der sich von selbst verstand. Artikel 74 bestimmte, daß „der König und seine Nachfolger während

---

[37] Zit. nach *André Latreille*, Le Catéchisme Impérial de 1806. Etudes et documents pour servir à l'histoire des rapports de Napoléon et du clergé concordataire, Paris 1935 (Annales de l'Université de Lyon, 3ᵉ série, Lettres, Fasc. 1), S. 80: *Les chrétiens doivent aux princes qui les gouvernent, et nous devons en particulier à Napoléon Iᵉʳ, notre empereur, l'amour, le respect, l'obéissance, la fidélité, le service militaire, les tributs ordonnés pour la conservation et la défense de l'empire et de son trône: nous lui devons encore des prières ferventes pour son salut et pour la prospérité spirituelle et temporelle de l'Etat.*

der Krönungsfeier den Eid auf die Verfassung ablegen werden".[38] Daß Ludwig
gleichwohl auf eine Krönung verzichtete, ist auf die Widrigkeit der Umstände
zurückzuführen. Er hatte noch nicht ein Jahr regiert, als ihn die Rückkehr
Napoleons von der Insel Elba zur Flucht außer Landes zwang. Der zweite Pariser Frieden vom 20. November 1815 unterwarf Frankreich einer Besetzung
durch alliierte Truppen, die erst nach drei Jahren wieder aufgehoben wurde.
Einen König zu krönen, der nicht uneingeschränkt über sein Land verfügte,
erschien nicht opportun. Der Abzug der Besatzungstruppen wurde auf dem
Kongreß von Aachen 1818 vereinbart. Bei seiner Thronrede zur Eröffnung
der Sitzungsperiode des Jahres 1819 erklärte der König dementsprechend am
1. Dezember 1818 vor beiden Kammern, daß er „in der Stille" auf den „glücklichen Augenblick" gewartet habe, wo er sich mit dem Gedanken der Krönung
beschäftigen könne. Er nannte die Zeremonie dabei ein „nationales Fest", bei
dem die Religion „die innige Verbindung des Volkes mit seinem König" be-
kräftige.[39] Diese Äußerung läßt erkennen, daß Ludwig sich von der Krönung
eine Versöhnung mit der Nation erhoffte. Er verstand sie als einen politischen
Akt, welcher der *Charte* nicht widersprechen mußte, dafür aber deren Akzeptanz stärken würde. Ludwig XVIII. hatte – anders als seine beiden Brüder
– erkannt, daß das Ritual der Krönung nur beibehalten werden konnte, wenn
man ihm einen neuen Sinn gab, der den gewandelten Verhältnissen Rechnung
trug. Allerdings verschlechterte sich Ludwigs Gesundheitszustand seit dem
Frühjahr 1819 in einem Maße, daß er sich die anstrengende Krönungsfeier
nicht mehr zumuten konnte. Wegen seiner schlechten körperlichen Verfassung war zeitweise erwogen worden, die Krönung statt in Reims in Saint-Denis oder in Paris, etwa in der Kirche Sainte-Geneviève, vorzunehmen.[40]

Ludwig XVIII. starb 1824. Sein Bruder und Nachfolger, Karl X., ließ unverzüglich mit den Vorbereitungen für seine Krönung in Reims beginnen. In
einer Adresse der Pairskammer an den König vom 31. Dezember 1824 war die
Rede von jener „wichtigen Zeremonie, in der die alte und heilige Allianz der
Religion mit der Monarchie erneut bekräftigt" werde.[41] Anders als in der Ansprache Ludwigs XVIII. vom Dezember 1818 war vom Volk, der Nation oder
den Bürgern nicht die Rede. Die Formulierung der Pairskammer ist Ausdruck
für das Bestreben, die restaurierte Monarchie der Bourbonen auf die traditionelle Allianz von Thron und Altar zu gründen, um dadurch ein Kernstück der
Monarchie des *Ancien Régime* wiederherzustellen. Während der Zeremonie

[38] Charte constitutionnelle, Art. 74, in: *Godechot* (Hg.), Constitutions, S. 224: *Le roi et ses
successeurs jureront dans la solennité de leur sacre, d'observer fidèlement la présente Charte
constitutionnelle.*
[39] *Landric Raillat*, Charles X et le sacre de la dernière chance, Paris 1991, S. 42.
[40] Ebd., S. 47; *Richard A. Jackson*, Vive le roi! A History of the French Coronation from
Charles V to Charles X, Chapel Hill / London 1984, S. 189–191.
[41] Zit. nach *Jean-Paul Garnier*, Le Sacre de Charles X, in: Revue des deux mondes, 107. Jahrgang, 8. Periode, Bd. 37 (1937), S. 638: *cette importante cérémonie où sera de nouveau con-
sacrée l'antique et sainte alliance de la religion et de la royauté.*

Abb. 4: François Gérard (1770-1837), Die Krönung Karls X. in der Kathedrale von Reims am 29. Mai 1825.

am 29. Mai 1825 leistete der König zwar den vorgeschriebenen Eid auf die *Charte*,[42] aber nicht wenige Anwesende hatten die Empfindung, daß die Feier dem Geiste der Verfassung widerspreche (Abb. 4). Auch wenn Ludwig XVIII. sie oktroyiert habe, sei die *Charte* doch ein Vertrag zwischen dem König und der Nation. Die Krönungszeremonie dagegen erwecke den Eindruck, als verdanke der König seine Befugnis zur Herrschaft ausschließlich Gott. In den Augen vieler Beobachter glich die Zeremonie mehr einer Theateraufführung als einem Staatsakt. Einige Anwesende stießen sich daran, daß der König sich vor zwei Kardinälen demütig der Länge nach auf den Boden warf.[43] Die Prostration war ein traditionelles Element der Weihezeremonie, wurde aber im Jahre 1825 offensichtlich nicht mehr verstanden. In den Planungen für die Krönung Ludwigs XVIII. war sie bezeichnenderweise gestrichen worden.[44] In seinem Spottgedicht „Die Krönung Karls des Einfältigen" widmete Pierre Jean de Béranger dieser Szene einen eigenen Vers:

„König", ruft ein Soldat, „stehen Sie auf!"
„Nein", sagt der Bischof; „und im Namen des heiligen Petrus
Kröne ich dich: mache uns reich.
Was von Gott kommt, kommt von den Priestern.
Es lebe die Legitimität!"[45]

[42]   Nach *Raillat*, Charles X, S. 166, sprach der König den folgenden Eid: *En présence de Dieu, je promets à mon peuple de maintenir et d'honorer notre sainte religion, comme il appartient au roi Très Chrétien et au fils aîné de l'Église, de rendre bonne justice à mes sujets; enfin, de gouverner conformément aux lois du royaume et à la Charte constitutionnelle que je jure d'observer fidèlement. Ainsi, que Dieu me soit en aide et Ses saints Évangiles.*

[43]   *Garnier*, Sacre, S. 649.

[44]   *Anton Haueter*, Die Krönungen der französischen Könige im Zeitalter des Absolutismus und in der Restauration, Zürich 1975, S. 156–158.

[45]   *Pierre Jean de Béranger*, Œuvres complètes, nouvelle édition, revue par l'auteur, Bd. 2, Paris 1851, S. 143:

Von vielen Zeitgenossen wurde der *Sacre* Karls mit der Krönung Napoleons im Jahre 1804 verglichen. Dabei wurde kritisch vermerkt, daß Karl sich die Krone vom Erzbischof von Reims habe aufsetzen lassen, während Napoleon sich die Kaiserkrone im Jahre 1804 selbst aufgesetzt habe.[46]

Zwei Tage nach der Krönung begab sich Karl ins Hospital Saint-Marcoul, um die rituelle Berührung der an Skrofulose Erkrankten vorzunehmen. Der Akt war Bestandteil des Krönungszeremoniells, war im *Ancien Régime* jedoch auch bei anderen festlichen Gelegenheiten durchgeführt worden.[47] „Der Glaube an die Heilkraft der Könige war eines der stärksten Elemente im monarchischen Mythos".[48] Während anläßlich der Krönung Ludwigs XVI. im Jahre 1776 noch 2400 Kranke erschienen waren, mußte Karl sich allerdings mit 121 begnügen.[49] Man hatte mehrere Kranke, die zum Teil von weit her gekommen waren, wieder fortgeschickt, weil der König ursprünglich auf den Ritus hatte verzichten wollen.[50] Daß er selbst an seiner Heilkraft zweifelte, zeigen die Worte, mit denen er sich nach der Zeremonie von den Kranken verabschiedete: „Meine lieben Freunde, ich habe Euch Worte des Trosts gespendet, ich hoffe sehr, daß Ihr geheilt werdet".[51] Von da an hat Karl X. keine Kranken mehr berührt.[52]

Das Urteil über die Krönung Karls X. ist maßgeblich von seinem unrühmlichen Sturz nur fünf Jahre später bestimmt worden. Statt zum Symbol der Erneuerung der Monarchie wurde sie im Rückblick zum Symbol ihrer Überlebtheit. Nach Karl X. hat kein französischer Monarch mehr versucht, sich zur Gewinnung von Legitimität auf die Kirche zu stützen.

Die Königskrönung Wilhelms I. 1861

Während mit Ausnahme Ludwigs XVIII. bis 1830 sämtliche Könige Frankreichs gekrönt wurden, war die Krönung in der preußischen Monarchie die Ausnahme. Lediglich zwei Könige wurden gekrönt, Friedrich I. 1701 und Wilhelm I. im Jahre 1861. Friedrich I. ließ sich krönen, weil mit ihm die Reihe der preußischen Könige begann und der Antritt eines neuen Königsgeschlechts einer würdigen Zeremonie bedurfte. Krönungsstadt war Königsberg. Nur

---

„*Roi!*" *crie un soldat,* „*levez-vous!*" / „*Non*", *dit l'évêque;* „*et, par saint Pierre, / Je te couronne: enrichis-nous. / Ce qui vient de Dieu vient des prêtres. / Vive la légitimité!*".

[46] *Raillat*, Charles X, S. 272.

[47] *Marc Bloch*, Les rois thaumaturges. Étude sur le caractère surnaturel attribué à la puissance royale particulièrement en France et en Angleterre, Strasbourg / Paris 1924, S. 360.

[48] *Raillat*, Charles X, S. 196.

[49] *Garnier*, Sacre, S. 655.

[50] *Raillat*, Charles X, S. 198–201.

[51] Zit. nach *Garnier*, Sacre, S. 655: *Mes chers amis, je vous ai apporté des paroles de consolation, je souhaite bien vivement que vous guérissiez.*

[52] *Bloch*, Les rois thaumaturges, S. 404.

dort konnte der Kurfürst von Brandenburg zum König erhoben werden, weil das Herzogtum Preußen nicht zum Heiligen Römischen Reich gehörte, in dem es neben dem deutschen keinen weiteren König geben durfte. Daher nannte sich Friedrich I. auch nicht „König von Preußen", sondern „König in Preußen".

Mehr als anderthalb Jahrhunderte lang haben die Nachfolger Friedrichs I. auf eine Krönung verzichtet. Nicht einmal der streng legitimistisch gesinnte Friedrich Wilhelm IV. ließ sich krönen, nachdem er 1840 den Thron bestiegen hatte. Erst sein Bruder Wilhelm I. entschied sich wieder für den kirchlichen Akt. Die Gründe dafür hat er am Tag seiner Krönung selbst bekannt gegeben. Gegenüber den Präsidenten der beiden Kammern und dem Sprecher der Prinzen und der Provinzen erklärte er, Preußens Könige trügen die Krone seit 160 Jahren „von Gottes Gnaden". Er sei der erste König, der den Thron besteige, seit dieser „durch zeitgemäße Einrichtungen" umgeben sei. Damit spielte er auf die preußische Verfassung von 1850 an. Bereits in seiner Proklamation vom 7. Januar 1861, fünf Tage nach dem Tod Friedrich Wilhelms IV., hatte er sich ausdrücklich zu dieser Verfassung bekannt.[53] Die Verfassung schrieb die Krönung nicht vor, aber für Wilhelm war sie der eigentliche Grund für den Entschluß, sich krönen zu lassen. Die Krönung war als Demonstration gegen eine demokratische Weiterentwicklung der Verfassung gedacht. Walter Bussmann nannte sie eine „Herausforderung des Verfassungsstaates durch das Gottesgnadentum".[54] In diesem Sinne fuhr der König in seiner Ansprache fort: „Aber eingedenk, daß die Krone nur von Gott kommt, habe ich dadurch die Krönung an heiliger Stätte bekundet, daß ich sie in Demut aus seinen Händen empfangen habe. Die Gebete meines Volkes, ich weiß es, haben mich bei diesem feierlichen Akt umgeben, damit der Segen des Allmächtigen auf meiner Regierung ruhe". Mit diesen Worten bekannte sich Wilhelm zu einer religiösen statt zu einer konstitutionellen Legitimation seiner Herrschaft. Im Unterschied zu Karl X. von Frankreich setzte sich Wilhelm die Krone in der Schloßkirche von Königsberg allerdings selbst auf.[55] Eine Relativierung der Verfassung läßt auch die Bemerkung des Königs erkennen, Preußen werde „vor inneren Gefahren" bewahrt bleiben, denn „der Thron seiner Könige" stehe „fest in seiner Macht und in seinen Rechten, wenn die Einheit zwischen König und Volk, die Preußen groß gemacht" habe, bestehen bleibe. In Wirklichkeit hatte sein Bruder Friedrich Wilhelm IV. den Thron in der Revolution von 1848 nur dadurch retten können, daß er der Umwandlung Preußens in einen Verfassungsstaat zustimmte. Die Sicherheit des Throns beruhte fortan

[53] Wilhelm I., An mein Volk, 7.1.1861, in: *Ernst Berner* (Hg.), Kaiser Wilhelms des Großen Briefe, Reden und Schriften, Bd. 2, Berlin 1906, S. 13.

[54] *Walter Bussmann*, Die Krönung Wilhelms I. am 18. Oktober 1861. Eine Demonstration des Gottesgnadentums im preußischen Verfassungsstaat, in: *Dieter Albrecht / Hans Günter Hockerts / Paul Mikat / Rudolf Morsey* (Hg.), Politik und Konfession. Festschrift für Konrad Repgen zum 60. Geburtstag, Berlin 1983, S. 204.

[55] Ebd., S. 203.

in erster Linie auf den gesetzlichen Garantien, die in der Verfassung festgeschrieben waren. Mit der „Einheit zwischen König und Volk" spielte Wilhelm dagegen auf ein patriarchalisches Verhältnis an, das dem konstitutionellen Zeitalter nicht mehr angemessen war. Den Verzicht auf den noch bis Juli 1861 erwogenen „althergebrachten Erbhuldigungs- und Untertaneneid", den noch Friedrich Wilhelm IV. im Jahre 1840 entgegengenommen hatte, begründete er dementsprechend nicht mit der Erwägung, daß er durch die Verfassung überholt sei, sondern damit, daß er seit seiner Thronbesteigung so viel „Liebe und Anhänglichkeit" erfahren habe, daß er „unter allen Verhältnissen auf die Treue, Hingebung und Opferfreudigkeit" seines Volkes „rechnen" könne.[56] Dem Kardinal Erzbischof von Köln gegenüber bekannte er am Krönungstag die „Zuversicht", daß der katholische Klerus in Preußen fortfahren werde, seine „katholischen Untertanen zur Gottesfurcht und zum Gehorsam gegen die von Gott geordnete Obrigkeit, wie zur Achtung vor dem Gesetz, der einzig festen Grundlage staatlicher Ordnung, anzuleiten und selbst ihnen hierin mit gutem Beispiel wie bisher voranzuleuchten".[57]

Die Nachfolger Wilhelms I. haben sich nicht mehr krönen lassen, weder als Könige von Preußen noch als deutsche Kaiser. Gegen weitere Krönungen sprachen nicht nur die Antiquiertheit des Rituals und die Zweifel an seiner Vereinbarkeit mit der Verfassung, sondern auch die konfessionelle Spaltung der preußischen und der deutschen Gesellschaft, die es schwer gemacht hätte, der religiösen Weihe eine Gestalt zu geben, die alle Bürger als verbindlich hätten anerkennen können.

Russische Autokratie und orthodoxe Kirche

Bis zum Ende der Monarchie bestand in Rußland eine enge Symbiose zwischen der weltlichen und der geistlichen Gewalt. Unter den verschiedenen christlichen Glaubensrichtungen innerhalb des russischen Reiches genoß die orthodoxe Kirche eine privilegierte Stellung. Bis 1905 war es nur der orthodoxen Kirche gestattet, unter Andersgläubigen zu missionieren. Dagegen verfielen Orthodoxe, die zu anderen Konfessionen konvertierten oder rekonvertierten, staatlicher Verfolgung. Das auch im Westen Europas bis in die frühe Neuzeit hinein geltende Ketzerrecht blieb in Rußland somit bis zu Beginn des 20. Jahrhunderts in Geltung. Nicht nur die Zaren, sondern auch

---

[56] Wilhelm I. an den Präsidenten des Herrenhauses Fürsten Hohenlohe-Ingelfingen, den Präsidenten des Abgeordnetenhauses Dr. Simson, den Grafen Dohna-Leuck als Sprecher der Prinzen und der Provinzen, 18.10.1861, in: *Berner* (Hg.), Kaiser Wilhelms des Großen Briefe, Reden und Schriften, Bd. 2, S. 19 f.; vgl. im übrigen *Bussmann*, Krönung, S. 193 f.

[57] Wilhelm I. an den Kardinal Erzbischof von Köln, 18.10.1861, in: *Berner* (Hg.), Kaiser Wilhelms der Großen Briefe, Reden und Schriften, Bd. 2, S. 21.

ihre Ehefrauen mußten der orthodoxen Kirche angehören. Im Austausch für den Schutz, den ihr der Zar gewährte, verteidigte die Kirche die Autokratie.

Die orthodoxe Lehre von der Stellung des Zaren stützte sich im Kern auf die Ausführungen des Diakons Agapetus von Konstantinopel aus der Zeit Justinians. Agapetus schrieb dem Kaiser zwei verschiedene Naturen zu. Als Mensch gleiche er allen anderen Menschen; als Herrscher jedoch gleiche er Gott und habe auf Erden niemanden über sich.[58] Die Vorstellung von der Gottähnlichkeit des Königs findet sich in Rußland im 16. Jahrhundert wieder. In einer Schrift zum „Dank und Lobpreis für die Geburt des Gottgekrönten Zaren und Großfürsten Ivan" des Vierten ist zu lesen: „In seinem natürlichen Sein gleicht der Zar allen Menschen; in der Macht seiner Majestät aber gleicht er Gott, der über allem steht".[59] Das entspricht der Deutung, die der englische König Jakob I. von seinem Herrscheramt gab. Dahinter steht wie dort die Auffassung, daß der König zwei Körper habe, einen persönlichen und individuellen und einen überzeitlichen, der nicht untergeht. Diese Lehre ließ sich in zwei verschiedene Richtungen ausdeuten. Zum einen untermauerte sie die These, daß der Herrscher von Gott eingesetzt sei. Zum andern erinnerte sie den Herrscher an seine Pflichten gegenüber seinen Untertanen. Kirche und Staat kämpften gemeinsam gegen äußere Feinde, gegen innere Aufstände und gegen Ketzer.[60] Entscheidend für die Geschichte der Monarchie in Rußland blieb jedoch der Gesichtspunkt, daß der Vergleich der Regierung des Zaren über sein Reich mit der Regierung Gottes über die Welt ein Argument lieferte für die Aufrechterhaltung der Autokratie. Solange die Zaren sich ihres göttlichen Auftrags bewußt blieben und in Verantwortung für die ihnen anvertrauten Untertanen regierten, war für ständische oder andere Vertretungskörperschaften kein Raum.

Seit Peter dem Großen verschob sich das Kräfteverhältnis innerhalb der Symbiose von weltlicher und geistlicher Gewalt zugunsten des Staates. Nach dem Tod des geistlichen Oberhaupts der russisch-orthodoxen Kirche, des Patriarchen Adrian von Moskau, im Jahre 1700 schaffte Peter das Patriarchat ab. Statt dessen richtete er 1721 den „Allerheiligsten Regierenden Sinod" (*Svjatejšij Pravitel'stvujuščij Sinod*) ein, eine Behörde zur Leitung der orthodoxen Kirche. Der Sinod wurde als kollegiale oberste geistliche Leitungsinstanz auf dieselbe Rangstufe gestellt wie der Senat, das höchste weltliche Organ des Staates nach dem Zaren.[61] In Parallele zum Oberprokurator des Senats schuf

[58] *Ihor Ševčenko*, A Neglected Byzantine Source of Muscovite Political Ideology, in: Harvard Slavic Studies 2 (1954), S. 147; vgl. dazu *Kantorowicz*, The King's Two Bodies, S. 499.

[59] Zit. nach *Michael Cherniavsky*, Tsar and People. Studies in Russian Myths, New Haven / London 1961, S. 46.

[60] *Marc Szeftel*, Church and State in Imperial Russia, in: *Robert L. Nichols / Theofanis George Stavrou* (Hg.), Russian Orthodoxy under the Old Regime, Minneapolis 1972, S. 127.

[61] *Gregory L. Freeze*, Handmaiden of the State? The Church in Imperial Russia Reconsidered, in: Journal of Ecclesiastical History 36 (1985), S. 86.

Peter der Große im Jahre 1722 auch für den Sinod die Stelle eines Oberprokurators. Dieser nahm dort die Funktion des „Auges des Zaren" wahr und hatte dafür zu sorgen, daß die Kirche seine Interessen achtete. Von 1835 an besaß der Oberprokurator die Stellung eines Kabinettsministers.[62] Infolge der Säkularisation der Kirchengüter durch Katharina die Große im Jahre 1764 erhöhte sich auch finanziell die Abhängigkeit der Kirche vom Staat. Die Eingriffsrechte des Zaren in die Kirche beschränkten sich jedoch auf den rein administrativen Bereich.[63] In den geistlichen Angelegenheiten wahrte die Kirche bis 1917 weitgehend ihre Autonomie.

Die Krönung Alexanders III. 1883

Beim Amtsantritt jedes neuen Zaren verpflichtete sich der Klerus, den Behörden alles anzuzeigen, was dem Herrscher zum Schaden gereichen könnte, selbst unter Verletzung des Beichtgeheimnisses.[64] Anders als die Könige von Preußen ließ sich jeder russische Zar krönen. Die Krönungen fanden in der Uspenskij-Kathedrale im Moskauer Kreml statt. Zwar war der Platz dort so beschränkt, daß nur die Ehrengäste Platz finden konnten. Da die Krönungsfeierlichkeiten sich jedoch über mehrere Tage hinzogen, blieb genug Raum für die Teilnahme der Öffentlichkeit. In der Londoner *Times* wird über den feierlichen Einzug Alexanders III. in Moskau fünf Tage vor der Krönung berichtet, mindestens ein Drittel der Moskauer Bevölkerung sei die ganze Nacht vorher auf den Beinen gewesen, um das große Ereignis mitzuerleben, denn, so fügte der Berichterstatter hinzu, nur bei einer solchen Gelegenheit könne man „den Ruhm und die Pracht des absolutesten Monarchen in Europa wahrnehmen".[65] In den Ablauf des Festzugs waren zahlreiche religiöse Stationen und symbolische Handlungen eingebaut. Der Korrespondent hob vor allem eine Szene am Auferstehungstor vor dem Schrein mit der als wundertätig geltenden Ikone der Iberischen Madonna hervor. Keiner gehe an dem Schrein vorüber, ohne sich wenigstens zu bekreuzigen. Andere küßten das Gnadenbild, entzündeten eine Kerze und würfen eine Münze in einen Opferstock. „Was der gemeinste Untertan niemals zu tun versäumt, das wollte auch der Kaiser nicht übergehen", bemerkte der Korrespondent. So habe Alexander sich vom Pferd geschwungen und sei zusammen mit der Kaiserin die Stufen zum Schrein hinaufgestiegen, wo er vom Ersten Vikar mit dem Kreuz und mit Weihwasser empfangen worden sei. Über die Krönung selbst berichtete die *Times* fünf Tage später. Zu Recht wird der religiöse Charakter der Zeremonie hervorgehoben: „Die geistlichen Würdenträger, im ganzen Gepränge

---

[62] *Szeftel*, Church, S. 133.
[63] Ebd., S. 130.
[64] Ebd., S. 137.
[65] The Coronation of the Czar, in: The Times, 23. 5. 1883.

ihrer hohen Ämter, rufen auf die Häupter des erhabenen Paars den Segen des Himmels herab, nehmen von den beiden das Bekenntnis ihres Glaubens in der Religion entgegen, welche dabei ist, ihre Macht zu heiligen, und statten sie zum Schluß mit den Symbolen der kaiserlichen Regierung aus". Danach sei Alexander vorgetreten, um sich seinem Volk zu zeigen – „gekrönt, gesalbt, geweiht, sein Haupt und Herr in allen weltlichen und religiösen, zeitlichen und ewigen Dingen".[66] Die hohe Stellung der orthodoxen Kirche kam während der Zeremonie schon darin zum Ausdruck, daß der Thron des Zaren und der Thron des Patriarchen in der Uspenskij-Kathedrale nebeneinanderstanden.[67] Seit 1742 war es allerdings Brauch, daß der Zar sich die Krone selbst aufs Haupt setzte.

Die auf mehrere Tage ausgedehnten Krönungsfeierlichkeiten, die große Anteilnahme der Bevölkerung, die dabei für jedermann erkennbare zentrale Funktion der orthodoxen Kirche und schließlich die Demonstration der tiefen Frömmigkeit des Zaren ermöglichten bei jeder Thronbesteigung die Erneuerung und Festigung seiner religiös begründeten Legitimität. Ein Zeugnis für das Streben des Zaren nach religiöser Legitimation ist das Manifest, das Alexander am Tag seiner Krönung, dem 15. Mai 1883, veröffentlichte. Es findet sich in einem rund 500 Seiten starken Gedenkbuch, das die Regierung nach Abschluß der Feierlichkeiten herausgab. Das Manifest beginnt mit einem Gebet. Am Anfang steht die Bitte um den Segen des Herrn: „Nachdem Wir Uns nach dem Willen Gottes die Krone unserer Vorfahren aufgesetzt und die heilige Salbung empfangen haben, beten Wir aus ganzem Herzen zu Gott, dem Erhalter der Zaren und ihrer Herrschaft, daß er diesen heiligen Tag und diese Stunde segne, in der Wir vor seinem Angesicht und an dem historischen, durch den Glauben und das Gebet des gesamten russischen Landes geheiligten Ort das ehrwürdige Gelöbnis des Herrschers wiederholt haben!" Es folgt die Bitte um Gottes Hilfe in der Regierung des Reiches: „Stärke er mit der Kraft seines Geistes die Macht Unserer Regierung und gebe er Uns Weisheit und Kraft zur Versöhnung jedes Irregeleiteten, zur Befestigung der Ordnung und des Rechts in den Geschäften, zur Erleuchtung des Volkes in den Wahrheiten des Glaubens und zur Festigung der Treue zur Pflicht und zum Gesetz in jedermann, zum Schutze der jedem zustehenden Rechte und zur allgemeinen Sicherheit, zur Verbesserung der Wohlfahrt und des Ruhms Unseres geliebten Vaterlands"![68] Deutlicher hätte man kaum zum Ausdruck bringen können, daß die Krönung des Zaren dem Willen Gottes entsprach und daß seine Regierung als eine Art Gottesdienst aufgefaßt werden sollte.

Der Stellenwert des Glaubens war allerdings nicht bei jedem Zaren derselbe. Bei Alexander III. verband sich die Pflege der orthodoxen Frömmigkeit

[66] The Times, 28. 5. 1883.
[67] *Szeftel*, Church, S. 128.
[68] V pamjat' svjaščennago koronovanija Gosudarja Imperatora Aleksandra III i Gosudaryni Imperatricy Marii Feodorovny, S.-Peterburg 1883, S. 166.

mit einem nationalromantischen Programm der Wiederanknüpfung an den vorpetrinischen Moskauer Staat. In diesen Zusammenhang gehört der Bau zahlreicher neuer Kirchen in alt-byzantinischem Stil in seiner Regierungszeit. Der Rückgriff auf den vorpetrinischen Baustil entsprach seinen gegenaufklärerischen und antiwestlichen Bestrebungen. Konfessionspolitisch zielten diese Bestrebungen auf die Stärkung der orthodoxen gegenüber den nichtorthodoxen Kirchen, nationalpolitisch auf die Russifizierung nichtrussischer Nationalitäten an der Peripherie des Reiches. Zu den ersten neuen Kirchen gehörte die Wiederauferstehungskathedrale (*Chram Voskresenija Christova*), inoffiziell auch „Kathedrale des Erlösers auf dem Blut" (*Chram Spasa na Krovi*) genannt, die in Sankt Petersburg am Griboedov-Kanal an der Stelle errichtet wurde, an der Alexander II. am 1. März 1881 einem Bombenattentat der terroristischen Vereinigung *Narodnaja Volja* zum Opfer gefallen war. Mit ihrem altmoskovitischen Aussehen wirkt die Kirche bis zum heutigen Tag wie ein Fremdkörper in der barocken Architektur der ehemaligen Residenzstadt. Doch der Kontrast war beabsichtigt. Alexander III. prüfte persönlich die Entwürfe, die auf die Ausschreibung eingegangen waren, und entschied sich für einen Bau im Stil der Kirchen von Jaroslavl' und Rostov aus dem 17. Jahrhundert. Im Jahre 1883 wurde Al'fred Parland mit der Planung beauftragt. Doch erst 1887 genehmigte der Zar dessen letzten Entwurf.[69] Die Architektur illustriert die bewußte Abkehr Alexanders von der Westorientierung Peters des Großen und damit zugleich von der Reformpolitik seines Vaters und Vorgängers Alexander II. An ihre Stelle trat der Versuch einer Fundierung der Monarchie auf die altrussischen Traditionen, ganz im Sinne der slavophilen Bewegung. „Mit der Kirche des Erlösers auf dem Blut wurde Altmoskau ins Herz des europäischen Sankt Petersburg versetzt".[70] Für eine Kirche, die dem Gedenken an Alexander II. gewidmet war, eignete sich eine solche Architektur schlecht (Abb. 5). Mit dem Rückgriff auf die altmoskovitische Tradition verband sich die Mobilisierung der Volksfrömmigkeit. Der Ort des Attentats wurde alsbald zum Wallfahrtsort. Dort wurde Alexander II. als Märtyrer verehrt, ja, man verglich ihn mit Christus: „Das Leben des Herrschers haben sie beendet. Zum zweiten Mal wurde Christus gekreuzigt".[71] Aus diesem Zusammenhang erklärt sich auch, daß die Kirche der Auferstehung gewidmet wurde.

Die Wiederauferstehungskathedrale wurde zum Muster zahlreicher weiterer Kirchen, die zwischen 1881 und 1905 geplant wurden.[72] Nicht minder wie ein Fremdkörper wirkt die ebenfalls im Altmoskauer Stil errichtete Alexan-

[69] *Michael S. Flier*, The Church of the Savior on the Blood. Projection, Rejection, Resurrection, in: *Robert P. Hughes / Irina Paperno* (Hg.), Christianity and the Eastern Slavs, Bd. 2: Russian Culture in Modern Times, Berkeley 1994, S. 27.

[70] *Flier*, Church, S. 30.

[71] Zit. nach ebd., S. 31: *Gosudarja žizn' skončali. Vtoroj raz Christa raspjali.*

[72] *Richard S. Wortman*, Scenarios of Power. Myth and Ceremony in Russian Monarchy, Bd. 2: From Alexander II to the Abdication of Nicholas II, Princeton 2000, S. 246.

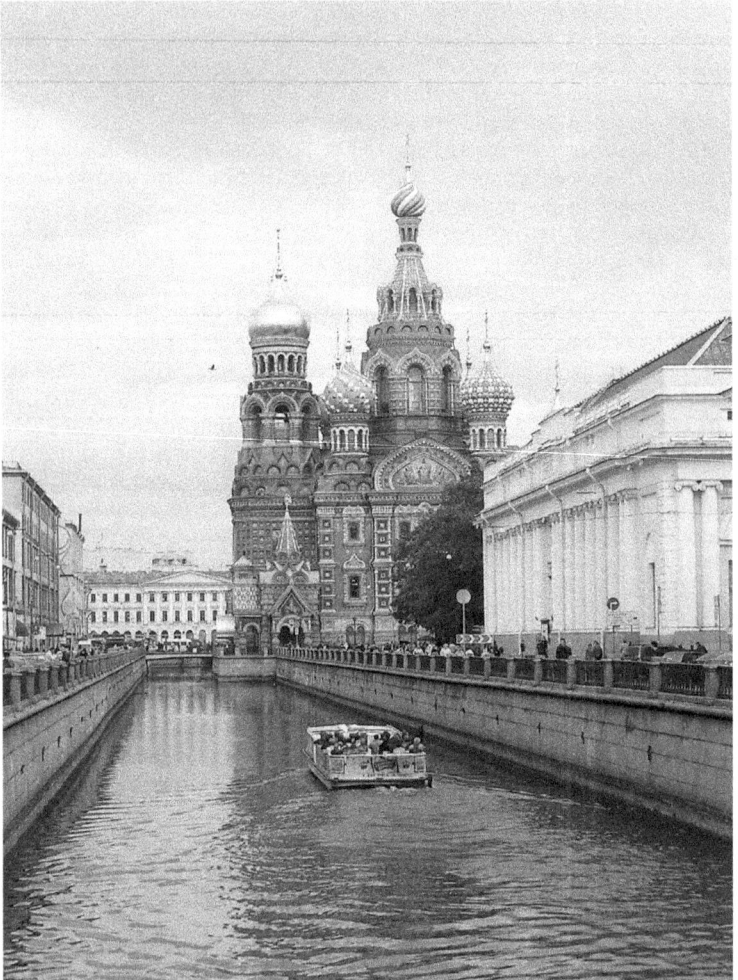

Abb. 5: Chram Spasa na Krovi (Kirche des Erlösers auf dem Blut), St. Petersburg; Architekt: Al'fred Aleksandrovič Parland (1842-1920).

der-Nevskij-Kathedrale auf dem Domberg im Zentrum der Hauptstadt Estlands, Reval, heute Tallinn. Ihre Errichtung war nicht nur ein Akt orthodoxer Mission in einer mehrheitlich von Lutheranern bewohnten Provinz, sondern durch die Widmung an Alexander Nevskij auch eine nationalpolitische Provokation gegenüber den Baltendeutschen, hatte der Kirchenpatron doch das Vordringen des Livländischen Ritterordens durch seinen Sieg auf dem zugefrorenen Peipussee am 5. April 1242 zum Stehen gebracht.

Spätestens seit der Aufklärung verlor der Glaube an den sakralen Charakter der Monarchie an Boden. Mit dem Grundsatz der Nationalsouveränität, der in der Französischen Revolution zum Durchbruch gelangte, war die Herleitung der monarchischen Herrschaft aus göttlicher Einsetzung schlechterdings nicht vereinbar. Daher wurde in der Verfassung von 1791 im Titel Ludwigs XVI. die Formel „von Gottesgnaden" gestrichen. Wie die französische *Constituante*, so sprachen sich auch im 19. Jahrhundert demokratisch gewählte verfassunggebende Versammlungen gegen die Formel aus, wie am Beispiel der preußischen Nationalversammlung von 1848 gezeigt wurde. Strittig war, ob das Gottesgnadentum, wenn schon nicht mit einer demokratischen, dann wenigstens mit einer oktroyierten Verfassung vereinbar sei. Unter rechtlichen Gesichtspunkten war gegen den Vollzug der Krönung schon zu Beginn der Neuzeit eingewandt worden, daß sie dem Herrscher keine Befugnisse verleihen könne, die er nicht ohnehin schon besitze. Das ist der wesentliche Grund dafür, daß die Zeremonie vielfach selbst in solchen Monarchien außer Gebrauch gekommen war, die am Gottesgnadentum festhielten. Im Zeitalter der Revolutionen nutzten einzelne Herrscher den Ritus, um den demokratischen Tendenzen der Epoche ihre göttliche Legitimität entgegenzustellen. Bezeichnende Beispiele für Krönungen mit restaurativem Anspruch sind die Krönung Karls X. von Frankreich 1825 und die Krönung Wilhelms I. von Preußen 1861. In Rußland, das erst im Jahre 1906 zum Konstitutionalismus überging, wurde im Ritual der Krönung bis zu diesem Zeitpunkt wie seit alters die göttliche Einsetzung des Herrschers symbolisch vollzogen, zuletzt bei der Krönung des Zaren Nikolaus im Jahre 1896. Auch in Monarchien, die in den Herrschertiteln am Gottesgnadentum festhielten, erstarrte dieser Anspruch mit der Zeit immer mehr zu einer Formel ohne rechtliche oder politische Bedeutung, wie selbst einflußreiche Staatslehrer anerkannten.

5. Kriegserfolg

Sieg oder Niederlage

Schutz der Schwachen, Abwehr der Feinde, Sieg in der Schlacht: Das sind seit alters vorrangige Aufgaben des Herrschers. „Heil Dir im Siegerkranz, Herrscher des Vaterlands! Heil, Kaiser, Dir!", begann die erste Strophe der Hymne, die im Deutschen Kaiserreich bei den Sedan- und den Reichsgründungsfeiern intoniert wurde. Martin Luther verglich Gott mit einer „festen Burg" und Jesus Christus mit einem siegreichen Kämpfer: „Mit unser Macht ist nichts getan, / Wir sind gar bald verloren. / Es streit für uns der rechte Mann, / Den Gott hat selbst erkoren." Seit dem 17. Jahrhundert führten allerdings immer weniger Herrscher ihre Armeen persönlich ins Feld. Der letzte König und Feldherr in einer Person war Friedrich der Große. Doch auch wenn die Siege von Heerführern im Dienste von Herrschern erstritten wurden, mochten sie nun Turenne, Prinz Eugen, Marlborough oder Nelson heißen, so wurden sie politisch doch den Herrschern selbst zugerechnet. Im Jahre 1814 hielt Benjamin Constant es geradezu für ein Kennzeichen der traditionellen Monarchie im Unterschied zur Praxis Napoleons, daß der Herrscher den Oberbefehl anderen überließ: „Ein König hat es nicht nötig, seine Armeen zu führen. Andere können für ihn kämpfen, während er sich durch seine Friedfertigkeit die Liebe und Achtung seines Volkes erwirbt. Der Usurpator dagegen muß stets an der Spitze seiner Prätorianer stehen. Sie würden ihn verachten, wenn er aufhörte, ihr Idol zu sein".[2]

Wie an anderer Stelle ausgeführt, waren die Kriege im *Ancien Régime* dynastische, nicht nationale Konflikte. Selbst ihren Kampf gegen Napoleon verstanden die Mächte des alten Europa als Sache der Dynastien, nicht der Bürger. Als die Nachricht von der vernichtenden preußischen Niederlage bei Jena und Auerstedt in Berlin eintraf, erließ der Stadtkommandant Graf von der Schulenburg den berühmt gewordenen Aufruf: „Der König hat eine Bataille verloren. Jetzt ist Ruhe die erste Bürgerpflicht". Krieg führte der König, nicht das Volk, auch wenn ein großer Teil der Truppen gemäß dem Kantonreglement Friedrich Wilhelms I. preußische Bauernsöhne waren. Das dynastische Verständnis des Geschehens kommt noch einmal im Schlußsatz des

---

[1] *Benjamin Constant*, De l'Esprit de conquête et de l'usurpation dans leurs rapports avec la civilisation européenne (1814), in: *ders.*, Œuvres, hg. von *Alfred Roulin*, Paris 1957, S. 993.
[2] Ebd., S. 1032.

Aufrufs zum Ausdruck: „Der König und seine Brüder leben". Kein Wort über die Tausende, die auf dem Schlachtfeld geblieben waren. Der Krieg von 1806 war allerdings der letzte rein dynastische Krieg, den Preußen geführt hat. Die durch den Frieden von Tilsit besiegelte Niederlage gab den Anstoß zu einer umfassenden Militärreform. Deren Kernstück war die Einführung der allgemeinen Wehrpflicht. Wenn aber gemäß dem Diktum Scharnhorsts künftig nicht mehr geworbene Söldner, sondern die Bürger das Vaterland verteidigten, konnten Sieg oder Niederlage in einem Krieg die Nation nicht länger unberührt lassen. Daher war von nun an die Frage noch schärfer gestellt als zuvor, ob die Legitimität der Monarchie durch militärische Erfolge gestärkt, durch militärische Mißerfolge dagegen beschädigt werden könne.

Nach einem Bericht des österreichischen Außenministers Metternich begründete Napoleon während der Unterredung am 26. Juni 1813 im Marcolinischen Palais in Dresden seine Weigerung, der Koalition Konzessionen zu machen, mit den Worten: „Nun gut, was will man denn von mir? [...] daß ich mich entehre? Nimmermehr! Ich werde zu sterben wissen, aber ich trete keine Hand breit Bodens ab. Eure Herrscher, geboren auf dem Throne, können sich zwanzig Mal schlagen lassen, und doch immer wieder in ihre Residenzen zurückkehren; das kann ich nicht, ich, der Sohn des Glückes. Meine Herrschaft überdauert den Tag nicht, an dem ich aufgehört habe, stark und folglich gefürchtet zu sein".[3]

Es gibt gute Gründe zu bezweifeln, daß Napoleon diese Äußerung tatsächlich getan hat.[4] Während Metternich die zitierte Darstellung erst viele Jahre nach der Begegnung niederschrieb, berichtete er in einem Brief, den er noch am Abend nach dem Gespräch an Kaiser Franz schickte, zwar von Napoleons Unnachgiebigkeit, aber nichts von Napoleons Gründen. Vielleicht legte er dem französischen Kaiser die zitierten Worte Jahre später in den Mund, um sich für das Scheitern der bis in den März 1814 hinein verfolgten Bemühungen um eine Verständigung mit dem Kaiser zu rechtfertigen. Auf jeden Fall entsprach die Napoleon zugeschriebene Äußerung ganz der legitimistischen Ideologie der Restaurationsepoche, wonach die Ruhe Europas nur gewährleistet werden könne, wenn die historischen Herrscher überall wieder uneingeschränkt regierten. In diesem Sinne forderte Talleyrand auf dem Wiener Kongreß, daß „überall und für immer der Geist der Revolution" zu wirken „aufhöre" und daß „jedes legitime Recht wieder heiliggehalten werde".[5] Die

---

[3] *Wenzel Clemens Fürst von Metternich*, Zur Geschichte der Allianzen (1813 und 1814), in: [*ders.*], Aus Metternichs nachgelassenen Papieren, hg. von *Fürst Richard Metternich-Winneburg*, Teil 1, Bd. 1, Wien 1880, S. 151.

[4] Vgl. dazu *Volker Sellin*, Die geraubte Revolution. Der Sturz Napoleons und die Restauration in Europa, Göttingen 2001, S. 62–64.

[5] Talleyrand an Metternich, 19. 12. 1814, in: *Comte d'Angeberg* (Pseudonym für: *L J. B. Chodzko*) (Hg.), Le congrès de Vienne et les traités de 1815, Bd. 1, Paris 1863, S. 540: Frankreich wünsche, *que partout et pour jamais l'esprit de révolution cessât, que tout droit légitime fût rendu sacré.*

europäischen Dynastien hatten jahrhundertelang gegeneinander gekämpft. In unzähligen Kriegen hatten namentlich im 17. Jahrhundert Richelieu und Ludwig XIV. Frankreich territorial zu der Gestalt ausgeformt, die es am Vorabend der Revolution darbot. Frankreich ist wie später Preußen als Militärstaat zur europäischen Großmacht geworden. Die durchgreifenden Reformen in der Staatsverwaltung und die merkantilistische Wirtschaftspolitik im Zeitalter des Absolutismus hatten in erster Linie der Finanzierung der stehenden Heere gedient. Jetzt dagegen wollte Talleyrand glauben machen, als führten Krieg nur Usurpatoren, die ihren Aufstieg der Revolution verdankten. Nachdem die Revolution nunmehr überwunden sei, schrieb er dem österreichischen Außenminister, strebe Frankreich, im glücklichen Besitz seines legitimen Königs und seiner alten Grenzen, nicht weiter nach Eroberungen; vielmehr gleiche es „dem Meer, welches nur über seine Ufer tritt, wenn es durch die Stürme aufgepeitscht wurde".[6]

Talleyrands Erklärung war geschickt auf die vorherrschende Stimmung unter den verbündeten Regierungen berechnet. Angesichts der glücklich überstandenen Bedrohung durch die Revolution und den revolutionären Eroberer entdeckten die historischen Monarchen plötzlich ihr gemeinsames Interesse an der Aufrechterhaltung des Friedens. Sie nutzten den Wiener Kongreß, um ihre jüngsten Gebietsgewinne abzurunden und einander wechselseitig zu garantieren. Die Störung des Friedens befürchteten sie von nun an für lange Zeit allein von einem neuen Umsturz in Frankreich. Aufgrund der Erfahrungen des zurückliegenden Vierteljahrhunderts konnten sie sich Krieg und Eroberung nur noch als Folge von Revolution und Usurpation vorstellen. Den Frieden zu bewahren, wurde plötzlich zum Signum der Legitimität der historischen Monarchien. Ihren klassischen Ausdruck hat diese Sichtweise in Benjamin Constants Schrift „De l'Esprit de conquête et de l'usurpation" gefunden. Constant suchte darin den Nachweis zu führen, daß Usurpatoren im Unterschied zu traditionellen Monarchen um der Erhaltung ihrer Legitimität willen gezwungen seien, von einer Eroberung zur andern zu schreiten. Die Schrift war im Januar 1814 erschienen, als die Koalition noch in Verhandlungen mit Napoleon stand. Sie war ein Plädoyer dafür, der Herrschaft Napoleons ein für allemal ein Ende zu setzen. Im zweiten Kapitel diskutiert Constant den Unterschied zwischen der Usurpation und der Monarchie. Ein Monarch, so heißt es dort, erlange den Thron nicht durch seinen eigenen Willen. Daher sei er nicht darauf angewiesen, sich bei den Bürgern Achtung zu verschaffen. Der Usurpator dagegen sei „gezwungen, seine Machtergreifung zu rechtfertigen". Er habe sich stillschweigend verpflichtet, große Erfolge zu erzielen, und müsse „fürchten, die Erwartungen des Publikums zu enttäuschen", die er zuvor „so mächtig geschürt" habe. Grundsätzlich sei es zwar von Vorteil, wenn ein Herrscher Großes zu leisten vermöge, allerdings nur, solange das

---

[6] Ebd.: *semblable à la mer, qui ne franchit ses rivages que quand elle a été soulevée par les tempêtes.*

allgemeine Wohl es erfordere. Dagegen sei es „ein Übel", wenn der Herrscher „rein aus persönlichen Gründen zu großen Erfolgen verdammt" sei, die „das allgemeine Wohl nicht verlangt".[7]

Nach Constant führten Usurpatoren also Kriege, um ihre Herrschaft zu legitimieren. Monarchen dagegen waren durch ihre Geburt legitimiert und bedurften darüber hinaus keiner militärischen Erfolge, um von ihren Untertanen akzeptiert zu werden. Umgekehrt gelte, daß ein Usurpator seinen Thron riskiere, wenn er einen Krieg verlor, während ein Monarch aus alter Familie, ganz wie Metternich es Napoleon in den Mund gelegt hatte, um seinen Thron nicht zu fürchten brauche, selbst wenn er „zwanzig Mal" geschlagen werde. Wenn seine Legitimität auf militärische Erfolge gestellt war, dann konnte der siegreiche Usurpator nicht darauf verzichten, seinen Untertanen die Siege immer wieder ins Gedächtnis zu rufen. Napoleon hat für die Lösung dieser Aufgabe eine ganze Reihe von Verfahren entwickelt. Dazu gehört an vorderster Stelle die Stiftung von Denkmälern. Am 15. August 1810, dem Geburtstag des Kaisers, wurde auf der Place Vendôme in Paris die Säule der Großen Armee eingeweiht. Nach dem Muster der antiken Trajanssäule schraubt sich von unten spiralförmig ein gigantisches Relief mit der Darstellung des Feldzugs von 1805 nach oben. Es war aus der Bronze gefertigt, die durch die Einschmelzung der bei Austerlitz am 2. Dezember dieses Jahres erbeuteten österreichischen und russischen Kanonen gewonnen worden war. Auf die Säulenspitze wurde ein Standbild des Kaisers im Gewand eines römischen Imperators gestellt (Abb. 6a und b).[8] Ergänzt wurde das Denkmal durch nationale Erinnerungsfeste zum Gedenken an den glänzenden Sieg. Jedes Jahr wurde der 2. Dezember, der zugleich der Tag der Kaiserkrönung war, in allen Gemeinden des Reiches gefeiert. Die Feier bildete einen Teil des Festkalenders im Rahmen des napoleonischen Staatskults. In Paris stehen bis heute an zentraler Stelle weitere Denkmäler, mit denen Napoleon seine Siege zu verewigen suchte. Den Arc de Triomphe du Carroussel am Eingang der Tuilerien hatte er ebenfalls zur Verherrlichung des Feldzugs von 1805 errichten lassen. Auch den Arc de Triomphe an der Place de l'Étoile gab Napoleon in derselben Zeit in Auftrag. Er wurde in den dreißiger Jahren fertiggestellt.

Es erscheint allerdings trotz Constant fraglich, ob die große Zahl der Denkmäler, die Napoleon aufstellen ließ, ein erhöhtes Legitimationsbedürfnis belegen, das sich nur aus der revolutionären Herkunft des Kaisers erklären läßt. In London und in anderen Städten Großbritanniens wurden den britischen Gegnern Napoleons, Nelson und Wellington, ebenfalls zahlreiche Denkmäler errichtet. Die Nelson-Säule auf dem Londoner Trafalgar Square von 1843

---

[7] *Constant*, Esprit, S. 1030: *Or, c'est sans doute un avantage que d'être propre à de grandes choses, quand le bien général l'exige: mais c'est un mal, que d'être condamné à de grandes choses, pour sa considération personnelle, quand le bien général ne l'exige pas.*

[8] *Volker Sellin*, Napoleon auf der Säule der Großen Armee. Metamorphosen eines Pariser Denkmals, in: *Christof Dipper / Lutz Klinkhammer / Alexander Nützenadel* (Hg.), Europäische Sozialgeschichte. Festschrift für Wolfgang Schieder, Berlin 2000, S. 377–380.

Abb. 6a und 6b: Die Säule der Großen Armee auf der Place Vendôme in Paris (1806–1810). Architekten: Jacques Gondouin (1737–1818) und Jean-Baptiste Lepère (1761–1844), mit der 1863 aufgestellten Statue Napoleons I. von Augustin-Alexandre Dumont (1801–1884).

erscheint geradezu als Gegenentwurf zur Pariser Vendôme-Säule. Daß sie auf
private Initiative aufgestellt und privat finanziert wurde, widerlegt die Vermutung nicht, daß die Erinnerung an die in den Kriegen gegen das Nachbarland
erzielten Erfolge ganz ebenso zur Legitimation der britischen Monarchie beitragen sollte wie die Denkmäler Napoleons in Frankreich.[9] Auch Zar Alexander I. gab in Moskau eine riesige Denkmalskirche in Auftrag, um an den Sieg
über den fremden Eroberer im Vaterländischen Krieg von 1812 zu erinnern.[10]
In München ließ König Ludwig I. von Bayern zum Gedächtnis an die militärischen Leistungen der bayerischen Armee in den Befreiungskriegen das
Siegestor errichten. Der Bau von Siegesdenkmälern blieb auch im weiteren
Verlauf des Jahrhunderts eine verbreitete Praxis. In Berlin erinnert bis heute
die Siegessäule an die drei Einigungskriege zwischen 1864 und 1871.

Im Grunde war Constants einfache Unterscheidung zwischen dem traditionellen Monarchen und dem Usurpator schon im Jahre 1814 überholt. Die
zahlreichen von Napoleon bewirkten Herrschaftswechsel, die Aufhebung der
geistlichen Staaten, die Mediatisierung kleiner und mittelgroßer Territorien
des Reiches und die großzügige territoriale Ausstattung der Rheinbundstaaten hatten viele Monarchen zu Nutznießern der napoleonischen Eroberungen gemacht. Insofern waren auch sie im Verhältnis zu Teilen ihrer Untertanenschaft zu Usurpatoren geworden, die ihre Herrschaft durch Leistung
rechtfertigen mußten. In einer Denkschrift für Minister von Manteuffel vom
2. Juni 1857, in der es um die Frage ging, ob die preußische Politik über den
revolutionären Ursprung des Zweiten Kaiserreichs hinwegsehen und mit
Napoleon III. politische Beziehungen pflegen könne wie mit jedem anderen
Monarchen, schrieb Otto von Bismarck, damals noch preußischer Bundes-
tagsgesandter in Frankfurt: „Aber wie viele Existenzen gibt es in der heutigen
politischen Welt, welche mit voller Kontinuität im Rechte wurzeln. Spanien,
Portugal, Brasilien, alle amerikanischen Republiken, Belgien, Holland, die
Schweiz, Griechenland, Schweden, das noch heute mit Bewußtsein in der Revolution von 1688 lebende England können ihre dermaligen Rechtszustände
auf keinen legitimen Ursprung zurückführen. Selbst für das Terrain, welches
die deutschen Fürsten teils Kaiser und Reich, teils ihren Mitständen, den
Standesherren, teils ihren eigenen Landständen abgewonnen haben, läßt sich
kein vollständig legitimer Besitztitel nachweisen". An späterer Stelle fügte Bismarck hinzu: „Der Eroberungssucht ist der jetzige Kaiser der Franzosen nicht
verdächtiger, als mancher andere, und den Makel ungerechten Ursprungs
teilt er mit vielen der bestehenden Gewalten".[11] Hätte Bismarck nur andert-

[9]   Zu den britischen Nelson- und Wellington-Denkmälern vgl. *Helke Rausch*, Kultfigur und
       Nation. Öffentliche Denkmäler in Paris, Berlin und London 1848–1914, München 2006,
       S. 208–228.
[10]   Vgl. unten im Kapitel „Charisma" den Abschnitt „Monarchische Heldendenkmäler".
[11]   *Otto von Bismarck*, Denkschrift für Minister von Manteuffel, 2.7. 1857, in: *ders.*, GW,
       Bd. 2: Politische Schriften, bearb. von *Hermann von Petersdorff*, 2. Aufl., Berlin 1924,
       S. 227, 229.

halb Jahrzehnte später geschrieben, hätte er darauf hinweisen können, daß die Könige von Preußen und Sardinien im Zuge der Nationalstaatsbildung wiederum Massen von neuen Untertanen hinzugewonnen hatten, vor denen sie ihre Herrschaft legitimieren mußten.

Zum Prüfstein für die Frage, ob ein Herrscher zu seiner Legitimation militärischer Erfolge bedurfte, dient weniger der Sieg als vielmehr die Niederlage. Nach den Erfahrungen, die im Zeitalter des Wiener Kongresses zur Verfügung standen, brachten militärische Niederlagen die Herrschaft eines historischen Monarchen nicht in Gefahr. Maria Theresia regierte unangefochten weiter, auch nachdem sie Schlesien an Friedrich den Großen hatte abtreten müssen und im Siebenjährigen Krieg nicht hatte zurückerobern können. Franz I. von Österreich verlor hintereinander gleich zwei Kriege gegen Napoleon, 1805 und 1809, und doch forderte niemand seine Abdankung. Auch Friedrich Wilhelm III. von Preußen behielt seinen Thron nach dem demütigenden Frieden von Tilsit 1807. Im Verlauf des 19. Jahrhunderts bestätigte sich die Regel. Rußland erlitt zwischen dem Wiener Kongreß und dem Ersten Weltkrieg zwei empfindliche Niederlagen, 1856 im Krimkrieg und 1905 im russisch-japanischen Krieg. Beide Niederlagen erschütterten das Reich, aber sie stellten die Fortdauer der Regierung des Hauses Romanov nicht in Frage. Das änderte sich, so will es scheinen, im Ersten Weltkrieg. Als offenbar wurde, daß sie diesen Krieg nicht gewinnen konnten, verloren im März 1917 der russische Zar und im November 1918 der deutsche und der österreichische Kaiser ihre Throne. Ob darin zum Ausdruck kommende Legitimitätsverlust unmittelbar auf den militärischen Mißerfolg zurückzuführen ist oder auf andere Ursachen, ist in allen drei Fällen gesondert zu prüfen.

Die Absetzung Napoleons I.

Die Absetzung Napoleons durch den französischen Senat am 3. April 1814 schien Constants These zu bestätigen, daß ein Usurpator seine Legitimität verliere, sobald er aufgehört habe, erfolgreich zu sein. Der Senat vollzog diesen Schritt nur wenige Tage, nachdem die Truppen der Koalition Paris eingenommen hatten. So drängt sich der Zusammenhang zwischen Niederlage und Kaisersturz geradezu auf. In Wirklichkeit jedoch war die Absetzung nicht Ausdruck des Verlusts von Legitimität. Sie setzte die Einnahme der Hauptstadt zwar voraus, war jedoch vor allem das Werk einer Intrige Talleyrands, in die nur ein kleiner Kreis von Widersachern des Kaisers eingeweiht war. Die Nation wurde von der Nachricht vom Fall von Paris ebenso überrascht wie Napoleon selbst. Ein Urteil über die Folgen für die Reputation Napoleons hatte sich daher noch gar nicht bilden können. Talleyrand spiegelte dem Zaren Alexander jedoch noch am Tag des Einmarsches vor, die Franzosen seien des Kaisers satt und wünschten die Rückkehr der Bourbonen.

Militärisch war Napoleon zum Zeitpunkt seiner Absetzung keineswegs besiegt. Die Einnahme von Paris war zunächst einmal ein aufsehenerregender Akt, zu dem die Verbündeten vor allem die Entschlossenheit des Zaren angestachelt hatte, die Eroberung und den Brand Moskaus während des Feldzugs von 1812 zu rächen. Ob der Einzug in die französische Hauptstadt freilich in kurzer Frist zu einem definitiven militärischen Erfolg über den Kaiser führen würde, konnte zunächst niemand sagen. Napoleon hatte sich auf Schloß Fontainebleau verschanzt und verfügte nach wie vor über eine schlagkräftige Streitmacht. Die Fortführung des Krieges vereitelten weniger die Alliierten als vielmehr Napoleons Marschälle, als sie es am 4. April ablehnten, sich an der Rückeroberung der besetzten Hauptstadt zu beteiligen. Napoleon lenkte ein und entwarf seine erste Abdankungserklärung. Den Versuch, den Thron in Verhandlungen mit dem Zaren wenigstens für die Dynastie zu sichern, machte der Übergang des Corps von Marschall Marmont zum Feind zunichte.[12] Die großzügigen Bedingungen, die Napoleon in dem Abdankungsvertrag erzielte, den der Zar im Namen der Verbündeten am 11. April mit ihm abschloß, zeigen, welchen Respekt seine Gegner auch jetzt noch vor ihm hegten.

Die politische Theorie unterschied zwischen dem Tyrannen oder Usurpator *ex defectu tituli* und dem Usurpator *ex parte exercitii*. Constant hatte Napoleon unter die Usurpatoren des ersten Typs gezählt, denn seine Unterscheidung zwischen dem legitimen und dem illegitimen Herrscher war auf der These aufgebaut, daß der Usurpator seine ungerechte Erhebung durch Taten rechtfertigen müsse. In seinem Dekret vom 3. April 1814, mit dem er Napoleon absetzte, suchte der französische Senat dagegen nachzuweisen, daß der Kaiser sich erst im Laufe seiner Herrschaft zum Tyrannen entwickelt habe, mithin als Tyrann *ex parte exercitii* zu betrachten sei. Mit dieser Argumentation folgte das Gremium dem Muster der englischen *Declaration of Rights* von 1688 und der amerikanischen *Declaration of Independence* von 1776. In diesen Erklärungen wurden dynastische Herrscher oder, um die Terminologie Constants zu gebrauchen, „Monarchen" und nicht „Usurpatoren" abgesetzt. Die abgesetzten „Monarchen" aber hatten ihre Throne dereinst nach dynastischem Recht und nicht durch Usurpation erworben. Als Grund für ihre Absetzung wurde daher nicht fehlende Herrschaftsberechtigung, sondern eine Folge von Regierungsakten bezeichnet, durch die sie sich im Laufe der Zeit als Tyrannen entlarvt hätten. In demselben Sinne führt das Dekret des französischen Senats von 1814 aus, der Kaiser habe anfänglich „sicher und umsichtig" regiert und der Nation Ursache gegeben, für die Zukunft „Akte der Weisheit und Gerechtigkeit" von ihm zu erwarten.[13] Erst in späteren Jahren habe er sich zum Tyrannen entwickelt. Zum Beweis werden seine Rechtsbrüche, ganz

---

[12] *Sellin*, Revolution, S. 176–185.

[13] Décret du Sénat conservateur, portant que Napoléon Bonaparte est déchu du trône, et que le droit d'hérédité établi dans sa famille est aboli, 3.4.1814, in: Bulletin des lois du Royaume de France, 5. Serie, Bd. 1, Paris 1814, S. 7.

wie in den zum Vorbild genommenen Erklärungen von 1688 und 1776, einzeln aufgezählt. Schon die Übernahme dieses Argumentationsschemas zeigt, daß auch Napoleon von der Körperschaft, die ihn absetzte, als ein Herrscher betrachtet wurde, der den Thron zu Recht übernommen, seine Macht später jedoch mißbraucht habe. Dieses Urteil des Senats kann nicht überraschen. In seinen Augen war Napoleons Herrschaftsantritt durch die Nation und insofern in Übereinstimmung mit den demokratischen Grundsätzen der Revolution sanktioniert worden. Nach denselben Grundsätzen rechtfertigte er nunmehr die Absetzung des Kaisers und die Einsetzung eines neuen Regimes. Doch selbst bei den Mächten der Koalition galt Napoleon nicht als Usurpator, der seine Herrschaft unrechtmäßig erworben hätte. In einer für Hardenberg angefertigten Denkschrift führte der preußische Staatsrat Friedrich Ancillon im Februar 1814 aus, Napoleon habe zwar einen „blutigen und beklagenswerten Gebrauch" von seiner Herrschaft gemacht, aber „usurpiert" im gebräuchlichen Sinne des Worts habe er sie nicht.[14]

Die Leichtigkeit, mit der es Napoleon im März 1815 gelang, die Macht in Frankreich zurückzuerobern, zeigt, daß er auch nach seinem Sturz in weiten Teilen der Nation Legitimität genoß. Trotz seiner Bemühungen weigerten sich die noch in Wien zum Kongreß versammelten Großmächte jedoch, ihm eine zweite Chance einzuräumen. Vier Tage nach seiner Niederlage bei Waterloo am 18. Juni dankte Napoleon erneut und diesmal endgültig ab. Auch diese Abdankung war eine Folge der Niederlage, aber sie war deshalb keineswegs auch Ausdruck eines Verlusts von Legitimität. Vielmehr hatten die Alliierten sich in Wien wechselseitig darauf verpflichtet, Napoleon die Anerkennung als Kaiser der Franzosen zu verweigern, ganz unabhängig davon, ob die französische Nation sich für ihn aussprechen würde oder nicht.[15] Da sie nach dem Sieg vom 18. Juni in der Lage waren, ihren Beschluß durchzusetzen, blieb Napoleon nur die Abdankung. Wieder erhielt die Nation gar nicht erst die Gelegenheit, sich für oder gegen ihn zu auszusprechen.

Die Abdankung Napoleons im Jahre 1815 war das Ergebnis einer Politik der Sieger, die in der dynastischen Staatenwelt des *Ancien Régime* undenkbar gewesen wäre. Schon das Ziel des kurzen Kriegs von 1815 – der Sturz des Regimes im Land des Gegners – konnte sich nur auf napoleonische Vorbilder berufen. Mit dieser Politik griffen die Alliierten tief in die Souveränitätsrechte der französischen Nation ein. Nimmt man das Plebiszit vom April 1815 zum Maßstab, dann mißachteten sie den ausdrücklichen Willen der französischen Nation, als sie darauf bestanden, Napoleon wieder vom Thron zu entfernen. Im Frühjahr 1814 dagegen waren sie sich darin einig gewesen, daß sie nicht das Recht hätten, über die künftige Regierung Frankreichs zu entscheiden. Wie Metternich im Februar 1814 ausführte, gehörte es zu den tragenden Prin-

---

[14] *Friedrich Ancillon*, Denkschrift 12. 2. 1814, Geheimes Staatsarchiv Preußischer Kulturbesitz, I. HA Rep. 92, Nachlaß Albrecht, Nr. 56, fol. 95.
[15] *Volker Sellin*, Der Tod Napoleons, in: Francia 35 (2008), S. 286–289.

zipien der bestehenden Gesellschaft, sich nicht in die Regierungsform eines unabhängigen Staates einzumischen. An dem Tag, an dem die Mächte sich auf den Standpunkt stellten, daß es zulässig sein könne, in die rechtmäßige Thronfolge in einem anderen Staate einzugreifen, „untergrüben sie die Existenz aller Throne".[16] Daher könne ein Dynastiewechsel auf keinen Fall durch die Alliierten, sondern nur durch einen Willensakt der französischen Nation selbst herbeigeführt werden.[17] Diesen Willensakt vollzog in der Tat der französische Senat. Die Entschlußbildung war allerdings durch die Mitteilung des Zaren, daß die Alliierten mit Napoleon künftig nicht mehr verhandeln würden, in diese Richtung gelenkt worden, denn dadurch war den Franzosen nur die Wahl geblieben zwischen Napoleon und dem Frieden.

Grund für die Unbeugsamkeit der Alliierten im Sommer 1815 war die Befürchtung, Napoleon werde Europa von neuem mit Krieg überziehen, sobald sich Frankreich von den jüngsten Rückschlägen erholt habe. Den Bruch des Abdankungsvertrags von Fontainebleau, durch den Napoleon die Herrschaft über die Insel Elba und eine großzügige Pension zugesprochen worden waren, nahmen sie als erneute Bestätigung dafür, daß Napoleon nicht zu trauen und daß es zwecklos sei, Verträge mit ihm zu schließen. Nach seiner zweiten Abdankung im Juni 1815 wurde Napoleon von der britischen Regierung auf die Insel Sankt Helena verbracht. Er hatte sich im Juli in britische Obhut begeben. Ludwig XVIII. stellte keinen Auslieferungsantrag, obwohl er den Kaiser nach seiner Landung in Frankreich im März zum Rebellen erklärt hatte. Von sich aus wollte die britische Regierung Napoleon nicht ausliefern, weil sie befürchtete, ein Prozeß und die Vollstreckung eines Todesurteils würden das brüchige Regime der Restauration vor eine Zerreißprobe stellen, der es nicht gewachsen wäre. Daher ließen sie sich von ihren Verbündeten die Vollmacht übertragen, mit dem Kaiser nach Gutdünken zu verfahren. Auf dieser Rechtsgrundlage wurde Napoleon ohne Gerichtsverfahren auf die Atlantikinsel verbracht. Die Verbannung war keine Strafe, sondern eine Sicherungsmaßnahme.[18]

Vieles spricht dafür, daß Napoleon seinen Thron behalten hätte, wenn er auf dem Kongreß von Châtillon im Februar 1814 eingelenkt und die Waffenstillstandsbedingungen der Koalition angenommen hätte. Seine hartnäckige Weigerung, diese Bedingungen zu akzeptieren, sieht nur auf den ersten Blick wie eine Bestätigung der ihm von Metternich in den Mund gelegten Worte aus. Nach dem Vertragsentwurf der Koalition sollte er auf die Rheingrenze verzichten. Das linke Rheinufer aber war ein Gebiet, das Frankreich schon

---

[16] Vote autrichien, in: *August Fournier*, Der Congress von Châtillon. Die Politik im Krieg von 1814. Eine historische Studie, Wien 1900, Anhang III, S. 287.

[17] Vgl. *Sellin*, Revolution, S. 99–103.

[18] Vgl. dazu *Sellin*, Tod, S. 291–294; *ders.*, Absetzung, Abdankung und Verbannung. Das politische Ende Napoleons, in: *Susan Richter / Dirk Dirbach* (Hg.), Thronverzicht. Die Abdankung in Monarchien vom Mittelalter bis in die Neuzeit, Köln / Weimar / Wien 2010, S. 236.

vor dem Machtantritt Napoleons annektiert hatte. Es wieder preiszugeben, hielt Napoleon, wie er im Frühjahr 1814 mehrfach betonte, für unvereinbar mit seiner Ehre, weil er in diesem Fall für Frankreich nicht nur kein Territorium hinzugewonnen, sondern nicht einmal den Gebietsstand aufrechterhalten hätte, in dem er es übernommen hatte.[19] Folgt man diesem Gedanken, dann hätte Napoleon seit Anfang 1814 auf französischem Boden vor allem deshalb weitergekämpft, weil er seine Ehre retten wollte. Im Oktober 1918 gebrauchte Max Weber dasselbe Argument, um zu begründen, warum Wilhelm II. abdanken müsse. An Schulze-Gaevernitz schrieb er am 11. dieses Monats, es wäre Wilhelms und „des Kaisertums unwert, in einem verstümmelten Deutschland „das Gnadenbrot" zu essen".[20] Gegenüber Friedrich Naumann warnte er eine Woche später vor jedem Versuch, „einen Monarchen in einer Position zu erhalten, die er mit Ehren nicht mehr einnehmen kann".[21]

Constants Theorie von der Angewiesenheit eines Usurpators auf unablässigen militärischen Erfolg trägt wenig zur Erklärung des zweimaligen Sturzes Napoleons bei. Nicht einmal das Gremium, das ihn im April 1814 absetzte, war der Meinung, daß er seine Herrschaft unrechtmäßig erworben habe und insoweit als Usurpator zu betrachten sei. Daher wurde dieser Schritt nach dem Muster von Absetzungen historischer Herrscher begründet. Zwar folgte der Sturz Napoleons sowohl 1814 als auch 1815 auf militärische Rückschläge. Es ist jedoch nicht erkennbar, daß der Kaiser aufgrund dieser Rückschläge die Akzeptanz bei der französischen Nation verloren hätte und daß dieser Verlust die Ursache für seine Absetzung gewesen wäre. Weder im einen noch im anderen Fall wurde der Nation Gelegenheit gegeben, sich zur Zukunft Napoleons zu äußern. Wenn eine Veränderung in der Einstellung der Franzosen erkennbar ist, dann war es eine allgemeine Kriegsmüdigkeit. Dementsprechend wurde die Rückkehr der Bourbonen von vielen deshalb begrüßt, weil sie in ihnen Garanten des inneren und äußeren Friedens erblickten.

Napoleon III.

Das Zweite Kaiserreich war seit 1815 das erste Regime in Frankreich, das nach einer militärischen Niederlage zusammenbrach, aber es war bereits das vierte Regime, dem durch Revolution oder durch Staatsstreich ein vorzeitiges Ende beschert wurde. Alle diese Umbrüche fielen in die Lebenszeit des Louis-Napoléon Bonaparte. Das Ende der Zweiten Republik hatte er am 2. Dezember 1851 durch Staatsstreich selbst herbeigeführt, und die Julimon-

---

[19] *Sellin*, Revolution, S. 89, 177.
[20] Max Weber an G. von Schulze-Gaevernitz, 11. 10. 1918, in: *ders.*, Gesammelte Politische Schriften, München 1921, S. 477.
[21] Max Weber an Friedrich Naumann, 18. 10. 1918, ebd., S. 480.

archie hatte er zweimal – 1836 von Straßburg und 1840 von Boulogne aus – vergeblich durch einen Militärputsch zu stürzen versucht, bevor sie durch die Februarrevolution von 1848 ohne sein Zutun hinweggefegt wurde.[22] Es konnte nicht ausbleiben, daß seine Politik von diesen Erfahrungen geprägt wurde. Sie brachten ihn zu der Überzeugung, daß das Kaiserreich nur Bestand haben könne, wenn es in Übereinstimmung mit dem Willen des Volkes regiert werde. Schon seinen Staatsstreich von 1851 rechtfertigte er mit dem Ziel, die von der gesetzgebenden Versammlung der Republik durch Gesetz vom 31. Mai 1850 verfügten Einschränkungen des allgemeinen Stimmrechts wieder aufzuheben. Artikel 36 der Verfassung vom 14. Januar 1852 stellte das allgemeine Wahlrecht wieder her. Nach dem allgemeinen Wahlrecht wurden im Zweiten Kaiserreich die Abgeordneten zur Kammer (*Corps législatif*) gewählt. Es kam jedoch noch in einer weiteren Institution zum Tragen, die eine Besonderheit seiner politischen Struktur bildete. Nach dem fünften Artikel der Verfassung war der Kaiser dem französischen Volk verantwortlich und hatte das Recht, seine demokratische Legitimation jederzeit durch Plebiszit bestätigen zu lassen.

Das Zweite Kaiserreich erhielt wie das Erste die Gestalt einer erblichen Monarchie, und die Familie Bonaparte bildete die regierende Dynastie. Im Unterschied zu den Häusern Bourbon und Orléans fehlte dieser Dynastie allerdings die traditionelle dynastische Legitimität. Auch wenn er auf die dynastische Herkunft von seinem Oheim pochte, konnte Napoleon III. sich nicht darauf verlassen, daß der Name Bonaparte allein ihm den erforderlichen Konsensus der Nation sichere, zumal er erlebt hatte, daß ihre dynastische Abstammung auch Karl X. und Louis-Philippe nicht vor dem Sturz bewahrt hatte. Angesichts dessen erscheint die verfassungsmäßige Befugnis des Kaisers, seine Legitimität jederzeit auf dem Wege des Plebiszits aufzufrischen, als zeitgemäßer Ersatz für die ohnehin brüchig gewordene Legitimität selbst der historischen Dynastien. Die überwältigenden Mehrheiten, die Louis-Napoléon Bonaparte sowohl bei seiner Wahl zum Präsidenten der Republik im Dezember 1848 als auch nach seinem Staatsstreich im Dezember 1851 erhalten hatte, ließen erwarten, daß er auch bei künftigen Konsultationen der Nation die erforderliche Stimmenzahl auf sich vereinigen würde, zumal allein er den Zeitpunkt des Plebiszits festlegte und die Frage formulierte, über die abgestimmt werden sollte.

Das Plebiszit war ein politisches Instrument, das nur mit größter Behutsamkeit genutzt werden wollte. Daher hat Napoleon III. sich seiner nach der Etablierung des Kaiserreichs im Jahre 1852 nur ein einziges Mal – am 8. Mai 1870 – bedient. Schon das spricht dafür, daß er es als Sicherheitsventil für den Fall verstand, daß die Unterstützung für sein Regime zweifelhaft werden sollte oder daß er Verfassungsänderungen vorgenommen hatte, bei de-

---

[22] Vgl. oben im Kapitel „Dynastie" den Abschnitt „Restaurationsbestrebungen gestürzter Dynastien".

nen nicht sicher war, wie weit seine traditionellen Anhänger sie mittragen würden. Eine solche Situation war um die Jahreswende von 1869 auf 1870 entstanden, und das Plebiszit vom 8. Mai 1870 diente nicht zufällig der Bestätigung der Reformen, die aus dem autoritären Kaiserreich des Anfangs ein liberales Regime machen sollten. Ein entscheidender Schritt zur Verwirklichung des *Empire libéral* war der Auftrag an den einstigen Republikaner Émile Ollivier zur Bildung eines Kabinetts. Ollivier übernahm die Regierung am 2. Januar 1870. Der Kaiser behielt jedoch den Vorsitz. Bezeichnend für die damalige politische Lage und für die Einschätzung der Legitimität des Regimes ist eine Erklärung, die der neue Minister beim Amtsantritt gegenüber Napoleon abgab: „Sire, ich bin glücklich, weil ich glaube, daß ich im Begriff stehe, Ihre Dynastie zu retten".[23] Den ersten Schritt zur Liberalisierung des Regimes hatte Napoleon III. im November 1860 mit einem Dekret vollzogen, in dem der Gesetzgebenden Körperschaft und dem Senat größere Befugnisse eingeräumt wurden. Ollivier hatte damals vorausgesagt, daß der Kaiser weitere Zugeständnisse machen werde, zumal wenn die Nation es wünsche, denn zur Nation wolle er sich auf keinen Fall in Widerspruch setzen. Im übrigen sei dies „die einzige Politik, die ihn davor bewahren" könne, „früher oder später gestürzt zu werden".[24]

Die Gefahr des Umsturzes stellte der Regierung schon die unaufhörliche Agitation der Republikaner vor Augen. Aber auch die Anhänger einer parlamentarischen Monarchie nach dem Muster der Julimonarchie galt es zu gewinnen. Durch die Verwandlung des autoritären in ein liberales Kaiserreich bestand Aussicht, die Opposition zu spalten. Im Jahre 1865 verteidigte Ollivier seine Zustimmung zu den liberalen Reformen der Regierung mit der Erwägung, daß die Kunst der Politik darin bestehe, den legitimen Bestrebungen des Volkes rechtzeitig nachzugeben, ohne den Eindruck der Kapitulation zu erwecken. Zum Beleg seiner Behauptung versuchte er nachzuweisen, daß Ludwig XVI., Napoleon I., Karl X. und Louis-Philippe nicht gestürzt worden wären, wenn sie rechtzeitig nachgegeben hätten.[25] Angesichts dessen möchte man fragen, an welcher Stelle Napoleon III. selbst fünf Jahre später versäumte, rechtzeitig nachzugeben, um damit seinen Thron zu retten. Die Frage drängt sich schon deshalb auf, weil Ollivier beim Ausbruch des deutsch-französischen Krieges noch immer Ministerpräsident war und den Kurs der französischen Regierung bis hin zur Kriegserklärung uneingeschränkt unterstützte.

[23] Zit. nach *Theodore Zeldin*, Emile Ollivier and the Liberal Empire of Napoleon III, Oxford 1963, S. 122.
[24] Zit. nach ebd., S. 63.
[25] Ebd., S. 86 f.

Das Ende des zweiten französischen Kaiserreichs

Am 2. September 1870 erlitt der Kaiser bei Sedan eine vernichtende Niederlage und geriet in preußische Gefangenschaft. Zwei Tage später wurde in Paris die Republik ausgerufen. Das heißt jedoch nicht, daß Napoleon III. das
natürliche Schicksal eines Usurpators erlitten hätte, wie es Napoleon I. nach
dem Bericht Metternichs skizziert haben soll. Ebensowenig bestätigt der Vorgang ohne weiteres die These Constants, daß ein Usurpator sich nur auf dem
Thron halten könne, wenn er militärische Erfolge vorzuweisen habe. Manches spricht vielmehr dafür, daß die Revolution von 1789 in Frankreich eine
Mentalität geschaffen hatte, nach der Regimewechsel fast so schnell vollzogen
wurden wie anderswo Regierungswechsel. Das Zweite Kaiserreich hatte immerhin 18 Jahre gedauert. Keines der Vorgängerregime hatte länger Bestand
gehabt. Die Julimonarchie war 1848 ebenfalls nach 18 Jahren, die Restaurationsmonarchie 1830 schon nach 16 Jahren zusammengebrochen. Beide
Monarchien wurden von alten Dynastien und nicht von Usurpatoren regiert.
Bei näherem Zusehen zeigt sich freilich, daß auch ihnen usurpatorische
Züge nicht fehlten. Ludwig XVIII. hatte die nach demokratischen Grundsätzen vom Senat verabschiedete und vom *Corps législatif* gebilligte Verfassung
nach seiner Rückkehr aus dem Exil im Mai 1814 beiseitegeschoben und mit
der Behauptung, er sei der historisch und dynastisch legitimierte König von
Gottesgnaden, die Herrschaft ohne demokratisches Mandat an sich gerissen.
Louis-Philippe war in der Julirevolution 1830 von einer kleinen Gruppe von
Liberalen um die Zeitung *Le National* eilig auf den Thron gehoben worden,
bevor die Anhänger der Republik die Abschaffung der Monarchie hatten proklamieren können. Nimmt man diese beiden Vorgänge mit dem Staatsstreich
Napoleons III. zusammen, so drängt sich die Vermutung auf, daß ein tragfä-
higer Konsens über die Legitimität einer Monarchie, der auch außergewöhnlichen Belastungen standhielt, nach dem Sturz Napoleons I. in Frankreich
kaum noch zu erreichen war.

Im Unterschied zu Karl X. und Louis-Philippe wurde Napoleon III. allerdings schon von den Zeitgenossen häufig als Abenteurer abgestempelt, eine
Charakterisierung, die sich in erster Linie auf seine verschiedenen militärischen Unternehmungen bezog. In der Tat unterschied sich das Zweite Kaiserreich von den beiden Vorgängermonarchien äußerlich schon dadurch, daß es
mehrere Kriege führte. Diese Kriegsbereitschaft läßt sich jedoch kaum damit
erklären, daß Napoleon III. sich im Sinne Constants ständig gezwungen gesehen habe, seine Usurpation zu rechtfertigen. Das bestimmende Motiv seiner
Außenpolitik war die Revision der Verträge von 1815 und die Wiedergewinnung einer Machtstellung auf dem Kontinent, die dem Rang Rußlands und
Österreichs entsprach. Mit französischer Hilfe wurde im Krimkrieg Rußland,
im italienischen Krieg von 1859 Österreich geschwächt. Im Gegenzug stei-
gerte Frankreich zum Nachteil der beiden Mächte seinen Einfluß im Nahen
Osten und in Italien. Wie tief der Revisionismus nach 1815 im politischen

Frankreich verankert war, zeigt sich daran, daß sich schon die beiden vorhergehenden Monarchien revisionistische Ziele gesetzt hatten. So hatte die Intervention in Spanien im Jahre 1823 nur vordergründig dem Zweck gedient, die Folgen der dortigen Revolution von 1820 zu beseitigen. In Wirklichkeit wollte der französische Außenminister Chateaubriand Frankreich wieder Einfluß auf der Pyrenäenhalbinsel verschaffen, um seine Stellung innerhalb des europäischen Staatensystems zu stärken. Im Jahre 1829 plante Außenminister Jules de Polignac, an der Seite Rußlands in den russisch-türkischen Krieg einzutreten. Die zu erwartenden Eroberungen auf dem Balkan würden, so rechnete sich Polignac aus, um der Erhaltung des europäischen Gleichgewichts willen eine Revision der in Wien beschlossenen Neuordnung notwendig machen. Im Zuge dieser Revision würde Frankreich die Rheingrenze beanspruchen.[26] Die französischen Hoffnungen zerschlugen sich, als Rußland mit der Türkei den Frieden von Adrianopel schloß, bevor die französische Regierung ihre Vorschläge in Sankt Petersburg zu Gehör bringen konnte. Unter der Julimonarchie traten die revisionistischen Bestrebungen vor allem in der Rheinkrise von 1840 zutage. Auch in diesem Fall erzielte Frankreich keinen Erfolg, weil das Europäische Konzert der vier Großmächte ihm sofort in den Arm fiel.

In den fünfziger Jahren zerfiel das Europäische Konzert. Im Krimkrieg standen zum ersten Mal seit dem Wiener Kongreß Angehörige der einst gegen Napoleon geschlossenen Quadrupelallianz einander gegenüber. Österreich blieb zwar neutral, aber Rußland hatte auf dessen Unterstützung gehofft und fühlte sich deshalb von Wien im Stich gelassen. Damit war die antifranzösische Allianz der Sieger von 1814 und 1815, nachdem sie die europäische Außenpolitik fast vierzig Jahre lang beherrscht hatte, zerbrochen, und Frankreich gewann Spielräume, die sich den beiden Vorgängermonarchien nicht eröffnet hatten. Es steht außer Zweifel, daß auch ein Herrscher aus den Häusern Bourbon oder Orléans diese Spielräume genutzt hätte, um Frankreichs revisionistische Ziele der Verwirklichung näher zu bringen.

Auch in den sechziger Jahren steuerte Napoleon III. gegenüber seinen Nachbarn einen Kurs, der ganz und gar den Traditionen der französischen Außenpolitik entsprach. Das gilt vor allem für das Verhältnis zu Deutschland. Spätestens seit Richelieu hatte Frankreich ein Interesse daran, daß die deutsche Staatenwelt zersplittert blieb. Da Napoleon III. seinen Vorteil zunächst vor allem in einer Schwächung Österreichs erblickte, sah er in Preußen lange Zeit seinen natürlichen Verbündeten jenseits des Rheins. Im heraufziehenden preußisch-österreichischen Konflikt hoffte er als Schiedsrichter auftreten und in der Folge Frankreichs Einfluß in Deutschland vergrößern zu können. Der unerwartet schnelle preußische Sieg bei Königgrätz im August 1866 zer-

---

[26] *Volker Sellin*, Conclusion: France, the Vienna Settlement, and the Balance of Power, in: *Peter Krüger / Paul W. Schröder* (Hg.), "The Transformation of European Politics, 1763–1848": Episode or Model in Modern History?, Münster 2002, S. 233.

störte nicht nur diese Hoffnungen, sondern offenbarte mit einem Schlage, daß Preußen eine Großmacht geworden war, die französische Einmischungsversuche in Deutschland nicht mehr unwidersprochen hinnehmen würde. Die französische Regierung empfand diesen Ausgang des innerdeutschen Konflikts als Niederlage und wurde in dieser Einschätzung von der französischen Öffentlichkeit unterstützt. Wenn Napoleon III. von nun an überlegte, wie er die Scharte wieder auswetzen könne, setzte er sich dementsprechend nicht in Widerspruch zur öffentlichen Meinung oder zu den traditionellen Interessen Frankreichs. In der Julikrise von 1870 beharrte nicht er, sondern die französische öffentliche Meinung darauf, daß die preußische Regierung den Verzicht Leopolds von Hohenzollern-Sigmaringen auf die spanische Thronkandidatur garantieren müsse, eine Politik, die in Bismarcks Redaktion der Emser Depesche mündete. Selbst die französische Kriegserklärung an Preußen am 19. Juli 1870 traf auf breite Unterstützung im Lande.[27] Es kann daher keine Rede davon sein, daß Napoleon III. den Krieg ohne Not nur deshalb angezettelt hätte, weil er, um wiederum mit Constant zu sprechen, sich unter dem Zwang gesehen habe, seine Usurpation zu rechtfertigen. Die Vorgeschichte des Krieges legt vielmehr die Deutung nahe, daß keine französische Regierung, nachdem sie sich einmal so weit vorgewagt hatte, es sich hätte erlauben können, auf die diplomatische Provokation durch Preußen anders als mit einer Kriegserklärung zu reagieren. Dieselbe Überlegung macht es jedoch ebenso wahrscheinlich, daß auch Karl X. oder Louis-Philippe und ihre Dynastien die Niederlage von Sedan nicht überlebt hätten. Damit aber stellt sich die Frage, ob im Unterschied zum *Ancien Régime* inzwischen nicht jeder Monarch seinen Thron riskierte, wenn er militärisch besiegt wurde.

Um einer Antwort näherzukommen, soll der Zusammenhang zwischen Kriegsniederlage und Herrscherabsetzung an drei historischen Monarchien untersucht werden. Dazu eignen sich die drei europäischen Kaiserreiche, die am Ende des Ersten Weltkriegs zusammengebrochen sind: das Russische Reich, das Deutsche Kaiserreich und die Doppelmonarchie Österreich-Ungarn. In allen drei Fällen soll geprüft werden, ob der Sturz der Monarchien eine unausbleibliche Folge der militärischen Niederlage war oder ob andere Faktoren den Ausschlag gegeben haben.

Die Abdankung Nikolaus' II.

Als Zar Nikolaus II. am 2. März 1917 im Hauptquartier der russischen Nordarmee in Pskov seine Abdankungserklärung unterzeichnete, war der Weltkrieg noch nicht entschieden. Die russische Front war nicht eingebrochen. Insofern stand der Schritt des Zaren nicht in unmittelbarem Zusammenhang mit der

---

[27] *Lynn M. Case*, French Opinion on War and Diplomacy during the Second Empire, Philadelphia 1954, S. 252 f., 265–269.

Kriegslage. Dagegen war die innere Front ins Wanken geraten. Am 23. Februar waren in Petrograd, dem früheren Sankt Petersburg, Streiks ausgebrochen. Zehntausende von Arbeitern füllten die Straßen. Da zugleich der Internationale Frauentag begangen wurde, demonstrierten zahlreiche Frauen für ihre Gleichberechtigung. In den nächsten Tagen weiteten sich die Streiks aus. Hauptgrund für die Proteste war der Hunger. Die Versorgung der Industriemetropolen im Norden des Landes, Petrograd und Moskau, mit Kohle aus dem Donec-Becken und mit Getreide aus den Schwarzerdgebieten im Süden war von Beginn des Krieges an unzulänglich gewesen, weil das russische Eisenbahnnetz nicht hinreichend ausgebaut war, um den zivilen und den militärischen Anforderungen gleichzeitig zu genügen. Bezogen auf die Fläche besaß das Deutsche Reich 1914 ein zehnmal so dichtes Schienennetz wie Rußland. Drei Viertel der russischen Bahnstrecken waren eingleisig. Nach Kriegsausbruch beschlagnahmte die Armee ein Drittel des rollenden Materials für die Versorgung der Front.[28] Hilfslieferungen aus dem verbündeten Ausland konnten nur schwer ins Land gelangen. Nach Ausbruch des Krieges sperrte das Deutsche Reich den Belt und die Türkei die Meerengen. Die einzigen russischen Häfen, in denen das ganze Jahr über Schiffe gelöscht werden konnten, waren Vladivostok an der pazifischen Küste und Murmansk. Von diesen Häfen aus mußten Lieferungen nach Petrograd, Moskau und in die übrigen städtischen Zentren gebracht werden. Die Transsibirische Bahnlinie war jedoch ebenfalls nur eingleisig ausgebaut. Nach Murmansk führte 1914 noch gar keine Eisenbahn. Die Strecke wurde erst während des Krieges mit Hilfe von rund 70 000 deutschen und österreichisch-ungarischen Kriegsgefangenen gebaut und im Januar 1917 fertiggestellt, gerade einen Monat vor Ausbruch der Revolution.[29] Der einzige weitere europäische Hafen des Landes, der weder an der Ostsee noch am Schwarzen Meer lag, Archangelsk, war sechs Monate im Jahre zugefroren und ebenfalls nur durch eine eingleisige Bahnstrecke mit der Hauptstadt verbunden.[30] Diese strukturellen Probleme wurden Ende 1916 und Anfang 1917 durch den ungewöhnlich harten Winter verschärft. Zahlreiche Bahnstrecken waren durch den Schnee unpassierbar geworden. Selbst wenn sie noch über Mehl verfügten, konnten viele Bäckereien in Petrograd kein Brot mehr backen, weil ihnen der Brennstoff fehlte. Abgesehen davon hatte die Inflation seit Kriegsbeginn die Kaufkraft der Arbeitslöhne so weit hinabgedrückt, daß viele Lohnempfänger schon lange selbst diejenigen Güter nicht mehr kaufen konnten, die noch angeboten wurden.[31]

Da ihnen die Kohlevorräte ausgegangen waren, stellten am 21. Februar die Putilov-Werke in Petrograd die Produktion ein.[32] Andere Betriebe folgten.

---

[28] *Richard Pipes*, The Russian Revolution, New York 1991, S. 206 f.
[29] *Reinhard Nachtigal*, Die Murmanbahn 1915–1919, 2. Aufl., Remshalden 2007, S. 6, 71–82.
[30] *Pipes*, Revolution, S. 207.
[31] Ebd., S. 237.
[32] Ebd., S. 273.

Die beurlaubten Arbeiter mischten sich unter die Streikenden. Zusammenstöße mit der Polizei häuften sich. Demonstranten verlangten die Abschaffung der Autokratie und die Beendigung des Krieges. In völliger Verkennung
des heraufziehenden Sturms kehrte der Zar am Nachmittag des 22. Februar
in das russische Hauptquartier nach Mogilev zurück. Daher konnte er die
Entwicklung in Petrograd nur anhand der Berichte verfolgen, die ihm von
seinen Beamten zugesandt wurden. Hauptquelle seiner Informationen über
die Vorgänge in der Hauptstadt war jedoch seine Gemahlin Alexandra. Die
verstand wenig von Politik und hatte ein persönliches Interesse daran, Nikolaus in der Illusion zu wiegen, daß die Regierung die Lage beherrsche.[33]
Vermutlich in der Erwartung, daß die Streikbewegung in kurzer Zeit wieder
zusammenbrechen würde, hatte auch Innenminister Protopopov den zuständigen Stellen eingeschärft, dem Zaren gegenüber das wahre Ausmaß der Unruhen zu verschleiern. Immerhin muß Nikolaus nach einigen Tagen erkannt
haben, daß die Polizei die Kontrolle über die Lage verloren hatte. Sonst hätte
er den Stadtkommandanten, General Chabalov, am Abend des 25. Februar
nicht telegraphisch angewiesen, den Aufruhr militärisch niederzuschlagen.[34]
    Entsprechend der Anordnung des Zaren verhängte Chabalov für den
nächsten Tag ein Ausgehverbot und kündigte an, daß die Armee auf Zu-
sammenrottungen notfalls schießen werde. Am Morgen des 26. Februar beherrschte Militär in Kampfuniform das Stadtbild. Zunächst blieb alles ruhig.
Am Nachmittag jedoch feuerten Soldaten an verschiedenen Stellen auf Demonstranten. Der schwerste Zwischenfall ereignete sich auf dem Znamenskij-
Platz. Als die Menge sich weigerte auseinanderzugehen, eröffnete eine Kom-
panie des Volynskijschen Garde-Regiments das Feuer und tötete auf der Stelle
vierzig Zivilisten. Die Nachricht von diesem Massaker löste noch am selben
Nachmittag im Pavlovskij-Regiment eine Meuterei aus. Die Soldaten waren
nicht bereit, sich noch länger gegen unbewaffnete Bürger einsetzen zu lassen. Binnen zwei Tagen erfaßte die Meuterei die gesamte Garnison von nicht
weniger als 160 000 Mann. Aus der Hungerrevolte war eine offene Rebellion
geworden.
    Die meuternden Soldaten forderten die Abdankung des Zaren, nicht zu-
letzt, weil sie darin den einzigen Weg sahen, einer Bestrafung wegen Insub-
ordination zu entgehen. Wenn die Meuterei in der Hauptstadt jedoch anhielt,
bestand die Gefahr, daß auch die Truppen an der Front anfingen, den Befehl zu verweigern. Die Sorge vor einer solchen Entwicklung bestimmte den
Zaren am 2. März 1917 zum Thronverzicht. In seinem Abdankungsmanifest
begründete Nikolaus diesen Schritt mit der zwingenden Notwendigkeit, den
Krieg zu einem siegreichen Ende zu führen. Der Aufruhr des Volkes im In-
nern drohe sich auf die noch bevorstehenden Kriegsanstrengungen verhängnisvoll auszuwirken: „In diesen entscheidungsvollen Tagen im Leben Ruß-

[33] Ebd., S. 239.
[34] Ebd., S. 276.

lands erachteten Wir es als eine Gewissenspflicht, Unserem Volk den engen Zusammenschluß und die Bündelung all seiner Kräfte für die schnellstmögliche Erringung des Sieges (*dlja skorejšago dostiženija pobedy*) zu erleichtern, und so haben Wir es, im Einvernehmen mit der Staatsduma, für gut befunden, auf den Thron des Russischen Staats zu verzichten und die oberste Gewalt abzugeben".[35] Zur Abdankung gedrängt hatten den Zaren Generalstabschef Alekseev und die kommandierenden Generäle. Dementsprechend war das Abdankungsmanifest auch allein an den Generalstabschef und nicht etwa an das russische Volk oder an die Duma gerichtet. Formuliert hatte es auf Bitten des Zaren der Leiter der diplomatischen Kanzlei im Hauptquartier. In Nikolaus' Augen waren die Unruhen in Petrograd nichts anderes als eine Störung der Kriegführung. Mit dem Manifest setzte er die Armee formell davon in Kenntnis, daß er seinen Teil dazu beigetragen habe, die Störung aus der Welt zu schaffen. Insofern trug die Abdankung selbst den Charakter eines kriegswichtigen Akts. Weit davon entfernt, die Folge einer Niederlage zu sein, war Nikolaus' Rücktritt im Gegenteil als Mittel gedacht, die Fortführung des Krieges zu ermöglichen.

Die Unruhen in der Hauptstadt waren allerdings eine Folge des Krieges oder, genauer gesagt, eine Folge des Unvermögens der Regierung, die Bevölkerung auch unter den Bedingungen des Krieges mit den notwendigsten Mitteln des täglichen Bedarfs zu versorgen. Für die entstandenen Engpässe trug die Monarchie schon deshalb die Verantwortung, weil sie es versäumt hatte, die Vertreter der Duma rechtzeitig an der Regierung zu beteiligen. Dieses Versäumnis wog um so schwerer, als auch der Zar selbst den Kontakt zur politischen Klasse und zum russischen Volk verloren hatte. Im August 1915 hatte er sich entschlossen, den Oberbefehl über die russischen Streitkräfte persönlich zu übernehmen. Seitdem hielt er sich die meiste Zeit im Hauptquartier in Mogilev auf und kam nur selten in die Hauptstadt Petrograd.[36] Damit verschaffte er nicht nur der Zarin Alexandra, Prinzessin von Hessen-Darmstadt, und dem von ihr geförderten sibirischen Bauern Rasputin einen unangemessenen Einfluß auf den Gang der Regierungsgeschäfte, sondern verlor auch jedes Gespür für die gewandelte Stimmung unter der Bevölkerung.[37] Im nachhinein muß man sich nicht nur fragen, ob es angesichts der mangelhaften Kriegsbereitschaft der russischen Wirtschaft nicht klüger gewesen wäre, sich gleich gar nicht auf diesen Krieg einzulassen, sondern auch, warum der Zar im Sommer 1916 nicht alles daran gesetzt hatte, den Krieg durch Verhandlungen zu beenden. Rußland ist nicht in den Krieg eingetreten, weil die Monarchie zur Bekräftigung ihrer Legitimität einen militärischen Sieg benötigt hätte. Aber eine Niederlage hätte sie, nach den Vorgängen im Februar 1917 zu urteilen,

---

[35] Manifest otrečenija Nikolaja II, in: *P. E. Ščegolev* (Hg.), Otrečenie Nikolaja II. Vospominanija očevidcev. Dokumenty, 2. Aufl., Leningrad 1927, Neudruck: Moskva 1990, S. 223.

[36] *Pipes*, Revolution, S. 224–226.

[37] Ebd., S. 240.

kaum überlebt, wenn sie so lange bestanden hätte. Die Abdankung des Zaren war der verzweifelte Versuch, die Niederlage abzuwenden, um die Unabhängigkeit und die Großmachtstellung des Landes zu bewahren. Die Monarchie unter der Dynastie Romanov hatte bis 1917 trotz aller seit Kriegsausbruch erlittenen Rückschläge militärisch nicht versagt. Versagt hatte sie politisch. Insofern besiegelte die Abdankung des Zaren zwar nicht militärisches Unvermögen, wohl aber die Unfähigkeit, einen Krieg dieses Ausmaßes erfolgreich zu Ende zu führen.

Symbolische Manifestationen der preußisch-deutschen Militärmonarchie

Der letzte deutsche Kaiser ließ sich gerne in militärischer Kostümierung photographieren. Auch liebte er aggressive Parolen und erweckte dadurch den Eindruck kämpferischer Entschlossenheit. Dennoch kann man nicht sagen, daß er seine Legitimität auf militärische Leistungen gründen wollte. Die Zusammenhänge waren komplizierter. Wilhelm II. war in einer Person König von Preußen und Deutscher Kaiser. Die Legitimität des Königs von Preußen beruhte historisch auf der dynastischen Tradition und dem Gottesgnadentum, soweit es am Ende des Jahrhunderts noch geglaubt wurde, außerdem auf der Qualität der preußischen Verwaltung, der rechtsstaatlichen Ordnung und der Verfassung von 1850. Die Legitimität des Deutschen Kaisers war national und in einem spezifischen Sinne plebiszitär. Diese Doppelgesichtigkeit des Kaisertums hat Friedrich Naumann in seinem im Jahre 1900 veröffentlichten Werk „Demokratie und Kaisertum" scharfsichtig diagnostiziert: „Als Preußenkönig" hat der Kaiser „das Erbe der alten Tradition übernommen, als Kaiser ist er nationaler Imperator, Verkörperung des Gesamtwillens, persönlicher Führer aus einer alten in eine neue Zeit".[38] Naumann erkannte hier Anklänge an das napoleonische System, und er war nicht der erste, der das protestantische Kaisertum der Hohenzollern weit mehr als ein Erbstück des Zweiten französischen Kaiserreichs empfand denn als Restauration des alten Deutschen Reiches, das 1806 untergegangen war.[39] Dem System Napoleons III. glich das Deutsche Kaiserreich schon durch die Verknüpfung von Obrigkeitsstaat und allgemeinem Wahlrecht, die der deutschen Politik geradezu zwangsläufig einen plebiszitären Charakter verlieh.

Das „Erbe der alten Tradition", das Wilhelm II. als Preußenkönig übernommen hatte, war das Erbe einer Militärmonarchie, die erst vierzig Jahre vor seiner Thronbesteigung zum Verfassungsstaat geworden war. Im Mittelpunkt

---

[38] *Friedrich Naumann*, Demokratie und Kaisertum, in: *ders.*, Politische Schriften, hg. von *Theodor Schieder*, Bd. 2: Schriften zur Verfassungspolitik, Köln / Opladen 1964, S. 266.
[39] Vgl. hierzu *Elisabeth Fehrenbach*, Wandlungen des deutschen Kaisergedankens 1871–1918, München / Wien 1969, S. 55 u. ö.

ihres Gründungsmythos standen das von Friedrich Wilhelm I. geschaffene Heer und die militärischen Erfolge, die Friedrich II. damit erzielt hatte. Dieser Mythos war durch die Siege über Dänemark, Österreich und Frankreich in Bismarcks Einigungskriegen bestätigt worden, auch wenn sich die Armee von einem Herrschaftsinstrument in der Hand des Königs durch die Einführung der allgemeinen Wehrpflicht in ein Volksheer verwandelt hatte. Trotz der allgemeinen Wehrpflicht hatte der König von Preußen auch nach Inkrafttreten der preußischen Verfassung von 1850 die militärische Kommandogewalt behalten. Der Fahneneid band die Soldaten in Preußen bis 1918 ausschließlich an den Monarchen, nicht an die Verfassung.[40]

Der Charakter einer Militärmonarchie ging von Preußen auf das Reich über. Otto Hintze hob mitten im Weltkrieg hervor, daß in Preußen und im Reich „auch der Verfassungsstaat ein monarchischer Militärstaat geblieben" sei, und er fuhr fort: „Wenn unsere Gegner sich zum Ziel gesetzt haben, den preußischen Militarismus auszurotten, so heißt das nichts anderes, als daß sie beabsichtigen, das historische Werk der Hohenzollern in seinem Kern zu zerstören und damit zugleich die Grundlage, auf der heute die Macht und Wohlfahrt des deutschen Volkes beruht. Unser Militarismus ist eine Lebensnotwendigkeit".[41] In den Augen Hintzes war die militärische Schlagkraft des Reiches untrennbar mit der Monarchie der Hohenzollern verbunden. Insofern erschien diese Monarchie vor allem durch ihre militärische Leistungsfähigkeit legitimiert. Durch symbolische Zurüstungen sorgte sie dafür, daß sich dieser Zusammenhang in das öffentliche Bewußtsein eingrub. Ein Beispiel hierfür ist Anton von Werners Darstellung der Kaiserproklamation vom 18. Januar 1871 im Schloß von Versailles. Auf Einladung des Kronprinzen hatte von Werner, „der in seiner Zeit prominenteste Hofmaler des Deutschen Kaiserreichs", an der Proklamation teilgenommen.[42] Den Auftrag für das Gemälde erhielt er jedoch vom Großherzog von Baden. Im Jahre 1877 wurde es Kaiser Wilhelm I. zum 80. Geburtstag als Geschenk der deutschen Fürsten überreicht. Das Gemälde war für den Weißen Saal des Berliner Schlosses bestimmt. In Anpassung an die dafür vorgesehene Wand maß es 4,34 mal 7,32 Meter.[43] Im Zweiten Weltkrieg ist es verloren gegangen und daher nur noch in Reproduktionen zugänglich. König Wilhelm I. von Preußen, der zum Kaiser proklamiert wurde, steht zusammen mit zahlreichen Würdenträgern erhöht auf einem Podium in der linken Bildhälfte, zwar sofort er-

---

[40] *Wilhelm Deist*, Kaiser Wilhelm als Oberster Kriegsherr, in: *ders.*, Militär, Staat und Gesellschaft, München 1991, S. 4.

[41] *Otto Hintze*, Zum Hohenzollernjubiläum 1915, in: Hohenzollern-Jahrbuch 19 (1915), S. III.

[42] Dieses Urteil bei *Thomas W. Gaehtgens*, Anton von Werner und die französische Malerei, in: *Dominik Bartmann* (Hg.), Anton von Werner, Geschichte in Bildern, 2. Aufl., München 1997, S. 49.

[43] *Dominik Bartmann*, Der Maler der Kaiserproklamation in: *ders.* (Hg.), Anton von Werner, S. 335, 340.

kennbar, doch keineswegs besonders hervorgehoben. Den größten Raum des Bildes nimmt dagegen eine unübersehbare Zahl von Offizieren ein, die dem Kaiser zujubeln. Thomas Gaehtgens hat das Bild daher als ein Dokument der Waffenbrüderschaft der deutschen Stämme interpretiert, durch die der Sieg über Frankreich und damit die Gründung des Reiches erst möglich geworden sei. Den Kern der Bildaussage bilde die gemeinsame Akklamation.[44]

Auf Anregung Wilhelms I. wurde seit den späten siebziger Jahren das barocke Zeughaus in Berlin in „eine Ruhmeshalle für die Preußische Armee" umgewandelt.[45] Anton von Werner erhielt den Auftrag, die Kaiserproklamation für diesen Bestimmungsort noch einmal zu malen. Entsprechend den räumlichen Gegebenheiten gab er dem Bild ein anderes, nahezu quadratisches Format von etwa fünf mal sechs Metern. Schon deshalb mußte er die Zahl der akklamierenden Offiziere reduzieren. Doch ganz abgesehen davon erhielt das Bild, dem Programm der Ruhmeshalle entsprechend, auch eine andere Aussage. Die Ruhmeshalle war, wie schon im Abgeordnetenhaus kritisch vermerkt worden war, ein Denkmal des preußischen Partikularismus.[46] Dementsprechend wurde der Sieg über Frankreich von 1870 zwangsläufig aus einem Triumph der deutschen Nation zu einem Ereignis der Geschichte Preußens gemacht, genauer gesagt, zu einem Erfolg seiner Herrscherdynastie. Die Darstellung der Kaiserproklamation wurde in einen Zyklus von insgesamt vier Historienbildern eingefügt, die Schlüsselereignissen in der Geschichte der preußischen Dynastie gewidmet waren. Die dargestellten Ereignisse waren außer der Proklamation von Versailles (1883) die Krönung Friedrichs I. in Königsberg 1701, ebenfalls von Anton von Werner gemalt (1887), die Huldigung der schlesischen Stände vor Friedrich II. im Jahre 1741, gemalt von Wilhelm Camphausen (1882), und der Aufruf Friedrich Wilhelms III. „An mein Volk" 1813, gemalt von Georg Bleibtreu (1882).[47] Mit der Einfügung der Kaiserproklamation in dieses Ensemble wurde symbolisch zum Ausdruck gebracht, was schon in der Wahl des Datums für den Staatsakt in Versailles angelegt war. Der 18. Januar war der Tag, an dem 1701 Kurfürst Friedrich III. von Brandenburg in Königsberg zum ersten preußischen König gekrönt worden war. Schon insofern war die Proklamation Wilhelms zum Kaiser von vornherein zugleich ein Fest der preußischen Monarchie gewesen. Wie das Gemälde im Berliner Schloß, so ist auch das Bild im Zeughaus im Zweiten Weltkrieg verloren gegangen. Erhalten geblieben ist dagegen in leicht überarbeiteter Form das Modello, das Werner als Vorlage für die Zeughausfassung angefertigt hatte. Der Kaiser hatte Bismarck eine kleinere Fassung der

---

[44] *Thomas W. Gaehtgens*, Anton von Werner. Die Proklamierung des Deutschen Kaiserreiches. Ein Historienbild im Wandel preußischer Politik, Frankfurt 1990, S. 43–47, 52–55.

[45] Erlaß Wilhelms I. vom 22. März 1875, zit. nach: *Monika Arndt*, Die „Ruhmeshalle" im Berliner Zeughaus. Eine Selbstdarstellung Preußens nach der Reichsgründung, Berlin 1985, S. 144.

[46] *Arndt*, „Ruhmeshalle", S. 30.

[47] Ebd., S. 52–56.

Abb. 7: Anton von Werner (1843–1915), Die Proklamierung des Deutschen Kaiserreiches am 18. Januar 1871.

Kaiserproklamation zu dessen 70. Geburtstag am 1. April 1885 zugedacht. Da die Zeit für die Anfertigung eines neuen Gemäldes jedoch nicht ausreichte, wurde dem Jubilar statt dessen das Modello geschenkt. Es hängt heute im Bismarck-Museum in Friedrichsruh (Abb. 7).

Hatte die erste Fassung des Wernerschen Bildes Wilhelm I. als Vollender der deutschen Einheit zu legitimieren gesucht, so feierte ihn die zweite Fassung als großen König von Preußen. In beiden Versionen wird die Erhebung Wilhelms zum deutschen Kaiser ausschließlich als ein Erfolg der Waffen dargestellt. Alle drei Darstellungen der Kaiserproklamation durch Anton von Werner wurden im Original nur einem kleinen Teil der deutschen Nation bekannt. Daher ist eine Aussage über die Rezeption der Gemälde in der breiten Öffentlichkeit und über ihre konsensstiftende Wirkung schwierig. Anders verhält es sich mit dem Sedantag, ebenfalls eine symbolische Repräsentation des neuen Reiches. Am 2. September 1870 kapitulierte eine unter Führung Marschall Mac-Mahons stehende französische Armee bei Sedan an der Maas. Napoleon III. geriet in preußische Gefangenschaft. Damit war der französische Widerstand gegen den Zusammenschluß der süddeutschen Staaten mit dem Norddeutschen Bund überwunden. Der Vorschlag, in Erinnerung an diesen Erfolg ein deutsches Nationalfest zu begründen, kam zunächst von privater Seite, vor allem aus Kreisen des liberalen Protestantismus. Neben dem Tag der Kapitulation von Sedan standen zunächst auch andere Termine zur Diskussion, etwa der 18. Januar, der Tag der Kaiserproklamation, und der 10. Mai, der Tag, an dem 1871 der Frankfurter Frieden geschlossen wurde. Am Ende setzte sich jedoch der 2. September durch. Dazu trug die Entscheidung des Kaisers, die Berliner Siegessäule am Sedangedenktag des Jahres 1873 zu enthüllen, nicht unwesentlich bei.[48] Die preußische Regierung duldete die Sedanfeiern, ordnete sie zunächst jedoch nicht an.[49] Immerhin verfügte das preußische Kultusministerium, ebenfalls im Jahre 1873, daß der Tag an Schulen und Universitäten festlich begangen werde.[50] In den folgenden Jahren erhielt der Gedenktag mehr und mehr offiziellen Charakter. Dabei traten in der Gestaltung der Feiern die militärischen Elemente immer stärker in den Vordergrund. Eine besondere Note erhielt der Sedantag des Jahres 1883 in Berlin. An diesem Tag wurde in Anwesenheit des Kaisers und zahlreicher hochgestellter Persönlichkeiten, darunter Generalfeldmarschall Helmuth von Moltke, das Sedanpanorama am Bahnhof Alexanderplatz eingeweiht. Es handelte sich um ein 15 Meter hohes und 115 Meter breites Rundbild, auf dem die Schlacht bei Sedan dargestellt war. Mit der Ausführung des Gemäldes war wiederum Anton von Werner beauftragt worden. Eine eigens gegründete Aktiengesellschaft hatte eine Rotunde, einen zweistöckigen Rundbau, für das Panorama errichten lassen. Hinter dieser Gesellschaft stand ein belgisches Unternehmen, die „Société anonyme des Panoramas de Berlin".[51] Die vaterländische Initiative war somit von ausländischen Kapitalinteressen gesteuert und diente der Gewinnerzielung. Der Kaiser blieb etwa anderthalb Stunden bei der Einweihungszeremonie. Beim Abschied sagte er zu Werner: „Daß Sie durch Ihr Meisterwerk dem Volke die Erinnerung und das Verständnis für den Tag von Sedan nahe gerückt haben und meine vollste Anerkennung dafür mag Ihnen der schönste Lohn für Ihre Arbeit sein".[52] Zwei Jahrzehnte lang lockte das Schlachtenbild zahlreiche Besucher an. Dann ging das Interesse zurück, und im Jahre 1904 wurde die Rotunde abgerissen. Auf Anordnung des

---

[48] *Jakob Vogel*, Nationen im Gleichschritt. Der Kult der „Nation in Waffen" in Deutschland und Frankreich, 1871–1914, Göttingen 1997, S. 145.

[49] Vgl. die Verfügung vom 3.8.1873 in: *Fritz Schellack*, Nationalfeiertage in Deutschland von 1871 bis 1945, Frankfurt 1990, S. 93, Anm. 1.

[50] *Vogel*, Nationen, S. 145.

[51] *Alexandra Baldus*, Das Sedanpanorama von Anton von Werner. Ein wilhelminisches Schlachtenpanorama im Kontext der Historienmalerei, Phil. Diss. Bonn 2001, S. 178 f.

[52] Zit. nach *Anton von Werner*, Erlebnisse und Eindrücke 1870-1890, Berlin 1913, S. 375 f.

Kaisers erwarb der preußische Generalstab das Gemälde. Die letzte Nachricht über seinen Verbleib stammt aus dem Jahre 1930.[53] Obwohl die Anregung zu der Stiftung des Sedantags aus der Mitte der Gesellschaft gekommen war, gelang es dem Kaisertum nicht, diesen einzigen Nationalfeiertag des Reiches in allen Bereichen der Nation zur Festigung seiner Legitimität zu nutzen. Schon in den frühen siebziger Jahren hatten vor allem zwei Lager Widerstand gegen den Sedantag angemeldet – die deutsche Sozialdemokratie und Teile der katholischen Kirche. Am 19. August 1874 verbot der Mainzer Bischof Wilhelm Emanuel Ketteler den Geistlichen seiner Diözese in einem Ausschreiben, sich mit Gottesdiensten und Glockenläuten an den Feiern des Sedantags zu beteiligen, da dieser weniger ein Fest der Nation, als vielmehr ein Fest derjenigen Partei sei, welche den Kampf Bismarcks gegen die katholische Kirche unterstütze. Diese Partei feiere „in der Sedanfeier nicht so sehr den Sieg des deutschen Volkes über Frankreich", als ihre Siege „über die katholische Kirche".[54] Die Sozialdemokraten bekämpften die Feier, weil sie darin eine Verherrlichung des Militarismus erblickten. Daher verstieg sich Wilhelm II. ausgerechnet am 25. Jahrestag der französischen Kapitulation bei Sedan im Rahmen eines Trinkspruchs bei einem Paradediner im Berliner Schloß zu einer Attacke gegen die Sozialdemokratie: „Doch in die hohe, große Festesfreude schlägt ein Ton hinein, der wahrlich nicht dazu gehört, eine Rotte von Menschen, nicht wert, den Namen Deutscher zu tragen, wagt es, das deutsche Volk zu schmähen, wagt es, die uns geheiligte Person des allverehrten verewigten Kaisers in den Staub zu ziehen. Möge das gesamte Volk in sich die Kraft finden, diese unerhörten Angriffe zurückzuweisen!"[55] Peter-Christian Witt schreibt treffend: „Sedanstag war Volksfest – doch stets nur eines Teils des Volkes. Denn am Sedanstage wurde auch gegen alle jene zum gnadenlosen Kampf geblasen, die sich nicht bedingungslos in die herrschende politisch-soziale Ordnung des Kaiserreichs einfügen wollten".[56] Die Vorbehalte im katholischen Lager gegen die Sedanfeiern und ihre Ablehnung durch die sozialdemokratische Partei offenbaren exemplarisch die Grenzen des Versuchs, die Legitimität der Monarchie des Kaiserreichs auf den Kriegserfolg zu gründen. Der Rückgang des Interesses an dem Berliner Sedanpanorama ist ein Hinweis darauf, daß die Erinnerung an den deutsch-französischen Krieg nach der Jahrhundertwende allmählich verblaßte. Das machte es schwerer, die Waffenerfolge in diesem Krieg zur Legitimierung der Hohenzollernmonarchie zu nutzen.

---

[53] *Baldus*, Sedanpanorama, S. 237, 240.
[54] Ausschreiben des Bischofs von Mainz, die Sedanfeier betreffend, in: *Theodor Schieder*, Das Deutsche Kaiserreich von 1871 als Nationalstaat, Köln / Opladen 1961, Anlage 14, S. 152; *Schellack*, Nationalfeiertage, S. 88.
[55] Zit. nach Schultheß' Europäischer Geschichtskalender 36 (1895), München 1896, S. 178.
[56] *Peter-Christian Witt*, Die Gründung des Deutschen Reiches von 1871 oder dreimal Kaiserfest, in: *Uwe Schultz* (Hg.), Das Fest. Eine Kulturgeschichte von der Antike bis zur Gegenwart, München 1988, S. 315.

Der Sturz Wilhelms II.

Wie schon sein Großvater, so war auch Wilhelm II. Oberster Kriegsherr, d. h.
Oberbefehlshaber sämtlicher Streitkräfte des Reiches. Spätestens seit August
1916 lagen die militärische Führung und zunehmend auch die politische Ent-
scheidungsmacht faktisch jedoch bei der Obersten Heeresleitung und damit
bei Generalfeldmarschall Paul von Hindenburg und Generalquartiermeister
Erich Ludendorff. Der Kaiser nahm kaum noch Einfluß auf die tatsächliche
Kriegführung. Der zivilen Regierung des Reiches gestattete die Verfassung
nicht die Mitwirkung an den militärischen Entscheidungen. So war auch die
Wiederaufnahme des uneingeschränkten U-Boot-Kriegs im Januar 1917 von
Hindenburg und Ludendorff gegen den Rat des verantwortlichen Reichskanzlers Theobald von Bethmann Hollweg durchgesetzt worden. Im April
1917 machten infolge dieser Entscheidung die Vereinigten Staaten ihre Ankündigung wahr und traten in den Weltkrieg ein. Im Sommer 1918 nahm
der Zustrom amerikanischer Truppen an der Westfront sprunghaft zu. Nach
dem 8. August, dem „Schwarzen Freitag" des deutschen Heeres, als britischen
Panzerverbänden bei Amiens der Durchbruch durch die deutschen Linien
gelang, war der Krieg von Deutschland nicht mehr zu gewinnen. Die Oberste
Heeresleitung wollte die Konsequenzen daraus jedoch zunächst nicht ziehen.
Erst am 29. September unterrichtete sie den Kaiser über die Ausweglosigkeit
der Lage und verlangte völlig überraschend die sofortige Aufnahme von Waf-
fenstillstandsverhandlungen. Am 5. Oktober richtete der zwei Tage zuvor berufene Reichskanzler Prinz Max von Baden ein entsprechendes Ersuchen an
den amerikanischen Präsidenten Woodrow Wilson. Dabei berief er sich auf
dessen Botschaft an den Kongreß vom 8. Januar, in der Wilson die amerikanischen Friedensbedingungen in Vierzehn Punkten zusammengefaßt hatte.[57]

Mit dem Waffenstillstandsersuchen setzte der Reichskanzler unabsichtlich
eine Debatte über die Abdankung Wilhelms II. in Gang, denn der amerikanische Präsident reagierte auf die deutsche Note am 14. Oktober mit der Erklärung, daß die Verbündeten es ablehnten, mit einer Regierung zu verhandeln,
die nicht aus dem Willen der Nation hervorgegangen sei.[58] Es folgte ein längerer Notenwechsel zwischen der amerikanischen und der deutschen Regierung. In der dritten Note des amerikanischen Außenstaatssekretärs Robert
Lansing vom 23. Oktober wurde zumindest die Entmachtung des deutschen
Kaisers gefordert. Über die aktuelle Situation in Deutschland hieß es dort:
„Es ist klar, daß das deutsche Volk außerstande ist, die Unterwerfung der militärischen Gewalten des Reiches unter den Volkswillen zu erzwingen, und

---

[57] *Woodrow Wilson*, An Address to a Joint Session of Congress, 8. 1. 1918, in: [*ders.*], The
    Papers of Woodrow Wilson, hg. von *Arthur S. Link*, Bd. 45, Princeton 1984, S. 534–539.
[58] The Secretary of State to the Swiss Chargé (Oederlin), 14. 10. 1918, in: Papers Relating
    to the Foreign Relations of the United States 1918, Supplement 1: The World War, Bd. 1,
    Washington 1933, S. 358 f.

daß der König von Preußen die Politik des Reiches weiterhin bestimmt wie bisher".[59] Die amerikanische Regierung schlug mit dieser Reaktion denselben Kurs ein wie einst Zar Alexander I., als er nach dem Einmarsch der Koalition in Paris am 31. März 1814 öffentlich bekanntgab, daß die Koalition mit Napoleon oder einem Mitglied seiner Familie nicht mehr verhandeln werde. In ihrer Antwort wies die deutsche Regierung darauf hin, daß die Parlamentarisierung der Reichsverfassung bereits eingeleitet sei. Die bevorstehenden Verhandlungen würden daher von einer Regierung geführt, die sich auf das Vertrauen des demokratisch gewählten Reichstags stütze. Da zunächst jedoch nicht abzusehen war, ob Wilson sich mit dieser Erklärung zufrieden geben würde, erschien Wilhelm II., wie einst Napoleon im April 1814, zunehmend als Friedenshindernis. Jedenfalls verbreitete sich der Eindruck, als könne Deutschland einen besseren Frieden erlangen, wenn der Kaiser zurücktrete. Die Abdankung wurde jedoch nicht nur gefordert, um die Bedingungen der Kriegsgegner zu erfüllen. Das Ansehen des Kaisers hatte schon seit langem gelitten. Um so leichter brach sich jetzt die Auffassung Bahn, daß er die Konsequenz aus der Niederlage ziehen müsse. Am 6. November 1918 schrieb die Frankfurter Zeitung, „der Kaiser selbst" habe „sich vor der ganzen Welt zum Symbol der Politik gemacht, die Deutschland in den Abgrund geführt hat; [...] so gebietet es die Würde, daß er verzichte, wenn diese furchtbare Politik zusammenbricht".[60] Damals lag die Forderung Wilsons schon Wochen zurück, aber Wilhelm II. hatte bisher keine Anstalten gemacht, von sich aus den überfälligen Schritt zu vollziehen. Am 29. Oktober hatte er sich jeder weiteren Diskussion über diese Frage entzogen, indem er Hals über Kopf, und ohne den Reichskanzler vorher zu informieren, aus Berlin ins deutsche Hauptquartier im belgischen Spa abreiste. Im Hauptquartier war er ausschließlich von seinen militärischen Beratern umgeben und konnte mit dem Reichskanzler nur über Telegraph und Telephon kommunizieren.

In der Diskussion über die Notwendigkeit eines Thronverzichts des Kaisers ging es lange Zeit nur um seine Person, nicht um die Dynastie oder die Monarchie. Die zitierte Forderung der Frankfurter Zeitung vom 6. November hob die persönliche Verantwortlichkeit Wilhelms hervor und stellte die Fortdauer der Monarchie nicht in Frage. Die Verknüpfung zwischen der Person des Kaisers und der Staatsform wurde je länger je mehr allerdings insoweit hergestellt, als der persönliche Verzicht Wilhelms zur unabdingbaren Voraussetzung für den Erhalt der Dynastie und der Monarchie erklärt wurde.

Am 4. November 1918 übernahmen die meuternden Matrosen des III. Geschwaders die Kontrolle über den Reichskriegshafen Kiel. Die Mannschaften

---

[59] The Secretary of State to the Swiss Chargé (Oederlin), 23.10.1918, in: ebd., S. 382: *It is evident that the German people have no means of commanding the acquiescence of the military authorities of the Empire in the popular will; that the power of the King of Prussia to control the policy of the Empire is unimpaired.*
[60] Frankfurter Zeitung, 6.11.1918 (Nr. 308): „Die Kaiserfrage".

rebellierten gegen die Absicht der Seekriegsleitung, in einem Augenblick, in dem der Krieg bereits verloren war, mit der Schlachtflotte zu einer „Todesfahrt", wie sie es nannten, gegen England auszulaufen.[61] Die Meuterei sprang in kurzer Zeit auf das Festland über. Binnen weniger Tage waren zahlreiche deutsche Städte in den Händen der Aufständischen. Bald würde auch Berlin von der Revolution erfaßt sein. In dieser Lage spitzte sich die Kaiserkrise in Spa und in Berlin dramatisch zu. Angesichts der raschen Ausbreitung der Revolution überreichten die sozialdemokratischen Führer Friedrich Ebert und Philipp Scheidemann dem Reichskanzler am 7. November ein Ultimatum, in dem der Rücktritt des Kaisers und des Kronprinzen bis zum Mittag des 8. November gefordert wurde. Wenn bis dahin „keine befriedigende Antwort" erfolgt sei, träten die sozialdemokratischen Minister aus der Regierung aus.[62] Später verlängerte Ebert die Frist bis zum Vormittag des 9. November.[63] Grund für das Ultimatum war die Sorge der Mehrheitssozialdemokratie, jeden Einfluß auf die Massen zu verlieren, wenn die von ihr mitgetragene Reichsregierung den Forderungen der Aufständischen nicht entgegenkomme. Angesichts des Ultimatums versuchte der Reichskanzler von nun an fieberhaft, den in Spa weilenden Kaiser zum Thronverzicht zu bewegen.

Dort hatte sich Wilhelm am Vormittag des 8. November dazu entschlossen, an der Spitze der Armee in die Heimat zu marschieren, um die Aufstände niederzuschlagen. Der Erste Generalquartiermeister Wilhelm Groener wurde beauftragt, die Operation vorzubereiten. Am Abend desselben Tages kamen Groener, Hindenburg und Generaloberst von Plessen in einer Besprechung jedoch zu dem Schluß, daß der Plan undurchführbar sei. Wie eine Gruppe eigens nach Spa einbestellter Frontoffiziere am nächsten Tag bestätigte, hätte die Truppe einem solchen Befehl kaum Folge geleistet. Außerdem konnte die Armee nicht gleichzeitig die Front halten und in der Heimat die Revolution bekämpfen.

Wilhelm II. war somit in dieselbe Lage geraten wie am 4. April 1814 Napoleon, als die Marschälle Frankreichs sich weigerten, die Hauptstadt mit Waffengewalt zurückzuerobern. Diese Weigerung hatte Napoleon damals veranlaßt, seine erste Abdankungserklärung aufzusetzen. Kaiser Wilhelm dagegen suchte weiterhin nach Auswegen. Der Vorschlag Groeners, daß er an der Front den Tod im Kampf suche, um auf diese Weise das Ansehen der Monarchie zu retten, ist ihm wahrscheinlich gar nicht zu Ohren gekommen. Er wurde von seiner militärischen Umgebung schon deshalb verworfen, weil die deutsche Waffenstillstandskommission die Grenze am 9. November bereits

---

[61] *Wilhelm Deist*, Die Politik der Seekriegsleitung und die Rebellion der Flotte Ende Oktober 1918, in: VfZG 14 (1966), S. 355.

[62] *Erich Matthias / Rudolf Morsey* (Hg.), Die Regierung des Prinzen Max von Baden, Düsseldorf 1962, S. 577.

[63] *Prinz Max von Baden*, Erinnerungen und Dokumente, neu hg. von *Golo Mann* und *Andreas Burckhardt*, Stuttgart 1968, S. 586.

überschritten hatte.[64] Angesichts dessen war eine Schlacht, in die man den Kaiser hätte schicken können, gar nicht mehr zu erwarten. Außerdem wäre nicht auszuschließen gewesen, daß der Kaiser, statt zu fallen, in Gefangenschaft geriet. Auf Anregung von General Graf von der Schulenburg erklärte Wilhelm sich schließlich zu einer partiellen Abdankung bereit. Er wollte als Deutscher Kaiser zurücktreten, die preußische Krone jedoch behalten.[65] Die staatsrechtlichen Folgen einer solchen Trennung der Funktionen zu beurteilen, dazu fehlte im Hauptquartier am Morgen des 9. November nicht nur die Zeit, sondern auch die Kompetenz. Der Gedanke erinnert an die These Friedrich Naumanns von der doppelten Legitimität des Deutschen Kaisers, einer historischen preußischen und einer modernen imperialen. Wilhelm wird sich eingeredet haben, daß Preußen auch ohne die Kaiserkrone Großmacht bleiben könne. Vielleicht dachte er auch, den Krieg habe das Reich geführt, nicht Preußen. Also genüge es, wenn nur der Kaiser, nicht aber der preußische König die Verantwortung für die Niederlage auf sich nehme. Dem preußischen Thron zu entsagen, fiel Wilhelm II. offenbar deshalb schwer, weil auf ihm das ganze Gewicht einer jahrhundertealten Tradition lastete, die das kaum fünfzig Jahre alte Reich noch nicht aufweisen konnte. Wenige Tage zuvor hatte Wilhelm dem preußischen Innenminister Drews gegenüber erklärt, eine Abdankung wäre „mit den Pflichten", die er „als preußischer König und Nachfolger Friedrichs des Großen vor Gott, dem Volke" und seinem „Gewissen habe, unvereinbar".[66] Politisch war der Gedanke der Trennung beider Kronen in der gegebenen Lage allerdings völlig verfehlt. Soweit die Aufständischen die Abdankung des Kaisers forderten, unterschieden sie nicht zwischen seiner preußischen und der Kaiserkrone. Soweit sie nach der Republik riefen, war die Unterscheidung ohnehin gegenstandslos. Der König von Bayern und der Herzog von Braunschweig hatten bereits am Vortag auf ihre Throne verzichten müssen.

Am Vormittag des 9. November ließ der Reichskanzler durch Unterstaatssekretär Wahnschaffe mehrmals im Hauptquartier anrufen und auf eine Entscheidung des Kaisers dringen.[67] Als bis zur Mittagszeit keine entsprechende Nachricht aus Spa eingetroffen war, ließ er über das Wolffsche Telegraphenbüro, ohne dazu ermächtigt zu sein, mitteilen, daß Wilhelm II. als Deutscher Kaiser und als König von Preußen abgedankt habe. Seine Hoffnung, durch diesen Schritt noch im letzten Augenblick die Monarchie retten zu können, erwies sich allerdings schon bald als vergeblich. Um 14 Uhr rief Philipp Scheidemann auf einem Balkon des Reichstags die Republik aus. Er kam damit nur

---

[64] *Kuno Graf Westarp*, Das Ende der Monarchie am 9. November 1918, hg. von *Werner Conze*, Berlin 1952, S. 146–148.

[65] Ebd., S. 74, 88 f.

[66] *Matthias/Morsey* (Hg.), Regierung, S. 461.

[67] Ebd., S. 614.

um wenige Stunden Karl Liebknecht, dem Führer der Unabhängigen Sozialdemokratischen Partei, zuvor.

Daß es so weit gekommen ist, läßt sich nicht allein mit der deutschen Niederlage erklären. Am 11. Oktober war sich ein so scharfsichtiger Beobachter
wie Max Weber noch ganz sicher, daß „die Stellung der Dynastie [...] gewahrt" bleibe, wenn der Kaiser *„ohne* Druck von außen, *jetzt"* gehe.[68] Auch
zehn Tage später schien ihm die Erhaltung der Dynastie noch möglich, wenn
der Kaiser von sich aus abdanke: „Das Unglaubliche ist, daß der Monarch
nicht sofort den Weg fand, den die Würde gebot. Alles stünde besser. Hoffent-
lich geschieht es noch vor Torschluß".[69] Am 30. Oktober glaubte Kurt Hahn,
ein Vertrauter des Reichskanzlers und Mitarbeiter in der Reichskanzlei, noch
immer, die Dynastie könne „gerettet werden, wenn die Abdankung des Kaisers", die „mit Naturnotwendigkeit" kommen müsse, „so früh und in solcher
Form" erfolge, „daß das Volk dem Kaiser dafür dankbar ist".[70] Noch am 7. November, drei Tage, nachdem die Revolution in Kiel ausgebrochen war, hatte
Philipp Scheidemann die Hoffnung nicht aufgegeben. Auf der Sitzung des
Kriegskabinetts warnte er jedoch: „Wenn die Abdankung jetzt nicht erfolgt, so
wird in kurzer Zeit die Frage gestellt sein: Republik oder Monarchie".[71] Noch
am 8. November hofften die Mitglieder des Interfraktionellen Ausschusses,
daß der Kaiser die Monarchie durch die sofortige Abdankung rette.[72]

Das sind Urteile von Gewicht, und sie zwingen zu dem Schluß, daß die
Monarchie zusammengebrochen ist, weil Wilhelm II. nicht sah oder nicht sehen wollte, daß er das persönliche Opfer bringen müsse, um die Dynastie
zu erhalten.[73] Die nichtautorisierte Bekanntgabe der Abdankung des Kaisers
durch den Reichskanzler hatte keinen Einfluß auf die Entwicklung. Hätte Max
von Baden am 9. November die Entscheidung des Kaisers abgewartet, wäre
die Republik trotzdem ausgerufen worden, zumal Wilhelm bis zuletzt zum
Verzicht nur auf die Kaiserkrone, nicht aber auf die preußische Krone bereit
war.[74] Eine ganz andere Frage ist, warum der Kaiser so uneinsichtig war. Daß
er selbst kein politisches Urteil besaß, kann nach der Vorstellung, die er drei
Jahrzehnte lang an der Spitze des Reiches gegeben hatte, nicht überraschen.
Es fällt jedoch auf, daß sich in seiner unmittelbaren Umgebung offenbar auch

---

[68] Max Weber an Gerhart von Schulze-Gaevernitz, 11.10.1918, in: *ders.*, Schriften (1921),
S. 477.

[69] Max Weber an Karl Löwenstein, 21.10.1918, ebd., S. 480.

[70] Kurt Hahn an Reichskanzler Prinz Max von Baden, 30.10.1918, in: *Matthias/Morsey*
(Hg.), Regierung, S. 427.

[71] Sitzung des Kriegskabinetts, 7.11.1918, in: ebd., S. 577.

[72] Sitzung des Interfraktionellen Ausschusses, 8.11.1918, in: ebd., S. 594f.

[73] Zu demselben Urteil gelangt *Wolfram Pyta*, Die Kunst des rechtzeitigen Thronverzichts.
Neue Einsichten zur Überlebenschance der parlamentarischen Monarchie in Deutsch-
land im Herbst 1918, in: *Patrick Merziger/Rudolf Söber/Esther-Beate Körber/Jürgen
Michael Schulz* (Hg.), Geschichte, Öffentlichkeit, Kommunikation, Festschrift für Bernd
Sösemann zum 65. Geburtstag, Stuttgart 2010, S. 364.

[74] *Westarp*, Ende, S. 70.

niemand getraute, ihm rechtzeitig und mit dem gehörigen Nachdruck die Augen zu öffnen. Schon am 12. Oktober hatte Max Weber in verzweifeltem Ton an Friedrich Naumann geschrieben: „Gibt es keinen Anhänger monarchischer Institutionen, der dem Monarchen deutlich macht, was die Stunde von ihm fordert?"[75] Und am 18. Oktober fügte er in einem weiteren Brief an Naumann hinzu: „Den Schritt kann und muß der Prinz-Reichskanzler tun, niemand anders, aber wenn möglich, nach Verständigung mit den Militärs und so schnell als nur irgend möglich".[76]

Der Reichskanzler scheint die von Weber geforderte sofortige und unzweideutige Aufklärung nicht als seine Aufgabe betrachtet zu haben. Über die amerikanische Note vom 23. Oktober schreibt er in seinen Erinnerungen: „Ich hatte den Kaiser wohl über die ungünstige Deutung der Wilson-Note informiert, aber sorgfältig vermieden, ihn zu beraten".[77] Als auf der Sitzung des Kriegskabinetts am 31. Oktober über die Frage einer Abdankung des Kaisers gesprochen wurde, verlas der Reichskanzler eine Erklärung, wonach er „Vertrauensmännern Seiner Majestät" Material gegeben habe, „um sie in den Stand zu setzen, Seine Majestät über die Lage im In- und Ausland aufzuklären".[78] Diese Mitteilung zwingt zu dem Schluß, daß der Reichskanzler auch bis zu diesem Zeitpunkt nicht selbst mit dem Kaiser darüber gesprochen hatte. Mag sein, daß er sich zurückhielt, weil der Kaiser ihn verdächtigte, die Abdankung zu betreiben, um anschließend im Reich die Regentschaft für den erst zwölfjährigen Sohn des Kronprinzen übernehmen zu können.[79] Der Kronprinz selbst war durch seine prominente Stellung an der Westfront während des Kampfes um Verdun 1916 und durch seinen zweifelhaften Lebenswandel als Nachfolger Wilhelms nicht vorstellbar. Vergeblich bemühte sich Prinz Max, einen Bundesfürsten dafür zu gewinnen, dem Kaiser die Abdankung nahezulegen. Dem persönlichen Gespräch mit dem Reichskanzler, mit dem er offenbar gerechnet hatte, entzog sich Wilhelm am 29. Oktober durch seine Abreise ins Hauptquartier. Die obersten Militärs, die dort versammelt waren, hielten es noch weniger als der Reichskanzler für ihre Aufgabe, dem Kaiser politische Ratschläge zu erteilen, geschweige denn, ihn zur Abdankung zu drängen. Der Bericht des preußischen Innenministers Drews über seine Gespräche in Spa am 1. November vermittelt einen Eindruck davon, wie schwer es war, sich beim Kaiser überhaupt Gehör zu verschaffen. Drews sollte ihm über die Haltung der deutschen Öffentlichkeit zur Abdankungsfrage berichten. Er begann seinen Vortrag im Garten der Villa Fraineuse mit der Ankündigung, er müsse Dinge aussprechen, „die ein preußischer Untertan und Beamter vor seinem König sonst nicht sagen dürfe". Darauf habe ihn der Kaiser scharf unterbro-

[75] Max Weber an Friedrich Naumann, 12. 10. 1918, in: *ders.*, Schriften (1921), S. 477.
[76] Max Weber an Friedrich Naumann, 18. 10. 1918, ebd., S. 479.
[77] *Prinz Max von Baden*, Erinnerungen, S. 487.
[78] Sitzung des Kriegskabinetts, 31. 10. 1918, in: *Matthias/Morsey* (Hg.), Regierung, S 438.
[79] Vgl. *Pyta*, Kunst, S. 373.

chen: „Sie haben mir den Eid der Treue geschworen und hätten einen solchen Auftrag unbedingt ablehnen müssen".[80] In solchem Ton hatte im Februar und März 1814 noch nicht einmal Napoleon sich die Warnungen seines Außenministers Caulaincourt verbeten.[81] Er hatte sie zuletzt nur nicht mehr gelesen. Kaiser Wilhelm ließ es ebenfalls bei einem Schuß vor den Bug bewenden und hörte sich Drews' Bericht an, beharrte jedoch auf seinem Standpunkt. Hindenburg bestärkte den Kaiser anschließend in seiner unnachgiebigen Haltung. Der Oberste Kriegsherr müsse unter allen Umständen bleiben: „Ich für meine Person wäre wie jeder andere Offizier ein Schuft, wenn wir ihn jetzt im Stich ließen".[82] Groener schloß sich dieser Auffassung an.[83] In einer Aufzeichnung vom 16. April 1919 hielt Hindenburg fest, während des Vortrags über die militärische Lage am 9. November hätten weder er noch Groener dem Kaiser die Abdankung nahegelegt. Im übrigen habe er bei den Gesprächen im Hauptquartier die Auffassung des Kaisers „durchaus geteilt, daß weder Reichskanzler noch Reichstag ein Recht hätten, sich dem Könige von Preußen mit einer derartigen Zumutung zu nahen".[84] Der Generalstabsoffizier Alfred Niemann beschreibt, wie der Kaiser ihm „mit leuchtenden Augen" von dem Gespräch berichtet habe: „Sie hätten sehen sollen, wie der Feldmarschall sich vor seinen Kaiser stellte!" Groener habe Drews „gehörig klargemacht, wo die Hauptgefahr für das Vaterland liegt: nicht in der Übermacht unserer Feinde, sondern in der Zersetzung und Auflehnung der Heimat".[85]

Die Flucht des Kaisers nach Holland steht in merkwürdigem Kontrast zu seiner noch am Tag zuvor bekundeten Entschlossenheit, die Revolution militärisch niederzuschlagen. Es war bereits seine zweite Flucht aus der Verantwortung binnen zehn Tagen. Am 29. Oktober hatte er sich durch die Abreise nach Spa der Konfrontation mit der Reichsregierung und der Öffentlichkeit entzogen. Am 9. November entzog er sich der Pflicht zur Rechenschaftslegung vor der deutschen Nation.

Folgt man dem Urteil einsichtiger Zeitgenossen, dann hatte die Monarchie in Deutschland gute Chancen, die Kriegsniederlage zu überstehen. Alles deutet daraufhin, daß erst die Weigerung Wilhelms II., für seine Person freiwillig und rechtzeitig die Konsequenzen aus der Niederlage zu ziehen, den Sturz der Monarchie im November 1918 unausweichlich machte.

[80] Staatsminister Drews über seinen Empfang beim Kaiser in Spa am 1. November 1918, in: *Matthias/Morsey* (Hg.), Regierung, S. 460.
[81] *Sellin*, Revolution, S. 115–118.
[82] Zit. nach *Matthias/Morsey* (Hg.), Regierung, S. 462.
[83] *Westarp*, Ende, S. 37 f.
[84] Ebd., S. 52.
[85] *Alfred Niemann*, Kaiser und Revolution, verbesserte Neuauflage, Berlin 1928, S. 126.

Der Verzicht Karls I.

Am 4. Oktober 1918 richtete auch die Regierung von Österreich-Ungarn ein Ersuchen um Waffenstillstand an den amerikanischen Präsidenten. Nicht anders als die deutsche Regierung berief sie sich dabei auf die Kongreßbotschaft vom 8. Januar, in der Wilson in Vierzehn Punkten die amerikanischen Friedensbedingungen aufgestellt hatte. Speziell auf Österreich-Ungarn bezog sich der zehnte Punkt, in dem es hieß: „Den Völkern Österreich-Ungarns, dessen Stellung unter den Staaten wir sichergestellt zu sehen wünschen, sollte die freieste Möglichkeit autonomer Entwicklung gewährt werden".[86] Wilson hatte demnach zwar die Integrität der Donaumonarchie erhalten wollen, dieses Ziel allerdings unter die Bedingung gestellt, daß unter dem Dach des Gesamtstaats den einzelnen Nationalitäten das Selbstbestimmungsrecht zugestanden werde. Infolgedessen zwang das österreichisch-ungarische Waffenstillstandsersuchen die Monarchie dazu, einen entsprechenden Umbau des Staates in die Wege zu leiten. Bis dahin war jeder Plan, dem Streben der verschiedenen Nationalitäten nach Autonomie entgegenzukommen, daran gescheitert, daß die Grenzen der nationalen Siedlungsgebiete mit den historischen Grenzen der einzelnen Länder nicht übereinstimmten. Weitere Schwierigkeiten ergaben sich daraus, daß die Siedlungsgebiete der Nationalitäten häufig nicht geschlossen waren und auch nicht klar voneinander abgegrenzt werden konnten, weil es ausgedehnte Zonen gemischter Besiedelung gab.

Ein Beispiel für diese Schwierigkeiten bot das historische Land Böhmen, das zum österreichischen Reichsteil gehörte. Die Mehrheit der Bevölkerung war tschechischer Nationalität. Die deutsche Minderheit siedelte in den Randzonen des böhmischen Beckens und in der Hauptstadt Prag. Zwischen den tschechischen und den deutschen Siedlungsgebieten gab es einen mehr oder weniger breiten Streifen gemischter Bevölkerung. Der zehnte der Wilsonschen Vierzehn Punkte war zunächst als Aufforderung an die österreichische Regierung zu verstehen, den Tschechen nationale Selbstbestimmung zu gewähren. Die Tschechen jedoch verstanden unter nationaler Selbstbestimmung die Autonomie des historischen böhmischen Staates. Ob diese Autonomie mit dem nationalen Selbstbestimmungsrecht der Deutschen in Böhmen vereinbart werden konnte, war fraglich.

Der österreichische Ministerpräsident Hussarek arbeitete an einem Plan zur strukturellen Reform der Monarchie, der diesen Schwierigkeiten dadurch Rechnung zu tragen suchte, daß die Autonomie der Nationalitäten jeweils innerhalb der historischen Länder verwirklicht, diese selbst aber aufrechterhalten würden. Der Plan war noch nicht mit allen Betroffenen abgestimmt, als Kaiser Karl am 16. Oktober 1918 das sogenannte Völkermanifest verkün-

---

[86] *Wilson*, Address, 8. 1. 1918, in: [*ders.*] Papers, Bd. 45, S. 537: *The peoples of Austria-Hungary, whose place among the nations we wish to see safeguarded and assured, should be accorded the freest opportunity of autonomous development.*

dete.[87] Im Unterschied zu Hussareks Vorschlägen zielte das Manifest auf einen Bundesstaat, der sich nicht aus den historischen Ländern, sondern aus wirklichen Nationalstaaten zusammensetzte. Dementsprechend forderte der Kaiser die „Völker, auf deren Selbstbestimmungsrecht das neue Reich sich gründen" werde, dazu auf, „aus den Reichsratsabgeordneten jeder Nation" „Nationalräte" zu bilden, die das weitere Vorgehen untereinander und mit der Regierung abstimmen sollten. Das Manifest richtete sich ausschließlich an die Völker des österreichischen oder cisleithanischen Reichsteils, während den „Ländern der Heiligen ungarischen Krone" ausdrücklich Integrität zugesichert wurde. Diese Halbheit erklärt sich aus der Eile, mit der das Manifest erarbeitet und veröffentlicht werden mußte. Eile war aus zwei Gründen geboten. Zum einen wollte Kaiser Karl dem amerikanischen Präsidenten vor dessen Entscheidung über das österreichisch-ungarische Waffenstillstandsersuchen durch die Tat beweisen, daß er bereit sei, die Bedingungen des zehnten Punkts zu erfüllen. Sofern jedoch überhaupt noch Aussicht auf amerikanische Unterstützung zur Erhaltung der Donaumonarchie bestand, war es zum zweiten höchste Zeit, die erforderlichen Schritte einzuleiten, weil die Desintegration des Vielvölkerstaates, unter tatkräftiger Mithilfe der *Entente*, bereits in vollem Gange war.

Die Note vom 19. Oktober, mit der die amerikanische Regierung auf das Waffenstillstandsersuchen Österreich-Ungarns antwortete, offenbarte schlagartig, daß das Völkermanifest die erhoffte Wirkung auf die Alliierten verfehlt hatte. Außenstaatssekretär Robert Lansing wies darauf hin, daß seit der Kongreßbotschaft des Präsidenten vom Januar Entwicklungen eingetreten seien, die einen Rückgriff auf die damals verkündeten Friedensbedingungen nur noch mit Einschränkung zuließen. Inzwischen hätten die Alliierten den tschechoslowakischen Nationalrat als kriegführende Macht auf Seiten der *Entente* anerkannt. Die staatliche Zukunft der Tschechen und Slowaken liege daher nicht mehr in der Hand der Vereinigten Staaten. Ebenso erkenne die amerikanische Regierung die nationalen Bestrebungen der Südslawen nach Unabhängigkeit an.[88] Zu den Südslawen in der Monarchie werden die Slowenen, die Kroaten und die Serben gezählt. Während die Slowenen in der Hauptsache im cisleithanischen Reichsteil lebten, lagen die von Kroaten und Serben bewohnten Königreiche Kroatien und Slawonien im ungarischen Reichsteil.[89] Lediglich das ebenfalls mehrheitlich von Kroaten und Serben bewohnte Königreich Dalmatien gehörte zu Cisleithanien. Bosnien und die

---

[87] Zur Entstehungsgeschichte des Manifests vgl. *Helmut Rumpler*, Das Völkermanifest Kaiser Karls vom 16. Oktober 1918. Letzter Versuch zur Rettung des Habsburgerreiches, München 1966; der Text des Manifests ebd., S. 88–91.

[88] The Secretary of State to the Swedish Minister (Ekengren), 19. 10. 1918, in: Papers Relating to the Foreign Relations of the United States 1918, Supplement 1: The World War, Bd. 1, Washington 1933, S. 368.

[89] Die Slowenen waren auf mehrere Kronländer verteilt. In Krain stellten die Slowenen 90%, in der Steiermark knapp 30% und in Kärnten über 20% der Bevölkerung. Vgl. dazu

Herzegowina wurden von beiden Reichsteilen im Kondominium verwaltet. Zum ungarischen Reichsteil gehörten auch die Slowaken. Den Völkern des ungarischen Reichsteils hatte das Manifest des Kaisers das Recht auf nationale Selbstbestimmung jedoch nicht zugesprochen. Vielmehr hatte es die Integrität der Länder der ungarischen Krone ausdrücklich anerkannt. Insofern hielt das Manifest für diese Völker von vornherein kein konkurrenzfähiges Alternativangebot zu den Zusicherungen der *Entente* bereit.

Karls Hoffnung auf Unterstützung der Vereinigten Staaten zur Rettung des Vielvölkerstaats hatte sich als Illusion erwiesen. Statt dessen förderte das Völkermanifest dessen weiteren Zerfall. Da die Grenzen der nationalen Siedlungsgebiete, wie gezeigt, mit den Grenzen der historischen Länder nicht übereinstimmten, führte die Aufforderung zur Bildung von Nationalräten zwangsläufig zur Desintegration des gesamten Staatsgefüges. Die nach der Zahl ihrer Angehörigen wichtigsten Nationalitäten im cisleithanischen Reichsteil waren neben den Deutschen die Tschechen, die Polen und die Italiener. Während die Tschechen bereits im Begriff standen, zusammen mit den Slowaken einen eigenen unabhängigen Staat zu gründen, strebten die Polen naturgemäß die Vereinigung mit dem neuen polnischen Staat und die Italiener den Eintritt in das Königreich Italien an. Da die Slowenen und Kroaten sich mit den Serben zu einem südslawischen Königreich zusammenschließen wollten, blieben die Deutschen Österreichs in Cisleithanien alleine zurück. In dieser Lage schlossen sich auch die deutschen Abgeordneten des cisleithanischen Reichsrats zusammen und konstituierten sich am 21. Oktober im Niederösterreichischen Landhaus zu einem deutschen Nationalrat bzw. zu einer provisorischen deutschösterreichischen Nationalversammlung. Auf ihrer ersten Sitzung wählte die Versammlung einen zwanzigköpfigen Vollzugsausschuß unter dem Namen eines Staatsrats und beschloß die Gründung eines „deutschösterreichischen Staates". Für diesen Staat beanspruchte sie „die Gebietsgewalt über das ganze deutsche Siedlungsgebiet, insbesondere auch in den Sudetenländern".[90]

Die durch das Völkermanifest und die nachfolgende Konstituierung der provisorischen deutschösterreichischen Nationalversammlung entstandene Lage beschrieb der Abgeordnete Karl Renner auf der Sitzung am 30. Oktober mit den Worten: „Wir sind über Nacht auf einmal ein Volk ohne Staat geworden. Diejenigen, die unsere Mitbürger waren, haben aufgehört es zu sein, diejenigen, die die Behörden waren über Deutsche, Tschechen, Polen und andere Völker, haben aufgehört, ihr gesetzliches Mandat über diese Völker auszuüben zu können".[91] Die Monarchie erwähnte Renner an dieser Stelle nicht

---

Robert A. Kann, Das Nationalitätenproblem der Habsburgermonarchie, Bd. 1. Das Reich und die Völker, 2. Aufl., Graz/Köln 1964, S. 305.

[90] Stenographisches Protokoll der konstituierenden Sitzung der Nationalversammlung der deutschen Abgeordneten, 21. 10. 1918, S. 5.

[91] Stenographische Protokolle der Nationalversammlung, 2. Sitzung, 30. 10. 1918, S. 31.

ausdrücklich, aber wenn die Deutschen Österreichs über Nacht ein Volk ohne
Staat geworden sind, dann sind sie auch ein Volk ohne Kaiser geworden. Sie
waren daher gezwungen, nicht nur über ihre künftige Staatsform, sondern,
falls sie wieder die Monarchie wählen sollten, auch über ihre künftige Dynastie einen Beschluß zu fassen.[92]

Nach Renners Analyse hatte der Kaiser seine Herrschaft über die Völker des
cisleithanischen Reichsteils suspendiert und seine Zukunft als Monarch vom
Votum dieser Völker abhängig gemacht. Hatte die provisorische Nationalversammlung der Deutschen Österreichs diese Entscheidung ursprünglich
einer eigens zu diesem Zweck gewählten verfassunggebenden Versammlung
überlassen wollen, so zwang die Macht der Umstände sie schon drei Wochen
nach ihrer Konstituierung zu einer Beschlußfassung. Am 12. November beschloß die provisorische Nationalversammlung die Gründung der Republik
Deutschösterreich. Zugleich sprach sie sich für die Vereinigung Deutschösterreichs mit der erst drei Tage zuvor in Berlin proklamierten deutschen
Republik aus. Beide Beschlüsse wurden einstimmig gefaßt.[93] Tags zuvor hatte
Kaiser Karl eine Erklärung unterzeichnet, nach der er „die Entscheidung, die
Deutschösterreich über seine zukünftige Staatsform" treffen werde, „im vor-
aus" anerkenne. In der Erklärung heißt es weiter: „Das Volk hat durch seine
Vertreter die Regierung übernommen. Ich verzichte auf jeden Anteil an den
Staatsgeschäften. Gleichzeitig enthebe ich meine österreichische Regierung
ihres Amtes".[94]

Der Text dieser Erklärung war das Ergebnis des Zusammenwirkens meh-
rerer Politiker ausschließlich deutscher Nationalität, darunter Ministerpräsident Heinrich Lammasch, Finanzminister Josef Redlich und Staatskanzler Karl Renner. Das mag erklären, warum darin nur von der Entscheidung
Deutschösterreichs über seine Staatsform die Rede ist, nicht aber von den
Entscheidungen der anderen Nationalitäten des Reichs. Schon deshalb kann
es sich nicht um eine Abdankungserklärung Karls handeln. Immerhin gibt
der Kaiser in der Erklärung die Amtsenthebung der Regierung Cisleithaniens
und damit eine Maßnahme bekannt, die sich auch auf andere Länder dieses Reichsteils auswirken mußte, selbst wenn die Monarchie zu diesem Zeitpunkt dort nur noch nominell bestanden haben sollte. Zuletzt hatte sich in
der Nacht vom 10. auf 11. November der österreichische Ministerrat, auch
er ein Organ Cisleithaniens, mit dem Entwurf der Erklärung befaßt, die dem

---

[92] Rede des Abgeordneten Karl Hermann Wolf, ebd., S. 29.
[93] Stenographische Protokolle, 3. Sitzung, 12. 11. 1918, S. 68; das Gesetz über die Staats- und
Regierungsform von Deutschösterreich in: *Gertrude Enderle-Burcel / Hanns Haas / Peter
Mähner* (Hg.), Der österreichische Staatsrat, Wien 2008, S. 363, Anm. 19: „Artikel 1:
Deutschösterreich ist eine demokratische Republik. Alle öffentlichen Gewalten werden
vom Volke eingesetzt. Artikel 2: Deutschösterreich ist ein Bestandteil der Deutschen Republik. [...]".
[94] Zit. nach *Hanns Haas*, Historische Einleitung, ebd., S. LX.

Kaiser am nächsten Tag zur Unterschrift vorgelegt werden sollte.[95] Aber auch bezogen auf Deutschösterreich war der Verzicht auf die Mitwirkung an den Regierungsgeschäften nicht gleichbedeutend mit einem Thronverzicht, zumal über die Geltung für die Nachkommen des gegenwärtigen Inhabers in der Erklärung nichts ausgesagt ist. Vielleicht sollte in der Frage der künftigen Staatsform der Entscheidung der konstituierenden Nationalversammlung, die im Januar zusammentreten sollte, formal nicht vorgegriffen werden. Vielleicht hatte die Erklärung dem Kaiser auch nur abgerungen werden können, indem man ihm versicherte, daß über die Zukunft der Monarchie nichts präjudiziert werde, wenn er nur auf die tatsächliche Mitwirkung an den Staatsgeschäften verzichte. Immerhin fällt auf, daß der Verzicht mit keinerlei Befristung verbunden wurde. Die Vermutung liegt nahe, daß der Kaiser zu der Erklärung gedrängt wurde, um es der provisorischen Nationalversammlung zu ersparen, ihn für abgesetzt zu erklären.

Die Vermutung wird erhärtet durch einen Blick auf die Entstehungsgeschichte des Dokuments. Der Entschluß, den Kaiser zum Verzicht zu bewegen, wurde erst am 9. November gefaßt, nachdem der Sturz der Hohenzollern-Monarchie in Wien bekannt geworden war.[96] Von dem Augenblick an, als Deutschland Republik geworden war, konnten auch die Deutschen Österreichs nur unter der Voraussetzung in das Deutsche Reich aufgenommen werden, daß sie die Monarchie ebenfalls abschafften. Die Autoren der Verzichtserklärung ließen sich allerdings auch von der Befürchtung leiten, daß am 11. November, einem Montag, in Nachahmung der Revolution in Deutschland „die „Straße" die Republik proklamieren oder die „Rote Garde" nach Schönbrunn kommen und den Kaiser zur Abdankung zwingen könnte".[97] Insoweit sollte die Verzichtserklärung des Kaisers auch dem sozialen Umsturz vorbeugen. Wie Ludwig Freiherr von Flotow, Leiter des Ministeriums des Äußeren, in seinen Memoiren berichtet, standen am 10. November abends Karl Renner und Karl Seitz, Präsident der provisorischen Nationalversammlung, „mit schlotternden Knien" vor Ministerpräsident Lammasch und sagten: „Wenn der Kaiser nicht nachgibt, ist er und seine ganze Familie verloren. Das Volk ist dann nicht mehr zurückzuhalten, es wird Schönbrunn stürmen".[98] Am nächsten Tag wiederholte Renner diese Auffassung vor dem Staatsrat: „Es haben sich in Deutschland die zwei Fraktionen der Sozialdemokratie, die Rechte und die Linke, vereinigt und die Regierung gemeinsam übernommen. Die Folge dieser Ereignisse bei uns ist, daß das ganze Proleta-

---

[95] *Fritz Fellner* (Hg.), Schicksalsjahre Österreichs 1908–1919. Das politische Tagebuch Josef Redlichs, Bd. 2, Graz / Köln 1954, 12.11.1918, S. 317.

[96] Ebd., 9.11.1918, S. 316.

[97] Ebd., 12.11.1918, S. 317.

[98] *Erwin Matsch* (Bearb.), November 1918 auf dem Ballhausplatz. Erinnerungen Ludwigs Freiherrn von Flotow, des letzten Chefs des österreichisch-ungarischen auswärtigen Dienstes 1895–1920, Wien / Köln / Graz 1982, S. 331.

riat einmütig dieselbe Politik von uns fordern wird. Dadurch ist unsere Stellung hier auf das Äußerste bedroht".[99]

Am 13. November 1918 unterzeichnete der Monarch als König Karl IV. eine fast gleichlautende Urkunde für den ungarischen Reichsteil. Ungeachtet dessen versuchte er im Jahre 1921 von seinem Schweizer Exil aus zweimal ohne Erfolg, auf den ungarischen Thron zurückzukehren.[100] Das erhärtet die Vermutung, daß er seine beiden Verzichtserklärungen tatsächlich als vorläufige Aussetzung seiner Regierungsgeschäfte, nicht aber als Abdankung verstanden hatte. Dafür spricht auch ein Bericht Ludwigs von Flotow über ein Gespräch, das er am 12. November um die Mittagszeit mit dem Kaiser geführt hatte. Der Kaiser habe ihm erklärt, er habe die Verzichtserklärung am Vortag „nur unter Zwang unterzeichnet" und „könne daher die geschaffene Rechtslage nicht als bleibend anerkennen".[101] Es ist allerdings zu bedenken, daß die beiden Reichsteile sich aufgrund der politischen Entwicklungen seit Oktober verfassungsrechtlich in gänzlich verschiedener Lage befanden. Das cisleithanische Österreich hatte sich aufgelöst. Deutschösterreich aber war ein neuer Staat. Eine einfache Rückkehr des ehemaligen Kaisers an seine Regierung war daher schon deshalb ausgeschlossen, weil der Staat, über den er einst geherrscht hatte, nicht mehr existierte.[102] Ungarn dagegen hatte zwar am 16. November 1918 die Republik ausgerufen, dabei jedoch seine staatsrechtliche Kontinuität gewahrt. Im Jahre 1920 wurden dann durch den Gesetzesartikel Nr. 1 alle seit 1918 getroffenen „revolutionären, verfassungswidrigen Bestimmungen [...], welche auf die Abschaffung des Königreichs gerichtet waren, für nichtig erklärt".[103] Damit war die Monarchie der Form nach wiederhergestellt. Der im folgenden Jahr von Karl IV. erhobene Anspruch auf Wiederanerkennung als König von Ungarn erscheint insofern plausibel.

Fragt man nach den Ursachen für das Ende der Monarchie im Habsburgerreich, so wird man wiederum nicht sagen können, daß der Kaiser infolge der Kriegsniederlage seine Legitimität verloren habe. Die Kriegsniederlage und der Zwang, sich den Friedensbedingungen der *Entente* zu unterwerfen, hatten allerdings denjenigen Kräften zum Durchbruch verholfen, die schon lange vor Ausbruch des Krieges auf die Auflösung des Vielvölkerstaats hingewirkt hatten. Hätte die Monarchie es beizeiten vermocht, den einzelnen Nationalitäten Autonomie einzuräumen, ohne den Bestand des Gesamtstaats in Frage zu stellen, hätte die Entwicklung einen anderen Weg genommen. Vielleicht wäre der Weltkrieg unter diesen Umständen gar nicht ausgebro-

---

[99] *Enderle-Burcel* u. a. (Hg.), Staatsrat, 11. 11. 1918, S. 348.

[100] *István Szabó*, Die Abdankung König Karls IV. von Ungarn 1918, in: *Richter/Dirbach* (Hg.), Thronverzicht, S. 148 f.

[101] *Matsch* (Bearb.), November 1918, S. 332.

[102] *Wilhelm Brauneder*, „Ein Kaiser abdiziert doch nicht bloss zum Scheine!" Der Verzicht Kaiser Karls am 11. November 1918, in: *Richter/Dirbach* (Hg.), Thronverzicht, S. 135.

[103] Regierungsverordnung Nr. 2394/1920 vom 18. März 1920, zit. nach *Szabó*, Abdankung, S. 144.

chen, denn die harsche Reaktion Wiens auf das Attentat von Serajewo, das unannehmbare an Serbien gerichtete Ultimatum, war ihrerseits eine Folge des ungelösten Nationalitätenproblems gewesen. Die Entscheidung der provisorischen deutschösterreichischen Nationalversammlung für die Abschaffung der Monarchie hing unmittelbar mit der Proklamation der Republik in Berlin und dem Wunsch der Deutschösterreicher zusammen, sich nach dem Zusammenbruch des Vielvölkerstaats mit dem Deutschen Reich zu vereinigen.

Das Zeitalter des Absolutismus war auch das Zeitalter der Militärmonarchie in Europa. Herrscher wie Ludwig XIV. von Frankreich, Karl XII. von Schweden, Peter I. von Rußland und Friedrich II. von Preußen schufen sich gewaltige Militärmaschinen, um ihr Staatsgebiet abzurunden, ihre Herrschaft zu konsolidieren und auf dem Schlachtfeld Ruhm zu erwerben. Napoleon führte diese Politik auf den Gipfel, so daß nach seinem Sturz in Europa das Bedürfnis nach Ruhe über die Ruhmsucht triumphierte. Benjamin Constant führte die Kriegslust Napoleons auf den Zwang zurück, seine Usurpation zu rechtfertigen. So gelangte er zu der Annahme, nur Usurpatoren führten noch Kriege, während Monarchen aus alter Familie sich ihrer Legitimität auch ohne äußere Erfolge sicher sein könnten. Zum Prüfstein für die Richtigkeit dieser These eignen sich die Niederlagen. Wenn die Legitimität eines Herrschers nicht vom Waffenerfolg abhängig war, mußte er nicht um seinen Thron fürchten, wenn er militärisch geschlagen wurde. Tatsächlich haben im Revolutionszeitalter nicht nur die beiden durch Staatsstreich an die Macht gelangten französischen Kaiser, sondern auch die aus historischen Dynastien stammenden Herrscher Rußlands, Deutschlands und Österreich-Ungarns nach militärischen Niederlagen ihre Throne verloren. Spricht schon die Gleichheit dieses Schicksals gegen die Erwartung Constants, so zeigt sich bei näherem Hinsehen, daß der Sturz keiner der beiden französischen Kaiser ohne weiteres auf den Zusammenhang von Usurpation und ausbleibendem militärischem Erfolg zurückgeführt werden kann. Umgekehrt hätten die drei dynastischen Kaiser 1917 und 1918 ihre Throne vermutlich behalten können, wenn sie ihre Herrschaft beizeiten an die gesellschaftliche Entwicklung angepaßt und in der Krise umsichtiger gehandelt hätten. Am Beispiel Wilhelms II. läßt sich zeigen, daß der durch die unerwartete Niederlage bewirkte Legitimitätsverlust bis in den November 1918 hinein nicht so sehr die Monarchie als solche traf, als vielmehr den aktuellen Inhaber des Throns. Hätte dieser rechtzeitig verzichtet, wäre nach Meinung urteilsfähiger Zeitgenossen die Monarchie selbst erhalten geblieben. Dem österreichischen Kaiser Karl wäre der Sturz wahrscheinlich erspart geblieben, wenn das Nationalitätenproblem schon vor dem Weltkrieg einer von allen Seiten akzeptierten Lösung zugeführt worden wäre. Nikolaus II. war ebenfalls durch Fehlentscheidungen der Vergangenheit, etwa durch die unzulängliche Konstitutionalisierung und durch die persönliche Übernahme des militärischen Oberbefehls, in die Lage geraten, die im März 1917 seine Abdankung unabwendbar machte.

*Ein wohl eingerichteter Staat muß vollkommen
einer Maschine ähnlich seyn, wo alle Räder und
Triebwerke auf das genaueste in einander passen,
und der Regent muß der Werkmeister, die erste
Triebfeder oder die Seele seyn, wenn man so sagen
kann, die alles in Bewegung setzt*
Johann Heinrich Gottlob von Justi[1]

6. Aufklärung

Politische Denker des Aufklärungszeitalters unterwarfen die Monarchie der kritischen Prüfung durch die Vernunft. Einige Autoren hielten diese Form der Herrschaft mit aufgeklärten Grundsätzen für unvereinbar. Andere empfahlen Reformen, um sie mit den Forderungen der Vernunft in Einklang zu bringen. Ein Beispiel hierfür bietet die Empfehlung Justis, den Staat einer Maschine nachzubilden. Damit war die Methode vorgezeichnet, nach der die Monarchie gegen Kritik verteidigt werden konnte. An die Stelle der Berufung auf die Tradition trat das Argument der Zweckmäßigkeit.

Diderot und Katharina II.

Vom 8. Oktober 1773 bis zum 5. März 1774 weilte Denis Diderot auf Einladung Katharinas II. in Sankt Petersburg. Dreimal in der Woche empfing ihn die Zarin im Winterpalast zum Gespräch. In diesen Gesprächen traten Monarchie und Aufklärung in Person einander gegenüber, jedenfalls die unumschränkte Monarchie Rußlands und die Spätaufklärung Frankreichs. Katharina erwartete von Diderot Ratschläge für ihre Reformpolitik. Dieser jedoch hatte während seines Aufenthalts kaum Gelegenheit, sein Gastland kennen zu lernen. Schon deshalb blieben seine Empfehlungen weithin abstrakt. Daß ein Herrscher alleine über das Wohl und Wehe seines Staates entschied, hielt er von vornherein für falsch. Er verurteilte „jede willkürliche Regierung", auch „die willkürliche Regierung eines guten, starken, gerechten und aufgeklärten Herrschers".[2] Das Schlimmste, was einer freien Nation zustoßen könne, erklärte der Philosoph, wäre die Folge von zwei oder drei Regierungsperioden eines „gerechten und aufgeklärten Despotismus" (*d'un despotisme juste et*

---

[1] *Johann Heinrich Gottlob von Justi*, Die wahre Macht der Staaten, in: *ders.*, Gesammlete Politische und Finanzschriften über wichtige Gegenstände der Staatskunst, der Kriegswissenschaften und des Cameral- und Finanzwesens, Bd. 3, Kopenhagen und Leipzig 1764, S. 86 f.

[2] *Denis Diderot*, Mémoires pour Catherine II, texte établi d'après l'autographe de Moscou, avec introduction, bibliographie et notes par *Paul Vernière*, Paris 1966, Nr. 124 (De la Commission et des avantages de sa permanence), S. 117: *le gouvernement arbitraire d'un maître bon, ferme, juste et éclairé.*

éclairé).[3] Wäre England nacheinander von drei Herrscherinnen vom Schlage Elisabeths I. regiert worden, hätte es sich unweigerlich in ein Sklavenreich verwandelt.[4] Herrscher vom Range Peters I. und Katharinas, die Rußland im 18. Jahrhundert groß gemacht hätten, träten allerdings äußerst selten auf. Um so mehr empfahl Diderot der Zarin, die 1767 von ihr berufene Kommission zur Ausarbeitung eines neuen Gesetzbuchs zu einer permanenten Volksvertretung weiterzuentwickeln. Nur so könne ihrem Reformwerk Dauer beschieden werden. Katharina hatte Diderot eingeladen, um ihre Regierungspraxis der kritischen Überprüfung durch einen philosophischen Schriftsteller auszusetzen. Statt sich auf entsprechende Ratschläge zu beschränken, gab Diderot der Zarin unverblümt zu verstehen, daß schon die Form ihrer Herrschaft, die absolute Monarchie, mit aufgeklärten Staatsgrundsätzen nicht zu vereinbaren und daher illegitim sei.

Jahre später äußerte sich Katharina gegenüber dem französischen Gesandten, Graf von Ségur, über ihre Gespräche mit Diderot. „Hätte ich ihm geglaubt", meinte sie, „so wäre in meinem Reiche alles umgestoßen worden; Gesetzgebung, Verwaltung, Außenpolitik und Finanzen, ich hätte alles auf den Kopf gestellt, um unpraktische Theorien an seine Stelle zu setzen". Am Ende habe sie ihm erklärt: „Monsieur Diderot, ich habe mit dem größten Vergnügen alles gehört, was Ihr brillanter Geist Ihnen eingegeben hat, aber mit all Ihren erhabenen Grundsätzen, die ich sehr wohl verstehe, würde man schöne Bücher machen und in der Praxis wenig bewirken. Sie vergessen in all Ihren Reformprojekten den Unterschied zwischen Ihrer Situation und der meinigen. Sie arbeiten nur auf dem Papier, und Papier erduldet alles. [...] Ich dagegen bin eine arme Kaiserin und arbeite auf der menschlichen Haut (*sur la peau humaine*), die ganz anders reizbar und empfindlich ist".[5]

Der Philosoph hatte die Zarin nicht überzeugen können, weil die Gesprächspartner entgegengesetzte Konzepte politischer Rationalität verfolgten. Diese Konzepte verkörperten unterschiedliche Ansprüche von Aufklärung an die Monarchie in Europa. Diderot repräsentierte eine entwickelte bürgerliche Gesellschaft, die den französischen Staat unter Mitwirkung seiner Bürger durch Aufklärung von unten radikal zu reformieren trachtete. Diese Position war individualistisch. Ihr Ziel war die politische Freiheit im Rahmen eines am englischen Vorbild orientierten Konstitutionalismus. Katharina dagegen regierte ein vergleichsweise rückständiges Land, in dem Reformen als Aufklärung von oben allein vom Herrscher ausgehen konnten. Dementsprechend

---

[3] Ebd., S. 118.
[4] Vgl. *Denis Diderot, Réfutation suivie de l'ouvrage d'Helvétius intitulé l'Homme*, in: *ders.*, Œuvres complètes, hg. von *J. Assézat*, Bd. 2, Paris 1875, S. 381: *Un des plus grands malheurs qui pût arriver à une nation, ce seraient deux ou trois règnes d'une puissance juste, douce, éclairée, mais arbitraire: les peuples seraient conduits par le bonheur à l'oubli complet de leurs privilèges, au plus parfait esclavage.*
[5] *Louis-Philippe, comte de Ségur*, Mémoires ou Souvenirs et Anecdotes, Bd. 2, Stuttgart 1829, S. 450.

dachte Katharina in Kategorien der Staatsräson. Ihr politisches Glaubensbekenntnis hatte sie 1767 in der berühmten „Instruktion (*nakaz*) für die zu Verfertigung des Entwurfs zu einem neuen Gesetzbuche verordnete Commission" formuliert. Katharina setzte nicht beim Bürger oder Menschen an, sondern beim „Vaterland" (*otečestvo*), und ihr oberstes Anliegen zielte darauf, dieses Vaterland auf die „höchste Stufe der Wohlfahrt (*blagopolučie*), des Ruhms, der Glückseligkeit (*blaženstvo*) und der Ruhe" zu erheben.[6] Der Begriff der „Glückseligkeit des Staates" stammt von Johann Heinrich Gottlob von Justi, dessen Schriften die Zarin gründlich studiert hatte, und bezeichnet das oberste Ziel der Politik, wie es eine deutsche Spielart aufgeklärter Staatsphilosophie, die sogenannte „oekonomische, Kameral- und Policeywissenschaft" aufgestellt hatte. Die Vorstellung, daß ein Staat „glückselig" sein könne, verliert ihre Fremdheit, wenn man an die Stelle des Staatsbegriffs den lateinischen Ausdruck der *societas civilis* setzt. Unter „gemeinschaftlicher Glückseligkeit" wurde die Wohlfahrt der ganzen, staatlich geordneten Gesellschaft verstanden. In dem Begriff klingt einerseits die alte aristotelische Vorstellung nach, wonach das gute Leben der letzte Zweck der politischen Gemeinschaft sei und nur gemeinschaftlich verwirklicht werden könne, andererseits brachte er die moderne Überzeugung zum Ausdruck, daß die Macht eines Staates von der Steuerkraft seiner Untertanen und damit von deren wirtschaftlichem Wohlstand abhänge.

Die Kameralwissenschaft

Ursprünglich als Regelwerk für die Verwaltung der fürstlichen Kammer konzipiert, entwickelte sich der Kameralismus im 18. Jahrhundert zu einer umfassenden politischen Wissenschaft, die praktische Ratschläge für die Leitung vor allem der inneren Angelegenheiten eines Staates erarbeitete. In den frühen Schriften der Kameralisten erscheint der Fürst geradezu als Unternehmer, der die Staatsökonomie nach betriebswirtschaftlichen Grundsätzen führt. Die „Wohlfahrt" und der „Wohlstand" der Untertanen, schrieb Wilhelm von Schröder 1686, bildeten das „Fundament", worauf „alle Glückseligkeit eines Fürsten als Regenten solcher Untertanen gegründet" sei.[7] Die kameralistischen Empfehlungen sollten einem Fürsten dazu verhelfen, die wirtschaftlichen und personellen Ressourcen seines Landes so effektiv wie möglich zu erschließen, damit er den wachsenden Anforderungen an die Finanzkraft seines Staates entsprechen konnte. Die Anforderungen wuchsen

---

[6] [*Ekaterina II*] Nakaz eja imperatorskago veličestva Ekateriny vtoryja samoderžicy vserossijskija dannyj kommissii o sočinenii proekta novago uloženija, S.-Peterburg 1893, § 2, S. 2; deutsche Ausgabe: Katharinae der Zweiten Kaiserin und Gesetzgeberin von Russland Instruction für die zu Verfertigung des Entwurfs zu einem neuen Gesetzbuche verordnete Commission, Riga und Mitau 1768, S. 4.

[7] *Wilhelm von Schröder*, Fürstliche Schatz- und Rent-Cammer, Leipzig 1686, S. 19 ff.

seit dem 17. Jahrhundert sprunghaft an, als die Verfügung über ein stehendes Heer zur unabdingbaren Voraussetzung dafür wurde, daß ein Staat sich im politischen System Europas behauptete. Die Finanzierung stehender Heere jedoch war nur unter Beschneidung ständischer Zustimmungsrechte und unter Entwicklung eines effizienten und permanenten Steuersystems zu sichern. Die Veranlagung, Eintreibung und Verwaltung der Steuern wurde zur wichtigsten Aufgabe der expandierenden Staatsbürokratie. In diesem Prozeß traten rationale Planung und Organisation an die Stelle alten Rechts und eingeübter Gewohnheiten. Kennzeichnend für den gewaltsamen Charakter des Vorgangs ist die bekannte Ankündigung Friedrich Wilhelms I. gegenüber den opponierenden Ständen des Königreichs Preußen im Jahre 1715, er werde seine Souveränität aufrichten wie einen *„rocher* von *Bronse"*.[8] Gegen die solcherart nach Emanzipation von ständischer Eingrenzung strebende Monarchie erhoben liberale Kritiker des 19. Jahrhunderts den Vorwurf des Absolutismus und prägten damit den bis heute trotz immer wieder aufflammender Bedenken geläufigen Begriff zur Bezeichnung der Epoche.[9] Der Begriff besaß von vornherein eine pejorative Bedeutung. Das erklärt sich daraus, daß der Absolutismus im Vormärz gerade in den beiden größten deutschen Staaten noch keineswegs der Vergangenheit angehörte. Die Liberalen forderten Verfassungen, Mitwirkung an der politischen Willensbildung und Garantie von Freiheitsrechten. Dementsprechend verstanden sie „Absolutismus" als Gegenbegriff zu „Konstitutionalismus".

Peter der Große

Auch wo ständische Korporationen fehlten wie in Rußland, waren gewaltige Anstrengungen erforderlich, um die Monarchie durch Zentralisierung der öffentlichen Gewalt und durch Rationalisierung der Verwaltung für die neuen Aufgaben zu rüsten. Nirgends wurden die notwendigen Reformen so unvermittelt und gewaltsam in Angriff genommen wie im Zarenreich. Als Peter der Große 1689 nach der Entmachtung seiner Halbschwester Sof'ja Alekseevna die Alleinherrschaft antrat, stand der Moskauer Staat in nahezu jeder Hinsicht noch auf einer vormodernen Entwicklungsstufe. Peters Radikalität im Bruch mit der Tradition läßt sich daran ermessen, daß er am 22. Februar 1722 eine Norm abschaffte, die im allgemeinen als Fundamentalgesetz jeder Monarchie gilt, die dynastische Erbfolge. Der Zar stellte das Interesse des Staates über das Interesse der Dynastie. Daher sollte der Thron künftig nur an Perso-

---

[8] Zit. nach *Gerhard Oestreich*, Friedrich Wilhelm I. Preußischer Absolutismus, Merkantilismus, Militarismus, Göttingen 1977, S. 46.

[9] Vgl. *Reinhard Blänkner*, „Absolutismus". Eine begriffsgeschichtliche Studie zur politischen Theorie und zur Geschichtswissenschaft in Deutschland, 1830–1870, Phil. Diss. Göttingen 1990.

nen übertragen werden, welche die Gewähr dafür boten, daß sie die von Peter eingeleitete Reformpolitik fortsetzten. Schon sein 1718 unter ungeklärten Umständen als Gefangener in der Peter- und Paulsfestung in Sankt Petersburg verstorbener Sohn Aleksej hatte gegen seine innere und äußere Politik opponiert. Dem Enkel Petr Alekseevič glaubte er den Thron ebensowenig anvertrauen zu können wie dessen Vater. In dem neuen „Fundamentalgesetz" (*glavnyj ustav*) über die Thronfolge von 1722 statuierte Peter deshalb, daß von nun an jeder Zar seinen Nachfolger selbst bestimmen müsse und daß er dabei ebensowohl einen seiner Söhne als auch eine ganz fremde Person designieren könne. Peter beauftragte einen vertrauten Geistlichen und Gelehrten, Feofan Prokopovič, das Thronfolgegesetz in einer Rechtfertigungsschrift öffentlich zu verteidigen. Wenn Prokopovič im „Gemeinwohl" (*dobro obščee*) das entscheidende Argument zugunsten der Reform erblickte, stellte er das Naturrecht, wie es dem „gesunden Menschenverstand" (*zdravyj estestvennyj razum*) vor Augen stehe, über das historische Recht.[10] Den Vorrang des Naturrechts leitete Prokopovič aus dem Gesellschaftsvertrag ab. Aus der ursprünglichen „Errichtung der Monarchie durch das Volk" (*narodnoe ustavlenie monarchii*) folge die Verpflichtung des Herrschers auf das Gemeinwohl.[11] Mit der Berufung auf das Gemeinwohl ließ sich demnach jede Neuerung rechtfertigen. Diese Auffassung entsprach der älteren deutschen Naturrechtslehre, wie sie zuletzt vor allem Christian Wolff vertrat. In seinen Grundsätzen des Natur- und Völkerrechts sprach Wolff dem Monarchen „eine völlige, uneingeschränkte und höchste Herrschaft" zu, dank derer er „nach eigenem Gefallen über alle öffentliche Geschäfte verfügen" könne.[12]

Mit ihrer Herleitung aus dem Gesellschaftsvertrag gab Prokopovič der Monarchie eine philosophische Begründung, verpflichtete sie jedoch zugleich auf das allgemeine Wohl. In dieser Argumentation wurde der absolute Herrscher zum ersten Diener des Staates, eine Selbstdeutung, die sich nicht erst bei Friedrich II., sondern bereits bei Peter dem Großen findet.[13] Die Trennung von Fürst und Staat und der damit verbundene Dienstgedanke kam exemplarisch in der Ansprache zum Ausdruck, mit der Peter sich im Jahre 1709 am Vorabend der Schlacht von Poltava gegen Karl XII. von Schweden an seine Soldaten wandte: „Ihr sollt nicht meinen, daß Ihr für Peter kämpft. Ihr kämpft

---

[10] *Petr Velikij*, Pravda voli monaršej vo opredelenii naslednika deržavy svoej, hg. von *Antony Lentin*, Oxford 1996, S. 242, 136.

[11] Ebd., S. 224.

[12] *Christian Wolff*, Grundsätze des Natur- und Völckerrechts, worinn alle Verbindlichkeiten und alle Rechte aus der Natur des Menschen in einem beständigen Zusammenhange hergeleitet werden, Halle 1754, § 1002, S. 718.

[13] *Reinhard Wittram*, Peter I. Czar und Kaiser, Bd. 2, Göttingen 1964, S. 121, 125; *Antony Lentin*, Introduction, in: *Petr Velikij*, Pravda voli monaršej, S. 37; *Trude Maurer*, „Rußland ist eine europäische Macht". Herrschaftslegitimation im Jahrhundert der Vernunft und der Palastrevolten, in: JbbGO NF 45 (1997), S. 584; *Cynthia H. Whittaker*, Russian Monarchy. Eighteenth-Century Rulers and Writers in Political Dialogue, DeKalb 2003, S. 39.

für den Staat, der Peter anvertraut ist, für euer Volk und Vaterland, für unseren rechten Glauben und unsere Kirche!"[14]

Die Aufhebung der überlieferten Thronfolgeordnung durch Peter den Großen ist schon von Zeitgenossen als Gipfel monarchischer Selbstherrlichkeit empfunden worden. Montesquieu widmete dem Vorgang in seinem Werk „De l'Esprit des lois" von 1748 in einem Kapitel über die Gesetze in einem despotisch regierten Staat einen eigenen Absatz. Eine solche Einrichtung, schrieb er, führe zu „tausend Revolutionen" und mache den Thron im selben Maße instabil, in dem die Thronfolge willkürlich sei.[15] Der Akt läßt sich jedoch auch als Zeichen kluger Voraussicht interpretieren, weil er frühzeitig einem gängigen Topos der Monarchiekritik die Spitze abbog. In seiner Flugschrift „Common Sense", mit der die Thomas Paine im Januar 1776 in den aufständischen Provinzen Nordamerikas den politischen Umschwung zugunsten der Republik einleitete, nahm die Kritik an der Erblichkeit der Monarchie breiten Raum ein. Die dynastische Erbfolge bringe minderjährige und regierungsunfähige Prinzen auf den Thron und verhindere, daß alterskrank und senil gewordene Könige abträten. Außerdem übe allein schon die sichere Aussicht auf Übernahme der Herrschaft einen verderblichen Einfluß auf den Charakter jedes Thronfolgers aus.[16]

Die Sorge um die Weiterführung ihres politischen Werks nach ihrem Tode trieb auch andere Herrscher der frühen Neuzeit um. Zahlreiche deutsche Territorialfürsten suchten ihre Nachfolger testamentarisch auf einen bestimmten politischen Kurs festzulegen. So verlangte zum Beispiel Landgraf Georg II. von Hessen-Darmstadt im Jahre 1660 von seinen Erben, daß sie die von ihm seit langem geplante, aber wegen des Dreißigjährigen Kriegs bisher nicht gelungene Errichtung eines Staatsschatzes zum Abschluß brächten.[17] Um ihre Nachfolger tatsächlich auf ihre letztwilligen Verfügungen zu verpflichten, verlangten viele Erblasser ein Treueversprechen oder die Gegenzeichnung ihrer Testamente durch ihre Söhne.[18] Friedrich der Große wollte der Gefahr, daß ein schwacher Nachfolger sein Werk wieder zunichtemache, nach dem Zeugnis seines Politischen Testaments von 1752 durch die Erwerbung weiterer Provinzen vorbauen. Die Vergrößerung des Territoriums würde das Steueraufkommen erhöhen und ihm dadurch die Möglichkeit geben, das stehende Heer von damals 136 000 Mann auf 180 000 Mann zu vergrößern, so

[14] Zit. nach *Maurer*, Herrschaftslegitimation, S. 584; *Whittaker*, Monarchy, S. 41.

[15] *Montesquieu*, De l'Esprit des lois, Buch 5, Kap. 14, texte établi et présenté par *Jean Brethe de la Gressaye*, Bd. 1, Paris 1950, S. 123.

[16] *Thomas Paine*, Common Sense, in: [*ders.*] The Writings of Thomas Paine, hg. von *Moncure Daniel Conway*, Bd. 1, New York / London 1902, S. 81 f.

[17] *Susan Richter*, Fürstentestamente der Frühen Neuzeit. Politische Programme und Medien intergenerationeller Kommunikation, Göttingen 2009, S. 378.

[18] Ebd., S. 165–172.

daß der Staat sich hinfort von selbst behaupten könne.[19] Wie Friedrich im Jahre 1776 erläuterte, hielten sich die großen Monarchien durch ihre schiere Größe und ihre innere Kraft; die kleinen Staaten hingegen würden rasch dahingerafft, wenn in ihnen nicht alles *force, nerf et vigueur* sei.[20] Die Knappheit der Ressourcen zwang zu verschärfter Rationalität.

Legitimation durch Reform

Mit der Beseitigung der dynastischen Erbfolge erschütterte Peter der Große die überlieferte Legitimationsgrundlage der Monarchie. Cynthia Whittaker hat gezeigt, wie durch Peter das traditionelle Ideal des „guten Zaren", der nach alter Sitte regiert, um das Land zu verteidigen, das Recht zu schützen und die Orthodoxie zu erhalten, schrittweise durch das Ideal des „reformierenden Zaren" ersetzt wurde. Reformpolitik nach dem Muster Peters I. sei im Laufe des 18. Jahrhunderts für seine Nachfolger zum wichtigsten Legitimationsfaktor geworden.[21] Für Katharina II. empfahl sich die Berufung auf Peter den Großen außerdem schon deshalb, weil sie eine angeheiratete deutsche Prinzessin war und ihren Herrschaftsantritt 1762 einer Palastrevolution verdankte, der ihr regierungsberechtigter Ehemann, Zar Peter III., zum Opfer gefallen war.

Katharinas Anknüpfung an Peter den Großen zeigt sich schon im ersten Kapitel der bereits zitierten Instruktion (*nakaz*) von 1767. Das Kapitel beginnt mit der lapidaren Feststellung, Rußland sei „eine europäische Macht" (*evropejskaja deržava*). Den Beweis dafür habe Peter der Große erbracht, denn mit seiner Einführung europäischer Lebensformen in Rußland habe er nur deshalb Erfolg haben können, weil die antiquierten Sitten, die er vorgefunden und abgeschafft habe, „dem Klima" des Landes ohnehin nicht entsprochen hätten. Das klimatische Argument stammte aus Montesquieu. Nach Montesquieu lag Rußland am Rande der asiatischen Klimazone, die zur Despotie prädestinierte. Zwar versuche „die moskovitische Regierung" mit Eifer, von der Despotie loszukommen (*à sortir du despotisme*), es gebe jedoch besondere Umstände, die sie vielleicht in das Übel zurückstürzten, dem sie entfliehen wolle.[22] Nach dem „Esprit des lois" war die Despotie eine Regierungsform der

[19] Vgl. *Volker Sellin*, Friedrich der Große und der aufgeklärte Absolutismus. Ein Beitrag zur Klärung eines umstrittenen Begriffs, in: *Ulrich Engelhardt/ Volker Sellin/ Horst Stuke* (Hg.), Soziale Bewegung und politische Verfassung. Festschrift für Werner Conze, Stuttgart 1976, S. 102.

[20] *Frédéric le Grand*, Exposé du gouvernement prussien, des principes sur lesquels il roule, avec quelques réflexions politiques, in: [*ders.,*] Die politischen Testamente Friedrichs des Großen, hg. Von *Gustav Berthold Volz*, Berlin 1920, S. 245.

[21] *Cynthia H. Whittaker*, The Reforming Tsar. The Redefinition of Autocratic Duty in Eighteenth-Century Russia, in: SR 51 (1992), S. 77 f., 92 f. und passim; *dies.*, Monarchy, S. 40.

[22] *Montesquieu*, De l'Esprit des lois, Bd. 1, Buch 5, Kap. 14, S. 121.

reinen Willkür, deren Prinzip in ständiger Zersetzung begriffen sei.[23] Katharina dagegen wollte Rußland nach Gesetzen regieren: „Ich wünsche mir keine Sklaven, aber Gehorsam gegenüber den Gesetzen".[24] Eben deshalb nahm sie 1767 die Erneuerung des alten, aus dem Jahre 1649 stammenden Gesetzbuchs (*uloženie*) in Angriff. Der russische Historiker Omel'čenko hielt diese Initiative Katharinas für so grundlegend, daß er das Ziel ihrer Reformpolitik 1993 mit dem Begriff einer „gesetzlichen Monarchie" (*zakonnaja monarchija*) charakterisierte.[25]

Im zehnten und elften Paragraphen der Instruktion für die Gesetzbuchkommission erklärte Katharina, in einem Land von der Größe Rußlands sei eine andere Regierungsform als die Autokratie nicht denkbar: „Ein weitläufiges Reich setzt eine unumschränkte Gewalt in derjenigen Person voraus, die solches regiert. Die Geschwindigkeit in der Entscheidung der Sachen, die aus fernen Orten einlaufen, muß die Langsamkeit kompensieren, die aus dieser Entfernung entsteht. Jede andere Regierungsform würde für Rußland nicht nur schädlich sein, sondern müßte zuletzt auch die Ursache seiner gänzlichen Zerstörung werden".[26] Montesquieu hatte die „Schnelligkeit der Ausführung in der Monarchie" als einen ihrer Vorzüge hervorgehoben, dabei jedoch davor gewarnt, *promptitude* in *rapidité* ausarten zu lassen.[27] Davor bewahrten die Monarchie nach Meinung Montesquieus die berühmten „Zwischengewalten" (*pouvoirs intermédiaires*), in Frankreich vor allem repräsentiert durch die Parlamente mit ihrer Befugnis, die königlichen Dekrete zu registrieren, bevor sie Geltung erlangten. Für die in Rußland fehlenden ständischen Institutionen suchte Katharina durch die Reform der Lokalverwaltung von 1775 einen Ersatz zu schaffen.[28]

Politische Mechanik

Der Versuch Katharinas, die russische Autokratie mit rationalen Argumenten zu verteidigen, ist ein Beispiel für das überall in Europa erkennbare Bestreben, nicht nur Neuerungen, sondern auch das Festhalten am Bestehenden vernunftrechtlich zu legitimieren. Vernunftrechtlich legitimiert werden

[23] Ebd., Bd. 1, Buch 8, Kap. 10, S. 214.
[24] Zit. nach *Oleg A. Omel'čenko*, „Zakonnaja Monarchija" Ekateriny II, Moskva 1993, S. 73.
[25] Ebd.; zur Rechtfertigung des Begriffs vgl. besonders S. 83.
[26] Katharinae der Zweiten Instruction, 2. Kapitel, S. 5.
[27] *Montesquieu*, De l'Esprit des lois, Bd. 1, Buch 5, Kap. 10, S. 115: vgl. auch *Johann Heinrich Gottlob von Justi*, Kurzer systematischer Grundriß aller Oeconomischen und Cameralwissenschaften, in: *ders.*, Gesammlete Politische und Finanzschriften, Bd. 1, Kopenhagen und Leipzig 1761, S. 506.
[28] Vgl. *Dietrich Geyer*, „Gesellschaft" als staatliche Veranstaltung. Sozialgeschichtliche Aspekte des russischen Behördenstaats im 18. Jahrhundert, in: *ders.*, Wirtschaft und Gesellschaft im vorrevolutionären Russland, Köln 1975, S. 38 f.

konnten in Grenzfällen auch Verletzungen des positiven Rechts. In einem Essay über die „Unabhängigkeit des Parlaments" (*Independency of Parliament*) führte David Hume im Jahre 1732 aus, daß das Gleichgewicht zwischen Parlament und Krone in Großbritannien durch ein Verfahren gesichert werde, das dem geltenden Verfassungsrecht widerspreche. Nach der Verfassung, wie sie aus der Glorreichen Revolution von 1688 hervorgegangen sei, könne die Macht des *House of Commons* durch keine andere Instanz eingeschränkt werden. In der Praxis werde zwischen Krone und Parlament jedoch dadurch ein Gleichgewicht aufrechterhalten, daß das Interesse des *House of Commons* als Institution dank der königlichen Patronage in Schranken gehalten werde durch das Eigeninteresse seiner Mitglieder als Individuen. Die Krone verfüge über so viele Ämter, daß sie die Mehrheit der Abgeordneten wenigstens so weit beeinflussen könne, daß das Gleichgewicht der Verfassung gewahrt bleibe. „Wir mögen diesen Einfluß (*influence*) nennen, wie wir wollen; wir mögen ihn mit den gehässigen Begriffen der Korruption und der Abhängigkeit (*corruption and dependence*) bezeichnen. Aber ein gewisser Grad und eine gewisse Spielart davon sind untrennbar mit der spezifischen Natur der Verfassung verbunden und notwendig für die Aufrechterhaltung unserer gemischten Regierung".[29]

Typisch für die kameralistischen Schriftsteller in Deutschland war die Vorstellung, daß der ideale Staat einer Maschine oder einem Uhrwerk gleiche.[30] Jeder Stand und jeder Untertan, jeder Wirtschaftszweig und jede Behörde sollten nichts als Rädchen innerhalb des gesamten Mechanismus bilden, die, jedes an seiner Stelle, in reibungslosem Ineinandergreifen die ihnen jeweils obliegende Funktion in der richtigen Weise erfüllten. Nicht die Freiheit des Bürgers und die Entfaltung seiner Persönlichkeit wurden zum Leitbild der Politik erklärt, sondern seine perfekte Einpassung in das technokratische System. So schrieb der Kameralist Johann Friedrich von Pfeiffer Ende der siebziger Jahre des 18. Jahrhunderts: „Die allgemeine Glückseligkeit sowohl als die allgemeine Sittenlehre beruhen auf dem sehr einfachen, sehr natürlichen Grundsatz: daß der Staatskörper für das Beste jedes seiner Glieder wachen, dagegen aber jedes Glied den Nutzen des Staatskörpers befördern müsse; folglich ist ein nützliches Glied ein guter Bürger […]; ein unnützes Glied ist ein schlechter Bürger".[31] Es liegt auf der Hand, daß das Ideal der Staatsmaschine der unbeschränkten Monarchie entgegenkam. Wenn die Maschine richtig konzipiert war, dann genügte eine Person, die sie überwachte und ihren reibungslosen Gang garantierte. Jeder politisch begründete Eingriff hätte ihre Funktionsweise gestört und den Staat in Turbulenzen gestürzt. Die

[29] *David Hume*, On the Independency of Parliament, in: *ders.*, Essays, Moral, Political, and Literary, Bd. 1, London 1898, Essay VI, S. 120 f.

[30] *Barbara Stollberg-Rilinger*, Der Staat als Maschine. Zur politischen Metaphorik des absoluten Fürstenstaats, Berlin 1986.

[31] Zit. nach ebd., S. 111, Anm. 34.

Maschinenmetapher unterwarf die traditionelle geburtsständische Ordnung einem neuen Legitimitätskriterium. Die historischen Stände, Adel, Klerus, Bürgerstand und Bauernschaft, mussten ihre Daseinsberechtigung von nun an aus ihrer Funktion innerhalb der Staatsmaschine ableiten. Durch ihre sachgerechte Einpassung in das Gesamtsystem konnte ihre Stellung damit jedoch zugleich neu und zeitgemäß gerechtfertigt werden. Das Bild der Maschine wurde auch auf untergeordnete staatliche Einrichtungen angewandt. In den Weisungen Josephs II. von 1781 an die Direktoren und Vizedirektoren der Gymnasien heißt es, der Schulpräfekt sei das „Triebwerk, und so zu sagen, die ganze Seele der Schulmaschine".[32]

Die Metapher vom Staat als Maschine erklärt sich aus dem im 18. Jahrhundert verbreiteten Bedürfnis, durch Analogieschlüsse aus den Gesetzen der Physik und der Mechanik auch Gesetze der Politik abzuleiten. Dieses Bedürfnis beschränkte sich nicht auf die inneren Verhältnisse der Staaten, sondern erstreckte sich auch auf die Außenpolitik und mündete dort in den Versuch, die von Newton entdeckten Gesetze der Gravitation auf das europäische Staatensystem zu übertragen. Das zwischen den Himmelskörpern herrschende Gleichgewicht wurde als naturgesetzliche Vorschrift interpretiert, auch im Verhältnis zwischen den Staaten ein Gleichgewicht herzustellen und aufrechtzuerhalten.[33] Der Streit um das spanische Erbe führte schon zu Beginn des Jahrhunderts zu einer Diskussion über die Frage, ob gegen eine durch dynastischen Erbgang bewirkte Machtballung bewaffneter Widerstand anderer Staaten erlaubt sei. Daniel Defoe zeigte sich im Jahre 1700 davon überzeugt, daß es die Rücksicht auf das "öffentliche Wohl" und auf die „Ruhe Europas" rechtfertige, „die Frage der schönen Gerechtigkeit hintanzustellen".[34]

Dynastische Erbfolge betrachtete Defoe allerdings nur als Sonderfall einer allgemeinen Gefahr: „Jeder König auf der Welt würde der Universalmonarch sein, wenn er nur könnte, und das einzige, was ihm Schranken setzt, ist die Macht seiner Nachbarn".[35] Im gleichen Sinne schrieb Friedrich der Große zwei Jahre vor seinem Regierungsantritt, allen Fürsten wohne von Natur der Drang zur Expansion inne. Gleichgewichtspolitik hieß dementsprechend, dem Ausdehnungsdrang der Nachbarn rechtzeitig eine Gegenmacht gegenüberzustellen. Wieder gebrauchte Friedrich die Metapher der Uhr, um die Unausweichlichkeit, damit aber auch die Berechenbarkeit dieser Tendenz zum Ausdruck

---

[32] Weisungen für die Direktoren und Vicedirektoren der Gymnasien, Wien 1781, in: *Karl Wotke*, Das Österreichische Gymnasium im Zeitalter Maria Theresias, Bd. 1, Berlin 1905, S. 378.

[33] Vgl. dazu *Kurt Kluxen*, Zur Balanceidee im 18. Jahrhundert, in: *Helmut Berding* u. a. (Hg.), Vom Staat des Ancien Régime zum modernen Parteienstaat. Festschrift für Theodor Schieder, München 1978, S. 42 f.

[34] *Daniel Defoe*, The Two Great Questions Consider'd, in: ders., Political and Economic Writings, Bd. 5: International Relations, hg. von *P. N. Furbank*, London 2000, S. 36: *to set aside the Point of nice Justice.*

[35] Ebd., S. 34.

zu bringen. Gleichwie ein Uhrmacher den Gang der Uhr aus der Kenntnis ihrer Mechanik voraussagen könne, bemühe sich ein kluger Staatsmann, die Maximen der Höfe kennenzulernen, die Triebfedern der Politik eines jeden Fürsten zu durchschauen und die Hintergründe aktueller Entwicklungen zu verstehen: „Er überläßt nichts dem Zufall, sein durchdringendes Auge sieht die Zukunft voraus und blickt entlang der Kette der Ursachen bis in die fernsten Jahrhunderte zurück".[36]

Wie der Mensch die Natur erforschte, um sie zu beherrschen, so suchte Friedrich die Gesetze der Politik zu verstehen, um sich zum Vorteil seines Staates in ihr zu orientieren. Dementsprechend war er davon überzeugt, daß in der Politik nur derjenige Erfolg habe, der in sorgfältiger Berechnung der gegebenen Kräfte und Möglichkeiten im Laufe der Zeit ein System von Handlungsgrundsätzen entwickelt habe. Mehrfach betonte Friedrich, der sich in diesem Zusammenhang selbst gerne als „aufgeklärten König" (roi éclairé) bezeichnete, eine wohlgeleitete Regierung müsse einem so straffen System folgen, wie es nur ein „System der Philosophie" sein könne. Dabei müßten Finanzen, Politik und Militärwesen stets auf ein einheitliches Ziel ausgerichtet sein: auf „die Festigung des Staates und die Steigerung seiner Macht" (l'affermissement de l'état et l'accroissement de sa puissance). Ein solches System lasse sich nicht in kurzer Frist entwickeln, da es tiefe Reflexion, langjährige Vertrautheit mit den Geschäften, einen weiten Horizont und kluge Berechnung voraussetze. Von Frankreich sagte der preußische König, es fehle ihm ein System. Jeder Minister schaffe sich sein eigenes, und ein neuer Minister betreibe das Gegenteil seines Vorgängers.[37]

Das Bedürfnis nach Ordnung und widerspruchsfreier Systematik lag auch den epochentypischen Bemühungen um Kodifikation des Rechts zugrunde. Katharina II. schärfte dem Fürsten Vjazemskij bei dessen Ernennung zum Generalprokurator im Februar 1764 in einer ganz geheimen Instruktion ein: „Unsere Gesetze verlangen nach Korrektur" (popravlenie). Sie müssen sämtlich „in ein einheitliches System gebracht werden"; Gesetze, die nicht in das System passen, müssen „aufgehoben" werden; „zeitbedingte" Gesetze müssen von den „langfristigen und notwendigen Gesetzen" geschieden werden.[38] Drei Jahre später trat die bereits erwähnte Kommission für ein neues Gesetzbuch zusammen.

---

[36] *Frédéric le Grand*, Considérations sur l'état présent du corps politique de l'Europe, in: *ders.*, Œuvres, Bd. 8, Berlin 1848, S. 15, 3.
[37] *Frédéric le Grand*, Testament politique (1752), in: [*ders.*], Testamente, S. 190.
[38] Zit. nach *Omel'čenko*, „Monarchija", S. 75.

Aufgeklärter Absolutismus

In der historischen Forschung wird seit langem eine Form der Verknüp-
fung von Aufklärung und Monarchie diskutiert, die bisher nicht explizit zur
Sprache gekommen ist: der sogenannte aufgeklärte Absolutismus. Wie die
Bezeichnung Absolutismus selbst, so stammt auch diese Begriffsbildung aus
dem 19. Jahrhundert. Im 18. Jahrhundert begegnen vereinzelt allerdings verwandte Begriffe. So befürwortete im Jahre 1767 der Physiokrat Paul-Pierre
Le Mercier de la Rivière die Einführung eines „legalen" oder „natürlichen
Despotismus" (*despotisme légal* oder *despotisme naturel*), weil er glaubte,
nur ein einzelner vermöge zu erkennen, was dem Gemeinwesen zuträglich
sei. Diese Person müsse mit unumschränkter Gewalt ausgestattet werden,
damit sie ihre Erkenntnis auch verwirklichen könne.[39] Sechs Jahre später
warnte Diderot vor einer Folge von Herrschern, die sich einem „gerechten
und aufgeklärten Despotismus" (*despotisme juste et éclairé*) verschrieben, weil
sie die Untertanen in Sklaven verwandelten.[40] Den Begriff des aufgeklärten
Absolutismus führte Wilhelm Roscher, ein früher Vertreter der historischen
Schule der Nationalökonomie, ein. In einem Aufsatz aus dem Jahre 1847 unterschied er drei Phasen oder, wie er formulierte, „Entwicklungsstufen" des
Absolutismus, den konfessionellen, für den ihm Philipp II., den höfischen, für
den ihm Ludwig XIV., und den aufgeklärten, für den ihm Friedrich II. als Pro-
totyp erschien. Das unterscheidende Merkmal dieser „Entwicklungsstufen"
sah Roscher darin, daß „jede folgende den Absolutismus höher" getrieben
und „den Fürsten unbeschränkter" hingestellt habe. Kennzeichnend für die
Steigerung der monarchischen Gewalt durch die Aufklärung erschien ihm
die Selbststilisierung Friedrichs des Großen zum ersten Diener seines Staates,
weil der Fürst als bloßer Diener „im Namen des Staates [...] viel ungenierter
Gut und Blut des Volkes" habe „in Anspruch nehmen" können „als in seinem
eigenen. Es ist häufig sehr vorteilhaft, beim Wesen der Macht die Form des
bloßen Mandats anzunehmen, wenn nämlich der Mandant gar keine anderen
Organe hat".[41]
Aus der Perspektive des liberalen Konstitutionalismus hätte kaum ein ver-
nichtenderes Urteil über den aufgeklärten Absolutismus gefällt werden können. Das wird gerade an der Interpretation der Metapher vom ersten Diener
des Staates deutlich, die nicht nur für Roscher, sondern auch für viele späteren Historiker bis zum heutigen Tage den eigentlichen Kern dessen ausmacht,
was sie als den aufgeklärten Charakter der Herrschaft Friedrichs des Großen
interpretieren. Roscher sah darin nicht etwa wie viele spätere Autoren eine

[39] *Paul-Pierre Le Mercier de la Rivière*, L'Ordre naturel et essentiel des sociétés politiques,
hg. von *Edgard Depitre*, Paris 1910, S. 128–130 u. ö.
[40] Vgl. oben den Abschnitt „Diderot und Katharina II".
[41] *Wilhelm Roscher*, Umrisse zur Naturlehre der drei Staatsformen, in: Allgemeine Zeitschrift für Geschichte 7 (1847), S. 451.

Annäherung an die liberale Staatsauffassung, sondern eine Legitimation zu noch rücksichtsloseren Eingriffen des Herrschers in die Freiheit seiner Untertanen. Mit dieser Deutung stand Roscher in seiner Epoche nicht alleine. Vielmehr nahm er nur Positionen auf, die sich auch anderswo im liberalen Schrifttum der Zeit finden. So schrieb der Freiburger Staatswissenschaftler Carl von Rotteck im Jahre 1840, „der sogenannte aufgeklärte oder liberale Absolutismus", sei genauso „verwerflich, ja wegen der Heuchelei, die ihn ganz eigens charakterisiert, noch verwerflicher [...] als jeder andere".[42]

In der zweiten Hälfte des 19. Jahrhunderts wurden Friedrich und seine politischen Grundsätze in der deutschen Geschichtswissenschaft wieder freundlicher beurteilt. Dafür gibt es zwei Erklärungen. Zum einen war mit dem Übergang Preußens zum Verfassungsstaat im Zuge der Revolution von 1848 in allen deutschen Staaten außer Österreich der Absolutismus Vergangenheit geworden. Es gab daher keinen Grund mehr, ihn in der Gegenwart zu bekämpfen. Zum zweiten hatte die von Friedrich geschaffene Großmacht Preußen die nationale Einheit Deutschlands zustande gebracht. Im Vorwort zu Reinhold Kosers Biographie Friedrichs von 1889 ist dementsprechend zu lesen: „Erst in der Geburtsstunde der deutschen Einheit war die bahnbrechende Bedeutung der Regierung Friedrichs auch für die deutsche Geschichte erwiesen: Sein Auftreten war doch mehr als eine „vorübergehende Episode" gewesen. [...] Zugleich aber mußte einem Geschlecht, welches wie das unsere unter dem Eindruck einer großen Herrschergestalt" – gemeint ist Kaiser Wilhelm I. – „den monarchischen Gedanken mächtig erstarken sah, erhöhtes Verständnis für einen König sich erschließen, der mit seiner Auffassung der Königspflicht und seiner Übung des Königsamtes, der mit seinem Gelöbnis, des Staates erster Diener sein zu wollen, dem Königtum eine neue Wahrheit und eine neue Weihe gegeben hatte".[43]

Otto Hintze urteilte im Jahre 1915 in seinem Buch „Die Hohenzollern und ihr Werk", in dem noch von Friedrich angeregten, aber erst nach seinem Tode vollendeten „Allgemeinen Gesetzbuch für die preußischen Staaten" habe „der Geist des aufgeklärten Despotismus der friderizianischen Epoche mit seinen wohlwollenden, humanen Tendenzen und seiner konservativen Sozialpolitik einen klassischen Ausdruck" gefunden. Wenig später hob Hintze hervor, Friedrich habe mit der Ableitung seiner Herrschaft aus einem Urvertrag und mit seiner darauf gegründeten Überzeugung, daß er nur der erste Diener des Staates sei, als „erster Fürst der Weltgeschichte dem modernen Gedanken Ausdruck" gegeben, „daß der Monarch ein Organ der über ihm stehenden Staatspersönlichkeit" sei. So sei „Friedrich der Hauptvertreter des aufgeklär-

---

[42] *Carl von Rotteck*, Art. Monarchie, in: Staats-Lexikon, hg. von *dems.* und *Carl Welcker*, Bd. 10 (1840), S. 662.
[43] *Reinhold Koser*, Geschichte Friedrichs des Großen, 4. und 5., verm. Aufl., Bd. 1, Stuttgart / Berlin 1912, S. XII.

ten Absolutismus geworden, den man als die Vorstufe unseres modernen Rechts- und Verfassungsstaats bezeichnen" könne.[44]

Hatte der vormärzliche Liberalismus im Absolutismus noch das entschiedene Gegenprinzip zum modernen Verfassungsstaat gesehen, so machte Hintze den friderizianischen Absolutismus knapp einhundert Jahre später zu dessen Vorläufer. Statt der despotischen Züge hob er die „wohlwollenden, humanen Tendenzen" des preußischen Wohlfahrtsstaats hervor. Vermutlich hat Koser an der zitierten Stelle mit dem Hinweis auf die Erstarkung des monarchischen Gedankens im Kaiserreich die Erklärung für diesen Umschwung des historischen Urteils geliefert. Erstarkung des monarchischen hieß zugleich Abschwächung des demokratisch-liberalen Gedankens und Aufrechterhaltung des sogenannten monarchischen Prinzips. So wurde der Schluß nahegelegt, daß die preußische Monarchie durch Friedrich den Großen eine Tradition zeitgemäßer Reform von oben begründet habe und dadurch anders als Frankreich von revolutionären Erschütterungen weitgehend verschont geblieben sei.

Damit war die Grundlage geschaffen für die Interpretation des aufgeklärten Absolutismus als Verbindung des Absolutismus mit der Aufklärung, wie sie sich in unserer Zeit bei Fritz Hartung und Karl Otmar von Aretin findet. Diese Autoren betrachten wie Wilhelm Roscher den aufgeklärten Absolutismus als eine eigene Phase der absoluten Monarchie, erblicken deren Kennzeichen jedoch nicht in der von Roscher hervorgehobenen Steigerung der monarchischen Gewalt, sondern in ihrer nachhaltigen Beeinflussung durch die „Philosophie", insbesondere die „Staatslehre der Aufklärung".[45] Diese Interpretation birgt allerdings erhebliche Schwierigkeiten. Das Kriterium der Beeinflussung durch die Philosophie der Aufklärung ist viel zu vage, als daß sich ein spezifisches Profil von absoluter Monarchie daraus ableiten ließe. Man kann Hartung schwerlich zustimmen, wenn er meint, in der Geschichtswissenschaft wisse jeder, „was er unter der Aufklärung zu verstehen" habe.[46] Bekanntlich hat die Aufklärung ganz verschiedene und zum Teil geradezu gegensätzliche politische Theorien hervorgebracht: den Hobbesschen Staatsabsolutismus nicht weniger als John Lockes Freiheitsphilosophie, den auf die Steigerung der Macht des Fürsten abzielenden und das Leben der Untertanen bis in Details hinein reglementierenden Kameralismus nicht weniger als die Empfehlung der französischen Physiokraten und des schottischen Moralphilosophen Adam Smith, nach dem Prinzip des *Laissez faire, laissez passer* den Wirtschaftskreislauf freizugeben.

---

[44] *Otto Hintze*, Die Hohenzollern und ihr Werk. Fünfhundert Jahre vaterländischer Geschichte, Berlin 1915, S. 397, 400.

[45] *Fritz Hartung*, Der Aufgeklärte Absolutismus (1955), in: *Karl Otmar Freiherr von Aretin* (Hg.), Der Aufgeklärte Absolutismus, Köln 1974, S. 57.

[46] Ebd.

Vielfach wird angenommen, die als aufgeklärt bezeichneten Herrscher hätten sich insgeheim bereits Idealen verschrieben, die gegen Ende des Jahrhunderts in der Amerikanischen und der Französischen Revolution unter dem Namen von Menschen- und Bürgerrechten verkündet werden sollten. Anders wäre eine Aussage wiederum Hartungs nicht zu verstehen, wonach der aufgeklärte Absolutismus nicht den „Mut" gefunden habe, „die vollen Konsequenzen seiner Theorien zu ziehen und die ganze bestehende Gesellschaftsordnung über den Haufen zu werfen".[47] Man fragt sich, ob es wirklich mangelndem Mut zuzuschreiben ist, wenn Katharina sich von Diderots Empfehlungen nicht beeindrucken ließ, oder nicht vielmehr der Einsicht in die soziale und politische Wirklichkeit ihres Landes. Kein Herrscher des 18. Jahrhunderts hat auch nur einen Augenblick daran gedacht, die Souveränität auf die Nation zu übertragen und sich auf die Rolle eines bloßen Verfassungsorgans zu beschränken, geschweige denn die Monarchie abzuschaffen. Immerhin wird den aufgeklärten Monarchen von vielen Historikern die Achtung vor bestimmten Menschenrechten zugutegehalten. In diesem Zusammenhang werden vor allem die Gewährung religiöser Toleranz und der Verzicht auf die Folter genannt. Dabei wird kaum je geprüft, ob die Abschaffung der Folter und die Garantie der Religionsfreiheit, wo sie verfügt wurden, sich nicht in erster Linie kameralistischer Rationalität verdankten. Zur Toleranz meinte Justi, man dürfe den „Zwiespalt in Glaubenssachen [...] weder durch Verfolgung, Ausjagung, noch andere gewaltsame Mittel aufzuheben suchen, und dadurch das Land in Zerrüttung, Armuth und Mangel an Einwohnern setzen, auch wegen der Einheit in der Religion das Land nicht in Mangel der Commercien und Manufacturen lassen".[48] Von einem Menschenrecht auf Religionsfreiheit spricht Justi nicht. Ganz ähnlich argumentierte Friedrich der Große, wenn er schrieb: „Der falsche Eifer ist ein Tyrann, der die Provinzen entvölkert; die Toleranz dagegen ist eine zärtliche Mutter, die sie pflegt und zum Blühen bringt".[49]

Der Abschaffung der Folter hat Katharina in ihrer Instruktion von 1767 mehrere Absätze gewidmet, die fast wörtlich aus dem erst drei Jahre zuvor in Livorno erschienenen Werk von Cesare Beccaria, „Über die Verbrechen und die Strafen" (*Dei delitti e delle pene*), übernommen sind. Beccaria setzte sich dafür ein, auf dem Gebiet des Strafrechts an die Stelle von Paragraphen, die über Jahrhunderte kritiklos fortgeschleppt worden waren, ein neues, vernunftgerechtes Normensystem zu setzen. Als Kriterium der Vernünftigkeit galt die ausschließliche Orientierung am Zweck der Strafe, den Beccaria darin erblickte, die Gesellschaft vor dem Verbrechen zu schützen. Aus diesem Grunde forderte er, daß für Delikte um so höhere Strafen angedroht würden,

---

[47] Ebd., S. 58.
[48] *Justi*, Grundriß, S. 521.
[49] *Frédéric le Grand*, Mémoires pour servir à l'histoire de la maison de Brandebourg, in: ders., Œuvres, Bd. 1, Berlin 1846, S. 212.

je mehr Schaden dem Gemeinwohl aus ihnen erwachsen könne.[50] Daraus folgerte er, daß die Strafe im Gesetz genau festgelegt und daß es den Gerichten untersagt werden müsse, eigenmächtig zusätzliche Strafen zu verhängen. Mit genau diesem Argument wandte sich Beccaria gegen die Praxis, im Zuge der Ermittlungen die Folter anzuwenden. War der Angeklagte schuldig, dann lag die Strafe nach dem Gesetz fest. War er unschuldig, und als solcher hatte er bis zum Urteilsspruch zu gelten, dann verdiente er gar keine Strafe.[51] Beccaria und, ihm folgend, Katharina verurteilten die Folter somit wegen deren Norm- und Systemwidrigkeit, nicht aus Gründen der Menschwürde.

Für das Ergebnis war es freilich gleichgültig, ob auf Folter und Ketzerverfolgung aus Achtung vor der Menschenwürde oder nach Grundsätzen des wohlgeordneten Polizeistaats verzichtet wurde. Die anachronistische Unterstellung bestimmter Ideale, von denen angenommen wird, daß sie mit aufgeklärter Politik verbunden sein müßten, brachte die Verfechter des aufgeklärten Absolutismus jedoch an zwei anderen Stellen in Erklärungsnöte, an denen Menschenrecht und Staatsräson zueinander in schroffem Gegensatz standen. Friedrich II. stellte die Erbuntertänigkeit und Katharina II. die Leibeigenschaft nicht ernsthaft in Frage, und in der Außenpolitik ließen weder die Genannten noch Maria Theresia und Joseph II. auch nur in Ansätzen eine Abkehr von der traditionellen Macht- und Eroberungspolitik erkennen.

Die Befreiung der Bauern kam weder für Friedrich noch für Katharina in Betracht, weil die bäuerliche Fronarbeit dem Adel, auf dessen Dienste die beiden Herrscher angewiesen waren, die wirtschaftliche Grundlage sicherte. Friedrich war sich dessen bewußt, daß die aufgeklärte Meinung die Erbuntertänigkeit verurteilte. Wer jedoch glaube, der gute Wille reiche hin, um „diese barbarische Sitte" abzuschaffen, der irre. Die Institution beruhe auf alten Verträgen zwischen Landeigentümern und Bauern. Die Landwirtschaft sei auf die Dienste der Bauern angewiesen. Würde die Erbuntertänigkeit mit einem Schlage aufgehoben, würde die Agrarwirtschaft zusammenbrechen. Deren Aufrechterhaltung aber sei für den störungsfreien Gang der Staatsmaschine unentbehrlich. Tatsächlich hielten die Bauern durch ihre Dienste auf dem Vorwerksland die ostelbische Gutswirtschaft aufrecht und stellten damit den Adel für den Königsdienst im Offizierskorps und in der Beamtenschaft frei. Die bäuerlichen Dienste waren somit Teil des umfassenden und ausgeklügelten Systems, durch dessen Befolgung sich in den Augen Friedrichs der aufgeklärte Herrscher auszeichnete.[52] Im übrigen läßt der Hinweis Friedrichs auf bestehende Verträge erkennen, daß die Macht auch des absoluten Monarchen dort ihre Grenzen hatte, wo Reformen wohlerworbene Rechte gesellschaftli-

---

[50] *Cesare Beccaria*, Dei delitti e delle pene (1764), in: *Luigi Firpo* (Hg.), Edizione nazionale delle opere di Cesare Beccaria, Bd. 1, Milano 1984, § 6, S. 40; § 12, S. 55: *a misura che sono contrari al ben pubblico*.

[51] *Beccaria*, Delitti, § 16, S. 62.

[52] *Frédéric le Grand*, Essai sur les formes du gouvernement et sur les devoirs des souverains (1777), in: *ders.*, Œuvres, Bd. 9, Berlin 1848, S. 205 f., 201.

cher Gruppen berührten. Aufgehoben wurde die Erbuntertänigkeit in Preußen nach der Niederlage gegen Napoleon im Jahre 1807 auch wiederum nicht aus Achtung vor einem Menschenrecht auf persönliche Freiheit, sondern, wie es in der Präambel zum Oktoberedikt Friedrich Wilhelms III. hieß, in „Vorsorge für den gesunkenen Wohlstand Unserer getreuen Untertanen".[53] Nicht Jefferson oder Mirabeau hatten bei diesem Schritt Pate gestanden, sondern Adam Smith.

Katharinas Urteil über die Lage der Bauern war seit 1773 durch den Aufstand des Pugačev mitbestimmt, und vielleicht ist dieses Trauma auch der Grund dafür, daß sie Aleksandr Radiščev für seine Schrift „Reise von Petersburg nach Moskau" von 1790, in der dieser die Leibeigenschaft scharf kritisiert hatte, in Sibirien büßen ließ.[54] Immerhin hatte die Zarin das Todesurteil in eine zehnjährige Verbannung umgewandelt. Doch auch die Verbannung war eine harte Strafe, zumal Katharina bis dahin ein solches Maß an Pressefreiheit geduldet hatte, daß die Bürger von Sankt Petersburg im Jahre 1789 die von der französischen Nationalversammlung im August verabschiedete Erklärung der Menschen- und Bürgerrechte in der Zeitung lesen konnten.[55]

Was die auswärtigen Beziehungen anbelangt, so hat Hamish Scott das angebliche Fehlen aufgeklärter Außenpolitik mit der bezeichnenden Feststellung umschrieben, daß Herrscher und Staatsmänner, die *at home* „fortschrittliche und humanitäre Ziele" verfolgten, diese Grundsätze *abroad*, also in der Außenpolitik, missachtet hätten.[56] Der Widerspruch zwischen innerer und äußerer Politik, den Scott konstatiert, liegt jedoch nicht bei den Monarchen, sondern bei den Historikern, sofern sie die innere Politik der betreffenden Fürsten als humanitär interpretieren, statt sie aus den Grundsätzen kameralistischer Staatsräson abzuleiten. Friedrich der Große selbst machte, wie wir gesehen haben, keinen grundsätzlichen Unterschied zwischen den Maximen der inneren und der äußeren Politik, wenn er die Metapher der Uhr wie auf die innere Struktur des Staates, so auch auf das Regelwerk der internationalen Beziehungen anwandte. Wer die Naturgesetze der internationalen Politik für seine Zwecke einzusetzen verstand, konnte sich seiner Meinung nach nicht nur vor Schaden bewahren, sondern auch die erstaunlichsten Erfolge erzie-

---

[53] Edikt den erleichterten Besitz und den freien Gebrauch des Grundeigentums sowie die persönlichen Verhältnisse der Landbewohner betreffend, Memel, 9.10.1807, in: *Werner Conze* (Hg.), Quellen zur Geschichte der deutschen Bauernbefreiung, Göttingen 1957, S. 102.

[54] *Aleksandr Nikolaevič Radiščev*, Putešestvie iz Peterburga v Moskvu, in: *ders.*, Sočinenija, hg. von *V. A. Zapadov*, Moskva 1988; deutsche Ausgabe: *Alexander Nikolajewitsch Radischtschew*, Reise von Petersburg nach Moskau (1790), aus dem Russischen übersetzt von Arthur Luther, Leipzig 1922.

[55] *Isabel de Madariaga*, Catherine the Great, in: *Hamish M. Scott* (Hg.), Enlightened Absolutism. Reform and Reformers in Later Eighteenth-Century Europe, Houndmills 1990, S. 304.

[56] *Hamish M. Scott*, The Problem of Enlightened Absolutism, in: *ders.* (Hg.), Absolutism, S. 25.

len, im Idealfall sogar ohne Blutvergießen. Den von Rußland, Österreich und
Preußen gemeinschaftlich vollzogenen Raub polnischer Provinzen im Jahre
1772 rühmte der König in diesem Sinne als ein besonders gelungenes Stück
rationaler Politik, als „das erste Beispiel in der Geschichte für eine zwischen
drei Mächten friedlich durchgeführte Teilung".[57]

Eine weitere Schwierigkeit, welche die Hypothese des aufgeklärten Absolutismus mit sich bringt, besteht darin, daß Aufklärung vielerorts schon
lange vor der Mitte des 18. Jahrhunderts auf die Politik eingewirkt hat. Die
vor allem in Deutschland entwickelte Polizei- und Kameralwissenschaft hat
den deutschen Fürstenstaat seit dem 17. Jahrhundert beeinflußt. In Rußland
hat sie, wie Marc Raeff 1983 in seinem Buch „The Well-Ordered Police State"
gezeigt hat, nicht erst auf Katharina II., sondern schon auf Peter I. gewirkt.
Auch ist nicht einzusehen, warum erst Friedrich II., nicht aber schon Friedrich Wilhelm I. unter die aufgeklärten Herrscher gezählt werden soll, wo doch
er es war, der den Staat Friedrichs des Großen geschaffen hatte. Wenn Hamish
Scott die Übernahme des von Friedrich Wilhelm I. zur Rekrutierung von
Bauernsöhnen für die Armee geschaffenen Kantonreglements durch Maria
Theresia in den frühen siebziger Jahren unter die Reformen des aufgeklärten
Absolutismus in Österreich rechnet, müßte er auch den Soldatenkönig selbst
zu den aufgeklärten Herrschern zählen. Friedrich selbst nannte seinen Vater
einen Philosophen auf dem Thron, weil er davon durchdrungen gewesen sei,
daß ein Fürst mit dem Gut und Blut seiner Untertanen sparsam – das heißt,
wie ein guter Haushälter – umgehen müsse.[58]

Angesichts all dieser Ungereimtheiten hat Günter Birtsch den aufgeklärten
Absolutismus „eine begriffliche Fehlleistung der Historiographie" genannt
und vorgeschlagen, die Regierungen Friedrich Wilhelms I. und Friedrichs II.
unter dem Namen eines preußischen, die Regierungen Maria Theresias und
Josephs II. unter dem Namen eines österreichischen „Reformabsolutismus"
zusammenzufassen.[59] Entsprechend müßte man für Rußland mit Peter I. und
Katharina II. verfahren.

Daß Peter der Große und Friedrich Wilhelm I. im allgemeinen nicht aufgeklärt genannt werden, obwohl ihre als aufgeklärt bezeichneten Nachfolger
sie sich zu Vorbildern nahmen, verweist auf eine spezifische Eigentümlichkeit
der Hypothese des aufgeklärten Absolutismus. Wie schon der Begriff des Absolutismus selbst, so bezeichnet erst recht der Begriff des aufgeklärten Absolutismus zunächst einmal eine Zielsetzung und ein Programm, nicht aber die
jeweilige politische und gesellschaftliche Wirklichkeit selbst. Auf der ideolo-

---

[57] *Frédéric le Grand*, Mémoires depuis la paix de Hubertsbourg, 1763, jusqu'à la fin du par-
tage de la Pologne, 1775, in: *ders.*, Œuvres, Bd. 6, Berlin 1847, S. 47.

[58] *Frédéric le Grand*, Mémoires pour servir à l'histoire de la maison de Brandebourg, S. 126;
vgl. *Hamish M. Scott*, Reform in the Habsburg Monarchy, 1740–90, in: *ders.* (Hg.), Absolutism, S. 151.

[59] *Günter Birtsch*, Aufgeklärter Absolutismus oder Reformabsolutismus?, in: *ders.* (Hg.),
Reformabsolutismus im Vergleich, Hamburg 1996 (Aufklärung 9/1), S. 104, 106.

gischen Ebene sind sich in der Tat viele Herrscher der Zeit nahe, vor allem in der zweiten Hälfte des 18. Jahrhunderts, in dem sich der aufgeklärte Zeitgeist zunehmend auch in den Formulierungen der offiziellen Verlautbarungen niederschlug. Die gemeinsame aufgeklärte Rhetorik der Herrscher darf jedoch nicht die gewaltigen Unterschiede im politischen und sozialen Entwicklungsstand ihrer Länder verdecken. Im Jahre 1797 besuchten etwa 20 000 Schüler die Elementarschulen Rußlands; allein in Böhmen dagegen wurden im Jahre 1789 rund 170 000 Schüler gezählt.[60] Die Gesetzbuchkommission Katharinas konnte ihre Arbeit nicht zu Ende führen. Schon im zweiten Jahr ihres Bestehens stellte das Plenum seine Beratungen ein, weil die meisten adligen Deputierten im russisch-türkischen Krieg ihrer Offizierspflicht nachkommen mußten. In Mitteleuropa dagegen gelangten die großen Kodifikationswerke zum Abschluß: 1794 das „Allgemeine Landrecht für die Preußischen Staaten" und 1811 das „Allgemeine Bürgerliche Gesetzbuch für die gesamten Deutschen Erbländer der Österreichischen Monarchie". In Frankreich vollendete Napoleon die in der Revolution begonnenen Kodifikationen. Während Preußen und Österreich über einen leistungsfähigen Beamtenapparat, ein effizientes Steuersystem und ein hoch entwickeltes Schulwesen verfügten, stießen die Reformanstrengungen Katharinas überall an klimatisch-naturräumliche sowie soziale und politische Grenzen. Wie Jan Kusber gezeigt hat, schränkte allein die Unpassierbarkeit der Verkehrswege über viele Monate des Jahres hinweg die effektive Ausübung der Regierung in Rußland im wesentlichen auf die Hauptstädte Sankt Petersburg und Moskau ein. Aus demselben Grund habe sich auch der Binnenhandel kaum entfalten können. Selbst die Binnenkolonisation sei nur langsam vorangekommen. Die Steuererhebung sei nur unregelmäßig erfolgt. Der Aufbau eines leistungsfähigen Beamtenapparats habe sich wegen des Mangels an geschultem Personal verzögert. Der Adel habe die ihm in der Reform von 1775 zugedachte Rolle in der Lokalverwaltung nur widerwillig und in unzureichendem Umfang angenommen. Daher habe die Kaiserin auf Persönlichkeiten aus weiter entwickelten Randgebieten wie den Balten Jacob Johann von Sievers zurückgreifen müssen, der ihr lange Jahre als Generalgouverneur von Novgorod diente. Schließlich hätten die zahlreichen Kriege, die die Zarin geführt habe, und die Eingliederung der hinzuerworbenen Gebiete im Süden und Westen die Kräfte des Staates zu Lasten der Reformpolitik immer wieder stark in Anspruch genommen.[61]

Es scheint, als hätten sich erhebliche Teile der Geschichtswissenschaft durch ihr Festhalten an einem traditionellen und mittlerweile seit über anderthalb Jahrhunderten fortgeschleppten Konzept allzu lange den Blick für

---

[60] *Jan Kusber*, Grenzen der Reform im Rußland Katharinas II., in: ZHF 25 (1998), S. 518; *Wolfgang Neugebauer*, Niedere Schulen und Realschulen, in: *Notker Hammerstein / Ulrich Herrmann* (Hg.), Handbuch der deutschen Bildungsgeschichte, Bd. 2: 18. Jahrhundert, München 2005, S. 240.

[61] *Kusber*, Grenzen, S. 509–528.

eine widerspruchsfreie Deutung monarchischer Reformpolitik in der Epoche der Aufklärung verstellt. In Wirklichkeit ist nahezu die gesamte Geschichte des Staates der frühen Neuzeit, wie Johannes Kunisch hervorhob, als eine Geschichte fortgesetzter Reform von oben zu verstehen.[62] Deren Ziele waren die Steigerung der monarchischen Gewalt, die Rationalisierung der Herrschaft, der Ausbau und die Zentralisierung der Verwaltung, die Erhöhung der allgemeinen Wohlfahrt und die Stärkung des Staates nach außen. Für die Erreichung dieser Ziele stellte die Kameral- und Polizeiwissenschaft einen Komplex von wissenschaftlichen Anleitungen zur Verfügung, die den Regierungen teils durch die Schriften der Kameralisten selbst, teils durch die wachsende Zahl von Beamten, die das Fach an den Universitäten studiert hatten, vermittelt wurden.

Hauptantrieb für die fürstliche Reformtätigkeit war, wie gezeigt, die immer schärfer werdende Mächtekonkurrenz innerhalb des europäischen Staatensystems. Militärische Niederlagen, die Erfahrung der Rückständigkeit gegenüber anderen Mächten, Kriegsfolgen wie Zerstörungen von Städten und Dörfern, Verödung weiter Landstriche, Bevölkerungsverluste und Überschuldung führten regelmäßig zur Einleitung von Reformen. Ein Beispiel dafür bietet die Reformpolitik Maria Theresias und Josephs II., die wesentlich durch den Verlust Schlesiens nach 1740 und das Scheitern Österreichs im Siebenjährigen Krieg motiviert war. Die Kosten dieses Krieges, den sie auf drei Kontinenten ausgefochten hatte, zwangen nach 1763 selbst die britische Regierung, neue Steuerquellen zu erschließen.

Besteuerung ohne Reformen

Georg III. war zwar kein absoluter Monarch, aber als *King-in-Parliament* bediente er sich bei Bedarf derselben kameralistischen Regierungsgrundsätze wie andere Könige auch. Der Gedanke, nach dem Sieg im Siebenjährigen Krieg auch die britischen Untertanen in den dreizehn nordamerikanischen Kolonien an der Abtragung der aufgelaufenen Schulden und an den Kosten ihrer eigenen Verwaltung zu beteiligen, entsprach gewiß bewährten Grundsätzen aufgeklärter Staatsweisheit. Gegen die 1765 eingeführte Stempelsteuer entzündete sich bei den Siedlern jedoch so heftiger Widerstand, daß das Parlament sie alsbald wieder aufheben mußte. Offensichtlich war diese Art von aufgeklärter Politik in Nordamerika nicht mehr durchsetzbar. Die Amerikaner wollten sich nicht länger von einem fernen König diktieren lassen, was ihrer Glückseligkeit und der Glückseligkeit des britischen *Empire* förderlich sei. Nach ihrem Verständnis von Naturrecht mußte jeder Mensch in Freiheit selbst darüber entscheiden dürfen, worin er sein Glück suchen wollte. Bin-

---

[62] *Johannes Kunisch*, Absolutismus. Europäische Geschichte vom Westfälischen Frieden bis zur Krise des Ancien Régime, 2. Aufl., Göttingen 1999, S. 197.

nen zwei Jahrzehnten führte der Konflikt nicht nur zur Unabhängigkeit der dreizehn Kolonien, sondern auch zu ihrer Abkehr von der Monarchie. Nach der Absetzung Georgs III. am 4. Juli 1776 wurde die Berufung eines anderen Fürsten zum König von Amerika nicht ernsthaft in Betracht gezogen.

Wie in Nordamerika, so ging der Revolution auch in Frankreich das Scheitern eines kameralistisch geprägten Reformversuchs voraus. Am 20. August 1786 hatte Finanzminister Calonne dem König eröffnet, daß der Staat vor dem Bankrott stehe. Die Gründe dafür lagen vor allem in den exorbitanten Kosten der zahlreichen Kriege, an denen Frankreich im 18. Jahrhundert teilgenommen hatte. Den jüngsten Aderlaß hatte dem Staatshaushalt das französische Eingreifen in den amerikanischen Unabhängigkeitskrieg beigebracht. In den beiden Jahren, die auf Calonnes Eröffnung folgten, bemühte sich die Regierung fieberhaft, das eingetretene Defizit durch einschneidende Reformen des Steuersystems zu überwinden. Der konservative Widerstand der Privilegierten, repräsentiert vor allem durch die zur Registrierung neuer Gesetze befugten Parlamente, erwies sich jedoch als unüberwindlich. So wurde der König im Sommer 1788 dazu gedrängt, nach 175 Jahren zum ersten Mal die Generalstände wieder einzuberufen. Die im Widerstand der Parlamente gipfelnde Adelsrevolte (*révolte nobiliaire*) am Vorabend der Revolution offenbarte ein zweifaches Versagen des monarchischen Staates, wie er sich seit den Tagen Ludwigs XIII. und Richelieus entwickelt hatte. Zum einen war die Regierung der Monarchie politisch gescheitert, weil es ihr nicht gelungen war, die Finanzkrise mit den Mitteln des Staatsapparats zu bewältigen; zum andern war sie symbolisch gescheitert, insofern der König durch die Berufung der Generalstände gezwungen wurde, zu einer Institution Zuflucht zu nehmen, auf deren Entmachtung die Monarchie den modernen Staat einst gegründet hatte. So ließ der Schritt erahnen, daß der Monarchie eine grundlegende Umgestaltung bevorstand.

Die Monarchie in der Revolution

Wenn es in der Debatte über den aufgeklärten Absolutismus einen Standpunkt gibt, den alle Diskutanten teilen, so ist es die Überzeugung, daß es in Frankreich diese Spielart des Absolutismus nicht gegeben habe. Man fragt sich allerdings, ob der Versuch Ludwigs XVI., den Staatsbankrott zwischen 1786 und 1788 durch einschneidende Reformen des Steuersystems abzuwenden, sich im Ansatz von Finanzreformen anderer Monarchien in ähnlich kritischer Lage wirklich grundsätzlich unterschieden hat, außer daß er mißlungen ist.

Die Beschwerdeschreiben (*cahiers de doléances*), die die Abgeordneten im Mai 1789 zur Eröffnung der Generalstände aus ganz Frankreich mitbrachten, enthielten keine Fundamentalkritik an der Monarchie. Die Erwartungen zielten auf ihre Reform, nicht auf ihre Abschaffung. Das letzte der Dekrete, mit denen die Nationalversammlung Anfang August das Feudalsystem beseitigte, feierte Ludwig XVI. sogar als „Erneuerer der französischen Freiheit" (*restaurateur de la liberté française*). Die Zerstörung des monarchischen Konsenses bewirkte der König erst im Juni 1791 durch seinen Fluchtversuch und das fatale Memorandum, das er bei dieser Gelegenheit in den Tuilerien zurückließ und in dem er sich von allen Willenserklärungen seit 1789 distanzierte, mit denen er bis dahin die großen Reformdekrete der Nationalversammlung sanktioniert hatte.

Obwohl das Vertrauen in den König schwer erschüttert war, hielt die Nationalversammlung jedoch an der Monarchie fest. Als die Linke in der großen Debatte über das Verhalten des Königs im Juli 1791 den Antrag stellte, die Republik zu proklamieren, wurde von den Verteidigern der Monarchie das bekannte Argument aufgeklärter politischer Theorie hervorgeholt, daß Republiken nur in kleinen Staaten gedeihen könnten. Dem Einwand, daß auch die über ein großes Territorium verfügenden Vereinigten Staaten erst unlängst die Form der Republik angenommen hätten, begegnete Joseph Barnave mit dem Hinweis, daß Frankreich anders als Amerika dicht besiedelt und von feindlichen Nachbarn umgeben sei. Außerdem besäßen die Amerikaner ein anderes Ethos als die Franzosen, zeigten die Gewohnheiten und die Einfachheit eines noch jungen Volkes und seien fast ausnahmslos mit Ackerbau und anderer körperlicher Arbeit beschäftigt. Das bewahre die Menschen in ihrer natürlichen und unverfälschten Art und halte sie fern von den künstlichen Leidenschaften, aus denen die Revolutionen der Regierungen entsprängen. Im Unterschied zu Amerika gebe es in Frankreich eine große Zahl von Personen, die ausschließlich mit intellektueller Spekulation beschäftigt seien. Das beflügle die Einbildungskraft und mache die Menschen ehrgeizig und ruhmsüchtig. Ein derartiger Nationalcharakter aber erfordere eine starke Regierung, wie sie nur die Monarchie biete.[63] Dieser Auffassung schloß sich die Mehrheit der Versammlung an. Am 14. September 1791 wurde Ludwig XVI. auf die Verfassung vereidigt. Doch die Nation war gespalten, und der König erkannte nicht, daß er das verlorene Vertrauen nur dadurch hätte zurückgewinnen können, daß er im Krieg gegen die Großmächte, der im April des folgenden Jahres ausbrach, mit Entschiedenheit und für jedermann erkennbar die Sache der Revolution zu seiner eigenen machte.

Mit der Suspendierung Ludwigs XVI. durch die gesetzgebende Versammlung am 10. August 1792 und der Ausrufung der Republik durch den Nationalkonvent am 21. September waren in Frankreich beide Formen einer von Aufklärung bestimmten Monarchie gescheitert – sowohl Katharinas Monarchie kameralistischer als auch Diderots Monarchie konstitutioneller Rationalität. Wie schon 1776 in den Vereinigten Staaten, war damit auch in Frankreich ausgesprochen, daß Monarchie und Aufklärung nicht miteinander vereinbar seien.

[63] *Joseph Barnave*, in: AP, Serie I, Bd. 28, Paris 1887, 15. 7. 1791, S. 326 f.

Aufklärung und Revolutionszeitalter

Der Übergang zum Verfassungsstaat enthob die Anhänger der Monarchie nicht der Suche nach einer rationalen Legitimation dieser Regierungsform. Das Eintreten Barnaves in der Nationalversammlung für die Beibehaltung der Monarchie nach dem mißlungenen Fluchtversuch Ludwigs XVI. im Juni 1791 ist das erste Beispiel einer argumentativen Rechtfertigung der konstitutionellen Monarchie gegenüber den Befürwortern der Republik. Friedrich Christoph Dahlmann ließ wenige Jahre vor der Revolution von 1848 seinen Blick über die „verschiedensten Zeiten und Verhältnisse" streifen, um zu zeigen, „welch eine tiefsinnige Verfassung die Monarchie" sei. „Die Mehrzahl des Volks" bedürfe „zu allen Zeiten dieser verständlichsten und gemütvollsten aller Regierungsweisen". Dahlmann hielt die Monarchie für einen Garanten der Staatserhaltung, denn er fuhr fort, „unzählige Male" habe „sich an die alte Treue für ein angestammtes Haus die Erhaltung des ganzen Staats geknüpft". Daher warnte er davor, den hohen Wert der Monarchie leichtfertig zu unterschätzen: „Wer in diesem unter der Last so manches unabwendbaren Wechsels fast erliegenden Weltteile noch die Monarchie entwurzeln möchte, der vergißt, daß zwar oftmals aus der Ordnung die Freiheit, niemals aber aus der Freiheit die Ordnung hervorgegangen ist".[64]

Die Tradition aufgeklärten Denkens zeigt sich auch an Empfehlungen einiger politischer Schriftsteller, die konstitutionelle Monarchie so zu handhaben, daß ihre Dauer gewährleistet sei. In dieser Absicht schrieb Benjamin Constant, in der konstitutionellen Monarchie nach dem Muster der *Charte constitutionnelle*, die er bei diesen Überlegungen vor Augen hatte, dürfe der Monarch keine aktive Gewalt (*pouvoir actif*) ausüben. Vielmehr müsse er sich als Träger einer besonderen „königlichen Gewalt" (*pouvoir royal*) verstehen. Vermöge dieser Gewalt übe er die Rolle einer „neutralen Autorität" (*pouvoir neutre*) aus. Diese neutrale Autorität oder Gewalt sei dazu geschaffen, zwischen den anderen Gewalten zu vermitteln und deren reibungsloses Zusammenwirken zu garantieren. Das gelinge jedoch nur, wenn der Monarch außer dem *pouvoir royal* nicht gleichzeitig über die ausführende Gewalt (*pouvoir exécutif*) verfüge. Die ausführende Gewalt dürfe er getrost den verantwortlichen Ministern überlassen.[65] Mit dieser Lehre forderte Constant nicht etwa eine Revision der *Charte constitutionnelle*, sondern eine freiwillige Selbstbeschränkung des Monarchen, um die Dauerhaftigkeit des Systems sicherzustellen.

---

[64] *Friedrich Christoph Dahlmann*, Die Politik, auf den Grund und das Maß der gegebenen Zustände zurückgeführt, Bd. 1, 3. Aufl., Leipzig 1847, S. 114 f.

[65] *Benjamin Constant*, Principes de politique, in: *ders.*, Œuvres, hg. von *Alfred Roulin*, Paris 1957, S. 1112 f.: vgl. *Lothar Gall*, Benjamin Constant. Seine politische Ideenwelt und der deutsche Vormärz, Wiesbaden 1963, S. 166–174.

Eine Selbstbeschränkung verlangte auch Robert von Mohl vom Monarchen. Ausgangspunkt seiner Überlegungen war die Erkenntnis, daß das Repräsentativsystem in der Gesetzgebung auf die Übereinstimmung zwischen Regierung und Kammern angewiesen sei. Für die Herstellung dieser Übereinstimmung gebe es nur zwei Verfahren. Das eine sei die Korruption. Darunter verstand Mohl die manipulative Einflußnahme der Regierung auf Zusammensetzung und Abstimmungsverhalten der Kammern. Vor dieser Praxis warnte Mohl. Auf längere Sicht gefährde sie das Vertrauen in das konstitutionelle System und untergrabe damit die Legitimität der Monarchie, die sie ursprünglich habe sichern sollen. Das andere Verfahren sei die parlamentarische Regierung. Mohl hob hervor, durch den Übergang zur parlamentarischen Regierung werde das Ansehen des Monarchen gefestigt, und das parlamentarische System werde sich „als Schutz für die fürstliche Stellung und Gewalt" erweisen.[66]

Das Zeitalter der Aufklärung betrachtete die traditionelle Legitimation monarchischer Herrschaft mit Skepsis. Die bloße Berufung auf überkommenes Recht verlor ebenso an Verbindlichkeit wie die Herleitung aus göttlicher Einsetzung. Daher stieg das Bedürfnis, der Monarchie eine philosophische Begründung zu geben. Die dadurch bewirkte Distanzierung von der Tradition stärkte die Bereitschaft zur Reform im Interesse erhöhter Rationalität und Effizienz. Der auf Aristoteles zurückgehenden und in den Fürstenspiegeln des Mittelalters überlieferten Forderung, daß jede Regierung dem Gemeinwohl verpflichtet sei, suchten aufgeklärte Verteidiger der Monarchie durch den Nachweis zu entsprechen, daß eine Erbmonarchie dieser Verpflichtung leichter nachkommen könne als eine Republik. Hinter der Metapher vom Staat als Maschine verbarg sich die Empfehlung, daß der Herrscher sich der Eigengesetzlichkeit des Apparats unterordnen möge. Die Lehre vom Maschinenstaat kam der Monarchie zugute, weil man es einem einzelnen eher als einer Mehrzahl von Menschen zutraute, aus bloßer Einsicht in die Natur der Dinge zu handeln. Die radikalste Version dieser Theorie vertrat der Physiokrat Le Mercier de la Rivière mit seiner Lehre vom legalen Despotismus (*despotisme légal*). Le Mercier wollte den Monarchen mit unbeschränkter – und in diesem Sinne despotischer – Gewalt ausstatten, damit er das von ihm als richtig Erkannte auch durchsetzen könne. Wie die von Peter dem Großen eingeführte Thronfolgeordnung zeigt, konnte die Rationalität im Einzelfall so weit gehen, daß sie die Erbmonarchie zur Disposition stellte. Der Ausbruch der Französischen Revolution entkräftete die rationalen Argumente zugunsten der Mon-

---

[66] *Robert von Mohl*, Das Repräsentativsystem, seine Mängel und die Heilmittel. Politische Briefe, in: *ders.*, Politische Schriften, hg. von *Klaus von Beyme*, Köln 1966, S. S. 157 f., 183; *Volker Sellin*, Die geraubte Revolution. Der Sturz Napoleons und die Restauration in Europa, Göttingen 2001, S. 307–309; vgl. unten im Kapitel „Verfassung" den Abschnitt „Verfassungskonflikte".

archie zunächst nicht. Obwohl Ludwig XVI. durch seinen Fluchtversuch im Juni 1791 Zweifel an seiner Loyalität gegenüber den Grundsätzen der Revolution geweckt hatte, sprach sich die Nationalversammlung ein Vierteljahr später für seine Berufung zum ersten konstitutionellen König aus. Eine andere Staatsform als die Monarchie konnte sie sich für einen Flächenstaat von der Größe Frankreichs nicht vorstellen. Im 19. Jahrhundert betrachtete der gemäßigte Liberalismus die konstitutionelle Monarchie als diejenige Staatsform, in der die Freiheit des Bürgers und die Stabilität der Institutionen am vollkommensten miteinander vereinbart werden könnten. Allerdings formulierten liberale Schriftsteller wie Benjamin Constant und Robert von Mohl zugleich Empfehlungen, wie die königliche Gewalt im Interesse ihrer dauerhaften Legitimation zweckmäßig gehandhabt werden sollte.

*Toute société, dans laquelle la garantie des droits
n'est pas assurée, ni la séparation des pouvoirs
déterminée, n'a point de constitution[1]*

7. Verfassung

Der demokratische Konstitutionalismus:
Die Monarchie nach der Verfassung von 1791

Sofern mit Verfassung ganz allgemein die Bauform eines Staates bezeichnet wird, gibt es keine Monarchie ohne Verfassung. Von einer konstitutionellen Monarchie spricht man dagegen nur dann, wenn die Bauform bestimmten Kriterien genügt. Diese Kriterien haben sich in England historisch entwickelt. Montesquieu hat die englische Verfassung in seinem 1748 erschienenen Werk „De l'Esprit des lois" als einer der ersten politischen Schriftsteller des Kontinents umfassend analysiert. In den Augen Montesquieus war diese Verfassung auf das Ziel ausgerichtet, die persönliche Freiheit zu sichern. Erreicht werde dieses Ziel durch die Teilung der Gewalten. Montesquieus Analyse beeinflußte die Verfassungsschöpfungen der Amerikanischen Revolution. Diese wirkten auf die Verfassungsentwicklung der Französischen Revolution und von da aus auf die Verfassungsgeschichte des europäischen Kontinents zurück. Außer der Gewaltenteilung wurden im Jahre 1789 in Frankreich vor allem vier Grundsätze aus Amerika übernommen: die Volkssouveränität, die Unterscheidung zwischen verfassunggebender und verfaßter Gewalt (*constituent* und *constituted power*), die Niederlegung der Verfassung in einer Urkunde und die Hinzufügung eines Katalogs von Grundrechten (*Bill of Rights*).

Das erste Jahr der Französischen Revolution stand im Zeichen dieser Grundsätze. In seiner im Januar 1789 erschienenen Flugschrift „Was ist der dritte Stand?" erklärte der Abbé Joseph Emmanuel Sieyès, allein die Nation besitze die verfassunggebende Gewalt (*pouvoir constituant*). Daher könne nur sie darüber entscheiden, nach welchem Verfahren auf den bevorstehenden Generalständen abgestimmt werden solle. Im Streit um Zusammensetzung und Abstimmungsmodus der Versammlung war Ludwig XVI. im Herbst 1788 die Initiative aus der Hand geglitten. Im September hatte ein Kampf der Flugschriften eingesetzt, in denen um eine Reform des Staates gerungen wurde.[2] Die zitierte Schrift von Sieyès gehört in diesen Zusammenhang. Zwar hatte der königliche Rat am 27. Dezember die Verdoppelung des Dritten Stands be-

---

[1] Déclaration des droits de l'homme et du citoyen du 26 août 1789, Art. 16, in: *Jacques Godechot* (Hg.), Les Constitutions de la France depuis 1789, Paris 1970, S. 35.

[2] *Eberhard Schmitt*, Repräsentation und Revolution. Eine Untersuchung zur Genesis der kontinentalen Theorie und Praxis parlamentarischer Repräsentation aus der Herrschaftspraxis des Ancien régime in Frankreich (1760–1789), München 1969, S. 144.

willigt, dabei jedoch die Entscheidung über die Frage, ob nach Ständen oder
nach Köpfen abgestimmt werden solle, den Generalständen selbst überlassen.[3] Sieyès nun verlangte die Abstimmung nach Köpfen, weil nur auf diese
Weise der Dritte Stand auf den Generalständen das ihm gebührende Gewicht
erhalte. Zur Begründung erläuterte er, der Dritte Stand erfülle sämtliche nütz-
lichen Funktionen der Gesellschaft und verkörpere insofern für sich alleine
schon eine ganze Nation, während die beiden anderen Stände hinweggedacht
werden könnten, ohne daß die Handlungsfähigkeit des Staates beeinträchtigt
würde.

Die Gleichsetzung des Dritten Stands mit der Nation und die These, daß
der Nation die verfassunggebende Gewalt zukomme, weisen auf den 17. Juni
1789 voraus. An diesem Tag erklärte sich der Dritte Stand auf den seit Mai
in Versailles tagenden Generalständen auf Antrag des Abbé Sieyès zur Nationalversammlung (*Assemblée nationale*). Die Abgeordneten sollten nicht
länger die Vertreter ihrer jeweiligen lokalen oder ständischen Wahlkörper
sein, sondern die Repräsentanten der gesamten Nation mit freiem Mandat.
Die Versammlung beschloß, dem Land eine neue Verfassung zu geben. Sie
nannte sich daher auch *Assemblée nationale constituante* oder einfach *Constituante*, verfassunggebende Versammlung. Im Laufe der folgenden Wochen
vereinigten sich die beiden oberen Stände mit dem Dritten Stand. Nach amerikanischem Vorbild sollte die aus den Beratungen der *Constituante* hervor-
gehende neue politische Gesamtordnung in einem Dokument, einer Verfassungsurkunde, niedergelegt werden. Bereits am 26. August verabschiedete
die *Constituante*, ebenfalls nach amerikanischem Vorbild, eine Erklärung der
Menschen- und Bürgerrechte. Der dritte Artikel dieser Erklärung verlieh der
Inanspruchnahme der verfassunggebenden Gewalt durch die Versammlung
ihre gültige Grundlage: „Die Quelle aller Souveränität liegt ihrem Wesen nach
in der Nation; keine Körperschaft und kein Individuum können politische
Autorität ausüben, die nicht ausdrücklich daraus abgeleitet ist".[4] Der Artikel
enthielt zugleich eine Vorentscheidung über die künftige Stellung des Königs.
Mit dem ausdrücklichen Hinweis darauf, daß nicht nur keine Körperschaft,
sondern auch kein Individuum Herrschaftsrechte beanspruchen könne, die
nicht aus der Souveränität der Nation abgeleitet seien, wies er auf die Bestimmungen der Verfassung von 1791 voraus, nach denen der König nur über eine
delegierte Gewalt verfügte und nur „im Namen des Gesetzes" Gehorsam fordern konnte.[5] Daß Frankreich gleichwohl Monarchie bleiben solle, erschien
der Nationalversammlung zunächst selbstverständlich. Daher sah sie auch

---

[3] Ebd., S. 160 f.

[4] Déclaration des droits de l'homme et du citoyen, Art. 3, in: Godechot (Hg.), Constitutions, S. 33 f.: *Le principe de toute souveraineté réside essentiellement dans la Nation. Nul
corps, nul individu ne peut exercer d'autorité, qui n'en émane expressément.*

[5] Constitution française 1791, Titre III, Chapitre II, Section I, Art. 3, ebd., S. 44: *Il n'y a point
en France d'autorité supérieure à celle de la loi. Le roi ne règne que par elle, et ce n'est qu'au
nom de la loi, qu'il peut exiger l'obéissance.*

davon ab, den König bis zum Abschluß der Verfassungsarbeit von seinem Amt zu suspendieren. Diese Unterlassung trug zu dem Mißverständnis bei, als ob die Verfassung zwischen dem König und der Nationalversammlung ausgehandelt werden solle. Zur Suspendierung des Königs schritt die Versammlung erst nach dessen mißlungenem Fluchtversuch vom Juni 1791. Unter dem Eindruck der Flucht beriet sie auch erst jetzt darüber, ob sie weiterhin am Ziel einer Monarchie festhalten, oder ob sie nicht lieber eine Republik anstreben solle. Nach einer ausgedehnten Debatte sprach sich die Mehrheit für die Monarchie aus. So wurde der König im September wieder in sein Amt eingesetzt, nachdem er die Verfassung beschworen hatte.

Mit dem Bekenntnis zur Volkssouveränität folgte die Verfassung von 1791 den Prinzipien des zuerst in der Amerikanischen Revolution verwirklichten demokratischen Konstitutionalismus. Bis 1815 entwickelten sich in Frankreich vier Formen, in denen der allgemeine Wille Verfassungen letztgültig legitimierte: die Verfassungsschöpfung durch eine gewählte Versammlung, das Referendum, das formelle Plebiszit und die stillschweigende Hinnahme oder, wie man auch sagen könnte, das Plebiszit ohne Plebiszit. Im Laufe des 19. Jahrhunderts wurden diese Legitimationsformen auch in anderen Staaten des Kontinents angewandt.

Die von der *Constituante* zwischen 1789 und 1791 erarbeitete Verfassung ordnet sich der ersten Legitimationsform zu. Durch den Eid auf die Verfassung unterwarf sich König Ludwig XVI. am 14. September 1791 den Grundsätzen des demokratischen Konstitutionalismus. Hinfort besaß er nur diejenigen Rechte, die ihm die Verfassung ausdrücklich zusprach. Diese Neuerung war revolutionär. Nicht die jahrtausendealte Tradition, nicht die Rechte der Dynastie, nicht das Gottesgnadentum begründeten hinfort in Frankreich die Legitimität der Monarchie, sondern allein der Wille des aus der Revolution hervorgegangenen Verfassungsgebers. Durch die Annahme der Verfassung besiegelte der König in einem und demselben Akt sowohl den Untergang der historischen als auch die Geburt einer neuen, demokratischen Monarchie. Gemessen am universalen Herrschaftsanspruch der Monarchie des *Ancien Régime* waren der Machtentfaltung des Königs von nun an enge Schranken gesteckt. Die Verfassung machte den König zu einem bloßen Organ des Staates, zu dessen oberstem Beamten, allerdings zu einem Beamten, dessen besondere Stellung darin zum Ausdruck kam, daß seine Person für „unverletzlich und heilig" erklärt wurde.[6] Diese Unverletzlichkeit sicherte der Krone die Unabhängigkeit gegenüber der gesetzgebenden und der richterlichen Gewalt. Da die Verantwortlichkeit der Regierung gleichzeitig jedoch zu den elementaren Grundsätzen des Verfassungsstaats gehörte, mußte die Handlungsfreiheit des Königs durch die Bestimmung eingeschränkt werden, daß ohne die Gegenzeichnung eines verantwortlichen Ministers keiner seiner Regierungsakte

---

[6] Ebd., Art. 2; vgl. oben im Kapitel „Religion" den Abschnitt „Die Unverletzlichkeit des konstitutionellen Monarchen".

Rechtskraft erlange. Die Unverletzlichkeit des Monarchen konnte nur unter der Bedingung aufrechterhalten werden, daß er ausschließlich unter Zustimmung von Ministern handelte, die statt seiner die Verantwortung übernahmen.[7]

Das französische Experiment einer Monarchie nach dem Modell des demokratischen Konstitutionalismus scheiterte bereits nach zehn Monaten. Am 10. August 1792 wurde Ludwig XVI. seines Amtes enthoben. Am 21. September wurde die Republik proklamiert. Die konstitutionelle Monarchie von 1791 ist nicht gescheitert, weil der König die Verfassung gebrochen hätte, sondern weil er die Rolle nicht akzeptierte, die ihm die Verfassung zugewiesen hatte. Am 25. Juli 1791, als der König wegen seines Fluchtversuchs vorübergehend suspendiert war, hatte Joseph Barnave Marie-Antoinette ermahnt: „Wer nach einer Revolution etwas sein will, der muß zu ihr beigetragen haben".[8] Es genüge nicht, daß der König die Verfassung beschwöre. Vielmehr müsse er in kritischen Situationen auch durch sein Verhalten öffentlich zu erkennen geben, daß er auf ihrem Boden und damit zugleich auf dem Boden der Revolution stehe. Schon vier Tage zuvor hatte Barnave die Königin auf den Unterschied zwischen bloß formaler Verfassungstreue und materieller Identifikation mit der Revolution hingewiesen. Man werde dem König seine Krone und die Macht zurückgeben, schrieb Barnave; und die Vorteile, die ihm die Verfassung biete, überträfen alles, womit er bisher habe rechnen können. Was er sich aber selber verschaffen müsse und was das Gesetz nicht verleihe, das seien „Anerkennung und Vertrauen" (*la considération et la confiance*).[9] In einem weiteren Brief hob Barnave noch einmal die großen Vorzüge der Verfassung hervor. Der König werde durch die Verfassung gestärkt. Während der Adel entmachtet worden sei, werde der Gedanke der Monarchie in der Verfassung mit tiefen und kräftigen Wurzeln verankert. Barnave fuhr fort: „Heute kommt es darauf an, in die Sitten, in das Gefühl des Volkes, in den Gesamtwillen der Nation einzupflanzen, was vorerst nur auf dem Papier steht. Man muß die Macht des Königs durch die Schaffung von Vertrauen und die Gewinnung von Volkstümlichkeit wieder zum Leben erwecken".[10] Barnaves Ermahnungen liefen darauf hinaus, daß selbst weitreichende Garantien einer Verfassung dem König im Ernstfall wenig nützten, wenn er sich nicht glaubhaft zu ihr bekannte. Hätte Ludwig XVI. diese Ermahnungen beher-

---

[7]   Constitution française 1791, Titre III, Chapitre II, Section IV, Art. 4–6, in: *Godechot* (Hg.), Constitutions, S. 49 f.

[8]   Joseph Barnave an Marie-Antoinette, 25.7.1791, in: *Évelyne Lever* (Hg.), Correspondance de Marie-Antoinette (1770–1793), Paris 2005, S. 562: *Pour être quelque chose après une révolution, il faut y avoir mis sa part.*

[9]   Joseph Barnave an Marie-Antoinette, 21.7.1791, ebd., S. 558.

[10]   Joseph Barnave an Marie-Antoinette, o. D., ebd., S. 580: *Il s'agit aujourd'hui de mettre dans les mœurs, dans l'affection du peuple, dans la volonté universelle de la nation, ce qui n'est encore tracé que sur le papier. Il faut raviver la puissance royale par la confiance et la popularité.*

zigt, dann hätte er sich im Sommer 1792, als preußische und österreichische Truppen in das Land eindrangen und die Hauptstadt bedrohten, nicht in den Tuilerien eingeschlossen, sondern wäre zu den Soldaten an die Front geeilt, um seine Unterstützung für die Sache der Revolution zu demonstrieren. So aber wurde er des geheimen Einverständnisses mit dem Feind verdächtigt. Die Verfassung von 1791 räumte keiner Instanz das Recht ein, den König abzusetzen. Insofern war schon seine Suspendierung durch die gesetzgebende Versammlung am 10. August 1792 verfassungswidrig. Gleichwohl wird man ihm den Vorwurf nicht ersparen können, daß er in einem Augenblick, in dem das Land sich in einer schweren Krise befand, nicht für jedermann erkennbar und unzweifelhaft bekundet hatte, daß er auf der Seite der Revolution stehe.

Referendum und Plebiszit

Die Verfassung von 1791 erlangte Rechtskraft durch den Beschluß der *Constituante* und die Beeidigung durch den Monarchen. Eine nochmalige Bestätigung der Verfassung durch die Nation war nicht vorgesehen. Schließlich war sie von deren gewählten Repräsentanten geschaffen worden. Entsprechend dem während der Amerikanischen Revolution entwickelten Grundsatz, daß eine verfassunggebende Versammlung aus allgemeinen Wahlen hervorgehen müsse, wurde auch in Deutschland in der Revolution von 1848 eine Nationalversammlung gewählt mit dem Auftrag, eine Verfassung für den deutschen Nationalstaat auszuarbeiten. Nach ihrer Fertigstellung im März 1849 wurde die von der Versammlung verabschiedete Reichsverfassung ebensowenig wie die französische Verfassung von 1791 der Nation zur Bestätigung vorgelegt.

Nach dem Sturz der Monarchie im Jahre 1792 fand Frankreich neue Wege, um Verfassungen demokratisch zu legitimieren. Zunächst wurde eine neue verfassunggebende Versammlung gewählt, der sogenannte Nationalkonvent (*Convention nationale*). Das Gremium verabschiedete im Jahre 1793 eine republikanische Verfassung. Diese wurde wegen der Krise, in der sich die Revolution damals befand, allerdings nicht in Kraft gesetzt. Nach der Überwindung des Terrors legte der Konvent 1795 eine neue Verfassung vor. Diese übertrug die gesetzgebende Gewalt auf zwei Kammern, den Rat der Fünfhundert und den Rat der Alten, und die Exekutive auf ein fünfköpfiges Direktorium. Im Unterschied sowohl zur Verfassung der *Constituante* von 1791 als auch zur Deutschen Reichsverfassung von 1849 wurden die beiden Konventsverfassungen nach ihrer Verabschiedung einem Referendum unterworfen. Dadurch verwandelte der Konvent sich aus einer verfassunggebenden faktisch in eine bloß verfassungsvorschlagende Versammlung.

Wenn aber erst das Votum der Nation einem Verfassungsentwurf Rechtskraft verleihen konnte, lag der Schluß nahe, daß die Ausarbeitung eines Verfassungsvorschlags auch einem Gremium überlassen bleiben könne, das nicht wie der Konvent oder die Frankfurter Nationalversammlung eigens zu diesem

Zweck gewählt oder in anderer Form vom Souverän dazu ermächtigt worden war. Nach dem Staatsstreich des Brumaire 1799 ließ Napoléon Bonaparte aus der Mitte des Rats der Fünfhundert und des Rats der Alten zwei Gesetzgebungskommissionen von jeweils 25 Personen wählen, die unter anderem damit beauftragt wurden, „die erforderlichen Veränderungen" an denjenigen Vorschriften der Direktorialverfassung von 1795 vorzubereiten, „die sich in der Praxis als schädlich und unzweckmäßig herausgestellt" hätten.[11] Zur Beratung der neuen Verfassung wählten die beiden Gesetzgebungskommissionen jeweils einen Verfassungsausschuß.[12] Die beiden Ausschüsse konnten sich nicht auf eine Vollmacht des Souveräns stützen. Weder waren sie durch eine Volkswahl bestellt worden, noch waren sie in den Bestimmungen der Direktorialverfassung über die Verfassungsrevision vorgesehen.[13] Den entscheidenden Einfluß auf die Verfassungsgestaltung gewannen der Abbé Sieyès und Napoléon Bonaparte. Am 12. Dezember 1799 stimmten die Gesetzgebungskommissionen in gemeinsamer Sitzung geheim über die Verfassung ab. Am 15. Dezember wurde sie verkündet und am 24. Dezember in Kraft gesetzt.[14]

Die Verfassung des Jahres VIII ist demnach nicht aus der verfassunggebenden Gewalt des Volkes hervorgegangen. Sie war von Gremien erarbeitet worden, die vom Souverän dazu nicht legitimiert worden waren. Sie wurde in Kraft gesetzt, ohne daß die Nation sie zuvor in einem Referendum bestätigt hätte. Artikel 95 sah allerdings vor, daß die Verfassung „anschließend" dem französischen Volk zur „Annahme" vorgelegt werde.[15] Die Volksabstimmung wurde tatsächlich durchgeführt. Das Ergebnis lag am 7. Februar 1800 vor, anderthalb Monate, nachdem die Verfassung in Kraft gesetzt worden war.[16] Daher konnte das Votum der Nation keinen konstitutiven, sondern nur noch einen akklamatorischen Charakter annehmen. Es erscheint sinnvoll, diesen Unterschied auch sprachlich zum Ausdruck zu bringen. Folgt man Jean-Marie Denquin, so war die Abstimmung über die Verfassung von 1799 nicht, wie die Abstimmungen über die Verfassungen von 1793 und 1795, Referen-

---

[11] Décret du 19 brumaire an VIII instituant le Consulat provisoire, in: *Thierry Lentz*, Le 18-Brumaire. Les coups d'Etat de Napoléon Bonaparte, Paris 1997, S. 458, Art. 11: *Les deux commissions sont encore chargées de préparer, dans le même ordre de travail et de concours, les changements à apporter aux dispositions organiques de la constitution dont l'expérience a fait sentir les vices et les inconvénients.*

[12] *Lentz*, Brumaire, S. 393 f.

[13] Vgl. Constitution de la République française, 22. 8. 1795, Titre XIII: Révision de la Constitution (Art. 336–350), in: *Godechot* (Hg.), Constitutions, S. 138 f.

[14] *Lentz*, Brumaire, S. 406 f.

[15] Constitution de la république française, 13. 12. 1799, Art. 95, in: *Godechot* (Hg.), Constitutions, S. 162: *La présente Constitution sera offerte de suite à l'acceptation du peuple français.*

[16] *Claude Langlois*, Le Plébiscite de l'an VIII ou le coup d'État du 18 pluviôse an VIII, in: Annales historiques de la Révolution Française 44 (1972), S. 43.

dum, sondern Plebiszit.[17] Diese Terminologie knüpft allerdings nicht an die Sprache der Zeitgenossen an. Die Referenden von 1793 und 1795 erscheinen in den Quellen als *plébiscites*, die Plebiszite des Ersten Konsuls und späteren Kaisers dagegen als *appels au peuple*. Erst die Plebiszite des Louis-Napoléon Bonaparte seit 1851 werden auch in den Quellen als *plébiscites* bezeichnet.[18]

Sowohl Referendum als auch Plebiszit sind Anfragen an den Souverän. Sie unterscheiden sich jedoch nach ihren Urhebern und nach ihren Zielen. In den Jahren 1793 und 1795 wurde die Abstimmung vom Nationalkonvent angeordnet. Zweck war die Bestätigung der von ihm gefaßten Beschlüsse. Erst nach der Zustimmung der Nation wurden die Verfassungen in Kraft gesetzt. Das Referendum war damit Teil des Verfahrens der Verfassungsschöpfung. Die Abstimmung über die Verfassung von 1799 wurde dagegen vom Ersten Konsul anberaumt. Er hatte gegen Sieyès darauf bestanden, daß der Souverän befragt werde. Die Abstimmung war jedoch nicht mehr Teil der Verfassungsschöpfung, sondern diente nur der nachträglichen Bestätigung der Verfassung, vor allem aber der Person des Ersten Konsuls selbst. Nach einer häufig erzählten Anekdote fragte eine Frau, weil sie einer öffentlichen Lesung der neuen Verfassung nicht folgen konnte, eine andere Frau, was darin stehe, und erhielt zur Antwort: „Bonaparte!"[19] Wären die Verfassungen von 1793 und 1795 von der Nation nicht bestätigt worden, hätte der Konvent oder eine neugewählte Versammlung ohne weiteres eine neue Verfassung entwerfen können. Die Verfassung von 1795 übertrug die exekutive Gewalt zwar auf ein fünfköpfiges Direktorium, aber es legte die Direktoren schon deshalb nicht namentlich fest, weil es sich um Wahlämter handelte. In der Verfassung von 1799 dagegen wurden die Person des Ersten Konsuls und die beiden weiteren Konsuln namentlich benannt. Mit der Verfassung wurde daher zugleich über die Personen abgestimmt, die die Staatsgewalt an sich gerissen hatten. Es liegt auf der Hand, daß Bonaparte den Staatsstreich nicht gewagt hatte, um sich die Macht anschließend durch ein Plebiszit wieder nehmen zu lassen. Daher durfte die Konsultation des Souveräns auf keinen Fall scheitern, und in der Tat traf der Erste Konsul alle erforderlichen Maßnahmen, um ihren Erfolg sicherzustellen. Die Abstimmung erfolgte nicht wie in den Jahren 1793 und 1795 mündlich in den Primärversammlungen, sondern schriftlich durch Eintragung in „Register der Annahme oder Ablehnung", die in den Rathäusern, bei den Friedensrichtern, in Notariaten und an anderen öffentlichen

---

[17] *Jean-Marie Denquin*, Référendum et plébiscite. Essai de théorie générale, Paris 1976, S. 44: „Vote sur une Constitution, c'est-à-dire sur un texte général et impersonnel, mais aussi désignation des gouvernants; votes sur un texte déjà en vigueur: pour beaucoup d'auteurs, c'est ici que commence la liste des ‚plébiscites'".

[18] *Enzo Fimiani*, Per una storia delle teorie e pratiche plebiscitarie nell'Europa moderna e contemporanea, in: Annali dell'Istituto storico italo-germanico in Trento 21 (1995), S. 277.

[19] *Lentz*, Brumaire, S. 409: *Il y a Bonaparte!*

Stellen ausgelegt waren.[20] Auf diese Weise wurde die Stimmabgabe akten-
kundig. Manch einer wird es sich zweimal überlegt haben, bevor er sich mit
einer Nein-Stimme in das Register eintrug. Zuletzt sorgte der Innenminister
Lucien Bonaparte bei der Übertragung der Abstimmungsergebnisse in das
nationale Register durch absichtliche Aufblähung der im Lande abgegebenen
zustimmenden Voten dafür, daß über drei Millionen Ja-Stimmen bei nur 1562
Nein-Stimmen zusammenkamen. Zu den abgegebenen Ja-Stimmen eines jeden Départements wurden zwischen 7000 und 10000 Stimmen hinzuaddiert.
Die rund 35000 Ja-Stimmen der Marine wurden auf rund 57000 hochge-
setzt, und für die Armee, die gar nicht mitgestimmt hatte, wurden 500000
Ja-Stimmen hinzugezählt. Das entsprach dem damaligen Personalstand. Statt
der über drei Millionen hatten sich somit in Wirklichkeit nur 1550000 und
damit kaum mehr als 20% der Stimmberechtigten für die neue Verfassung
ausgesprochen.[21]

In den Augen der Zeitgenossen jedoch verlieh der Ausgang des Plebiszits
dem Ersten Konsul die demokratische Legitimation. Durch den Appell an das
Volk hatte Napoleon die Souveränität der Nation anerkannt, und die veröf-
fentlichten Ergebnisse ließen keinen Zweifel daran, daß die Konsulatsverfassung deren Willen entsprach. Denselben propagandistischen Effekt erzielte
Napoleon durch die Plebiszite von 1802, durch das er sich das Konsulat auf
Lebenszeit, und von 1804, durch das er sich die Berufung zum Kaiser der
Franzosen bestätigen ließ. Napoleon maß seiner Legitimation durch Plebiszite großes Gewicht bei. Auf Sankt Helena erklärte er bei Gelegenheit, kein
Herrscher sei aufgrund legitimerer Rechtsansprüche auf den Thron gelangt
als er: „Hugo Capet" sei „der Thron von einer Handvoll Bischöfen und Adelspersonen", ihm dagegen sei „der Kaiserthron aufgrund des dreimal feierlich
ausgesprochenen Willens aller Bürger übertragen worden".[22] Daß Ergebnisse
korrigiert worden waren, hatte Napoleon offensichtlich vergessen oder verdrängt, oder er war der naheliegenden Überzeugung, daß es allein auf den
Glauben ankomme, daß die Nation sich für ihn ausgesprochen habe, nicht auf
die tatsächlich erzielte Mehrheit.

Wie die zitierte Äußerung zeigt, betrachtete Napoleon die drei Plebiszite als
Einheit. Da die Konsultationen von 1802 und 1804 nur in konstitutionellen
Formen durchgeführte Änderungen an der Konsulatsverfassung sanktionierten und zwar jeweils nur die Änderungen in der Stellung des Staatsoberhaupts,
erweist sich das Plebiszit von 1799 in der Tat als die Grundlage der beiden

[20] *Denquin*, Référendum, S. 43; *Jacques Godechot*, Les Institutions de la France sous la Révolution et l'Empire, 2. Aufl., Paris 1968, S. 556.

[21] *Langlois*, Plébiscite, S. 51–65; *Lentz*, Brumaire, S. 438–440.

[22] *Emmanuel de Las Cases*, Le Mémorial de Sainte-Hélène, hg. von *Gérard Walter*, Bd. 2,
Paris 1956, S. 64: *Aucun prince ne monta sur le trône avec des droits plus légitimes que
Napoléon. Le trône fut déféré à Hugues Capet par quelques évêques et quelques nobles; le
trône impérial fut donné à Napoléon par la volonté de tous les citoyens, constatée trois fois
d'une manière solennelle.*

übrigen. Dagegen repräsentiert das einzige weitere Plebiszit Napoleons, die Abstimmung vom April 1815 über den von Benjamin Constant ausgearbeiteten *Acte additionnel aux constitutions de l'Empire* wiederum einen Neuanfang. Wie das Plebiszit von 1799 diente auch das Plebiszit von 1815 der Legitimierung eines Staatsstreichs, in diesem Fall der Usurpation des französischen Throns durch Napoleon nach seiner Rückkehr von der Insel Elba. Die innere wie die äußere Situation Frankreichs erforderten ein eindeutiges Votum der Nation. Napoleon bedurfte ihrer Zustimmung zum Sturz Ludwigs XVIII. und zur Erneuerung des Kaisertums. Nachdem der Bourbonenkönig ihn am 6. März nach seiner Landung in Frankreich zum Rebellen und Hochverräter gestempelt hatte, mußte er diesem Verdikt den klaren Willen des französischen Volkes entgegensetzen. Damit das Volk sich hinter ihn stelle, mußte er eine Verfassung vorlegen, die an Liberalität nicht hinter der *Charte constitutionnelle* Ludwigs XVIII. von 1814 zurückblieb. Das Plebiszit sollte jedoch auch der internationalen Legitimation des restaurierten Kaisertums dienen. Die Großmächte waren noch in Wien zum Kongreß versammelt und hatten sich bereits öffentlich gegen die neuerliche Anerkennung Napoleons auf dem Thron Frankreichs ausgesprochen. Mit dem Plebiszit suchte Napoleon den Willen der Nation aufzubieten, um die Großmächte umzustimmen. Das Ergebnis war ernüchternd. Unter den abgegebenen Stimmen erzielte Napoleon zwar eine klare Mehrheit von anderthalb Millionen gegenüber 5700 Ablehnungen, aber die Wahlbeteiligung erreichte nur 21%.[23]

Der Cäsarismus Napoleons III.

Sowohl das erste als auch das letzte Plebiszit Napoleons I. dienten dazu, einen Staatsstreich demokratisch zu legitimieren. Am 20. und 21. Dezember 1851 führte der Neffe Napoleons, Louis-Napoléon Bonaparte, nach demselben Muster ein Plebiszit durch, um seinen Staatsstreich vom 2. Dezember bestätigen zu lassen. Die Bevölkerung wurde aufgerufen, fünf Grundsätzen zuzustimmen, nach denen anschließend eine neue Verfassung für die Republik ausgearbeitet werden sollte: ein verantwortliches Staatsoberhaupt auf zehn Jahre, Minister, die ausschließlich von der Exekutive abhängig sein sollten, einen Staatsrat, eine nach allgemeinem Wahlrecht gebildete gesetzgebende Körperschaft und einen Senat.[24] Die auf dieser Basis am 14. Januar 1852 verkündete Verfassung selbst wurde dem Souverän nicht noch einmal vorgelegt. Am 7. November 1852 beschloß der Senat die Umwandlung der Republik

---

[23] *Frédéric Bluche*, Le Plébiscite des cent jours (avril-mai 1815), Genève 1974, S. 36–38, 96; *ders.*, Plébiscite, in: *Jean Tulard* (Hg), Dictionnaire Napoléon, nouvelle édition, revue et augmentée, Paris 1989, S. 1339.

[24] Constitution du 14 janvier 1852, in: *Godechot* (Hg.), Constitutions, S. 292.

in das Zweite Kaiserreich. Diese Verfassungsänderung wurde am 21. und 22. November einem weiteren Plebiszit unterworfen.

Seit seinem Machtantritt nach dem Staatsstreich des Brumaire 1799 war Napoléon Bonaparte mit Cäsar verglichen worden. Dieser Vergleich lag schon deshalb nahe, weil beide ihre Macht und ihre Autorität zunächst als militärische Führer erlangt hatten, bevor sie die politische Alleinherrschaft an sich rissen. Bereits im Jahre 1800 veröffentlichte der Bruder Napoleons, Lucien Bonaparte, eine Broschüre mit dem Titel: „Parallèle entre César, Cromwell et Bonaparte".[25] Der Begriff „Cäsarismus" setzte sich jedoch erst nach der Mitte des 19. Jahrhunderts durch. Vielfach wurden gleichbedeutend die Begriffe „Napoleonismus" und „Bonapartismus" gebraucht. Constantin Frantz charakterisierte das Verhältnis zwischen dem Souverän und der Staatsgewalt im System des Louis-Napoléon Bonaparte mit den Worten: „Die Staatsgewalt muß die Majorität des Volkes für sich haben, nicht die Majorität eines Parlaments, [...] weil nur dadurch der Kollektivwille, der sich in dem Chef vereinigt, die Macht einer physischen Notwendigkeit gewinnt".[26]

Mit dem Staatsstreich vom 2. Dezember 1851 knüpfte Napoleon III. in mehrfacher Hinsicht an das Vorbild seines Oheims an. Wie dieser einst am 18. Brumaire 1799 zerstörte auch Louis-Napoléon Bonaparte eine durch die Nation in Wahrnehmung ihrer verfassunggebenden Gewalt geschaffene Verfassung. Selbstverständlich wäre auch Louis-Napoléon Bonaparte nicht bereit gewesen, bei einer Verweigerung der Zustimmung zu seinen fünf Leitsätzen von der politischen Bühne abzutreten. Insofern suchte auch er die Akklamation, nicht die Entscheidung der Nation. Nicht anders verfuhr er im folgenden Jahr in seinem zweiten Plebiszit, das die Errichtung des Kaisertums legitimieren sollte. Im Vergleich zum Ersten Kaiserreich lag ein neues Moment der Herrschaft Napoleons III. darin, daß die Zweite Kammer, der *Corps législatif*, nach allgemeinem Wahlrecht periodisch neu gewählt wurde. Wie die Abstimmung über die Plebiszite, so mußte der Kaiser alles daran setzen, um auch die Wahlen zum *Corps législatif* zu gewinnen. Da er nicht wie ein konstitutioneller Herrscher nach dem Diktum von Adolphe Thiers nur herrschen, sondern auch regieren wollte, war er selbst Partei. Bei jeder Wahl standen seine Politik und das Kaiserreich daher von neuem zur Bestätigung an. Um den Wahlerfolg zu sichern, setzte das Regime ein besonders wirkungsvolles Instrument der Wahlbeeinflussung ein: die offizielle Kandidatur (*candidature officielle*). In möglichst jedem der Ein-Mann-Wahlkreise des Landes wurde eine geeignete Persönlichkeit zum Kandidaten der Regierung bestimmt. Zu dessen Unterstützung wurde die gesamte öffentliche Verwaltung vom Präfekten bis zum Dorfschulmeister aufgeboten. Der Kandidat wurde ermächtigt, den Wählern

[25] *Dieter Groh*, Art. Cäsarismus. Napoleonismus, Bonapartismus, Führer, Chef, Imperialismus, in: Geschichtliche Grundbegriffe, Bd. 1, Stuttgart 1972, S. 735.

[26] *Constantin Frantz*, Louis Napoléon. Masse oder Volk, hg. von *Günter Maschke*, Wien / Leipzig 1999, S. 61.

alle möglichen materiellen Wohltaten der kaiserlichen Regierung in Aussicht zu stellen. Die auf solche Art erzielte Mehrheit im *Corps législatif* sollte es der Regierung ermöglichen, ihre Gesetzesvorlagen ohne nennenswerten Widerstand durch die Kammer zu bringen.

In der *candidature officielle* zeigt sich ein charakteristischer Grundzug plebiszitärer Politik. Die unmittelbare Einwirkung auf das Wahlvolk degradierte das Parlament zum Vollzugsorgan der Regierung und erschwerte ihm die Wahrnehmung einer selbständigen Rolle. Nach Max Weber besteht „plebiszitäre Herrschaft" überall da, „wo der Herr sich als Vertrauensmann der Massen legitimiert fühlt und als solcher anerkannt ist".[27] Der antiparlamentarische Charakter des Zweiten Kaiserreichs fand seinen staatsrechtlichen Niederschlag in Artikel 5 der Verfassung, der den Kaiser dem französischen Volk gegenüber für verantwortlich erklärte und ihm das Recht zusprach, jederzeit an das Volk zu appellieren.[28] Auf die Befugnis, der Nation bei Bedarf die Vertrauensfrage zu stellen, um seine persönliche Legitimation zu erneuern, wollte Napoleon III. auch in den sechziger Jahren nicht verzichten, als sich das Regime Schritt für Schritt liberalisierte und der Kammer eine immer wichtigere Rolle zuwuchs. Allerdings machte er nach der Gründung des Zweiten Kaiserreichs 1852 nur ein einziges Mal von ihr Gebrauch. Das Plebiszit vom 8. Mai 1870 diente wie schon die beiden Vorgängerplebiszite vordergründig der Bestätigung von Verfassungsänderungen. Die Franzosen wurden aufgefordert, einen Senatsbeschluß, der eine Reihe von Verfassungsreformen der sechziger Jahre zusammengefaßt hatte, zu ratifizieren. Der Senatsbeschluß bedeutete zugleich jedoch die Ablehnung einer von vielen erwarteten Reform, nämlich der Einführung der parlamentarischen Regierung. Auf die beiden durchaus gegensätzlichen Fragen konnte nur mit einem Ja oder Nein geantwortet werden.[29] Das Kalkül des Kaisers ging auf, daß die Wähler die von der liberalen Opposition im Laufe der sechziger Jahre durchgesetzten Verfassungsreformen nicht ablehnen würden, auch wenn sie damit gleichzeitig den Verzicht auf die Parlamentarisierung des Regimes sanktionierten. Wie wenig die Zustimmung der Nation im Ernstfall bedeutete, zeigte sich nur wenige Monate später. Am 4. September 1870, zwei Tage nach der Kapitulation von Sedan im preußisch-französischen Krieg brach das Kaiserreich sang- und klanglos zusammen.

---

[27] *Max Weber*, Wirtschaft und Gesellschaft, Kap. III, §14, 5. Aufl., hg. von *Johannes Winckelmann*, Tübingen 1980, S. 156.

[28] Constitution française 14.1.1852, Art. 5, in: *Godechot* (Hg.), Constitutions, S. 293: *Le président de la République est responsable devant le Peuple français, auquel il a toujours le droit de faire appel.*

[29] *Eric Anceau*, Napoléon III. Un Saint-Simon à cheval, Paris 2008, S. 489. Der Text des Plebiszits lautete: *Le peuple approuve les réformes libérales opérées dans la Constitution depuis 1860 par l'empereur avec le concours des grands corps de l'État, et ratifie le sénatus-consulte du 20 avril 1870.*

Die Absetzung des Kaisers am 4. September 1870 war ein Plebiszit eigener Art. Daß dieses faktische Plebiszit zu einem völlig anderen Ergebnis gelangte als das nur vier Monate zuvor durchgeführte formelle Plebiszit vom 8. Mai, bestätigt auf unerwartete Weise das Urteil, das der Vetter des Kaisers, Napoléon-Jérôme Bonaparte, im Jahr zuvor über die Institution des Plebiszits abgegeben hatte: „Sagt das Volk ja, ist es eine Illusion, sagt es nein, ist es eine Revolution".[30] Zugleich zeigt der Vorgang jedoch die Kehrseite jeder plebiszitären Politik. Plebiszitäre Politik ist dazu verdammt, die materiellen und politischen Erwartungen des Wahlvolks zu erfüllen. Sobald sie einen eklatanten Rückschlag erlebt, kann dessen Solidarität von einem Tag auf den andern zerbrechen. Die Verantwortlichkeit des Staatsoberhaupts war ein zweischneidiges Schwert. Auf der einen Seite konnte sie genutzt werden, um ihm durch eine geschickt formulierte Anfrage an den Souverän neue Legitimität zu verleihen. Auf der anderen Seite gefährdete sie in der Krise unmittelbar seine Stellung und damit zugleich das Regime selbst.

Der monarchische Konstitutionalismus

Die französische Verfassung von 1791 begründete die erste konstitutionelle Monarchie auf dem europäischen Kontinent. Von den ständischen unterschieden sich die konstitutionellen Monarchien in erster Linie durch den modernen Repräsentationsgedanken und die geschriebene Verfassung. Nur in England, wo die konstitutionelle Monarchie evolutionär aus der ständischen Monarchie hervorgegangen ist, fehlt das Merkmal der geschriebenen Verfassung. Im 19. Jahrhundert wurde die konstitutionelle Monarchie Schritt für Schritt zur vorherrschenden Staatsform auf dem europäischen Kontinent. Allerdings stützten sich nur wenige konstitutionelle Monarchien nach dem Vorbild der französischen Verfassung von 1791 auf den demokratischen Konstitutionalismus, mithin auf die Volkssouveränität. Verbreitet war vielmehr die konstitutionelle Monarchie auf der Grundlage des monarchischen Prinzips. Nach dem monarchischen Prinzip war allein der Monarch berechtigt, eine Verfassung zu schaffen, nicht die Nation. Er schuf sie allerdings nicht vermöge einer verfassunggebenden Gewalt, denn im Gegensatz zum demokratischen zielte der monarchische Konstitutionalismus nicht auf die Neubegründung von Herrschaft. Er diente lediglich dazu, die bereits vorhandene Herrschaft zu beschränken. Daher ist die Rede von einem monarchischen Konstitutionalismus, genau genommen, unangemessen. Konstitutionalismus ist ein Begriff der Revolution. Der monarchische Verfassungsstifter berief sich jedoch weder auf die Revolution noch auf den allgemeinen Willen; vielmehr handelte er in Wahrnehmung seiner überlieferten Regierungsgewalt

---

[30] Zit. nach *Fimiani*, Storia, S. 284: *Si le peuple dit oui, c'est une illusion; s'il dit non, c'est une révolution.*

und begründete den Oktroi aus Maximen einer aufgeklärten und wohltätigen Staatsführung. Dementsprechend beruhte das monarchische Prinzip auf der Fiktion, daß der Monarch auch nach der Gewährung einer Verfassung im vollen Besitz der Staatsgewalt bleibe, während die Vertreter der Nation lediglich an deren Ausübung beteiligt würden. Dennoch steht außer Zweifel, daß, zumal nach der Französischen Revolution, auch eine oktroyierte Verfassung nur Bestand haben konnte, wenn sie von der Nation hingenommen wurde. Die widerspruchslose Akzeptanz bildet demnach die vierte Form, in der ein neues Regime durch den Allgemeinwillen legitimiert werden konnte. Eine Zustimmung aber, die durch Verzicht auf Widerspruch gegeben wird, trägt faktisch den Charakter eines Plebiszits. Man könnte sie ein stillschweigendes Plebiszit oder ein Plebiszit ohne Plebiszit nennen.

Vorbild für diese Form des monarchischen Konstitutionalismus wurde die *Charte constitutionnelle*, die der aus dem Exil zurückgekehrte Ludwig XVIII. am 4. Juni 1814 verkündete. Vorausgegangen waren die Absetzung Napoleons durch den französischen Senat am 2. und 3. April und die Verabschiedung einer monarchischen Verfassung durch dieselbe Körperschaft am 6. April. Der Senat handelte dabei im Namen der Nation. Dementsprechend bestimmte Artikel 29, daß die Verfassung zu gegebener Zeit einem Referendum unterworfen werde. Der Senat war ein Organ des Kaiserreichs gewesen. Er war nicht wie der Konvent im Jahre 1792 aus demokratischen Wahlen hervorgegangen und hatte niemals den Auftrag erhalten, dem Land eine Verfassung zu geben. Insofern war es folgerichtig, daß er die von ihm entworfene Verfassung durch ein Votum der Nation demokratisch legitimieren lassen wollte. Die Verfassung des Senats ist daher ihrer Intention nach ein Dokument des demokratischen Konstitutionalismus. Ihr zweiter Artikel lautete: „Das französische Volk beruft aus freien Stücken auf den Thron Frankreichs Louis-Stanislas-Xavier von Frankreich, Bruder des letzten Königs, und nach ihm die übrigen Mitglieder des Hauses Bourbon nach der alten Reihenfolge".[31] Nach dem Willen des Senats sollte sich die Monarchie ausschließlich auf die Volkssouveränität stützen. Sie wurde in keinerlei Kontinuität zu der Monarchie gestellt, die in der Revolution untergegangen war, auch nicht zur demokratisch legitimierten Monarchie von 1791. Dementsprechend ist die Wahl des Grafen von Provence nicht als Anerkennung von dessen dynastischem Anspruch zu verstehen. Das zeigt sich schon daran, daß er mit seinem bürgerlichen Namen und nicht als das angesprochen wurde, was er selbst seit 1795 zu sein beanspruchte: Ludwig XVIII. Schon die Kennzeichnung als „Bruder des letzten Königs" stand im Widerspruch zur monarchischen Rechtsauffassung. Ihr zufolge hätte der im Gefängnis verstorbene Sohn Ludwigs XVI. unter dem Na-

---

[31] Constitution française, 6. 4. 1814, Art. 2, in: *Wilhelm Altmann* (Hg.), Ausgewählte Urkunden zur außerdeutschen Verfassungsgeschichte seit 1776, Berlin 1897, S. 201: *Le peuple français appelle librement au trône de France Louis-Stanislas-Xavier de France, frère du dernier roi, et après lui les autres membres de la maison de Bourbon dans l'ordre ancien.*

men eines Ludwig XVII. als letzter König gezählt und Louis-Stanislas-Xavier dementsprechend als Onkel des letzten Königs bezeichnet werden müssen. Der im englischen Exil weilende Graf von Provence wurde gewählt, weil er unter allen in Betracht gezogenen Kandidaten die größten Aussichten hatte, die Zustimmung der Franzosen zu finden.

Der Graf von Provence folgte dem Ruf des Senats, aber er weigerte sich, die ihm vorgelegte Verfassung anzunehmen. Nach seiner Meinung war er kraft dynastischen Erbrechts längst König von Frankreich und konnte daher nicht erst zum König gemacht werden, schon gar nicht zu einem demokratisch legitimierten „König der Franzosen" und zumal durch eine Körperschaft, die aus der Revolution hervorgegangen war. Daher unterwarf er die Senatsverfassung nach seiner Rückkehr aus dem Exil im Zusammenwirken mit einer aus Mitgliedern des Senats und des *Corps législatif* bestückten Kommission einer Revision. Aus der demokratischen Verfassung des Senats wurde auf diese Weise eine Verfassung nach dem monarchischen Prinzip, eine Verfassung des monarchischen Konstitutionalismus.

Das Vorgehen Ludwigs XVIII. war ein Staatsstreich, eine glatte Usurpation. Zweck der Usurpation war die Wiederherstellung der traditionellen monarchischen Legitimität. Ein Vierteljahrhundert nach der Proklamation der Volkssouveränität durch die *Constituante* von 1789 war dieser Staatsstreich ein Wagnis. Daß er gelang, war einzig den Garantien zu verdanken, die der König mit der *Charte constitutionnelle* gewährte. Der Senat hatte seine Verfassung mit dem Ziel formuliert, den aus dem Exil zurückkehrenden König darauf zu verpflichten, die wesentlichen Errungenschaften der Revolution und des Kaiserreichs anzuerkennen. Dementsprechend hatte er unter anderem die Aufrechterhaltung des *Code civil*, die Übernahme der Staatsschuld, die Bestätigung des Verkaufs der Nationalgüter, die Anerkennung gleichermaßen des neuen wie des alten Adels und den Verzicht auf politische Säuberungen in den Text hineingeschrieben. Diese Bestimmungen übernahm der König sämtlich in die *Charte constitutionnelle* und sicherte ihr dadurch die stillschweigende Akzeptanz durch die Nation.[32] Nur dank dieser liberalen Konzessionen in der *Charte* gelang Ludwig XVIII. nach dem Sturz des Kaiserreichs die Restauration der Monarchie von Gottesgnaden.[33]

---

[32] Charte constitutionnelle 1814, Art. 9, 68, 70, 71, in: *Godechot* (Hg.), Constitutions, S. 219, 223 f.; Art. 11, ebd., S. 219, garantierte den Verzicht auf politische Säuberungen: *Toutes recherches des opinions et votes émis jusqu'à la restauration sont interdites. Le même oubli est commandé aux tribunaux et aux citoyens.* Die Bestimmung entspricht Art. 25 der Verfassung des Senats.

[33] Zur Entstehung der *Charte constitutionnelle* vgl. *Volker Sellin*, Die geraubte Revolution. Der Sturz Napoleons und die Restauration in Europa, Göttingen 2001, S. 225–273.

Oktroi und Restauration

Das Verhältnis zwischen Restauration und Verfassung ist komplex. Das zeigt sich, wenn man das Vorgehen Ludwigs XVIII. im Jahre 1814 mit dem Vorgehen des spanischen Königs Ferdinand VII. im selben Jahr vergleicht. Als Ferdinand im März 1814 aus dem französischen Exil nach Spanien zurückkehrte, wies er die von den *Cortes* im Jahre 1812 verabschiedete Verfassung zurück und ließ ihre Anhänger verfolgen. Der Absolutismus wurde wiederhergestellt. Ludwig dagegen war klug genug, die vom Senat erarbeitete Verfassung lediglich einer Revision zu unterwerfen. Schon mit seiner ersten öffentlichen Stellungnahme nach der Rückkehr aus dem britischen Exil, der Erklärung von Saint-Ouen vom 2. Mai 1814, stellte er allerdings klar, daß er an seinem Anspruch auf Anerkennung der uneingeschränkten monarchischen Souveränität festhalte. Die Erklärung trägt insofern einen plebiszitären Anstrich, als sie deutlich unterscheidet zwischen dem Volk, dessen "Liebe" den König „auf den Thron" seiner „Väter" zurückgerufen, und dem Senat, der einen „Verfassungsentwurf" vorgelegt habe. In dem Aufruf zu „wechselseitigem Vertrauen" (*confiance mutuelle*) zwischen Monarch und Nation verbirgt sich eine unverkennbare Distanzierung gegenüber dem Senat, der die Nation zu repräsentieren beanspruchte.[34] Nicht der Senat, sondern unmittelbar die Nation selbst wird zum Adressaten der Erklärung gemacht. Mit dem Oktroi der *Charte constitutionnelle* schließlich setzte sich der König über die Beschlüsse des Senats glatt hinweg. Weder der Senat noch der *Corps législatif* wurden als Körperschaften an der Revision der Senatsverfassung beteiligt. Eine Bestätigung der *Charte* durch die beiden Kammern war nicht vorgesehen. Durch den plebiszitär konzipierten Oktroi sicherte Ludwig seiner Politik der Restauration den Erfolg. Der Oktroi diente nicht der Beförderung der Demokratie, sondern der Stärkung und Wiederbefestigung der Monarchie. Der Oktroi war das wichtigste Instrument der Restauration. Er wurde vorgenommen, um weitergehende Ansprüche der Revolution zu neutralisieren. Insoweit bildete er einen Akt der Gegenrevolution. Da er jedoch einer großen Zahl von revolutionären Forderungen Rechnung trug, erscheint er zugleich als Akt einer Revolution von oben mit dem Ziel, der Monarchie die zeitgemäße Legitimität zu sichern.

Die Mehrzahl der konstitutionellen Monarchien Europas im 19. Jahrhundert ist durch Verfassungsoktroi, mithin durch Akte der Restauration im Angesicht revolutionärer Bedrohung begründet worden. Die Restaurationen dienten entweder zur Eindämmung bereits im Gange befindlicher oder zur Vorbeugung gegen unmittelbar bevorstehende Revolutionen. Der Oktroi der *Charte constitutionnelle* durch Ludwig XVIII. gehört zum ersten der beiden Typen und zwar in doppeltem Sinne. Die Restauration der Bourbonen war

---

[34] [*Louis XVIII*], Déclaration du Roi, Saint-Ouen, 2.5.1814, in: Bulletin des lois du Royaume de France, 5. Serie, Bd. 1, Nr. 8, Paris 1814, S. 75 f.

zum einen die historische Antwort auf deren Absetzung im Jahre 1792. Zum andern und im engeren Sinne war der Oktroi der *Charte* die Antwort auf die Verfassung des Senats. Er setzte eine Verfassung nach monarchischem an die Stelle einer Verfassung nach demokratischem Prinzip.

Den ersten Versuch, eine revolutionär begründete Verfassung durch Oktroi einer dynastisch legitimierten Verfassung zu überholen, hatte schon Ludwig XVI. unternommen. Als sich der König und seine Familie in der Nacht vom 20. auf 21. Juni 1791 im Schutze der Dunkelheit aus den Tuilerien schlichen, war das Ziel Montmédy in Lothringen, wo General Bouillé die Flüchtlinge mit loyalen Truppen erwartete. Der König hinterließ ein Manifest, in dem er die Gründe für seine Flucht darlegte und das überschrieben war: „Erklärung des Königs, bei seiner Abreise aus Paris an alle Franzosen gerichtet".[35] Der Adressat war mit Vorbedacht gewählt: Der König wandte sich nicht an die Nationalversammlung, sondern an die Gesamtheit seiner Untertanen. Von der Nationalversammlung wird im Text erklärt, daß sie dem Auftrag, den sie von der Nation erhalten habe, untreu geworden sei. Statt dessen habe sie sich unter die Herrschaft der Klubs, der Aufwiegler (*factieux*), begeben, die es nur auf die Zerstörung der Monarchie und aller verfassungsmäßigen Ordnung abgesehen hätten. So sei von der Monarchie nur ein „eitles Trugbild" (*un vain simulacre*) übriggeblieben.[36] Da die Versammlung sich dieser Entwicklung nicht entgegengestemmt habe, sei ihr Kredit verspielt. Sie verfolge nur noch das Ziel, „ein metaphysisches und philosophisches Regierungssystem zu errichten, das in der Praxis nicht funktionieren könne". Daher appellierte der König gegen die angeblichen Aufwiegler in der Versammlung an seine getreuen Untertanen (*ses fidèles sujets*). Diesen wollte er die Augen öffnen für die wahren Absichten derer, die das „Vaterland" unter dem Vorwand seiner Erneuerung zerstören wollten.[37]

Mit dem unmittelbaren Appell an seine Untertanen enthüllte das Manifest noch deutlicher als die Erklärung Ludwigs XVIII. von Saint-Ouen vom Mai 1814 den plebiszitären Charakter des Vorgehens. Wie dieser den Senat, so suchte Ludwig XVI. die Nationalversammlung zu delegitimieren, um ein unmittelbares Vertrauensverhältnis zu seinen Untertanen herzustellen. Die Rede von der „metaphysischen" Regierung und die Unterscheidung zwischen der „edlen und guten" Mehrheit der Franzosen und den Aufwieglern finden sich bereits in einem Brief Ludwigs XVI. an Karl IV. von Spanien vom 12. Oktober 1789. In diesem Brief hatte der bedrängte König feierlich protestiert „gegen alle der königlichen Autorität zuwiderlaufenden Akte, zu denen ihm seit 15. Juli des Jahres die Zustimmung mit Gewalt aufgezwungen wor-

---

[35] AP, Serie I, Bd. 27, Paris 1887, 21.6.1791, S. 378–383; das Manifest ist auch gedruckt in: *Marcel Reinhard*, La Chute de la royauté: 10 août 1792, Paris 1969, S. 437–450. Es trägt das Datum des 20. Juni 1791.

[36] AP, Serie I, Bd. 27, 21.6.1791, S. 379.

[37] Ebd., S. 381: *Sa Majesté [...] voulait faire connaître à ses fidèles sujets l'esprit de ces factieux qui déchirent le sein de leur patrie, en feignant de vouloir la régénérer.*

den sei".[38] Daß er die Dekrete der Nationalversammlung bisher sanktioniert habe, erklärt der König in seinem Manifest vom 20. Juni 1791 erneut mit dem Zwang, dem er als Gefangener der Stadt Paris und der Versammlung ausgesetzt gewesen sei. Dementsprechend widerruft er gleich zu Beginn seiner Erklärung sämtliche in der Zeit seiner „Gefangenschaft" abgegebenen Willenserklärungen. Zugleich bezeichnet er es als notwendig, „den Franzosen und dem ganzen Universum eine Darstellung seines eigenen Verhaltens und des Verhaltens der Regierung, die im Königreich die Macht an sich gerissen habe, zu geben".[39] Am Schluß des Manifests ruft er die Franzosen und ganz besonders die Bürger von Paris dazu auf, den Einflüsterungen und Lügen ihrer falschen Freunde zu mißtrauen: „Kehrt zu Eurem König zurück; er wird stets Euer Vater, Euer bester Freund sein". Er beschwört die Vorfreude auf eine Zeit, in der er sich in ihrer Mitte wiederfinden werde, „wenn eine Verfassung, der er freiwillig zugestimmt habe, garantiere, daß unsere heilige Religion geachtet werde, daß die Regierung auf sicheren und segensreichen Fundamenten stehe, daß Eigentum und Rechtsstellung eines jeden vor Beeinträchtigungen geschützt seien, daß die Gesetze nicht ungestraft übertreten werden könnten, und daß schließlich die Freiheit auf sicheren und unerschütterlichen Grundlagen ruhe".[40]

Das Manifest knüpfte an Erklärungen an, die der König bereits am 23. Juni 1789 in einer *Séance royale* vor den vereinigten Generalständen abgegeben hatte. Auch damals hatte er sich als den „gemeinsamen Vater" aller seiner „Untertanen" und als „Verteidiger der Gesetze" des Königreichs bezeichnet. Daher hatte er den Anspruch der Abgeordneten des Dritten Stands, als Repräsentanten der Nation die verfassunggebende Gewalt auszuüben, schroff zurückgewiesen. Wenn die Abgeordneten die loyale Zusammenarbeit mit ihm verweigerten, werde er „das Wohl seiner Völker allein in Angriff nehmen"; „alleine werde er sich als deren wirklichen Repräsentanten betrachten" und in Kenntnis der Beschwerdeschriften (*cahiers de doléances*) und in vollkommener Übereinstimmung zwischen den Wünschen der Nation und seinen dem Gemeinwohl verpflichteten Absichten die notwendigen Reformen durchführen.[41]

---

[38] Zit. nach *Albert Mousset*, Un Témoin ignoré de la Révolution. Le comte de Fernan Nuñez, Ambassadeur d'Espagne à Paris (1787–1791), Paris 1924, S. 228: *J'ai choisi Votre Majesté comme chef de la seconde branche pour déposer en vos mains la protestation solennelle que j'élève contre tous les actes contraires à l'autorité royale qui m'ont été arrachés par la force depuis le 15 juillet de cette année.*

[39] AP, Serie I, Bd. 27, 21. 6. 1791, S. 378: *Le roi, après avoir solennellement protesté contre tous les actes émanés de lui pendant sa captivité, croit devoir mettre sous les yeux des Français et de tout l'univers le tableau de sa conduite, et celui du gouvernement qui s'est établi dans le royaume.*

[40] Ebd., S. 383.

[41] Déclaration des intentions du Roi, §§ 1–3, in: AP, Serie I, Bd. 8, Paris 1875, 23. 6. 1789, S. 144.

Auch im Augenblick seiner Flucht hielt der König an seinem Entschluß fest, Frankreich zum Verfassungsstaat zu machen. Das Manifest läßt erkennen, daß er bereit war, auf einen Teil seiner überlieferten Vorrechte zu verzichten und eine Verfassung zu oktroyieren, in der allerdings auch die Belange der Monarchie, soweit er sie für unverzichtbar hielt, Berücksichtigung fänden. Marcel Reinhard urteilt in seiner Monographie über den Sturz der Monarchie, es wäre besser gewesen, wenn der König das Manifest vom 20. Juni erst nach erfolgreicher Flucht veröffentlicht hätte.[42] In der Tat hätte er sich die Verlegenheit erspart, nach dem Scheitern des Fluchtversuchs erklären zu müssen, warum er seine Zustimmung zu den Dekreten der Nationalversammlung widerrufen habe. In Wirklichkeit jedoch waren die Flucht und die gleichzeitige Veröffentlichung des Memorandums zwei zusammengehörige Teile einer politischen Strategie, mit der Ludwig XVI. nicht nur auf die Wiedergewinnung seiner Bewegungsfreiheit, sondern auch auf die Durchsetzung einer alternativen Verfassungsordnung abzielte. Soweit die von der Nationalversammlung bis Juni 1791 verabschiedeten Verfassungsgesetze dank königlicher Sanktion und nachfolgender Publikation bereits in Kraft getreten waren, vollzog der König in der Nacht seiner Flucht nichts Geringeres als einen Staatsstreich. Die Erfolgsaussichten dieses Staatsstreichs hingen wesentlich davon ab, daß er die Unterstützung der Nation fand. Auf diese Unterstützung konnte der König jedoch nicht hoffen, wenn die Nachricht von seinem Verschwinden nicht gleichzeitig von einem Angebot begleitet war. Wenn das Manifest sich unter Umgehung der Nationalversammlung unmittelbar an die Nation wandte, so geschah dies nicht nur, um ihr die Flucht zu erklären, sondern auch um sie dazu aufzurufen, ihre von der Nationalversammlung angeblich verratenen Rechte zurückzufordern, und um ihr den Vorschlag zu machen, Frankreich gemeinsam mit dem König in einen Verfassungsstaat zu überführen, von dem nicht befürchtet werden müsse, daß er in Anarchie und Gesetzlosigkeit ausarte. Offensichtlich erwartete der König, daß Flucht und Angebot zusammen einen öffentlichen Druck von solcher Macht auf die Nationalversammlung erzeugen würden, daß diese nicht umhin könne, sich mit dem König zu verständigen. Dafür spricht auch der Bericht Bouillés, wonach der König nach Erlangung der Freiheit eine Verständigung mit der Versammlung habe herbeiführen wollen, zumal mehrere Abgeordnete, darunter Mirabeau, Duport und die Brüder Lameth, die im Entstehen begriffene Verfassung ebenfalls kritisierten, weil sie zur Republik führen müsse, die sie nicht wollten, oder zur Anarchie, vor der sie sich fürchteten.[43] Dafür, daß die Zurücklassung des Manifests in den Tuilerien Teil einer kalkulierten Strategie war, spricht ein

---

[42] *Reinhard*, Chute, S. 30: „Mieux eût valu attendre d'avoir gagné la place de sûreté!"; *John Hardman*, Louis XVI, New Haven 1993, S. 189, resümiert die vorherrschende Meinung mit den Worten: „Louis's action in leaving his Declaration behind is generally considered foolish – he should have waited until he had reached safety".

[43] *François Claude Amour, marquis de Bouillé*, Mémoires, Paris 1821, S. 194.

Satz in der Erklärung, die der König nach seiner Rückkehr gegenüber der von der Nationalversammlung entsandten Untersuchungskommission abgab. Dort wandte er sich gegen einen der schwersten Vorwürfe, die in der Nationalversammlung gegen ihn erhoben wurden, nämlich daß er die Absicht gehabt habe, die Grenzen des Königreichs zu überschreiten, um von fremdem Boden aus mit fremden Truppen einen bewaffneten Überfall auf sein eigenes Land durchzuführen. Der König bemerkte hierzu: „Wenn ich die Absicht gehabt hätte, das Königreich zu verlassen, dann hätte ich mein Memorandum nicht am Tag meiner Abreise veröffentlicht, sondern ich hätte gewartet, bis ich jenseits der Grenzen gewesen wäre".[44] Offenbar hatte Ludwig grundsätzlich zwei Möglichkeiten gesehen, um seine unabhängige Stellung zurückzugewinnen: eine gewaltsame militärische Lösung mit auswärtiger Hilfe, wozu unter Umständen auch die Überschreitung der Landesgrenzen gehört hätte, oder eine gewaltfreie politische Lösung durch Verhandlungen mit der Nationalversammlung. Wenn die Zurücklassung des Manifests beweisen sollte, daß er Frankreich nicht hatte verlassen wollen, dann ergibt dieser Hinweis nur einen Sinn, wenn man annimmt, daß es als Teil einer auf Verständigung gerichteten Strategie gedacht war. Zur Herbeiführung der Verständigung hielt der König es für erforderlich, politische Kräfte zu mobilisieren. Der Appell an das Volk, sich gegen die Nationalversammlung zu wenden und für die unverzichtbaren Rechte des Königs zu kämpfen, zeigt, daß der noch vor kurzem fraglos aus unvordenklicher dynastischer Tradition legitimierte Ludwig XVI. plötzlich nicht mehr davor zurückscheute, selbst zu den Mitteln der Revolution zu greifen, um seine Ziele zu erreichen. Aussicht auf Erfolg hatte diese plebiszitäre Strategie allerdings nur unter der Voraussetzung, daß die Monarchie im Lande noch ein hohes Maß an Anhänglichkeit besaß und daß der König ein politisches Angebot machte, das mit der Verfassungspolitik der Nationalversammlung konkurrieren konnte.

Das Angebot, das Ludwig XVI. in seinem Manifest machte, waren das ausdrückliche Bekenntnis zum Verfassungsstaat und die Bekräftigung seiner Erklärung vom 23. Juni 1789. Auf dieser Basis suchte er ein Bündnis mit der Nation zu schließen. Das Unterpfand seiner Zusagen mußte ungleich glaubwürdiger wirken, wenn der König es im Augenblick seiner Flucht in den Tuilerien, im Zentrum der Monarchie, zurückließ, als wenn er es vom sicheren Hort im fernen Montmédy nachträglich abgegeben hätte. Im Interesse der Durchschlagskraft der politischen Initiative des Königs war es in jedem Fall wichtig, daß zwischen der Entdeckung der Flucht und der Bekanntgabe seiner Absichten nicht Tage des Rätselns über die Ziele des Königs lagen, in denen sich leicht eine unerwünschte und den Interessen der Monarchie abträgliche Deutung des Geschehens in den Köpfen hätte festsetzen können. Schließlich muß der König auch an die Möglichkeit gedacht haben, daß die Flucht mißlang. In diesem Fall war es ungewiß, ob er noch einmal die Gelegenheit erhal-

---

[44] Déclaration du roi, in: AP, Serie I, Bd. 27, 27. 6. 1791, S. 553.

ten würde, an die Nation zu appellieren. Ein solcher Appell war jedoch nicht
nur für sein persönliches Schicksal von Belang, sondern auch für die Zukunft
der Dynastie und der Monarchie.

Dem von Ludwig XVIII. 1814 unternommenen Versuch, der im Gang be-
findlichen Revolution des Senats durch den Oktroi einer Verfassung eine
Restauration der Monarchie entgegenzusetzen, glich der politische Kurs
Friedrich Wilhelms IV. im Herbst 1848.[45] Im Zuge der Märzunruhen in Berlin war der König gezwungen worden, die Einberufung einer preußischen
Nationalversammlung zur Vereinbarung einer Verfassung zu versprechen.
Vereinbarung bedeutete nach Auffassung der Regierung, daß die Krone sich
die Verfassung nicht aufzwingen zu lassen brauchte. Wie weit sie jedoch ihre
eigenen Vorstellungen würde durchsetzen können, hing vom Verlauf der
Revolution und von den wechselseitigen Kräfteverhältnissen ab. Immerhin
lehnte die Versammlung am 16. Oktober einen Antrag der Linken ab, nach
dem Muster der französischen Nationalversammlung von 1789 die uneingeschränkte verfassunggebende Gewalt für sich in Anspruch zu nehmen. In
der Praxis jedoch verhielt sie sich zunehmend so, als hätte sie dieses Mandat
erhalten. Sie faßte eine Reihe von Beschlüssen, denen der König unter keinen
Umständen zustimmen wollte. Dazu gehörten die Abschaffung des Adels und
das Verbot aller Orden und Auszeichnungen. Am meisten brachte Friedrich
Wilhelm IV. die Streichung der Formel „von Gottes Gnaden" aus dem Titel
des Königs auf.[46] Der radikale Kurs der Mehrheit veranlaßte die Regierung
am 9. November zunächst zur Verlegung der Versammlung aus der Hauptstadt nach Brandenburg und am 5. Dezember zu ihrer Auflösung. Gleichzeitig oktroyierte der König eine Verfassung, die er mit seiner Auffassung von
den Rechten des Monarchen für vereinbar hielt. Dabei griff er nicht auf den
Regierungsentwurf vom 20. Mai, sondern auf die Fassung zurück, welche die
Kommission der Nationalversammlung am 26. Juli verabschiedet hatte. Die
Regierung wollte die oktroyierte Verfassung offenbar so liberal wie möglich
gestalten, um keine erneuten Unruhen im Lande zu provozieren. Dennoch
nahm sie rund vierzig Änderungen am Kommissionsentwurf vor, um die
Stellung der Krone zu stärken.

Mit der Auflösung der Nationalversammlung war der Versuch gescheitert,
in Preußen eine monarchische Verfassung auf der Grundlage des demokratischen Konstitutionalismus nach dem Muster der französischen Verfassung
von 1791 zu schaffen. Schon die Zeitgenossen verglichen den Oktroi vom
Dezember mit dem Oktroi der *Charte constitutionnelle* im Jahre 1814. Im
Unterschied zur *Charte* Ludwigs XVIII. war der Oktroi in Preußen allerdings
vorbehaltlich einer Revision der Verfassung durch die preußischen Kammern
ergangen. Im März 1849 bestätigten zunächst beide Kammern ausdrücklich
die Rechtmäßigkeit des Oktrois. Sodann unterzogen sie die Verfassungsur-

---

[45] Zur Revolution des Senats vgl. *Sellin*, Revolution, S. 143–171.
[46] Vgl. dazu oben im Kapitel „Religion" den Abschnitt „Zweifel am Gottesgnadentum".

kunde einer Gesamtrevision in dem Sinne, daß sie über jeden Artikel berieten und einzeln abstimmten. Durch dieses Verfahren wurde nachträglich dem Vereinbarungsprinzip Rechnung getragen. Offensichtlich wollte der König sich nicht dem Vorwurf des Wortbruchs aussetzen. Allerdings machte die zweite Kammer es dem König nicht leicht, seinen Pazifikationskurs zu steuern. Nachdem dort erneut Beschlüsse gefaßt wurden, mit denen er nicht einverstanden war, löste er sie am 27. April 1849 kurzerhand auf, bevor die Revision abgeschlossen war. Am 30. Mai oktroyierte er unter Anwendung des Notverordnungsparagraphen ein antiliberales Wahlgesetz, mit dem das berüchtigte Dreiklassenwahlrecht in Preußen eingeführt wurde. Die revidierte Verfassung vom 31. Januar 1850 räumte der Krone dementsprechend eine wesentlich stärkere Stellung ein als die oktroyierte Verfassung vom Dezember 1848.[47] Auch Kaiser Franz Joseph von Österreich hatte im Herbst 1848 den verfassunggebenden Reichstag aufgelöst, der seit seiner Verlegung aus Wien in Kremsier getagt hatte, und statt dessen im Mai 1849 eine Verfassung oktroyiert. Im Unterschied zum König von Preußen hob er diese Verfassung allerdings im Dezember 1851 wieder auf.

Rußlands Übergang zum Konstitutionalismus

In Rußland wurde der Übergang zum Konstitutionalismus im Herbst 1905 durch einen Generalstreik erzwungen. Seit dem 4. Oktober streikten die Eisenbahner. Nach kurzer Zeit griff der Streik auch auf andere Wirtschaftszweige über. Innerhalb von wenigen Tagen kam das wirtschaftliche Leben des Landes fast vollständig zum Erliegen. Mitte Oktober legten nach Schätzungen etwa anderthalb Millionen Beschäftigte verschiedener Branchen und eine halbe Million Angehöriger des städtischen Mittelstands die Arbeit nieder.[48] In den großen Städten wurden die Lebensmittel knapp. Auf Versammlungen der Streikenden wurde die Abschaffung der Autokratie gefordert. In dieser Situation riet Graf Sergej Jul'evič Vitte, der soeben vom Abschluß des Friedensvertrags mit Japan aus Portsmouth, New Hampshire, zurückgekehrt war, dem Zaren zu politischen Konzessionen.[49] Die erste institutionelle Reform, die Nikolaus daraufhin durchführte, war die Errichtung des Amts eines Ministerpräsidenten. Vitte selbst wurde zum ersten Inhaber dieses Amts ernannt. Am 17. Oktober kündigte der Zar auf Vorschlag Vittes in einem Manifest eine Verfassungsreform für das Russische Reich an (Abb. 8).[50] Zur Begründung verwies er gleich im ersten Satz des von Vitte entworfenen

---

[47] Vgl. zum Gesamtvorgang: *Sellin*, Revolution, S. 314–320.

[48] *Manfred Hildermeier*, Die Russische Revolution 1905–1921, Frankfurt 1989, S. 72.

[49] *Abraham Ascher*, The Revolution of 1905, Bd. 1: Russia in Disarray, Stanford 1988, S. 224.

[50] Vysočajšij Manifest, in: Pravo. Eženedel'naja Juridičeskaja Gazeta, 25. 10. 1905, Sp. 3395–3397; ebenso in: *I. L. Tatarov*, Manifest 17 oktjabrja 1905, in: KA 11–12 (1925), S. 46 f., 89–91; Text des Manifests in englischer Sprache in: *Ascher*, Revolution, Bd. 1, S. 228 f. Zur

Abb. 8: Il'ja Efimovič Repin (1844–1930), Der 17. Oktober 1905.

Texts auf die Unruhen „in den Hauptstädten und in vielen Gegenden Unseres Reiches". Da das Wohlergehen (*blago*) des russischen Herrschers jedoch vom Wohlergehen des Volkes und die Sorge (*pečal'*) des Volkes von der Sorge des Herrschers untrennbar seien, forderte er die Regierung dazu auf, „zur Befriedung des staatlichen Lebens" (*k umirotvoreniju gosudarstvennoj žizni*) die erforderlichen Maßnahmen zu ergreifen. Der Begriff der „Befriedung" ist ein unübersehbarer Hinweis darauf, daß der Zar mit dem Manifest um die Wiederherstellung der Legitimität der Monarchie kämpfte. Insofern gehört dieser Schritt in die Tradition, die Ludwig XVIII. mit der Gewährung der *Charte constitutionnelle* knapp einhundert Jahre zuvor eingeleitet hatte. Durch rechtzeitige Einführung von Reformen wollte der Zar die schwankende Legitimität der Autokratie wieder aufrichten. Im Hinblick auf dieses Ziel war es ein verheißungsvolles Zeichen, daß die Streiks nach der Verkündung des Manifests allmählich abebbten.[51] Wie einst Ludwig XVIII. hielt auch Nikolaus II. selbstverständlich am Gottesgnadentum fest. Das zeigt schon die Eingangsformel des Manifests selbst.[52] Das Manifest kündigte die Garantie einer Reihe von Grundrechten an, die persönliche Unverletzlichkeit sowie die Gewissens-, die Rede-, die Versammlungs- und die Vereinsfreiheit. Zugesagt wurde ferner die Ausdehnung des Wahlrechts zur Staatsduma, die durch den damaligen Innenministers Aleksandr Bulygin am 6. August 1905 eingerichtet worden war, „auf diejenigen Klassen der Bevölkerung, die gegenwärtig über-

---

Entstehung des Manifests vgl. *Sergej Jul'evič Vitte*, Vospominanija, Bd. 3, Moskau 1960, S. 3–17.

[51] *Ascher*, Revolution, Bd. 1, S. 232.

[52] *Božieju Milostiju, My, Nikolaj Vtoryj, Imperator i Samoderžec Vserossijskij*, usw.

haupt kein Wahlrecht besitzen". Die Duma selbst sollte künftig nicht mehr nur beratend, sondern auch beschließend an der Gesetzgebung mitwirken. Allerdings behielt der Zar sich gegenüber allen von ihr gefaßten Beschlüssen ein Vetorecht vor.[53]

Die vordringlichste Aufgabe bei der Umsetzung der im Oktobermanifest versprochenen Reformen war der Erlaß eines neuen Wahlgesetzes. Zwischen dem 5. und 9. Dezember 1905 berieten die höchsten Beamten des Staates in Carskoe Selo unter dem Vorsitz des Zaren über eine vom Ministerrat erarbeitete Vorlage.[54] Zu Beginn der ersten Sitzung charakterisierte Staatsrat Dmitrij Nikolaevič Šipov die gegenwärtige Krise mit der Feststellung, „zwischen der Regierung und der Gesellschaft" habe sich „ein Abgrund" aufgetan. Um ihn zu schließen, müsse das Wahlsystem so gestaltet werden, daß die Abgeordneten „das Vertrauen (*doverie*) der Gesellschaft" gewinnen könnten. In dieser Hinsicht sei die Verordnung vom 6. August völlig unzureichend gewesen. Daher habe sie unter den Bürgern nicht „die unerläßliche Zustimmung" (*sočuvstvie*) gefunden.[55] Mit den Begriffen „Vertrauen" und „Zustimmung" bezeichnete Šipov die entscheidenden Elemente, auf denen die Akzeptanz der Monarchie beruhte und die der Zar zur Erneuerung der monarchischen Legitimität in der Krise unbedingt stärken mußte. Mit fast denselben Worten hatte Barnave Marie-Antoinette am 21. Juli 1791 daran erinnert, daß Ludwig XVI. nach seiner Wiedereinsetzung danach trachten müsse, sein Ansehen (*considération*) und das Vertrauen (*confiance*) in seine Person wiederherzustellen.[56]

Das neue Wahlgesetz wurde am 11. Dezember 1905 erlassen. Wie im Oktobermanifest angekündigt, wurde die Zahl der Wahlberechtigten gegenüber der Bulyginschen Reform vom 6. August erheblich ausgeweitet. Dennoch war das neue Wahlrecht weder allgemein noch gleich. Durch die Einteilung der Bevölkerung in vier Wählergruppen – Landbesitzer, Bauern, Stadtbewohner und Arbeiter – wurde sichergestellt, daß Bürgerliche und Adelspersonen ein überdurchschnittliches Stimmengewicht erhielten. Die Wahlberechtigten wählten zunächst Wahlmänner. Erst die Wahlmänner wählten die Abgeordneten zur Duma. Die Ungleichheit des Wahlrechts wirkte sich dahin aus, daß 2000 Landbesitzer, 4000 Stadtbewohner, 30000 Bauern und 90000 Arbeiter jeweils einen Wahlmann wählten. Frauen, Landarbeiter, Dienstboten und Tagelöhner erhielten überhaupt kein Wahlrecht.[57]

Die konstituierende Sitzung der Staatsduma wurde am 27. April 1906 um 17 Uhr durch Staatssekretär Eduard Vasil'evič Friš, den Vorsitzenden der Ge-

[53] *Ascher*, Revolution, Bd. 1, S. 179.
[54] *V. Vodovozov* (Hg.), Carskosel'skija soveščanija, in: Byloe, Nr. 3 (25), September 1917, S. 217–265.
[55] Ebd., S. 238.
[56] Vgl. oben den Abschnitt „Der demokratische Konstitutionalismus: Die Monarchie nach der Verfassung von 1791".
[57] *Abraham Ascher*, The Revolution of 1905, Bd. 2: Authority Restored, Stanford 1992, S. 43.

setzesabteilung des Staatsrats, feierlich eröffnet.[58] Vier Tage zuvor hatte der
Zar eine Verfassung unter der Bezeichnung „Fundamentale Staatsgesetze"
(*Osnovnye Gosudarstvennye Zakony*) verkünden lassen.[59] Der Name war nicht
neu. Schon in der von Michail Speranskij besorgten russischen Gesetzeskodifikation von 1832 waren „Fundamentale Staatsgesetze" enthalten. Durch die
Anknüpfung an die nationale Tradition der Gesetzgebung konnte der Begriff
„Constitution" (*konstitucija*), der gedankliche Assoziationen mit den Revolutionen des Westens hervorrief, vermieden werden.[60] Wie einst Ludwig XVIII.
mit der Wahl des Namens *Charte constitutionnelle*, so suchte auch Nikolaus II.
schon durch den Titel der Verfassung den Eindruck zu vermitteln, als stehe
das neue Grundgesetz ungebrochen in der Tradition des nationalen russischen Staatsrechts und stelle nicht etwa eine Konzession an die Revolution
dar. Dementsprechend beschloß die Regierung, die Zusagen des Oktobermanifests nicht in ein separates Dokument zu fassen, sondern in die geltenden
Fundamentalgesetze einzufügen. In den geheimen Verfassungsberatungen,
die im April 1906 unter dem Vorsitz des Zaren wiederum in Carskoe Selo
stattfanden, wurde die Frage aufgeworfen, ob die erforderlichen Neuerungen
durch die behutsame Hinzufügung einzelner Artikel zu den bereits bestehenden Fundamentalgesetzen fixiert werden könnten oder ob die Fundamentalgesetze im ganzen einer Revision (*peresmotr*) unterworfen werden müßten.
Ministerpräsident Vitte sprach sich vorsichtig, aber bestimmt für eine umfassende Revision aus.[61] Die Argumente, die er dafür ins Feld führte, zeigen, daß
er von dem Oktroi der Verfassung nicht nur eine Beschränkung, sondern auch
eine Stärkung der Rechte des Monarchen erwartete. Nach dem vorliegenden
Entwurf des Ministerrats sollte die gesetzgebende Gewalt vom Zaren im Zusammenwirken mit dem Staatsrat und der Duma ausgeübt werden (Artikel
7). Im Unterschied zur französischen *Charte constitutionnelle* von 1814 sollte
für einfache Gesetze auch den Kammern das Recht der Initiative eingeräumt
werden. Die Initiative zu verfassungsändernden Gesetzen sollte dagegen allein dem Zaren vorbehalten bleiben (Artikel 8 und 107). Die Duma sollte sich
keinesfalls in eine verfassunggebende Versammlung verwandeln.[62] Sie sollte
jedoch über verfassungsändernde Vorlagen der Regierung beraten und entscheiden. Staatsrat Aleksandr Semenovič Stišinskij und Innenminister Petr
Nikolaevič Durnovo hatten dagegen vorgeschlagen, bei anstehenden Verfassungsänderungen Staatsrat und Duma nicht nur von der Initiative, sondern

---

[58] Stenografičeskij otčet, Gosudarstvennaja Duma, Sessia I, Zasedanie pervoe, 27. 4. 1906,
     S. 1–4.
[59] Svod Zakonov Rossijskoj Imperii v pjati knigach. Bd. 1, Sankt Peterburg 1912, S. 1 ff.;
     englische Übersetzung der wichtigsten Teile in: *Marc Szeftel, The Russian Constitution of
     April 23, 1906. Political Institutions of the Duma Monarchy*, Bruxelles 1976, S. 84–109.
[60] *Szeftel*, Constitution, S. 25.
[61] V. *Vodovozov* (Hg.), Carskosel'skija soveščanija II, 7. 4. 1906, in: Byloe Nr. 4 (26), Oktober
     1917, S. 190.
[62] Sergej Vitte am 7. 4. 1906, ebd., S. 189.

auch von der Beratung und Beschlußfassung auszuschließen.[63] Das allerdings stand in klarem Widerspruch zu den Zusagen des Oktobermanifests. Wenn die Fundamentalgesetze dem Initiativrecht der Duma entzogen waren, dann, so Vittes Überlegung, empfahl es sich, nicht nur die Rechte der Bürger und der Volksvertretung, sondern auch die Rechte des Zaren und der Regierung darin so präzise wie möglich festzustellen. Vitte meinte, in der geltenden Fassung der Fundamentalgesetze seien die Rechte des Monarchen als Haupt der obersten Regierungsgewalt nicht klar genug definiert. Zum Beispiel sei dort nicht festgehalten, daß die Außenpolitik vom Monarchen bestimmt werde. Würde man die Fundamentalgesetze in der jetzigen Form belassen, könnte die Duma daher, so muß man Vittes Gedankengang ergänzen, aufgrund ihres Initiativrechts auf der Ebene der einfachen Gesetzgebung eine Vorlage einbringen, nach der die Außenpolitik der Kontrolle der Duma unterworfen würde. Entsprechendes gelte für die Armee und die Ausgaben des Hofes. All das sprach für eine umfassende Revision der Fundamentalgesetze von 1832. Dieser Ansicht pflichteten andere Teilnehmer an der Beratung bei, darunter auch der Vorsitzende des Staatsrats, Graf Dmitrij Martynovič Sol'skij.[64]

Vitte faßte seinen Standpunkt in der Sitzung vom 9. April noch einmal zusammen: „Man muß die Fundamentalgesetze überarbeiten, denn die Duma kann, wie gesagt, dank ihres Initiativrechts alles ändern außer den Fundamentalgesetzen. Deshalb muß man aus der Reichweite der Duma alles entfernen, was anzurühren gefährlich wäre. Nicht gefährlich ist es, über Freiheiten, über Gesetzmäßigkeit, über Bürgerrechte zu sprechen. Das ist alles möglich. Aber es gibt unzweifelhaft gefährliche Fragen. Dazu gehören die staatsrechtlichen Grundlagen der Duma und des Staatsrats, die grundlegenden Bestimmungen über die Regelungen des Budgets und der öffentlichen Anleihen und die Prärogativen des Monarchen als Staatsoberhaupt. Alle diese Gegenstände muß man in den Fundamentalgesetzen regeln".[65]

Eine empfindliche Einschränkung des Mitwirkungsrechts der Duma an der Gesetzgebung bedeuteten die Bestimmungen des Artikels 87. Danach konnte der Zar außerhalb der Sitzungsperiode der Duma in dringenden Fällen Gesetze auf dem Verordnungswege erlassen. Diese Verordnungsgesetze traten wieder außer Kraft, wenn sie von der Duma nach ihrem nächsten Zusammentritt nicht bestätigt wurden.

Die Artikel 69 bis 83 der Fundamentalgesetze zählten die „Rechte und Pflichten der russischen Untertanen" auf (*O pravach i objazannostjach rossijskich poddanych*). Pflichten zusätzlich zu den Rechten waren zum ersten Mal in die französische Verfassung von 1795 aufgenommen worden. Artikel 70 der Fundamentalgesetze benannte als erste Pflicht jedes russischen Untertans „die Verteidigung des Throns und des Vaterlands" (*zaščita prestola*

[63] Ebd., S. 193.
[64] Ebd., S. 191.
[65] Ebd., 9. 4. 1906, S. 202.

i otečestva). Damit band die Verfassung jeden Bürger mit seinem Gewissen unmittelbar an den Monarchen. Für die männliche Bevölkerung stellte der Artikel die Wehrpflicht fest.

An den Bestimmungen über das Gesetzgebungsverfahren läßt sich trotz des Artikels 87 unschwer erkennen, daß die Fundamentalgesetze die Prärogative des Zaren einschränkten. Um so mehr mag erstaunen, daß dem Zaren in Artikel 4 nach wie vor die „oberste selbstherrliche Gewalt" (*verchovnaja samoderžavnaja vlast'*) zugesprochen wurde, gerade als sollte sich gegenüber den bisherigen Machtverhältnissen nichts Wesentliches ändern. Der Titel „Selbstherrscher" (*samoderžec*) war eine Übersetzung des byzantinischen Begriffs *autocrator* ins Kirchenslawische und bezeichnete ursprünglich einen Herrscher, der seine Herrschaftsbefugnis unmittelbar von Gott und nicht von einem anderen Herrscher erhalten hatte.[66] Daher nahmen die Großfürsten von Moskau den Titel erst an, nachdem der Moskauer Staat die Freiheit von der Fremdherrschaft der Goldenen Horde erlangt hatte. Zur Zeit Peters des Großen und der Zarin Anna gewann der Begriff „Selbstherrschaft" (*samoderžavie*) zusätzlich die Bedeutung der unbeschränkten oder – im westeuropäischen Sinne – absoluten Gewalt. Die Fundamentalgesetze von 1832 bezeichneten die Macht des Zaren dementsprechend gleichzeitig als „selbstherrlich" (*samoderžavnyj*) und „unbeschränkt" (*neograničennyj*). In Artikel 4 der Fundamentalgesetze von 1906 wurde dem Zaren zwar noch die „selbstherrliche", nicht länger aber die „unbeschränkte" Gewalt zugesprochen.

Die Beratungen in Carskoe Selo über diesen Artikel leitete Nikolaus II. mit dem Bekenntnis ein, daß es ihm schwer falle, dieser Änderung zuzustimmen. Vergleichbar Wilhelm II., der im November 1918 glaubte, nicht abdanken zu dürfen, weil Friedrich der Große in ähnlicher Lage auch nicht abgedankt hätte, erklärte Nikolaus, schon die ganze Zeit quäle ihn die Frage, ob er gegenüber seinen Vorfahren das Recht habe, die Grenzen der Herrschaftsgewalt, die er von ihnen übernommen habe, zu verändern. Er sei entschlossen, die Zusagen vom Oktober 1905 einzuhalten, aber zum Verzicht auf die überlieferte Definition seiner Gewalt könne er sich nicht durchringen. Wenn er an dieser Definition festhalte, werde er freilich Unruhen und Angriffe hervorrufen. Man müsse sich jedoch darüber im klaren sein, von welcher Seite diese Angriffe ausgehen würden. Es handle sich um das „sogenannte gebildete Element", die Proletarier und den dritten Stand. Er sei allerdings davon überzeugt, daß 80% des russischen Volkes auf seiner Seite stünden, ihn unterstützten und ihm für den Entschluß, an der Unbegrenztheit seiner Macht nicht rütteln zu lassen, dankbar wären.[67] Vitte widersprach trocken. Da Nikolaus im Oktobermanifest verkündet habe, daß ohne Zustimmung der Duma und des Staatsrats kein Gesetz mehr Rechtskraft erlangen könne, sei die oberste Gewalt dem Gesetz unterworfen und werde nach den Vorschriften des Gesetzes ausgeübt. Damit

---

[66] Vgl. zur Interpretation des Begriffs „Selbstherrschaft" *Szeftel*, Constitution", S. 171–198.
[67] *Vodovozov* (Hg.), Carsko-sel'skija soveščanija II, 9. 4. 1906, S. 204 f.

habe sie eine Begrenzung erfahren. Über eine unbegrenzte Gewalt verfüge allein der türkische Sultan.[68]

Vergleicht man Wilhelm II. mit Friedrich II. und Nikolaus II. mit Peter dem Großen, so erweist sich, daß schwache Herrscher der Vergangenheit, starke Herrscher aber der Zukunft gerecht werden wollen. Daß Monarchen aus alter Familie sich ihrer dynastischen Traditionen bewußt waren, erscheint naheliegend. Nikolaus wie Wilhelm hätten jedoch besser daran getan, sich von Peter I. und Friedrich II. nicht längst überholte Handlungsmaximen, sondern die Fähigkeit zum Vorbild zu nehmen, sich von den Anschauungen ihrer Vorfahren zu lösen und das in ihrer Zeit jeweils Erforderliche und Mögliche zu erkennen und zu verwirklichen.

„Unbeschränkt" konnte die Macht des Zaren in der Tat nicht länger genannt werden. Sie konnte jedoch weiterhin als „selbstherrlich" in demselben Sinne bezeichnet werden, in dem in den westeuropäischen Verfassungen des 19. Jahrhunderts nach dem monarchischen Prinzip die Gewalt des Herrschers definiert wurde. Nach Artikel 57 der Wiener Schlußakte von 1820 konnte „der Souverän" durch eine landständische Verfassung „nur in der Ausübung bestimmter Rechte an die Mitwirkung der Stände gebunden werden", nicht aber, so müßte man ergänzen, konnte er die Staatsgewalt selbst mit anderen teilen. Zum Kern des konstitutionellen Staatsrechts gehörte der Grundsatz, daß der Monarch auch im Verfassungsstaat im Besitz der gesamten Staatsgewalt bleibe. Das erklärt, warum Artikel 4 der russischen Fundamentalgesetze von 1906 an der Selbstherrlichkeit der Gewalt des Zaren festhielt, obwohl an ihrer Ausübung Staatsrat und Duma beteiligt wurden.[69]

Nikolaus' Stellungnahme zum Entwurf des vierten Artikels zeigt, daß er eine ganz unzulängliche Vorstellung davon hatte, auf welche Schichten der Bevölkerung er die Legitimität der Monarchie unter den Bedingungen einer expandierenden Industriegesellschaft in erster Linie gründen müsse. Wenn er wirklich glaubte, auf die Zustimmung der Gebildeten, des städtischen Bürgertums und der Arbeiterschaft verzichten zu können, dann hatte er vergessen, von wem die Revolution ausgegangen war, und er hatte nicht verstanden, daß Gefahr für seine Herrschaft nicht so sehr von der Bauernschaft des platten Landes, als vielmehr von den Bewohnern der großen Städte und ganz besonders von der Arbeiterschaft in den industriellen Agglomerationen drohte.

Im Unterschied zur *Charte constitutionnelle* von 1814 legten die revidierten russischen Fundamentalgesetze von 1906 nicht den Grundstein für einen arbeitsfähigen Verfassungsstaat. Schon am 8. Juli 1906 löste der Zar die Duma wieder auf. Im Februar 1907 trat die zweite Duma zusammen. Auch sie blieb nur vier Monate im Amt. Im Juni 1907 oktroyierte der Zar, gestützt auf den Ausnahmeartikel 87, ein neues Wahlgesetz. Aufgrund dieses Gesetzes wurde die dritte Duma von einer konservativen Mehrheit bestimmt. Der Zar hatte

---

[68] Ebd., S. 206.
[69] Vgl. *Szeftel*, Constitution, S. 190 f.

sein Ziel erreicht. Doch im gleichen Maße, in dem die Duma sich von nun an gefügig zeigte, schwand ihre Kraft, das Regime zu legitimieren. Die Folgen zeigten sich im Ersten Weltkrieg. Die Machtlosigkeit der Duma bewirkte, daß der Zar die Last der Verantwortung für die beispiellosen wirtschaftlichen und sozialen Kosten des Krieges alleine zu tragen hatte. Am Ende seiner im August 1906 veröffentlichten Abhandlung „Rußlands Übergang zum Scheinkonstitutionalismus" stellte Max Weber aus deutscher Sicht fest: „Gewiß: das erbärmliche Regiment des Zaren, von jedem Krieg in den Grundfesten gefährdet, scheint ein „bequemer" Nachbar. Ein wirklich konstitutionelles Rußland müßte ein stärkerer und, weil gegen die Instinkte der Massen empfindlicher, ein unruhigerer Nachbar sein. Aber man täusche sich nicht: dies Rußland kommt, so oder so".[70]

Der *Statuto albertino* von 1848

Von den Verfassungsoktrois, mit denen ein Herrscher eine im Gang befindliche Revolution einzudämmen suchte, müssen die Oktrois unterschieden werden, die dazu dienen sollten, einer drohenden Revolution zuvorzukommen. Charakteristisch für diesen Typ von Oktroi sind die Verfassungen, die der König von Neapel, der Großherzog von Toskana, der Papst als Beherrscher des Kirchenstaats und der König von Sardinien zu Beginn des Jahres 1848 erließen.[71] Beispielhaft läßt sich das Verfahren an der Gewährung des *Statuto albertino* vom 4. März 1848 durch König Karl Albert von Sardinien illustrieren. Der *Statuto albertino* wurde als einzige der vier genannten Verfassungen nach dem Scheitern der Revolution im Jahre 1849 nicht wieder aufgehoben. Die Revolution war in Italien im Januar 1848 zuerst in Palermo ausgebrochen. Daraufhin erließ der König von Neapel eine Verfassung. Die Furcht vor der Ausbreitung der Revolution veranlaßte im Februar nach dem Vorpreschen des Königs von Neapel auch die Regierung in Turin, über die freiwillige Stiftung einer Verfassung nachzudenken. Auf der Sitzung des *Consiglio di Conferenza del Regno di Sardegna* vom 3. Februar 1848 erklärte der Innenminister, Graf Giacinto Borelli, „die Machenschaften der Sekten" und „die starke Erregung der Presse" hätten „alles überstürzt". Die Geister befänden sich in Gärung. Das neapolitanische Vorgehen habe überall zum Aufruhr geführt, ganz besonders in Genua, das seit dem Wiener Kongreß zum Königreich Sardinien gehörte. Eine Krise sei kaum zu vermeiden, und mit der Forderung nach einer Repräsentativverfassung sei täglich zu rechnen. In dieser Situation

---

[70] *Max Weber*, Rußlands Übergang zum Scheinkonstitutionalismus, in: *ders.*, Zur Russischen Revolution. Schriften und Reden 1905–1912, hg. von *Wolfgang J. Mommsen* (Max Weber Gesamtausgabe Abt. I, Bd. 10), Tübingen 1989, S. 679.

[71] Vgl. die vergleichende Analyse der Verfassungsoktrois in Italien in: *Kerstin Singer*, Konstitutionalismus auf Italienisch. Italiens politische und soziale Führungsschichten und die oktroyierten Verfassungen von 1848, Tübingen 2008.

empfahl Borelli, der revolutionären Bewegung zuvorzukommen. Wenn eine Konstitutionalisierung des Königreichs schon nicht zu vermeiden sei, dann müsse die Regierung die Verfassung wenigstens selbst geben und sich nicht aufzwingen lassen; sie müsse die Bedingungen diktieren und dürfe sie nicht von anderen entgegennehmen.[72] Borelli faßte die Situation in die bezeichnenden Worte zusammen: „Wenn die öffentliche Meinung sich in so sichtbarer Art und Weise wie bei uns ausspricht, dann bleibt nur die Möglichkeit, sie in den angemessenen Grenzen zu befriedigen".[73] Ergebnis der Beratungen der Regierungskonferenz war der Erlaß des *Statuto albertino*. Die Präambel offenbart, daß Karl Albert sich wie schon Ludwig XVIII. nach dem Oktroi der *Charte* weiterhin als Inhaber der gesamten Staatsgewalt betrachtete. Er beanspruchte nicht die demokratische Legitimität, sondern nannte sich unverändert König von Gottes Gnaden. Die Entstehungsgeschichte des *Statuto* zeigt jedoch, daß nicht in erster Linie das Gottesgnadentum die Legitimität der Monarchie garantierte, sondern der rechtzeitige Kompromiß mit der Revolution, den der König durch den einseitigen Oktroi der Verfassung eingegangen war. Auch dieser Oktroi war ein Akt der Restauration, insofern er die Monarchie gegenüber der revolutionären Bewegung zu immunisieren und dadurch zu stärken suchte.

Napoleonischer Konstitutionalismus

Von den Verfassungsoktrois, die im Laufe von oder im Angesicht unmittelbar drohender Revolutionen durchgeführt wurden, müssen die Oktrois unterschieden werden, mit denen Napoleon und seine Verbündeten die aus Territorien und Untertanen unterschiedlicher Herkunft künstlich zusammengesetzten Staaten zu stabilisieren und die Bürger dieser Staaten mit ihren neuen Herren zu versöhnen suchten. Von neuen Herren muß man zunächst in all denjenigen Fällen sprechen, in denen Napoleon die angestammten Dynastien vertrieb und seine Geschwister auf deren Throne setzte. Das geschah 1806 in Holland, wo er seinen jüngsten Bruder Ludwig, ebenfalls 1806 in Neapel, wo er zunächst Joseph Bonaparte, zwei Jahre später Joachim Murat als Könige einsetzte, 1807 im künstlich geschaffenen Königreich Westphalen, wo er Jérôme Bonaparte, und 1808 in Spanien, wo er wiederum Joseph Bonaparte zum König machte. Im Königreich Italien ließ sich Napoleon selbst zum König krönen und verband den Staat in Personalunion mit dem Kaiserreich. Ähnliches ergab sich de facto seit 1809 im Großherzogtum Berg, weil der vor-

---

[72] Consiglio di conferenza presieduto da Sua Maestà, Seduta n. 6, Processo verbale della seduta del 3 febbraio 1848, in: *Luigi Ciaurro* (Hg.), Lo Statuto albertino, illustrato dai lavori preparatori, Roma 1996, S. 114: *Bisogna darla, non lasciarsela imporre; dettare le condizioni, non riceverle.*

[73] Ebd., S. 115: *Quando l'opinione si pronuncia in modo così visibile come è da noi, non c'è altro che soddisfarla nei giusti limiti.*

gesehene Neffe Napoleons, Ludwig, der Sohn seines gleichnamigen Bruders, noch ein Kind war. Napoleon legte die Erwartungen, die er an die Verfassungspolitik knüpfte, in dem Brief nieder, mit dem er seinem Bruder Jérôme am 15. November 1807 die Verfassung für das Königreich Westphalen übersandte. Er ermahnte den Bruder, die Verfassung sorgfältig zu beachten, denn durch die Verfassung und die in ihr verbrieften Rechte würden seine Untertanen einen solchen Grad an Rechtssicherheit und Rechtsgleichheit erlangen, daß sie nicht mehr unter ihre vormaligen Herren zurückkehren wollten.[74]

Die Legitimierung ihrer neuen Herrschaft durch Gewährung einer Verfassung legte Napoleon auch denjenigen Rheinbundfürsten nahe, die aus alten Dynastien stammten wie der König von Bayern oder der Großherzog von Baden. Diese Fürsten regierten zwar nach wie vor in ihren angestammten Gebieten, aber sie hatten durch den Reichsdeputationshauptschluß von 1803 und die weiteren territorialen Verschiebungen der folgenden Jahre einen gewaltigen Gebietszuwachs erfahren und damit eine große Zahl von Untertanen hinzugewonnen. Auch diese Untertanen mußten, nicht anders als die Bürger des Königreichs Westphalen, mit ihren neuen Herren versöhnt werden. Bayern erhielt dementsprechend schon im Jahre 1808 eine Verfassung, die freilich nicht angewandt wurde. In Baden blieben die Verfassungsberatungen stecken. Allerdings bestand das Problem der Akzeptanz neuer Herren und der Integration der alten mit den neuen Bevölkerungsteilen auch nach dem Wiener Kongreß fort. Da die von historischen Dynastien regierten Rheinbundstaaten im Unterschied zu den von Mitgliedern der Familie Bonaparte regierten Satellitenstaaten des Kaiserreichs nach dem Sturz Napoleons nicht aufgelöst wurden, blieb das Bedürfnis nach Legitimierung der neuen Herrscher vor ihren hinzugewonnenen Untertanen bestehen. Nach dem Muster der *Charte* und in Weiterführung der napoleonischen Verfassungspolitik wurden daher in Bayern und Baden bereits im Jahre 1818 Verfassungen oktroyiert.[75]

Hatte Napoleon die Satellitenstaaten des Kaiserreichs durch Verfassungen politisch zu integrieren versucht, so sollte im Kaiserreich selbst die Konsulatsverfassung von 1799 mit ihren Ergänzungen von 1802 und 1804 diese Funktion erfüllen. Bekanntlich hat Napoleon nicht auf allen von ihm eroberten Gebieten Satellitenstaaten gegründet. Vielmehr hat er einen Teil seiner Eroberungen unmittelbar in das Kaiserreich eingegliedert. In den annektierten Gebieten galt die französische Verfassung. Im napoleonischen Italien bestanden beide Systeme nebeneinander. Piemont, Ligurien, die Toskana und Latium mit Rom wurden annektiert. Dadurch gewann das Kaiserreich einen beträchtlichen Anteil italienischsprachiger Bürger, deren Loyalität es durch die Modernität seiner Institutionen zu gewinnen hoffte. Die Königreiche Italien

---

[74] *Napoléon Ier*, Correspondance, Bd. 16, Paris 1864, Nr. 13361, S. 166 f.; vgl. unten im Kapitel „Nation" den Abschnitt „Die Erschaffung der Nation durch den Monarchen".
[75] Vgl. ebd. den Abschnitt „Partikularismus in Deutschland".

und Neapel waren begrenzt autonome Satellitenstaaten. Dem Einfluß Napoleons entzogen blieben einzig die Inseln Sardinien und Sizilien.

Verfassungskonflikte

Der Immunisierung der Monarchie gegen die revolutionäre Bedrohung durch den Oktroi einer Verfassung waren im System des monarchischen Konstitutionalismus allerdings Grenzen gesetzt. Für die Gesetzgebung und damit auch für die Verabschiedung des Haushaltsgesetzes verlangten die Verfassungen das Zusammenwirken von Regierung und Kammern. Offen blieb die Frage, wie die Übereinstimmung im Konfliktfall herbeigeführt werden sollte. In mehreren Abhandlungen hat Robert von Mohl das Zusammenwirken zwischen Regierung und Kammern in den konstitutionellen Monarchien seiner Zeit vergleichend analysiert und ist dabei zu dem Ergebnis gelangt, daß die vorgeschriebene Übereinstimmung zwischen Krone und Volksvertretung grundsätzlich nur auf zwei Wegen erreicht werden könne: durch Korruption oder durch parlamentarische Regierung. Unter den Begriff der Korruption faßte Mohl sämtliche damals gängigen Verfahren zusammen, durch welche die Regierung sich auf außergesetzlichem oder zumindest verfassungsrechtlich bedenklichem Wege die Mehrheit in der Zweiten Kammer zu sichern suchte. Dazu gehörten Manipulationen am Wahlrecht, die Beeinflussung der Wahlen durch die Behörden, die Urlaubsverweigerung gegenüber liberalen Abgeordneten, die zugleich Beamte waren, Manipulationen der Geschäftsordnung und Einflußnahmen auf die Sitzordnung. Mohl warnte vor der Anwendung solcher Methoden, da sie, zumal wenn sie zur Regel würden, die Glaubwürdigkeit der Regierung und der Verfassungsordnung auf die Dauer massiv in Frage stellten. Dadurch aber würde die Legitimität der Monarchie untergraben. Angesichts dessen hielt Mohl längerfristig den Übergang zur parlamentarischen Regierung für unausweichlich. Die parlamentarische Regierung beruhe darauf, daß sich der Monarch, ohne von der Verfassung formell dazu verpflichtet zu sein, den Willen der Kammermehrheit zu eigen mache. Mohl unterstrich, die parlamentarische Regierung sei „kein Verfassungsparagraph", sondern lediglich ein „Regierungssystem", wobei „Regierungssystem" nach dem Sprachgebrauch der Zeit so viel bedeutete wie politische Handlungsmaxime.[76]

Wenn es dem Monarchen nicht gelang, die Kammern durch Korruption gefügig zu machen, er umgekehrt jedoch nicht bereit war, zur parlamentarischen Regierungsweise überzugehen, war der Konflikt unvermeidlich. Über einen solchen Konflikt ist im Juli 1830 in Frankreich die Julirevolution ausgebrochen. Statt den mißliebigen Minister Jules de Polignac zu entlassen, ris-

---

[76] Vgl. oben im Kapitel „Aufklärung" den Abschnitt „Aufklärung und Revolutionszeitalter".

kierte Karl X. lieber den Staatsstreich und verlor dadurch seinen Thron. In einer Adresse an den König hatten 221 Abgeordnete am 18. März den Kern des Konflikts benannt. Sie erklärten, die *Charte constitutionnelle* habe die fortdauernde Übereinstimmung in den politischen Anschauungen zwischen der Regierung und den Wünschen des Volkes zur Bedingung des geregelten Gangs der öffentlichen Angelegenheiten gemacht. Sie stellten fest, daß diese Übereinstimmung nicht bestehe.[77]

Ein strukturell vergleichbarer Konflikt erschütterte in den sechziger Jahren das Königreich Preußen. Entzündet hatte sich dieser Konflikt allerdings nicht an der Ernennung eines Ministers, sondern an einer Gesetzesvorlage. Der Kriegsminister Albrecht von Roon hatte im Jahre 1861 den Entwurf einer Heeresreform eingebracht. Die Reform sollte einerseits mehr Wehrgerechtigkeit herstellen, indem sie der seit 1814 bestehenden allgemeinen Wehrpflicht wieder tatsächliche Geltung verschaffte; andererseits sollte sie die Schlagkraft des preußischen Heeres steigern. Die Liberalen im Abgeordnetenhaus befürchteten, die Reform und namentlich die dreijährige Dienstzeit könnten zu einer Militarisierung der Gesellschaft führen und die Rekruten zu willigen Werkzeugen in den Händen des Königs machen. Als offenkundig geworden war, daß mit einer Zustimmung zur Reformvorlage nicht zu rechnen sei, zog die Regierung den Gesetzentwurf zurück. Sie stellte sich auf den Standpunkt, daß Angelegenheiten der Streitkräfte der Kommandogewalt des Monarchen unterlägen und nicht durch Gesetz geregelt werden müßten. Daher beschränkte sie sich darauf, die für die Durchführung der Reform benötigten Mittel in den Staatshaushalt einzustellen. Die Folge war, daß das Abgeordnetenhaus dem Haushalt seine Zustimmung versagte. Da keine Seite nachgab, regierte der im September 1862 berufene Ministerpräsident Otto von Bismarck vier Jahre lang ohne genehmigten Haushalt. Er rechtfertigte dieses Verfahren mit der sogenannten Lückentheorie. Die Verfassung verlange in der Gesetzgebung zwar die Übereinstimmung zwischen der Krone und den beiden Häusern des Parlaments, habe es jedoch unterlassen zu erklären, was zu geschehen habe, wenn die Übereinstimmung nicht zustande komme. Insofern gebe es in der Verfassung eine Lücke. Die Lücke auszufüllen, obliege notwendigerweise derjenigen Instanz, welche die Verfassung gestiftet habe. Das sei in Preußen die Krone gewesen. Da der Staat nicht stillstehen könne, sei es im Konfliktfall dementsprechend die Pflicht der Regierung, die erforderlichen Maßnahmen auch ohne parlamentarische Ermächtigung zu ergreifen.

Das Budgetrecht war das vornehmste Recht der Volksvertretung. Die Bewilligung von Steuern war schon im Ständestaat die Hauptbefugnis der Vertretungskörperschaften gewesen. Daran läßt sich die Kühnheit von Bismarcks Vorgehen ermessen. Auch wenn das Land nicht gegen den König aufstand, so

---

[77] Adresse des 221 et réponse du roi (18. 3. 1830), in: *Pierre Rosanvallon*, La Monarchie impossible. Les chartes de 1814 et de 1830, Paris 1994, S. 281 ; vgl. oben im Kapitel „Gewalt" den Abschnitt „Karl X. und die Julirevolution".

kann doch kaum bezweifelt werden, daß der Konfliktkurs der Regierung die legitimatorische Wirkung der Verfassung schwächte. Allzu deutlich wurden der Nation durch Bismarcks Vorgehen die Grenzen ihrer politischen Mitwirkungsrechte aufgezeigt. Wenn aber die Verfassung nicht mehr ausreichte, um die Monarchie zu rechtfertigen, dann mußte sie durch andere legitimitätsstiftende Elemente ergänzt werden. Genau das war die Strategie, mit der Bismarck den Verfassungskonflikt löste, ohne die Forderungen der liberalen Opposition zu erfüllen.

Den Ausweg aus der Krise fand Bismarck dadurch, daß er die preußische Militärmacht einsetzte, um die nationale Frage in Deutschland zu lösen, nachdem die Frankfurter Nationalversammlung in der Revolution von 1848 an dieser Aufgabe gescheitert war. Ein Hauptgrund ihres Scheiterns war zuletzt die Ablehnung der Kaiserwürde durch Friedrich Wilhelm IV. von Preußen gewesen. Hätte der König die Wahl zum Kaiser der Deutschen angenommen, wäre er ein Monarch geworden, dessen Regierung durch zwei einander widersprechende Grundsätze legitimiert worden wäre. In Preußen König von Gottes Gnaden wäre er gleichzeitig Kaiser eines nationalrevolutionär begründeten Reiches geworden. Damit hätte er den Legitimismus, dem er in Preußen huldigte, ad absurdum geführt. Wurde die deutsche Einheit dagegen, statt auf ein demokratisches Parlament, auf die preußische Krone gegründet, ließ sich der Konflikt der Legitimitäten vermeiden. Indem Bismarck die nationale Frage mit den Mitteln der preußischen Militärmacht löste, entschädigte er die liberale Opposition zugleich für das Scheitern ihrer parlamentarischen Ansprüche. Nach dem überraschenden und schnellen Sieg über Österreich von 1866 spaltete sich die Fortschrittspartei, die den Konfliktkurs der Regierung im preußischen Abgeordnetenhaus bis zuletzt hartnäckig bekämpft hatte. Die neugegründete Nationalliberale Partei stellte sich hinter Bismarck und seine deutsche Politik. Die Staatsausgaben der zurückliegenden Jahre wurden durch ein Indemnitätsgesetz nachträglich bewilligt. Damit anerkannte die preußische Regierung auch formell das Haushaltsrecht des Parlaments, das sie als solches freilich niemals bestritten hatte. Umgekehrt stellte das Parlament den Ministerpräsidenten vom Vorwurf verfassungswidrigen Handelns frei. Die angebliche Lücke in der Verfassung wurde damit jedoch nicht geschlossen.

Das Deutsche Kaiserreich

Der Ausgang des preußischen Verfassungskonflikts zeitigte Auswirkungen weit über Preußen hinaus. Da das Zweite Deutsche Kaiserreich durch Preußen gegründet wurde, blieben die preußischen Verfassungsgrundsätze auch für das Reich bindend. Der Reichstag im Deutschen Kaiserreich wurde zwar nach dem allgemeinen, gleichen und geheimen Wahlrecht bestellt. Da ihm jedoch das Mittel der parlamentarischen Regierung fehlte, konnte auch er den Willen des Wählers nicht unmittelbar politisch zur Geltung bringen. Im Konfliktfall war die Regierung daher auch im Reich versucht, durch plebiszitäre Zurüstungen und Propaganda um die Unterstützung der Massen zu werben. Einen Niederschlag hat diese Tendenz in Friedrich Naumanns im Jahre 1900 veröffentlichter Schrift „Demokratie und Kaisertum" gefunden. Naumann vergleicht das französische Zweite Kaiserreich von 1852 mit dem deutschen von 1871. Über die Herrschaft Napoleons III. schreibt er zunächst: „Der Grundgedanke des Napoleonischen Systems ist: Die Volkssouveränität wird theoretisch anerkannt, aber durch Übertragung auf einen Mann ausgeübt. Diese Übertragung geschieht durch Volksabstimmung. Die Basis für das Regiment ist der Wille der Masse. Der Imperator ist Verkörperung des nationalen Gesamtwillens, er gründet sein Recht darauf, daß die Nation ihn braucht, und daß er das Heer hat".[78] Diese „napoleonischen Ideen", meint Naumann weiter, seien „in Deutschland nicht rein durchgeführt", aber „der preußisch-monarchische Gedanke" sei „stark mit ihnen durchtränkt worden". Den Doppelcharakter der Herrschaftsberechtigung des Kaisers rationalisiert Naumann durch die Unterscheidung von zwei verschiedenen Funktionen seiner Herrschaft: „Als Preußenkönig" hat der Kaiser „das Erbe der alten Tradition übernommen, als Kaiser ist er nationaler Imperator, Verkörperung des Gesamtwillens, persönlicher Führer aus einer alten in eine neue Zeit"[79]. Damit sind die Eigenschaften benannt, die den deutschen Kaiser im Unterschied zum König von Preußen nach Naumanns Auffassung als Monarchen legitimierten. Sie sind von allen traditionellen Legitimitätsvorstellungen weit entfernt. Dagegen stellen sie die nationale Funktion des Kaisers heraus. Mit dem Begriff des Führers verbindet sich die Vorstellung persönlicher Verantwortlichkeit. Ein Führer kann nicht wie ein konstitutioneller König unverletzlich und unverantwortlich sein. Wenige Jahre später gab Naumann zu erkennen, daß er auch die „alte Tradition" nicht mehr für ausreichend hielt, um einen Monarchen weiterhin zu legitimieren: „Monarchen brauchen Mehrheiten. Sie leben davon, daß sie für nötig gehalten werden. Ist dieser Glaube zu Ende, da hilft das älteste Erbrecht nichts".[80]

Zwei Jahre nach der Beilegung des Verfassungskonflikts prägte Otto von Gierke den Begriff des Obrigkeitsstaats. Unter Obrigkeitsstaat verstand er ein auf Herrschaft gegründetes Staatswesen im Gegensatz zu den städtischen Gemeinwesen des Mittelalters, die auf genossenschaftlicher Grundlage beruht hätten.[81] Gierke gebrauchte den Begriff des Obrigkeitsstaats für die absoluten Fürstenstaaten der frühen Neuzeit, in denen der einzelne, bloß als Untertan, isoliert und ohne politische Mitwirkungsrechte, der „obrigkeitlichen

---

[78] *Friedrich Naumann*, Demokratie und Kaisertum, in: *ders.*, Politische Schriften, hg. von *Theodor Schieder*, Bd. 2: Schriften zur Verfassungspolitik, Köln / Opladen 1964, S. 265.

[79] Ebd., S. 265 f.; vgl. oben im Kapitel „Kriegserfolg" den Abschnitt „Der Sturz Wilhelms II.".

[80] *Friedrich Naumann*, Demokratie und Monarchie (1912), in: *ders.*, Politische Schriften, Bd. 2, S. 443.

[81] *Otto von Gierke*, Das deutsche Genossenschaftsrecht, Bd. 1, Berlin 1868, S. 646 f.

Administration" gegenübergestanden sei. Er verwandte ihn also nicht kritisch gegenüber den zeitgenössischen Monarchien mit oktroyierten Verfassungen. Vielmehr glaubte er, der alte Obrigkeitsstaat habe sich schon durch die Gewährung von Verfassungen in einen Volksstaat verwandelt. Preußen habe „erst nach seiner Umbildung zum Volksstaat" seinen „geschichtlichen Beruf zur Führung Deutschlands in die Hand nehmen" können.[82] Wesentlich kritischer als Gierke war dessen Schüler Hugo Preuß. Mitten im Weltkrieg erklärte Preuß, das alte „Obrigkeitssystem" sei noch immer das beherrschende Verfassungsprinzip des Kaiserreichs. Durch die Gewährung einer Verfassung im Jahre 1848 habe sich in Preußen „nur die Form, nicht das Wesen der staatlichen Struktur" verändert. Durch Bismarcks Einigungswerk sei „die preußische Obrigkeitsregierung mit noch erhöhter Macht in das kleindeutsche Reich" hinübergetreten, wie „sie unversehrt schon in den Konstitutionalismus hinübergegangen war". Die deutschen Verfassungen dienten lediglich „zur Verhüllung des obrigkeitlichen Wesens".[83] Preuß unterschied den konstitutionellen Obrigkeitsstaat vom Volksstaat und forderte dementsprechend, daß der „deutsche Obrigkeitsstaat" endlich „zum Volksstaat" umgebildet werde. Mit der Charakterisierung als Obrigkeitsstaat rückte Preuß das politische System des Kaiserreichs im Unterschied zu Gierke in die Nähe des Absolutismus. Damit entlarvte er zugleich alle Versuche der Vergangenheit, die Monarchie durch eine Verfassung zu legitimieren, als unzureichend. Da in Preußen und Deutschland sowohl die militärische Kommandogewalt als auch die Außenpolitik der Einflußnahme durch den Reichstag entzogen waren, fiel die Verantwortung für die Politik, die zum Ausbruch des Weltkriegs geführt hatte, wie auch für die militärischen und politischen Weichenstellungen während des Krieges auf den preußischen König und deutschen Kaiser. Diese Konstellation trug erheblich zum Sturz der Monarchie bei, zumal Wilhelm II. mit den Aufgaben, die ihm seine Machtstellung im Weltkrieg abverlangte, vollkommen überfordert war.

Verfassungsfeiern

Die Einführung des Verfassungsstaats war eine umstürzende Neuerung. Schon das erklärt, daß sie vielfach zum Anlaß für nationale Feste und Gedenkfeiern gemacht wurde. Am 3. Juli 1776, einen Tag, nachdem der amerikanische Kontinentalkongreß den Beschluß gefaßt hatte, sich vom Mutterland zu trennen, schrieb John Adams aus Philadelphia an seine Frau Abigail: „Der zweite Juli 1776 wird die denkwürdigste Epoche in der Geschichte Amerikas sein. Ich bin geneigt zu glauben, daß dieser Tag von den folgenden Generationen als das große Geburtstagsfest gefeiert wird. Er sollte als der Tag der

---

[82] Ders., Die Steinsche Städteordnung, Berlin 1909, S. 63.
[83] *Hugo Preuß*, Das deutsche Volk und die Politik, Jena 1915, S. 68, 72, 133, 140, 152, 154.

Befreiung im Gedächtnis gehalten werden, durch feierliche Akte der Hingabe an den Allmächtigen Gott. Er sollte von jetzt an bis in Ewigkeit mit Pomp und Paraden, mit Shows, Spielen, Sport, Kanonen, Glocken, Freudenfeuern und Illuminationen von einem Ende des Kontinents zum andern feierlich begangen werden".[84] Auch wenn schließlich nicht der zweite, sondern der vierte Juli, der Tag, an dem der Kontinentalkongreß den vollen Text der von Thomas Jefferson entworfenen Unabhängigkeitserklärung annahm, zum amerikanischen Nationalfeiertag geworden ist, hat Adams mit seiner Prophezeiung doch recht behalten. Seine Auffassung, daß die Erlangung der Freiheit gefeiert werden müsse, setzte sich durch. Im Zuge des Prozesses der Ratifikation der amerikanischen Bundesverfassung von 1787 wurden über die Unabhängigkeit hinaus zahlreiche weitere Anlässe zum Feiern gefunden. In den sogenannten *Federal Processions* wurde unter Beteiligung der Bevölkerung in den großen Küstenstädten jeweils der Abschluß der Ratifizierung durch die einzelstaatlichen Ratifizierungskonvente gefeiert, erstmalig in Boston am 8. Februar 1788.[85] Die größte dieser Feiern fand am 4. Juli 1788 in Philadelphia statt. Zwei Tage davor hatte der Kongreß die Bundesverfassung in Kraft gesetzt. Außerdem hatten die Vereinigten Staaten 12 Jahre zuvor am selben Tag in Philadelphia ihre Unabhängigkeit erklärt.[86] Die Feiern drückten nicht nur die Freude über die Annahme der Bundesverfassung aus, sondern verfolgten zugleich den Zweck, auch die Gegner und die Skeptiker mitzureißen und von der Richtigkeit der Mehrheitsentscheidung zu überzeugen. Insofern waren sie ein Stück politischer Propaganda.

Um das Gedächtnis an die Revolution aufrechtzuerhalten und um die Bürger nachhaltig für deren Ideale zu gewinnen, stellte die französische Verfassung von 1791 fest: „Es werden Nationalfeste eingerichtet, um die Erinnerung an die Französische Revolution zu bewahren, um die Brüderlichkeit zwischen den Bürgern aufrechtzuerhalten und um sie an die Verfassung, das Vaterland und die Gesetze zu binden".[87] Eine entsprechende Bestimmung wurde später auch in die Direktorialverfassung von 1795 aufgenommen.[88]

---

[84] John Adams an Abigail Adams, 3.7.1776, in: *L. H. Butterfield / Marc Friedlaender / Mary-Jo Kline* (Hg.), The Book of Abigail and John. Selected Letters of the Adams Family 1762–1784, Cambridge, Mass. / London 1975, S. 142.

[85] *Jürgen Heideking*, Die Verfassungsfeiern von 1788. Das Ende der Amerikanischen Revolution und die Anfänge einer Nationalen Festkultur in den Vereinigten Staaten, in: Der Staat 34 (1995), S. 395 f.

[86] *Hans-Christoph Schröder*, Der Pope's Day in Boston und die Verfassungsfeier in Philadelphia, in: *Uwe Schultz* (Hg.), Das Fest. Eine Kulturgeschichte von der Antike bis zur Gegenwart, München 1988, S. 250.

[87] Constitution française 1791, Titre I, in: *Godechot* (Hg.), Constitutions, S. 37: *Il sera établi des fêtes nationales pour conserver le souvenir de la Révolution française, entretenir la fraternité entre les citoyens et les attacher à la Constitution, à la Patrie et aux lois.*

[88] Constitution du 5 fructidor an III (22 août 1795), Art. 301, ebd., S. 134: *Il sera établi des fêtes nationales, pour entretenir la fraternité entre les citoyens et les attacher à la Constitution, à la patrie et aux lois.*

Sowohl in den Vereinigten Staaten als auch im revolutionären Frankreich handelte es sich um Verfassungen, die aus der verfassunggebenden Gewalt des Volkes hervorgegangen waren. Mit der Stiftung von Verfassungsfesten verfolgte die Nation als der Souverän offensichtlich das Ziel, die Errungenschaften der Revolution so unauslöschlich im Bewußtsein und Willen der Bürger zu verankern, daß jeder Gedanke an eine Rückkehr zum vorherigen Staatszustand ausgeschlossen war. Den Bürgern sollte unablässig vor Augen gestellt werden, daß sie die mühsam errungene Souveränität niemals mehr preisgeben dürften. Die Feiern dienten somit der Selbstbestätigung und dem Machterhalt des Souveräns.

Als Fortschritte betrachteten die Bürger auch diejenigen Verfassungen, die sie nicht selbst geschaffen hatten, sondern die ihnen von ihren Monarchen oktroyiert worden waren. Daher regte sich auch in solchen Verfassungsstaaten der Wunsch nach Verfassungsfeiern. Diese Feiern konnten allerdings nicht zur Bestätigung der Volkssouveränität genutzt werden, denn die Souveränität beanspruchten die Monarchen für sich selbst. Daher stellte sich die Frage, ob die Bürger sich solchen Feiern nicht verweigern sollten, um nicht den Anschein zu erwecken, als stimmten sie einer oktroyierten Verfassung zu, die nach Ursprung und Inhalt weit hinter demokratischen Grundsätzen zurückblieb. Zwar hätten die Monarchen sich selbst und ihr Verfassungswerk feiern können, doch davor schreckten sie zurück, denn sie mußten befürchten, daß Volksfeste mit Tausenden von Teilnehmern allzu leicht als Gelegenheit genutzt würden, um Forderungen zu erheben, die über die Grenzen der bestehenden Verfassungen hinausgingen. Diese Problematik läßt sich an den badischen Verfassungsfeiern von 1843 und an zwei bayerischen Verfassungsfeiern des Jahres 1832 illustrieren.

Am 22. August 1843 jährte sich zum fünfundzwanzigsten Mal der Tag, an dem Großherzog Karl die badische Verfassungsurkunde unterzeichnete. Bereits im März des Jahres hatten liberale Blätter den Gedanken ins Spiel gebracht, das Jubiläum der Verfassung zu feiern. Am 21. Juni wurde auf einer öffentlichen Versammlung in Oberkirch im Renchtal ein Festkomitee konstituiert. Unter den 26 Mitgliedern befanden sich führende Vertreter der liberalen Opposition. Die Reaktion der Behörden war ambivalent. Das Innenministerium erklärte, die Regierung plane keine Feier zum Jahrestag der Verfassung, werde eine „Privat-Feier" aber nicht behindern, sofern die gesetzlichen Vorschriften beachtet würden. Gleichzeitig legte die Regierung den Staatsbeamten die Teilnahme nahe, offenbar in der Hoffnung, daß diese durch ihre bloße Anwesenheit mäßigend auf den Ablauf einwirkten.[89] Mit einem Verbot der

---

[89] *Paul Nolte*, Die badischen Verfassungsfeste im Vormärz. Liberalismus, Verfassungskultur und soziale Ordnung in den Gemeinden, in: *Manfred Hettling / Paul Nolte* (Hg.), Bürgerliche Feste. Symbolische Formen politischen Handelns im 19. Jahrhundert, Göttingen 1993, S. 66 f.; vgl. *Bernhard Wien*, Politische Feste und Feiern in Baden 1814–1850. Tradition und Transformation: Zur Interdependenz liberaler und revolutionärer Festkultur, Frankfurt 2001, S. 137.

Feiern hätte der Großherzog seine eigene Verfassung desavouiert. Schließlich war die Verfassung einst gewährt worden, um die Zustimmung der Bürger zur Monarchie zu festigen. Die Behörden schreckten jedoch nicht davor zurück, die Durchführung der Feiern ihrer Kontrolle zu unterwerfen. In einem Bericht über die Feier in Eberbach heißt es, die von Jakob Heuß gehaltene Festrede habe zuvor dem zuständigen Bezirksbeamten „zur Censur vorgelegt werden" müssen, um, wie dieser sich ausdrückte, „das Constitutionsfest nicht zu einem Oppositionsfest werden zu lassen". „Die Vorlage der vorkommenden Toaste" sei „ebenfalls gefordert, aber verweigert" worden.[90] Die Sorge der Regierung war begründet. Die landesweite Feier glich einem Plebiszit über die Verfassung, das auch 25 Jahre nach ihrer Einführung keinesfalls scheitern durfte.

Die Strategie der liberalen Opposition spiegelt ein Brief des Landtagsabgeordneten Karl Mathy aus Mannheim an Carl Theodor Welcker vom 27. Juni 1843. Am Anfang des Briefes stand nicht Lob, sondern Spott für die badische Verfassung von 1818: „Wenn man die Person (die Konstitution) ansieht, sollte man kaum glauben, daß sie schon so alt wäre; sie sieht noch ziemlich kindisch ja, fast cretinartig aus, und ihre Eltern scheinen bis jetzt so wenig Freude an ihr erlebt zu haben wie die Erzeuger einer in Spiritus aufbewahrten Mißgeburt, die ohne Hände und Füße auf die Welt gekommen ist. Indessen gelten ja auch die Cretins als Familienheilige und werden veneriert, so mag denn auch die Konstitution ihr Fest haben. Ich hoffe, man wird sie später einmal als Wundertier für Geld sehen lassen".[91]

Es ist bezeichnend, daß Mathy sich trotz seiner kritischen Einstellung für die Durchführung des Verfassungsfests aussprach. Über die Gestaltung des Fests denke man in Mannheim folgendermaßen: „In möglichst zahlreicher Versammlung setzt ein Redner die Bedeutung des Tages usw. auseinander. Ein zweiter verließt den ganzen Abschnitt der Verfassung, welche[r] von den staatsbürgerlichen und politischen Rechten der Badener und den besonderen Zusicherungen handelt. [...] Ein Dritter schließt mit einem Hoch auf den Geber der Konstitution, Großherzog Karl". Dieses Hoch entsprach zwar dem Charakter der Feier als eines Dankfests. Mathy ließ jedoch durchblicken, daß der Dank an den Fürsten unter den Liberalen auf Vorbehalte stieß, denn er fügte hinzu: „Man riskiert bei diesem Lebehoch nicht das Geringste". Die Ambivalenz des Festes kommt auch im nächsten Satz zum Ausdruck: „Hierauf folgt ein Essen, wobei in feurigen Toasten alles mögliche gewünscht, gehofft, erstrebt, verlangt, gefordert, ertrotzt und leben gelassen wird". Mit anderen Worten: Mathy wollte das Fest vor allem dazu benutzen, um in aller Öffentlichkeit vor der gesamten Bürgerschaft und weit über das Großherzog-

---

[90] Zit. nach *Karl Mathy* (Hg.), Die Verfassungsfeier in Baden am 22. August 1843, Mannheim 1843, S. 75.

[91] Mathy an Welcker, 27.6.1843, in: *Karl Wild*, Karl Theodor Welcker, ein Vorkämpfer des älteren Liberalismus, Heidelberg 1913, 2. Teil: Beilagen, Nr. 66, S. 415.

tum hinaus auf die Defizite der herrschenden politischen Zustände hinzuweisen: „Die Vervielfältigung der Feste hat [...] auch den positiven Nutzen, daß alsdann wirklich das ganze Land mitfeiert, und daß die Berichte, welche die Kunde davon verbreiten, in großer Anzahl erscheinen und das deutsche Publikum längere Zeit beschäftigen".[92] Es entsprach dem inoffiziellen Charakter der Feiern, daß sie nicht zentral für das ganze Land, sondern je gesondert in den einzelnen Gemeinden organisiert wurden. Das geschah im Zusammenwirken von Angehörigen der sozialen und wirtschaftlichen Elite der Gemeinden und den Gemeindebehörden. Wenn die Feiern trotz der Zersplitterung ein einheitliches Profil aufwiesen, so war dies den überörtlichen persönlichen Verbindungen innerhalb der bürgerlichen Oberschicht sowie der Berichterstattung der liberalen Presse zu verdanken.

Nach der Feier sammelte und veröffentlichte Karl Mathy die Zeitungsberichte über die Feiern im Großherzogtum, soweit er ihrer habhaft werden konnte. Anhand dieser Berichte läßt sich leicht überprüfen, inwieweit seine Empfehlungen berücksichtigt wurden. Als Festredner wurden prominente Mitglieder der jeweiligen Gemeinde, bevorzugt jedoch liberale Mitglieder der Landstände eingeladen. Karl Mathy selbst sprach in Schwetzingen. In seiner Rede bezeichnete er den Oktroi der Verfassung als die Erfüllung eines Anspruchs: „Ja, wir feiern die Verfassung, nicht als ein Gnadengeschenk, denn solche sind ohne Werth – sondern als die Erfüllung einer Zusicherung, welche das Volk statt uralter, im Drange harter Zeiten verlorner Rechte durch schwere Opfer verdient hat".[93] Gleichzeitig legte er den Finger auf die fortbestehenden Mängel der politischen Ordnung im Land. Im Bereich der Justiz seien „die wichtigsten Verbesserungen noch zu erwarten". Außerdem forderte er ein Gesetz über die Verantwortlichkeit der Minister und die Aufhebung der Zensur.[94] Ähnlich äußerten sich die Festredner auch in anderen Städten. In Weinheim forderte Friedrich Hecker Pressefreiheit, Öffentlichkeit der Gerichtsverfahren, ein gerechteres Steuersystem und die Aufhebung des Loskaufrechts bei der Einziehung zum Wehrdienst: „Wie können wir das aber erreichen? Durch eisernes Festhalten an der Verfassung, durch Streben nach deren Entwicklung". Es folgt ein Satz, der fast wie eine Aufforderung zum öffentlichen Protest klingt: „Dem entschiedenen Volkswillen kann keine weise Regierung widerstehen".[95]

Ein wichtiger Teil des Festprogramms war überall, wie von Mathy vorgeschlagen, die Verlesung von zentralen Teilen der Verfassung. Häufig wurde dem obligaten Festzug ein Prachtexemplar der Verfassungsurkunde vorangetragen. Außerdem wurden eigens gedruckte Broschüren mit dem Text der Verfassung an die Bevölkerung verteilt. Karl Mathy schätzte die Zahl der ver-

---

[92] Ebd., S. 416.
[93] *Mathy* (Hg.), Verfassungsfeier, S. 42.
[94] Ebd., S. 38 f.
[95] Ebd., S. 51 f.

teilten Texte auf rund 100 000.[96] Die Gesamtzahl der Teilnehmer an den Feiern im ganzen Land soll ebensogroß gewesen sein.[97] Das zeigt den Grad der politischen Mobilisierung, der im Großherzogtum damals erreicht war.

Bereits elf Jahre vor der badischen Feier, am 27. Mai 1832, hatten in Hambach bei Neustadt in der Rheinpfalz und in Gaibach im Untermainkreis Verfassungsfeste stattgefunden, die vor demselben Dilemma zwischen Dankfeier und politischer Demonstration gestanden hatten. Anlaß war der 14. Jahrestag der Verkündung der bayerischen Verfassung am 26. Mai 1818 gewesen. Beide Orte lagen in Gebieten, die erst im Zuge der territorialen Umwälzungen zur Zeit Napoleons und nach dem Wiener Kongreß zum Königreich Bayern gekommen waren. Wie bereits ausgeführt, war ein wesentlicher Zweck der Verfassungsstiftung in allen süddeutschen Monarchien nach 1815 gewesen, die im Zuge der territorialen Neuordnung hinzugewonnenen Bürger in den jeweiligen Staatsverband zu integrieren. Die Verfassungsfeste von 1832 in Hambach und Gaibach lassen erkennen, daß dieses Ziel bis dahin nur mit Einschränkung erreicht worden war.

Die Rheinpfalz hatte zwanzig Jahre lang zu Frankreich gehört und war in dieser Zeit von den Institutionen der Republik und des Kaiserreichs geprägt worden. Die Zuweisung an das Königreich Bayern erfolgte aus rein sicherheitspolitischen Motiven. Wie im Norden an Preußen, so sollte das linke Rheinufer auch im Süden an einen starken deutschen Staat angegliedert werden, um Frankreich von einem erneuten Angriff auf Deutschland abzuschrecken. Auf die vormalige territoriale Zugehörigkeit brauchte schon deshalb keine Rücksicht genommen zu werden, weil im Zuge des Reichsdeputationshauptschlusses von 1803 die früher dort belegenen Fürsten längst rechtsrheinisch entschädigt und die Reichsstädte und die geistlichen Territorien aufgehoben worden waren. So fühlten sich die Bewohner der Pfalz nach dem Zusammenbruch des napoleonischen Kaiserreichs als heimatlose Opfer der großen Politik, die lange Zeit nicht wußten, wohin sie am Ende geschoben werden sollten. Bezeichnend für diese Situation ist ein Brief des ehemaligen Jakobiners Johann Andreas Georg Friedrich Rebmann vom 4. September 1815 aus Kaiserslautern: „Übrigens wissen die Götter, wenn und wann unsre Seelen hier zu Lande gebadet, gedarmt, gepreußt oder geösterreichert werden. Wenn wir nur beisammen bleiben und keinem Oktav- oder gar Duodezherrscher zufallen, so mag es noch gehen, aber leider scheint es nur zu wahrscheinlich, daß auf dem Donnersberge nicht Adler, sondern Krähen und Elstern nisten und unsre Seelen als Jetons zum Ausgleichen und Ausfüllen verwandt werden möchten".[98] Angesichts einer solchen Stimmung bedurfte

---

[96] *Wien*, Feste, S. 171.

[97] *Nolte*, Verfassungsfeste, S. 63; *Mathy* (Hg.), Verfassungsfeier, S. V, sprach zwei Monate nach dem Ereignis von „Hunderttausenden".

[98] Rebmann an Hermes, 4. 9. 1815, in: *Günther Volz* (Hg.), Briefe Andreas Georg Friedrich Rebmanns an Johann Peter Job Hermes aus den Jahren 1815 und 1816, in: MHVP 57 (1959), S. 178; vgl. dazu *Volker Sellin*, „Heute ist die Revolution monarchisch". Legitimität

es besonderer Anstrengungen des Hauses Wittelsbach, um nach der Übernahme der Rheinpfalz für seine dortige Herrschaft Legitimität zu gewinnen.

Fünfzehn Jahre nach dem Wiener Kongreß löste die französische Julirevolution von 1830 in vielen Staaten des Deutschen Bundes politische Erschütterungen aus. Konflikte um die Pressefreiheit führten dazu, daß König Ludwig I. von Bayern im Dezember 1831 den Landtag auflöste. Die Rückkehr der rheinpfälzischen Abgeordneten aus München in ihre Wahlkreise wurde dort zur Demonstration des Protests genutzt. Die liberale Opposition der Pfalz feierte ihre Abgeordneten auf Festbanketten, in deren Verlauf sich die Gelegenheit zu politischen Ansprachen und Trinksprüchen und damit zur Mobilisierung ihrer Anhänger bot.[99] Als ein Bürger aus Neustadt auf den 26. Mai 1832, den Tag der bayerischen Verfassung, zu einer Huldigungs- und Dankfeier auf das Hambacher Schloß einlud, kündigten 32 weitere Neustadter Bürger, Mitglieder des dortigen Preßvereins, für den 27. Mai auf demselben Schloß statt einer Dankfeier ein ganz anderes Fest an.[100] Dessen Zielsetzung wird in der von Philipp Jakob Siebenpfeiffer verfaßten Einladung umschrieben: „Völker bereiten Feste des Dankes und der Freude beim Eintritte heilvoller großer Ereignisse. Darauf mußte das deutsche Volk seit Jahrhunderten verzichten. Zu solcher Feier ist auch jetzt kein Anlaß vorhanden, für den Deutschen liegen die großen Ereignisse noch im Keim, will er ein Fest begehen, so ist es ein Fest der Hoffnung; nicht gilt es dem Errungenen, sondern dem zu Erringenden, nicht dem ruhmvollen Sieg, sondern dem mannhaften Kampf, dem Kampfe für Abschüttelung innerer und äußerer Gewalt, für Erstrebung gesetzlicher Freiheit und deutscher Nationalwürde".[101] Wie diese Worte zeigen, zielte das Fest über die Kritik an der bayerischen Verfassung hinaus auf die Herstellung eines demokratischen deutschen Nationalstaats. Auf dem Fest selbst wurde von Rednern wie Siebenpfeiffer und Johann Georg August Wirth sogar unverhohlen die Republik gefordert. Die Verschiebung um einen Tag war in Übereinstimmung mit dem Text des Einladungsschreibens ein Symbol dafür, daß es nicht um die Erinnerung an Vergangenes, sondern um die Gestaltung der Zukunft gehen sollte. Die bayerische Verfassung von 1818 zählte Siebenpfeiffer verächtlich unter die „Constitutiönchen, die man etlichen mürrischen

---

und Legitimierungspolitik im Zeitalter des Wiener Kongresses, in: QFIAB 76 (1996), S. 348.

[99] *Wolfgang Schieder*, Der rheinpfälzische Liberalismus von 1832 als politische Protestbewegung, in: *Helmut Berding u. a.* (Hg.), Vom Staat des Ancien Régime zum modernen Parteienstaat. Festschrift für Theodor Schieder, München/Wien 1978, S. 179 f.

[100] Zur Entstehungsgeschichte des Hambacher Fests vgl. *Cornelia Foerster*, Der Preß- und Vaterlandsverein von 1832/33. Sozialstruktur und Organisationsformen der bürgerlichen Bewegung in der Zeit des Hambacher Festes, Trier 1982, S. 110–116.

[101] Zit. nach *Johann Georg August Wirth*, Das Nationalfest der Deutschen zu Hambach, Neustadt 1832, S. 5; vgl. *Cornelia Foerster*, Das Hambacher Fest 1832. Volksfest und Nationalfest einer oppositionellen Massenbewegung, in: *Dieter Düding/Peter Friedemann/Paul Münch* (Hg.), Öffentliche Festkultur. Politische Feste in Deutschland von der Aufklärung bis zum Ersten Weltkrieg, Reinbek 1988, S. 114; *Schieder*, Liberalismus, S. 183 f.

Kindern" – das waren die Bürger der deutschen Verfassungsstaaten – „der
großen Familie" – das war die deutsche Nation – „als Spielzeug verlieh".[102]
Unter den rund 30 000 Teilnehmern befanden sich auch zahlreiche Bürger aus
Baden und anderen benachbarten deutschen Staaten, so daß auch unter dem
Gesichtspunkt des Kreises der Mitwirkenden die Grenzen eines Partikular-
fests weit überschritten wurden.

Als der Regierungspräsident und Generalkommissär des Rheinkreises, Ferdinand Freiherr von Andrian-Werburg, erkannte, daß statt einer Gedächt-
nis- und Dankfeier eine politische Demonstration geplant war, verbot er
kurzerhand nicht nur das für den 27. Mai geplante Fest auf dem Hambacher
Schloß, sondern er untersagte für die Tage vom 26. bis 28. Mai auf öffentlichen Straßen und Plätzen überhaupt jede Versammlung von mehr als fünf
Personen.[103] Wäre er mit dieser Verordnung durchgedrungen, hätte er nicht
nur die nationalrevolutionäre Demonstration zu einem gesetzwidrigen Akt
gemacht, sondern er hätte die Bevölkerung der Pfalz auch daran gehindert,
den bayerischen Verfassungstag als bloßen Gedenktag zu begehen. Als der
Erlaß bekannt wurde, erhob sich in der Pfalz jedoch ein solcher Proteststurm,
daß der Regierungspräsident nicht umhin konnte, das Verbot rechtzeitig vor
dem Fest wieder aufzuheben. Dieser Erfolg feuerte den politischen Eifer der
Opposition erst recht an. Wie elf Jahre später in Baden zeigte es sich, daß die
Bürger sich schwer damit taten, in kritikloser Dankbarkeit eine Verfassung zu
feiern, die sie nicht selbst durch ihre Repräsentanten geschaffen hatten. Der
Versuch, das Fest zu verbieten, mußte umgekehrt den Eindruck erwecken, als
distanziere sich auch die Regierung von ihrer eigenen Verfassung und stelle
damit zugleich deren Eignung zum Legitimierungsinstrument der Monarchie
in Frage. Wirth und Siebenpfeiffer wurden nach dem Fest verhaftet. Nach ein-
jähriger Untersuchungshaft wurden sie von einem Geschworenengericht in
Landau jedoch freigesprochen.

Gaibach gehörte seit 1650 der gräflichen Familie derer von Schönborn.[104]
Im Zuge der Mediatisierung war die Herrschaft an das Königreich Bayern
gelangt. Als die bayerische Verfassung am 26. Mai 1818 verkündet wurde, war
Franz Erwein Graf von Schönborn-Wiesentheid seit einem Jahr Schloßherr
in Gaibach. Franz Erwein bewunderte das britische Repräsentativsystem und
wünschte sich eine ähnlich freiheitliche Verfassung für Bayern.[105] In seinen
Ideen traf er sich mit dem bayerischen Kronprinzen Ludwig, den er um 1812
kennenlernte und mit dem ihn auch die Liebe zur Kunst verband. Nachdem

[102] Zit. nach *Wirth*, Nationalfest, S. 38.
[103] Text der Verordnung ebd., S. 6 f.
[104] *Katharina Weigand*, Gaibach. Eine Jubelfeier für die bayerische Verfassung von 1818?,
in: *Alois Schmid / Katharina Weigand* (Hg.), Schauplätze der Geschichte in Bayern, München 2003, S. 292.
[105] *Josef Friedrich Abert*, Franz Erwein Graf von Schönborn-Wiesentheid. Patriot und Förderer der Künste, 1776–1840, in: *Anton Chroust* (Hg.), Lebensläufe aus Franken, Bd. 4,
Würzburg 1930, S. 354.

die bayerische Verfassung in Kraft getreten war, beschloß er, ihr bei Gaibach in Gestalt einer weithin sichtbaren Säule ein Denkmal zu setzen und jedes Jahr am 26. Mai dort ein Fest zu veranstalten. Mit der Planung des Denkmals beauftragte er den Architekten Leo von Klenze. Am dritten Jahrestag der Verfassungsstiftung, am 26. Mai 1821, wurde in Gegenwart des Kronprinzen und zahlreicher Mitglieder der beiden Kammern sowie der Spitzen der zivilen und militärischen Behörden des Untermainkreises feierlich der Grundstein der Säule gelegt. In einer Öffnung des Grundsteins deponierte der Kronprinz eine Kopie der Verfassungsurkunde.[106] Die Szene ist in einem Gemälde des Münchner Malers Peter von Heß festgehalten, das heute im Mainfränkischen Museum in Würzburg hängt (Abb. 9). Auf dem Bild nimmt der Kronprinz mit der Linken den Grafen von Schönborn an der Hand und verweist mit der Rechten auf den Grundstein. Diese Geste ist ein symbolischer Ausdruck dafür, daß die Verfassung den seiner politischen Herrschaftsrechte beraubten Standesherrn mit seinem neuen Oberherrn, dem König von Bayern, versöhnte. Die Verfassung räumte den Mediatisierten Sitz und Stimme in der Kammer der Reichsräte und damit in einem größeren Wirkungsraum von neuem besondere politische Rechte ein. Indem er der Verfassung mit der Stiftung der Säule ein Denkmal setzte, zeigte der Graf jedoch, daß er ihren Nutzen nicht nur aus dem Blickwinkel des Standesherrn würdigte, und auch der Kronprinz hatte die Wirkung auf alle Teile der bayerischen Nation im Auge. In einer Stellungnahme zum Verfassungsentwurf, die er auf Bitten seines Vaters im März 1815 abgab, hatte Ludwig geschrieben: „Sei Baierns Verfaßung die dem Volke am meißten Rechte giebt; um so größer nur wird die Anhänglichkeit an den Thron, desto fester wird er sich gründen auf die Liebe und Einsicht".[107]

Nach ihrer Fertigstellung wurde die Konstitutionssäule am 22. August 1828 feierlich eingeweiht. Die Säule mißt etwa 30 Meter und ist der Trajanssäule in Rom nachgebildet (Abb. 10). Auf der Spitze befindet sich ein bronzener Kandelaber, an dessen Fuß die Widmung angebracht wurde: „Der Verfassung Bayerns, ihrem Geber Max Joseph, ihrem Erhalter Ludwig zum Denkmale".[108] Da Ludwig I., inzwischen König, wie schon an der Grundsteinlegung, so auch an der Einweihungsfeier teilnehmen wollte, konnte diese nicht, wie vorgesehen, schon am Verfassungstag selbst durchgeführt werden. Außer den Ehrengästen, Reichsräten und Abgeordneten sollen rund 30 000 Menschen zu der Feier nach Gaibach gekommen sein.[109] Die Verfassungsfeiern der drei folgenden Jahre erfuhren dagegen nur einen bescheidenen Zulauf. Erst die Feier des Jahres 1832, die am selben Tag wie das Hambacher Fest, also am 27. statt am 26. Mai begangen wurde, erlebte wiederum einen gewaltigen Zu-

---

[106] *Weigand*, Gaibach, S. 298 f.

[107] Zit. nach *Hans-Michael Körner*, „Bemerkungen über den Entwurf der Verfassung für Baiern". Das Verfassungsgutachten des Kronprinzen Ludwig von Bayern vom 9. März 1815, in: ZBLG 49 (1986), S. 448.

[108] Zit. nach *Weigand*, Gaibach, S. 299.

[109] Ebd., S. 301.

Abb. 9: Peter von Heß (1792–1871), Die Grundsteinlegung der Konstitutionssäule zu Gaibach am 26. Mai 1821.

strom. Die Zahl der Teilnehmer wird auf 5000 bis 6000 geschätzt.[110] Wie in Hambach zur gleichen Zeit Siebenpfeiffer und Wirth, so forderte in Gaibach der Würzburger Bürgermeister Wilhelm Joseph Behr eine Fortentwicklung der bayerischen Verfassung: „Die Erfahrung zeigt […], daß von den Regenten einseitig ausgegangene Staatsverfassungen die gerechtesten Erwartungen der Völker […] unbefriedigt gelassen haben. Wirklich befriedigende, ihrer Aufgabe wahrhaft genügende Staatsverfassungen können nur durch das Zusammenwirken von Fürst und Volk ins Daseyn gelangen." Dementsprechend schlug er vor, in einer Adresse an den König „den Antrag zu stellen, daß die Verfassung des bayerischen Staats im Wege des Vertrags zwischen Fürst und Volk dahin geändert werden möge, daß sie ihrem Zwecke wirklich entspreche, ihre Aufgabe wirklich befriedigend löse".[111] Behrs mutiger Auftritt blieb ohne Erfolg. Statt dessen wurde er wie zuvor in der Rheinpfalz schon Wirth und Siebenpfeiffer im Januar 1833 verhaftet. Im März 1836 wurde er in zweiter Instanz wegen Hochverrats zu Festungshaft auf unbestimmte Zeit verurteilt. Die strafrechtliche Verfolgung von Demokraten sollte die Verfassung vor

---

[110] Ebd., S. 305.
[111] Zit. nach ebd., S. 306.

Abb. 10: Leo von Klenze (1784-1864), Die Konstitutionssäule in Gaibach.

einer weiteren Liberalisierung bewahren, aber zur Legitimierung der Monarchie taugte sie schlecht. Daher war der König gut beraten, als er Behr im Juni 1847 die Festungsstrafe erließ. Im Zuge der Revolution kam Behr dann im folgenden Jahr in den Genuß einer Amnestie für alle politischen Gefangenen. Im April 1848 wurde er in Kronach in die Frankfurter Nationalversammlung gewählt. Aus gesundheitlichen Gründen gab er das Mandat im November jedoch wieder auf.[112]

Die Erfahrungen von Hambach und Gaibach im Jahre 1832 bestärkten die bayerische Regierung in ihrer „Scheu vor öffentlichen Jubiläumsfesten" und dem in Verfassungsfeiern steckenden „Politisierungspotential".[113] Zur Feier des 25-jährigen Jubiläums der Verfassung im Mai 1843 genehmigte Ludwig I. lediglich einen Gottesdienst in der Hofkirche und die Dekoration des Denk-

---

[112] Ebd., S. 306 ff.; *Ulrich Wagner*, Wilhelm Joseph Behr. Eine biographische Skizze, in: *ders.* (Hg.), Dokumentation zu Leben und Werk eines Würzburger Demokraten, Würzburg 1985, S. 59 ff.

[113] *Simone Mergen*, Monarchiejubiläen im 19. Jahrhundert. Die Entdeckung des historischen Jubiläums für den monarchischen Kult in Sachsen und Bayern, Leipzig 2005, S. 159; *Hans-Michael Körner*, Staat und Geschichte in Bayern im 19. Jahrhundert, München 1992, S. 232.

mals für Maximilian I. Joseph in München, verbot jedoch einen Festzug der Abgeordneten und Reichsräte dorthin.[114]

Die Amerikanische Revolution brachte den demokratischen Konstitutionalismus zum Durchbruch. Verband er sich in den Vereinigten Staaten mit der Republik, so zeigte die Verabschiedung der ersten französischen Verfassung im September 1791, daß er auch mit der Monarchie zu vereinbaren war. Der monarchischen Variante des demokratischen Konstitutionalismus waren allerdings nur begrenzte Erfolge beschieden. In der Geschichte der Monarchie erfolgreicher als der demokratische war dagegen der monarchische Konstitutionalismus. Die Beschränkung der persönlichen Machtstellung des Monarchen durch eine Verfassung war das wichtigste Mittel, um die traditionelle Legitimität der Monarchie gegenüber den Ansprüchen der Revolution zu verteidigen. Allerdings stieß der monarchische Konstitutionalismus früher oder später an seine Grenzen. Wenn es nicht gelang, die durch Oktroi begründeten konstitutionellen Systeme schrittweise zu liberalisieren und zu demokratisieren, verlor die Monarchie trotz der Verfassung an Zustimmung. Das Verbot oder die Behinderung von öffentlichen Feiern zum Jahrestag einer oktroyierten Verfassung kommt dem Eingeständnis gleich, daß der politische Zweck der Verfassungsstiftung nur unvollkommen erreicht worden war. Manche Regierungen fanden allerdings andere Mittel, um ihre Legitimität angesichts der Bedrohung durch die Revolution zu befestigen. Der Triumph Bismarcks im preußischen Verfassungskonflikt, den ihm die Erfolge seiner deutschen Politik ermöglichten, erwies sich für die Monarchie in Deutschland langfristig jedoch als schwere Hypothek. Wäre die parlamentarische Regierung erst im Oktober 1918 eingeführt worden, wäre am Ende des Ersten Weltkriegs vielleicht keine Revolution ausgebrochen, und die Monarchie hätte als Element der Kontinuität überleben können. Auch Nikolaus II. konnte die einschneidenden Reformen, gegen die er sich in der Revolution von 1905 gewehrt hatte, in der Revolution von 1917 unter den Bedingungen des Weltkriegs nicht mehr nachholen.

[114] *Mergen*, Monarchiejubiläen, S. 159.

Royaliser la nation, nationaliser le royalisme, [...]
voilà le but que le gouvernement se propose
Élie Decazes[1]

8. Nation

Dynastische Staaten und Nationalstaaten

Die Monarchien des *Ancien Régime* waren dynastische Schöpfungen. Durch Eroberung, Kauf oder Tausch, oder im Erbgang aufgrund vorausschauender Heiratspolitik, formten einzelne Dynastien territorial nicht selten weit ausgreifende Herrschaftsgebilde. Da die nacheinander erworbenen Territorien zumeist nicht oder kaum integriert wurden, entstanden zusammengesetzte Staaten, in deren Provinzen jeweils anderes Recht galt und nicht selten verschiedene Konfessionen vorherrschten. Untereinander waren die Provinzen häufig nur durch die Person des gemeinsamen Staatsoberhaupts verbunden. Das Motiv für die Schaffung derartiger politischer Komplexe war das Bedürfnis, die Macht und das Ansehen des eigenen Hauses zu erhöhen.[2]

Der Nationalismus stellte der historischen Erbmonarchie ein völlig andersgeartetes Prinzip politischer Organisation entgegen. War die Zusammengehörigkeit der Untertanen im dynastischen Staat dadurch bestimmt, daß sie demselben Herrscher zugehörten, so verstanden sich die Bürger im nationalen Staat als eine politische und kulturelle Einheit. Nationale Monarchien konnten es sich nicht leisten, die Interessen der Dynastie zur obersten Richtschnur ihrer Politik zu machen. Statt dynastischer verfolgten sie nationale Ziele.

Viele Nationalstaaten der Gegenwart sind von Nationalbewegungen revolutionär gegen die dynastische Staatlichkeit durchgesetzt worden. Zumal dort, wo die Siedlungsgrenzen der Nationalitäten und die überlieferten politischen Grenzen nicht übereinstimmten, waren historische Monarchie und Nationalismus in Konflikt geraten. Die multiethnischen Staaten Österreich-Ungarn und Rußland verweigerten ihren Nationalitäten bis zu ihrem Zusammenbruch Autonomie und Selbstbestimmung. Es gab allerdings Herrscher, die erkannten, daß der Nationalismus auch zum Vorteil der Monarchie genutzt werden konnte. Wenn ein Monarch sich auf den Boden des nationalen Gedankens stellte, verwandelte er die Anhänger der Nationalbewegung in Parteigänger der Monarchie.

---

[1] Decazes in der Chambre des Députés, 15.12.1817, in: AP, Serie 2, Bd. 19, Paris 1870, S. 785.

[2] Vgl. oben im Kapitel „Dynastie" den Abschnitt „Dynastien und Staaten".

Die Erschaffung der Monarchie durch die Nation

Seit dem Ausbruch der Französischen Revolution sind nationale Monarchien auf drei verschiedenen Wegen entstanden. Entweder schuf die Nation sich eine Monarchie, oder die Monarchie schuf sich eine Nation, oder beide zusammen schufen gleichzeitig die nationale Monarchie und die monarchische Nation. Schon im *Ancien Régime* hatte die öffentliche Meinung einen Herrscher gelegentlich zum Symbol und Hoffnungsträger der Nation erhoben. Mit seinem Einverständnis und seiner Unterstützung feierten die Briten im Zeitalter der Französischen Revolution ihre Nation in der Person Georgs III.[3] In seiner Schrift „Vom Tode für das Vaterland" erklärte Thomas Abbt im Jahre 1761, im Unterschied zu seinen Feinden gehe es Preußen im Siebenjährigen Krieg um das Gemeinwohl. Dieses Ziel hebe den Gegensatz zwischen den Ständen auf: „Allein, wenn ein allgemeines Bestes stattfindet [...], so muß es auch nur eine einzige politische Tugend geben. Aus diesem Gesichtspunkt betrachtet, verschwindet der Unterschied zwischen Bauer, Bürger, Soldat und Edelmann. Alles vereinigt sich, und stellt sich unter dem vormals so herrlichen Namen eines Bürgers dar".[4] Aus der ständisch gegliederten Untertanenschaft wird auf solche Weise eine Nation.

In den Hypothesen der politischen Schriftsteller des 17. und 18. Jahrhunderts über die Entstehung der Staaten aus dem Naturzustand waren es stets die zu einer Nation zusammengeschlossenen Menschen, die eine Regierung über sich setzten. In der historischen Wirklichkeit schuf die französische Nation durch die Nationalversammlung von 1789 als erste eine nationale Monarchie. Zwar hielt die *Constituante* an der bisherigen Dynastie fest, aber diese war nicht länger aus historischem Recht, sondern allein durch den Willen der Nation legitimiert. Ludwig XVI. regierte fortan als König, weil ihn die Verfassung dazu erklärt hatte. Die neue Monarchie hatte allerdings kaum mehr als zehn Monate Bestand.

Nach dem Sturz Napoleons entwarf der Senat des Kaiserreichs in Vertretung der Nation erneut eine Verfassung mit dem Ziel, eine nationale Monarchie ins Leben zu rufen. Zum Monarchen bestimmte er den Bruder des letzten französischen Königs, den Grafen von Provence, der damals in England im Exil weilte, sich unter dem Namen eines Ludwig XVIII. jedoch schon seit 1795 als König von Frankreich betrachtete. Ludwig XVIII. nahm die Einladung des Senats zur Rückkehr auf den Thron zwar an, unterwarf die demokratische Verfassung des Senats jedoch einer Revision und setzte sie durch königlichen Oktroi in Kraft. Der König der *Charte* hielt sich für einen Herrscher aus eigenem Recht und lehnte es ab, sich von der Nation zum König machen zu las-

---

[3] *Linda Colley*, The Apotheosis of George III: Loyalty, Royalty and the British Nation, in: PP 102 (1984), S. 99, 106.

[4] Zit. nach *Jörn Leonhard*, Bellizismus und Nation. Kriegsdeutung und Nationsbestimmung in Europa und den Vereinigten Staaten 1750–1914, München 2008, S. 195.

sen. Hätte Ludwig die Verfassung des Senats angenommen, wäre die Nation mit der Restauration des Hauses Bourbon versöhnt worden. So aber blieb diese Aufgabe vorerst ungelöst. Die Distanz zwischen Monarch und Nation trat spätestens im März 1815 zutage, als Napoleon von der Insel Elba floh und die Macht in Frankreich in kurzer Zeit und ohne nennenswerten Widerstand zurückgewann.

In einer nationalen Monarchie mußte der König sich zweifelsfrei auf den Boden des Nationalstaats und der nationalen Revolution stellen. Zugleich mußte aber auch die Nation im König ihren Repräsentanten und Anwalt anerkennen. Für die restaurierte Monarchie Frankreichs war es eine Lebensfrage, daß der Zusammenschluß von Monarchie und Nation gelang. Im Jahre 1817 charakterisierte Polizeiminister Élie Decazes in einer Debatte über die Vorlage für ein neues Pressegesetz den Kurs seiner Regierung mit den Worten: „Die Nation für die Monarchie und die Monarchie für die Nation zu gewinnen, alle bestehenden Interessen und jegliches Eigentum zu schützen, die vollständige Gleichheit der Rechte aufrechtzuerhalten, die Vergangenheit dem Vergessen zu überantworten, den Haß auszulöschen, Zuneigung zu den Inhabern der Macht zu erwecken, indem man ihr Respekt verschafft und sie ausübt zum Schutz aller Freiheiten, die durch die *Charte* garantiert werden, – das ist das Ziel der Regierung und die Richtschnur, die der König ihr gezogen hat, – der König, der, um an seine eigenen Worte zu erinnern, nicht König von zwei Völkern sein kann, und der nur ein Gleichgewicht und nur eine Gerechtigkeit akzeptieren kann".[5]

Mit diesen Worten suchte der Minister die Kluft zwischen den Anhängern des *Ancien Régime*, den Ultra-Royalisten, denen die liberalen Konzessionen in der *Charte constitutionnelle* von 1814 viel zu weit gegangen waren, und den Erben der Revolution, die befürchteten, der restaurierte König strebe insgeheim die Rückkehr zur alten Monarchie an, zu überwinden. Ludwig XVIII. wollte nicht König von zwei verschiedenen Völkern sein – den Royalisten auf der einen und den Liberalen auf der anderen Seite. Daher war er bestrebt, die Gegensätze zu versöhnen. Wie der Leitsatz des Ministers zeigt, suchte er die Versöhnung auf zwei Wegen zu erreichen. Die Nation mußte erkennen, daß der König auf ihrer Seite stand; das eben bedeutete, die Nation für die Monarchie zu gewinnen (*royaliser la nation*). Zugleich mußten die Royalisten akzeptieren, daß die Interessen der Nation den Interessen der Monarchie nicht widersprachen. Eben das hieß, die Monarchie für die Nation zu gewinnen (*nationaliser le royalisme*).

---

[5] Decazes in der Chambre des Députés, 15. 12. 1817, in: AP, Serie 2, Bd. 19, Paris 1870, S. 785: *Royaliser la nation, nationaliser le royalisme, protéger tous les intérêts acquis, toutes les propriétés, maintenir une égalité complète des droits, ramener à l'oubli du passé, éteindre les haines, faire aimer le pouvoir en le faisant respecter et en l'exerçant pour protéger toutes les libertés garanties par la Charte, voilà le but que le gouvernement se propose, la règle que lui a tracée le Roi qui, pour rappeler les paroles sorties de la bouche royale, ne peut être Roi de deux peuples et ne peut avoir qu'une même balance et une même justice.*

Jacques-Claude Beugnot bestärkte Decazes in dieser Auffassung, als er ihm am 15. Januar 1819 schrieb, das Schicksal der Dynastie hänge davon ab, daß die Nation im König ihren Sachwalter erblicke: Den Interessen der Nation „entgegenzuarbeiten, hieße sich selbst zugrundezurichten; ihnen nachzuhinken, hieße, seine Würde aufs Spiel zu setzen; sich an ihre Spitze zu setzen, das heißt zu herrschen".[6] Durch seinen Staatsstreich von 1814, mit dem er die Nation daran gehindert hatte, ihn unter ihren eigenen Bedingungen zu ihrem nationalen Monarchen zu erheben, hatte Ludwig XVIII. sich zunächst einmal gegen die Nation gestellt. Langfristig hätte die Nationalisierung der restaurierten Bourbonenmonarchie gelingen können, wenn die Regierung mehr Sensibilität für die Wünsche der Nation entwickelt hätte. Karl X. jedoch zerstörte in dieser Hinsicht alle Illusionen.

Der Nachfolger Karls X., Louis-Philippe von Orléans, war ein König, den die Nation geschaffen hatte. Durch eine begrenzte Zahl von Änderungen wurde in der Julirevolution aus der oktroyierten *Charte* die Verfassung einer parlamentarischen Monarchie. Doch auch dieses Experiment scheiterte schon nach 18 Jahren. Durch ihre Weigerung, einer zeitgemäßen Ausweitung des Wahlrechts zuzustimmen, gewann das Regime mehr und mehr den Charakter einer Plutokratie. Aus einem solchen System war keine nationale Legitimität zu gewinnen.

In der Frankfurter Nationalversammlung von 1848 versuchte die deutsche Nation, eine nationale Monarchie zu begründen und sich einen nationalen Monarchen zu schaffen. Ähnlich wie in Frankreich 1789 war die Nation, die ihre Vertreter nach Frankfurt entsandt hatte, durch die staatsrechtlichen Verhältnisse des vorrevolutionären Zeitalters definiert. Die Nationalversammlung war vom Frankfurter Bundestag einberufen worden. Dementsprechend fanden die Wahlen in allen zum Deutschen Bund gehörigen Gebieten statt, also auch in Gebieten, die in Teilen, oft sogar mehrheitlich, von Nichtdeutschen bewohnt waren wie die Provinz Posen, das Königreich Böhmen, die Provinz Trient oder Slowenien. Dagegen entsandten die Deutschen aus Gebieten, die nicht zum Deutschen Bund gehörten wie die baltischen Provinzen Rußlands, Schleswig und das Elsaß, keine Abgeordneten in die deutsche Nationalversammlung. Da der Nationalismus eine gesamteuropäische Bewegung war, strebten die Angehörigen der nichtdeutschen Nationalitäten innerhalb des Deutschen Bundes in derselben Epoche ebenfalls danach, nationale Staaten zu gründen oder in Nationalstaaten einzutreten. Daher entstand alsbald ein Konflikt über die Frage, ob die Grenzen des künftigen deutschen Nationalstaats nach historischen oder nach ethnischen Kriterien gezogen wer-

---

[6]   Beugnot an Decazes, 15.1.1819, zit. nach *Jean Benoît Yvert*, Decazes et la politique du juste-milieu: „Royaliser la Nation, nationaliser la Royauté" (1815–1820), in: *Roger Dufraisse* (Hg.), Revolution und Gegenrevolution 1789–1830. Zur geistigen Auseinandersetzung in Frankreich und Deutschland, München 1991, S. 199: *Les contrarier serait se perdre, se traîner après eux serait se dégrader, se placer à leur tête c'est régner.*

den sollten. Eine Grenzziehung nach rein ethnischen Gesichtspunkten wäre wegen der Gemengelage, in der die verschiedenen Nationalitäten namentlich in Ostmitteleuropa lebten, allerdings gar nicht durchführbar gewesen. In Böhmen zum Beispiel verdichteten sich die deutschen Siedlungsgebiete einerseits in den nördlichen und westlichen Randzonen des Landes, andererseits in der Hauptstadt Prag. Wäre die großdeutsche Lösung der nationalen Frage in der Revolution nicht am Widerstand Österreichs gescheitert, wäre Böhmen mit seiner tschechischen Bevölkerungsmehrheit Teil des deutschen Nationalstaats geworden.

Nachdem die Wiener Regierung unter Ministerpräsident Schwarzenberg gefordert hatte, das ganze Kaisertum Österreich und damit auch Gebiete in den deutschen Nationalstaat aufzunehmen, die weder zum Alten Reich noch zum Deutschen Bund gehört hatten, war die Nationalversammlung gezwungen, einen deutschen Nationalstaat ohne Beteiligung Österreichs zu schaffen. Die im März 1849 verabschiedete Reichsverfassung sah die Gründung eines kleindeutschen Nationalstaats vor, dem außer Österreich alle Mitgliedsstaaten des Deutschen Bundes angehören sollten. Die Staatsform des neuen Staates sollte die Erbmonarchie sein. Zum erblichen Kaiser im Mannesstamme wurde der König von Preußen gewählt. Nach dem Ausscheiden Österreichs erschien diese Wahl zwingend. Einen anderen als den mächtigsten Fürsten zum Kaiser zu machen, hätte die Funktionsfähigkeit des neuen Reiches von vornherein in Frage gestellt. Friedrich Wilhelm IV. jedoch lehnte es ab, eine von der Revolution geschaffene Krone anzunehmen.

Erfolgreicher verlief die Schaffung einer nationalen Monarchie in Belgien nach der Loslösung von dem erst kurz zuvor geschaffenen Königreich der Vereinigten Niederlande in der Revolution von 1830 und in Griechenland nach der Befreiung von der türkischen Herrschaft. In beiden Fällen wählten die neuen Nationen einen Prinzen aus einer der zahlreichen deutschen Dynastien zum König. Von der Erschaffung einer nationalen Monarchie kann man auch in denjenigen Fällen sprechen, in denen eine historische Dynastie sich im Zeitalter des Nationalstaats als Repräsentantin und Symbol der nationalen Belange eine in dieser Form bisher nicht gekannte Anerkennung und Wertschätzung erwarb, auch ohne daß sie, wie die Hohenzollern in Deutschland oder die Savoia in Italien, die nationale Einheit erst selbst hätte herstellen müssen. Das läßt sich beispielhaft an der britischen Monarchie in der zweiten Hälfte der Regierungszeit der Königin Viktoria zeigen. Ein Gradmesser für den Wandel der Einstellungen ist der Bedeutungswandel des Begriffs Patriotismus (*patriotism*) im Laufe des 19. Jahrhunderts.[7] Während als Patrioten in England bis zur Mitte des Jahrhunderts überwiegend die Anhänger der radikalen Opposition und des Chartismus bezeichnet wurden, erreichten es Disraeli und die Konservativen seit den sechziger Jahren, daß die Bürger in

---

[7] *Hugh Cunningham*, The Language of Patriotism, 1750–1914, in: History Workshop 12 (1981), S. 8, 18–28.

der Unterstützung der Politik nationaler Größe und Selbstbehauptung zunehmend den eigentlichen Patriotismus erkannten. Erleichtert wurde dieser
Begriffswandel durch die liberalen Reformen, die den Forderungen der Opposition entgegenkamen, darunter die Erweiterung des Wahlrechts 1867, und
durch den Tod des Prinzgemahls Albert, der von vielen als Verfechter deutscher Interessen und Wertvorstellungen beargwöhnt worden war, im Jahre
1861.[8] Der Machtverlust der Krone seit der Parlamentsreform von 1832 und
die Besänftigung der radikalen Opposition machten es der Monarchie möglich, eine Stellung über den sozialen Klassen und den politischen Parteien
einzunehmen und sie auf diese Weise im Zeichen der Nation zu einer Werte-
und Willensgemeinschaft zu integrieren. Im Jahre 1872 sagte Disraeli über die
Arbeiterklasse, sie sei „Englisch bis ins Mark". „Kosmopolitische Grundsätze"
weise sie von sich. Statt dessen vertrete sie „nationale Grundsätze".[9]

Die Erschaffung der Nation durch den Monarchen

Häufiger als die Schaffung von nationalen Monarchien durch die Nationen
war der entgegengesetzte Vorgang, die Schaffung von Nationen durch die
Monarchen.[10] Das Verfahren hatte Napoleon erfunden und angewandt. In
seinen zahlreichen Kriegen, aus denen er bis 1812 regelmäßig als Sieger hervorging, machte der Kaiser ständig neue Eroberungen und erweiterte dank
ihrer nicht nur das Kaiserreich, sondern schuf gleichzeitig eine wachsende
Zahl von Satellitenstaaten, deren Grenzen ihrerseits immer wieder erweitert
oder auf andere Weise verändert wurden. Das Kaiserreich erstreckte sich auf
dem Höhepunkt seiner Macht von Hamburg im Norden bis Rom im Süden
und von der Bretagne im Westen bis zu Dalmatien im Südosten. Es umschloß
daher Deutsche, Holländer, Flamen, Wallonen, Italiener und Kroaten. Aber
auch diejenigen Satellitenstaaten, deren Bürger derselben ethnischen Gruppe
zugehörten, waren häufig aus Territorien zusammengesetzt worden, die niemals zuvor unter derselben Herrschaft gestanden hatten. Napoleon sah sich
daher sowohl im Kaiserreich selbst als auch in den zahlreichen Satellitenstaaten vor die Aufgabe gestellt, die Bevölkerungsgruppen unterschiedlicher ter-

---

[8] *Richard Williams*, The Contentious Crown. Public Discussion of the British Monarchy in
    the Reign of Queen Victoria, Aldershot 1997, S. 153–166.
[9] *Benjamin Disraeli*, Conservative and Liberal Principles. Speech at Crystal Palace, June
    24, 1872, in: *Earl of Beaconsfield*, Selected Speeches, hg. von *T. E. Kebbel*, Bd. 2, London
    1882, S. 528: *I say with confidence that the great body of the working class of England […]
    are English to the core. They repudiate cosmopolitan principles. They adhere to national
    principles. They are for maintaining the greatness of the kingdom and the empire, and they
    are proud of being subjects of our Sovereign and members of such an Empire.*
[10] *Manfred Hanisch*, Nationalisierung der Dynastien oder Monarchisierung der Nation?
    Zum Verhältnis von Monarchie und Nation in Deutschland im 19. Jahrhundert, in: *Adolf
    M. Birke/Lothar Kettenacker* (Hg.), Bürgertum, Adel und Monarchie, München 1999,
    S. 78, spricht von der „dynastisch konstituierten Nation".

ritorialer und ethnischer Herkunft zu einem organischen Ganzen zu integrieren. Anders waren auf die Dauer Zusammenhalt und Stabilität seiner Staatsgründungen nicht zu gewährleisten. Ein Teil der Integrationsbemühungen des Kaisers richtete sich auf die Reform der Verwaltung nach französischem Muster und im Interesse der Rechtsvereinheitlichung auf die Einführung des *Code Napoléon*. Zugleich aber bemühte Napoleon sich, unter den Bürgern sowohl des Kaiserreichs als auch der Satellitenstaaten ein Bewußtsein der Zusammengehörigkeit, mithin ein nationales Bewußtsein zu erzeugen und die Bürger dazu zu bewegen, ihre neuen Monarchen als nationale Herrscher zu akzeptieren.

Vor allem auf zwei Wegen suchte Napoleon die politische Integration der neu konstituierten Staatsgesellschaften zustande zu bringen: durch die Gewährung von Verfassungen und durch die Organisation von Nationalfesten. Welche konkreten Ziele er mit seiner Verfassungspolitik verfolgte, hat er exemplarisch in einem Brief vom 15. November 1807 niedergelegt, mit dem er seinem Bruder Jérôme die Verfassung für das Königreich Westphalen übersandte. Napoleon hatte das Königreich Westphalen mit der Residenzstadt Kassel nach dem Frieden von Tilsit aus ehemals preußischen, braunschweigischen und kurhessischen Landesteilen und zahllosen weiteren Territorien und Bruchstücken von Territorien zusammengesetzt. Die Verfassung zählte im ersten Artikel des ersten Titels weit über zwanzig Städte und Territorien auf, die in dem Königreich aufgegangen sind. Es handelte sich also um das Musterbeispiel eines künstlichen Staates ohne Verwurzelung in einer eigenständigen Tradition. Weil das Königreich sich somit weder auf ein historisches Kerngebiet noch auf eine alteingesessene Dynastie stützen konnte, waren besondere Anstrengungen erforderlich, um die Staatsschöpfung auf dauerhafte Grundlagen zu stellen. Mit fast denselben Worten, mit denen Antoine Barnave Ludwig XVI. und Marie-Antoinette ans Herz gelegt hatte, sich bei den Bürgern um „Ansehen" (*considération*) und „Vertrauen" (*confiance*) zu bemühen, schärfte auch Napoleon seinem Bruder ein, daß sein Thron sich auf nichts anderes gründen könne als auf „das Vertrauen und die Liebe der Bevölkerung" (*la confiance et l'amour de la population*).[11] Um das Vertrauen und die Zuneigung der Bevölkerung zu gewinnen, müsse er die Verfassung sorgfältig beobachten, die Gleichheit der Berufschancen sicherstellen und jede Form der Leibeigenschaft abschaffen. Weiterhin müsse er den *Code Napoléon* einführen, für Öffentlichkeit der Gerichtsverfahren sorgen und Schwurgerichte schaffen. Die Bevölkerung müsse einen Grad an Freiheit, an Gleichheit und an Wohlstand erlangen, wie er in Deutschland sonst nirgends herrsche. Diese Art zu regieren, werde sich als viel stärkere Barriere gegen Preußen erweisen als die Elbe, die Festungen und der militärische Schutz Frankreichs. „Welches Volk möchte wohl unter die willkürliche Regierung Preußens zurückkehren,

---

[11] Napoléon Ier an Jérôme Bonaparte, Roi de Westphalie, 15. 7. 1807, in: *ders.*: Correspondance, Bd. 16, Paris 1864, Nr. 13361, S. 166.

wenn es einmal die Segnungen einer weisen und liberalen Verwaltung gekostet hat?"[12]

Der Sinn dieser Politik liegt auf der Hand: Durch eine freiheitliche Verfassung und durch liberale Institutionen sollte in den Bürgern der Wunsch geweckt werden, für immer unter der Regierung der neuen Dynastie zu bleiben und auf keinen Fall zu ihren angestammten Herrschern zurückzukehren. Auch in den anderen Satellitenstaaten und im Kaiserreich selbst verfuhr Napoleon nach diesem Grundsatz. Sämtliche Mitglieder seiner Familie waren sich darin gleich, daß sie nirgendwo über dynastische Legitimität verfügten. An ihrem Beispiel läßt sich daher besonders anschaulich der Versuch verfolgen, die mangelnde dynastische durch eine konstitutionelle und vor allem durch eine nationale Legitimation zu ersetzen.

Zur ideologischen Untermauerung seiner Herrschaft bemühte Napoleon die Geschichte. Das französische Kaiserreich suchte er als Erneuerung des Reichs Karls des Großen zu legitimieren. Die Krönung durch Papst Pius VII. im Dezember 2004 hatte in diesem Bestreben ihren wesentlichen Grund.[13] Mit der Bezugnahme auf den ersten Frankenkaiser appellierte Napoleon an kollektive Erinnerungen, die nicht nur in Frankreich, sondern auch in den deutschen und italienischen Gebieten des Kaiserreichs Ansatzpunkte fanden. Die Berufung auf Karl den Großen wurde ergänzt durch die Anknüpfung an das römische Kaiserreich. Davon zeugt bis heute die Säule der Großen Armee auf der Place Vendôme in Paris, die nach dem Muster der römischen Trajans- und Mark Aurels-Säule geschaffen und durch die an den Sieg Napoleons über Rußland und Österreich bei Austerlitz von 1805 erinnert wurde.[14] Auch andere Formen der Propaganda spielten eine wichtige Rolle. Schon die Plebiszite, mit denen Napoleon zuerst den Staatsstreich des Brumaire von 1799, danach das Konsulat auf Lebenszeit 1802 und schließlich das Kaisertum 1804 legitimieren ließ, dienten wesentlich dem Zweck, allen Bürgern vorzuspiegeln, daß seine Herrschaft dem Willen der überwältigenden Mehrheit entspreche. Militärische Erfolge machte Napoleon seit dem Italienfeldzug von 1796 in seinen Bulletins bekannt. Als Kaiser ließ er für Schlachtensiege nach dem Vorbild der Monarchie in den Kirchen des Reiches durch feierliches Absingen des *Tedeum* danken. Im Jahre 1807 ließ er in Kaiserslautern die Verträge von Tilsit öffentlich verlesen.

Die Aufgabe, vor der Napoleon stand, war im wesentlichen ein Problem der politischen Erziehung, und der Kaiser war noch nicht einmal der erste, dem sie sich stellte. Vom Beginn der Revolution an hatte die Nationalversammlung sich bemüht, den von ihr beschlossenen einschneidenden Reformen in der

---

[12] Ebd.: *Quel peuple voudra retourner sous le gouvernement arbitraire prussien, quand il aura goûté les bienfaits d'une administration sage et libérale?*

[13] Vgl. dazu oben im Kapitel „Religion" den Abschnitt „Die Kaiserkrönung Napoleons".

[14] *Volker Sellin*, Napoleon auf der Säule der Großen Armee. Metamorphosen eines Pariser Denkmals, in: *Christof Dipper / Lutz Klinkhammer / Alexander Nützenadel* (Hg.), Europäische Sozialgeschichte. Festschrift für Wolfgang Schieder, Berlin 2000, S. 378.

Nation Akzeptanz zu verschaffen. Ihren Niederschlag hat dieses Bestreben in der Anordnung von periodischen Nationalfesten durch die Verfassung von 1791 gefunden, eine Anordnung, die später auch in die Direktorialverfassung von 1795 aufgenommen wurde.[15] Schon im Vorfeld des ersten großen Fests der Französischen Revolution, des Fests der *Fédération* von 1790, hatte der Architekt Bernard Poyet geschrieben, die großen öffentlichen Feiern übten eine elektrisierende Wirkung auf die Teilnehmer aus mit dem Ergebnis, daß sie zuletzt alle von denselben Empfindungen beherrscht würden.[16] La Revellière-Lépeaux, unter dem Direktorium für die öffentliche Erziehung verantwortlich, forderte im Jahre 1796, daß Nationalfeste unter den Teilnehmern „eine solche Hingebung an die gemeinsame Sache hervorbrächten, daß jeder Bürger bereit sei, seine Leidenschaften und seine brennendsten Wünsche dem Glück und dem Ruhm der Republik in einem solchen Grade zu opfern, daß er selbst den Tod verachte".[17] Ohne Zweifel war die Teilnahme der gesamten Bevölkerung erforderlich, wenn die obrigkeitshörige Mentalität des *Ancien Régime* republikanischer Tugend Platz machen sollte. Deshalb verlangte La Revellière-Lépeaux, daß die Nationalfeste zur gleichen Zeit sowohl „im kleinsten Dorf als auch in der größten Stadt der Republik gefeiert würden und daß die Bürger überall denselben Plan, dasselbe Ziel, dieselben Riten und dieselben Lieder erkennten. Das Vorbild für diese Art von Allgegenwart der Zeremonien, die nach einem identischen Plan abliefen, war die katholische Kirche.

Es lag nahe, daß Napoleon nach denselben Grundsätzen vorging, als er die republikanische Verfassung des Landes in eine monarchisch-imperiale umwandelte. Wenn die öffentliche Erziehung und nationale Feste in der Lage gewesen waren, treue Untertanen eines absoluten Monarchen zuerst in Bürger einer konstitutionellen Monarchie und dann in Republikaner zu verwandeln, dann mußte es auch möglich sein, nach derselben Methode die Bürger des Kaiserreichs wie auch der Königreiche seiner Geschwister in den Satellitenstaaten zur Integration in die neuen Staaten und zur Loyalität gegenüber ihren neuen Herren zu erziehen. Diese Überlegung bildete die Grundlage für den Staats- und Herrscherkult, den Napoleon nach der Gründung des Kaiserreichs inszenieren ließ.[18] Zunächst wurden Schritt für Schritt die republi-

---

[15] Vgl. oben im Kapitel „Verfassung" den Abschnitt „Verfassungsfeiern".
[16] *Le sentiment de chacun devient celui de tous par une espèce d'électrisation, dont les hommes les plus pervers ont de la peine à se défendre*, zit. nach *Marie-Louise Biver*, Fêtes révolutionnaires à Paris, Paris 1979, S. 205.
[17] *Louis Marie de La Revellière-Lépeaux*, Réflexions sur le culte, sur les cérémonies civiles et sur les fêtes nationales, lues dans la séance du 12 floréal an VI de la classe des sciences morales et politiques de l'Institut national, in: *ders.*, Mémoires, Bd. 3, Paris 1895, S. 22: *produire un tel dévouement que chaque citoyen soit prêt à sacrifier ses passions et ses vœux les plus ardents au bonheur et à la gloire de la république, au point de mépriser la mort et de braver la douleur pour assurer l'un et l'autre.*
[18] Vgl. dazu demnächst: *Volker Sellin*, Der napoleonische Staatskult, in: *Guido Braun* u. a. (Hg.), Napoleonische Expansionspolitik: Okkupation oder Integration?, Tübingen 2012.

kanischen durch napoleonische Feiertage ersetzt. Die Zerstörung der Bastille am 14. Juli 1789, die Proklamation der Republik am 21. September 1792 und die Hinrichtung Ludwigs XVI. am 21. Januar 1793 wurden nicht länger gefeiert. Statt dessen wurden der Tag der Krönung Napoleons zum Kaiser am 2. Dezember 1804 und die Schlacht bei Austerlitz am 2. Dezember 1805 zum Gegenstand eines neuen nationalen Feiertags. Zu einem weiteren Nationalfeiertag wurde der 15. August, Napoleons Geburtstag, gemacht.[19]

Entsprechend den Empfehlungen von La Revellière-Lépeaux wurden die Feiern in jeder Gemeinde des Reiches nach demselben Programm durchgeführt. Bis in Einzelheiten hinein wurde der Ablauf von den Präfekten und vom Innenminister kontrolliert. Die Beamten und Militärs waren zur Teilnahme verpflichtet. Am Morgen versammelten sich die Würdenträger im Rathaus, in Departementshauptstädten in der Präfektur. Von dort zogen sie in ihren Uniformen in vorgeschriebener Reihenfolge in die Kirche zum Gottesdienst. Die Priester, in Bischofsstädten der Bischof, hatten den Kaiser in ihrer Predigt zu rühmen und Gott zu danken, daß er der Nation einen solchen Herrscher geschenkt habe. Das *Tedeum* wurde gesungen, und am Schluß des Gottesdienstes wurde das traditionelle Gebet für den Kaiser gesprochen. Danach wurde den Würdenträgern und den Notabilitäten der Gemeinde ein Essen gegeben. Dadurch wurden die Repräsentanten des Staates und die lokale Gesellschaft miteinander in Verbindung gebracht. Die Bedürftigen erhielten Speisen und andere nützliche Güter. Der Nachmittag war Spielen und Wettkämpfen vorbehalten. Am Abend wurde getanzt, und die öffentlichen Gebäude wurden festlich beleuchtet. Zum Abschluß gab es ein Feuerwerk. Das Ziel der Nationalfeste faßte der Präfekt des Départements Donnersberg, Jeanbon St. André, in einem Rundschreiben an die Unterpräfekten und Bürgermeister über die bevorstehenden Feiern zum Geburtstag des Kaisers am 6. August 1807 mit den Worten zusammen: „Die öffentliche Freude muß allgegenwärtig sein".[20] Die Vielfältigkeit des Festprogramms sollte sicherstellen, daß alle Schichten der Gesellschaft sich angesprochen fühlten. Auch an die Armee dachte der Kaiser, indem er die Stiftung von Mitgiften für bedürftige Mädchen im heiratsfähigen Alter, die sogenannten „Rosenmädchen" (*rosières*), veranlaßte, unter der Bedingung, daß sie sich im Rahmen des Festes mit einem Veteranen vermählten.

Die Probe wurde nicht gemacht, ob sich in den napoleonischen Staatsschöpfungen auf diese Weise jeweils ein nationales Bewußtsein entwickeln würde. Die Zeit, in der Napoleon sich an der Macht hielt, reichte dafür nicht aus. Außerdem wurden die Wohltaten des Kaisers von den Steuerlasten und dem Blutzoll in den nicht endenden Feldzügen überschattet. Aber die Vor-

---

[19] Vgl. oben im Kapitel „Religion" den Abschnitt „Kirche und napoleonischer Staatskult".
[20] Der Präfekt des Départements Donnersberg, Jeanbon St. André, an die Unterpräfekten und an die Bürgermeister von Mainz und Bingen, 6.8.1807, Landesarchiv Speyer, G6/4456 fol. 114: *La joie publique doit se manifester partout.*

stellung, Herrscher könnten durch Verfassungspolitik und Nationalerziehung aus willkürlich zusammengesetzten Staaten Nationen formen, war damit nicht widerlegt.

Partikularismus in Deutschland

In der Tat haben nach dem Sturz Napoleons zahlreiche deutsche Mittelstaaten genau diesen Weg beschritten, um ihren unter Napoleon und durch die Beschlüsse des Wiener Kongresses zum Teil in großem Umfang erweiterten Territorialbestand zu konsolidieren und gegen die Ansprüche der Nachbarn und der mediatisierten Fürsten abzusichern. Vom Standpunkt der deutschen Nationalbewegung aus handelte es sich bei dem absichtsvoll erzeugten Sonderbewußtsein in einzelnen Mitgliedsstaaten des Deutschen Bunds um Partikularismus. Der Begriff wurde in der Revolution von 1848 zum diffamierenden Schlagwort, mit dem die Widerstände der deutschen Staaten gegen die Preisgabe von Souveränitätsrechten an den deutschen Nationalstaat gebrandmarkt werden sollten. Nicht zufällig wurde die schärfste Mißbilligung mit der Formel vom „dynastischen Partikularismus" zum Ausdruck gebracht.[21] Der Begriff des Partikularismus verweist auf die Ganzheit als sein Gegenteil, im vorliegenden Fall auf die Idee der Einheit der deutschen Nation. Das Attribut „dynastisch" benennt die Verfechter und Nutznießer partikularistischer Positionen. In Wirklichkeit handelte es sich um einen doppelten Konflikt: auf der einen Seite in der Tat um einen Konflikt zwischen der revolutionären Nationalbewegung und den Dynastien, auf der anderen Seite aber auch um einen Konflikt zwischen zwei entgegengesetzten Formen der Nationalstaatsbildung.

Im Zuge der Neuordnung Deutschlands im Zeitalter Napoleons waren die geistlichen Territorien, eine große Zahl weltlicher Reichsstände, die Reichsritter sowie fast sämtliche Reichsstädte in eine überschaubare Zahl verbleibender Mittelstaaten zusammengefaßt worden. Diese Mittelstaaten erlangten die Souveränität; sie traten aus dem Reich aus und wurden statt dessen von Napoleon im Jahre 1806 in den Rheinbund gezwungen. Kaiser Franz II. legte die deutsche Kaiserkrone nieder. Nach der Vertreibung Napoleons aus Deutschland wurde zwar der Rheinbund, nicht aber seine Mitgliedsstaaten aufgelöst, mit Ausnahme des Königreichs Westfalen und des Großherzogtums Berg, die von Angehörigen der Familie Bonaparte regiert worden waren. Nur gegen die Garantie ihres staatlichen Fortbestands hatte die gegen Napoleon gerichtete Koalition die Staaten des Rheinbunds im Herbst 1813 zum Allianzwechsel bewegen können. Als erster Rheinbundstaat vollzog das Königreich Bayern durch Abschluß des Vertrags von Ried mit Österreich am 8. Oktober 1813 diesen Schritt. Die anderen Mittelstaaten folgten nach der

---

[21] *Irmline Veit-Brause*, Art. Partikularismus, in: Geschichtliche Grundbegriffe, Bd. 4, Stuttgart 1978, S. 748.

Völkerschlacht bei Leipzig. Allein das Königreich Sachsen vermochte nicht, sich ohne Schaden in das Zeitalter der Restauration hinüberzuretten. Trotz des heftigen Widerstands der zur Zeit Napoleons mediatisierten Stände, der sogenannten Standesherren, bestätigte der Wiener Kongreß nicht nur den Bestand der ehemaligen Rheinbundstaaten, sondern er setzte die territoriale Neuordnung Deutschlands fort. Preußen erhielt fast die Hälfte Sachsens und das Rheinland, Bayern die linksrheinische Pfalz.

Die Legitimität der neugeschaffenen Herrschaftsverhältnisse beruhte zunächst auf der staatsrechtlichen Geltung des Reichsdeputationshauptschlusses von 1803 und der völkerrechtlichen Gültigkeit der nachfolgenden Verträge, in denen die Besitzverschiebungen vereinbart worden waren. Auf die historische Anhänglichkeit an die Dynastie konnten die Fürsten allenfalls in denjenigen Landesteilen zählen, über die sie schon vor dem Eingreifen Napoleons geherrscht hatten. Noch in Rheinbundzeiten hatten sie daher begonnen, die Legitimität ihrer Herrschaft auf neue Grundlagen zu stellen. Ein wesentliches Mittel hierzu erblickten sie in Analogie zu den Instruktionen, die Napoleon seinem Bruder Jérôme für das Königreich Westfalen auf den Weg gegeben hatte, in einer modernen administrativen Integration und einer Verfassung, durch die namentlich die Schicht der Notabeln mit politischen Mitwirkungsrechten ausgestattet würde. Die Gewährung von Verfassungen war in den einzelnen unter deutschen Dynastien stehenden Rheinbundstaaten nur ungleichmäßig vorangekommen. Am weitesten war Bayern gelangt, wo 1808 eine Verfassung verkündet wurde. Sie kam allerdings niemals zur Anwendung.

Nach dem Sturz Napoleons wurden die zur Zeit des Rheinbunds begonnenen Verfassungsberatungen wieder aufgenommen. Im Jahre 1818 wurden in Bayern und Baden die ersten modernen Repräsentativverfassungen auf dem Gebiet des Deutschen Bundes in Kraft gesetzt (Abb. 11). Die Bedeutung dieser Verfassungen für die nationale Integration wurde bereits von den Zeitgenossen hervorgehoben. Über die bayerische Verfassung schrieb Anselm Feuerbach im März 1819 aus dem ehemals preußischen Ansbach, wo er das Amt des Ersten Präsidenten des Appellationsgerichts bekleidete: „Man sollte nicht glauben, was Ein großes Königswort, wie unsere Verfassung, in kurzer Zeit für Dinge tun kann. Erst mit dieser Verfassung hat sich unser König Ansbach und Bayreuth, Würzburg, Bamberg und so weiter erobert. Jetzt sollte man einmal kommen und uns zumuten, eine andere Farbe als blau und weiß zu tragen!"[22] Über die Stiftung der badischen Verfassung urteilte Carl von Rotteck im September 1818: „Wir haben eine ständische Verfassung erhalten, ein politisches Leben als Volk [...] Wir waren Baden-Badener, Dur-

---

[22] Anselm Ritter von Feuerbach an Tiedge und Elise von der Recke, Ansbach, 27. März 1819, in: *Ludwig Feuerbach* (Hg.), Anselm Ritter von Feuerbach's Leben und Wirken aus seinen ungedruckten Briefen und Tagebüchern, Vorträgen und Denkschriften, Bd. 2, Leipzig 1852, S. 112 f.

Abb. 11: Christian Daniel Rauch (1777–1857), Gipsmodell für das Relief „Gewährung der Verfassung" am Max-Joseph-Denkmal in München.

lacher, Breisgauer, Pfälzer, Nellenburger, Fürstenberger, wir waren Freiburger, Konstanzer, Mannheimer; ein Volk von Baden waren wir nicht. Fortan aber sind wir Ein Volk, haben einen Gesammtwillen, und ein anerkanntes Gesammtinteresse, d. h. ein Gesammtleben und ein Gesammtrecht. Jetzt erst treten wir in die Geschichte mit eigener Rolle ein".[23] Das waren Worte, mit denen Rotteck die Geburt einer neuen Nation beschrieb.

Auf einer anderen Ebene wird die Integrationsfunktion der Verfassungen auch an den ständestaatlichen Elementen in der Zusammensetzung der Kammern erkennbar. Die Häupter der standesherrlichen Familien besaßen durchweg die persönliche Mitgliedschaft in der Ersten Kammer. Durch die herausgehobene Rolle in der Gesetzgebung sollten sie für den Verlust ihrer territorialen Unabhängigkeit entschädigt werden. Diesen Zusammenhang dokumentiert die Stiftung der auf die bayerische Verfassung von 1818 gemünzten Konstitutionssäule im Park des Schlosses Gaibach bei Volkach am Main durch Graf Franz Erwein von Schönborn-Wiesentheid, einen ehemals reichsunmittelbaren Standesherrn.[24] Die Konstitutionssäule war als Denkmal eines Neuanfangs gedacht im Zeichen eines entstehenden partikularstaatlich-bayerischen Nationalbewußtseins. Bereits im Jahre 1810 hatte der bayerische

[23] *Carl von Rotteck*, Ein Wort über Landstände (1818), in: *Hermann von Rotteck* (Hg.), Dr. Carl von Rotteck's Gesammelte und nachgelassene Schriften mit Biographie und Briefwechsel, Bd. 2, Pforzheim 1841, S. 411 f.
[24] Vgl. dazu oben im Kapitel „Verfassung" den Abschnitt „Verfassungsfeiern".

Historiker und Hofbibliothekar Johann Christoph Freiherr von Aretin geeignete Schritte gefordert, um einen bayerischen „National-Charakter" auszubilden. Gegenwärtig sehe man überall nur „Europäer" mit demselben „Geschmack", denselben „Leidenschaften" und denselben „Sitten". Unter den gleichen Umständen handelten sie alle gleich: „Überall, wo sie Gold zu gewinnen, und Weiber zu verderben finden, sind sie ja zuhause". Auf dieser Grundlage lasse sich kein bayerisches Nationalbewußtsein formen. Daher meinte Aretin: „Nur dann, wenn wir machen können, daß der Baier nie Bürger eines anderen Staates als des bayerischen werden *kann*, haben wir die Selbständigkeit von Bayern fest gegründet". Die Formung einer eigenen „National-Physiognomie" sollte die Bayern „von den anderen Völkern unterscheiden und ihnen die Lust benehmen [...], sich mit denselben zu verschmelzen".[25] Gerichtet war das nationalpädagogische Konzept Aretins allerdings nicht gegen bestimmte andere Nationen, sondern gegen den Kosmopolitismus der Aufklärung. Die Ernsthaftigkeit seiner Empfehlungen wird nicht dadurch in Frage gestellt, daß er sie fast wörtlich aus Jean-Jacques Rousseaus „Considérations sur le gouvernement de Pologne" von 1772 abgeschrieben hatte.[26]

Zu den wichtigsten Zielen der Aretinschen Nationalpädagogik gehörte bezeichnenderweise die Einpflanzung des dynastischen Gedankens in die Herzen sämtlicher Bürger des Staates, also auch und gerade derjenigen, die erst im Zuge der jüngsten territorialen Umwälzungen dazugestoßen waren. Da eine traditionelle Anhänglichkeit an das Haus Wittelsbach nur von den Altbayern erwartet werden konnte, schlug Aretin Methoden vor, wie er sie bei Napoleon gelernt hatte. In den Mittelpunkt der dynastischen Propaganda stellte er die geschichtlichen Leistungen und die gegenwärtige politische Bedeutung des Königshauses, nicht anders als Napoleon den Herrschaftsanspruch der Familie Bonaparte auf seine Leistungen als Erster Konsul und Kaiser der Franzosen gestützt hatte. Der Ausbau der Stadt München und namentlich der Ludwigstraße zwischen Feldherrnhalle und Siegestor verlieh in den folgenden Jahren dem politischen Gestaltungswillen der Dynastie symbolischen Ausdruck. Im Jahre 1819 gab Aretin „teutsche Spielkarten für das bayrische Volk" heraus, auf denen Szenen aus der bayerischen Geschichte dargestellt waren. Eine Karte (Gras Siebener) war der durch die Verfassung geschaffenen Volksver-

---

[25] Zit. nach *Volker Sellin*, Nationalbewußtsein und Partikularismus in Deutschland im 19. Jahrhundert, in: *Jan Assmann / Tonio Hölscher* (Hg.), Kultur und Gedächtnis, Frankfurt 1988, S. 252.

[26] *Jean-Jacques Rousseau*, Considérations sur le gouvernement de Pologne et sur sa réformation projetée, in: *C. E. Vaughan* (ed.), The Political Writings of Jean Jacques Rousseau, Bd. 2, Oxford 1962, S. 432: *Il n'y a plus aujourd'hui de Français, d'Allemands, d'Espagnols, d'Anglais même, quoi qu'on en dise; il n'y a que des Européens. Tous ont les mêmes goûts, les mêmes passions, les mêmes mœurs, parce qu'aucun n'a reçu de formes nationales par une institution particulière. Tous, dans les mêmes circonstances, feront les mêmes choses. [...] Pourvu qu'ils trouvent de l'argent à voler et des femmes à corrompre, ils sont partout dans leur pays.*

tretung gewidmet, eine „Länder Verlust-Karte" (Eichel As) gedachte ehemals bayerischer Gebiete, die unter fremde Herrschaft gekommen waren.[27] Weiterhin schlug Aretin die Stiftung eines bayerischen Nationalfests vor. In der Tat entstand im selben Jahr das Münchner Oktoberfest, ein, wie Joseph von Hazzi ein Vierteljahrhundert später formulierte, „allgemeines Rendezvous für alle Bewohner des Reiches, für alle Bayern dazu geschaffen, wie einst für die Griechen in Olympia".[28]

Im Jahre 1867 wurde in München das bayerische Nationalmuseum eröffnet. Die Galerie im ersten Stock stellt auf rund 150 Wandbildern die Geschichte des Hauses Wittelsbach dar. Zu den neueren Ruhmestaten der Dynastie werden dabei auch die Ausdehnung des Staatsgebiets seit dem Reichsdeputationshauptschluß von 1803 und die Stiftung der Verfassung im Jahre 1818 gezählt. Immerhin zeigt sich, daß das neubayerische Nationalbewußtsein in erster Linie als ein dynastisches Bewußtsein konzipiert wurde. Das entsprach der Entstehungsgeschichte des neuen Staates. Er war durch die Dynastie geschaffen worden. Der König hatte die Verfassung gegeben. Die Regierung hatte die administrative und ideologische Integration des Landes betrieben. Das Ergebnis war ein Staatsnationalismus, der bis heute fortwirkt.

Der Erfolg der nationalpädagogischen Strategie in Bayern zeigt, daß die Hoffnung Napoleons, aus den Bewohnern der von ihm künstlich geschaffenen Staaten moderne Nationen formen zu können, durchaus realistisch war. Er bestätigt jedoch zugleich, daß Verordnungen und Gesetze allein nicht ausgereicht hätten, um die erforderliche Integration zustande zu bringen. Hinzutreten mußte eine Veränderung der Mentalitäten, vor allem die Entwicklung eines auf den neuen Staat bezogenen Nationalbewußtseins, und dazu bedurfte es offenbar weitaus längerer Fristen, als sie Napoleon zur Verfügung standen.

Offizielle Nationalität im Zarenreich

Man könnte die nationalpädagogische Politik Bayerns im Vormärz wie auch ihr Vorbild, die Integrationspolitik Napoleons im expandierenden Kaiserreich und in den außerhalb Frankreichs geschaffenen neuen Staaten, in Anlehnung an einen in Rußland gegen Ende des 19. Jahrhunderts eingeführten Begriff als offiziellen Nationalismus bezeichnen. Der Literaturwissenschaftler Aleksandr Nikolaevič Pypin nannte damals die von Sergej Uvarov, von 1833 bis 1849 Erziehungsminister unter Zar Nikolaus I., entwickelten Grundsätze der nationalpolitischen Erziehung in Rußland „offizielle Nationalität" (*na-*

---

[27] *Sellin*, Nationalbewußtsein, S. 253.
[28] Zit. nach ebd., S. 256; zum Verhältnis von Dynastie und Nation in Bayern vgl. auch oben im Kapitel „Dynastie" den Abschnitt „Dynastie, Nation und Verfassung".

rodnost' *oficial'naja)*.[29] Uvarov hatte sein nationales Erziehungsprogramm unter die drei Begriffe Orthodoxie (*pravoslavie*), Autokratie (*samoderžavie*) und Nationalität (*narodnost'*) gestellt.[30] Wenn Pypin für dieses gesamte triadische Programm den Begriff der „offiziellen Nationalität" prägte, dann stiftete er allerdings insofern Verwirrung, als das Wort *narodnost'* für „Nationalität" nunmehr auf zwei Ebenen und damit in doppelter Bedeutung erschien – einmal zur Bezeichnung eines der drei Elemente der Uvarovschen Triade, zum andern zugleich als Bezeichnung des Gesamtprogramms.

Der Begriff *narodnost'* war erst im Jahre 1819 von dem Dichter und Schriftsteller Petr Andreevič Vjazemskij als Übersetzung des französischen Worts *nationalité* in die russische Sprache eingeführt worden. Während *nationalité* und *national* jedoch vorwiegend politische Begriffe waren, bedeuteten *narod* und *narodnyj* zugleich *peuple* und *populaire*.[31] Im Begriff *narodnost'* schwang daher auch die Bedeutung von „Volkstümlichkeit", „Volksnähe", mit.[32] In seinem Rechenschaftsbericht über die ersten zehn Jahre seiner Tätigkeit an der Spitze des Erziehungsministeriums gebrauchte Uvarov neben dem Wort *narodnyj* auch das Wort *nacional'nyj*. Die drei Begriffe seiner Triade bezeichnete er als *nacional'nye načala* („nationale Grundsätze"), während das Wort *narodnost'* bei ihm im Unterschied zu Pypin allein dem dritten dieser Grundsätze vorbehalten blieb.[33] Der Begriff *nacional'nost'* bedeutete bei Uravov so viel wie „Nation" und zwar im Sinne von Staatsnation oder Staat. Im Schlußkapitel seines Rechenschaftsberichts schrieb er, Rußland sei „erwachsen geworden". Daher entspreche es nicht seiner Würde, „die übrigen europäischen Nationen (*nacional'nosti*) nachzuahmen" (eigentlich: „ihnen hinterherzulaufen" – *idti pozadi*); vielmehr erhebe es den Anspruch, unter Wahrung seiner spezifischen Eigenart „zumindest auf gleicher Höhe neben ihnen voranzuschreiten".[34] Unter *narod* verstand Uvarov im Einklang mit dem überlieferten russischen Sprachgebrauch die Gesamtheit der Untertanen des

[29] *Aleksandr Nikolaevič Pypin*, Charakteristiki literaturnych mnenij ot dvadcatych do pjatidesjatych godov. Istoričeskie očerki, 3. Aufl., Sankt-Peterburg 1906, S. 93–140, insbes. S. 113 ff.

[30] *Sergej S. Uvarov*, Desjatiletie ministerstva narodnago prosveščenija 1833–1843, Sankt-Peterburg 1864, S. 2 f.

[31] *Alexej Miller*, Natsiia, Narod, Narodnost' in Russia in the 19th Century: Some Introductory Remarks to the History of Concepts, in: JbbGO 56 (2008), S. 380 f.; *Andreas Ebbinghaus*, "National" (*narodnyj*) und "nationale Eigenart" (*narodnost'*) in der russischen Literaturkritik der 1820er Jahre, in: *Peter Thiergen* (Hg.), Russische Begriffsgeschichte der Neuzeit. Beiträge zu einem Forschungsdesiderat, Köln / Weimar / Wien 2006, S. 57 ff.; *Maureen Perrie*, Narodnost': Notions of National Identity, in: *Catriona Kelly / David Shepherd* (Hg.), Constructing Russian Culture in the Age of Revolution: 1881–1940, Oxford 1998, S. 28.

[32] Vgl. *Theodore R. Weeks*, Nation and State in Late Imperial Russia. Nationalism and Russification on the Western Frontier, 1863–1914, DeKalb 1996, S. 203, Anm. 23.

[33] *Uvarov*, Desjatiletie, S. 3.

[34] Ebd., S. 107.

Zaren. Erst seit der Wende vom 18. zum 19. Jahrhundert war daneben die ethnische Bedeutung als Abstammungs-, Sprach- und Kulturgemeinschaft in Gebrauch gekommen.[35] Wenn die Gesamtheit der Untertanen des Zaren jedoch den *narod* bildete, dann bedeutete *narodnost'* die vom europäischen Westen verschiedene spezifische Eigenart des rußländischen Volkes. Durch ihre jeweilige *narodnost'*, ihren nationalen Charakter, so war offensichtlich die Vorstellung, unterschieden sich die europäischen Nationen (*nacional'nosti*) voneinander.[36]

Nun war das russische Reich bekanntlich ein Vielvölkerstaat, der keinen einheitlichen Nationalcharakter besaß, sondern durch eine große ethnische und kulturelle Vielfalt gekennzeichnet war. Eine gesamtstaatliche *narodnost'* gab es daher vorerst nicht. Der Begriff war Programm. Er bezeichnete etwas, was erst entwickelt werden mußte, und genau diesem Ziel, der Herstellung eines einheitlichen Nationalcharakters im gesamten Russischen Reich, sollte das staatliche Erziehungsprogramm Uvarovs dienen. Die Triade von Orthodoxie, Autokratie und *narodnost'* betrachtete der Minister dabei als den gemeinsamen Nenner, auf den er die Vielfalt der Elemente, die „in den weiten Bestand des Reiches zusammenströmen", zu bringen hoffte.[37] Das Motiv für diese Politik war die Sicherung des Reiches gegen den Umsturz. Das zeigen die Überlegungen, mit denen Uvarov sein politisches Programm begründete: „Inmitten des rasanten Zusammenbruchs der religiösen und zivilen Institutionen in Europa, angesichts der allseitigen Ausbreitung des Geistes der Zersetzung, mit Rücksicht auf beklagenswerte Vorkommnisse rings um uns her erschien es notwendig, das Vaterland auf sichere Fundamente zu stellen, auf denen die Wohlfahrt, die Kraft und das Leben des Volkes (*blagodenstvie, sila i žizn' narodnaja*) gedeihen können".[38] Mit dem polnischen Aufstand von 1830 war die europäische Revolution so nahe an die russischen Grenzen gelangt wie nie zuvor. Der Aufstand hätte leicht auf die polnisch besiedelten Gebiete in den sogenannten westlichen Gubernien übergreifen können. Angesichts dessen lag es nahe, daß Uvarov sich im Einverständnis mit dem Zaren zum Ziel setzte, die auf die jeweilige Ethnie bezogenen Loyalitäten der im Russischen Reich lebenden Völkerschaften allmählich durch eine gesamtstaatliche rußländische Loyalität zu überwölben. Erziehung der Bevölkerung des Reiches zur *narodnost'* bedeutete dementsprechend nichts anderes als die Entwicklung des Bewußtseins, ein Volk zu sein, nicht anders, als Rotteck es im Jahre 1818 für die bunt zusammengewürfelte Bevölkerung des Großherzogtums Baden erwartete.

---

[35] *Nathaniel Knight*, Ethnicity, Nationality and the Masses: *Narodnost'* and Modernity in Imperial Russia, in: *David L. Hoffmann* / *Yanni Kotsonis* (Hg.), Russian Modernity. Politics, Knowledge, Practices, Houndmills / New York 2000, S. 44–48.

[36] *Knight*, Ethnicity, S. 107.

[37] *Uvarov*, Desjatiletie, S. 106.

[38] Ebd., S. 2.

Es liegt auf der Hand, daß bei der Formung eines reichsnationalen Bewußtseins der russischen Sprache und Kultur im engeren Sinne die Führungsrolle
zufallen mußte. Das kulturelle Sonderbewußtsein der nichtrussischen Völkerschaften sollte demgegenüber zurückgedrängt werden. Am vordringlichsten
erschien diese Politik in den westlichen Gubernien, den ehemals polnischen
Teilungsgebieten, weil die Anfälligkeit für außengesteuerte Aufstandsbewe-
gungen und Separationsbestrebungen hier bei weitem am größten war. Nach
dem polnischen Aufstand von 1830 und 1831 wurde die Universität Vil'njus
geschlossen; statt dessen wurde zwei Jahre später in Kiev, also außerhalb des
Gebiets des ehemals polnisch-litauischen Reiches, ersatzweise die Vladimir-
Universität gegründet. Uvarov rechtfertigte diesen Schritt mit der Absicht,
der Erziehung der Jugend in den westlichen Gubernien eine „Richtung zu
geben, die sich mit dem allgemeinen Geist der Nationalerziehung in Rußland im Einklang befindet". Die neue Universität sollte, soweit möglich, die
charakteristischen Gegensätze beseitigen, durch die sich die polnische Jugend
von der russischen unterschied. Sie sollte ihr vor allen Dingen den Gedanken
austreiben, daß sie eine „eigene Nationalität" (*častnaja narodnost'*) besitze.
Statt dessen sollte sie die polnische Jugend mehr und mehr „an die russischen
Vorstellungen und Sitten heranführen" und ihr „die allgemeine Denkungsart
des russischen Volkes vermitteln".[39] Uvarov hoffte diese Ziele durch die Zusammenführung der polnischen und der russischen akademischen Jugend in
Kiev, durch gründlichen Unterricht in russischer Sprache und Literatur und
schließlich dadurch zu erreichen, daß vor allem die polnischen Studierenden
mit den russischen Gesetzen und Institutionen bekanntgemacht würden.[40]
Grundsätzlich ging es Uvarov in seiner gesamten Erziehungspolitik um „die
Einführung einer vaterländischen Bildung, die den Bedürfnissen unseres
Jahrhunderts entspricht", und das hieß: Einführung einer „eigenständigen
und vorzugsweise russischen Bildung".[41] Bezeichnend für diese Zielsetzung
war die Errichtung von Lehrstühlen für russische Geschichte und russische
Sprache und Literatur an den Universitäten des Reiches aufgrund des Univer-
sitätsstatuts von 1835. In Moskau übernahm Michail Pogodin, in Sankt Petersburg Nikolaj Ustrjalov den Lehrstuhl für Russische Geschichte. Stepan
Ševyrev wurde gleichzeitig in Moskau zum Professor für altrussische Literatur ernannt.[42] Ustrjalov wurde beauftragt, eine offizielle Geschichte Rußlands
zum Gebrauch an den Universitäten zu verfassen.[43]

---

[39] Ebd., S. 38 f.
[40] Ebd., S. 39.
[41] Ebd., S. 48.
[42] *Nicholas V. Riasanovsky*, Nicholas I and Official Nationality in Russia, 1825–1855, Berkeley / Los Angeles 1961, S. 53, 58; *Cynthia H. Whittaker*, The Origins of Modern Russian
Education: An Intellectual Biography of Count Sergei Uvarov, 1786–1855, DeKalb 1984,
S. 162 f.
[43] *Whittaker*, Origins, S. 163.

Uvarovs System der Nationalerziehung zielte auf kulturelle Vereinheitlichung des Zarenreiches. Uvarov wollte für dieses Reich „eine nationale Kultur" schaffen.[44] In der Praxis mußte dieser Prozeß unvermeidlich zur allgemeinen Russifizierung führen. Der Weg über die Erziehung war jedoch vergleichsweise behutsam, und er war langwierig. In der Einleitung zu seinem Rechenschaftsbericht von 1844 sprach Uvarov von seinen „Hoffnungen auf die Annäherung an das ferne, fast unsichtbare Ziel".[45]

Die Entwicklung eines rußländischen Nationalbewußtseins mußte auf lange Sicht jedoch auch zu einem neuen Verständnis des Reiches und der Monarchie führen, indem die dynastische Legitimation von einer nationalen Legitimation überwölbt wurde.[46] Nach der Konzeption Uvarovs würde der Zar sich unweigerlich aus einem primär dynastisch bestimmten Herrscher gleichzeitig zu einem nationalen Monarchen entwickeln, einem Monarchen, der die rußländische Staatsnation ebenso verkörperte, wie Napoleon die französische und Maximilian I. Joseph die bayerische Nation verkörpert hatten. In dieser Konzeption liegt die Modernität von Uvarovs politischem Programm. Dagegen stand es hinter den zeitgenössischen westeuropäischen Entwicklungen darin zurück, daß es darauf verzichtete, die Gewährung einer Verfassung zum Instrument der nationalen Integration zu machen. An die Stelle der Verfassung traten bei Uvarov die Religion, wie sie die orthodoxe Kirche vermittelte, und vor allem die Autokratie. Der Minister erklärte sie für die „Hauptbedingung der politischen Existenz Rußlands". Auf sie stütze sich der russische Koloß als auf „auf den Schlußstein seiner Größe". Bis auf weiteres würde eine Konstitutionalisierung den Zusammenhalt des Reiches aufs Spiel setzen. Von dieser Wahrheit sei die überwältigende Mehrheit der Untertanen des Zaren überzeugt.[47] Das nationalpolitische Erziehungsprogramm Uvarovs sollte der weiteren Vertiefung und Befestigung auch dieser Überzeugung dienen.

Monarchie und Nationalbewegung

Es gab noch eine dritte Methode, nach der nationale Monarchien geschaffen wurden. In Deutschland und in Italien wirkten Monarchie und demokratische Nationalbewegung zur Schaffung sowohl der Nation als auch der nationalen Monarchie zusammen. In beiden Fällen schloß die Dynastie einer historischen Monarchie – in Deutschland das Haus Hohenzollern, in Italien das Haus Savoyen – eine Allianz mit der Nationalbewegung. Auf sich alleine

---

[44] *Alexandre Koyré*, La philosophie et le problème national en Russie au début du XIXe siècle, Paris 1976, S. 290.
[45] *Uvarov*, Desjatiletie, S. 1.
[46] *Miller*, Natsiia, S. 383.
[47] *Uvarov*, Desjatiletie, S. 3.

gestellt, war es weder der deutschen noch der italienischen Nationalbewegung gelungen, die politischen Kräfte zu überwinden, die der Formierung
eines Nationalstaats im Wege standen. In Italien hatte die liberale und nationale Bewegung des *Risorgimento* mehrfach vergeblich versucht, die österreichische Hegemonie über die Halbinsel zu zerbrechen, auf die sich die meisten
italienischen Staaten stützten. Während der Revolution von 1848 und 1849
erklärte König Karl Albert von Sardinien Österreich zweimal den Krieg und
wurde zweimal geschlagen. Wäre er erfolgreich gewesen, wäre eine künftige
Nationalstaatsbildung in Italien wesentlich erleichtert worden, aber zunächst
einmal verfolgte der König sein eigenes partikulares Staatsinteresse. Er wollte
Österreich von der Halbinsel vertreiben, um in Norditalien seine eigene Vorherrschaft aufzurichten. Aus dem Scheitern der beiden Versuche zog Karl
Albert den Schluß, daß er die Großmacht Österreich ohne einen mächtigen
Verbündeten nicht zum Nachgeben zwingen könne. Diesen Verbündeten
fand sein Sohn und Nachfolger Viktor Emanuel II. dank der geschickten Diplomatie des Ministerpräsidenten Camillo di Cavour im französischen Kaiser Napoleon III. Im Jahre 1859 wurde Österreich besiegt und zur Abtretung
der Lombardei gezwungen. In der Folge wurden auch in Mittelitalien die
Fürsten abgesetzt, die bisher von Österreich an der Macht gehalten worden
waren. Der Großherzog von Toskana war bereits am 27. April 1859 durch einen Aufstand der Florentiner Bevölkerung vertrieben worden, weil er sich
geweigert hatte, an der Seite des Königreichs Sardinien in den Krieg gegen
Österreich einzutreten. In diesem Ereignis offenbarte sich schlagartig, daß
die dynastische Legitimität ihre Tragfähigkeit verloren hatte. Der Großherzog
hätte seinen Thron bewahren können, wenn er sich das nationale Anliegen
der Italiener zu eigen gemacht hätte. Nach der Vertreibung des Großherzogs
wurde in der Toskana eine Nationalversammlung einberufen. Diese beschloß
die Vereinigung des Staates mit dem Königreich Sardinien. Aus außenpolitischen Rücksichten nahm die Regierung in Turin den Antrag nicht sofort an.
Im Lichte der weiteren Entwicklung offenbarte sich jedoch in diesen Vorgängen bereits das stillschweigende Zusammenwirken der Monarchie, nämlich
des Hauses Savoyen, und der nationalen Revolution. Die spektakulärste Form
gewann dieses Zusammenspiel während des Feldzugs der Tausend unter der
Führung Giuseppe Garibaldis im Jahre 1860. An der Spitze einiger hundert
Freischärler eroberte Garibaldi das Königreich beider Sizilien und übergab es
anschließend an Viktor Emanuel von Savoyen. Der italienische Nationalstaat
entfaltete sich im Wege einer Extension des Königreichs Sardinien. Weil die
partikularen Fürsten sich im Unterschied zum König von Sardinien der nationalen Bewegung verschlossen, verloren sie ihre Throne. Das geeinte Italien
wurde nicht wie Deutschland ein Bundes-, sondern ein Einheitsstaat, und
Viktor Emanuel wurde König von Italien.

Der König von Sardinien schuf die Nation zunächst in dem Sinne, daß
Italien die nationale Einheit jedenfalls damals nicht erlangt hätte, wenn er
seine Armeen in den Jahren 1859 und 1866 nicht gegen Österreich ins Feld

gestellt hätte. Als der Nationalstaat geschaffen war, erklärte eine der führenden Persönlichkeiten des *Risorgimento*, der piemontesische Staatsmann Massimo d'Azeglio: „Italien ist gemacht; jetzt müssen auch die Italiener gemacht werden".[48] Gemeinsame nationale Institutionen mußten geschaffen werden: ein nationales Schulsystem, eine gesamtitalienische Verwaltung, eine nationale Armee und vor allem ein italienisches Nationalbewußtsein, das sich bis dahin vor allem in den gebildeten Klassen, nicht aber unter der großen Mehrheit der agrarischen und vor allem im Süden weithin illiteraten Bevölkerung entwickelt hatte. Die italienische Monarchie stand daher in den ersten Jahren ihres Bestehens vor ganz ähnlichen Aufgaben wie Napoleon in den von ihm eroberten Gebieten. Sie mußte das aus heterogenen Elementen zusammengesetzte Staatsvolk erst noch zu einer Nation formen.

In diesem Sinne schuf der Monarch die Nation. Zugleich aber schuf auch die Nation sich ihren Monarchen. Hätte Garibaldi das von seinen Freischärlern eroberte Königreich beider Sizilien nicht an König Viktor Emanuel übergeben, wäre die Einheit Italiens nicht zustande gekommen. Noch wichtiger war der Umstand, daß die Italiener sich wie in der Toskana, so auch in den übrigen Staaten der Halbinsel von ihren angestammten Herrschern abkehrten und den König von Sardinien als ihren neuen Herrscher annahmen. Die Anerkennung des Königs von Italien wurde überall durch Plebiszite auf der Grundlage des allgemeinen Stimmrechts der Männer bestätigt. Insofern war die neue nationale Monarchie auf den demokratischen Gesamtwillen gegründet. Die allgemeine Anerkennung des Königs von Sardinien als König von Italien erklärt sich daraus, daß die Stimmen nicht nur für diese Person, sondern zugleich für die Verfassung Sardiniens, den *Statuto albertino* von 1848, abgegeben wurden, der im Zuge der nationalen Expansion Sardiniens die Verfassung des Nationalstaats werden sollte. So wurde das „toskanische Volk" auf 11. und 12. März 1860 zusammengerufen, um über eine der beiden folgenden Vorschläge abzustimmen: „Vereinigung mit der konstitutionellen Monarchie des Königs Viktor Emanuel oder unabhängiges Königreich"[49]. In Neapel wurde am 21. Oktober 1860 abgestimmt über den Satz „Das Volk will das eine und unteilbare Italien, mit Viktor Emanuel, konstitutioneller König, und seinen legitimen Nachkommen".[50]

Der Prozeß der deutschen Nationalstaatsbildung läßt sich als ein Wettstreit zwischen den beiden deutschen Großmächten, Österreich und Preußen, um

---

[48] Zit. nach *Giuseppe Galasso*, Italia nazione difficile. Contributo alla storia politica e culturale dell'Italia unita, Firenze 1994, S. 1: *L'Italia è fatta, restano a fare gli Italiani.*

[49] Proclama che indice il Plebiscito, Firenze, 1.3.1860, in: *Elisa Mongiano*: Il "voto della Nazione". I plebisciti nella formazione del Regno d'Italia (1848–60), Torino 2003, S. 319: *Il popolo toscano è solennemente convocato nei comizi i giorni 11 e 12 marzo 1860 per dichiarare la sua volontà sulle due seguenti proposte: Unione alla Monarchia Costituzionale del Re Vittorio Emanuele, ovvero Regno separato.*

[50] Ebd., S. 324: *Il popolo vuole l'Italia una ed indivisibile, con Vittorio Emanuele, Re costituzionale, e suoi legittimi discendenti.*

die politische Hegemonie in Mitteleuropa analysieren. In diesem Wettstreit verfolgten beide Mächte ihr jeweiliges Staatsinteresse. Die deutsche Einheit als solche besaß für keine der beiden die oberste Priorität. Weder Bismarck noch seine österreichischen Gegenspieler waren Nationalisten. Bismarck erkannte jedoch, daß Preußen deshalb bessere Aussichten auf die Gewinnung des politischen Übergewichts in Mitteleuropa besaß, weil es mit der deutschen Nationalbewegung ein Bündnis eingehen konnte. Dieser Weg war Österreich versperrt, weil es als Vielvölkerstaat nicht auf die nationale Karte setzen konnte. Durch den Sieg Preußens im preußisch-österreichischen Krieg von 1866 wurde Österreich von der Formierung eines deutschen Nationalstaats ausgeschlossen. Unter preußischer Führung wurde anschließend ein kleindeutscher Nationalstaat gebildet. Für die kleindeutsche Lösung der nationalen Frage hatte sich in der Revolution von 1848 bereits die deutsche Nationalversammlung in der Paulskirche ausgesprochen. Im übrigen aber waren die Grundlagen und die Methode des Bismarckschen Einigungswerks völlig andere. Im Jahre 1849 sollte der preußische König Friedrich Wilhelm IV. ein demokratischer und nationaler Monarch werden, der seine Legitimität als deutscher Kaiser ausschließlich aus der Souveränität der Nation ableitete. Im Deutschen Reich von 1871 dagegen lag die Souveränität nicht bei der Nation, sondern bei den deutschen Fürsten. Rechtlich gesehen, war das Reich ein Bund der Fürsten und keine Schöpfung der Nation, und der König von Preußen war unter dem Titel eines Deutschen Kaisers nur der Vorsitzende dieses Bundes.

Wie schon nach der Paulskirchenverfassung von 1849 war die Nation des Reiches durch die Grenzen definiert, die sich historisch entwickelt hatten oder im Zuge der Nationalstaatsbildung von der hohen Politik gezogen wurden. Grundsätzlich entsprachen die Grenzen des kleindeutschen Reiches den Grenzen des Deutschen Bundes, nur daß Österreich ausgeschlossen, aber Schleswig und das Reichsland Elsaß-Lothringen mit einbezogen wurden. Die polnische Minderheit in den ostelbischen Provinzen Preußens, namentlich in Posen, wurde ebenso selbstverständlich in den deutschen Nationalstaat aufgenommen, wie die Deutschen Österreichs und im Baltikum ausgeschlossen blieben. Insofern bestimmten in erster Linie die historische Staatenentwicklung und die aktuelle Politik, wer zur Nation gehörte. Die Nation selbst wurde dazu nicht befragt. Innerhalb des kleindeutschen Reiches entwickelte sich indessen schon bald ein nationales Bewußtsein, an dem die außerhalb seiner Grenzen stehenden Deutschen nicht teilhatten. Deutscher zu sein wurde gleichbedeutend mit der Staatsbürgerschaft des Zweiten Kaiserreichs.

Wenn also in vielerlei Hinsicht die bestehenden Monarchien, vor allem die preußische Monarchie, die deutsche Nation schufen, darf darüber jedoch nicht übersehen werden, daß Preußen diesen Weg nicht hätte beschreiten können, wenn sich nicht zuvor die deutsche Nationalbewegung und damit ein Druck von unten entwickelt hätte, der nach einer Lösung der nationalen Frage drängte. Die Verfassung des Norddeutschen Bundes, die 1870 mit wenigen Ergänzungen in die Verfassung des Reiches überführt werden sollte, wurde 1867 im norddeutschen konstituierenden Reichstag, der nach allgemeinem Wahlrecht gewählt worden war, beraten und verabschiedet. Die Nation wirkte also mit bei der Schaffung der nationalen Institutionen. Doch nicht nur auf der staatsrechtlichen, sondern auch und vor allem auf der symbolischen Ebene wurde der nationale Monarch von der Nation geschaffen. Er wurde populär, weil er gemeinsame historische Erinnerungen weckte an alte deutsche Kaiserherrlichkeit und Größe.

Im Revolutionszeitalter entstanden aus dynastisch bestimmten Monarchien nationale Monarchien. Das geschah je nach den Umständen auf unterschiedliche Weise. Entweder schuf die Nation sich einen Monarchen. Dafür bietet die Errichtung der nationalen Monarchie durch die französische *Constituante* in der Verfassung von 1791 das vollendete Beispiel. Oder der Monarch schuf sich eine Nation. Dieser Ansatz geht auf Napoleon zurück, der versuchte, aus eroberten Gebieten neue Königreiche mit nationalem Bewußtsein zu formen oder die Bevölkerung der vom Kaiserreich unmittelbar annektierten Gebiete mit der französischen Nation zu verschmelzen. Während der Integrationspolitik Napoleons wegen der beschränkten Dauer seiner Herrschaft kein Erfolg beschieden war, bewährte sich das Verfahren in den deutschen Mittelstaaten. Der Einfluß der napoleonischen Nationsbildung von oben ist auch in den Schriften Sergej Uvarovs und in der Politik der „offiziellen Nationalität" im Russischen Reich zur Zeit des Zaren Nikolaus I. zu erkennen. Schließlich ist eine Reihe von monarchischen Nationalstaaten dadurch entstanden, daß Nation und Monarchie zu ihrer Gründung zusammenwirkten. Der kleindeutsche Nationalstaat von 1871 entstand aus dem Bündnis zwischen der ethnisch orientierten deutschen Nationalbewegung und der preußischen Monarchie. Der Allianz zwischen der deutschen Nationalbewegung und dem preußischen Staat gleicht das Zusammenspiel zwischen der italienischen Nation und dem Königreich Sardinien. Sowohl der König von Sardinien als auch der König von Preußen gewannen als Monarchen von Nationalstaaten eine nationale Legitimation.

Das wahre, mächtigste, dauerndste
und geliebteste Königthum ist
das Königthum der gesellschaftlichen Reform
Lorenz von Stein[1]

9. Soziale Reform

Lorenz von Steins soziales Königtum

Das 19. Jahrhundert war nicht nur das Zeitalter der Demokratie und des Nationalismus. Es war auch das Zeitalter der industriellen Revolution. Lorenz von Stein sah in der Industrie das bestimmende Merkmal der Epoche. Die Maschine hatte eine neue Gesellschaft hervorgebracht, die industrielle Gesellschaft. In Steins Augen war jede Gesellschaft durch den Gegensatz zwischen einer herrschenden und besitzenden und einer beherrschten, besitzlosen Klasse bestimmt. In der industriellen Gesellschaft bildeten die Kapitalisten die herrschende und die Arbeiter die beherrschte Klasse. Wäre die Gesellschaft zu allen Zeiten ausschließlich durch diese Gesetzmäßigkeit bestimmt, wäre immer eine Klasse ohne Aussicht auf Verbesserung ihrer Lage zu Unfreiheit und Besitzlosigkeit verdammt. „Neben und zum Teil über der Gesellschaft" sah Stein jedoch „eine zweite Form der menschlichen Gemeinschaft" am Werk – den Staat. Über den Staat schrieb er, sein „Wesen" beruhe „auf dem Satze, daß das höchste Maß der persönlichen Entwicklung jedes Einzelnen erst das höchste Maß der Entwicklung des Ganzen" sei. Insofern vertrete der Staat gegenüber den auf Beherrschung der Schwachen gerichteten Bestrebungen des besitzenden Teils der Gesellschaft „das Prinzip der Freiheit".[2] Die Sicherung der Freiheit bilde die eigentliche Idee des Staates.

Als Träger der Staatsidee und damit als Verkörperung des Prinzips der Freiheit betrachtete Stein das Königtum. Dank seiner unabhängigen Stellung gegenüber der jeweils herrschenden Klasse sei allein das Königtum in der Lage, seine Kraft „wesentlich der Wohlfahrt" der beherrschten Klassen zu widmen, „die in sich selber nicht die Mittel haben, vorwärts zu kommen, und die von denen, welche diese Mittel haben, vielmehr in immer größere Abhängigkeit gebracht werden".[3] Wenn der König seine Macht zugunsten der unteren Klassen einsetze, werde er ihren Dank und ihre Anhänglichkeit ernten und sein Thron „die sicherste Stütze" erlangen, „die menschliche Dinge finden können".[4] Im Lichte dieser Überzeugung gab es für die Monarchie keine erfolgreichere Strategie der Legitimitätssicherung als eine Politik der sozialen Reform.

[1] *Lorenz von Stein*, Das Königthum, die Republik und die Souveränetät der französischen Gesellschaft seit der Februarrevolution 1848, 2. Aufl., Leipzig 1855, S. 48.
[2] Ebd., S. 14.
[3] Ebd., S. 46.
[4] Ebd., S. 48.

Wie Stein darlegte, lag in der Natur jeder herrschenden Klasse das Bestreben, sich das Königtum zu unterwerfen. Das sei ihr in England schon im
17. Jahrhundert gelungen, als der durch das Parlament vertretene Adel über
die Krone triumphiert habe. In Frankreich sei die Monarchie 1792 gestürzt
worden, weil sie sich ebenfalls längst dem Adel untergeordnet habe. Der Aufstand der bürgerlichen Klassen gegen den Adel und gegen das Privileg habe
die Monarchie zwangsläufig mit in den Abgrund gerissen. Im Lichte dieser
Erfahrungen sei die Politik der sozialen Reform das einzige Mittel, um die
Unabhängigkeit der Monarchie gegenüber der herrschenden Klasse zu bewahren. Habe sich die Monarchie in der Vergangenheit gegen den Adel auf
das Bürgertum gestützt, so müsse sie sich heute gegen das Industriebürger-
tum auf die Arbeiterklassen stützen. Mit der überzeitlichen Bestimmung der
Aufgaben des Königtums stellte Lorenz von Stein klar, daß die Monarchie
keinen prinzipiell neuen Weg beschreite, wenn sie sich um die Hebung der
unteren Klassen bemühe. Vielmehr sei die soziale Reform schon immer ihre
vornehmste Funktion gewesen.

Der Forderung nach sozialer Reform stand in der Epoche Steins die herrschende ökonomische Doktrin entgegen, die jede Staatsintervention verurteilte. Das erklärt, warum zunächst nur wenige Herrscher sie zu einer Strategie der Legitimitätssicherung erhoben. Bei Napoleon III. verband sich die
Förderung der arbeitenden Klassen mit einer ausgeprägten Industrialisierungspolitik. Die Verbesserung der Lage der arbeitenden Klassen erwartete
er in der Hauptsache vom wirtschaftlichen Wachstum und der allgemeinen
Hebung des Lebensstandards. Königin Viktoria von England fand in der Philanthropie ein Mittel, um nicht nur selbst die Arbeiterklasse unmittelbar zu
unterstützen, sondern auch um das soziale Verantwortungsgefühl des Mittelstands zu steigern. Auf diese Weise einte sie die Nation im Bewußtsein
einer gemeinsamen Aufgabe. Bismarck hoffte, die Arbeiter durch seine Sozialgesetzgebung der Sozialdemokratie zu entfremden und an den monarchischen Staat heranzuführen. Rußland lag mit seiner industriellen Entwicklung
zunächst weit zurück. Statt dessen stand dort um die Jahrhundertmitte eine
andere soziale Reform auf der Tagesordnung: die Befreiung von über 22 Millionen Bauern aus der Leibeigenschaft.

Die sozialen Ideen Napoleons III.

Man könnte die Industrialisierungspolitik Napoleons III. unter das Motto stel-
len, das er in einer seiner historischen Schriften formuliert hatte: „Marschiert
Ihr an der Spitze der Ideen Eures Jahrhunderts, dann folgen und unterstützen
Euch diese Ideen. Marschiert ihr in ihrem Gefolge, dann reißen sie Euch mit.
Marschiert ihr gegen sie, dann werfen sie Euch zu Boden".[5] Offensichtlich be-

---

[5] *Napoléon III*, Fragments historiques 1688 et 1830, in: *ders.*, Œuvres, Bd. 1, Paris 1856,

saß er ein feines Gespür für die bestimmenden Tendenzen seiner Zeit. Dieses Gespür erleichterte ihm die Gewinnung eines eigenständigen Profils, durch das er sich von Napoleon I. unterscheiden konnte.

Als Louis-Napoléon Bonaparte im Dezember 1848 zum Präsidenten der Republik gewählt wurde, war er bereits vierzig Jahre alt. Die lange Zeit des Wartens auf seine Chance hatte er dazu genutzt, sein politisches Programm auszuarbeiten. Vor allem während seiner Haft auf der Festung Ham in der Picardie in den Jahren 1840 bis 1846 hatte er sich ausgedehnter Lektüre und der Schriftstellerei gewidmet. Wenn er später gefragt wurde, woher seine umfangreichen Kenntnisse stammten, pflegte er zu antworten, er habe sie auf der „Universität von Ham" erworben.[6] Seine erste Veröffentlichung war 1832 unter dem Titel „Rêveries politiques" erschienen. 1839 folgte die Broschüre „Des Idées napoléoniennes". Unter den Schriften, die nach 1840 in der Festungshaft entstanden sind, ragen „Analyse de la question des sucres", „L'Extinction du paupérisme" und „Le Canal de Nicaragua" hervor. Die Formulierung eines Regierungsprogramms durch einen künftigen Herrscher war in der monarchischen Welt Europas ungewöhnlich. Einzig Friedrich der Große hatte seine Kronprinzenzeit dazu genutzt, sich schriftstellerisch mit der Politik seiner Epoche auseinanderzusetzen. Hatte bei Friedrich jedoch die Lage Preußens im europäischen Staatensystem im Vordergrund gestanden, wandte sich Louis-Napoléon in erster Linie den sozialen und wirtschaftlichen Herausforderungen zu, die durch die industrielle Revolution und das historisch beispiellose Bevölkerungswachstum seit der zweiten Hälfte des 18. Jahrhunderts entstanden waren. Seine Lektüre und die Besuche in den industriellen Zentren Englands hatten ihm nicht nur gründliche Kenntnisse, sondern auch persönliche Einblicke in diese Zusammenhänge vermittelt. Nimmt man das Interesse und das Verständnis für die gesellschaftlichen Bedingungen der industriellen Welt zum Maßstab, dann überragte Napoleon III. bei weitem alle anderen Herrscher seiner Zeit. Vielleicht zeigte sich darin die Prägung durch seine Mutter, die ihren beiden Söhnen eingeschärft hatte: „Ihr seid Prinzen, vergeßt das nicht, aber seid Euch auch im klaren darüber, nach welchem Recht Ihr es seid. Eure Titel sind neuen Datums. Um ihnen Anerkennung zu verschaffen, müßt Ihr Euch vor allem als fähig erweisen, nützlich zu sein".[7] Das war eine Aufforderung, die ungesicherte dynastische Legitimität des Hauses Bonaparte durch Leistung zu befestigen. Im Gegensatz zu den zensitären Regimen der Restauration und der Julimonarchie bestand

---

S. 324: *Marchez à la tête des idées de votre siècle, ces idées vous suivent et vous soutiennent. Marchez à leur suite, elles vous entraînent. Marchez contre elles, elles vous renversent.*

[6] *Éric Anceau*, Napoléon III. Un Saint-Simon à cheval, Paris 2008, S. 97; vgl. oben im Kapitel „Dynastie" den Abschnitt „Restaurationsbestrebungen gestürzter Dynastien".

[7] Zit. nach *Hendrik Nicolaas Boon*, Rêve et réalité dans l'œuvre économique et sociale de Napoléon III, 's-Gravenhage 1936, S. 4: *Vous êtes princes, ne l'oubliez pas, mais sachez aussi sous quelle loi. Vos titres sont de date récente; pour les faire respecter il faut vous montrer, avant tout, comme capables d'être utiles.* Vgl. auch *Anceau*, Napoléon III, S. 43 f.

Louis-Napoléon zeit seines Lebens auf dem allgemeinen Stimmrecht. Schon deshalb setzte er sich für Reformen ein, die der Masse des Volkes zugutekamen. Gemeinsam war seinen Schriften aus den Jahren der Vorbereitung, daß sie eine aktive Rolle des Staates im Interesse der Entwicklung der nationalen Wirtschaft und der Förderung des Wohlstands unter den arbeitenden Klassen einforderten. In der Zuckerschrift verlangte Louis-Napoléon, daß der Staat die Gewinnung des heimischen Rübenzuckers weiterhin fördere. Die Zuckerproduktion zeichne sich vor anderen Industriezweigen dadurch aus, daß die Arbeit nur zu bestimmten Zeiten des Jahres in den ungesunden und lauten Fabrikhallen, im übrigen aber unter freiem Himmel auf den Feldern stattfinde. In der Außenhandelspolitik forderte Louis-Napoléon ein System von Erziehungszöllen, um der heimischen Industrie eine Entwicklungschance zu geben: „Um die Industrie aufzubauen, bedarf es der Wissenschaft, die erfindet, der Intelligenz, die anwendet, der Kapitalien, die gründen, der Zölle, die schützen, bis die Entwicklung abgeschlossen ist".[8]

Im Jahre 1843 entwarf Louis-Napoléon ein Buch über die Lebensbedingungen der arbeitenden Klassen. Das Werk kam nicht zustande. Statt dessen veröffentlichte er im Jahr darauf die Schrift über die Überwindung des Pauperismus („L'Extinction du paupérisme").[9] Darin forderte er die Intervention des Staates in den Gang der Wirtschaft. Über die Steuer verfüge der Staat über ein einfaches Mittel zur Förderung der Industrie und zur Emanzipation der Arbeiterschaft. Der Autor verglich die Steuerpolitik mit der Tätigkeit der Sonne. Diese absorbiere die Feuchtigkeit der Erde, um sie anschließend in Form von Niederschlägen in denjenigen Gegenden wieder abzusetzen, die Wasser benötigten, um fruchtbar zu werden.[10] Louis-Napoléon anerkannte keinen prinzipiellen Gegensatz zwischen den Interessen der Industrie und den Interessen der Arbeiterschaft. Es komme nur darauf an, die Arbeit zu organisieren. Die beschäftigungslose Bevölkerung wollte Louis-Napoléon unter Zuteilung von Brachland in Agrarkolonien zusammenfassen und unter strenger Aufsicht zur Arbeit disziplinieren. Garantierten die Agrarkolonien jedermann Arbeit und Brot, so sollten sie in Zeiten hoher Konjunktur mit gesteigerter Nachfrage nach Beschäftigten zugleich als Arbeitskräftereservoir für die Industrie dienen. Die ganze Organisation hatte einen militärischen Anstrich: „In diesen Kolonien wird eine strenge Disziplin herrschen, das Leben in ihnen wird gesund, aber einfach sein; denn ihr Ziel ist nicht die Ernährung von Nichtstuern, sondern die Veredelung des Menschen durch gesunde und einträgliche Arbeit und durch eine sittliche Erziehung. […] Die Unterbringung, das Gehalt, die Ernährung, die Kleidung werden nach dem Tarif

---

[8] *Louis-Napoléon Bonaparte*, Analyse de la question des sucres, in: *Napoléon III*, Œuvres, Bd. 2, Paris 1856, S. 240: *Pour créer l'industrie il faut la science qui invente, l'intelligence qui applique, les capitaux qui fondent, les droits de douane qui protègent jusqu'au développement complet.*

[9] *Napoléon III*, Œuvres, Bd. 2, S. 107–161; *Boon*, Rêve, S. 33–39.

[10] *Napoléon III*, Œuvres, Bd. 2, S. 114; *Boon*, Rêve, S. 33.

der Armee geregelt, denn die militärische Organisation ist die einzige, die zugleich auf das Wohlbefinden aller ihrer Angehörigen und auf die strikteste Sparsamkeit gegründet ist".[11]

Die Wirtschafts- und Sozialpolitik des Zweiten Kaiserreichs

Man mag sich fragen, ob dieses Programm realisierbar gewesen wäre. Als Louis-Napoléon die Macht dazu gehabt hätte, hat er seine Verwirklichung jedenfalls nicht ernsthaft versucht. Dennoch läßt die Pauperismusschrift des Gefangenen von Ham eine Reihe von Grundsätzen erkennen, denen er auch als Kaiser treu bleiben sollte, vor allem die Überzeugung, daß der Staat die Wirtschaft des Landes fördern müsse und zwar so, daß sich mit dem allgemeinen Wohlstand auch die Lage der Arbeiterschaft verbessere. Viele Zeitgenossen waren beeindruckt. George Sand verglich Napoleon den Neffen mit Napoleon dem Onkel: „Der Napoleon von heute verkörpert die Leiden des Volkes, wie der andere seinen Ruhm verkörpert hat".[12]

Louis-Napoléon grenzte seine eigenen Ziele selbst wiederholt gegen das Werk seines Oheims ab. Eine seiner zahlreichen Reisen durch Frankreich führte ihn im Herbst 1852 nach Bordeaux. Dort hielt er am 9. Oktober auf einem Bankett, zu dem die Handelskammer und das Handelsgericht der Stadt eingeladen hatten, eine programmatische Rede. Louis-Napoléon führte damals noch den Titel eines *Prince-Président*, aber mit der baldigen Ausrufung des Kaiserreichs wurde allgemein gerechnet. An einer zentralen Stelle seiner Rede ging der Präsident auf die Befürchtungen ein, mit denen nicht wenige Franzosen diesem Schritt entgegenblickten. „Von Mißtrauen geleitet", meinte er, „sagen sich bestimmte Leute: Das Kaiserreich, das ist der Krieg. Ich sage: Das Kaiserreich, das ist der Friede".[13] Auf seine dynastische Herkunft anspielend fuhr der Präsident fort, durch Vererbung werde zwar der Ruhm, nicht aber der Krieg weitergereicht. Es folgt in wenigen Sätzen ein Abriß seines eigenen Regierungsprogramms. Auch er habe, „wie der Kaiser, viele Eroberungen zu machen", allerdings auf einem ganz anderen Feld. Er wolle, so führte er aus, „für die Religion, für die Moral, für den Wohlstand denjenigen noch immer so zahlreichen Teil der Bevölkerung gewinnen, der [...] im Schoße des fruchtbarsten Bodens der Welt, kaum die Erzeugnisse des dringendsten

---

[11] *Napoléon III*, Œuvres, Bd. 2, S. 132; vgl. *Boon, Rêve*, S. 35.

[12] George Sand an Louis-Napoléon Bonaparte, 26. 11. 1844, in: *George Sand*, Correspondance, Bd. 6 (1843-Juin 1845), hg. von *Georges Lubin*, Paris 1969, S. 711: *Le Napoléon d'aujourd'hui est celui qui personnifie les douleurs du peuple comme l'autre personnifiait ses gloires.*

[13] *Louis-Napoléon Bonaparte*, Discours de Bordeaux, 9. 10. 1852, in: Napoléon III, Œuvres, Bd. 3, Paris 1856, S. 342 f.: *Par esprit de défiance, certaines personnes se disent: l'Empire, c'est la guerre. Moi je dis: l'Empire, c'est la paix.*

Bedarfs genießen" könne. Und er fuhr fort: „Wir haben unermeßliche Flächen Brachland, das unter den Pflug genommen, Straßen, die angelegt, Häfen, die ausgehoben, Flüsse, die schiffbar gemacht, Kanäle, die vollendet, und wir haben unser Eisenbahnnetz, das vervollständigt werden muß. Wir haben, Marseille gegenüber, ein großes Königreich, das Frankreich angeglichen werden muß. Wir müssen alle unsere großen Häfen an der Atlantikküste durch die Geschwindigkeit derjenigen Verbindungen, die uns noch fehlen, dem amerikanischen Kontinent annähern." Und nun folgte der explizite Vergleich mit dem Ersten Kaiserreich: „Das sind die Eroberungen, die ich im Sinne habe, und Sie alle, die sich um mich versammelt haben und die gleich mir das Wohl unseres Vaterlands wünschen, Sie sind meine Soldaten".[14]

Deutlicher hätte Louis-Napoléon Bonaparte nicht zum Ausdruck bringen können, daß er seine Legitimität wesentlich auf die wirtschaftliche Entwicklung Frankreichs und die Lösung der sozialen Frage gründen wollte und daß er diese Ziele mindestens auf dieselbe Stufe stellte wie die Erfolge seines Oheims. Bereits in einer Schrift von 1840 hatte er sein Programm mit fast den gleichen Worten von der Politik Napoleons I. abgehoben wie 1852: „Die napoleonische Idee ist also ihrem Wesen nach viel mehr eine Idee des Friedens als eine Idee des Krieges, eine Idee der Ordnung und der Wiederherstellung viel mehr als eine Idee des Umsturzes".[15]

In Wirklichkeit war das Zweite Kaiserreich keineswegs eine Friedensepoche in der französischen Geschichte. In den fünfziger Jahren nahm es zuerst am Krimkrieg teil und führte dann zusammen mit dem Königreich Sardinien einen Krieg gegen Österreich. In den sechziger Jahren suchte es sich in Mexiko festzusetzen, und im Jahre 1870 schließlich riskierte es den Krieg gegen Preußen, an dem es zerbrach. Dennoch bildeten die wirtschaftliche Entwicklung des Landes und eine zeitgemäße Sozialgesetzgebung Schwerpunkte der inneren Politik. Dank der Einziehung eines großen Teils des Vermögens des Hauses Orléans durch Dekret vom 22. Januar 1852 gewann der *Prince-Président* finanzielle Spielräume für eine Reihe sozialpolitischer Vorhaben. Die Erträge aus dem Vermögen wurden eingesetzt für die Unterstützung der Vereine zur wechselseitigen Hilfeleistung (*sociétés de secours mutuels*), mit denen Arbeiter nach dem Prinzip der Gegenseitigkeit Vorsorge trugen für Zeiten der Krankheit und das Alter. Weiterhin förderten die Vereine den Bau von Arbeiterwohnungen in den industriellen Zentren und die Gründung von Hypothekenbanken.[16] Anläßlich der Geburt des Thronfolgers im Jahre 1856 stattete der Kaiser die Vereine zur wechselseitigen Hilfeleistung erneut mit einer halben Million Francs aus.

[14] Ebd., S. 343 f.: *Nous avons d'immenses territoires incultes à défricher, des routes à ouvrir, des ports à creuser, des rivières à rendre navigables, des canaux à terminer, notre réseau de chemins de fer à compléter. […] Telles sont les conquêtes que je médite.*

[15] *Louis-Napoléon Bonaparte*, L'Idée napoléonienne (London 1840), in: *Napoléon III*, Œuvres, Bd. 1, S. 13.

[16] *Boon*, Rêve, S. 69.

Der Kaiser war bestrebt, die Vereine, die auf private Initiative entstanden waren, mit Hilfe des Staates auf ganz Frankreich auszudehnen und möglichst alle Arbeiter des Landes zu Mitgliedern zu machen. Dafür waren jedoch eine striktere Kontrolle durch den Staat und die Gewinnung von vermögenden Ehrenmitgliedern erforderlich, die durch ihre erhöhten Mitgliedsbeiträge und ihren fachlichen Rat zur Konsolidierung und zur finanziellen Absicherung der Vereine beitragen konnten. Tatsächlich stieg zwischen 1852 und 1856 die Zahl der Vereine von 2400 auf 3400, die Zahl der Mitglieder von 271 000 auf 426 000. Im Jahre 1869 wurden 6000 Vereine gezählt mit 800 000 ordentlichen und über 100 000 Ehrenmitgliedern.[17]

In der Wirtschaftspolitik sorgte Napoleon III., wie er es in der Rede von Bordeaux angekündigt hatte, für einen raschen Ausbau der Infrastruktur, um die industrielle Entwicklung des Landes voranzutreiben. In England hatte er die Vorteile eines dichten Verkehrs- und Kommunikationsnetzes kennengelernt. Zu Beginn der fünfziger Jahre lag Frankreich auf diesem Gebiet noch weit zurück. Wollte das Land ebenfalls Industrienation werden, mußte es diesen Rückstand aufholen. Im Vordergrund der Aufmerksamkeit des Regimes stand die Förderung des Eisenbahnbaus. Eine der ersten Maßnahmen war die Verlängerung der Konzessionen an die Eisenbahngesellschaften von 46 auf 99 Jahre. Nach einem Gesetz von 1842 oblagen den Gesellschaften die Bereitstellung des rollenden Materials und der Bau von Bahnhöfen, während der Staat für die Anlage der Strecken verantwortlich war. Zu Beginn des Kaiserreichs maß das französische Schienennetz etwa 4000, an seinem Ende beinahe 20 000 Kilometer.[18] Der Eisenbahnbau übernahm dabei zugleich die Rolle eines Leitsektors für die Entwicklung der Stahl- und Schwerindustrie. Dank der Transportrevolution auf den Schienen verdoppelte sich zwischen 1851 und 1863 das Volumen des Handels.[19] Parallel zum Ausbau der Eisenbahn entwickelte sich der elektrische Telegraph. Zwischen 1851 und 1869 wuchs die Gesamtlänge der Leitungen von 2133 auf 40 118 Kilometer.[20] Gebaut wurden auch Straßen und Brücken. Die Binnenwasserwege wurden ausgedehnt und die Seehäfen den wachsenden Bedürfnissen des internationalen Handels angepaßt.

Eine wesentliche Voraussetzung für die Entwicklung der Infrastruktur und den wirtschaftlichen Aufschwung war die Modernisierung des Kreditwesens. Signalcharakter auf diesem Feld gewann die Gründung der Investitionsbank *Société Générale de Crédit Mobilier* durch die Brüder Émile und Isaac Péreire im Jahre 1852. 1863 folgte der *Crédit Lyonnais* und 1864 die *Société Générale*. Diese Banken arbeiteten landesweit und zu günstigeren Bedingungen als die

[17] *Boon*, Rêve, S. 73.
[18] *Roger Price*, The French Second Empire. An Anatomy of Political Power, Cambridge 2001, S. 214 f.; *Johannes Willms*, Napoleon III. Frankreichs letzter Kaiser, München 2008, S. 147.
[19] *Price*, Empire, S. 215.
[20] Ebd., S. 219.

große Zahl der lokalen und regionalen Institute.[21] Sie sammelten die Ersparnisse der Bürger aus dem gesamten Reich, um der Industrie langfristige Kredite zur Verfügung stellen zu können, und finanzierten in erster Linie den Ausbau des Eisenbahnnetzes und die Modernisierung von Paris. Ebenfalls im Jahre 1852 wurde der *Crédit Foncier*, eine Hypothekenbank, gegründet, die sich vor allem in der Erneuerung der Bausubstanz in den Städten engagierte. Welches Maß an Kreditwürdigkeit sich das Regime schon nach wenigen Jahren erworben hatte, zeigte sich, als die Regierung während des Krimkriegs eine öffentliche Anleihe nicht über die Banken, sondern unmittelbar beim Publikum zur Subskription ausschrieb. Das ökonomische Plebiszit bestand der Kaiser glänzend: Statt der geforderten 250 Millionen wurden über 468 Millionen Francs gezeichnet.[22]

Aufgeschlossenheit gegenüber der industriellen Welt demonstrierte das Zweite Kaiserreich auch in den beiden großen Pariser Weltausstellungen von 1855 und 1867, in denen die heimische Industrie bewies, daß sie den Vergleich mit den anderen Industrienationen nicht zu scheuen brauchte. Die erste Weltausstellung hatte 1851 in London stattgefunden. Daß Frankreich schon nach vier Jahren folgte, war eine Demonstration seines Modernisierungswillens. Zur Legitimation des Kaiserreichs trugen die Weltausstellungen auch insofern bei, als sie Gelegenheit für Besuche ausländischer Monarchen boten. Von besonderer Bedeutung war der Besuch der Königin Viktoria und ihrer Familie im August 1855. Den ersten französischen Kaiser hatte Großbritannien so konsequent und erbittert bekämpft wie keine andere europäische Großmacht. Sein Neffe hingegen gab dem Einvernehmen mit der Inselmacht in seiner Außenpolitik den Vorrang. Im Jahre 1854 war er an der Seite Englands in den Krimkrieg gezogen. Noch eindeutiger als das Kriegsbündnis bewies der Besuch der Königin Viktoria anläßlich der Weltausstellung, daß die revolutionäre Herkunft des Kaisers die internationale Anerkennung Frankreichs nicht länger beeinträchtigte. Am 24. August ehrte Viktoria sogar Napoleon I. durch einen Besuch an dessen Grab im Invalidendom.[23] Der Maler Paul-Emile Boutigny hat die Szene später in einem Gemälde festgehalten. Noch am selben Tag notierte sie in ihrem Tagebuch: „Es ist, als ob alte Feindschaften und Rivalitäten durch diese Respektsbezeigung gegenüber einem verstorbenen Gegner ausgelöscht und das Siegel des Himmels auf jenes Band der Einheit gedrückt würde, die zwischen zwei großen und mächtigen Nationen nunmehr glücklich geschaffen ist".[24] Angesichts dieses neuen Tons und

---

[21] Ebd., S. 229.

[22] *Boon*, Rêve, S. 91.

[23] *Cathérine Granger*, Napoléon III et Victoria, visites croisées, in: Napoléon III et la reine Victoria. Une visite à l'Exposition universelle de 1855, Paris 2008, S. 47.

[24] Zit. nach *Christopher Hibbert*, Queen Victoria. A Personal History, London 2000, S. 236: *It seems as if in this tribute of respect to a departed foe, old enmities and rivalries were wiped out, and the seal of Heaven placed upon that bond of unity, which is now happily established between two great and powerful nations.*

vor dem Hintergrund der Weltausstellungen könnte man in der Tat sagen, daß im Verhältnis zwischen Frankreich und Großbritannien der Friede und die Zivilisation an die Stelle des Krieges getreten seien. Vorausgegangen war dem Besuch Viktorias in Paris im April 1855 ein Besuch des Kaisers in England. Aus den beiden Begegnungen entwickelte sich zwischen Viktoria und Napoleon III. eine persönliche Freundschaft, die erst mit dem Tod des Kaisers enden sollte.[25] Im Jahre 1867 organisierte Frankreich in Paris eine weitere Weltausstellung. Auch sie wurde Anlaß zu Besuchen auswärtiger Herrscher. Aus Sankt Petersburg kam Zar Alexander II., aus Wien Kaiser Franz Joseph und aus Berlin König Wilhelm I.[26]

Napoleon III. förderte den wirtschaftlichen Aufschwung, um seine Legitimität zu befestigen. Dank seines industriefreundlichen Klimas und seiner politischen Stabilität vermochte das Zweite Kaiserreich schon nach kurzer Zeit ein hohes Maß an Vertrauen und Kreditwürdigkeit bei den Bürgern zu gewinnen, wesentliche Voraussetzungen für wirtschaftliches Wachstum.[27] Angesichts des allgemeinen Wahlrechts bedurfte der Kaiser jedoch in erster Linie der Zustimmung der arbeitenden Klassen. Um diese Zustimmung sicherzustellen, wies er Handelsminister Eugène Rouher mit Schreiben vom 5. Januar 1860 an, die erforderlichen Vorbereitungen für eine Liberalisierung des Außenhandels zu treffen. Erste Frucht dieser Initiative war der Abschluß des Handelsvertrags mit Großbritannien noch im selben Monat. Von dem Vertrag erwartete der Kaiser nicht nur ein nachhaltiges Wirtschaftswachstum, sondern, wie er gleich eingangs in dem Schreiben vom 5. Januar betonte, auch eine Erhöhung des Lebensstandards der Arbeiterklasse.[28] Dafür entfremdete er sich mit dieser Wendung seiner Politik die Geschäftswelt und weite Teile des Bürgertums.[29] Die schrittweise Liberalisierung der politischen Strukturen des Kaiserreichs in den sechziger Jahren entsprang dem Bestreben Napoleons, den Verlust an Zustimmung zu seiner Wirtschaftspolitik durch Ausweitung der politischen Partizipation zu kompensieren.

Viktoria und Albert

Als die junge Königin Viktoria am 28. Juni 1838 in Westminster Abbey gekrönt wurde, hatte die britische Monarchie einen Tiefpunkt ihrer öffentlichen Wertschätzung erreicht. „Der Lebensstil, die Frauenaffären und die Moral"

---

[25] *Antoine d'Arjuzon*, Coexistence, alliance, querelles, amitié. La France et la Grand-Bretagne de 1815 à 1904, in: Napoléon III et la reine Victoria, S. 31.
[26] *Johannes Paulmann*, Pomp und Politik. Monarchenbegegnungen in Europa zwischen Ancien Régime und Erstem Weltkrieg, Paderborn 2000, S. 331.
[27] Vgl. *James F. McMillan*, Napoleon III, Harlow 1991, S. 138 f.
[28] Napoléon III an Staatsminister Rouher, 5. 1. 1860, in: *Napoléon III*, Œuvres, Bd. 5, Paris 1869. S. 107 f.
[29] *Price*, Empire, S. 236.

hatten ihre beiden Vorgänger, Georg IV. und Wilhelm IV., „zur wohl unbeliebtesten königlichen Generation in der englischen Geschichte gemacht". Als Georg IV. 1830 starb, schrieb die *Times*, noch nie sei ein Mensch von seinen Zeitgenossen weniger beklagt worden als der verstorbene König.[30] Der Dichter Walter Savage Landor blickte ein Vierteljahrhundert später auf den Tod des vierten Georg zurück:

George the First was always reckoned
Vile, but viler George the Second;
And what mortal ever heard
Any good of George the Third?
When from earth the Fourth descended
(God be praised!) the Georges ended.[31]

Doch ungeachtet der persönlichen Eigenschaften der wechselnden Inhaber des Throns hatte die Parlamentsreform von 1832 der Krone die politische Macht genommen, die sie durch ihren faktischen Einfluß auf das *House of Commons* bis dahin auch nach der Glorreichen Revolution von 1688 noch ausgeübt hatte. Angesichts dessen äußerten immer mehr Briten Zweifel an Nutzen und Notwendigkeit der Monarchie. Besonders in den Kreisen der Radikalen, der Chartisten und der Republikaner wurden die Irrationalität und die Kosten der Institution angeprangert. Dabei wurde immer wieder darauf hingewiesen, daß es angesichts der Not der arbeitenden Klassen in den industriellen Zentren des Landes nicht länger zu vertreten sei, Unsummen für den Unterhalt einer ausgedehnten königlichen Familie bereitzustellen. Auf einer Gegenkrönungsfeier von Chartisten in Newcastle im Jahre 1838 meinte ein Redner, wenn die Monarchie nicht „für das Wohl von Millionen regiere, dann sollte sie überhaupt nicht regieren".[32]

Königin Viktoria ist es gelungen, die Akzeptanz der Monarchie auf eine neue Grundlage zu stellen, indem sie ihr in der Philanthropie eine spezifische Aufgabe zuwies. Darin wurde sie wesentlich unterstützt von ihrem Prinzgemahl Albert von Sachsen-Coburg-Gotha. Zwar hatten auch ihre Vorgänger auf dem Thron sich karitativer Tätigkeit gewidmet. Neu war jedoch der Umfang des Engagements, das Viktoria und Albert an den Tag legten, und neu war vor allem die sozialpolitische Bedeutung, die ihr Einsatz in der entwickelten industriellen Gesellschaft erlangte. Insofern kann man in der philanthropischen Tätigkeit der viktorianischen Monarchie eine Antwort auf die Kritik der Radikalen erblicken.

---

[30] *David Cannadine*, Die Erfindung der britischen Monarchie 1820–1994, Berlin 1994, S. 13 f.

[31] *Walter Savage Landor*, The Georges [Published in *The Atlas*, April 28, 1855], in: *ders.*, The Complete Works, Bd. 15/3: Poems, hg. von *Stephen Wheeler*, New York / London 1969, S. 93.

[32] Zit. nach *Richard Williams*, The Contentious Crown. Public Discussion of the British Monarchy in the Reign of Queen Victoria, Aldershot 1997, S. 17.

Die private Wohltätigkeit hatte in England Tradition. Das zivilgesellschaftliche Engagement der Bürger in der Gemeinde und in der Nachbarschaft hatte sich schon deshalb stärker entwickelt als auf dem Kontinent, weil der Staat in weit geringerem Maße in die lokale Sphäre hineinragte als dort. So blieb vieles privater Initiative überlassen, was anderswo von der öffentlichen Verwaltung geleistet wurde. Die Industrialisierung erhöhte die Spielräume für die private Wohltätigkeit. Auf der einen Seite verschärfte sie die soziale Not in den industriellen Agglomerationen, auf der anderen Seite aber bescherte sie großen Teilen der Mittelklassen vermehrten Wohlstand. Die private Wohltätigkeit setzte sich über die Linderung akuter Notlagen hinaus das Ziel, die Bedürftigen instandzusetzen, sich aus eigener Kraft emporzuarbeiten. Daher widmeten sich die zahlreichen philanthropischen Vereine vor allem der Einrichtung von Asylen, Schulen, Entbindungsheimen und Krankenhäusern.

In der privaten Wohlfahrtspflege engagierten sich jedoch nicht nur die Mittelklassen, sondern auch der Adel und die Krone. Zwischen 1837 und 1871 spendete Königin Viktoria insgesamt 277 439 Pfund an Einzelpersonen und Institutionen, das sind 8160 Pfund pro Jahr und damit fast 15% der vom Parlament jährlich bewilligten Summe für die Privatausgaben der Krone (*Privy Purse*). Bei der Einschätzung des Verzichts, den sie damit leistete, ist allerdings zu berücksichtigen, daß die Königin über zusätzliche Einkünfte aus anderen Quellen verfügte. In den späteren Regierungsjahren nahm ihre Spendenbereitschaft zu. So stellte sie zum Beispiel im Jahre 1882 insgesamt 12 535 Pfund für wohltätige Zwecke bereit.[33] Die philanthropische Rolle der Königin erschöpfte sich jedoch nicht in der Beteiligung an der Finanzierung von karitativen Projekten, so wichtig diese an sich selbst und durch das Beispiel, das die Königin anderen damit gab, auch gewesen sein mögen. Fast noch wertvoller war ihre Funktion als Schirmherrin philanthropischer Vereine und anderer karitativer Initiativen. Zuletzt übte sie die Schirmherrschaft über nicht weniger als 150 Institutionen aus und damit über dreimal so viele wie einst Georg IV.[34] Die Bedeutung der königlichen Schirmherrschaften für die Akzeptanz der Monarchie in der Gesellschaft kann man nicht hoch genug veranschlagen. Der königliche Name verschaffte einer philanthropischen Institution einen höheren Grad an Respektabilität und führte ihr zusätzliche Mitglieder und Spender zu. Zugleich aber verlieh er dem zivilgesellschaftlichen Engagement, das die Institution hervorgebracht hatte, eine höhere Weihe und einen lebensweltlichen Sinn. Private Philanthropie entsprang wesentlich dem Wunsch, „nützlich zu sein, seinen Nutzen zu demonstrieren, respektiert zu werden".[35] Durch die Übernahme von Schirmherrschaften gab die Monarchie

---

[33] *Frank Prochaska*, Royal Bounty. The Making of a Welfare Monarchy, New Haven / London 1995, S. 77.

[34] Ebd., S. 77.

[35] Ebd., S. 68.

den Philanthropen ein Bewußtsein gesellschaftlicher Zugehörigkeit und ihrem Tun nationale Bedeutung.[36]

Während die Sozialpolitik Napoleons III. ihre Ziele zugunsten der arbeitenden Klassen unmittelbar durch staatliches Handeln zu erreichen hoffte,
wirkte die Sozialpolitik der britischen Krone weitgehend indirekt dadurch,
daß sie die Gesellschaft zur philanthropischen Tätigkeit ansporte. Auf diesem Wege trug sie nicht nur zur Behebung der Not bei, sondern einte die
Nation zugleich im Bewußtsein gemeinsamer sozialer Verantwortung. Die
Monarchie wurde dadurch zum Symbol des Gemeingeists und des sozialen
Fortschritts. „Die Unterstützung karitativer Initiativen durch die Monarchie
förderte die soziale Harmonie und erzeugte Anhänglichkeit an die Krone".[37]
Das Bewußtsein der Zusammengehörigkeit im Zeichen der Selbstverantwortung, das von der Monarchie ausging, reichte bis in die Arbeiterklasse
hinein. So baten nicht nur wohlhabende Bürger, sondern auch Handwerker
und Fabrikarbeiter Prinz Albert um Rat und Unterstützung bei der Gründung wohltätiger Organisationen.[38] Mit Blick auf die Revolutionen auf dem
Kontinent schrieb der *Globe* am 19. Mai 1849 über die Förderung der Philanthropie durch den Prinzgemahl Albert: „Wenn […] der Gemahl einer solchen
Königin sich durch ähnliche vortreffliche Eigenschaften auszeichnet, dann
wird das Band der Anhänglichkeit an den Thron so stark, daß auch nicht im
entferntesten zu befürchten ist, daß es durch Sympathien für den demokratischen Geist, der neuerdings die benachbarten Nationen erschüttert hat, geschwächt werden könnte".[39]

Bismarcks Sozialgesetzgebung

Mit der Sozialgesetzgebung der achtziger Jahre suchte der deutsche Reichskanzler Otto von Bismarck die Arbeiterschaft an die Monarchie heranzuführen und der Sozialdemokratie zu entfremden. Mehrfach berief er sich bei der
Verteidigung dieser Politik auf einen Ausspruch, den Friedrich der Große als
Kronprinz getan haben soll: „Nach meiner Thronbesteigung werde ich ein
wahrer König der Bettler sein".[40] Auch in der Folgezeit hätten die preußischen
Könige diesen Grundsatz beherzigt. „Unsere Könige haben die Emanzipation
der Leibeigenen herbeigeführt, sie haben einen blühenden Bauernstand geschaffen; es ist möglich, daß es ihnen auch gelingen werde – das ernste Bestreben dazu ist vorhanden – zur Verbesserung der Lage der Arbeiter etwas

---

[36] Ebd., S. 75.
[37] Ebd., S. 86.
[38] Ebd., S. 90.
[39] Zit. nach ebd., S. 87.
[40] Bismarck im Preußischen Abgeordnetenhaus, 15. 2. 1865, in: *ders.*, GW, Bd. 10, Berlin
1928, S. 232: *Quand je serai roi, je serai un vrai roi des gueux*: ein König der „Geusen".

beizutragen".[41] Das klingt, als hätte Bismarck sich die Lehre Steins vom Königtum zu eigen gemacht. Dementsprechend wandte er sich auch nachdrücklich gegen den Verzicht auf staatliche Korrekturen im Bereich von Wirtschaft und Gesellschaft: „Ich bin nicht der Meinung, daß das *„laisser faire, laisser aller"*, „das reine Manchestertum in der Politik", „Jeder sehe, wie er's treibe, jeder sehe, wo er bleibe", „Wer nicht stark genug ist, zu stehen, wird niedergerannt und zu Boden getreten", „Wer da hat, dem wird gegeben, wer nicht hat, dem wird genommen" – daß das im Staat, namentlich dem monarchischen, landesväterlich regierten Staat Anwendung finden könne".[42] Diese Einstellung stehe in krassem Widerspruch zur monarchischen Tradition Preußens, wo „der gemeine Mann" mit einer „vielbewährten Treue [...] an seiner Dynastie und am Königtum" hänge.[43] Bismarck mußte allerdings schon sehr bald einsehen, daß es nicht leicht sein werde, die Arbeiterschaft über das Motiv der Dankbarkeit für den monarchischen Staat zu gewinnen. Wirksamer erschien da schon das materielle Interesse. Am 18. Mai 1889 erläuterte er vor dem Reichstag, welchen politischen Effekt er von der Alters- und Invalidenversicherung erwartete. Er verglich den Empfänger einer vom Staat garantierten Rente, und sei sie noch so gering, mit dem Inhaber von Staatspapieren. Der Staatsgläubiger habe das größte materielle Interesse daran, daß der Staat, der ihm etwas schulde, gedeihe und nicht untergehe. Dasselbe gelte vom Empfänger einer staatlichen Rente. Auch er wird alles daransetzen, daß der Staat, von dem er die Rente empfängt, zahlungsfähig bleibt. Durch die Alters- und Invalidenversicherung schaffe sich das Reich mit einem Schlag „700 000 kleine Rentner" und damit ebenso viele Verteidiger der bestehenden Institutionen.[44]

Mit diesem Gedanken griff Bismarck eines der von den Liberalen am häufigsten gebrauchten Argumente auf, mit dem der Ausschluß der Besitzlosen vom Wahlrecht gewöhnlich begründet wurde. Man müsse, so argumentierten die Befürworter des Wahlzensus, eine Einlage in der Gesellschaft haben, um an ihrer Regierung mitwirken zu können. Bismarck hatte im Norddeutschen Bund und im Deutschen Reich das allgemeine Wahlrecht eingeführt, in der Erwartung, daß die unteren Volksklassen und namentlich die Bauern königstreu wählen würden. Damit hatte er sich bewußt in Gegensatz zu den Auffassungen der liberalen Parteien gestellt. Inzwischen hatte sich jedoch gezeigt, daß die schnell anwachsende Industriearbeiterschaft zunehmend sozialdemokratischen Kandidaten ihre Stimmen gab. Die Sozialdemokratie hielt Bismarck für eine Partei, die auf den Umsturz der bestehenden Gesellschaftsordnung, mithin auch auf den Sturz der Monarchie hinarbeitete. Da er das allgemeine Wahlrecht jedoch nicht leicht wieder aufheben konnte, versuchte

[41] Ebd.
[42] Bismarck im Reichstag, 2. 4. 1881, GW, Bd. 12, Berlin 1929, S. 238.
[43] Bismarck im Reichstag, 9. 1. 1882, ebd., S. 317.
[44] Bismarck im Reichstag, 18. 5. 1889, GW, Bd. 13, Berlin 1930, S. 403.

er die Arbeiter nunmehr mit ihrem Besitz, in diesem Fall mit dem Besitz, den ihr Rentenanspruch verkörperte, an die Monarchie zu fesseln.

Friedrich Naumanns soziales Kaisertum

Friedrich Naumanns Schrift „Demokratie und Kaisertum" von 1900 enthält im dritten Abschnitt ein Kapitel mit dem Titel „Das soziale Kaisertum". Darunter verstand Naumann die „Zusammenarbeit von Masse und Kaisertum". Naumann hob zunächst den Unterschied zwischen der Bismarckschen Sozialgesetzgebung und den sozialpolitischen Initiativen Wilhelms II. in den Jahren 1889 und 1890 hervor. Denn nur das Programm Wilhelms ließ sich in Naumanns Augen einem Konzept sozialen Kaisertums zuordnen. Während Bismarck den organisierten Sozialismus letztlich als eine militärische Herausforderung des Staates betrachtet habe, die nur durch Kampf bewältigt werden könne, sei Wilhelm II. 1890 „entschlossen" gewesen, „mit der Arbeiterbewegung seinen Frieden zu machen".[45] Deshalb habe er im Unterschied zu Bismarck in den kaiserlichen Erlassen vom 4. Februar 1890 vorgeschlagen, auf die Forderungen der Sozialdemokratie einzugehen. Ihm sei es nicht um „Bekämpfung der Sozialdemokratie", sondern „um Befriedigung berechtigter Wünsche und Ansprüche der Arbeiter" gegangen.[46] Auf dieser Grundlage hätte, so schrieb Naumann, ein Bündnis zwischen Arbeiterbewegung und Monarchie geschlossen werden können. Ein solches Bündnis hätte den politischen Einfluß der ostelbischen Agrarier neutralisiert. Der Versuch von 1890 ist gescheitert, aber Naumann hoffte weiter auf eine Verwirklichung des sozialen Kaisertums. Es würde, davon war er überzeugt, „eine Periode einheitlicher industrieller und freiheitlicher Gesetzgebung" ermöglichen und die Monarchie dadurch unerschütterlich in der Arbeiterschaft verankern: „Dann klingt es aus den Städten, die das moderne Leben fassen, dann klingt es vom Schacht, vom Steinbruch, aus der Arbeiterversammlung, ungewohnt, aber von Herzen: Es lebe der Kaiser!"[47]

Friedrich Naumanns Konzept des sozialen Kaisertums glich nicht nur im Namen dem Programm des sozialen Königtums bei Lorenz von Stein. In den Augen beider Autoren entsprach die soziale Reform nicht nur den berechtigten Ansprüchen der Arbeiterklasse, sondern sie lag zugleich auch im Interesse der Zukunftssicherung der Monarchie. Durch ihre Reformbereitschaft würde die Monarchie, so glaubten sie, Akzeptanz innerhalb der Arbeiterschaft gewinnen. Die soziale Reform erschien ihnen somit als zeitgemäße Methode der Legitimitätsstiftung.

---

[45] *Friedrich Naumann*, Demokratie und Kaisertum, in: *ders.*, Politische Schriften, hg. von *Theodor Schieder*, Bd. 2: Schriften zur Verfassungspolitik, Köln / Opladen 1964, S. 334 f.

[46] Ebd., S. 335.

[47] Ebd., S. 341.

Die Aufhebung der Leibeigenschaft in Rußland

Die Aufhebung der Leibeigenschaft in Rußland durch Zar Alexander II. im Jahre 1861 bildete einen Teil der Reformen, die durch die russische Niederlage im Krimkrieg angestoßen worden waren. Diese Reformen dienten, nicht unähnlich den Reformen, die Preußen nach der Niederlage gegen Napoleon im Jahre 1806 einleitete, dem Ziel, die Rückständigkeit des Reiches gegenüber den anderen Großmächten zu überwinden, die der Krieg offenbart hatte. Einer der Hauptgründe für die Rückständigkeit Rußlands war die Leibeigenschaft. Die Landwirtschaft mit Leibeigenen war ökonomisch ineffizient, und sie war innovationsfeindlich, weil sie keinen Rationalisierungsdruck entfaltete. Weil die Produktionseinheit nicht die adlige Gutswirtschaft, sondern die einzelne Bauernstelle war, brachte sie nicht die Vorteile des Großbetriebs mit sich. Eine Kosten- und Ertragsrechnung war kaum möglich.[48]

Schon Katharina II. hatte die Aufhebung der Leibeigenschaft für erforderlich erklärt. Alexander I. und Nikolaus I. hatten verschiedentlich Anläufe unternommen, um das Problem zu lösen.[49] In dem Maße, in dem die Reform von der Einsicht der Regierung in die Notwendigkeit der Modernisierung von Staat und Gesellschaft getragen war, folgte sie auch 1861 noch Motiven aufgeklärter Politik. Wie von einem philosophischen Schriftsteller des Aufklärungszeitalters liest sich die Feststellung J. I. Rostovcevs in einem Memorandum vom 20. April 1857, kein denkender und aufgeklärter Mensch, der sein Land liebe, könne sich der Emanzipation der Leibeigenen widersetzen. Eine Person sollte nicht einer anderen Person zu Eigentum gehören. Ein Mensch sollte nicht wie eine Sache behandelt werden.[50] General-Adjutant Rostovcev war Mitglied des Geheimkomitees (*sekretnyj komitet*), das Alexander II. im Januar 1857 berufen hatte, um die Bauernfrage zu lösen.[51] Der Zar selbst ließ sich jedoch keineswegs nur von aufklärerischen Grundsätzen bestimmen. Hinzutrat ein weiteres mächtiges Motiv: die Furcht vor der sozialen Revolution. Konstantin Kavelin hatte bereits zwei Jahre zuvor davor gewarnt, daß die Leibeigenschaft, wenn sie in ihrer gegenwärtigen Gestalt aufrechterhalten werde, in einigen Jahrzehnten die gesamte Nation zur Explosion bringen werde.[52] Die Bemerkung Alexanders II. vom 30. März 1856, es wäre bei weitem besser, wenn die Reform von oben erfolgte als von unten, zeigt, daß der Zar einen Bauernaufstand nicht ausschließen wollte, falls die Lage noch

---

[48] *Daniel Field*, The End of Serfdom. Nobility and Bureaucracy in Russia, 1855–1861, Cambridge, Mass., 1976, S. 27–29, 53.

[49] *Peter A. Zaionchkovsky*, The Abolition of Serfdom in Russia, Gulf Breeze 1978, S. 34–40.

[50] Ebd., S. 45.

[51] *L. G. Zacharova*, Samoderžavie i otmena krepostnogo prava v Rossii 1856–1861, Moskva 1984, S. 54.

[52] *Zaionchkovsky*, Abolition, S. 58.

auf lange Zeit hin unverändert bleibe.[53] In einem Bericht für den russischen Außenminister Gorčakov vom Sommer 1857 warnte Baron August von Haxthausen vor den Machenschaften Giuseppe Mazzinis und seiner revolutionären Organisation in Rußland. Als der Zar den Bericht Haxthausens gelesen hatte, zeigte er sich davon überzeugt, daß die Bauern sich tatsächlich erheben könnten, wenn die Regierung die Reform nicht rechtzeitig durchführe.[54] Die Erinnerung an den Aufstand Pugačevs zur Zeit der Zarin Katharina II. wirkte auch fast ein Jahrhundert später noch wie ein Menetekel.

Eine Zeitlang hatte es so ausgesehen, als gerate die Monarchie unweigerlich zwischen die Skylla eines Bauernaufstands und die Charybdis einer Adelsfronde. Der gutsbesitzende Adel war der unmittelbare Nutznießer der Leibeigenschaft. Die bäuerlichen Dienste (*barščina*) und Zinszahlungen (*obrok*) bildeten die Grundlage seiner wirtschaftlichen Existenz. Wenn der Zar die Akzeptanz der Monarchie bei den 22 Millionen leibeigenen Bauern sicherstellen wollte, mußte er einen Weg finden, die Bauern zu entlasten, ohne die Zustimmung des Adels zur Monarchie zu verspielen. Der Adel wurde trotz Widerstrebens schließlich dadurch für die Aufhebung der Leibeigenschaft gewonnen, daß er an ihrer Verwirklichung beteiligt wurde. Am 20. November 1857 erging an den Generalgouverneur der drei ehemals polnischen Provinzen Vil'njus, Kovno und Grodno, Nazimov, ein Reskript, in dem er aufgefordert wurde, den Adel in seinem Zuständigkeitsbereich zur Wahl eines Adelsausschusses (*dvorjanskij gubernskij komitet*) zu veranlassen. In dem Reskript waren 22 Eckpunkte oder „allgemeine Grundsätze für die Ausstattung der Bauern mit dem Lebensnotwendigen" (*obščie načala dlja ustrojstva byta krest'jan*) aufgeführt. Sie sahen vor, daß das Eigentum am gesamten Grund und Boden bei den Gutsbesitzern (*pomeščiki*) verbleiben solle. Die Bauern sollten ihre Hofstätte (*usad'ba*), Gebäude und Land zwischen einer halben und einer ganzen Desjatine, jedoch behalten und binnen acht bis zwölf Jahren ablösen. Außerdem sollte ihnen ein Teil des Herrenlands zur ständigen Nutzung überlassen werden. Dafür sollten sie den Gutsbesitzern Zins entrichten oder Arbeitsleistungen erbringen.[55] Am 25. November beschloß das Geheimkomitee, die in dem Reskript für Nazimov aufgeführten „allgemeinen Grundsätze" auch den Generalgouverneuren und Adelsmarschällen aller anderen Provinzen des Reiches mitzuteilen.[56] Der Adel war damit aufgefordert, um den Erlaß von Reskripten, ähnlich dem Reskript für Nazimov, nachzusuchen. Damit war der Prozeß der Aufhebung der Leibeigenschaft in ganz Rußland

---

[53] Vgl. oben in der „Einleitung" den Abschnitt „Legitimitätssicherung, eine unabschließbare Aufgabe".

[54] *Zaionchkovsky*, Abolition, S. 49 f.

[55] *Zacharova*, Samoderžavie, S. 74; *Peter Scheibert*, Die russische Agrarreform von 1861. Ihre Probleme und der Stand ihrer Erforschung, Köln / Wien 1973, S. 47; *Zaionchkovsky*, Abolition, S. 54 f.; *Field*, End, S. 83.

[56] *Zacharova*, Samoderžavie, S. 80.

auf den Weg gebracht.[57] Die Regierung bemühte sich in den folgenden Monaten, die Einrichtung von Adelsausschüssen zu beschleunigen.[58]

Das Gesetzeswerk zur Bauernbefreiung vom 19. Februar 1861 regelte das
Verhältnis von Landeigentum und Nutzungsrechten nach den Vorgaben des
Reskripts für Nazimov. Die Bauern wurden persönlich frei. Den Gutsbesitzern wurde das Eigentum an ihrem Land bestätigt. Sie mußten den Bauern
jedoch das Nutzungsrecht an Haus und Hof und eines Anteils am Acker-
land einräumen. Dafür zahlten die Bauern entweder Zins, oder sie leisteten
Dienste. Die Bauern konnten Haus und Hof jederzeit ablösen; die Ablösung
des genutzten Landes war an die Zustimmung des Gutsbesitzers gebunden.[59]

Ob die aus der Leibeigenschaft befreiten Bauern die Reform begrüßen
und dem Zaren dafür Dank entgegenbringen würden, war keineswegs aus-
gemacht. Die Betroffenen beurteilten die Reform nämlich durchaus kritisch.
Die Befreiung sollte erst nach zwei Jahren wirksam werden. Die Bauern blieben, hauptsächlich aus fiskalischen Gründen, in die Bauerngemeinde einge-
bunden. Das schränkte ihre Bewegungsfreiheit ein. Vor allem aber mußten
sie das Land, das ihnen zugeteilt werden sollte, innerhalb von 49 Jahren amor-
tisieren, und nach der Ablösung würden sie weniger Land behalten, als sie
bisher bewirtschaftet hatten. Daher befürchtete die Regierung, daß die Veröffentlichung des Befreiungsmanifests vom 19. Februar 1861 eher Unruhen
als Kundgebungen der Dankbarkeit hervorrufen würde. Dieser Gefahr suchte
die Regierung propagandistisch entgegenzuwirken. Ein Mittel dazu waren
volkstümliche Flugblätter (*lubok*), die den Bauern die gewünschte Deutung
der Reform nahebringen sollten. Einer der Lubki trug den Titel „Der unvergeßliche Tag des 19. Februar 1861, der Befreiung der Bauern und Hofleute aus
der leibherrlichen Abhängigkeit: Dank sei dem Zar-Befreier!" (Abb. 12)[60] Das
Bild zeigt übergroß den Zaren, wie er auf einem Podium steht. Um ihn herum
knien zahllose Bauern und blicken ehrfurchtsvoll zu ihm auf. Einige von ihnen haben die Hände zum Gebet gefaltet. Über dem Zaren schwebt segnend
Jesus Christus auf einer Wolke. Zu Füßen des Zaren liegt eine Urkunde mit
der Aufschrift „Gesetz und Gerechtigkeit" (*Zakon i Pravda*). Unter der Darstellung ist in Gestalt eines Gedichts von sieben Vierzeilern die Ansprache
wiedergegeben, die der Autor des Lubok den Bauern in den Mund legt. Sie ist
erfüllt von Ausdrücken der Demut und der Dankbarkeit. Vor allem aber bestätigt sie die schon durch die bildliche Darstellung vermittelte Deutung des
Befreiungsmanifests als eines Akts, mit dem der Zar den Willen Gottes erfüllt
habe. Mit dieser Wendung sollten einerseits alle Einwände gegen das Manifest

---

[57] *Field*, End, S. 86.
[58] *Zacharova*, Samoderžavie, S. 86.
[59] *Zaionchkovsky*, Abolition, S. 82 f., 87.
[60] Zit. nach *Richard S. Wortman*, Scenarios of Power. Myth and Ceremony in Russian
Monarchy, Bd. 2: From Alexander II to the Abdication of Nicholas II, New Jersey 2000,
S. 75. Im Original lautet der Titel: *Nezabvennyj den' 19 fevralja 1861 goda osvoboždenija
krest'jan' i dvorovych ljudej iz krepostnoj zavisimosti: Slava Carju osvoboditelju!*

*Abb. 12: Der unvergeßliche Tag
19. Februar 1861 (Lubok).*

zum Verstummen gebracht, andererseits aber zugleich die Legitimität des Zaren und seiner Politik religiös überhöht werden.

Grundsätze liberaler Sozialreform: Das Beispiel Italien

Lorenz von Stein legte keine Methoden fest, nach denen das Königtum die
unteren Klassen emanzipieren sollte. Daß soziale Reformen auf unterschiedliche Weise in Angriff genommen werden konnten, zeigt schon der Konflikt
zwischen Wilhelm II. und Bismarck. Der Kaiser wollte die Arbeiterschaft
dadurch an die Monarchie binden, daß er wenigstens einen Teil der Forderungen zu bewilligen suchte, die ihre gewählten Vertreter erhoben. Dagegen
verdeutlicht der Vergleich des Rentenempfängers mit einem Besitzer von
Staatspapieren, daß Bismarck den Arbeiter zu einem mehr oder weniger
passiven Empfänger von staatlichen Transferleistungen machen wollte. Von
diesen Leistungen erwartete Bismarck die Entstehung einer von materiellen
Interessen geleiteten Bejahung des Staates und der Monarchie. Ganz andere
Grundsätze vertrat der Liberalismus. Im Zentrum seiner Projekte sozialer Reform stand die Erziehung zu kapitalistischer Arbeitsgesinnung. Dafür mag
die frühe italienische Sozialgesetzgebung als Beispiel dienen.

Als das Königreich Italien 1861 aus der Taufe gehoben wurde, war es ökonomisch im Vergleich zu den weiter entwickelten Staaten Mittel- und Westeuropas ein rückständiges Land. Vordringlich war zunächst die Schaffung der für die industrielle Entwicklung erforderlichen Infrastruktur. Eine soziale Frage nach dem Muster der industriellen Zentren Englands vermochten die politischen Führer vorerst nicht zu erkennen. Weitsichtige Staatsmänner meinten jedoch, Italien müsse in Kenntnis der industriellen Entwicklung in anderen Ländern rechtzeitig institutionelle Vorkehrungen treffen, damit soziale Notlagen erst gar nicht entstehen könnten. Mit diesem Ziel vor Augen entwickelten sie ein Programm liberaler Sozialreform, das sich auf den Gedanken der Erziehung zur Selbsthilfe gründete.

Die erste Reform, die auf diesem Gedanken beruhte, war die Einrichtung von Postsparkassen durch Gesetz vom 27. Mai 1875.[61] Sie war in erster Linie dem unermüdlichen Einsatz des langjährigen Finanzministers der liberalen Rechten Quintino Sella zu verdanken. Mit der Reform wurde das System der von Gladstone im Jahre 1861 geschaffenen *Postal Savings Banks* auf Italien übertragen. Das Gesetz machte jede Filiale der Post zugleich zu einer Sparkasse und erhöhte dadurch mit einem Schlag deren Zahl um ein Vielfaches. Jedermann fand von nun an in seiner Nachbarschaft ein Institut, in das er seine Ersparnisse ohne größeren Aufwand tragen konnte. Adressaten der Reform waren in erster Linie die kleinen Leute, seien es Bauern, Handwerker oder Lohnarbeiter. Das Gesetz verfolgte sowohl gesamtwirtschaftliche als auch sozialpolitische Ziele. Sein gesamtwirtschaftlicher Zweck lag in der Zusammenführung der privaten Ersparnisse zur Bildung von Kapital, das für die industrielle Entwicklung des Landes gebraucht wurde. Sozialpolitisch zielte die Reform auf die Erziehung der Bürger zur Selbstverantwortung. Sella war davon überzeugt, daß die Gewohnheit des Sparens allmählich einen regelrechten Sparwillen erzeugen werde. Dieser wiederum werde eine Arbeitsgesinnung hervorbringen, wie er sie bei den germanischen Völkern, namentlich in England und Holland, beobachtete. Die gezielte Herbeiführung dieses Einstellungswandels nannte Sella Wirtschaftserziehung (*educazione economica*) oder ethische Erziehung (*educazione morale*), gelegentlich auch Nationalerziehung (*educazione nazionale*).[62] Nationale Bedeutung sollte die Erziehung zur Sparsamkeit nicht zuletzt dadurch gewinnen, daß selbst der kleine Sparer „in gewisser Weise Kapitalist", der Proletarier also Proprietär würde. Dadurch würde der Weg frei für die „neue Ära, in der an die Stelle der Kämpfe der Vergangenheit, Kämpfe zwischen Bedrückern und Bedrückten, die tätige Eintracht von Menschen treten werde, welche in gleicher Weise darin wetteifern, das Wohl aller und eines jeden zu erzielen".[63] Sella glaubte also, durch

---

[61] *Volker Sellin*, Die Anfänge staatlicher Sozialreform im liberalen Italien, Stuttgart 1971, S. 126.

[62] Ebd., S. 128.

[63] Zit. nach ebd., S. 129.

die Entwicklung einer modernen Spar- und Arbeitsgesinnung den Gegensatz zwischen der besitzenden und der nichtbesitzenden Klasse überwinden zu können.

Wirtschaftsliberale Kritiker wie Francesco Ferrara wandten ein, durch die Einrichtung von Postsparkassen setze der Staat eine offizielle an die Stelle der privaten Philanthropie, die bisher für die Einrichtung von Sparkassen gesorgt habe. Die private Philanthropie sei für die Gesellschaft jedoch lebenswichtig. Dabei hätte er auf England verweisen können, wo die private Philanthropie eine große Tradition besaß. Demgegenüber zeigte Sella, daß die Existenz einer Postsparkasse in der Nachbarschaft allein noch niemanden zum Sparen verleite. Insofern bleibe die Gesellschaft auch nach Umsetzung dieser Reform auf die private Philanthropie angewiesen. Die Bürger müßten dafür werben, daß die Institution auch genutzt werde. Insofern schaffe das Gesetz gerade neue Aufgaben, aber auch Spielräume für die private Philanthropie. Nur das Zusammenwirken von Gesetzgebung und Philanthropie sichere den Erfolg des Emanzipationsprojekts.[64]

An die private Philanthropie knüpfte auch das 1886 nach siebzehnjähriger Vorarbeit verabschiedete Gesetz über die juristische Anerkennung der Vereine zur wechselseitigen Selbsthilfe (*società di mutuo soccorso*) an, die sich wie in Frankreich aufgrund privater Initiative entwickelt hatten. Einer der augenfälligsten Mängel der italienischen Vereine war ihre geringe Stabilität und Lebensdauer. Der Erwerb der Rechtspersönlichkeit sollte es den Vereinen ermöglichen, Stiftungen und Erbschaften anzunehmen, Verträge zu schließen und notfalls Prozesse zu führen. Dadurch sollte der philanthropischen Initiative auf diesem Feld größere Effizienz verschafft und den von den Arbeitern und Handwerkern erbrachten Vorsorgeleistungen eine Erfolgsgarantie gegeben werden. Wie Luigi Luzzatti, der unermüdliche Initiator dieser und anderer liberaler Sozialreformen, betonte, lag der Sinn der juristischen Anerkennung wie bei der Einrichtung der Postsparkassen in der Unterstützung und Förderung der privaten Sparsamkeit und Selbsthilfe. Der Erfolg der Vorsorgeanstrengungen sollte eine kapitalistische Gesinnung hervorbringen, die der wirtschaftlichen Entwicklung des Landes zugutekäme. Wenn Luzzatti im Gegensatz zu Lorenz von Steins übergreifender Theorie der sozialen Entwicklung betonte, daß in Italien zwischen Industriellen und Arbeitern kein Antagonismus herrsche, so war in seinem Plädoyer doch mitgedacht, daß ein solcher Antagonismus im Zuge der Industrialisierung ohne die Reform früher oder später auch in diesem Land entstünde.[65]

Das beispiellose Bevölkerungswachstum seit der zweiten Hälfte des 18. Jahrhunderts brachte den Pauperismus hervor. Die Massenarmut und das Elend der Unterschichten in der frühen Phase der Industrialisierung wurden in der

[64] Ebd., S. 132 f.
[65] Ebd., S. 138–141.

bürgerlichen Gesellschaft als Bedrohung der bestehenden Institutionen empfunden. Daher lag es im Interesse der Monarchie, auch in den neuen Klassen Legitimität zu erlangen. In seiner Lehre vom sozialen Königtum wies Lorenz von Stein der Monarchie die Aufgabe zu, die unterdrückten Klassen gegen ihre Unterdrücker zu verteidigen, damit alle Teile der Gesellschaft an der Freiheit teilgewännen. Louis-Napoléon Bonaparte entwickelte in den dreißiger und vierziger Jahren ein Programm sozialer und wirtschaftlicher Reform. Als Kaiser suchte er die Lage der arbeitenden Klassen durch den Ausbau der Infrastruktur, die Expansion des Kredits und die Förderung des Wirtschaftswachstums zu heben. Die britische Königin Viktoria ging in der Förderung der privaten Philanthropie mit eigenem Beispiel voran und stärkte damit das gesunkene Ansehen der britischen Monarchie. Bismarck suchte die Arbeiterschaft dadurch an die Monarchie zu binden, daß er sie zu Anteilseignern des Staates machte. In Rußland entwickelte sich die Industrie und damit auch die industrielle Arbeiterschaft mit großer zeitlicher Verzögerung. Das vordringliche soziale Problem in der Jahrhundertmitte war die bäuerliche Untertänigkeit. Zar Alexander II. hoffte, sich durch die Aufhebung der Leibeigenschaft 1861 die Anhänglichkeit der russischen Bauern zu sichern und ihnen jeden Anlaß zur Auflehnung gegen die Gutsbesitzer und gegen den Staat zu nehmen. Die Grundsätze der liberalen Sozialreform, wie sie sich an Sellas und Luzzattis Initiativen in Italien zeigten, zielten auf die Stabilisierung der Institutionen durch Förderung der gesellschaftlichen Selbsthilfe.

*Die charismatische Autorität ist [...] eine der großen
revolutionären Mächte der Geschichte*

Max Weber[1]

10. Charisma

Der charismatische Retter

Unter den von Max Weber unterschiedenen drei reinen Typen der legitimen Herrschaft gehört die europäische Erbmonarchie des *Ancien Régime* zum Typus der traditionalen Herrschaft, die auf dem „Glauben an die seit jeher vorhandenen Ordnungen und Herrengewalten" beruht.[2] Das Charisma charakterisiert Weber im Gegensatz dazu als eine revolutionäre Kraft, die gegen die geltenden Regeln aufbegehrt. Sie verhalte sich „revolutionär alles umwertend und souverän brechend mit aller traditionellen oder rationalen Norm".[3] In ihren „höchsten Erscheinungsformen" sprenge sie „Regel und Tradition überhaupt".[4] Charisma zeige sich in den außeralltäglichen, unvorhersehbaren, außergewöhnlichen Leistungen eines Individuums. Der charismatische Herrscher verlange „Gehorsam und Gefolgschaft kraft seiner Sendung" und nicht kraft dynastischen Erbrechts.[5]

Max Weber stellte sich vor, daß das Königtum ursprünglich „aus charismatischem Heldentum" herausgewachsen sei.[6] Heldentum bewährt sich vor allem in einer Notlage, die nach den gewohnten Regeln nicht bewältigt werden kann. Der charismatische Held rettet die Nation in der Krise. Durch die rettende Tat beweist er seine Fähigkeit zu führen. Als Beispiel dient Weber die Berufung Sauls, wie sie im ersten Buch Samuel geschildert wird. Als die Ammoniter die Stadt Jabes in Gilead belagerten, sandten die Ältesten in alle Teile Israels Boten aus, um Hilfe herbeizuholen. Saul kam gerade vom Felde, als er von dem Hilferuf aus Jabes hörte. „Da geriet der Geist Gottes über ihn, [...] und sein Zorn ergrimmte sehr". Er stellte ein Heer auf und vernichtete die Ammoniter. Daraufhin „ging alles Volk gen Gilgal und machten daselbst

[1] *Max Weber*, Die drei reinen Typen der legitimen Herrschaft, in: Max Weber Gesamtausgabe, Abt. I, Bd. 22, Teilbd. 4, hg. von *Edith Hanke*, Tübingen 2005, S. 737. – Das Kapitel ist die erweiterte Fassung des Festvortrags, den der Verfasser bei der Jahresfeier der Heidelberger Akademie der Wissenschaften am 5. Juni 2010 in der Alten Aula der Universität Heidelberg gehalten hat; vgl. *Volker Sellin*, Herrscher und Helden, in: Jahrbuch der Heidelberger Akademie der Wissenschaften für 2010, S. 46–55.
[2] *Weber*, Typen, S. 729.
[3] *Ders.*, Charismatismus, ebd., S. 468.
[4] *Ders.*, Umbildung des Charisma, ebd., S. 482.
[5] *Ders.*, Charismatismus, S. 462.
[6] Ebd., S. 470.

Saul zum König".[7] Könige hatte es in Israel bis dahin nicht gegeben. Die Monarchie begann mit Saul.

In dynastischen Kriegen, in denen um den Besitz dieser oder jener Provinz gestritten wurde, fehlte eine wesentliche Voraussetzung für das Auftreten charismatischer Kriegshelden: das Bewußtsein der Bedrohung eines gemeinsamen Guts. Ein solches Gut konnte der Glaube sein. In diesem Sinne erschien König Gustav Adolf von Schweden im Dreißigjährigen Krieg vielen Protestanten in Deutschland als Retter in der Not. In der Folge der Französischen Revolution wurde die Nation zu einem gemeinsamen Gut. Die Revolution schuf die Voraussetzungen für das Auftreten charismatischer Volkshelden, die sich in einer Krise der Nation als Retter bewährten. Die nationale Krise konnte durch innere Zerrüttung oder äußere Bedrohung oder durch ein Zusammenspiel von beidem verursacht sein. In Frankreich erwuchs nach der Abschaffung der Monarchie sowohl 1799 als auch 1848 aus dem politischen Krisenbewußtsein breiter Schichten der Bevölkerung die Bereitschaft, sich einem rettenden Helden aus dem Hause Bonaparte anzuvertrauen. Aber auch wo die Monarchie fortbestand, gewannen einzelne militärische Führer im Zeitalter des Nationalstaats durch ihre Leistungen leicht ein solches Maß an Popularität, daß sie der Herrschaft des Monarchen gefährlich wurden. Die plebiszitäre Legitimation des charismatischen Kriegshelden drohte die dynastische Legitimität des Herrschers zu überstrahlen, es sei denn, der Monarch hatte die effektive Regierungsgewalt an ein Parlament abgetreten. Beispiele hierfür sind der italienische Freischärler Giuseppe Garibaldi, der russische General Michail Dmitrievič Skobelev und der deutsche Generalfeldmarschall Paul von Hindenburg.

Napoleon I.

Saul wurde zum König erhoben, weil er sich in der Not als Retter seines Volkes erwiesen hatte. Als Retter Frankreichs und des Erbes der Revolution stellte sich auch Napoleon dar. Mit der dramatischen Notlage, in die Frankreich unter dem Direktorium geraten war, rechtfertigte er seinen Staatsstreich von 1799 und die spätere Annahme der Kaiserwürde. Der Staatsstreich des Brumaire war keineswegs der erste, der das Direktorium erschütterte, und er war ursprünglich auch nicht von Napoléon Bonaparte geplant worden. Als der General im Herbst 1799 von seiner Expedition nach Ägypten zurückkehrte, trat der Abbé Sieyès, damals einer der fünf Direktoren, an ihn heran, weil er das Regime stürzen wollte, für die Durchführung seines Plans aber militärische Rückendeckung benötigte. Das Land befand sich seit 1792 im Krieg. Wie schon einmal im Jahre 1793 waren die Heere der Gegner auf dem Vormarsch. Italien, das Napoleon in den Jahren 1796 und 1797 erobert hatte,

---

[7]   Erstes Buch Samuel, Kap. 11, Verse 6, 15.

war von dem russischen General Suvorov zurückerobert worden. Die italienischen Jakobinerrepubliken, die unter dem Schutz der französischen Heere 1796 entstanden waren, wurden im Jahre 1799 wieder zerstört. In einem wahren Blutrausch ging in Neapel die Parthenopäische Republik unter. Napoleon selbst beschrieb die Entwicklung später wie folgt:

„Die fünf Mitglieder des Direktoriums entzweiten sich; die Feinde der Republik drängten in die Ratskollegien und brachten Männer an die Regierung, die den Rechten des Volkes feindlich gesinnt waren. Diese Form der Regierung hielt den Staat in Gärung, und die großen Errungenschaften, welche die Franzosen der Revolution verdankten, wurden unaufhörlich kompromittiert. Daraufhin erhob sich aus der Tiefe des flachen Landes, aus der Mitte der Städte und aus dem Schoße der Garnisonen der einmütige Ruf danach, daß unter Wahrung aller republikanischen Grundsätze in der Regierung ein erbliches System eingeführt werde, das die Prinzipien und die Interessen der Revolution vor den Parteien und der Einmischung des Auslands schütze. Der Erste Konsul der Republik wurde durch die Verfassung des Jahres VIII für zehn Jahre in sein Amt berufen; die Nation verlängerte seine Regierung auf Lebenszeit; sie erhob ihn auf den Thron, den sie in seiner Familie erblich machte".[8]

Unmittelbar auf diese Schilderung seines Aufstiegs zur Macht in Frankreich ließ Napoleon die Feststellung folgen, daß er ausschließlich zum Schutze der höchsten Güter der Nation zum Kaiser berufen worden sei:

„Die Grundsätze der Volkssouveränität, der Freiheit, der Gleichheit, der Zerstörung des Feudalregimes, der Unwiderruflichkeit des Verkaufs der Nationalgüter, der Unabhängigkeit des Gottesdienstes waren gefestigt. Die Regierung Frankreichs war unter dieser vierten Dynastie auf dieselben Prinzipien gegründet wie die Republik. Es war eine konstitutionelle und gemäßigte Monarchie".[9]

Napoleon III.

Louis-Napoléon Bonaparte, der Sohn des Louis Bonaparte, eines Bruders von Napoleon, von 1806 bis 1810 König von Holland, hatte schon unter der Julimonarchie mehrmals versucht, die Macht in Frankreich durch einen Putsch an sich zu reißen. Da schufen der Ausbruch der Februarrevolution 1848 und die Proklamation der Zweiten Republik die Voraussetzungen für seine legale Rückkehr an die Macht. Die verfassunggebende Nationalversammlung legte am 4. November 1848 eine Verfassung vor, die sich insofern stark an die amerikanische Bundesverfassung anlehnte, als sie einer nach dem allgemeinen

---

[8] *Emanuel de Las Cases*, Le mémorial de Sainte-Hélène, hg. von *Gérard Walter*, Bd. 2, Paris 1956, S. 64.
[9] Ebd.

Männerstimmrecht gewählten, allerdings nur aus einer Kammer bestehenden gesetzgebenden Nationalversammlung einen nach demselben Wahlrecht direkt gewählten Präsidenten gegenüberstellte. Die Wahl des Präsidenten wurde auf den 10. Dezember 1848 angesetzt. 7,5 Millionen Franzosen, das entspricht 76% der registrierten Wähler, gingen zu den Urnen. Auf Louis-Napoléon Bonaparte entfielen über 5,5 Millionen und damit 74,5% der abgegebenen Stimmen.[10] Dieser Wahlausgang ist Ausdruck von Ängsten unterschiedlicher Natur, die quer durch alle sozialen Schichten reichten. Die Landbevölkerung im überwiegend ländlichen und zur Hälfte illiteraten Frankreich protestierte gegen die Bevormundung durch die Stadtbewohner, die Bourgeoisie suchte Sicherheit vor den radikalen Aufwieglern, die städtischen Arbeiter rächten sich an den republikanischen Eliten dafür, daß sie sich nicht um ihr Elend kümmerten.[11] Offensichtlich hofften breite Bevölkerungskreise auf die Rettung durch den Neffen des großen Napoleon, wie das Volk Israel einst Saul als Retter begrüßt hatte. In diesem Sinne schrieb der Sozialist Pierre-Joseph Proudhon am 19. Dezember 1848: „Dieser Name da [Napoléon] – der Bauer kennt ihn seit langem; das ist fast ein Kult bei ihm. Napoléon wird sein Retter sein".[12]

Nach der Verfassung waren die gesetzgebende Nationalversammlung und der Präsident zwei voneinander unabhängige, nach dem allgemeinen Wahlrecht gewählte Staatsorgane. Die Abgeordneten waren für drei Jahre, der Präsident für vier Jahre ins Amt berufen. Die unmittelbare Aufeinanderfolge von zwei Amtszeiten war dem Präsidenten verwehrt. Bonaparte wollte jedoch nicht schon im Jahre 1852 wieder abtreten und versuchte daher, die Kammer dazu zu bewegen, diese Verfassungsbestimmung durch Gesetz aufzuheben. Der Antrag wurde abgelehnt. Daraufhin entschloß Bonaparte sich zum Staatsstreich. Ziel war zunächst die Verlängerung der Amtszeit des Präsidenten auf zehn Jahre. Frühmorgens am 2. Dezember 1851, dem Tag, an dem Napoleon I. 1804 in Paris zum Kaiser gekrönt worden war und 1805 den Sieg von Austerlitz errungen hatte, ließ der Präsident den Palais Bourbon, Sitz der Nationalversammlung, besetzen. 78 Oppositionelle wurden aus ihren Betten geholt und verhaftet, und überall in der Stadt fanden die Bürger eine Proklamation angeschlagen, in welcher der Präsident die Aktion damit begründete, daß die Nationalversammlung versucht habe, die Republik zu zerstören. Angesichts dessen halte er es für seine Pflicht, „ihre perfiden Projekte zu durchkreuzen, die Republik aufrechtzuerhalten und das Land durch Anrufung des einzigen Souveräns zu retten, den ich in Frankreich anerkenne, das Volk". Wie schon der Oheim im Jahre 1799, so nahm 1851

---

[10] *Éric Anceau*, Napoléon III. Un Saint-Simon à cheval, Paris 2008, S. 142 f.

[11] *Pierre Milza*, Napoléon III, Paris 2006, S. 190 f.

[12] *Pierre-Joseph Proudhon*, Les paysans, in: Le Peuple, 19. 12. 1848, zit. nach *Anceau*, Napoléon III, S. 143: *Ce nom-là [Napoléon], le paysan le connaît depuis longtemps; c'est presque un culte pour lui. Napoléon sera son sauveur.*

auch der Neffe für sich die Mission in Anspruch, „das Zeitalter der Revolution zu schließen, indem er die legitimen Bedürfnisse des Volkes befriedigte und es vor den auf Umsturz gerichteten Leidenschaften schützte".[13] Mit der Rede vom Angriff auf die legitimen Bedürfnisse des Volkes spielte der Präsident auf das Gesetz vom 31. Mai 1850 an, durch das die Kammer fast einem Drittel der Wahlberechtigten das Wahlrecht wieder entzogen hatte: den Besitzlosen, den Personen ohne regelmäßiges Einkommen, den Nichtseßhaften und den Gelegenheitsarbeitern. Insofern stand der Staatsstreich auch im Zeichen der Wiederherstellung des allgemeinen Wahlrechts. Nur wenige Wochen vor dem Staatsstreich, am 13. November 1851, hatte die gesetzgebende Nationalversammlung die vom Präsidenten beantragte Abschaffung der Wahlrechtsbeschränkungen mit einer Mehrheit von nur sieben Stimmen abgelehnt.[14]

Der charismatische Zar

Wie Max Weber hervorhob, bedurfte das Charisma des Führers immer neuer Bewährung. Eine einzige Heldentat reichte nicht aus, um eine Herrschaft von Dauer zu begründen. Charisma wird zugeschrieben, beruht also auf Anerkennung. Auf fortgesetzte Anerkennung kann nur hoffen, wer regelmäßig Erfolge vorweisen kann. Hört die Anerkennung auf, wird der Herrscher „ein einfacher Privatmann und, wenn er mehr sein will, ein strafwürdiger Usurpator".[15] Napoleon I. gelang es dank seiner außergewöhnlichen militärischen Fähigkeiten, den Glauben an sein Charisma zumindest bis zum Feldzug nach Rußland im Jahre 1812 aufrechtzuerhalten. Dennoch war schon mit der Gründung des erblichen Kaisertums die Frage gestellt, unter welchen Voraussetzungen es überhaupt möglich sei, eine charismatisch begründete Herrschaft in eine Erbmonarchie zu verwandeln und damit „in die Bahn von Satzung und Tradition" einmünden zu lassen.[16] Eine Möglichkeit deutete Max Weber selbst an: „Wird der Kriegszustand chronisch und nötigt die technische Entwicklung der Kriegführung zu systematischer Übung und Aushebung der wehrhaften Mannschaft, so wird aus dem charismatischen Heerführer der König".[17] Der nächste Schritt ist die Anerkennung eines „Gentilcharismas". Bevor aber die Erbmonarchie sich durchsetzen kann, „muß zu dem Glauben an die charismatische Bedeutung des Blutes als solchem der weitere Glaube an das spezifische Charisma der Erstgeburt treten".[18] Damit aber wird das „genuine Charisma" als revolutionäre Kraft „in sein gerades Gegenteil" verkehrt. „Wo

[13] Le Moniteur universel, 3. 12. 1851, S. 3019, zit. nach *Anceau*, Napoleon III, S. 188.
[14] *Anceau*, Napoléon III, S. 183.
[15] *Weber*, Charismatismus, S. 467.
[16] *Ders.*, Umbildung des Charisma, S. 492.
[17] Ebd., S. 515.
[18] Ebd., S. 521.

ursprünglich die eigene Tat nobilitierte, wird nun der Mann nur noch durch Taten seiner Vorfahren ‚legitimiert‘".[19] Max Weber spricht in diesem Zusammenhang geradezu von „Erbcharisma".[20] Im Erbcharisma liegt der letzte Grund dafür, daß dynastische Abkunft die Herrschaft eines Individuums zu legitimieren vermag.

Weder Napoleon I. noch Napoleon III. gelang es, ihr persönliches Charisma in ein Erbcharisma zu verwandeln. Das kann insofern kaum überraschen, als ihr eigenes Charisma nicht ausreichte, um sie bis ans Ende ihres Lebens auf dem Thron zu halten. Wer dagegen kraft Erbcharismas regierte, brauchte keine außerordentlichen Taten zu vollbringen, um seinen Thron zu bewahren. Maria Theresias Herrschaft wurde durch den Verlust Schlesiens keinen Augenblick in Frage gestellt. Preußens vernichtende Niederlage im Krieg von 1806 und 1807 gegen Napoleon und der demütigende Frieden von Tilsit kosteten Friedrich Wilhelm III. nicht den Thron. Im Laufe des 19. Jahrhunderts wurde diese Art der Unantastbarkeit dynastischer Herrschaft jedoch zunehmend in Frage gestellt. Der Gedanke gewann Raum, daß auch der auf dem Throne geborene Herrscher sich namentlich in kritischen Situationen durch Leistung bewähren müsse. Das erfuhr als erster Zar Alexander I. Am 6. September 1812, als Napoleon in Moskau stand, schrieb seine Schwester, die Großherzogin Katharina, ihm aus Jaroslavl':

„Die Einnahme Moskaus hat die Erregung auf die Spitze getrieben; die Unzufriedenheit hat ihren höchsten Punkt erreicht, und Ihre Person wird keineswegs geschont. Wenn das schon mir hinterbracht wird, dann urteilen Sie selbst über die wirkliche Stimmung. Man klagt Sie offen an, Ihr Reich ins Unglück gestürzt und den allgemeinen Zusammenbruch herbeigeführt, schließlich die Ehre des Landes und Ihre persönliche Ehre zugrundegerichtet zu haben. […] Retten Sie Ihre Ehre; sie ist angegriffen".[21] Drei Wochen später kam Katharina noch einmal darauf zurück: „Man wirft Ihnen Unfähigkeit vor, und deshalb habe ich gesagt: Retten Sie Ihre Ehre!".[22]

Vielleicht erklärt sich aus dieser Krise seiner Herrschaft, daß Alexander sich nach der Vertreibung Napoleons aus seinem Reich eine providentielle Rolle zuwies. Er betrachtete die Befreiung Europas vom napoleonischen Joch als seine persönliche Mission. Dem Überbringer der Nachricht vom Brand Moskaus, einem gewissen Colonel Michaud, soll Alexander bereits am 21. September 1812 erklärt haben: „Vergessen Sie nicht, was ich Ihnen sage; vielleicht werden wir uns eines Tages mit Freude daran erinnern; Napoleon oder ich, er oder ich; wir können nicht mehr gleichzeitig herrschen. Ich habe ihn ken-

---

[19] Ebd., S. 524.

[20] *Max Weber*, Erhaltung des Charisma, in: Max Weber Gesamtausgabe, Abt. I, Bd. 22/4, hg. von *Edith Hanke*, Tübingen 2005, S. 559.

[21] Katharina an Alexander, 6. 9. 1812, in: *Nicolas Mikhailovitch* (Hg.), Correspondance de l'empereur Alexandre Ier avec sa sœur la grande-duchesse Cathérine 1805–1818, St. Pétersbourg 1910, S. 83 f.

[22] Katharina an Alexander, 23. 9. 1812, ebd., S. 95.

nen gelernt; er wird mich nicht täuschen". Darauf will Michaud geantwortet haben: „Sire, Eure Majestät unterschreiben in diesem Augenblick den Ruhm der Nation und die Befreiung Europas".[23] In dem trotzigen „er oder ich" enthüllte sich der Entschluß Alexanders, dem Charisma des korsischen Eroberers das eigene Charisma entgegenzusetzen, gerade als ob der außeralltägliche Kriegsheld nur durch einen ebensolchen Kriegshelden bezwungen werden könnte. Als der Zar am 31. März 1814 mit den Heeren der Koalition in Paris einzog, wurde er von der dortigen Bevölkerung als Retter und Befreier und als „zweiter Herkules" begrüßt, weil er die Erde „von den Ungeheuern und Verbrechern" gesäubert habe.[24] In Rußland mochte sich Alexander weiterhin auf die dynastische Legitimität des Hauses Romanov stützen. In Europa dagegen spielte er für kurze Zeit die Rolle eines charismatischen Helden. Insofern weist die Konstellation auf die Konflikte voraus, die durch Garibaldi, Skobelev und Hindenburg heraufbeschworen wurden.

Giuseppe Garibaldi und Viktor Emanuel II.

Über welche persönliche Ausstrahlung der italienische Freischärler Giuseppe Garibaldi verfügte, bezeugt die Engländerin Harriet Meuricoffre. Im August 1860 schrieb sie: „Heute habe ich in Garibaldis Gesicht geblickt, und nun ist mir die ganze Verehrung, die seine Freunde ihm entgegenbringen, so klar wie der Tag. Man muß nur in sein Gesicht schauen, und schon fühlt man, daß man den vielleicht einzigen Mann in der Welt vor sich hat, in dessen Dienst man sein Herz in die Hand nehmen und ihm blindlings in den Tod folgen würde".[25] Der Eindruck, den der Anblick Garibaldis auf Harriet Meuricoffre machte, bestätigt eine Kennzeichnung charismatischer Autorität, die Amitai Etzioni gegeben hat. Danach ist Charisma „die Fähigkeit eines Akteurs, umfassenden und tiefen Einfluß auf die normativen Orientierungen anderer Akteure auszuüben".[26] Einem Führer allein aufgrund dessen persönlicher Ausstrahlung blind – und das heißt, ohne Prüfung der Zweckmäßigkeit oder Gerech-

[23] Zit. nach *Volker Sellin*, die geraubte Revolution. Der Sturz Napoleons und die Restauration in Europa, Göttingen 2001, S. 44.

[24] Ebd., S. 127.

[25] *Harriet Meuricoffre*, zit. nach *Lucy Riall*, Garibaldi. Invention of a Hero, New Haven / London 2007, S. 1: *I have seen today the face of Garibaldi; and now all the devotion of his friends is made as clear as day to me. You have only to look into his face, and you feel that there is, perhaps, the one man in the world in whose service you would, taking your heart in your hand, follow blindfold to death.*

[26] *Amitai Etzioni*, A Comparative Analysis of Complex Organizations. On Power, Involvement, and Their Correlates, revised and enlarged edition, New York / London 1975, S. 305: "the ability of an actor to exercise diffuse and intense influence over the normative orientations of other actors".

tigkeit seines Unternehmens – in den Tod zu folgen, vermag nur, wer seine eigenen Handlungsnormen aufgegeben hat.

Eine neuere Biographie Garibaldis beginnt mit der Feststellung, zusammen mit Dante Alighieri, Christoph Kolumbus und Leonardo da Vinci zähle der Volksheld aus Nizza bis heute zu den ganz wenigen Italienern, die in der ganzen Welt bewundert würden. In der Neuzeit sei er sogar der einzige. Victor Hugo nannte ihn 1860 den größten Menschen des Jahrhunderts, und nach seinem Tod rief die Deutsche Zeitung nach einem neuen Homer, damit er die Odyssee dieses Lebens besinge.[27] Wegen Beteiligung an einem Aufstandsversuch Giuseppe Mazzinis 1834 in Abwesenheit zum Tode verurteilt, war Garibaldi 1835 nach Südamerika geflohen und hatte sich dort als Freiheitskämpfer zuerst in Brasilien und dann am Rio della Plata ausgezeichnet. Nach Ausbruch der Revolution war er 1848 nach Italien zurückgekehrt. Im folgenden Jahr verteidigte er die römische Republik gegen die französische Interventionsarmee unter General Oudinot. Da sich Garibaldi sowohl in Südamerika als auch in Italien auszeichnete, wurde er alsbald als „Held zweier Welten" (*l'eroe dei due mondi*) gefeiert.

Der Wiener Kongreß hatte die Pluralität der Staatenwelt auf der Apenninenhalbinsel wiederhergestellt. Anders als die deutschen wurden die italienischen Staaten noch nicht einmal durch einen losen Bund zusammengehalten. Im Schatten der Restauration entfaltete sich das *Risorgimento*, die italienische Einheits- und Freiheitsbewegung. Ihr Hauptgegner war die Großmacht Österreich, die mit der Lombardei und Venetien nicht nur zwei große italienische Staaten unmittelbar beherrschte, sondern darüber hinaus auch den Absolutismus in den übrigen italienischen Monarchien garantierte. Mit dem Ziel, Österreich aus Norditalien zu vertreiben und zugleich die österreichische Vorherrschaft über die Halbinsel zu brechen, verbündete sich das Königreich Sardinien mit Napoleon III. In Überschätzung der eigenen Kräfte ließ sich die Regierung in Wien im Jahre 1859 zu einem Ultimatum und anschließend zu einer Kriegserklärung an Sardinien hinreißen. Mit französischer Hilfe gelang es im Vorfrieden von Villafranca, die Donaumonarchie wenigstens zur Abtretung der Lombardei zu zwingen. Dieser Erfolg löste eine Welle von Revolten in Mittelitalien aus. Zuletzt blieben einzig der Papst als Beherrscher des Kirchenstaats und der König beider Sizilien unangefochten im Besitz ihrer Throne. Die Eroberung dieser Staaten durch reguläre Truppen des Königreichs Sardinien war von den Vereinbarungen zwischen Turin und Paris nicht gedeckt. Napoleon III. hatte die Regierung in Turin 1859 nur bei der Vertreibung Österreichs aus Oberitalien unterstützen wollen, denn sein Interesse hatte sich einzig darauf gerichtet, die Großmacht Österreich zu schwächen und sich dadurch für die seinem Oheim in den Verträgen von 1814 und 1815 angetane Schmach zu rächen. Er hatte jedoch nicht dazu beitragen wollen,

---

[27] *Alfonso Scirocco*, Garibaldi. Battaglie, amori, ideali di un cittadino del mondo, Bari 2007, S. VII f.

daß im Süden Europas eine neue Großmacht entstand, die der internationalen Stellung Frankreichs zumindest dadurch hätte abträglich werden können, daß sie seine politischen Einflußnahmen auf der italienischen Halbinsel erschwerte. Ein Versuch Sardiniens, den Krieg wiederaufzunehmen, um nach der Toskana und den mittelitalienischen Herzogtümern auch den Kirchenstaat und das Königreich beider Sizilien mit militärischer Gewalt in den entstehenden Nationalstaat zu integrieren, hätte unweigerlich den Widerstand der Großmächte und ganz besonders Frankreichs hervorgerufen, zumal der Kirchenstaat unter dem besonderen Schutz des Zweiten Kaiserreichs stand, seitdem Napoleon III., damals noch Präsident der Zweiten Republik, im Jahre 1849 ein Expeditionskorps nach Rom geschickt hatte, um die dort in der Revolution geschaffene Republik zu zerstören und die Herrschaft des Papstes wiederherzustellen. Seit dieser Intervention unterhielt Frankreich eine Schutztruppe in Rom. Ihr Rückzug hätte den Kaiser die Unterstützung der französischen Katholiken gekostet. Der Weg zur nationalen Einheit Italiens schien versperrt.

In dieser Situation ergriff Giuseppe Garibaldi die Initiative. Am 6. Mai 1860 schiffte er sich mit Duldung des sardinischen Ministerpräsidenten Camillo di Cavour in Quarto bei Genua mit rund eintausend Freischärlern auf zwei gekaperten Schiffen ein, um mit Unterstützung örtlicher Mitstreiter zuerst Sizilien und danach den festländischen Teil des Königreichs Neapel zu erobern, eines Königreichs mit neun Millionen Einwohnern und einem stehenden Heer von 50 000 Mann. Am 11. Mai landete die Truppe in Marsala. Am 27. Mai nahm Garibaldi die sizilische Hauptstadt Palermo ein. Am 19. August setzte er über die Meerenge von Messina und rückte in Kalabrien ein. Am 7. September wurde er in Neapel von der Menge bejubelt. Anfang Oktober schlug er das Heer des Königs Francesco II kriegsentscheidend am Volturno.[28] Damit lag ihm das Königreich beider Sizilien zu Füßen. Inzwischen waren aus ganz Italien Tausende von Freiwilligen in den Süden geströmt. Überall wurden Sammlungen organisiert, um die Freischärler mit Waffen und Kleidung zu versorgen. In New York fand am 11. Juli ein Benefizkonzert zugunsten Garibaldis statt. „Lucia di Lammermoor" und Teile von „Lucrezia Borgia" von Gaetano Donizetti sowie Ausschnitte aus der „Sizilianischen Vesper" von Giuseppe Verdi wurden aufgeführt.[29]

Garibaldi begnügte sich nicht mit der militärischen Niederwerfung des Gegners. Vielmehr übernahm er schon wenige Tage nach seiner Ankunft in Sizilien unter dem Titel eines Diktators provisorisch die gesamte zivile Autorität in den eroberten Gebieten. Obwohl er seinen Kriegszug von Anfang an unter das Motto „Italien und Viktor Emanuel" (*Italia e Vittorio Emanuele*) gestellt und damit seine Entschlossenheit bekundet hatte, die eroberten Gebiete künftig dem König von Sardinien zu übergeben, verfolgte Cavour die

---

[28] Ebd., S. 294–297.

[29] Ebd., S. 263 ff.

Unternehmung von Turin aus mit wachsender Besorgnis. Garibaldi entzog sich zunehmend jeder politischen Kontrolle. Der sardinische Ministerpräsident fürchtete vor allem, der Volksführer werde seine mehrfach geäußerte Absicht wahrmachen, nach Neapel auch den Kirchenstaat und Venetien für den italienischen Nationalstaat zu erobern. Hatte schon sein Eindringen in das Königreich beider Sizilien scharfe Proteste der Großmächte hervorgerufen, so hätte ein Angriff auf den Kirchenstaat und auf Venetien unweigerlich die militärische Intervention Frankreichs und den erbitterten Widerstand Österreichs und damit das Ende aller Bemühungen um die Einigung Italiens zur Folge gehabt.

Cavour befürchtete jedoch nicht nur internationale Verwicklungen, sondern er sorgte sich auch um die Zukunft der Monarchie. Gerne hätte er den Übergang Garibaldis über die Meerenge von Messina verhindert. An seinen diplomatischen Vertrauten Costantino Nigra schrieb er am 1. August 1860, wenn Garibaldi nach Sizilien auch das Königreich Neapel erobere, wäre er absoluter Herr der Situation. König Viktor Emanuel verlöre nahezu sein gesamtes Ansehen. Die große Mehrheit der Italiener könnte in ihm künftig nichts anderes erblicken als den Freund Garibaldis. Zwar würde er die sardinische Krone wahrscheinlich behalten, aber diese Krone würde nur noch im Widerschein des Lichtes leuchten, das ein heroischer Abenteurer auf sie fallen lasse.[30] Die Krone Italiens dagegen würde nur locker sitzen, wenn der König sie aus den Händen Garibaldis empfangen hätte.[31]

Die plebiszitäre Zustimmung, die Garibaldi sich durch seine Erfolge erwarb, war für Viktor Emanuel in der Tat deshalb besonders gefährlich, weil er als König von Sardinien auf andere Staaten Italiens keinerlei dynastische Ansprüche besaß. Daher konnte er außerhalb des Königreichs Sardinien seine Legitimität nur auf den nationalen Gedanken und auf den zur italienischen Verfassung erweiterten piemontesischen *Statuto albertino* von 1848 stützen. Den nationalen Gedanken verfocht Garibaldi jedoch nicht weniger entschieden als Viktor Emanuel, und eine Verfassung hätte der entstehende Nationalstaat auch auf demokratischerem Wege erhalten können als durch Übertragung des auf monarchischem Oktroi beruhenden *Statuto albertino*.

Cavour sah in diesem kritischen Augenblick nur einen Ausweg, um das monarchische Prinzip zu retten. König Viktor Emanuel mußte dem Volkshelden zuvorkommen und die Einheit Italiens unter Aussparung Roms selbst militärisch vollenden. Cavour spielte mit dem Gedanken, in Neapel einen Aufstand anzuzetteln, um einen Vorwand für eine militärische Intervention zu schaffen, bevor Garibaldi dort eintraf.[32] Wenn Viktor Emanuel den Habs-

---

[30]   Cavour a Nigra, 1. 8. 1860, in: Il carteggio Cavour-Nigra dal 1858 al 1861, Bd. 4: La liberazione del Mezzogiorno, Bologna 1929, S. 122: *[...] cette couronne ne brillera plus que par le reflet de la lumière qu'un aventurier héroïque jugera bon de jeter sur elle.*

[31]   Ebd.: *Le Roi ne peut tenir la couronne d'Italie des mains de Garibaldi: elle chancellerait trop sur sa tête.*

[32]   Ebd., S. 123.

Abb. 13: Pietro Aldi (1852–1888), Begegnung zwischen Giuseppe Garibaldi und König Vittorio Emanuele II bei Teano am 26. Oktober 1860.

burgern danach gemeinsam mit dem Volksführer Venetien entrisse, wären dessen Erfolge in Sizilien bald vergessen. Der Plan sei zwar riskant. Für einen Herrscher aus dem Hause Savoyen wäre es jedoch besser, im Krieg zu fallen als durch die Revolution. Offensichtlich glaubte der ansonsten besonnene Cavour die Autorität seines Herrschers nur noch dadurch aufrechterhalten zu können, daß dieser selbst in die Rolle des charismatischen Helden schlüpfte und dadurch zusätzlich zur dynastischen auch eine plebiszitäre Legitimation als siegreicher militärischer Führer erwarb.[33]

Cavours Überlegungen blieben folgenlos. Das Vorrücken Garibaldis auf das italienische Festland wurde nicht behindert. Nach der Eroberung Neapels setzte Cavour jedoch alles daran, um den Freischärler von einer Fortsetzung seines Feldzugs abzubringen. Angesichts des immensen Prestiges, das der Volksheld in der Öffentlichkeit genoß, konnte sich an dieser Aufgabe nur der König selbst versuchen, zumal Garibaldi dem piemontesischen Ministerpräsidenten nicht verzeihen konnte, daß er seine Heimatstadt Nizza an Frankreich abgetreten hatte. Mit Zustimmung der französischen Regierung marschierte Viktor Emanuel II. an der Spitze regulärer Truppen durch den Kirchenstaat hindurch und Garibaldi entgegen. Bei Teano nördlich von Neapel traf der König am 26. Oktober 1860 mit dem Kriegshelden zusammen (Abb. 13). Ga-

---

[33] Vgl. zu dem Vorgang auch *Rosario Romeo,* Cavour e il suo tempo, Bd. 3 (1854–1861), Bari 1984, S. 715 f.

ribaldi legte seine Diktatur umstandslos nieder und übertrug die Herrschaft auf Viktor Emanuel, nachdem sich die Bevölkerung durch Plebiszit mit überwältigender Mehrheit für den Anschluß an das entstehende Königreich Italien ausgesprochen hatte.[34] Am 7. November zogen der König und Garibaldi zusammen in Neapel ein. Von Turin aus sorgte Cavour dafür, daß Garibaldi die Möglichkeit erneuter Machtbildung genommen würde. Dessen Bitte, in amtlicher Funktion ein Jahr im Süden zu bleiben, wurde abgeschlagen. Seine Verbände wurden aufgelöst. Die Spuren der Revolution, die er ausgelöst hatte, sollten möglichst rasch und vollständig getilgt werden.

In den Folgejahren versuchte Garibaldi noch zweimal, die Eingliederung Roms in das Königreich Italien mit Waffengewalt zu erzwingen und ihm dadurch die von der Nation beanspruchte Hauptstadt zu verschaffen. 1862 wurde er am Aspromonte in Kalabrien durch italienische Truppen aufgehalten; 1867 unterlag er bei Mentana in Latium den Truppen des Papstes und einem eilig entsandten neuen französischen Interventionskorps. Mit diesen beiden Aktionen forderte Garibaldi anders als 1860 jedoch nicht mehr den König persönlich, sondern die verfassungsmäßige Ordnung des 1861 gegründeten Nationalstaats heraus. Gegen die vom Parlament getragene Regierung blieb das Charisma des Volkshelden wirkungslos.

Michail Skobelev und Alexander III.

Michail Dmitrievič Skobelev wurde am 17. September 1843 bei Moskau geboren. Sowohl der Vater als auch der Großvater waren Generäle gewesen. Der Großvater hatte gegen Napoleon gekämpft und für seine Verdienste den erblichen Adel erhalten.[35] Auch Skobelev selbst betrat 1861 die militärische Laufbahn. Schon bald erwarb er sich den Ruf eines außergewöhnlich eitlen, ehrgeizigen und von rastloser Energie erfüllten, aber auch extravaganten und undisziplinierten, bei Gelegenheit auch grausamen Mannes. Anfang der siebziger Jahre zeichnete er sich bei Chiva in Turkestan, 1875 bei der Eroberung von Kokand aus. Im Jahr darauf wurde er im Range eines Generalmajors zum Militärgouverneur von Fergana ernannt.[36] Seine Eigenmächtigkeiten beeinträchtigten jedoch seine Reputation. Als am 12. April 1877 der russisch-türkische Krieg ausbrach, erhielt Skobelev zunächst kein eigenes Kommando. Erst nachdem der dritte Versuch, die Festung Plevna zu nehmen, gescheitert

---

[34] Am 21. Oktober sprachen sich in Sizilien 432 053 Stimmberechtigte für den Anschluß an das Königreich Sardinien und 667 dagegen aus. Am 30. Oktober 1860 sprachen sich im festländischen Teil des Königreichs beider Sizilien 1 302 064 Stimmberechtigte für den Anschluß und 10 312 dagegen aus. Vgl. *Elisa Mongiano*, Il „voto della Nazione". I plebisciti nella formazione del Regno d'Italia (1848–60), Torino 2003, S. 336, 327.

[35] *Hans Rogger*, The Skobelev Phenomenon: The Hero and his Worship, in: Oxford Slavonic Papers, New Series 9 (1976), S. 48.

[36] Ebd., S. 51 f.

war, wurde er, zum Generalleutnant befördert, mit einer strategischen Aufgabe betraut. Es war hohe Zeit, die russische Armee vor einer Blamage zu bewahren. Nachdem Plevna am 28. November kapituliert hatte, verfolgten die russischen Streitkräfte die geschlagenen Türken, um zugleich so weit wie möglich auf Konstantinopel vorrücken zu können. Im Zuge dieser Operation wurde die russische Armee am Shipka-Paß bei Sheinovo in erbitterte Kämpfe verwickelt. Daß der Durchbruch gelang, war wesentlich Skobelevs Verdienst. Sein Erfolg machte ihn im ganzen Land, aber auch bei der Truppe populär. Wenn er im Feldlager an ihren Zelten vorüberging, stürzten die Soldaten heraus und begrüßten ihn mit Hurra-Rufen, wie sie es sonst nur beim Besuch des Zaren zu tun pflegten.[37] Um aufzufallen, ritt Skobelev gerne auf einem Schimmel in die Schlacht (Abb. 14). Im Jahre 1880 wurde er mit der Führung einer Militärexpedition gegen die Turkmenen von Achal-Tekke beauftragt. Deren Überfälle hatten die Befriedung der transkaspischen Region bisher verhindert. Im Jahr zuvor war eine andere russische Militärexpedition an derselben Stelle unrühmlich gescheitert. Daß eine europäische Großmacht nicht in der Lage sein sollte, mit 20 000 Stammeskriegern fertig zu werden, beunruhigte

---

[37] Ebd., S. 54–56.

den Zaren und verletzte den russischen Nationalstolz. Am 12. Januar 1881
nahm die russische Armee unter Skobelevs Führung die Festung von Geok-
Tepe ein.[38] Wie schon im russisch-türkischen Krieg stellten auch hier die
Mißerfolge der Vorgänger den Erfolg Skobelevs in ein besonders helles Licht.
Dostoevskij vermerkte in seinem Tagebuch: „Hoch unser Sieg bei Geok-Tepe!
Es lebe Skobelev mit seinen Soldaten!"[39]

Als Skobelev im April nach Moskau zurückkehrte, wurde er am Bahnhof
von einer unübersehbaren Menschenmenge enthusiastisch begrüßt. Augen-
zeugen berichteten von 25 000 Personen. Der Generalgouverneur der Stadt
vermochte sich kaum bis zu dem General durchzukämpfen. Tags darauf kommentierte er die Szene mit dem Satz: „Gestern habe ich Bonaparte gesehen,
wie er aus Ägypten zurückkehrte".[40] Der österreichisch-ungarische Botschafter Graf Kálnoky berichtete nach Wien, Skobelev sei „der nationale Held und
unbedingt der populärste Mann im russischen Reiche".[41]

Am 1. März 1881 fiel Zar Alexander II. in Sankt Petersburg einem Attentat
zum Opfer. Sein Sohn und Nachfolger Alexander III. hegte eine tiefe Abneigung gegen Skobelev. Wahrscheinlich witterte er in ihm den Rivalen um die
Gunst der Massen. Sein wichtigster Ratgeber, Konstantin Pobedonoscev, ermahnte ihn jedoch, den gefeierten General wohlwollend zu empfangen. Skobelev stelle in der Armee und beim Volk einen Machtfaktor dar, und seine
Dienste könnten ihm bei vielen Gelegenheiten von Nutzen sein. Alexander
empfing den Eroberer von Geok-Tepe zwar, bot ihm jedoch noch nicht einmal einen Stuhl an und beendete die Audienz schon nach zehn Minuten. Daraufhin mahnte Pobedonoscev erneut. Die Zeiten seien kritisch. Es sei nicht
auszuschließen, daß das Land sich in zwei Lager spalte, eines für, eines gegen
den Zaren. In einer solchen Lage müsse er sich unter den Besten der Nation
Verbündete suchen. Das sei gerade heute wichtiger denn je. Skobelev verfüge
über „großen moralischen Einfluß auf die Massen"; die Leute glaubten und
folgten ihm.[42] Pobedonoscev wollte den Zaren dafür gewinnen, die plebiszitäre Zustimmung zu Skobelev dadurch zur Stärkung des Regimes zu nutzen, daß er ihn zu sich heranzog, um an der Popularität des Volkshelden zu
partizipieren. Im Unterschied zu Cavour hatte Pobedonoscev nichts dagegen
einzuwenden, daß auf die Krone des Zaren der Widerschein des Lichtes fiel,
das ein „heroischer Abenteurer" um sich verbreitete. Zeitgenossen verglichen
Skobelev ganz offen mit dem italienischen Freischärler. Der Sekretär der fran-

[38] Ebd., S. 56 f.
[39] *Fedor M. Dostoevskij*, Tagebuch eines Schriftstellers, hg. von *Alexander Eliasberg*, Bd. 4,
München 1923, S. 481.
[40] Zit. nach *Rogger*, Phenomenon, S. 58.
[41] Zit. nach *Ernst R. von Rutkowski*, General Skobelev, die Krise des Jahres 1882 und die Anfänge der militärischen Vereinbarungen zwischen Österreich-Ungarn und Deutschland,
in: Ostdeutsche Wissenschaft 10/11 (1963/64), S. 90.
[42] *Rogger*, Phenomenon, S. 58 f.

zösischen Botschaft in Moskau, Vogüé, warnte vor seinen „dynastischen Prätentionen" und nannte ihn den „slawischen Garibaldi".[43]

Offensichtlich durchschaute Pobedonoscev die Gefahr, die eine charismatische Persönlichkeit für den Zaren heraufbeschwören konnte. Sein Rat ging dahin, sich das Charisma Skobelevs zunutze zu machen, statt es in die Opposition zu drängen. Genau das aber erreichte Alexander III. mit seinem abweisenden Verhalten. Schon lange hatte der populäre General die Furchtsamkeit der russischen Außenpolitik kritisiert. Nachdem er sich im russisch-türkischen Krieg ausgezeichnet hatte, konnte er es nicht verwinden, daß die russische Regierung auf dem Berliner Kongreß von 1878 dem Verlangen der anderen Mächte nachgegeben hatte, den Frieden von San Stefano zum Nachteil Rußlands zu revidieren. Skobelev gab Deutschland die Hauptschuld an dieser diplomatischen Niederlage. Von da an erklärte er mehrmals öffentlich, ein Krieg mit dem Deutschen Reich sei unvermeidlich und der einzige Weg, um Rußlands wirtschaftliche und politische Krise zu überwinden. Mit einer Rede vor serbischen Studenten in Paris im Februar 1882 rief er geradezu einen außenpolitischen Skandal hervor. Er hatte dort behauptet, der Zar sei nicht mehr Herr im eigenen Haus, sondern stehe unter deutschem Einfluß. Während der Zar das Verhalten des Generals unverzeihlich nannte, schrieb der deutsche Botschafter in Sankt Petersburg, General von Schweinitz, mehrere befreundete Personen hätten übereinstimmend berichtet, ihre Dienerschaft sei von Skobelevs Auftreten begeistert.[44] Der deutsche Reichskanzler Bismarck riet zu diplomatischer Zurückhaltung und empfahl lediglich, den General, der sich einbilde, ein zweiter Napoleon zu werden, weil er „mit einigen tausend Tataren fertig geworden sei", in der Presse lächerlich zu machen.[45] Gegenüber Freunden äußerte Skobelev die Vermutung, die Autokratie werde in absehbarer Zeit durch eine Revolution überwältigt. Die Armee wäre in diesem Fall nicht unter allen Umständen verpflichtet, sie zu verteidigen: „Dynastien wechseln oder verschwinden, aber Nationen sind unsterblich".[46] Zar Alexander III. wagte es offensichtlich nicht, Skobelev zur Rechenschaft zu ziehen. Statt dessen empfing er ihn jetzt zu einem zweistündigen Gespräch. In diplomatischen Kreisen war die Auffassung verbreitet, wenn der Zar den eigenwilligen General maßregle, werde der seinen Abschied nehmen und mit einem Kommando von Freischärlern, wie einst Garibaldi die Sizilianer und Neapolitaner gegen ihren König, so die slawischen Völker des Balkans zum Kampf gegen die türkische und die österreichisch-ungarische Herrschaft aufwiegeln. Das durfte der Zar keinesfalls riskieren.

---

[43] Zit. nach ebd., S.61.
[44] *Hans Lothar von Schweinitz*, Denkwürdigkeiten, Bd.2, Berlin 1927, S.187.
[45] Zit. nach *Hans Herzfeld*, Bismarck und die Skobelevepisode (1930), in: *ders.*, Ausgewählte Aufsätze, Berlin 1962, S.170.
[46] Zit. nach *Rogger*, Phenomenon, S.61.

Ob der strukturelle Konflikt zwischen Herrscher und Volksheld irgend-
wann offen ausgebrochen wäre, läßt sich nicht entscheiden, denn nur wenige
Monate nach dem Empfang durch den Zaren, am 26. Juni 1882, starb Skobelev im Alter von knapp neununddreißig Jahren in einem Moskauer Bor-
dell an einem Herzanfall. Zu seiner Beisetzung strömten Massen, vor allem
aus den unteren Volksschichten. Um seinen Tod rankten sich schon bald alle
möglichen Gerüchte. Ihr Wahrheitsgehalt ist zweifelhaft und jedenfalls nicht
überprüfbar, doch verdeutlichen sie die Art, wie der General wahrgenommen
wurde. Es gab Leute, die behaupteten, er sei einem Mordanschlag Bismarcks
zum Opfer gefallen. Andere glaubten, der Zar habe ihn vergiften lassen, weil
er auf den Sturz der Romanovs hingearbeitet habe.[47] Daß Skobelev nach der
Macht gestrebt habe, ist genauso wenig belegt wie ein Attentat, aber es ist
bezeichnend, daß er als eine Bedrohung für den Frieden und die Autokratie
erschien. Offensichtlich wurden ihm Führungseigenschaften zugeschrieben,
die viele beim Zaren vermißten. Im Zeitalter des erstarkenden Nationalismus konnte die Monarchie leicht an Glaubwürdigkeit einbüßen, wenn sie sich
gegenüber den nationalen Erwartungen der Gesellschaft verschloß. Insofern
war Skobelevs Popularität ein klares Warnsignal für den Zaren. Am Tag seiner Beisetzung verglich Michail Katkov ihn in einem Leitartikel der natio-
nalistischen *Moskovskie Vedomosti* mit einem russischen *bogatyr*,[48] einem
Helden der Sage, und 1904 wurde er im Russischen Biographischen Lexikon
als weitblickender Vorkämpfer des nach Bismarcks Entlassung geschlossenen
russisch-französischen Bündnisses und als „wahrhaftiger, treu ergebener und
echt russischer Kriegsmann gefeiert, der nur vorgeprescht sei, um dem Herrscher und Rußland, soweit möglich, noch wirksamer zu dienen".[49]

Paul von Hindenburg und Wilhelm II.

Paul von Hindenburg war bereits seit drei Jahren im Ruhestand, als der Erste
Weltkrieg ausbrach. Ähnlich wie mehrmals in Skobelevs Karriere bescherte
ihm das Versagen anderer militärischer Führer im August 1914 die unver-
hoffte Chance, sich als nationaler Held zu bewähren. Die in Ostpreußen unter Generaloberst Maximilian von Prittwitz und Gaffron operierende achte
Armee sah sich schon wenige Wochen nach Kriegsausbruch auf deutschem
Boden unerwartet zwei russischen Armeen gegenüber – der Njemenarmee
unter Führung von General Pavel Rennenkampf und der Narevarmee unter General Alexander Samsonov. Als General von Prittwitz angesichts der

---

[47] Ebd., S. 65–68.
[48] *Michail N. Katkov*, Sobranie peredovych statej Moskovskich Vedomostej, 1882 god,
    Moskva 1898, Nr. 178, 28. 6. 1882, S. 330.
[49] *P. Gejsman / A. Bogdanov*: Skobelev, Michail Dmitrievič, in: Russkij Biografičeskij Slovar',
    Sabaneev-Smyslov, S.-Peterburg 1904, S. 582.

feindlichen Übermacht beschloß, sich hinter die Weichsel zurückzuziehen und damit Ostpreußen vorerst preiszugeben, wurde er mitsamt seinem Generalstabschef, Graf Waldersee, abberufen. Zu dessen Nachfolger wurde Erich Ludendorff bestimmt, der sich soeben bei der Einnahme Lüttichs ausgezeichnet hatte. Das Oberkommando der achten Armee wollte man ihm allerdings nicht übertragen, weil er nach den preußischen Anciennitätsregeln mit seinen neunundvierzig Jahren dafür noch zu jung erschien. So verfiel man auf Hindenburg. Wie General Groener, ein Augenzeuge von dessen Berufung, später berichtete, war „der einzige Grund" für die Wahl Hindenburgs der Umstand, „daß man von seinem Phlegma absolute Untätigkeit erwartete, um Ludendorff völlig freie Hand zu lassen".[50] Zwischen dem 25. und 31. August 1914 wurden die beiden russischen Armeen bei Tannenberg vollständig aufgerieben. Um die Schlacht entstand alsbald ein Mythos. Sie wurde unter anderem mit der Schlacht bei Sedan am 1. und 2. September 1870 während des preußisch-französischen Krieges verglichen. Die Kölnische Volkszeitung verzeichnete am 1. September 1914 „mit vervielfachter Genugtuung, daß das Heer des Serbenschützers Nikolaus durch überlegene deutsche Taktik und Tapferkeit nun auch sein Sedan gefunden" habe, „materiell und moralisch".[51] Die verbreitete Vorstellung, daß die Russen grausame und unzivilisierte Barbaren seien, dazu übertriebene Angaben über die Zahl der gefangengenommenen Gegner, schließlich ungeprüfte Berichte über angebliche Greueltaten der auf ostpreußisches Gebiet vordringenden russischen Soldaten mögen dazu beigetragen haben, daß der Sieg bei Tannenberg alsbald als nationale Heldentat wahrgenommen wurde. Obwohl die operativen Planungen für die Schlacht von Oberstleutnant Max Hoffmann und Generalstabschef Erich Ludendorff stammten, wurde in der deutschen Öffentlichkeit allein Hindenburg als nationaler Held und Retter gefeiert.[52]

Je länger der Weltkrieg sich hinzog, desto stärker konzentrierten sich alle Hoffnungen auf diesen Helden. Die Berufung Hindenburgs und Ludendorffs an die Spitze der Obersten Heeresleitung am 29. August 1916 kam diesen Hoffnungen entgegen. Dank des Glaubens an seine charismatischen Fähigkeiten verfügte Hindenburg in dieser Stellung über ein solches Gewicht, daß er nicht nur militärische, sondern auch weitreichende politische Entscheidungen durchzusetzen vermochte. Dazu gehörte im Januar 1917 der Beschluß, den unbeschränkten U-Boot-Krieg wieder aufzunehmen, obwohl die Vereinigten Staaten für diesen Fall ihren Kriegseintritt angekündigt hatten. Mit einer einfachen Rücktrittsdrohung erreichte der Kriegsheld im Juli 1917, daß Wilhelm II. den Reichskanzler Theobald von Bethmann Hollweg fallen

---

[50] Zit. nach *Dorothea Groener-Geyer,* General Groener. Soldat und Staatsmann, Frankfurt 1955, S. 339.

[51] „Ein russisches Sedan" in: Kölnische Volkszeitung Nr. 774, 1.9.1914 (Mittagsausgabe), zit. nach *Jesko von Hoegen,* Der Held von Tannenberg. Genese und Funktion des Hindenburg-Mythos, Köln / Weimar / Wien 2007, S. 47.

[52] Ebd., S. 35–40, 44–53.

ließ.[53] Auf gleiche Weise hatte Hindenburg bereits um die Jahreswende von 1914 auf 1915 versucht, den Kaiser zur Entlassung des Generalstabschefs Falkenhayn zu zwingen. Damals hatte Wilhelm II. empört auf den Erpressungsversuch reagiert. Er sprach von den „Allüren eines Wallenstein" und erwog sogar, Hindenburg vor ein Kriegsgericht zu stellen. Die Affäre öffnete dem Kaiser zum ersten Mal die Augen dafür, daß Hindenburg in der öffentlichen Wahrnehmung zu seinem Rivalen geworden war. Als die Oberste Heeresleitung im Juli 1917 die Entlassung Bethmann Hollwegs verlangte, hatte der Kaiser bereits resigniert. Sein Zornausbruch über das Vorgehen Hindenburgs und Ludendorffs blieb folgenlos. Wie ein Zeitzeuge berichtet, kommentierte er den Vorgang mit den Worten, es sei wohl Zeit für ihn abzudanken, da zum ersten Mal ein preußischer Monarch durch seine Generäle gezwungen worden sei, etwas zu tun, was er nicht tun wolle.[54] Um dieselbe Zeit untermauerte Wilhelm seinen Wunsch, noch einen weiteren Tag in Homburg zu bleiben, statt ins Hauptquartier nach Bad Kreuznach zurückzukehren, gegenüber dem Chef des Militärkabinetts, General von Lyncker, mit dem Ausruf: „Was soll ich in Kreuznach? Ich bin da doch nur Adjutant von Hindenburg und habe gar nichts zu sagen".[55]

Im Februar 1915 begründete der Kaiser seine Absicht, auch nach der Winterschlacht in den Masuren in Ostpreußen zu bleiben, mit der Bemerkung: „Ich will der Befreier von Ostpreußen sein, sonst wird das wieder nur als Tat von Hindenburg angesehen".[56] Um seine Unabhängigkeit von dem herrschenden Mythos um den Generalfeldmarschall zu unterstreichen, zeichnete er demonstrativ den damaligen Chef der Obersten Heeresleitung, Erich von Falkenhayn, mit dem Orden *Pour le Mérite* für den Sieg bei den Masurischen Seen aus.[57] Schon bald sah Wilhelm II. jedoch ein, daß es klüger sei, Einigkeit mit dem Volkshelden zu demonstrieren. Im Konflikt zwischen seiner dynastischen Legitimität und der charismatischen Autorität Hindenburgs versprach er sich unter dem Druck des Krieges nur dadurch eine Chance zur Selbstbehauptung, daß er einen Weg fand, an der überwältigenden Reputation des Feldmarschalls zu partizipieren.[58] Im August 1916 wies die Neue Preußische Kreuzzeitung jeden Verdacht zurück, als könne „das Ansehen" des Kaisers „unter den Taten und der Größe, unter der Beliebtheit und dem Ruhme eines Heerführers leiden". Das gehöre „in Preußen und in Deutschland zu den Din-

---

[53] *Gerhard Ritter*, Staatskunst und Kriegshandwerk. Das Problem des „Militarismus" in Deutschland, Bd. 3, München 1964, S. 580–582.

[54] *Hoegen*, Held, S. 189, Anm. 72.

[55] Tagebucheintrag des Admirals von Müller, 28. 5. 1917, in: *Walter Görlitz* (Hg.), Regierte der Kaiser? Kriegstagebücher, Aufzeichnungen und Briefe des Chefs des Marine-Kabinetts Admiral Georg Alexander von Müller 1914–1918, Göttingen 1959, S. 289; *Hoegen*, Held, S. 189, Anm. 72.

[56] Tagebucheintrag des Admirals von Müller, 15. 2. 1915, in: *Görlitz* (Hg.), Kaiser, S. 90.

[57] *Hoegen*, Held, S. 180.

[58] Ebd., S. 180–182.

gen, die einfach unmöglich sind". Und ganz im Geiste des dynastischen Für-
stenstaates fuhr die Zeitung fort: „Was immer auch die größten Staatsmänner
und Feldherrn im Dienste ihres Herrschers geleistet haben, hat bei uns der Kö-
nigskrone stets nur neue Edelsteine hinzugefügt und hat die Liebe und Verehrung zu dem Herrscher, der jene Männer berufen hat, nur vertiefen können".[59]
Der Kaiser teilte diese Zuversicht nicht. Als ihm Generalstabschef Falkenhayn im Sommer 1916 mit Rücksicht auf „die Stimmung in Berlin" empfahl,
Hindenburg zum Oberbefehlshaber für die gesamte Ostfront zu ernennen,
reagierte er „sehr ungehalten darüber", daß ihm zugemutet werde, „auf die
Volksstimmung in Berlin Rücksicht zu nehmen". „Das bedeute eine Abdankung für ihn, und Hindenburg sei damit als Volkstribun an seine Stelle
getreten".[60] Wie die Umgebung des Kaisers das Verhältnis der beiden ein-
schätzte, zeigt ein Bericht des ehemaligen preußischen Kriegsministers und
jetzigen Oberbefehlshabers der dritten Armee, Generaloberst Karl von Einem, über die Feierlichkeiten zu Hindenburgs siebzigstem Geburtstag am
2. Oktober 1917. Darin hob von Einem hervor, der Kaiser habe sich dem Feldmarschall gegenüber „ehrerbietig" erwiesen. Er habe sich „um seinen Generalstabschef gesorgt und damit bekundet, daß er weiß, welchen Wert Hindenburg für den Krieg, für Deutschland und die Monarchie hat".[61] Im September
1916 hatte von Einem geschrieben: „Für mich ist es ein schönes Gefühl, daß
Hindenburg und Ludendorff überhaupt unabsetzbar sind".[62]
Nach dem Urteil des bayerischen Kronprinzen Rupprecht war der Kaiser
im letzten Kriegsjahr „um alles Ansehen gekommen". Die „Verstimmung"
gehe „so weit, daß ernsthaft denkende Leute" bezweifelten, „ob die Dynastie
der Hohenzollern den Krieg überdauern" werde.[63] Die traditionellen Legitimitätsressourcen waren aufgebraucht. Wenn überhaupt jemand, dann garantierte nicht mehr der Kaiser das Überleben der Nation, sondern sein Diener,
der Generalfeldmarschall.
Gegen die Gefahr, vom Glanz eines charismatischen Kriegshelden über-
strahlt zu werden, war ein Herrscher offenbar nur dort gefeit, wo die politische Entscheidungsmacht auf ein Parlament übergegangen war. Das zeigte
sich an der Wirkungslosigkeit von Garibaldis Charisma von dem Augenblick
an, als der italienische Nationalstaat als parlamentarischer Verfassungsstaat
ins Leben getreten war. Auch der Bezwinger Napoleons, der Herzog von Wellington, wurde in seiner Heimat als nationaler Held gefeiert.[64] Aber seine Po-

[59] Zit. nach ebd., S. 186 f.
[60] Tagebucheintrag des Admirals von Müller, 3. 7. 1916, in: *Görlitz* (Hg.), Kaiser, S. 200.
[61] Von Einem am 16. 10. 1917, in: *Wilhelm Deist* (Hg.), Militär und Innenpolitik im Weltkrieg 1914–1918, Zweiter Teil, Düsseldorf 1970, Dok. Nr. 425, S. 1137, Anm. 5.
[62] Ebd. S. 1136, Anm. 5.
[63] Kronprinz Rupprecht an Reichskanzler Hertling, 19. 8. 1917, in: *Ernst Deuerlein* (Hg.),
Briefwechsel Hertling-Lerchenfeld 1912–1917, Boppard 1973, Bd. 2, S. 915.
[64] Zu Wellington vgl. die zweibändige Biographie von *Elizabeth Longford*, Wellington. The
Years of the Sword, London 1969, und: Wellington. Pillar of State, London 1972.

pularität brachte ihn nicht in Konflikt mit dem König. Das Parlament hatte
Verfahren entwickelt, um auch einen Wellington in die politische Führungs-
schicht des Landes zu integrieren. Nach der Schlacht von Talavera in Spanien
im Juli 1809 erhielt der bisherige Sir Arthur Wellesley unter dem Titel eines
Viscount von Talavera und Wellington einen Sitz im *House of Lords*. Im Mai
1814 wurde ihm die Herzogswürde verliehen. 1818 wurde er Mitglied des
Kabinetts Liverpool. Zehn Jahre später wurde er selbst zum Premierminister
berufen. Auch der Kriegsheld hatte sich innerhalb der politischen Elite und
im Parlament durchsetzen müssen, um in das höchste Staatsamt zu gelangen.
Die Autorität des Herrschers aber hatte er auf diesem Weg zu keinem Zeitpunkt erschüttern können.

In der Sage erweist ein Mann sich als Held durch die Tat. Herakles erwürgte
den nemeischen Löwen, Siegfried besiegte den Lindwurm. Der Held bleibt
Held, auch wenn er scheitert wie Schillers Taucher bei seinem zweiten Versuch. Der charismatische Held dagegen bleibt nur Held, solange er erfolgreich ist. Zum Volkshelden wird er dadurch, daß er im Dienste eines gemein-
schaftlichen Zwecks handelt. Garibaldi, Skobelev und Hindenburg wurden
als charismatische Volkshelden gefeiert, weil sie für nationale Retter gehalten
wurden. Sie wurden Helden durch Zuschreibung. Dabei war im Zweifel der
Schein wichtiger als die Wirklichkeit. Nicht als erfahrener Stratege, sondern
wegen seines Phlegmas war Hindenburg in eine Position gelangt, die ihm die
Gelegenheit bot, als charismatischer Kriegsheld zu erscheinen. Alle drei Führer waren sich dessen bewußt, daß der populäre Held im Zeitalter der Massen
vor allem ein Produkt medialer Vermittlung ist. Nach dem Scheitern der römischen Revolution im Sommer 1849 legte Garibaldi mit seinen Memoiren
selbst den Grundstein zu seinem Mythos.[65] Zur Zeit der Eroberung des Südens
signierte er ungezählte Porträtpostkarten.[66] Während des russisch-türkischen
Krieges gaben sich die Korrespondenten der nationalen und internationalen
Presse in Skobelevs Quartier die Klinke in die Hand. Photographien in heldi-
scher Pose hatte der General selbst mitgebracht.[67] Hindenburg bevorzugte die
Malerei. Am meisten schätzte er die Porträts, die Hugo Vogel von ihm anfer-
tigte. Im März 1915 erhob er Vogel zu seinem „Hof- und Leibmaler", obwohl
er gar keinen Hof unterhielt.[68]

Max Weber beschrieb das Charisma als eine revolutionäre Kraft. Nach dem
Muster Sauls erscheint der charismatische Held als eine Persönlichkeit, die

---

[65] Vgl. *Riall*, Garibaldi, S. 157: „Garibaldi's memoirs were an essential aspect of his self-
fashioning as a nationalist hero after the events of 1848-9; they were a move to assert
himself within the broader Risorgimento myth, and an attempt to establish himself as the
symbol of the Italy which he was dedicated to 'resurrecting.'"

[66] *Franco Ragazzi*, Garibaldi e i garibaldini fra raffigurazione colta ed epica popolare, in:
ders. (Hg.), Garibaldi nell'immaginario popolare, Genova 2007, S. 36.

[67] *Rogger*, Phenomenon, S. 73 f.

[68] Zit. nach *Wolfram Pyta*, Hindenburg. Herrschaft zwischen Hohenzollern und Hitler,
3. Aufl., München 2007, S. 123.

unabhängig von eingespielten Karrieremustern, allein kraft ihrer persönlichen Gnadengabe, ihrer Ausstrahlung und ihrer Reputation die Rettung der bedrohten Nation in die Hand nimmt. Die drei als Beispiele angeführten militärischen Führer scheinen diesem Typus auf den ersten Blick nur zum Teil zu entsprechen. Lediglich Giuseppe Garibaldi läßt sich ohne Einschränkung als revolutionärer Volksführer charakterisieren. Michail Skobelev und Paul von Hindenburg dagegen bekleideten hohe und höchste Stellungen in den regulären Armeen ihrer Staaten. Dennoch haben auch sie, je länger desto entschiedener, die Rolle von Revolutionären gespielt. Gestützt auf die überwältigende plebiszitäre Zustimmung, die sie dank ihrer militärischen Erfolge erzielten, haben beide auf je verschiedene Weise Druck auf die Staatsgewalt ausgeübt und sich Befugnisse angemaßt, die ihnen nicht zustanden. Skobelev suchte den Zaren zu einer aggressiven Außenpolitik zu zwingen, während Hindenburg an der Spitze der Obersten Heeresleitung dem Kaiser in Lebensfragen der Nation ungeniert die Hand führte.

Der dynastische Herrscher als Held

Die plebiszitäre Legitimation des charismatischen Kriegshelden erlangte in Krisenzeiten offensichtlich größeres Gewicht als die dynastische Legitimität des Herrschers. Einen naheliegenden Ausweg aus diesem Dilemma hatte als erster Cavour in der Auseinandersetzung mit Garibaldi gewiesen: Der Herrscher mußte selbst für einen Helden gehalten werden. Zar Alexander I. ist dieses Kunststück im Zuge der Niederwerfung Napoleons wenigstens eine Zeitlang weit über die Grenzen seines eigenen Landes hinaus gelungen. Die Bevölkerung der Stadt Paris nahm ihn bei seinem Einzug am 31. März 1814 und in den darauf folgenden Wochen nicht in erster Linie als Herrscher über ein fremdes Reich, sondern als Befreier und Retter Europas wahr.

In dem Maße, in dem sich die Herrscher im Laufe des 19. Jahrhunderts mehr und mehr als Führer ihrer Nationen verstanden, fiel ihnen in Krisenzeiten die Aufgabe zu, diese Nationen zu schützen und zu verteidigen. So nimmt es nicht wunder, daß nicht wenige Herrscher, die ihre Reputation nicht mit anderen teilen wollten, versuchten, ihre dynastische Legitimität charismatisch zu überhöhen. Als Wilhelm II. im Juni 1888 den Thron bestieg, ließ er sich sogleich zum Retter stilisieren vor den beiden Hauptgefahren, die dem Reich angeblich drohten, vor Parlamentarisierung und Demokratisierung. John Röhl hat diesen Vorgang als „Charismatisierung des Kaisertums" bezeichnet.[69] Es war nichts anderes als der Versuch, einer Demokratisierung der Monarchie durch die Heroisierung des Monarchen entgegenzuwirken. Das

---

[69] *John C. G. Röhl*, Wilhelm II. Der Aufbau der Persönlichen Monarchie 1888-1900, München 2001, S. 31–37; *Martin Kohlrausch*, Der Monarch im Skandal. Die Logik der Massenmedien und die Transformation der wilhelminischen Monarchie, Berlin 2005, S. 86 f.

Bemühen Wilhelms II., die dynastische Legitimität des Hauses Hohenzollern charismatisch zu überwölben, zeigt sich auch an der posthumen Beförderung seines Großvaters zum „Heldenkaiser" unter dem Namen eines „Wilhelms des Großen".[70] Im Sinne des Erbcharismas mußte auch auf den Enkel ein Abglanz des Lichtes fallen, in dem der Gründerkaiser erstrahlte. Wilhelm II. stand mit solchen dynastiepolitischen Bestrebungen keineswegs allein. Auch Anton Dominik Ritter von Fernkorns im Jahre 1860 auf dem Heldenplatz in Wien enthülltes Reiterdenkmal des Erzherzogs Carl, der am 22. Mai 1809 bei Aspern über Napoleon triumphiert hatte, machte aus dem dynastischen Feldherrn einen nationalen Heros und unterstrich im Kampf zwischen Preußen und Österreich um die Vorherrschaft in Deutschland auf diese Weise den Anspruch des Hauses Habsburg auf Führung der deutschen Nation. Nach den Inschriften auf dem Sockel wurde das Denkmal einerseits gut dynastisch dem „heldenmütigen Führer der Heere Österreichs", andererseits aber nationalpolitisch dem „beharrlichen Kämpfer für Deutschlands Ehre" gewidmet.[71]

Soweit charismatisches Heldentum auf Zuschreibung beruht, war es nicht grundsätzlich ausgeschlossen, daß sich auch ein regierender Herrscher zum Helden aufbauen ließ, sofern man glaubhaft machen konnte, daß die Sicherheit und Ehre der Nation auf ihm ruhten. Allerdings spielte ein dynastischer Herrscher mit dem Feuer, wenn er nach dem Charisma des Helden strebte. Schon der Wunsch als solcher ist ein Symptom der Krise, zeigt er doch, daß der Herrscher seiner traditionellen Legitimität selbst nicht mehr vertraut. Das Charisma jedoch bleibt auch in den Händen eines dynastischen Herrschers eine revolutionäre Kraft. Wenn es versagt, kann er nicht mehr in das Gewand der traditionellen Legitimität zurückschlüpfen. Insofern hätte der zuerst von Cavour gewiesene Ausweg, den charismatischen Volksführer Garibaldi dadurch zu übertrumpfen, daß er König Viktor Emanuel II. selbst zum Helden machte, früher oder später in die Sackgasse geführt.

Nachdem Wilhelm II. zu Lebzeiten kein Held geworden war, wollte ihm General Groener in der Abdankungskrise des November 1918 noch in den letzten Kriegstagen vorschlagen, an der Front wenigstens den Tod eines Helden zu suchen.[72] Am Ende eines verlustreichen Krieges ohne Beispiel offenbart der Gedanke die ganze Fiktionalität einer Monarchie, die sich der parlamentarisch-demokratischen Legitimation bis kurz vor ihrem Zusammenbruch verweigert hatte. Dagegen bestätigte die Wahl Hindenburgs zum Reichspräsi-

---

[70] Vgl. die von Wilhelm II. persönlich angeregte Gedächtnisschrift: *Wilhelm Oncken,* Unser Heldenkaiser. Festschrift zum hundertjährigen Geburtstage Kaiser Wilhelms des Großen, hg. von dem Komitee für die Kaiser Wilhelm-Gedächtniskirche zum Besten des Baufonds, Berlin 1897. Das siebente Kapitel des Werks (S. 119–154) ist überschrieben: „Napoleons Friedensbruch und der Held des Heiligen Krieges".

[71] Zit. nach *Winfried Romberg,* Erzherzog Carl von Österreich. Geistigkeit und Religiosität zwischen Aufklärung und Revolution, Wien 2006, S. 20.

[72] Vgl. oben im Kapitel „Kriegserfolg" den Abschnitt „Der Sturz Wilhelms II.".

denten nur sieben Jahre später auf ebenso unerwartete wie fragwürdige Weise die legitimierende Kraft charismatischen Heldentums.

Den zweiten Ausweg aus dem Dilemma, in das der charismatische Held einen Herrscher stürzen konnte, bildete der Versuch, sich hinter den charismatischen Führer zu stellen, um auf diese Weise an seinem Ruf zu partizipieren. Das empfahl Pobedonoscev dem Zaren Alexander III., und auch Wilhelm II. schlug diesen Weg ein, nachdem er eingesehen hatte, daß er der plebiszitären Legitimation Hindenburgs nichts entgegensetzen konnte. Es ist fraglich, ob eine derartige Unterwerfung des eigenen Legitimitätsanspruchs unter die Popularität des Kriegshelden ihm genützt hätte, selbst wenn das Deutsche Reich den Krieg nicht verloren hätte, zeigt es doch nicht weniger als die Stilisierung des Herrschers zum Helden, daß die traditionelle Legitimität brüchig geworden war. Für den Versuch, bei einem charismatischen Kriegshelden Unterstützung für die Bewahrung der eigenen Legitimität zu finden, gibt es einen historischen Vorläufer. Angesichts der verbreiteten Unzufriedenheit mit der unheroischen Julimonarchie entschloß sich König Louis-Philippe im April 1831 zu einer außergewöhnlichen Demonstration. Auf der von Napoleon zu Ehren der Großen Armee errichteten Vendôme-Säule wehte seit der Entfernung der Statue des Kaisers im April 1814 nur eine Fahne – bis zur Julirevolution das Lilienbanner, seither die Trikolore, wie schon einmal während der Hundert Tage im Jahre 1815. Seit der Julirevolution forderte die französische Öffentlichkeit, wieder die Figur Napoleons auf die Säule zu stellen.[73] Die Julimonarchie ergriff gerne die Gelegenheit, durch die öffentliche Rehabilitierung Napoleons ihre eigene, schwankende Legitimität zu befestigen. Allerdings wollte sie der Statue nicht wieder die Gestalt eines römischen Imperators geben. Das hätte wie ein Bekenntnis zum Empire und damit wie eine Delegitimierung des eigenen Regimes gewirkt. Daher wurde, von dem Bildhauer Émile Seurre gestaltet, statt des Imperators der Soldat Napoleon als *petit caporal* mit Hut und Gehrock auf die Säule gestellt – der volkstümliche Heerführer, der ruhmreiche Schlachtensieger, der nationale Held. Das Regime trug mit diesem Schritt dem anschwellenden Bonapartismus im Lande Rechnung. Die Denkmalsenthüllung in Anwesenheit des Königs am 28. Juli 1833 war nichts Geringeres als eine Anleihe bei einem fremden, eben dem napoleonischen Charisma, um daraus Legitimität für das eigene Regime zu schöpfen. Als die Umhüllung des Denkmals fiel, ein grünes Tuch mit den silbernen Bienen Napoleons, entblößten der König und die anwesenden Generäle ihre Häupter, und alle Degen wurden der Statue entgegengestreckt.[74] Die Rückführung der Gebeine Napoleons aus Sankt Helena auf Anregung

---

[73] Le National, 29. 7. 1833. Danach wurde die Statue *réclamée dès le lendemain de la révolution de juillet par le peuple de Paris.*

[74] Le Constitutionnel, 29. 7. 1833. Vgl. zum Gesamtvorgang *Volker Sellin*, Napoleon auf der Säule der Großen Armee. Metamorphosen eines Pariser Denkmals, in: *Christof Dipper / Lutz Klinkhammer / Alexander Nützenadel* (Hg.), Europäische Sozialgeschichte. Festschrift für Wolfgang Schieder, Berlin 2000, S. 385–392.

von Adolphe Thiers bot sieben Jahre später die Gelegenheit zu einer weiteren Instrumentalisierung des Charismas Napoleons durch die unkriegerische Bürgermonarchie. Der französische Historiker Jean Tulard hat den Vorgang treffend beschrieben: „Louis-Philippe eignete sich auf diese Weise Austerlitz, Jena und Wagram an".[75] Der Sturz der Julimonarchie nach nur 18 Jahren ihrer Existenz zeigt, daß derartige Anleihen fremden Charismas einem Regime allenfalls eine Atempause verschaffen konnten.

Monarchische Heldendenkmäler

Das Denkmal für Erzherzog Carl auf dem Wiener Heldenplatz ist nur eines von ungezählten Beispielen dafür, daß Herrscher zur Erinnerung an eigene Erfolge, aber auch an die Leistungen ihrer Vorfahren Denkmäler errichten ließen, damit vom Licht des Dargestellten im Sinne des Erbcharismas auch auf die Nachkommen ein Abglanz falle. Am Weihnachtstag 1812 gelobte Zar Alexander die Errichtung einer riesigen Kirche auf den Sperlingsbergen außerhalb Moskaus zum Gedächtnis der in der Verteidigung des Landes gegen Napoleon Gefallenen. Die Dimensionen der Kirche sollten die Größe des Triumphs zur Anschauung bringen, den Alexander über Napoleon errungen hatte. Zum Architekten wurde Alexander Vitberg bestimmt, ein noch junger Mann schwedischer Abkunft. Die überlieferten Skizzen der Kathedrale, die Christus dem Erlöser geweiht werden sollte, zeigen einen klassizistischen Bau von gewaltigen Ausmaßen. Mit einer Höhe von rund 170 Metern sollte die Christ-Erlöser-Kathedrale (Chram Christa Spasitelja) das größte Gebäude der Welt werden. Im Oktober 1817 wurde der Grundstein gelegt. Doch der Bau machte kaum Fortschritte, und der Untergrund des vorgesehenen Bauplatzes erwies sich als ungeeignet, um ein Gebäude dieser Größe zu tragen. Daher ließ Alexanders Nachfolger, Nikolaus I., noch einmal mit der Planung beginnen.[76] Er verlegte den Standort in die Stadt, in die Nähe des Kreml, und entschied, daß die Kirche in etwas bescheideneren, aber noch immer monumentalen Dimensionen und im traditionellen russischen Stil erbaut werden solle. Architekt wurde Konstantin Ton. Die Höhe der Kirche betrug auch jetzt noch etwa 100 Meter. Eingeweiht wurde die Kirche bei der Krönung Alexanders III. im Jahre 1883. Sie stellte den Sieg über Napoleon in den Kontext der russischen Geschichte. Im Zeitalter des Nationalismus wurde sie zum Symbol des Zusammenklangs von Selbstherrschaft, Orthodoxie und Größe des russischen Volkes.[77] Da sie in den Regierungsperioden von nicht weniger als vier

---

[75] *Jean Tulard*, Le retour des Cendres, in: *Pierre Nora* (Hg.), Les lieux de mémoire, Teil 2: La nation, Bd. 3, Paris 1986, S. 92: „Louis-Philippe s'annexait ainsi Austerlitz, Iéna et Wagram".

[76] *Richard S. Wortman*, Scenarios of Power. Myth and Ceremony in Russian Monarchy, Bd. 1: From Peter the Great to the Death of Nicholas I, Princeton 1995, S. 236–238.

[77] Ebd., S. 384–386; ebd., Bd. 2: From Alexander II to the Abdication of Nicholas II, Princeton 2000, S. 232 f.

Abb. 15: Giuseppe Sacconi (1854–1905), Nationaldenkmal für Vittorio Emanuele II in Rom. Enrico Chiaradia (1851–1892), Reiterstatue des Königs.

Zaren errichtet worden war, erschien sie besonders geeignet, die Legitimität des Hauses Romanov zu bestätigen.

An der Nordseite des Kapitols in Rom steht weithin sichtbar das sogenannte *Vittoriano*, ein Denkmal, mit dem das geeinte Italien seinen im Jahre 1878 verstorbenen ersten König, Viktor Emanuel II., im Gedächtnis der Nation zu verankern suchte (Abb. 15). Die gewaltigen Dimensionen des Bauwerks und der weithin leuchtende weiße Marmor vermitteln einen Begriff von der Wucht, mit der das neue Italien im Rom der Kirchen und der Päpste seinen säkularen Geltungsanspruch zum Ausdruck zu bringen suchte. Mag sich das Reiterstandbild des Königs vor der Kulisse der klassizistischen Denkmalsarchitektur auch vergleichsweise bescheiden ausnehmen, so tritt dadurch zugleich umso schärfer hervor, daß die Leistung, um derentwillen sein Gedächtnis verewigt werden sollte, über ihn selbst hinauswies. Immerhin war schon im ersten Gesetzentwurf für die Errichtung des Denkmals, den der Innenminister Giuseppe Zanardelli nur drei Monate nach dem Tod Viktor Emanuels vorlegte, als Zweck des Bauwerks bezeichnet worden, „den kommenden Jahrhunderten, zusammen mit dem Ruhm des Königs zugleich die Geschichte der Befreiung des Vaterlands und der Erlangung seiner Einheit zu vermitteln".[78] Die Rede des Ministerpräsidenten Agostino Depretis bei der Grundsteinlegung am 22. März 1885 enthielt die wichtigsten rhetorischen Topoi einer charismatischen Überhöhung des Gründerkönigs. Nur hier, so erklärte Depretis, könne „der Altar der rettenden Eintracht geweiht werden, deren Schutzherr und Schöpfer König Viktor Emanuel gewesen sei". Bezeichnend sind die Ehrentitel, mit denen der Ministerpräsident den König schmückte: „Vater des Vaterlandes" (*Padre della Patria*), „Held" (*Eroe*) und „Befreierkönig" (*Re liberatore*).[79] Sinn der traditionellen Reiterdenkmäler von Kaisern und Königen war es stets gewesen, den Herrscher in seiner Majestät zu verewigen, ohne dabei eine bestimmte Leistung, etwa die Erweiterung des Staatsgebiets hervorzuheben. Im *Ancien Régime* berührten Erwerbung und Verlust von Provinzen die Dynastien, nicht die Untertanen. Viktor Emanuel dagegen hatte Italien nicht in einem dynastischen Krieg erobert. Vielmehr hatte er sich in den Dienst der nationalrevolutionären Bewegung gestellt und im Zusammenspiel mit ihr einen nationalen Verfassungsstaat begründet, dem die Italiener in den Plebisziten ausdrücklich zugestimmt hatten. Für die große Mehrheit der Nation war Viktor Emanuel ein neuer König, der ausschließlich durch seine einmalige und unwiederholbare historische Leistung legitimiert war, die Nation unter einer Verfassung zu einigen. Auf eine wie auch immer geartete dynastische Legitimität konnte sich Viktor Emanuel schon deshalb nicht stützen, weil die nationale Einheit nur dadurch hatte verwirklicht werden können, daß die dynastischen Rechte aller anderen Fürsten Italiens verletzt wurden. Depretis feierte ihn deshalb als „Befreierkönig", weil er die Italiener, soweit sie nicht zugleich Piemontesen waren, von der Herrschaft ihrer ehemaligen Dynastien, namentlich von den Habsburgern und Bourbonen befreit hatte. Es ist kein Zufall, daß der Ministerpräsident für diese Tat Begriffe fand, wie sie sonst nur auf einen charismatischen Helden angewandt werden, nämlich Befreier, Retter, Held. Die charismatische Autorität aber, die Viktor Emanuel durch seine Leistung erworben hatte, konnte unmöglich in einem dynastischen Reiterdenkmal traditionellen Zuschnitts zum Ausdruck gebracht werden. Charisma ist eine revolutionäre Kraft. Es beruht wesentlich auf der Anerkennung durch diejenigen, zu deren Gunsten es zur Wirkung gelangt. Schon deshalb erscheint es plausibel, daß das Reiterstandbild, das, für sich genommen, durchaus an traditionelle Herrscherdenkmäler anknüpft, vor eine gewaltige Kulisse und damit in den nationalen, statt in einen dynastischen Kontext gestellt wurde.

---

[78] *[…] noi onorando il Re, onoriamo anche l'Italia. Gli è con legittimo orgoglio che il paese vedrà sorgere un monumento il quale, oltre significare la gratitudine degli italiani, riassumerà, e qui nella capitale da tanto e si lungo desiderio invocata, tramanderà ai secoli, colla gloria del Re, la storia della patria liberata e della conquistata unità*; zit. nach *Thorsten Rodiek, Das Monumento Nazionale Vittorio Emanuele II in Rom*, Frankfurt 1983, S. 34.

[79] Zit. nach *Kathrin Mayer, Mythos und Monument. Die Sprache der Denkmäler im Gründungsmythos des italienischen Nationalstaates 1870-1915*, Köln 2004, S. 106 f.

Der dynastischen Tradition entsprach allerdings, daß die Leistungen der Diener im Denkmal wie selbstverständlich dem König selbst zugeschrieben wurden. Nicht Viktor Emanuel, sondern Giuseppe Garibaldi war der wirkliche charismatische Held. Garibaldi entsprach dem Saul, der die Ammoniter vernichtete, aber da er im Unterschied zu Saul nicht König werden durfte, mußte Viktor Emanuel selbst als der charismatische Erretter und damit gewissermaßen als revolutionärer Führer ausgegeben werden. Nun beschloß das italienische Parlament unmittelbar nach dem Tod Garibaldis am 2. Juni 1882, auch ihm in Rom ein Denkmal zu errichten. Als Standort wurde der Gianicolo gewählt, auf dem Garibaldi im Jahre 1849 die römische Republik gegen das französische Expeditionscorps verteidigt hatte.[80] Von Anfang an wurde große Sorgfalt darauf gewendet, das Denkmal für Garibaldi in ein angemessenes Verhältnis zum Denkmal für König Viktor Emanuel zu setzen. So erklärte Senator Caracciolo di Bella als Berichterstatter der Denkmalskommission am 5. Juli 1883, die beiden Denkmäler seien „zwei Konzepte und zwei Dinge, die man nicht voneinander trennen könne", da „der Name des Großen Königs" und der Name des „Volkshelden" eng miteinander verbunden seien.[81] Die Verbindung schloß allerdings eine hierarchische Abstufung zwischen den beiden Symbolfiguren nicht aus. So wurde in der ebenfalls von Caracciolo di Bella eingebrachten Vorlage der Kommission für den Senat die Rolle Garibaldis im Verhältnis zu Viktor Emanuel als „stetige und wertvolle Unterstützung im gemeinsamen Werk der nationalen Erlösung" charakterisiert.[82] Garibaldi wurde auf diese Weise zum charismatischen Helfer des Großen Königs heruntergestuft. Diese Relativierung drückt sich auch in der geographischen Orientierung des Denkmals auf das Kapitol hin aus, den Ort, wo gleichzeitig das Denkmal für Viktor Emanuel errichtet wurde. Auf diese Weise wurde „die mythische Verbindung zum *Padre della Patria* hergestellt".[83]

Zehn Jahre nach Viktor Emanuel II., am 9. März 1888, starb Kaiser Wilhelm I. Noch im selben Jahr beschloß der Reichstag, dem Verstorbenen in der Hauptstadt Berlin ein Denkmal zu setzen. Schon im Gesetzentwurf über die Ausschreibung hieß es, das Denkmal solle „dem Gründer des Reichs" gelten. Der Ort des Denkmals wurde zunächst offengelassen.[84] Man war sich jedoch sehr schnell darin einig, daß ein mehr oder weniger konventionelles Reiterstandbild allein ohne umgebende Architektur dem außergewöhnlichen Anspruch eines Denkmals für den Reichsgründer nicht gerecht würde. Hinter dem in Rom entstehenden Nationaldenkmal für Viktor Emanuel wollte man

---

[80] *Scirocco*, Garibaldi, S. 156 f., 164.

[81] Zit. nach *Mayer*, Mythos, S. 133, Anm. 284: *L'intima correlazione che [...] unisce il nome del Gran Re con quello dell'eroe popolare.*

[82] Ebd., S. 133, Anm. 285: *costante e valido aiuto nell'opera comune del riscatto nazionale.*

[83] Ebd., S. 130.

[84] *Wolfgang Vomm*, Reiterstandbilder des 19. und frühen 20. Jahrhunderts in Deutschland. Zum Verständnis und zur Pflege eines traditionellen herrscherlichen Denkmaltyps im Historismus, Bergisch Gladbach 1979, S. 344, 548.

keinesfalls zurückstehen.[85] Die beiden jeweils mit einem ersten Preis ausgezeichneten Entwürfe entsprachen diesen Vorgaben. Bruno Schmitz schlug an der Kreuzung der Charlottenburger Chaussee und der Siegesallee eine annähernd halbkreisförmige Säulenhalle vor, auf deren Scheitel ein Triumphbogen mit Kuppelhaube gesetzt werden sollte. Vor die Säulenhalle sollte auf einen hohen Sockel das Reiterstandbild des Kaisers gestellt werden.[86] Wilhelm Rettig und Paul Pfann wollten auf der westlichen Seite des Königsplatzes, dem Reichstag gegenüber, einen sakral wirkenden Kuppelbau mit vorgelagerter Säulenhalle errichten. Das vergoldete Reiterstandbild des Kaisers sollte im hinteren Teil der Rotunde aufgestellt werden.[87] Von anderen Teilnehmern an der Ausschreibung wurden unter anderem der Tiergarten, der Platz vor dem Brandenburger Tor und der Opernplatz vorgeschlagen.

In der vom Reichstag eingesetzten Kommission wurde sogar erwogen, der Schwierigkeit, in einem einzigen Denkmal die Person des Monarchen und die Person des Reichsgründers gleichzeitig darzustellen, dadurch zu begegnen, daß man zwei Denkmäler errichtete: „das eine als ein großartiges nationales Denkmal, als architektonisches Bauwerk, und das andere, welches die Gestalt des verewigten Landesfürsten in der Art wiedergebe, wie er unter uns gelebt habe, wie er im Herzen des Volkes fortlebe, ganz wie es ja hier in Berlin mit Friedrich Wilhelm III. der Fall sei“.[88] Die Überlegung bestätigt die am römischen *Vittoriano* gemachte Beobachtung, daß die nationale Legitimation durch die Architektur, die dynastische Legitimation durch das Reiterstandbild ausgedrückt wurde.

Keiner der preisgekrönten Entwürfe wurde verwirklicht. Das ist auf die Intervention Kaiser Wilhelms II. zurückzuführen. In seinem Namen beantragte der Stellvertreter des Reichskanzlers, von Boetticher, am 9. Juni 1890 beim Reichstag eine zweite Ausschreibung, dieses Mal ausdrücklich für ein Reiterstandbild und zwar auf der Schloßfreiheit zwischen dem Berliner Stadtschloß und der Spree. Von Boetticher begründete den Antrag mit der Unmöglichkeit, die Person des verstorbenen Kaisers und seine historische Leistung gleichzeitig darzustellen: „Ein Werk zu schaffen, welches zugleich ein zusammenfassendes Bild der bei der Gründung des Reichs wirksam gewesenen Kräfte und Personen zur Anschauung bringt, würde die Gefahr begründen, daß die weltgeschichtliche Person des verewigten Kaisers entweder zu sehr in den Hintergrund gedrängt werden oder aber mit einem Aufwand von Pathos zur Darstellung gelangen müßte, welcher mit dem Charakter dieses Kaisers durchaus in Widerspruch steht“.[89] Daraufhin beschloß der Reichs-

[85] Ebd., S. 345 f.
[86] Ebd., S. 354 f., 364 f.
[87] Ebd., S. 347.
[88] Freiherr von Unruhe-Bomst (Berichterstatter) in: Stenographische Berichte über die Verhandlungen des Reichstags, 8. Legislaturperiode, 1. Session 1890/91, 32. Sitzung, 2.7.1890, Berlin 1890, S. 744.
[89] Ebd., Anlagenband 1, Berlin 1890, Aktenstück Nr. 54, S. 544.

tag, die Angelegenheit von nun an der „Entschließung Seiner Majestät des Kaisers" anheimzugeben.[90] Nach Abschluß des zweiten Wettbewerbs erhielt der Bildhauer Reinhold Begas zusammen mit dem Architekten Gustav Halmhuber den Auftrag. Für ein ausgreifendes Architekturdenkmal stand auf der Schloßfreiheit nicht genügend Platz zur Verfügung. So wirkten die Vorliebe Wilhelms II. für ein durch wenig Architektur unterstütztes Reiterstandbild und die Wahl des Standorts dahin zusammen, daß ein Denkmal ganz in der dynastischen Tradition entstand. Die Gründung des Reiches wurde darin allein dem Kaiser und seiner Dynastie zugerechnet.[91] Auf die ursprünglich im Denkmal vorgesehene Aufstellung von Standbildern derer, die das Reich tatsächlich geschaffen hatten, nämlich Bismarcks und Moltkes, wurde aus Kostengründen verzichtet.[92]

Gemessen am *Vittoriano* in Rom erscheint das Denkmal für Kaiser Wilhelm I. in sich widersprüchlich. Wie das römische Denkmal sollte es an die eine große nationale Tat erinnern. Insofern war es wie dieses ursprünglich als Denkmal für einen charismatischen Helden, den Erlöser der Nation, angelegt. Diese Zielsetzung wurde durch die Intervention Wilhelms II. umgebogen zugunsten der Verherrlichung des dynastischen Herrschers. Die Reichseinigung erscheint damit als dynastischer Erfolg des Hauses Hohenzollern und nicht als revolutionärer Akt zur Schaffung eines auf dem Nationalprinzip fußenden neuen Staates. Das Denkmal stellte sich auf den Boden einer überholten Legitimitätsvorstellung. Es verleugnete genau diejenigen Werte, auf welche die Monarchie in Deutschland eine dauerhafte Zukunft am ehesten hätte gründen können: Nation und Verfassung.

Solange zu den wesentlichen Aufgaben des Herrschers der Sieg über die Feinde gehörte, bestand die Gefahr, daß untergeordnete militärische Führer ihm den Rang abliefen. Das hatte nach dem Bericht der homerischen Ilias schon Agamemnon erfahren müssen, als ihm der strahlende Held Achill gegenübertrat.[93] Im demokratischen Zeitalter konnte die Popularität eines Kriegshelden die Stellung des Herrschers ernsthaft bedrohen. Das zeigt sich an den Konflikten zwischen Giuseppe Garibaldi und Viktor Emanuel II., zwischen Michail Skobelev und Alexander III. und schließlich zwischen Paul von Hindenburg und Wilhelm II. Ein Ausweg aus Krisen dieser Art wurde

---

[90] Stenographische Berichte des Reichstags, 2.7.1890, S.744; Ebd., Anlagenband 1, Drucksache Nr.132, S.800; vgl. *Reinhard Alings*, Monument und Nation. Das Bild vom Nationalstaat im Medium Denkmal. Zum Verhältnis von Nation und Staat im deutschen Kaiserreich 1871–1918, Berlin/New York 1996, S.221.

[91] Vgl. *Bernd Nicolai*, Das National-Denkmal für Kaiser Wilhelm I. in Berlin (1889–1897). Wettbewerbe – Ausführung – Rezeption, Göttingen 1980, S.49: „Das Begasdenkmal muß in diesem Sinne als primär monarchisches Denkmal bezeichnet werden, dem die Beziehung zum deutschen Volk aufgepropft war."

[92] *Vomm*, Reiterstandbilder, S.367.

[93] Den Hinweis verdanke ich Tonio Hölscher, Heidelberg.

darin gesucht, daß die Herrscher sich oder ihre dynastischen Vorfahren selbst zu charismatischen Helden stilisierten. Zar Alexander I. nahm die Rolle des Befreiers Europas vom napoleonischen Joch an, und Cavour überlegte, wie König Viktor Emanuel II. durch einen Krieg gegen Österreich Garibaldi übertrumpfen könne. Überdimensionale Denkmäler wie die Christ-Erlöser-Kirche in Moskau und das *Vittoriano* vor dem Kapitol in Rom feierten dynastische Herrscher als nationale Helden. Auf diese Weise suchte die Monarchie im Zeitalter des Nationalismus eine neue und epochenadäquate Legitimität zu erlangen.

11. Zusammenfassung

Jahrhunderte lang war Europa geprägt von der Königsherrschaft. Zu Beginn der Neuzeit wies Jean Bodin dem König die oberste Gewalt im Staate zu. Mit dieser Lehre untermauerte er die Ausbildung des absoluten Fürstenstaats in den nachfolgenden zweihundert Jahren. In Frankreich wurde der Absolutheitsanspruch der Monarchie von der Revolution überholt. Durch Beschluß vom 17. Juni 1789 erklärten sich die Abgeordneten des Dritten Stands in Versailles zur Nationalversammlung und übertrugen die oberste Gewalt vom König auf die Nation. Damit war die Monarchie zwar nicht aufgehoben, aber sie war neu definiert. Der Monarch war fortan nicht mehr Träger der Souveränität, sondern Organ der Verfassung, oberster Beamter des Staates. Diesen Grundsatz brachte Artikel 3 der Erklärung der Menschen- und Bürgerrechte vom 26. August 1789 gültig zum Ausdruck. Danach lag die gesamte Staatsgewalt bei der Nation. Keine Körperschaft und kein Individuum konnten politische Autorität beanspruchen, die nicht aus ihr abgeleitet war. Dieser Grundsatz beanspruchte Geltung für jede Staatsform. Dementsprechend bekannten sich zu ihm sämtliche Regime der Revolution in Frankreich bis zur Restauration der Bourbonen im Jahre 1814. Ludwig XVIII. dagegen ließ die demokratisch legitimierte Verfassung, die der napoleonische Senat im Namen der Nationalsouveränität für die Erneuerung der Monarchie ausgearbeitet hatte, nach seiner Rückkehr aus dem Exil in eine monarchisch legitimierte *Charte constitutionnelle* umwandeln und setzte sie durch königlichen Oktroi in Kraft. In seinen Augen hieß Restauration die prinzipielle Wiederherstellung der unbeschränkten Herrschaftsgewalt des Monarchen.

In seinen „Principes de politique" von 1815 entlarvte Benjamin Constant diesen Anspruch als Illusion. Zwar war sich auch Ludwig XVIII. dessen bewußt, daß er ohne die Gewährung der Verfassung den Thron nicht hätte einnehmen können, aber Constant verallgemeinerte den dritten Artikel der Erklärung der Menschen- und Bürgerrechte zu der Feststellung, daß die Legitimität eines jeden Regimes, ob demokratisch, oligarchisch oder monarchisch konstituiert, auf dem allgemeinen Willen und damit auf der ausdrücklich oder stillschweigend erteilten Zustimmung der Beherrschten beruhe. Nach dieser Deutung war die Restauration der Bourbonenmonarchie nur deshalb möglich geworden, weil die vom König gemachten Zugeständnisse ihr fürs erste allgemeine Akzeptanz sicherten. Die Legitimation aus dynastischer Herkunft und göttlicher Einsetzung dagegen, auf die sich Ludwig XVIII. in seinen Verlautbarungen berief, hätte allein nicht ausgereicht, um die Monarchie wiederherzustellen.

Die *Charte* enthielt Garantien, die für die Generation derer, die Revolution und Kaiserreich erlebt hatten, oberste Priorität besaßen. Durch die *Charte* gestand der König die Aufrechterhaltung der Rechts- und Sozialordnung zu, die seit dem Zusammentritt der Generalstände im Mai 1789 in Frankreich entstanden war. Mit dem in der *Charte* verankerten Verzicht auf politische

Säuberungen ermöglichte er die Überwindung der Spaltungen, die als Erbe der Revolution in der Gesellschaft zurückgeblieben waren. Schließlich nährte die Wiedereinsetzung eines Herrschers aus der alten Dynastie die Hoffnung, daß nach der ununterbrochenen Kette von Kriegen nun auch der äußere Friede einkehren werde. Diese Erwartungen entsprachen der besonderen Situation, die durch den Zusammenbruch des Kaiserreichs entstanden war. Ob die Nation sich dagegen auf Dauer mit den begrenzten Befugnissen der Kammern und mit dem hohen Wahlzensus zufriedengeben würde, war eine offene Frage. Monarchische Legitimität, die sich auf die Zustimmung der Beherrschten gründet, muß immer wieder neu errungen werden. Akzeptanz ist wandelbar, und im Zuge der politischen und gesellschaftlichen Entwicklung des Jahrhunderts stiegen naturgemäß die Erwartungen. Angesichts dessen mußte die Monarchie, wiederum mit Constant gesprochen, sich davor hüten, als Gewaltregime wahrgenommen zu werden. In der Julirevolution von 1830 wurde die Bourbonenmonarchie gestürzt, weil Karl X. diese Aufgabe nicht erkannt hatte. Aus demselben Grund scheiterte achtzehn Jahre später auch der Bürgerkönig Louis-Philippe.

Man kann das zweimalige Scheitern der Monarchie in Frankreich seit ihrer Wiederherstellung im Jahre 1814 damit erklären, daß weder Karl X. noch Louis-Philippe es verstanden hatten, ihre Legitimation rechtzeitig an die steigenden Erwartungen der Nation anzupassen. Beide Regime erstarrten auf ihren einmal erlangten Positionen und wurden zunehmend als dem Geist der Verfassung widersprechend und insoweit als gewaltsam empfunden. Mit seinem Festhalten an dem leitenden Minister Jules de Polignac verspielte Karl X., durch die Weigerung, das Wahlrecht zu erweitern, Louis-Philippe die Zustimmung der Nation. Als die Bürger gegen diese Zumutungen aufbegehrten, gingen beide Regime von der verdeckten zur offenen Gewaltanwendung über und machten ihren Sturz dadurch unvermeidlich, statt rechtzeitig einzulenken. Ähnlich erging es Zar Nikolaus II. im Frühjahr 1917. Auch sein Regime war auf Opposition gestoßen, und auch er hatte zunächst versucht, seine Machtstellung mit Waffengewalt zu verteidigen.

Andere Monarchien haben sich weit über das 19. Jahrhundert hinaus behauptet. Offensichtlich hatten sie es verstanden, durch geeignete Strategien des Machterhalts die Akeptanz bei den Bürgern und damit ihre Legitimität zu sichern. Sechs Strategien standen überall im Vordergrund der monarchischen Legitimierungspolitik. Drei davon erscheinen als zeitgemäße Weiterentwicklung traditioneller Legitimitätsgründe: die dynastische Herkunft, die göttliche Einsetzung und die Fähigkeit, das Land gegen äußere Feinde zu verteidigen. Die drei übrigen dagegen wurden erst im Zeitalter der Revolutionen entwickelt: die Gewährung von Verfassungen, die Nationalisierung der Monarchie und die soziale Reform. Die genannten sechs Strategien wurden nicht überall gleichzeitig verfolgt. Nicht selten wurden bestimmte Strategien bevorzugt, damit andere vernachlässigt werden konnten. Sowohl Karl X. von Frankreich als auch Wilhelm I. von Preußen suchten die Demonstration des Gottesgnadentums in der Zeremonie der Krönung zu nutzen, um weitere Konzessionen in der Verfassungspolitik vermeiden zu können. Bismarck sicherte demselben Wilhelm I., der lieber abgedankt hätte, als eine Parlamentarisierung der Verfassung hinzunehmen, die Zustimmung der Nation dadurch, daß er die preußische Militärmacht einsetzte, um die deutsche Einheit herzustellen. Insofern war das Kaiserreich national, aber nur in eingeschränktem Maße demokratisch legitimiert.

In Frankreich ist die Monarchie infolge der Niederlage im deutsch-französischen Krieg im Jahre 1870 endgültig zusammengebrochen. Das Zweite Kaiserreich hatte sich damals schon seit Jahren auf dem Wege der Liberalisierung befunden. Die Kriegserklärung an Preußen erging in Übereinstimmung mit der öffentlichen Meinung. Hätte Frankreich den Krieg gewonnen, hätte das Regime gute Chancen gehabt, sich auf Dauer zu etablieren. Wie Napoleon III. den Krieg von 1870, so haben die Monarchien im Zarenreich, im Deutschen Reich und in Österreich-Ungarn den Ersten Weltkrieg nicht überstanden. In allen drei Fällen stellte sich unter dem Druck der außergewöhnlichen Belastungen dieses Krieges heraus, daß die in den Jahrzehnten zuvor ergriffenen Strategien des Machterhalts unzureichend geblieben waren. In Rußland war der Verfassungsstaat seit 1906 nicht weiterentwickelt worden. In Deutschland erwiesen sich die Beibehaltung der monarchischen Kommandogewalt, der Verzicht auf die Parlamentarisierung der Reichsverfassung und die Aufrechterhaltung des Dreiklassenwahlrechts in Preußen als schwere Hypotheken. Österreich-Ungarn schließlich zerfiel, weil es sein Nationalitätenproblem nicht hatte lösen können. Dennoch spricht in allen drei Staaten einiges dafür, daß die Monarchie überlebt hätte, wenn die aktuellen Inhaber der Throne in der Krise umsichtiger gehandelt hätten. So spielte zuletzt der persönliche Faktor eine entscheidende Rolle. Hätte Wilhelm II. zugunsten seines Enkels im Oktober 1918 abgedankt, wäre die Monarchie mit hoher Wahrscheinlichkeit erhalten geblieben.

Der Sehnsucht nach dem charismatischen Retter konnte ein Erbmonarch nur selten gerecht werden. Charisma wurde eher erfolgreichen Heerführern zugeschrieben. Das hatte sich im voraufgehenden Jahrhundert in Italien an Giuseppe Garibaldi und in Rußland an Michail Skobelev gezeigt. Im Ersten Weltkrieg erwarb sich Paul von Hindenburg, gestützt auf den Mythos des Siegers von Tannenberg, den Ruf eines charismatischen Führers. Nur ein starkes Parlament hätte verhindern können, daß der Generalfeldmarschall in den letzten beiden Kriegsjahren in Deutschland eine nahezu unbeschränkte Machtstellung erlangte. Auch darin offenbarte sich die Krise der Hohenzollernmonarchie. Wilhelm II. empfand durchaus richtig, als er darüber klagte, daß er praktisch zum Adjutanten Hindenburgs geworden sei. Hier hätte die britische Monarchie zum Vorbild dienen können. Sie hatte es schon hundert Jahre zuvor verstanden, Wellington, den Bezwinger Napoleons, in das politische System zu integrieren, ohne ihm zu irgendeinem Zeitpunkt außergewöhnliche Vollmachten einzuräumen.

Dank des Einsatzes angemessener Legitimierungsstrategien hat die europäische Monarchie es vermocht, sich nach dem Sturz Ludwigs XVI. noch über ein Jahrhundert lang in fast allen Staaten an der Macht zu halten. Am Ende scheiterten die drei großen Monarchien in Mittel- und Osteuropa unter den Belastungen des Ersten Weltkriegs daran, daß ihre Wachsamkeit erlahmt war und sie die zuvor angebahnte Legitimierungspolitik nicht konsequent genug fortgesetzt hatten.

12. Abkürzungsverzeichnis

Abb.	Abbildung
ADB	Allgemeine Deutsche Biographie
AHR	American Historical Review
Anm.	Anmerkung
AP	Archives parlementaires
Art.	Artikel
Aufl.	Auflage
Bd./Bde.	Band/Bände
DBI	Dizionario Biografico degli Italiani
ders./dies.	derselbe/dieselbe
Dok.	Dokument
ebd.	ebenda
erw.	erweitert
etc.	et cetera
f.	und folgende
GSPK	Geheimes Staatsarchiv Preußischer Kulturbesitz
GW	Gesammelte Werke
Hg.	Herausgeber
hg.	herausgegeben
HZ	Historische Zeitschrift
insbes.	insbesondere
JbbGO	Jahrbücher für die Geschichte Osteuropas
JGMOD	Jahrbücher für die Geschichte Mittel- und Ostdeutschlands
KA	Krasnyj Archiv
MHVP	Mitteilungen des Historischen Vereins der Pfalz
NF	Neue Folge
Nr.	Nummer
o. D.	ohne Datum
Phil. Diss.	Philosophische Dissertation
PP	Past & Present
PVS	Politische Vierteljahrsschrift
QFIAB	Quellen und Forschungen aus italienischen Archiven und Bibliotheken
S.	Seite
Sp.	Spalte
SR	Slavic Review
u.a.	und andere
u.ö.	und öfter
usw.	und so weiter
VF	Vorträge und Forschungen
VfZG	Vierteljahreshefte für Zeitgeschichte
vgl.	vergleiche

ZBLG	Zeitschrift für Bayerische Landesgeschichte
ZHF	Zeitschrift für Historische Forschung
zit.	zitiert

13. Abbildungsnachweis

Abb. 1: Eugène Devéria (1805–1865), Louis-Philippe von Orléans beschwört die revidierte *Charte constitutionnelle* am 9. August 1830 vor den Kammern (1836), Château de Versailles, Musée de l'Histoire de France, Salle de 1830, © akg-images. S. 23

Abb. 2: George Cruikshank (1792–1878), Das Massaker von Peterloo am 16. August 1819. Radierung, 16. August 1819, British Museum London. S. 32

Abb. 3: Bertrand Andrieu (1761–1822), Vorderseite einer Medaille mit dem Bildnis Napoleons und des Königs von Rom, angefertigt zur Taufe des Prinzen am 9. Juni 1811, aus: Lisa Zeitz/Joachim Zeitz: Napoleons Medaillen, Petersberg 2003, S. 220, © Michael Imhof Verlag. S. 61

Abb. 4: François Gérard (1770–1837), Die Krönung Karls X. in der Kathedrale von Reims am 29. Mai 1825 (um 1827), Musée des Beaux Arts Chartres. S. 94

Abb. 5: Al'fred Aleksandrovič Parland (1842–1920), Chram Spasa na Krovi (Kirche des Erlösers auf dem Blut), St. Petersburg (1883–1907), wikimedia.commons, © Andrew Butko. S. 102

Abb. 6a und 6b: Jacques Gondouin (1737–1818) und Jean-Baptiste Lepère (1761–1844), Die Säule der Großen Armee auf der Place Vendôme in Paris (1806–1810) mit der 1863 aufgestellten Statue Napoleons I. von Augustin-Alexandre Dumont (1801–1884), Ausschnitt: wikimedia.commons, © Siren-Com; Vollbild: wikimedia.commons, © Benh. S. 109

Abb. 7: Anton von Werner (1843–1915), Die Proklamierung des Deutschen Kaiserreiches am 18. Januar 1871 (1885), Friedrichsruh, Bismarckmuseum, © Bildarchiv preußischer Kulturbesitz. S. 127

Abb. 8: Il'ja Efimovič Repin (1844–1930), Der 17. Oktober 1905 (1911), Russisches Museum Sankt Petersburg, wikimedia.commons, © J.M. Domingo. S. 192

Abb. 9: Peter von Heß (1792–1871), Die Grundsteinlegung der Konstitutionssäule zu Gaibach am 26. Mai 1821 (1823), Kunstsammlungen Graf von Schönborn, © Elmar Hahn Veitshöchheim. S. 214

Abb. 10: Leo von Klenze (1784–1864), Die Konstitutionssäule in Gaibach (1828). wikipedia.org, © Reinhard Brunsch. S. 215

Abb. 11: Christian Daniel Rauch (1777–1857), Gipsmodell für das Relief „Gewährung der Verfassung" am Max-Joseph-Denkmal in München, nach: Bayerns Krone 1806. 200 Jahre Königreich Bayern, herausgegeben von Johannes Erichsen und Katharina Heinemann, München 2006, S. 273, © Bayerische Schlösserverwaltung und Hirmer Verlag München. S. 229

Abb. 12: Der unvergeßliche Tag 19. Februar 1861 (Lubok, 1861). Aus: Richard S. Wortman, Scenarios of Power. Myth and Ceremony in Russian Monarchy, Bd. 2: From Alexander II to the Abdication of Nicholas II, Princeton 2000, S. 75. S. 258

Abb. 13: Pietro Aldi (1852–1888), Begegnung zwischen Giuseppe Garibaldi und König Vittorio Emanuele II bei Teano am 26. Oktober 1860, Sala Monumentale Siena. S. 273

Abb. 14: Nikolaj Dmitrievič Dmitriev-Orenburgskij (1838-1898), General Skobelev zu Pferde (1883), Regionales Kunstmuseum V. P. Sukačev in Irkutsk.   S. 275

Abb. 15: Giuseppe Sacconi (1854-1905), Nationaldenkmal für Vittorio Emanuele II in Rom (1885–1911); Enrico Chiaradia (1851-1892), Reiterstatue des Königs, wikimedia.commons © LPLT.   S. 287

14. Quellen und Literatur

Abert, Josef Friedrich, Schönborn-Wiesentheid, Franz Erwein, Graf von. Patriot und Förderer der Künste, 1776–1840, in: *Anton Chroust* (Hg.), Lebensläufe aus Franken, Bd. 4, Würzburg 1930, S. 348–378.

Alekseeva, S. I., Svjatejšij Sinod v sisteme vysšich i central'nych gosudarstvennych učреждenij poreformennoj Rossii 1865–1904gg., Sankt-Peterburg 2003.

Alexander, John T., Catherine the Great. Life and Legend, New York 1989.

Alings, Reinhard, Monument und Nation. Das Bild vom Nationalstaat im Medium Denkmal. Zum Verhältnis von Nation und Staat im deutschen Kaiserreich 1871–1918, Berlin 1996.

Althusius, Johannes, Politica methodicè digesta atque exemplis sacris et profanis illustrata, Herborn 1614.

Altmann, Wilhelm (Hg.), Ausgewählte Urkunden zur außerdeutschen Verfassungsgeschichte seit 1776, Berlin 1897.

Altrichter, Helmut, Rußland 1917. Ein Land auf der Suche nach sich selbst, Paderborn 1997.

Anatra, Bruno, Bresci, Gaetano, in: DBI, Bd. 14, Roma 1972, S. 168–170.

Anceau, Éric, Napoléon III. Un Saint-Simon à cheval, Paris 2008.

Ancillon, Friedrich, Denkschrift, 12. 2. 1814, in: GSPK, I. HA Rep. 92, Nachlaß Albrecht, Nr. 56.

Anderson, Eugene N., The Social and Political Conflict in Prussia 1858–1864, New York 1968.

Angeberg, comte de (Pseudonym für: *L. J. B. Chodzko*) (Hg.), Le congrès de Vienne et les traités de 1815, précédé et suivi des actes diplomatiques qui s'y rattachent, 2 Bde., Paris 1863.

Angenendt, Arnold, Rex et Sacerdos. Zur Genese der Königssalbung, in: *Norbert Kamp/ Joachim Wollasch* (Hg.), Tradition als historische Kraft. Interdisziplinäre Forschungen zur Geschichte des früheren Mittelalters, Berlin/New York, 1982, S. 100–118.

Archives parlementaires de 1787 à 1860. Recueil complet des débats législatifs et politiques des chambres françaises.

Aretin, Karl Otmar Freiherr von (Hg.), Der Aufgeklärte Absolutismus, Köln 1974.

Aristoteles, Politica, hg. von *W. D. Ross*, Oxford 1957.

Arndt, Monika, Die „Ruhmeshalle" im Berliner Zeughaus. Eine Selbstdarstellung Preußens nach der Reichsgründung, Berlin 1985.

Arnstein, Walter L., Queen Victoria, Houndmills 2003.

Asch, Ronald G./Arndt, Johannes/Schnettger, Matthias (Hg.), Die frühneuzeitliche Monarchie und ihr Erbe, Festschrift für Heinz Duchhardt zum 60. Geburtstag, Münster 2003.

Ascher, Abraham, The Revolution of 1905, Bd. 1: Russia in Disarray, Stanford 1988; Bd. 2: Authority Restored, Stanford 1992.

Askew, William C., An American View on Bloody Sunday, in: Russian Review 11/1 (1952), S. 35–43.

Assmann, Jan/Hölscher, Tonio (Hg.), Kultur und Gedächtnis, Frankfurt 1988.

Aurenhammer, Hans, Anton Dominik Fernkorn, Wien 1959.

Baden, Prinz Max von, Erinnerungen und Dokumente, neu hg. von *Golo Mann* und *Andreas Burckhardt*, Stuttgart 1968.

Bagehot, Walter, The English Constitution (1867), London 1964.

Baguley, David, Napoleon III and His Regime. An Extravaganza, Baton Rouge 2000.

Baldus, Alexandra, Das Sedanpanorama von Anton von Werner. Ein wilhelminisches Schlachtenpanorama im Kontext der Historienmalerei, Phil. Diss. Bonn 2001.

Barclay, David E., Anarchie und guter Wille. Friedrich Wilhelm IV. und die preußische Monarchie, Berlin 1995.

Bartlett, Roger/Hartley, Janet M. (Hg.), Russia in the Age of the Enlightenment. Essays for Isabel de Madariaga, Houndmills 1990.

Bartlett, Roger, The Question of Serfdom: Catherine II, the Russian Debate and the View from the Baltic Periphery, in: *ders./Janet M. Hartley* (Hg.), Russia in the Age of the Enlightenment. Essays for Isabel de Madariaga, Houndmills, 1990, S. 142–166.

Bartmann, Dominik (Hg.), Anton von Werner. Geschichte in Bildern, 2. Aufl., München 1997.

Bastid, Paul, Les institutions politiques de la monarchie parlementaire française (1814–1848), Paris 1954.

Baumgart, Peter, Absolutismus ein Mythos? Aufgeklärter Absolutismus ein Widerspruch? Reflexionen zu einem kontroversen Thema gegenwärtiger Frühneuzeitforschung, in: ZHF 27 (2000), S. 573–589.

Beach, Vincent W., Charles X of France. His Life and Times, Boulder 1971.

Beaconsfield, Earl of, Selected Speeches, hg. von *T. E. Kebbel*, 2 Bde., London 1882.

Beccaria, Cesare, Dei delitti e delle pene (1764), in: *ders.*, Edizione nazionale delle opere, hg. von *Luigi Firpo*, Bd. 1, Milano 1984.

Bell, David A., The Cult of the Nation in France. Inventing Nationalism, 1680–1800, Cambridge 2001.

Bély, Lucien, La société des princes, XVIe–XVIIIe siècle, Paris 1999.

Bély, Lucien (Hg.), La présence des Bourbons en Europe. XVIe–XXIe siècle, Paris 2003.

Benner, Thomas Hartmut, Die Strahlen der Krone. Die religiöse Dimension des Kaisertums unter Wilhelm II. vor dem Hintergrund der Orientreise 1898, Marburg 2001.

Béranger, Pierre Jean de, Œuvres complètes, nouvelle édition, revue par l'auteur, 2 Bde., Paris 1851.

Bercé, Yves-Marie, Le Roi caché. Sauveurs et imposteurs. Mythes politiques populaires dans l'Europe moderne, Paris 1990.

Berchtold, Klaus, Verfassungsgeschichte der Republik Österreich, Bd. 1: 1918–1933. Fünfzehn Jahre Verfassungskampf, Wien/New York 1998.

Berding, Helmut, Napoleonische Herrschafts- und Gesellschaftspolitik im Königreich Westfalen 1807–1813, Göttingen 1973.

Berding, Helmut u.a. (Hg.), Vom Staat des Ancien Régime zum modernen Parteienstaat. Festschrift für Theodor Schieder, München 1978.

Berger Waldenegg, Georg Christoph, Mit vereinten Kräften! Zum Verhältnis von Herrschaftspraxis und Systemkonsolidierung im Neoabsolutismus am Beispiel der Nationalanleihe von 1854, Wien/Köln/Weimar 2002.

Berlepsch, Hans-Jörg von, „Neuer Kurs" im Kaiserreich? Die Arbeiterpolitik des Freiherrn von Berlepsch 1890–1896, Bonn 1987.

Bernecker, Walter L./Pietschmann, Horst, Geschichte Spaniens. Von der frühen Neuzeit bis zur Gegenwart, 4. Aufl., Stuttgart 2005.

Berner, Ernst (Hg.), Kaiser Wilhelms des Großen Briefe, Reden und Schriften, 3 Bde., Berlin 1906.

Bertier de Sauvigny, Guillaume de, La Restauration, 3. Aufl., Paris 1974.

Bestler, Josef, Das Nationaldenkmal auf Wittelsbach, in: *Toni Grad* (Hg.), Die Wittelsbacher im Aichacher Land. Gedenkschrift der Stadt Aichach und des Landkreises Aichach-Friedberg zur 800-Jahr-Feier des Hauses Wittelsbach, Aichach 1980, S. 333–345.

Beyme, Klaus von, Politische Theorien im Zeitalter der Ideologien 1789–1945, Köln/Opladen 2002.

Bierman, John, Napoleon III and his Carnival Empire, London 1988.

Birtsch, Günter, Aufgeklärter Absolutismus oder Reformabsolutismus?, in: *ders.* (Hg.), Reformabsolutismus im Vergleich, Hamburg 1996, S. 101–109 (Aufklärung 9/1).

Birtsch, Günter (Hg.), Reformabsolutismus im Vergleich. Staatswirklichkeit – Modernisierungsaspekte – Verfassungsstaatliche Positionen, Hamburg 1996 (Aufklärung 9/1).

Bismarck, Otto von, Die gesammelten Werke, 15 Bde., Berlin 1924–1935.

Biver, Marie-Louise, Fêtes révolutionnaires à Paris, Paris 1979.

Blänkner, Reinhard, "Absolutismus". Eine begriffsgeschichtliche Studie zur politischen Theorie und zur Geschichtswissenschaft in Deutschland, 1830–1870, Phil. Diss. Göttingen 1990.

Blasius, Dirk, Friedrich Wilhelm IV. 1795–1861. Psychopathologie und Geschichte, Göttingen 1992.

Bloch, Marc, Les rois thaumaturges. Étude sur le caractère surnaturel attribué à la puissance royale particulièrement en France et en Angleterre, Strasbourg/Paris 1924.

Bluche, Frédéric, Le Plébiscite des Cent-Jours (avril–mai 1815), Genève 1974.

Bluche, Frédéric, Art. Plébiscite, in: *Jean Tulard* (Hg.), Dictionnaire Napoléon, nouvelle édition, revue et augmentée, Paris 1989, S. 1338f.

Bodin, Jean, Les six livres de la République, Paris 1583.

Böhr, Susanne, Die Verfassungsarbeit der preußischen Nationalversammlung 1848, Frankfurt 1992.

Boilet, Georges Edouard (Hg.), La doctrine sociale de Napoléon III, Paris 1969.

Boldt, Hans, Deutsche Staatslehre im Vormärz, Düsseldorf 1975.

Boldt, Hans, Art. Monarchie V–VI, in: Geschichtliche Grundbegriffe, Bd. 4, Stuttgart 1978, S. 189–214.

Bonnin, Georges (Hg.), Bismarck and the Hohenzollern Candidature for the Spanish Throne. The Documents in the German Diplomatic Archives, London 1957.

Boon, Hendrik Nicolaas, Rêve et réalité dans l'œuvre économique et sociale de Napoléon III, 's-Gravenhage 1936.

Borch, Herbert von, Das Gottesgnadentum. Historisch-soziologischer Versuch über die religiöse Herrschaftslegitimation, Berlin 1934.

Born, Karl Erich, Staat und Sozialpolitik seit Bismarcks Sturz. Ein Beitrag zur Geschichte der innenpolitischen Entwicklung des deutschen Reiches 1890–1914, Wiesbaden 1957.

Bouillé, François Claude Amour, marquis de, Mémoires, Paris 1821.

Boureau, Alain/Ingerflom, Claudio Sergio (Hg.), La royauté sacrée dans le monde chrétien, Paris 1992.

Brauneder, Wilhelm, Deutschösterreich 1918. Die Republik entsteht, Wien/München 2000.

Brauneder, Wilhelm, „Ein Kaiser abdiziert doch nicht bloss zum Scheine!" Der Verzicht Kaiser Karls am 11. November 1918, in: *Susan Richter/Dirk Dirbach* (Hg.), Thronverzicht. Die Abdankung in Monarchien vom Mittelalter bis in die Neuzeit, Köln/Weimar/Wien 2010, S. 123–140.

Brauneder, Wilhelm, Österreichische Verfassungsgeschichte, 7. Aufl., Wien 1998.

Brennan, James F., Enlightened Despotism in Russia. The Reign of Elisabeth, 1741–1762, Frankfurt 1987.

Bresler, Fenton, Napoleon III. A Life, London 1999.

Briggs, Asa, The Age of Improvement, London 1959.

[*Brougham, Henry*], Letter to the Queen on the State of the Monarchy. By a Friend of the People, London 1838.

Browder, Robert Paul/Kerensky, Alexander F. (Hg.), The Russian Provisional Government 1917. Documents, 3 Bde., Stanford 1961.

Browning, Andrew (Hg.), English Historical Documents, Bd. 6: 1660–1714, London 1996.

Brunner, Otto, Vom Gottesgnadentum zum monarchischen Prinzip. Der Weg der europäischen Monarchie seit dem hohen Mittelalter, in: *ders.*, Neue Wege der Verfassungs- und Sozialgeschichte, 2. Aufl., Göttingen 1968, S. 160–186.

Büsch, Otto (Hg.), Friedrich Wilhelm IV. in seiner Zeit, Berlin 1987.

Büschel, Hubertus, Untertanenliebe. Der Kult um deutsche Monarchen 1770–1830, Göttingen 2006.

Bulletin des lois de l'Empire français, 4. Serie, Bd. 1–4 (1804–1806).

Bulletin des lois du Royaume de France, 5. Serie, Bd. 1 (1814).

Burckhardt, Jacob, Historische Fragmente, hg. von *Emil Dürr*, Stuttgart 1942.

Burdiel, Isabel, Isabel II. No se puede reinar inocentemente, Madrid 2004.

Burke, Edmund, Speeches and Letters on American Affairs, hg. von *Canon Peter McKevitt*, London/New York 1956.

Burke, Edmund, Speech on Moving his Resolutions for Conciliation with the Colonies, in: *ders.*, Select Works, hg. von *E. J. Payne*, Bd. 1: Thoughts on the Present Discontents. The Two Speeches on America, Oxford 1904.

Bussmann, Walter, Die Krönung Wilhelms I. am 18. Oktober 1861. Eine Demonstration des Gottesgnadentums im preußischen Verfassungsstaat, in: *Dieter Albrecht/Hans Günter Hockerts/Paul Mikat/Rudolf Morsey* (Hg.), Politik und Konfession. Festschrift für Konrad Repgen zum 60. Geburtstag, Berlin 1983, S. 189–212.

Butterfield, L. H./Friedlaender, Marc/Kline, Mary-Jo (Hg.), The Book of Abigail and John. Selected Letters of the Adams Family 1762–1784, Cambridge, Mass./London 1975.

Cammarano, Fulvio, Il "garante interessato": monarchia e politica in Italia e Gran Bretagna dopo il 1848, in: *Giulia Guazzaloca* (Hg.), Sovrani a metà. Monarchia e legittimazione in Europa tra Otto e Novecento, Soveria Mannelli 2009, S. 67–91.

Canavero, Alfredo, Milano e la crisi di fine secolo (1896–1900), 2. Aufl., Milano 1998.

Cannadine, David, Die Erfindung der britischen Monarchie 1820–1904, Berlin 1994.

Cannadine, David, The last Hanoverian sovereign? The Victorian monarchy in historical perspective, 1688–1988, in: *A. L. Beier/David Cannadine/James M. Rosenheim* (Hg.), The First Modern Society. Essays in English History in Honour of Lawrence Stone, Cambridge 1989, S. 127–165.

Carlton, Charles, Charles I. The Personal Monarch, 2. Aufl., London 1995.

Case, Lynn M., French Opinion on War and Diplomacy during the Second Empire, Philadelphia 1954.

Caterina di Russia. L'Imperatrice e le arti, Milano 1998.

[*Cavour, Camillo di*], Il carteggio Cavour-Nigra dal 1858 al 1861, a cura della R. Commissione editrice, 4 Bde., Bologna 1926–1929; Bd. 4: La liberazione del Mezzogiorno, Bologna 1929.

Cecil, Lamar, Wilhelm II. Prince and Emperor, 1859–1900, Chapel Hill/London 1989.

Cecil, Lamar, Wilhelm II. Emperor and Exile, 1900–1941, Chapel Hill/London 1996.

Chateaubriand, François René de, De Buonaparte, des Bourbons, et de la nécessité de se rallier à nos princes légitimes, pour le bonheur de la France et celui de l'Europe, Zürich 1814.

Chaussinand-Nogaret, Guy, Mirabeau, Paris 1982.

Cherniavsky, Michael, „Holy Russia". A Study in the History of an Idea, in: AHR 63 (1958), S. 617–637.

Cherniavsky, Michael, Tsar and People. Studies in Russian Myths, New Haven/London 1961.

Chiappe, Jean-François, Louis XVI, Bd. 1: Le prince; Bd. 2: le roi, Paris 1987; Bd. 3: l'otage, Paris 1989.

Ciaurro, Luigi (Hg.), Lo Statuto albertino, illustrato dai lavori preparatori, Roma 1996.

Čistov, Kirill V., Der gute Zar und das ferne Land. Russische sozial-utopische Volkslegenden des 17.–19. Jahrhunderts., hg. von *Dagmar Burkhart,* Münster 1998.

Clark, Christopher, Kaiser Wilhelm II., Harlow 2000.

Classen, Peter, Romanum gubernans imperium. Zur Vorgeschichte der Kaisertitulatur Karls des Großen, in: *Josef Fleckenstein* (Hg.), Ausgewählte Aufsätze von Peter Classen, VF 28, Sigmaringen 1983, S. 187–294.

Classen, Peter, Karl der Große und die Thronfolge im Frankenreich, in: *Josef Fleckenstein* (Hg.), Ausgewählte Aufsätze von Peter Classen, VF 28, Sigmaringen 1983, S. 205–229.

Colapietra, Raffaele, Bava Becccaris, Fiorenzo, in: DBI, Bd. 7, Roma 1965, S. 302f.

Colley, Linda, The Apotheosis of George III: Loyalty, Royalty and the British Nation, in: PP 102 (1984), S. 94–129.

Collins, Irene, Napoleon and his Parliaments, 1800–1815, London 1979.

Colombo, Paolo, Il re d'Italia. Prerogative costituzionali e potere politico della Corona (1848–1922), Milano 1999.

Comellas, José Luis, Isabel II. Una reina y un reinado, Barcelona 1999.

Constant, Benjamin, Œuvres, hg. von *Alfred Roulin,* Paris 1957.

Conze, Werner (Hg.), Quellen zur Geschichte der deutschen Bauernbefreiung, Göttingen 1957.

Corp, Edward, The Jacobites at Urbino. An Exiled Court in Transition, Houndmills 2009.

Craig, David M., The Crowned Republic? Monarchy and Anti-Monarchy in Britain, 1760–1901, in: The Historical Journal 46 (2003), S. 167–185.

Cruickshanks, Eveline, Attempts to Restore the Stuarts, 1689–96, in: *dies./Edward Corp* (Hg.), The Stuart Court in Exile and the Jacobites, London/Rio Grande 1995., S. 1–13.

Cruickshanks, Eveline, The Glorious Revolution, London 2000.

Cruickshanks, Eveline/Corp, Edward (Hg.), The Stuart Court in Exile and the Jacobites, London/Rio Grande 1995.

Cunningham, Hugh, The Language of Patriotism, 1750–1914, in: History Workshop 12 (1981), S. 8–33.

Cust, Richard, Charles I. A Political Life, London 2005.

Dahlmann, Dittmar (Hg.), Die Kenntnis Rußlands im deutschsprachigen Raum im 18. Jahrhundert. Wissenschaft und Publizistik über das Russische Reich, Göttingen 2006.

Dahlmann, Friedrich Christoph, Die Politik, auf den Grund und das Maß der gegebenen Zustände zurückgeführt, Bd. 1, 3. Aufl., Leipzig 1847.

Dardé, Carlos (Hg.), Liberalismo y romanticismo en tiempos de Isabel II, Madrid 2004.

D'Arjuzon, Antoine, Coexistence, alliance, querelles, amitié. La France et la Grande-Bretagne de 1815 à 1904, in: Napoléon III et la reine Victoria. Une visite à l'Exposition universelle de 1855, Paris 2008, S. 28–35.

D'Azeglio, Massimo, I miei ricordi, hg. von *Arturo Pompeati*, Torino 1958.

Defoe, Daniel, Political and Economic Writings, Bd. 5: International Relations, hg. von *P. N. Furbank*, London 2000.

Defoe, Daniel, Satire, Fantasy and Writings on the Supernatural, Bd. 2: Jure Divino, hg. von *P. N. Furbank*, London 2003.

Deist, Wilhelm (Hg.), Militär und Innenpolitik im Weltkrieg 1914–1918, Düsseldorf 1970.

Deist, Wilhelm, Militär, Staat und Gesellschaft. Studien zur preußisch-deutschen Militärgeschichte, München 1991.

Deist, Wilhelm, Kaiser Wilhelm II. als Oberster Kriegsherr, in: *ders.*, Militär, Staat und Gesellschaft. Studien zur preußisch-deutschen Militärgeschichte, München 1991, S. 1–18.

Deist, Wilhelm, Die Politik der Seekriegsleitung und die Rebellion der Flotte Ende Oktober 1918, in: *ders.*, Militär, Staat und Gesellschaft. Studien zur preußisch-deutschen Militärgeschichte, München 1991, S. 185–210; auch in: VfZG 14 (1966), S. 341–368.

Demandt, Philipp, Luisenkult. Die Unsterblichkeit der Königin von Preußen, Köln 2003.

Demmerle, Eva, Kaiser Karl I. „Selig, die Frieden stiften …". Die Biographie, Wien 2004.

Denquin, Jean-Marie, Référendum et plébiscite. Essai de théorie générale, Paris 1976.

De Paoli, Gianfranco E., Vittorio Emanuele II. Il re, l'uomo, l'epoca, Milano 1992.

Deuerlein, Ernst (Hg.), Briefwechsel Hertling-Lerchenfeld 1912–1917, 2 Bde., Boppard 1973.

Diderot, Denis, Mémoires pour Catherine II, texte établi d'après l'autographe de Moscou, avec introduction, bibliographie et notes par *Paul Vernière*, Paris 1966.

Diderot, Denis, Œuvres complètes, hg. von *J. Assézat*, 20 Bde., Paris 1875–1877.

Dipper, Christof, Helden überkreuz oder das Kreuz mit den Helden. Wie Deutsche und Italiener die Heroen der nationalen Einigung (der anderen) wahrnahmen, in: Jahrbuch des Historischen Kollegs, München 1999, S. 91–130.

Domann, Peter, Sozialdemokratie und Kaisertum unter Wilhelm II. Die Auseinandersetzung der Partei mit dem monarchischen System, seinen gesellschafts- und verfassungspolitischen Voraussetzungen, Wiesbaden 1974.

Dostoevskij, Fedor M., Tagebuch eines Schriftstellers, hg. von Alexander Eliasberg, 4 Bde., München 1923.

Douer, Alisa, Wien Heldenplatz. Mythen und Massen 1848–1998, Budapest 2000.

Duchhardt, Heinz (Hg.), Herrscherweihe und Königskrönung im frühneuzeitlichen Europa, Wiesbaden 1983.

Duchhardt, Heinz, Die preußische Königskrönung von 1701. Ein europäisches Modell?, in: *ders.* (Hg.), Herrscherweihe und Königskrönung im frühneuzeitlichen Europa, Wiesbaden 1983, S. 82–95.

Duchhardt, Heinz/Jackson, Richard A./Sturdy, David (Hg.), European Monarchy. Its Evolution and Practice from Roman Antiquity to Modern Times, Stuttgart 1992.

Düding, Dieter/Friedemann, Peter/Münch, Paul (Hg.), Öffentliche Festkultur. Politische Feste in Deutschland von der Aufklärung bis zum Ersten Weltkrieg, Reinbek 1988.

Dufraisse, Roger (Hg.), Revolution und Gegenrevolution 1789–1830. Zur geistigen Auseinandersetzung in Frankreich und Deutschland, München 1991.

Dukes, Paul, Catherine the Great and the Russian Nobility, Cambridge 1967.

Dukes, Paul, Catherine II's Enlightened Absolutism und the Problem of Serfdom, in: *William E. Butler* (Hg.), Russian Law: Historical and Political Perspectives, Leyden 1977, S. 93–115.

Dunning, Chester S. L., Russia's First Civil War. The Time of Troubles and the Founding of the Romanov Dynasty, University Park 2001.

Dupuis, Charles, Le ministère de Talleyrand en 1814, 2 Bde., Paris 1919/20.

Durschmied, Erik, Der Untergang großer Dynastien, Wien/Köln/Weimar 2000.

Duruy, Albert, L'instruction publique et la Révolution, Paris 1882.

Duvergier de Hauranne, Prosper, Histoire du gouvernement parlementaire en France, 1814–1848, 10 Bde., Paris 1857–1871.

Ebbinghaus, Andreas, „National" (*narodnyj*) und „nationale Eigenart" (*narodnost'*) in der russischen Literaturkritik der 1820er Jahre, in: *Peter Thiergen* (Hg.), Russische Begriffsgeschichte der Neuzeit. Beiträge zu einem Forschungsdesiderat, Köln/Weimar/Wien 2006, S. 51–79.

Ekaterina II i G. A. Potemkin, Ličnaja perepiska, hg. von *V. S. Lopatin*, Moskva 1997.

[*Ekaterina II*] Nakaz eja imperatorskago veličestva Ekateriny vtoryja samoderžicy vserossijskija dannyj kommissii o sočinenii proekta novago uloženija, Sankt-Peterburg 1893.

Ekaterina II, Sočinenija, Moskva 1990.

Eklof, Ben u.a. (Hg.), Russia's Great Reforms, 1855–1881, Bloomington/Indianapolis 1994.

Elias, Otto-Heinrich (Hg.), Aufklärung in den baltischen Provinzen Rußlands. Ideologie und soziale Wirklichkeit, Köln/Weimar/Wien 1996.

Elias, Otto-Heinrich, Reval in der Reformpolitik Katharinas II. Die Statthalterschaftszeit 1783–1796, Bonn-Bad Godesberg 1978.

Emmons, Terence, The Russian Landed Gentry and the Peasant Emancipation of 1861, London 1968.

Enderle-Burcel, Gertrude/Haas, Hanns/Mähner, Peter (Bearb.), Der österreichische Staatsrat. Protokolle des Vollzugsausschusses, des Staatsrates und des Geschäftsführenden Staatsratsdirektoriums, 21. Oktober 1918 bis 14. November 1918, Wien 2008.

Engels, Jens Ivo, Königsbilder. Sprechen, Singen und Schreiben über den französischen König in der ersten Hälfte des achtzehnten Jahrhunderts, Bonn 2000.

Erkens, Franz-Reiner, Herrschersakralität im Mittelalter. Von den Anfängen bis zum Investiturstreit, Stuttgart 2006.

[*Ermolov, Aleksej Sergeevič*], Zapiski A. S. Ermolova, in: KA 8 (1925), S. 49–69.

Esdaile, Charles J., Spain in the Liberal Age. From Constitution to Civil War, 1808–1939, Oxford 2000.

Etzioni, Amitai, A Comparative Analysis of Complex Organizations. On Power, Involvement, and their Correlates, überarb. u. erw. Aufl., New York/London 1975.

Ewig, Eugen, Zum christlichen Königsgedanken im Frühmittelalter, in: *Theodor Mayer* (Hg.), Das Königtum. Seine geistigen und rechtlichen Grundlagen, Mainauvorträge 1954, in: VF 3 (1956), S. 7–73.

Faath, Ute/Schmidt-Bergmann, Hansgeorg (Hg.), Literatur und Revolution in Baden 1848/49. Eine Anthologie, Karlsruhe 1997.

Fehrenbach, Elisabeth, Wandlungen des deutschen Kaisergedankens 1871–1918, München/ Wien 1969.

Feigl, Erich, „Gott erhalte …" Kaiser Karl. Persönliche Aufzeichnungen und Dokumente, 3. Aufl., Wien 2006.

Fellner, Fritz (Hg.), Schicksalsjahre Österreichs 1908–1919. Das politische Tagebuch Josef Redlichs, 2 Bde., Graz/Köln 1953/1954.

Feuerbach, Ludwig (Hg.), Anselm Ritter von Feuerbach's Leben und Wirken aus seinen ungedruckten Briefen und Tagebüchern, Vorträgen und Denkschriften, Bd. 2, Leipzig 1852.

Feuillet de Conches, Félix-Sébastien, Louis XVI, Marie-Antoinette, et Madame Elisabeth, 6 Bde., Paris 1864–1873.

Field, Daniel, The End of Serfdom. Nobility and Bureaucracy in Russia, 1855–1861, Cambridge, Mass. 1976.

Field, Daniel, Rebels in the Name of the Tsar, Boston/London 1989.

Figgis, John Neville, The Divine Right of Kings, 2. Aufl., Cambridge 1914.

Fimiani, Enzo, Per una storia delle teorie e pratiche plebiscitarie nell'Europa moderna e contemporanea, in: Annali dell'Istituto storico italo-germanico in Trento 21 (1995), S. 267–333.

Fischer, Heinz (Hg.), Karl Renner. Porträt einer Evolution, Wien/Frankfurt/Zürich 1970.

Flier, Michael S., The Church of the Savior on the Blood. Projection, Rejection, Resurrection, in: *Robert P. Hughes/Irina Paperno* (Hg.), Christianity and the Eastern Slavs, Bd. 2: Russian Culture in Modern Times, Berkeley 1994, S. 25–48.

Flier, Michael S., At Daggers Drawn. The Competition for the Church of the Savior on the Blood, in: *ders./Robert P. Hughes* (Hg.), For SK. In Celebration of the Life and Career of Simon Karlinsky, Berkeley 1994, S. 97–115.

Foerster, Cornelia, Das Hambacher Fest 1832. Volksfest und Nationalfest einer oppositionellen Massenbewegung, in: *Dieter Düding/Peter Friedemann/Paul Münch* (Hg.), Öffentliche Festkultur. Politische Feste in Deutschland von der Aufklärung bis zum Ersten Weltkrieg, Reinbek 1988, S. 113–131.

Foerster, Cornelia, Der Preß- und Vaterlandsverein von 1832/33. Sozialstruktur und Organisationsformen der bürgerlichen Bewegung in der Zeit des Hambacher Festes, Trier 1982.

Fortescue, William, France and 1848. The End of Monarchy, London 2005.

Fournier, August, Der Congress von Châtillon. Die Politik im Kriege von 1814. Eine historische Studie, Wien 1900.

Frankfurter Zeitung 1918.

Frantz, Constantin, Louis Napoléon. Masse oder Volk, hg. von *Günter Maschke,* Wien/Leipzig 1990.

Frédéric le Grand, Exposé du gouvernement prussien, des principes sur lesquels il roule, avec quelques réflexions politiques [1776], in: *Friedrich der Große,* Die politischen Testamente, hg. von *Gustav Berthold Volz,* Berlin 1920, S. 238–245.

Frédéric le Grand, Œuvres, 32 Bde., Berlin 1846–1857.

Freeze, Gregory L., Handmaiden of the State? The Church in Imperial Russia Reconsidered, in: Journal of Ecclesiastical History 36 (1985), S. 82–108.

Friedeburg, Robert von (Hg.), Murder and Monarchy. Regicide in European History, 1300–1800, Houndmills 2004.

Friedrich der Große, Die politischen Testamente, hg. von *Gustav Berthold Volz,* Berlin 1920.

Gaehtgens, Thomas W., Anton von Werner und die französische Malerei, in: *Dominik Bartmann* (Hg.), Anton von Werner. Geschichte in Bildern, 2. Aufl., München 1997, S. 49–61.

Gaehtgens, Thomas W., Anton von Werner. Die Proklamierung des Deutschen Kaiserreiches. Ein Historienbild im Wandel preußischer Politik, Frankfurt 1990.

Galasso, Giuseppe, Italia nazione difficile. Contributo alla storia politica e culturale dell'Italia unita, Firenze 1994.

Gall, Lothar, Benjamin Constant. Seine politische Ideenwelt und der deutsche Vormärz, Wiesbaden 1963.

Gall, Lothar, Bismarck. Der weiße Revolutionär, Frankfurt 1980.

Garnier, Jean-Paul, Le sacre de Charles X, in: Revue des deux mondes, 107. Jahrgang, 8. Periode, Bd. 37 (1937), S. 634–662.

Garrard, J. G. (Hg.), The Eighteenth Century in Russia, Oxford 1973.

Gash, Norman, Aristocracy and People. Britain 1815–1865, London 1979.

Gauland, Alexander, Das Legitimitätsprinzip in der Staatenpraxis seit dem Wiener Kongreß, Berlin 1971.

Gejsman, P./Bogdanov, A., Skobelev, Michail Dmitrievič, in: Russkij Biografičeskij Slovar', Sabaneev-Smyslov, S.-Peterburg 1904, S. 565–584.

Geschichtliche Grundbegriffe. Historisches Lexikon zur politisch-sozialen Sprache in Deutschland, hg. von *Otto Brunner/Werner Conze/Reinhart Koselleck*, 8 Bde., Stuttgart 1972–1997.

Gestrich, Andreas, Absolutismus und Öffentlichkeit. Politische Kommunikation in Deutschland zu Beginn des 18. Jahrhunderts, Göttingen 1994.

Geyer, Dietrich, Der Aufgeklärte Absolutismus in Rußland. Bemerkungen zur Forschungslage, in: JbbGO 30 (1982), S. 176–189.

Geyer, Dietrich, „Gesellschaft" als staatliche Veranstaltung. Sozialgeschichtliche Aspekte des russischen Behördenstaats im 18. Jahrhundert, in: *ders.*, Wirtschaft und Gesellschaft im vorrevolutionären Rußland, Köln 1975, S. 20–52.

Geywitz, Gisela, Das Plebiszit von 1851 in Frankreich, Tübingen 1965.

Ghillany, F. W. (Hg.), Diplomatisches Handbuch. Sammlung der wichtigsten europäischen Friedensschlüsse, Congressakten und sonstigen Staatsurkunden, 1. Teil, Nördlingen 1855.

Ghisalberti, Carlo, Dall'antico regime al 1848. Le origini costituzionali dell'Italia moderna, Bari 1974.

Ghisalberti, Carlo, Storia costituzionale d'Italia 1848/1948, 17. Aufl., Bari 1998.

Gierke, Otto von, Das deutsche Genossenschaftsrecht, Bd. 1, Berlin 1868.

Gierke, Otto von, Die Steinsche Städteordnung, Berlin 1909.

Glaise-Horstenau, Edmund von, Die Katastrophe. Die Zertrümmerung Österreich-Ungarns und das Werden der Nachfolgestaaten, Zürich/Leipzig/Wien 1929.

Godechot, Jacques (Hg.), Les Constitutions de la France depuis 1789, Paris 1970.

Godechot, Jacques, Les Institutions de la France sous la Révolution et l'Empire, 2. Aufl., Paris 1968.

Görlitz, Walter (Hg.), Regierte der Kaiser? Kriegstagebücher, Aufzeichnungen und Briefe des Chefs des Marine-Kabinetts Admiral Georg Alexander von Müller 1914–1918, Göttingen 1959.

Görlitz, Walter, Russische Gestalten. Russische Geschichte in Einzelbildern, Heidelberg 1940.

Golczewski, Frank/Pickhan, Gertrud, Russischer Nationalismus. Die russische Idee im 19. und 20. Jahrhundert. Darstellung und Texte, Göttingen 1998.

Gollwitzer, Heinz, Der Cäsarismus Napoleons III. im Widerhall der öffentlichen Meinung Deutschlands, in: HZ 173 (1952), S. 23–75.

Gollwitzer, Heinz, Ludwig I. von Bayern. Königtum im Vormärz. Eine politische Biographie, München 1986.

Gooch, Leo, The Desperate Faction? The Jacobites of North-East England 1688–1745, Hull 1995.

Gosudarstvennaja Duma, Stenografičeskij otčet, Sessia I, Zasedanie pervoe, 27. 4. 1906.

Gottfried, Margaret, Das Wiener Kaiserforum. Utopien zwischen Hofburg und Museums-Quartier. Imperiale Träume und republikanische Wirklichkeiten von der Antike bis heute, Wien/Köln/Weimar 2001.

Granger, Cathérine, Napoléon III et Victoria, visites croisées, in: Napoléon III et la reine Victoria. Une visite à l'Exposition universelle de 1855, Paris 2008, S. 36–58.

Green, Abigail, Fatherlands. State-Building and Nationhood in Nineteenth-Century Germany, Cambridge 2001.

Greenfield, Liah, Nationalism. Five Roads to Modernity, Cambridge, Mass. 1992.

Gregg, Pauline, King Charles I, London 1981.

Grell, Chantal, The *sacre* of Louis XVI: The End of a Myth, in: *Michael Schaich* (Hg.). Monarchy and Religion. The Transformation of Royal Culture in Eighteenth-Century Europe, Oxford 2007, S. 345–366.

Griffiths, David M., Catherine II: The Republican Empress, in: JbbGO 21 (1973), S. 323–244.

Grimaldi, Ugoberto Alfassio, Il re „buono", Milano 1970.

Groener-Geyer, Dorothea, General Groener. Soldat und Staatsmann, Frankfurt 1955.

Groh, Dieter, Art. Cäsarismus, Napoleonismus, Bonapartismus, Führer, Chef, Imperialismus, in: Geschichtliche Grundbegriffe, Bd. 1, Stuttgart 1972, S. 726–771.

Grünthal, Günther, Parlamentarismus in Preußen 1848/49–1857/58. Preußischer Konstitutionalismus – Parlament und Regierung in der Reaktionsära, Düsseldorf 1982.

Grünthal, Günther, Zwischen König, Kabinett und Kamarilla. Der Verfassungsoktroi in Preußen vom 5. 12. 1848, in: JGMOD 32 (1983), S. 119–174.

Guazzaloca, Giulia (Hg.), Sovrani a metà. Monarchia e legittimazione in Europa tra Otto e Novecento, Soveria Mannelli 2009.

Guillemin, Henri, 24 février 1848. La première résurrection de la République, Paris 1967.

Guiral, Pierre, Adolphe Thiers ou la nécessité en politique, Paris 1986.

Hachtmann, Rüdiger, Berlin 1848. Eine Politik- und Gesellschaftsgeschichte der Revolution, Bonn 1997.

Hammerstein, Notker/Herrmann, Ulrich (Hg.), Handbuch der deutschen Bildungsgeschichte, Bd. 2: 18. Jahrhundert: Vom späten 17. Jahrhundert bis zur Neuordnung Deutschlands um 1800, München 2005.

Hanisch, Manfred, Nationalisierung der Dynastien oder Monarchisierung der Nation? Zum Verhältnis von Monarchie und Nation in Deutschland im 19. Jahrhundert, in: *Adolf Martin Birke/Lothar Kettenacker* (Hg.), Bürgertum, Adel und Monarchie, München 1989, S. 71–91.

Harcave, Sidney, Count Sergei Witte and the Twilight of Imperial Russia. A Biography, New York 2004.

Hardman, John, Louis XVI, New Haven 1993.

Hartung, Fritz, Der Aufgeklärte Absolutismus (1955), in: *Karl Otmar Freiherr von Aretin* (Hg.), Der Aufgeklärte Absolutismus, Köln 1974, S. 54–76.

Hasegawa, Tsuyoshi, The February Revolution: Petrograd, 1917, Seattle/London 1981.

Hasenclever, Catharina, Gotisches Mittelalter und Gottesgnadentum in den Zeichnungen Friedrich Wilhelms IV. Herrschaftslegitimierung zwischen Revolution und Restauration, Berlin 2005.

Hattenhauer, Christian, Wahl und Krönung Franz' II. AD 1792, Frankfurt 1995.

Hattenhauer, Hans, „Unxerunt Salomonem". Kaiserkrönung Napoleons I. am 2. Dezember 1804, in: *Klaus Grupp/Ulrich Hufeld* (Hg.), Recht – Kultur – Finanzen. Festschrift für Reinhard Mußgnug zum 70. Geburtstag am 26. Oktober 2005, Heidelberg 2005, S. 629–651.

Haueter, Anton, Die Krönungen der französischen Könige im Zeitalter des Absolutismus und in der Restauration, Zürich 1975.

Hegemann, Werner, 1930. Das steinerne Berlin. Geschichte der größten Mietskasernenstadt der Welt, Berlin/Frankfurt/Wien 1930.

Heideking, Jürgen, Die Verfassungsfeiern von 1788. Das Ende der Amerikanischen Revolution und die Anfänge einer Nationalen Festkultur in den Vereinigten Staaten, in: Der Staat 34 (1995), S. 391–413.

Heretz, Leonid, Russia on the Eve of Modernity. Popular Religion and Traditional Culture under the Last Tsars, Cambridge 2008.

Herrmann, Karin, Der Zusammenbruch 1918 in der deutschen Tagespresse, Phil. Diss. Münster 1958.

Herzfeld, Hans, Bismarck und die Skobelewepisode (1930), in: *ders.*, Ausgewählte Aufsätze, Berlin 1962, S. 165–188.

Hettling, Manfred/Nolte, Paul (Hg.), Bürgerliche Feste. Symbolische Formen politischen Handelns im 19. Jahrhundert, Göttingen 1993.

Hibbert, Christopher, Garibaldi. Hero of Italian Unification, London 2008.

Hibbert, Christopher (Hg.), Greville's England. Selections from the Diaries of Charles Greville 1818–1860, London 1981.

Hibbert, Christopher, Queen Victoria. A Personal History, London 2000.

Hibbert, Christopher, Wellington. A Personal History, London 1997.

Hildermeier, Manfred, Die Russische Revolution 1905–1921, Frankfurt 1989.

Hilton, Boyd, A Mad, Bad, and Dangerous People? England 1783–1846, Oxford 2006.

Hintze, Otto, Die Hohenzollern und ihr Werk. Fünfhundert Jahre vaterländischer Geschichte, Berlin 1915.

Hintze, Otto, Zum Hohenzollernjubiläum 1915, in: Hohenzollern-Jahrbuch 19 (1915), S. I–IV.

Hirschhausen, Ulrike von, Die Grenzen der Gemeinsamkeit. Deutsche, Letten, Russen und Juden in Riga 1860–1914, Göttingen 2006.

Hirst, Derek, Authority and Conflict. England 1603–1658, London 1986.

Hlawitschka, Eduard (Hg.), Königswahl und Thronfolge in fränkisch-karolingischer Zeit, Darmstadt 1975.

Hobhouse, Hermione, Prince Albert: His Life and Work, London 1983.

Hoegen, Jesko von, Der Held von Tannenberg. Genese und Funktion des Hindenburg-Mythos, Köln/Weimar/Wien 2007.

Hölscher, Tonio, Herrschaft und Lebensalter. Alexander der Große: Politisches Image und anthropologisches Modell, Basel 2009.

Hoffman, David L./Kotsonis, Yanni (Hg.), Russian Modernity. Politics, Knowledge, Practices, Houndmills, New York 2000.

Hoffmann, Peter, Rußland im Zeitalter des Absolutismus, Berlin 1988.

Holmes, Richard, Wellington. The Iron Duke, London 2002.

Hosking, Geoffrey, Russia. People and Empire 1552–1917, Cambridge, Mass. 1997.

Hubatsch, Walther, Hindenburg und der Staat. Aus den Papieren des Generalfeldmarschalls und Reichspräsidenten von 1878 bis 1934, Göttingen 1966.

Huber, Ernst Rudolf, Deutsche Verfassungsgeschichte seit 1789, 8 Bde., Stuttgart 1957–1991.

Hume, David, Essays, Moral, Political, and Literary, Bd. 1, London 1898.

Ishida, Tomoo, The Royal Dynasties in Ancient Israel. A Study on the Formation and Development of Royal-Dynastic Ideology, Berlin/New York 1977.

Jackson, Richard A., Vive le roi! A History of the French Coronation from Charles V to Charles X, Chapel Hill/London 1984.

Jaucourt, Louis de, Art. Sociéte, in: Encyclopédie, ou Dictionnaire raisonné des sciences, des arts et des métiers, Bd. 15, Neufchastel 1765, S. 252–260.

[*Jefferson, Thomas*] The Papers of Thomas Jefferson, hg. von *Julian P. Boyd*, Bd. 1: 1760–1776, Princeton 1950.

Jemolo, Arturo Carlo, Chiesa e Stato in Italia negli ultimi cento anni, Torino 1955.

Jones, James R., The Revolution of 1688 in England, London 1972.

Jones, Robert E., The Emancipation of the Russian Nobility 1762–1785, Princeton 1973.

Jourdan, Annie, Les monuments de la Révolution 1770–1804. Une histoire de représentation, Paris 1997.

Journal des débats 1814.

Justi, Johann Heinrich Gottlob von, Gesammlete Politische und Finanzschriften über wichtige Gegenstände der Staatskunst, der Kriegswissenschaften und des Cameral- und Finanzwesens, 3 Bde., Kopenhagen/Leipzig 1761–1764.

Kaeber, Ernst, Die Idee des europäischen Gleichgewichts in der publizistischen Literatur vom 16. bis zur Mitte des 18. Jahrhunderts, Berlin 1907.

Kamp, Norbert/Wollasch, Joachim (Hg.), Tradition als historische Kraft. Interdisziplinäre Forschungen zur Geschichte des früheren Mittelalters, Berlin/New York 1982.

Kann, Robert A., Das Nationalitätenproblem der Habsburgermonarchie, 2 Bde., 2., erw. Aufl., Graz/Köln 1964.

Kann, Robert A., The Problem of Restoration. A Study in Comparative Political History, Berkeley/Los Angeles 1968.

Kantorowicz, Ernst H., The King's Two Bodies. A Study in Mediaeval Political Theology, Princeton 1957.

Kappeler, Andreas, Die Russen. Ihr Nationalbewußtsein in Geschichte und Gegenwart, Köln 1990.

Kappeler, Andreas, Rußland als Vielvölkerreich. Entstehung, Geschichte, Zerfall, 2. Aufl., München 2008.

[*Katharina II.*], Katharinae der Zweiten Kaiserin und Gesetzgeberin von Rußland Instruction für die zu Verfertigung des Entwurfs zu einem neuen Gesetzbuche verordnete Commission, Riga und Mietau 1768.

Katharina II., Memoiren, 2 Bde., München 1987.

[*Katharina II.*] Nakaz eja imperatorskago veličestva Ekateriny vtoryja samoderžicy vserossijskija dannyj kommissii o sočinenii proekta novago uloženija, S.-Peterburg 1893.

Katkov, Michail N., Sobranie peredovych statej Moskovskich Vedomostej, 1882 god, Moskva 1898.

Kaufhold, Karl Heinrich/Sösemann, Bernd (Hg.), Wirtschaft, Wissenschaft und Bildung in Preußen. Zur Wirtschafts- und Sozialgeschichte Preußens vom 18. bis zum 20. Jahrhundert, Stuttgart 1998.

Keep, John, Neues aus Ost und West zu Katharina II., in: ZHF 29 (2002), S. 597–603.

Kelly, Catriona/Shepherd, David (Hg.), Constructing Russian Culture in the Age of Revolution: 1881–1940, Oxford 1998.

Kenyon, John P. (Hg.), The Stuart Constitution 1603–1688. Documents and Commentary, Cambridge 1966.

Kern, Fritz, Gottesgnadentum und Widerstandsrecht im früheren Mittelalter. Zur Entwicklungsgeschichte der Monarchie, 2. Aufl., Darmstadt 1954.

Kielmansegg, Peter Graf, Legitimität als analytische Kategorie, in: PVS 12 (1971), S. 368–401.

Kintzinger, Martin/Rogge, Jörg, Königliche Gewalt – Gewalt gegen Könige. Macht und Mord im spätmittelalterlichen Europa, Berlin 2004.

Kirsch, Martin, Monarch und Parlament im 19. Jahrhundert. Der monarchische Konstitutionalismus als europäischer Verfassungstyp – Frankreich im Vergleich, Göttingen 1999.

Klinger, Andreas/Hahn, Hans-Werner/Schmidt, Georg (Hg.), Das Jahr 1806 im europäischen Kontext. Balance, Hegemonie und politische Kulturen, Köln/Weimar/Wien 2008.

Klippel, Diethelm, Von der Aufklärung der Herrscher zur Herrschaft der Aufklärung, in: ZHF 17 (1990), S. 193–210.

Kluxen, Kurt, Zur Balanceidee im 18. Jahrhundert, in: *Helmut Berding u.a.* (Hg.), Vom Staat des Ancien Régime zum modernen Parteienstaat. Festschrift für Theodor Schieder, München 1978, S. 41–58.

Knight, Nathaniel, Ethnicity, Nationality and the Masses: *Narodnost'* and Modernity in Imperial Russia, in: *David L. Hoffmann/Yanni Kotsonis* (Hg.), Russian Modernity. Politics, Knowledge, Practices, New York 2000, S. 41–64.

Königlich-Preußischer Staats-Anzeiger 1861.

Körner, Hans-Michael, „Bemerkungen über den Entwurf der Verfassung für Baiern". Das Verfassungsgutachten des Kronprinzen Ludwig von Bayern vom 9. März 1815, in: ZBLG 49 (1986), S. 421–448.

Körner, Hans-Michael, Staat und Geschichte in Bayern im 19. Jahrhundert, München 1992.

Kohl, Horst (Hg.), Briefe des Generals Leopold von Gerlach an Otto von Bismarck, Stuttgart/Berlin 1912.

Kohlrausch, Martin, Die Flucht des Kaisers – Doppeltes Scheitern adlig-bürgerlicher Monarchiekonzepte, in: *Heinz Reif* (Hg.), Adel und Bürgertum in Deutschland, Bd. 2: Entwicklungslinien und Wendepunkte im 20. Jahrhundert, Berlin 2001, S. 65–101.

Kohlrausch, Martin, Der Monarch im Skandal. Die Logik der Massenmedien und die Transformation der wilhelminischen Monarchie, Berlin 2005.

Kohlrausch, Martin (Hg.), Samt und Stahl. Kaiser Wilhelm II. im Urteil seiner Zeitgenossen, Berlin 2006.

Kohn, Hans, Pan-Slavism. Its History and Ideology, Notre Dame 1953.

Kondylis, Panajotis, Art. Reaktion, Restauration, in: Geschichtliche Grundbegriffe, Bd. 5, Stuttgart 1984, S. 179–230.

Konigs, Philip, The Hanoverian Kings and their Homeland. A Study of the Personal Union 1714–1837, Lewes 1993.

Koser, Reinhold, Geschichte Friedrichs des Großen, 4. und 5., verm. Aufl., Bd. 1, Stuttgart/ Berlin 1912.

Koslowski, Peter/Fjodorow, Wladimir F. (Hg.), Religionspolitik zwischen Cäsaropapismus und Atheismus. Staat und Kirche in Rußland von 1825 bis zum Ende der Sowjetunion, München 1999.

Koyré, Alexandre, La philosophie et le problème national en Russie au début du XIXᵉ siècle, Paris 1976.

Kraus, Hans-Christof, Englische Verfassung und politisches Denken im Ancien Régime 1689 bis 1789, München 2006.

Kraus, Hans-Christof, Machtwechsel, Legitimität und Kontinuität als Probleme des deutschen politischen Denkens im 19. Jahrhundert, in: Zeitschrift für Politik 45 (1998), S. 49–68.

Kraus, Hans-Christof, Monarchischer Konstitutionalismus. Zu einer neuen Deutung der deutschen und europäischen Verfassungsentwicklung im 19. Jahrhundert, in: Der Staat 43 (2004), S. 595–620.

Krause, Skadi, Die souveräne Nation. Zur Delegitimierung monarchischer Herrschaft in Frankreich 1788–1789, Berlin 2008.

Krieger, Bogdan (Hg.), Die Reden Kaiser Wilhelms II., Teil 4 (1906–1912), Leipzig o. J.

Krispin, Martin, Der Bolotnikov-Aufstand 1606–1607, in: *Heinz-Dietrich Löwe* (Hg.), Volksaufstände in Rußland. Von der Zeit der Wirren bis zur „Grünen Revolution" gegen die Sowjetherrschaft, Wiesbaden 2006, S. 27–67.

Kroll, Frank-Lothar, Friedrich Wilhelm IV. und das Staatsdenken der deutschen Romantik, Berlin 1990.

Krüger, Peter/Schröder, Paul W. (Hg.), "The Transformation of European Politics, 1763–1848". Episode or Model in Modern History?, Münster 2002.

Kuhn, William M., Democratic Royalism. The Transformation of the British Monarchy, 1861–1914, London/New York 1996.

Kunisch, Johannes, Absolutismus. Europäische Geschichte vom Westfälischen Frieden bis zur Krise des Ancien Régime, 2. Aufl., Göttingen 1999.

Kunisch, Johannes (Hg.), Der dynastische Fürstenstaat. Zur Bedeutung von Sukzessionsordnungen für die Entstehung des frühmodernen Staates, Berlin 1982.

Kuntzemüller, Otto, Die Denkmäler Kaiser Wilhelms des Großen, Bremen 1902.

Kusber, Jan, Grenzen der Reform im Rußland Katharinas II., in: ZHF 25 (1998), S. 509–528.

Kusber, Jan, Krieg und Revolution in Rußland 1904–1906. Das Militär im Verhältnis zu Wirtschaft, Autokratie und Gesellschaft, Stuttgart 1997.

Kusber, Jan/Frings, Andreas (Hg.), Das Zarenreich, das Jahr 1905 und seine Wirkungen. Bestandsaufnahmen, Berlin 2007.

Laband, Paul, Deutsches Reichsstaatsrecht, 5. Aufl., Tübingen 1909.

Lagomarsino, David/Wood, Charles T. (Hg.), The Trial of Charles I. A Documentary History, Hanover 1989.

Landesarchiv Speyer, G 6/4456.

Landor, Walter Savage, The Complete Works, Bd. 15/3: Poems, hg. von *Stephen Wheeler*, New York/London 1961.

Langlois, Claude, Le Plébiscite de l'an VIII ou le coup d'État du 18 pluviôse an VIII, in: Annales Historiques de la Révolution Française 44 (1972), S. 43–65, 231–246, 390–415.

La Revellière-Lépeaux, Louis Marie de, Mémoires, Bd. 3, Paris 1895.

Las Cases, Emmanuel de, Le mémorial de Sainte-Hélène, hg. von *Gérard Walter*, 2 Bde., Paris 1956.

Latreille, André, Le Catéchisme Impérial de 1806. Etudes et documents pour servir à l'histoire des rapports de Napoléon et du Clergé concordataire, Paris 1935 (Annales de l'Université de Lyon, 3ᵉ série, Lettres, fasc. 1).

Latreille, André/Rémond, René, Histoire du catholicisme en France, Bd. 3: La période contemporaine, Paris 1962.

Laven, David/Riall, Lucy (Hg.), Napoleon's Legacy. Problems of Government in Restoration Europe, Oxford/New York 2000.

Le Constitutionnel

LeDonne, John P., Absolutism and Ruling Class. The Formation of the Russian Political Order 1700–1825, New York 1991.

LeDonne, John P., Ruling Russia. Politics and Administration in the Age of Absolutism 1762–1796, Princeton 1984.

Le Mercier de la Rivière, Paul-Pierre, L'ordre naturel et essentiel des sociétés politiques, hg. von *Edgard Depitre*, Paris 1910.

Le Moniteur universel

Le National

Lenman, Bruce, The Jacobite Risings in Britain 1689–1746, London 1980.

Lentin, Antony (Hg.), Peter the Great. His Law on the Imperial Succession in Russia, 1722. The Official Commentary, Oxford 1996.

Lentz, Thierry, Le 18-Brumaire. Les coups d'Etat de Napoléon Bonaparte, Paris 1997.

Lentz, Thierry, La France et l'Europe de Napoléon 1804–1814, Paris 2007.

Lentz, Thierry (Hg.), Napoléon et l'Europe, Paris 2005.

Lentz, Thierry (Hg.), Le sacre de Napoléon, Paris 2003.

Leonhard, Jörn, Bellizismus und Nation. Kriegsdeutung und Nationsbestimmung in Europa und den Vereinigten Staaten 1750–1914, München 2008.

Lepsius, Johannes/Mendelsson Bartholdy, Albrecht/Thimme, Friedrich (Hg.), Die Große Politik der Europäischen Kabinette 1871–1914, Bd. 1, Berlin 1926.

Lever, Évelyne (Hg.), Correspondance de Marie-Antoinette (1770–1793), Paris 2005.

Lever, Évelyne, Louis XVIII, Paris 1988.

Lieven, Dominic, Nicholas II. Emperor of all the Russias, London 1993.

Lincoln, W. Bruce, Nikolaus I. von Rußland 1796–1855, München 1981.

Lincoln, W. Bruce, The Great Reforms. Autocracy, Bureaucracy, and the Politics of Change in Imperial Russia, Dekalb, Ill., 1990.

Llorca, Carmen, Isabel II y su tiempo, 3. Aufl., Madrid 1984.

Löwe, Heinz-Dietrich, Alexander II. 1855–1881, in: *Hans-Joachim Torke* (Hg.), Die russischen Zaren 1547–1917, 3. Aufl., München 2005, S. 315–338.

Löwe, Heinz-Dietrich, Alexander III. 1881–1894, in: *Hans-Joachim Torke* (Hg.), Die russischen Zaren 1547–1917, 3. Aufl., München 2005, S. 339–353.

Löwe, Heinz-Dietrich, Nikolaus II. 1894–1917, in: *Hans-Joachim Torke* (Hg.), Die russischen Zaren 1547–1917, 3. Aufl., München 2005, S. 354–375.

Löwe, Heinz-Dietrich (Hg.), Volksaufstände in Rußland. Von der Zeit der Wirren bis zur „Grünen Revolution" gegen die Sowjetherrschaft, Wiesbaden 2006.

Longford, Elizabeth, Victoria R.I., London 2000.

Longford, Elizabeth, Wellington. The Years of the Sword, London 1969.

Longford, Elizabeth, Wellington. Pillar of State, London 1972.

Longford, Elizabeth, Wellington. A New Biography, Phoenix Mill 2005.

Longworth, Philip, The Pretender Phenomenon in Eighteenth-Century Russia, in: PP 66 (1975), S. 61–83.

Lord, Evelyn, The Stuarts' Secret Army. English Jacobites, 1689–1752, Harlow 2004.

Losehand, Joachim, Symphonie der Mächte. Kirche und Staat in Rußland (1689–1917), Herne 2007.

[*Louis XVIII*], Déclaration du Roi, Saint-Ouen, 2.5.1814, in: Bulletin des lois du Royaume de France, 5e série, tome 1er, Nr. 8, Paris 1814, S. 75f.

Mack Smith, Denis, Italy and its Monarchy, New Haven/London 1989.

Madariaga, Isabel de, Catherine the Great, in: *Hamish Scott* (Hg.), Enlightened Absolutism. Reform and Reformers in Later Eighteenth-Century Europe, Houndmills 1990, S. 289–311.

Madariaga, Isabel de, Catherine II and the Serfs: A Reconsideration of Some Problems, in: Slavonic and East European Review 52: 126 (1974), S. 46–61.

Madariaga, Isabel de, Russia in the Age of Catherine the Great, London 1981.

Malettke, Klaus, Die Bourbonen, 3 Bde., Stuttgart 2009.

Manca, Anna Gianna, La sfida delle riforme. Costituzione e politica nel liberalismo prussiano (1850–1866), Bologna 1995.

Manca, Anna Gianna, Il Sonderweg italiano al governo parlamentare (a proposito della più recente storiografia costituzionale italiana), in: Quaderni Fiorentini 33–34 (2004–2005), S. 1285–1333.

Manca, Anna Gianna, Die neueste italienische Verfassungsgeschichte und die "parlamentarische Regierung" im Königreich Italien (1861–1922), in: *Helmut Neuhaus* (Hg.), Verfassungsgeschichte in Europa, Berlin 2010, S. 71–84.

Mandt, Hella, Art. Tyrannis, Despotie, in: Geschichtliche Grundbegriffe, Bd. 6, Stuttgart 1990, S. 651–706.

Manifest 17 oktjabrja 1905 g., in: KA 11–12 (1925), S. 46–61.

Mansel, Philip, Louis XVIII (1981), überarb. Aufl., London 2005.

Mansel, Philip, The Court of France 1789–1830, Cambridge 1988.

Marquiset, Alfred (Hg.), Napoléon sténographié au Conseil d'État 1804–1805, Paris 1913.

Martin, Alexander M., Romantics, Reformers, Reactionaries. Russian Conservative Thought and Politics in the Reign of Alexander I, Dekalb 1997.

Masson, Frédéric, Le Sacre et le Couronnement de Napoléon, Paris 1978.

Mathy, Karl (Hg.), Die Verfassungsfeier in Baden am 22. August 1843, Mannheim 1843.

Matsch, Erwin (Bearb.), November 1918 auf dem Ballhausplatz. Erinnerungen Ludwigs Freiherrn von Flotow, des letzten Chefs des österreichisch-ungarischen auswärtigen Dienstes 1895–1920, Wien/Köln/Graz 1982.

Matthias, Erich/Morsey, Rudolf (Hg.), Die Regierung des Prinzen Max von Baden, Düsseldorf 1962.

Maurer, Trude, „Rußland ist eine Europäische Macht". Herrschaftslegitimation im Jahrhundert der Vernunft und der Palastrevolten, in: JbbGO NF 45 (1997), S. 577–596.

Mayer, Kathrin, Mythos und Monument. Die Sprache der Denkmäler im Gründungsmythos des italienischen Nationalstaates 1870–1915, Köln 2004.

Mayer, Theodor (Hg.), Das Königtum. Seine geistigen und rechtlichen Grundlagen. Mainauvorträge 1954, in: VF 3, Sigmaringen 1956.

Mayring, Eva Alexandra, Geschichte und Geschichtsargumentation in den bayerischen Landtagsverhandlungen zur Zeit Ludwigs I., in: *Johannes Erichsen/Uwe Puschner* (Hg.), „Vorwärts, vorwärts sollst du schauen…". Geschichte, Politik und Kunst unter Ludwig I., München 1986, S. 353–362.

Mazohl, Brigitte/Mertelseder, Bernhard (Hg.), Abschied vom Freiheitskampf? Tirol und „1809" zwischen politischer Realität und Verklärung, Innsbruck 2009.

McMillan, James F., Napoleon III, Harlow 1991.

Melzer, Sara E./Norberg, Kathryn (Hg.), From the Royal to the Republican Body. Incorporating the Political in Seventeenth- and Eighteenth-Century France, Berkeley 1998.

Ménager, Bernard, Les Napoléon du peuple, Paris 1988.

Mergen, Simone, Monarchiejubiläen im 19. Jahrhundert. Die Entdeckung des historischen Jubiläums für den monarchischen Kult in Sachsen und Bayern, Leipzig 2005.

[*Metternich, Wenzel Clemens, Fürst von*], Aus Metternichs nachgelassenen Papieren, hg. von *Fürst Richard Metternich-Winneburg*, 8 Bde., Wien 1880–1884.

Mikhailowitch, Nicolas (Hg.), Correspondance de l'empereur Alexandre 1er avec sa sœur la grande-duchesse Cathérine 1805–1818, St. Pétersbourg 1910.

Miller, Alexey, Natsiia, Narod, Narodnost' in Russia in the 19th Century: Some Introductory Remarks to the History of Concepts, in: JbbGO 56 (2008), S. 379–390.

Milza, Pierre, Napoléon III, Paris 2004.

Milza, Pierre (Hg.), Napoléon III, l'homme, le politique, Paris 2008.

Miquel, Pierre, Europas letzte Könige. Die Monarchien im 20. Jahrhundert, Stuttgart 1994.

Mitchell, Allan, Bismarck and the French Nation 1848–1890, New York 1971.

Mitteis, Heinrich, Die deutsche Königswahl. Ihre Rechtsgrundlagen bis zur Goldenen Bulle, 2. Aufl., Brünn/München/Wien 1944.

Mohl, Robert von, Politische Schriften, hg. von *Klaus von Beyme*, Köln 1966.

Mongiano, Elisa, Il "voto della Nazione". I plebisciti nella formazione del Regno d'Italia (1848–60), Torino 2003.

Monod, Paul Kléber, The Power of Kings. Monarchy and Religion in Europe 1589–1715, New Haven/London 1999.

Montesquieu, De l'Esprit des lois, hg. von *Jean Brethe de la Gressaye*, 4 Bde. Paris 1950–1961.

Mornet, Daniel, Les Origines intellectuelles de la Révolution française (1715–1787), Paris 1947.

Morris, Marilyn, The British Monarchy and the French Revolution, New Haven/London 1998.

Mousset, Albert, Un Témoin ignoré de la Révolution. Le comte de Fernan Nuñez, Ambassadeur d'Espagne à Paris (1787–1791), Paris 1924.

Müller, Sven Oliver/Tropp, Cornelius (Hg.), Das Deutsche Kaiserreich in der Kontroverse, Göttingen 2009.

Muro, Luis Garrido, Las palabras y los hechos: guerra y politica durante la época de las regencias (1833–1843), in: Liberalismo y romanticismo en tiempos de Isabel II, Madrid 2004, S. 89–101.

Nachtigal, Reinhard, Die Murmanbahn 1915–1919, 2. Aufl., Remshalden 2007.

Nairn, Tom, The Enchanted Glass. Britain and its Monarchy, London 1988.

Napoléon III, Œuvres, 5 Bde., Paris 1856–1869.

Napoléon III et la reine Victoria. Une visite à l'Exposition universelle de 1855, Paris 2008.

Napoléon Bonaparte, Correspondance générale, Bd. 3: Pacifications 1800–1802, Paris 2006; Bd. 4: Ruptures et fondation 1803–1804, Paris 2007.

Napoléon Ier, Correspondance, 32 Bde., Paris 1858–1870.

Naumann, Friedrich, Politische Schriften, hg. von *Theodor Schieder,* Bd. 2: Schriften zur Verfassungspolitik, Köln/Opladen 1964.

Neugebauer, Wolfgang, Absolutistischer Staat und Schulwirklichkeit in Brandenburg-Preußen, Berlin 1985.

Neugebauer, Wolfgang, Niedere Schulen und Realschulen, in: *Notker Hammerstein/Ulrich Herrmann* (Hg.), Handbuch der deutschen Bildungsgeschichte, Bd. 2: 18. Jahrhundert: vom späten 17. Jahrhundert bis zur Neuordnung Deutschlands um 1800, München 2005, S. 213–261.

Neugebauer, Wolfgang (Hg.), Schule und Absolutismus in Preußen. Akten zum preußischen Elementarschulwesen bis 1806, Berlin 1992.

Nichols, Robert L./Stavrou, Theofanis George (Hg.), Russian Orthodoxy under the Old Regime, Minneapolis 1978.

Nicolai, Bernd, Das National-Denkmal für Kaiser Wilhelm I. in Berlin (1889–1897). Wettbewerbe – Ausführung – Rezeption, Göttingen 1980.

Niemann, Alfred, Kaiser und Revolution. Die entscheidenden Ereignisse im Großen Hauptquartier im Herbst 1918, verbesserte Neuauflage, Berlin 1928.

[*Nikolaj II*], Devniki Imperatora Nikolaja II, hg. von *S. M. Lukonin,* Moskva 1991.

Nolte, Paul, Die badischen Verfassungsfeste im Vormärz. Liberalismus, Verfassungskultur und soziale Ordnung in den Gemeinden, in: *Manfred Hettling/Paul Nolte* (Hg.), Bürgerliche Feste. Symbolische Formen politischen Handelns im 19. Jahrhundert, Göttingen 1993, S: 63–94.

Norris, Stephen M., A War of Images. Russian Popular Prints, Wartime Culture, and National Identity 1812–1945, DeKalb 2006.

Noth, Martin, Geschichte Israels, 10. Aufl., Göttingen 1986.

O'Brien, David, Antoine-Jean Gros. Painting and Propaganda under Napoleon, Pennsylvania 2006.

Österreich zur Zeit Kaiser Josephs II., Mitregent Kaiserin Maria Theresias, Kaiser und Landesfürst. Stift Melk, 29. März – 2. November 1980, 3. Aufl., Wien 1980.

Oestreich, Gerhard, Friedrich Wilhelm I.. Preußischer Absolutismus, Merkantilismus, Militarismus, Göttingen 1977.

Okenfuss, Max J., Catherine, Montesquieu, and Empire, in: JbbGO 56 (2008), S. 322–329.

Olšr S. I., Giuseppe, La Chiesa e lo Stato nel cerimoniale d'incoronazione degli ultimi sovrani Rurikidi, in: Orientalia Christiana Periodica 17 (1951), S. 267–302.

Olšr S. I., Giuseppe, La Chiesa e lo Stato nel cerimoniale d'incoronazione degli zar russi nel periodo dei torbidi (1598–1613), in: Orientalia Christiana Periodica 16 (1950), S. 395–434.

Olšr S. I., Giuseppe, La Chiesa e lo Stato nel cerimoniale d'incoronazione degli zar Romanov, in: Orientalia Christiana Periodica 18 (1952), S. 344–376.

Omel'čenko, Oleg A., "Zakonnaja Monarchija" Ekateriny II., Moskva 1993.

Oncken, Wilhelm, Unser Heldenkaiser. Festschrift zum hundertjährigen Geburtstage Kaiser Wilhelms des Großen, hg. von dem Komitee für die Kaiser-Wilhelm-Gedächtniskirche zum Besten des Baufonds, Berlin 1897.

Opočenský, Jan, Umsturz in Mitteleuropa. Der Zusammenbruch Österreich-Ungarns und die Geburt der Kleinen Entente, Hellerau 1932.

Owzar, Armin, Eine Nation auf Widerruf – Zum politischen Bewußtseinswandel im Königreich Westphalen, in: *Helga Schnabel-Schüle/Andreas Gestrich* (Hg.), Fremde Herrscher – fremdes Volk. Inklusions- und Exklusionsfiguren bei Herrschaftswechseln in Europa, Frankfurt 2006, S. 43–72.

[*Paine, Thomas*], The Writings of Thomas Paine, hg. von *Moncure Daniel Conway*, Bd. 1: 1774–1779, New York/London 1902.

Papers Relating to the Foreign Relations of the United States 1918. Supplement 1: The World War, 2 Bde., Washington 1933.

Pares, Bernard, The Fall of the Russian Monarchy, London 2001.

Paul, Ina Ulrike, Württemberg 1797–1816/19. Quellen und Studien zur Entstehung des modernen württembergischen Staates, München 2005.

Paulmann, Johannes, Pomp und Politik. Monarchenbegegnungen in Europa zwischen Ancien Régime und Erstem Weltkrieg, Paderborn 2000.

Peacey, Jason (Hg.), The Regicides and the Execution of Charles I, Houndmills 2001.

Penzler, Johannes (Hg.), Die Reden Kaiser Wilhelms II., Teil 1–3 (1888–1905), Leipzig o.J.

Perels, Ernst, Pippins Erhebung zum König (1934), in: *Eduard Hlawitschka* (Hg.), Königswahl und Thronfolge in fränkisch-karolingischer Zeit, Darmstadt 1975, S. 269–286.

Perrie, Maureen, Narodnost': Notions of National Identity, in: *Catriona Kelly/David Shepherd* (Hg.), Constructing Russian Culture in the Age of Revolution: 1881–1940, Oxford 1998, S. 28–36.

Perrie, Maureen, „Popular Socio-Utopian Legends" in the Time of Troubles, in: The Slavonic and East European Review 60 (1982), S. 221–243.

Perrie, Maureen, Pretenders and Popular Monarchism in Early Modern Russia. The False Tsars of the Time of Troubles, Cambridge 1995.

Pertz, Georg Heinrich, Das Leben des Ministers Freiherrn vom Stein, Bd. 3: 1812–1814, Berlin 1854.

Petiteau, Natalie, Lendemains d'Empire. Les soldats de Napoléon dans la France du XIXe siècle, Paris 2003.

Petiteau, Natalie (Hg.), Voies nouvelles pour l'histoire du Premier Empire. Territoires, Pouvoirs, Identités, Paris 2003.

Petitfils, Jean-Christian, Louis XVI, Paris 2005.

Petr Velikij, Pravda voli monaršej vo opredelenii naslednika svoej, hg. von *Antony Lentin*, Oxford 1996.

Pfizer, Paul A. (Hg.), Briefwechsel zweier Deutschen, 2. verb. u. verm. Aufl., Stuttgart/Tübingen 1832.

Pilbeam, Pamela M., The 1830 Revolution in France, Houndmills 1991.

Pingaud, Albert, La domination française dans l'Italie nord (1796–1805), 2 Bde., Paris 1914.

Pinkney, David H., The French Revolution of 1830, New Jersey 1972.

Pinto, Paolo, Vittorio Emanuele II. Il re avventuriero, Milano 1995.

Pipes, Richard, The Russian Revolution, New York 1991.

Plate, Alice, Der Pugačev-Aufstand: Kosakenherrlichkeit oder sozialer Protest?, in: *Heinz-Dietrich Löwe* (Hg.), Volksaufstände in Rußland. Von der Zeit der Wirren bis zur „Grünen Revolution" gegen die Sowjetherrschaft, Wiesbaden 2006, S. 353–396.

Popedonoscev, Konstantin P., Sočinenija, Sankt-Peterburg 1996.

Pobedonoscev, Konstantin P., Streitfragen der Gegenwart, 3. Aufl., Berlin 1897.

Pokrovskij, M. N. (Hg.), Pis'ma Pobedonosceva k Aleksandru III, Bd. 2, Moskva 1926.

Polnoe sobranie zakonov Rossijskoj Imperii.

Poole, Steve, The politics of regicide in England, 1760–1850. Troublesome subjects, Manchester/New York 2000.

Popel'nickij, Aleksej Z., Reč' Aleksandra II, skazannaja 30-go marta 1856 g. moskovskim predvoditeljam dvorjanstva, in: Golos Minuvšago. Žurnal Istorii i Istorii Literatury 4 (1916), Nr. 5–6, S. 392–397.

Potthoff, Heinrich, Der Parlamentarisierungserlaß vom 30. September 1918, in: VfZG 20 (1972), S. 319–332.

Pravo. Eženedel'naja Juridičeskaja Gazeta, 1905.

Preuß, Hugo, Das deutsche Volk und die Politik, Jena 1915.

Price, Munro, The Fall of the French Monarchy. Louis XVI, Marie Antoinette and the Baron de Breteuil, London 2002.

Price, Munro, The Perilous Crown. France between Revolutions 1814–1848, London 2007.

Price, Roger, The French Second Empire. An Anatomy of Political Power, Cambridge 2001.

Prittwitz, Karl Ludwig von, Berlin 1848, hg. von *Gerd Heinrich*, Berlin 1985.

Prochaska, Frank, Royal Bounty. The Making of a Welfare Monarchy, New Haven/London 1995.

Puškarev, S. G., Rol' pravoslavnoj cerkvi v istorii Rossii, 2. Aufl., New York 1985.

Puttkamer, Joachim von, Ziele unterschiedlicher Reichweite? Die Arbeiter in der Revolution von 1905/06. Eine Übersicht, in: *Jan Kusber/Andreas Frings* (Hg.), Das Zarenreich, das Jahr 1905 und seine Wirkungen. Bestandsaufnahmen, Berlin 2007, S. 105–120.

Pypin, Aleksandr Nikolaevič, Charakteristiki literaturnych mnenij ot dvadcatych do pjatidesjatych godov. Istoričeskie očerki, 3. Aufl., Sankt-Peterburg 1906.

Pyta, Wolfram, Hindenburg. Herrschaft zwischen Hohenzollern und Hitler, 3. Aufl., München 2007.

Pyta, Wolfram, Die Kunst des rechtzeitigen Thronverzichts. Neue Einsichten zur Überlebenschance der parlamentarischen Monarchie in Deutschland im Herbst 1918, in: *Patrick Merziger/Rudolf Söber/Esther-Beate Körber/Jürgen Michael Schulz* (Hg.), Geschichte, Öffentlichkeit, Kommunikation, Festschrift für Bernd Sösemann zum 65. Geburtstag, Stuttgart 2010, S. 363–381.

Radiščev, Aleksandr Nikolaevič, Putešestvie iz Peterburga v Moskvu, in: *ders.*, Sočinenija, hg. von *V. A Zapadov*, Moskva 1988.

Radischtschew, A. N., Reise von Petersburg nach Moskau (1790), aus dem Russischen übersetzt von *Arthur Luther*, Leipzig 1922.

Radzinsky, Edvard, Alexander II. The Last Great Tsar, New York 2005.

Raeff, Marc (Hg.), Catherine the Great. A Profile, London 1972.

Raeff, Marc, The Enlightenment in Russia and Russian Thought in the Enlightenment, in: *J. G. Garrard* (Hg.), The Eighteenth Century in Russia, Oxford 1973, S. 25–47.

Raeff, Marc, Michael Speransky. Statesman of Imperial Russia 1772–1839, The Hague 1957.

Raeff, Marc, Der Stil der russischen Reichspolitik und Fürst G. A. Potemkin, in: JbbGO, NF 16 (1968), S. 161–193.

Raeff, Marc, Understanding Russia. State and Society in the Old Regime, New York 1984.

Raeff, Marc, Uniformity, Diversity, and the Imperial Administration in the Reign of Catherine II, in: *Hans Lemberg u.a.* (Hg.), Osteuropa in Geschichte und Gegenwart. Festschrift für Günther Stökl zum 60. Geburtstag, Köln 1977, S. 97–113.

Raeff, Marc, The Well-Ordered Police State: Social and Institutional Change through Law in the Germanies and Russia 1600–1800, New Haven 1983.

Raeff, Marc, The Well-Ordered Police State and the Development of Modernity in Seventeenth- and Eighteenth-Century Europe: An Attempt at a Comparative Approach, in: AHR 80/5 (1975), S. 1221–1243.

Ragazzi, Franco (Hg.), Garibaldi nell'immaginario popolare, Genova 2007.

Raillat, Landric, Charles X ou le sacre de la dernière chance, Paris 1991.

Rappaport, Helen, Queen Victoria. A Biographical Companion, Santa Barbara 2003.

Rasmussen, Karen, Catherine II and the Image of Peter I, in: SR 37 (1978), S. 51–69.

Rath, R. John, Training for Citizenship in the Austrian Elementary Schools during the Reign of Francis, in: Journal of Central European Affairs 4/2 (1944), S. 147–164.

Rausch, Helke, Kultfigur und Nation. Öffentliche Denkmäler in Paris, Berlin und London 1848–1914, München 2006.

Rauscher, Walter, Karl Renner. Ein österreichischer Mythos, Wien 1995.

Read, Donald, Peterloo. The "Massacre" and its Background, Manchester 1958.

Reidelbach, Hans, König Ludwig I. von Bayern und seine Kunstschöpfungen, München 1888.

Reif, Heinz (Hg.), Adel und Bürgertum in Deutschland, Bd. 2: Entwicklungslinien und Wendepunkte im 20. Jahrhundert, Berlin 2001.

Rein, Gustav Adolf, Die Revolution in der Politik Bismarcks, Göttingen 1957.

Reinalter, Helmut/Klueting, Harm (Hg.), Der aufgeklärte Absolutismus im europäischen Vergleich, Wien/Köln/Weimar 2002.

Reinalter, Helmut (Hg.), Aufklärungsprozesse seit dem 18. Jahrhundert, Würzburg 2006.

Reinhard, Marcel, La Chute de la Royauté: 10 août 1792, Paris 1969.

Reinhard, Wolfgang, Geschichte der Staatsgewalt. Eine vergleichende Verfassungsgeschichte Europas von den Anfängen bis zur Gegenwart, 3. Aufl., München 2002.

Rémusat, Charles de, Mémoires de ma vie, hg. von *Charles H. Pouthas*, 5 Bde., Paris 1958–1967.

Renan, Ernest, Œuvres complètes, hg. von *Henriette Psichari*, Bd. 1, Paris 1947.

Renner, Andreas, Russischer Nationalismus und Öffentlichkeit im Zarenreich 1855–1875, Köln 2000.

Rennhofer, Friedrich, Ignaz Seipel. Mensch und Staatsmann. Eine biographische Dokumentation, Wien 1978.

Rhodes James, Robert, Albert, Prince Consort. A Biography, London 1983.

Riall, Lucy, Garibaldi. Invention of a Hero, New Haven/London 2007.

Riasanovsky, Nicholas V., Nicholas I and Official Nationality in Russia, 1825–1855, Berkeley/Los Angeles 1961.

Riasanovsky, Nicholas V., A Parting of Ways. Government and the Educated Public in Russia 1801–1855, Oxford 1976.

Riasanovsky, Nicholas V., Russia and the West in the Teaching of the Slavophiles. A Study in Romantic Ideology, Cambridge, Mass. 1952.

Richter, Susan, Fürstentestamente der Frühen Neuzeit. Politische Programme und Medien intergenerationeller Kommunikation, Göttingen 2009.

Richter, Susan/Dirbach, Dirk (Hg.), Thronverzicht. Die Abdankung in Monarchien vom Mittelalter bis in die Neuzeit. Köln/Weimar/Wien 2010.

Ritter, Gerhard, Friedrich der Große. Ein historisches Profil, Leipzig 1936.

Ritter, Gerhard, Staatskunst und Kriegshandwerk. Das Problem des „Militarismus" in Deutschland, 4 Bde., München 1964–1968.

Ritter, Gerhard A., Parlament und Demokratie in Großbritannien. Studien zur Entwicklung und Struktur des politischen Systems, Göttingen 1972.

Roberts, Andrew, Napoleon and Wellington. The Battle of Waterloo – and the Great Commanders who fought it, New York 2001.

Rodiek, Thorsten, Das Monumento Nazionale Vittorio Emanuele II in Rom, Frankfurt 1983.

Röhl, John C. G., Kaiser, Hof und Staat. Wilhelm II. und die deutsche Politik, München 1987.

Röhl, John C. G./Sombart, Nicolaus (Hg.), Kaiser Wilhelm II. New Interpretations, Cambridge 1982.

Röhl, John C. G. (Hg.), Der Ort Kaiser Wilhelms II. in der deutschen Geschichte, München 1991.

Röhl, John C. G., Wilhelm II. Der Aufbau der Persönlichen Monarchie 1888–1900, München 2001.

Röhl, John C. G., Wilhelm II. Der Weg in den Abgrund 1900–1941, München 2008.

Rönne, Ludwig von, Das Staatsrecht der preußischen Monarchie, in 5. Aufl. neu bearbeitet von *Philipp Zorn*, Leipzig 1899.

Rogger, Hans, Nationalism and the State: A Russian Dilemma, in: Comparative Studies in Society and History. An International Quarterly, Bd. 4, The Hague 1961–1962, S. 253–264.

Rogger, Hans, The Skobelev Phenomenon: the Hero and his Worship, in: Oxford Slavonic Papers, New Series, Bd. 9 (1976), S. 46–78.

Romberg, Winfried, Erzherzog Carl von Österreich. Geistigkeit und Religiosität zwischen Aufklärung und Revolution, Wien 2006.

Romeo, Rosario, Cavour e il suo tempo, 3 Bde., Bari 1971–1984.

Rosanvallon, Pierre, La Monarchie impossible. Les chartes de 1814 et de 1830, Paris 1994.

Roscher, Wilhelm, Politik. Geschichtliche Naturlehre der Monarchie, Aristokratie und Demokratie, Stuttgart 1892; 3. Aufl., Stuttgart/Berlin 1908.

Roscher, Wilhelm, Umrisse zur Naturlehre der drei Staatsformen, in: Allgemeine Zeitschrift für Geschichte 7 (1847), S. 79–88, 322–365, 436–473.

Rose, Kenneth, King George V, New York 1984.

Roth, François, Napoléon III est-il responsable de la guerre de 1870? Approche des réalités et historiographie, in: *Pierre Milza* (Hg.), Napoléon III, l'homme, le politique, Paris 2008, S. 425–440.

Rothfels, Hans, The Baltic Provinces. Some Historic Aspects and Perspectives, in: Journal of Central European Affairs 4/2 (1944), S. 117–146.

Rotteck, Carl von/Welcker, Carl (Hg.), Staats-Lexikon oder Encyklopädie der Staatswissenschaften, 15 Bde., Altona 1834–1843.

Rotteck, Carl von, Art. Monarchie; monarchisches System; monarchisches Princip; Monarchismus, in: *ders./Carl Welcker* (Hg.), Staats-Lexikon, Bd. 10, Altona 1840, S. 658–677.

Rotteck, Hermann von (Hg.), Dr. Carl von Rotteck's gesammelte und nachgelassene Schriften mit Biographie und Briefwechsel, 5 Bde., Pforzheim 1841–1843.

Rougier, R., Le caractère sacré de la royauté en France, in: La regalità sacra. Contributi al tema dell'VIII Congresso internazionale di storia delle religioni, Roma, Aprile 1955, Leiden, Brill, 1959, S. 609–619.

Rousseau, Jean-Jacques, Considérations sur le gouvernement de Pologne et sur sa réformation projetée (1772), in: ders., The Political Writings of Jean Jacques Rousseau, hg. von C. E. *Vaughan,* Bd. 2, Oxford 1962, S. 424–516.

Rumpler, Helmut, Das Völkermanifest Kaiser Karls vom 16. Oktober 1918. Letzter Versuch zur Rettung des Habsburgerreiches, München 1966.

Russkij Biografičeskij Slovar'

Rutkowskij, Ernst R. von, General Skobelev, die Krise des Jahres 1882 und die Anfänge der militärischen Vereinbarungen zwischen Österreich-Ungarn und Deutschland, in: Ostdeutsche Wissenschaft 10/11 (1963/64), S. 81–151.

Sablinsky, Walter, The Road to Bloody Sunday. Father Gapon and the St. Petersburg Massacre of 1905, Princeton 1976.

Sacke, Georg, Die Gesetzgebende Kommission Katharinas II. Ein Beitrag zur Geschichte des Absolutismus in Rußland, Breslau 1940.

Sagnac, Philippe, La chute de la royauté, Paris 1909.

Salomon-Delatour, Gottfried (Hg.), Die Lehre Saint-Simons, Neuwied 1962.

Samerski, Stefan (Hg.), Wilhelm II. und die Religion. Facetten einer Persönlichkeit und ihres Umfelds, Berlin 2001.

Sand, George, Correspondance, Bd. 6 (1843–juin 1845), hg. von *Georges Lubin,* Paris 1969.

Ščegolev, P. E. (Hg.), Otrečenie Nikolaja II. Vospominanija očevidcev, Dokumenty, 2. Aufl., Leningrad 1927, Neudruck: Moskva 1990.

Schaich, Michael (Hg.), Monarchy and Religion. The Transformation of Royal Culture in Eighteenth-Century Europe, Oxford 2007.

Schapiro, Leonard, Rationalism and Nationalism in Russian Nineteenth-Century Political Thought, New Haven/London 1967.

Scharf, Claus, Katharina II., Deutschland und die Deutschen, Mainz 1995.

Scharf, Claus (Hg.), Katharina II., Rußland und Europa. Beiträge zur internationalen Forschung, Mainz 2001.

Scheibert, Peter, Die russische Agrarreform von 1861. Ihre Probleme und der Stand ihrer Erforschung, Köln/Wien 1973.

Schellack, Fritz, Nationalfeiertage in Deutschland von 1871 bis 1945, Frankfurt 1990.

Schellack, Fritz, Sedan- und Kaisergeburtstagsfeste, in: *Dieter Düding/Peter Friedemann/ Paul Münch* (Hg.), Öffentliche Festkultur. Politische Feste in Deutschland von der Aufklärung bis zum Ersten Weltkrieg, Reinbek 1988, S. 278–297.

Schieder, Theodor, Friedrich der Große. Ein Königtum der Widersprüche, Frankfurt/Berlin/ Wien 1983.

Schieder, Theodor, Das Deutsche Kaiserreich von 1871 als Nationalstaat, Köln/Opladen 1961.

Schieder, Wolfgang, Der rheinpfälzische Liberalismus von 1832 als politische Protestbewegung, in: *Helmut Berding u.a.* (Hg.), Vom Staat des Ancien Régime zum modernen Parteienstaat. Festschrift für Theodor Schieder, München/Wien 1978, S. 169–195.

Schlegelmilch, Arthur, Die Alternative des monarchischen Konstitutionalismus. Eine Neuinterpretation der deutschen und österreichischen Verfassungsgeschichte des 19. Jahrhunderts, Bonn 2009.

Schlinker, Steffen/Willoweit, Dietmar, Art. Gottesgnadentum, in: Lexikon für Theologie und Kirche, 3. Aufl., Bd. 4 (1995), Sp. 917–919.

Schminnes, Bernd, Bildung und Staatsbildung. Theoretische Bildung und höhere Staatsverwaltungstätigkeit. Entwicklungen in Preußen im 18. und frühen 19. Jahrhundert, Kleve 1994.

Schmitt, Eberhard, Repräsentation und Revolution. Eine Untersuchung zur Genesis der kontinentalen Theorie und Praxis parlamentarischer Repräsentation aus der Herrschaftspraxis des Ancien régime in Frankreich (1760–1789), München 1969.

Schmitz, Karl, Ursprung und Geschichte der Devotionsformeln bis zu ihrer Aufnahme in die fränkische Königsurkunde, Stuttgart 1913.

Schmoller, Gustav, Preußische Verfassungs-, Verwaltungs- und Finanzgeschichte, Berlin 1921.

Schneider, Herbert, Art. Herrscherweihe, in: Lexikon für Theologie und Kirche, 3. Aufl., Bd. 5 (1996), Sp. 43–45.

Schneider, Reinhard, Königswahl und Königserhebung im Frühmittelalter bei den Langobarden und Merowingern, Stuttgart 1972.

Schnettger, Matthias, Il Viaggio a Reims oder die Restauration auf der Opernbühne, in: Majestas 12 (2004), S. 161–194.

Schoch, Rainer, Das Herrscherbild in der Malerei des 19. Jahrhunderts, München 1975.

Scholz, Natalie, Die imaginierte Restauration. Repräsentationen der Monarchie im Frankreich Ludwigs XVIII., Darmstadt 2006.

Schramm, Percy Ernst, Der König von Frankreich. Das Wesen der Monarchie vom 9. zum 16. Jahrhundert, Weimar 1939.

Schröder, Hans-Christoph, Der Pope's Day in Boston und die Verfassungsfeier in Philadelphia, in: *Uwe Schultz* (Hg.), Das Fest. Eine Kulturgeschichte von der Antike bis zur Gegenwart, München 1988, S. 244–257.

Schröder, Wilhelm von, Fürstliche Schatz- und Rent-Cammer, Leipzig 1686.

Schulthess' Europäischer Geschichtskalender 36 (1895).

Schultz, Uwe (Hg.), Das Fest. Eine Kulturgeschichte von der Antike bis zur Gegenwart, München 1988.

Schulze-Wessel, Martin, Die Nationalisierung der Religion und die Sakralisierung der Nation im östlichen Europa, in: *ders.* (Hg.), Nationalisierung der Religion und Sakralisierung der Nation im östlichen Europa, Stuttgart 2006, S. 7–14.

Schumann, Hans-Gerd, Edmund Burkes Anschauungen vom Gleichgewicht in Staat und Staatensystem, Meisenheim am Glan 1964.

Schwabe, Klaus, Deutsche Revolution und Wilson-Frieden. Die amerikanische und deutsche Friedensstrategie zwischen Ideologie und Machtpolitik 1918/19, Düsseldorf 1971.

Schweinitz, Hans Lothar von, Denkwürdigkeiten, 2 Bde., Berlin 1927.

Schwengelbeck, Matthias, Monarchische Herrschaftsrepräsentationen zwischen Konsens und Konflikt: Zum Wandel des Huldigungs- und Inthronisationszeremoniells im 19. Jahrhundert, in: *Jan Andres/Alexa Geisthövel/Matthias Schwengelbeck* (Hg.), Die Sinnlichkeit der Macht. Herrschaft und Repräsentation seit der Frühen Neuzeit, Frankfurt/New York 2005, S. 123–162.

Schwoerer, Lois G., The Declaration of Rights, 1689, Baltimore 1981.

Scirocco, Alfonso, Garibaldi. Battaglie, amori, ideali di un cittadino del mondo, Bari 2007.

Scott, Hamish M./Simms, Brendan, Cultures of Power in Europe during the Long Eighteenth Century, Cambridge 2007.

Scott, Hamish M. (Hg.), Enlightened Absolutism. Reform and Reformers in Later Eighteenth-Century Europe, Houndmills 1990.

Scott, Hamish M., The European Nobilities in the Seventeenth and Eighteenth Centuries, 2 Bde., London/New York 1995.

Scott, Hamish M., Reform in the Habsburg Monarchy, 1740–90, in: *ders.* (Hg.), Enlightened Absolutism. Reform and Reformers in Later Eighteenth-Century Europe, Houndmills 1990, S. 145–187.

Ségur, Louis-Philippe comte de, Mémoires ou souvenirs et anecdotes, 3 Bde., Stuttgart 1829.

Sellert, Wolfgang, Zur rechtshistorischen Bedeutung der Krönung und des Streites um das Krönungsrecht zwischen Mainz und Köln, in: *Heinz Duchhardt* (Hg.), Herrscherweihe und Königskrönung im frühneuzeitlichen Europa, Wiesbaden 1983, S. 21–32.

Sellin, Volker, Absetzung, Abdankung und Verbannung. Das politische Ende Napoleons, in: *Susan Richter/Dirk Dirbach* (Hg.), Thronverzicht. Die Abdankung in Monarchien vom Mittelalter bis in die Neuzeit, Köln/Weimar/Wien 2010, S. 228–238.

Sellin, Volker, Die Anfänge staatlicher Sozialreform im liberalen Italien, Stuttgart 1971.

Sellin, Volker, Die Bestrafung des Usurpators. Edouard Manets „Erschießung des Kaisers Maximilian von Mexiko", in: Pantheon 54 (1996), S. 108–122.

Sellin, Volker, The Breakdown of the Rule of Law: A Comparative View of the Depositions of George III, Louis XVI and Napoleon I, in: *Robert von Friedeburg* (Hg.), Murder and Monarchy. Regicide in European History, 1300–1800, Houndmills 2004, S. 259–289.

Sellin, Volker, Conclusion: France, the Vienna Settlement, and the Balance of Power, in: *Peter Krüger/Paul W. Schröder* (Hg.), "The Transformation of European Politics, 1763–1848": Episode or Model in Modern History?, Münster 2002, S. 227–234.

Sellin, Volker, Friedrich der Große und der aufgeklärte Absolutismus. Ein Beitrag zu einem umstrittenen Begriff, in: *Ulrich Engelhardt/Volker Sellin/Horst Stuke* (Hg.), Soziale Bewegung und politische Verfassung, Stuttgart 1976, S. 83–112.

Sellin, Volker, Gleichgewicht oder Konzert? Der Zusammenbruch Preußens und die Suche nach Wiedergewinnung der äußeren Sicherheit, in: *Andreas Klinger/Hans-Werner Hahn/Georg Schmidt* (Hg.), Das Jahr 1806 im europäischen Kontext. Balance, Hegemonie und politische Kulturen, Köln/Weimar/Wien 2008, S. 53–70.

Sellin, Volker, Herrscher und Helden, in: Jahrbuch der Heidelberger Akademie der Wissenschaften für 2010, S. 46–55.

Sellin, Volker, Monarchia e Rivoluzione 1789–1815, in: *Giulia Guazzaloca* (Hg.), Sovrani a metà. Monarchia e legittimazione in Europa tra Otto e Novecento, Soveria Mannelli 2009, S. 23–40.

Sellin, Volker, Napoleon auf der Säule der Großen Armee. Metamorphosen eines Pariser Denkmals, in: *Christof Dipper/Lutz Klinkhammer/Alexander Nützenadel* (Hg.), Europäische Sozialgeschichte. Festschrift für Wolfgang Schieder, Berlin 2000, S. 377–402.

Sellin, Volker, Nationalbewußtsein und Partikularismus in Deutschland im 19. Jahrhundert, in: *Jan Assmann/Tonio Hölscher* (Hg.), Kultur und Gedächtnis, Frankfurt 1988, S. 241–264.

Sellin, Volker, Art. Politik, in: Geschichtliche Grundbegriffe, Bd. 4, Stuttgart 1978, S. 789–874.

Sellin, Volker, La restauration de Louis XVIII en 1814 et l'Europe, in: *Lucien Bély* (Hg.), La présence des Bourbons en Europe, XVIe–XXIe siècle, Paris 2003, S. 255–268.

Sellin, Volker, Die geraubte Revolution. Der Sturz Napoleons und die Restauration in Europa, Göttingen 2001.

Sellin, Volker, "Heute ist die Revolution monarchisch". Legitimität und Legitimierungspolitik im Zeitalter des Wiener Kongresses, in: Quellen und Forschungen aus italienischen Archiven und Bibliotheken 76 (1996), S. 335–361.

Sellin, Volker, Der napoleonische Staatskult, in: *Guido Braun/Gabriele B. Clemens/Lutz Klinkhammer/Alexander Koller* (Hg.). Napoleonische Expansionspolitik: Okkupation oder Integration?, Tübingen 2012.

Sellin, Volker, Der Tod Napoleons, in: Francia 35 (2008), S. 273–294.

Sellin, Volker, L'unità nazionale, la legittimità imperiale e la caduta di Guglielmo II nel 1918, in: *Marina Tesoro* (Hg.), Monarchia, tradizione, identità nazionale. Germania, Giappone e Italia tra Ottocento e Novecento, Milano 2004.

Sellin, Volker, Der benutzte Vermittler. Innozenz XI. und der pfälzische Erbstreit, in: *Joachim Dahlhaus/Armin Kohnle* (Hg.), Papstgeschichte und Landesgeschichte. Festschrift für Hermann Jakobs zum 65. Geburtstag, Köln/Weimar/Wien 1995, S. 603–618.

Ševčenko, Ihor, A Neglected Byzantine Source of Muscovite Political Ideology, in: Harvard Slavic Studies 2 (1954), S. 141–179.

Shelley, Percy Bysshe, The Complete Works, hg. von *Roger Ingpen* und *Walter E. Peck*, Bd. 3: Poems, London/New York 1965.

Shils, Edward, Charisma, Order, and Status, in: American Sociological Review 30 (1965), S. 199–213.

Sieyès, Emmanuel Joseph, Qu'est-ce que le tiers état?, hg. von *Edme Champion*, Paris 1888.

Šilov Aleksej, K dokumental'noj istorii „peticii" 9 janvarja 1905 goda, in: Krasnaja Letopis'. Istoričeskij Žurnal 2 (13) (1925), S. 19–36.

Singer, Kerstin, Konstitutionalismus auf Italienisch. Italiens politische und soziale Führungsschichten und die oktroyierten Verfassungen von 1848, Tübingen 2008.

Sismondi, Jean-Charles-Léonard Simonde de, Examen de la constitution française, Paris 1815.

Soboul, Albert (Hg.), Le procès de Louis XVI, Paris 1966.

Sösemann, Bernd, Der Verfall des Kaisergedankens im Ersten Weltkrieg, in: *John C. G. Röhl* (Hg.), Der Ort Kaiser Wilhelms II. in der deutschen Geschichte, München 1991, S. 145–170.

Soggin, J. Alberto, Das Königtum in Israel. Ursprünge, Spannungen, Entwicklung, Berlin 1967.

Solovjev, J., Helles Rußland – Heiliges Rußland, in: *Max Vasmer* (Hg.), Festschrift für Dmytro Čyževśkyj zum 60. Geburtstag am 23. März 1954, Berlin 1954, S. 282–289.

Speck, William Alfred, James II, London 2002.

Stahl, Friedrich Julius, Das monarchische Princip. Eine staatsrechtlich-politische Abhandlung, Heidelberg 1845.

Stahl, Friedrich Julius, Die Revolution und die constitutionelle Monarchie. Eine Reihe ineinandergreifender Abhandlungen, 2. Aufl., Berlin 1849.

Starkey, David, Monarchy. From the Middle Ages to Modernity, London 2007.

Stein, Lorenz von, Das Königthum, die Republik und die Souveränetät der französischen Gesellschaft seit der Februarrevolution 1848, 2. Aufl., Leipzig 1855.

Steinberg, Mark D./Khrustalëv, Vladimir M., The Fall oft he Romanovs. Political Dreams and Personal Struggles in a Time of Revolution, New Haven/London 1995.

Stenografičeskij otčet, Gosudarstvennaja Duma, Sessia I, Zasedanie pervoe, 27.4.1906.

Stenographische Protokolle der Sitzungen der Nationalversammlung der deutschen Abgeordneten, Wien, 21. Oktober 1918 und folgende.

Stenographische Berichte über die Verhandlungen des preußischen Hauses der Abgeordneten.

Stenographische Berichte über die Verhandlungen des Reichstags.

Stewart, John B., The Moral and Political Philosophy of David Hume, New York and London 1963.

Stiehl, Martina, "Legaler Despotismus" – "Soziales Königtum". Lorenz von Stein und der Physiokratismus, Marburg 1988.

Stökl, Günther, Das Problem der Thronfolgeordnung in Rußland, in: Johannes Kunisch (Hg.), Der dynastische Fürstenstaat. Zur Bedeutung von Sukzessionsordnungen für die Entstehung des frühmodernen Staates, Berlin 1982, S. 273–289.

Stollberg-Rilinger, Barbara, Der Staat als Maschine. Zur politischen Metaphorik des absoluten Fürstenstaats, Berlin 1986.

Struve, Petr, Patriotica, Politika, Kul'tura, Religija, Socializm. Sbornik statej za pjat' let, Sankt-Peterburg 1911.

Stupperich, Robert, Die Griechisch-Orthodoxe Kirche und ihr Verhältnis zu den Kirchen in Rußland und in Mitteleuropa. Ausgewählte Aufsätze I, Mannheim/Möhnesee 2003.

Stupperich, Robert, Peter der Große und die russische Kirche. Ausgewählte Aufsätze II, Möhnesee 2004.

Stutzenberger, Adolf, Die Abdankung Kaiser Wilhelms II. Die Entstehung und Entwicklung der Kaiserfrage und die Haltung der Presse, Berlin 1937.

Surh, Gerald D., 1905 in St. Petersburg. Labor, Society, and Revolution, Stanford 1989.

Sutherland, Nicola M., The Massacre of St Bartholomew and the European Conflict 1559–1572, London/Basingstoke 1973.

Svod Zakonov Rossijskoj Imperii v pjati knigach, Bd. 1, Sankt-Peterburg 1912.

Szabó, István, Die Abdankung König Karls IV. von Ungarn 1918, in: Susan Richter/Dirk Dirbach (Hg.), Thronverzicht. Die Abdankung in Monarchien vom Mittelalter bis in die Neuzeit, Köln/Weimar/Wien 2010, S. 141–151.

Szechi, Daniel, The Jacobites. Britain and Europe 1688–1788, Manchester/New York 1994.

Szeftel, Marc, Church and State in Imperial Russia, in: Robert L. Nichols/Theofanis George Stavrou (Hg.), Russian Orthodoxy under the Old Regime, Minneapolis 1972, S. 127–141.

Szeftel, Marc, The Russian Constitution of April 23, 1906. Political Institutions of the Duma Monarchy, Bruxelles 1976.

Tackett, Timothy, When the King took flight, Cambridge, Mass. 2003.

Tatarov, I. L. (Hg.), Manifest 17 oktjabrja, in: KA 11–12 (1925), S. 39–106.

Taylor, Antony, "Down with the Crown". British Anti-monarchism and Debates about Royalty since 1790, London 1999.

Tesoro, Marina (Hg.), Monarchia, tradizione, identità nazionale. Germania, Giappone e Italia tra Ottocento e Novecento, Milano 2004.

Tesoro, Marina, Prove per un giubileo. Le feste pubbliche per le nozze d'argento di Umberto e Margherita di Savoia, in: dies. (Hg.), Monarchia, tradizione, identità nazionale. Germania, Giappone e Italia tra Ottocento e Novecento, Milano 2004, S. 95–121.

Thackeray, Frank W., Antecedents of Revolution. Alexander I and the Polish Kingdom 1815–1825, New York 1980.

Thaden, Edward C., The Beginnings of Romantic Nationalism in Russia, in: American Slavic and East European Review 13/4 (1954), S. 500–521.

Thaden, Edward C. (Hg.), Russification in the Baltic Provinces and Finland, 1855–1914, Princeton 1981.

The Times 1883.

Thiergen, Peter (Hg.), Russische Begriffsgeschichte der Neuzeit. Beiträge zu einem Forschungsdesiderat, Köln/Weimar/Wien 2006.

Thompson, Dorothy, Queen Victoria. Gender and Power, London 1990.

Thomson, Guy, The Birth of Modern Politics in Spain. Democracy, Association and Revolution, 1854–75, Houndmills 2010.

Timberlake, Charles E. (Hg.), Religious and Secular Forces in Late Tsarist Russia. Essays in Honor of Donald W. Treadgold, Seattle/London 1992.

Tomás Villarroya, Joaquin, El sistema politico del Estatuto Real (1834–1836), Madrid 1968.

Torke, Hans-Joachim (Hg.), Die russischen Zaren 1547–1917, 3. Aufl., München 2005.

Treadgold, Donald W., Russian Orthodoxy and Society, in: *Robert L. Nichols/Theofanis George Stavrou* (Hg.), Russian Orthodoxy under the Old Regime, Minneapolis 1978, S. 21–43.

Treitschke, Heinrich von, Cavour, in: *ders.*, Historische und politische Aufsätze, 2. Bd., 8. Aufl., Leipzig 1921., S. 236–392.

Troickij, S. M., Samozvancy v Rossii XVII–XVIII vekov, in: Voprosy Istorii 1969, Nr. 3, S. 134–146.

Tulard, Jean, Le retour des cendres, in: *Pierre Nora* (Hg.), Les lieux de mémoire, Teil 2: La nation, Bd. 3, Paris 1986, S. 81–110.

Tulard, Jean, Le Sacre de l'empereur Napoléon. Histoire et Légende, Paris 2004.

Tuminez, Astrid S., Russian Nationalism since 1856. Ideology and the Making of Foreign Policy, Lanham/Oxford 2000.

Uspenskij, Boris A., Semiotik der Geschichte, Wien 1991.

Uspenskij, Boris A., Zar und „Falscher Zar". Usurpation als kulturhistorisches Phänomen, in: *ders.*, Semiotik der Geschichte, Wien 1991, S. 73–111.

Uspenskij, Boris A. (in Zusammenarbeit mit *Viktor M. Živov*), Zar und Gott. Semiotische Aspekte der Sakralisierung des Monarchen in Rußland, in: *ders.*, Semiotik der Geschichte, Wien 1991, S. 131–265.

Utz, Raphael, Rußlands unbrauchbare Vergangenheit. Nationalismus und Außenpolitik im Zarenreich, Wiesbaden 2008.

Uvarov, Sergej S., Desjatiletie ministerstva narodnago prosveščenija 1833–1843, Sankt-Peterburg 1864.

Valiani, Leo, La dissoluzione dell'Austria-Ungheria, Milano 1966.

Veit-Brause, Irmline, Art. Partikularismus, in: Geschichtliche Grundbegriffe, Bd. 4, Stuttgart 1978, S. 735–766.

Venturi, Franco, Il populismo russo, 2 Bde., Torino 1952.

Verhandlungen der constituirenden Versammlung für Preußen 1848, Bd. 6, Berlin 1848.

Vernadsky, George (Hg.), A Source Book for Russian History from Early Times to 1917, 3 Bde., New Haven and London 1972.

Via Regia. Preußens Weg zur Krone. Ausstellung des Geheimen Staatsarchivs Preußischer Kulturbesitz 1998, Berlin 1998.

Villari, Lucio, I fatti di Milano del 1898, in: Studi Storici 8 (1967), S. 534–549.

Vitrolles, Eugène d'Arnauld, baron de, Mémoires et relations politiques, 3 Bde., hg. von Eugène Forgues, Paris 1884.

[*Vitte, Sergej Jul'evič*], Doklady S. Ju. Vitte Nikolaju II, in: KA 11–12 (1925), S. 144–158.

[*Vitte, Sergej Jul'evič*], Iz archiva S. Ju. Vitte, in: KA 11–12 (1925), S. 107–143.

Vitte, Sergej Jul'evič, Vospominanija, 3 Bde., Moskva 1960.

Vodovozov, V. (Hg.), Carskosel'skija soveščanija I, in: Byloe Nr. 3 (25), September 1917, S. 217–265; II, in: Byloe Nr. 4 (26), Oktober 1917, S. 183–245, III, in: Byloe Nr. 5–6 (27–28), November–Dezember 191; S. 289–318.

Voejkov, V. V., Poslednie dni Imperatora Aleksandra II i vocarenie Imperatora Aleksandra III, in: Izvestija, sostojaščej pod vysočajšim ego Imperatorskago Veličestva Gosudarja Imperatora, pokrovitel'stvom, Tambovskoj Učenoj Archivnoj Komissii, Vypusk 54, Tambov 1911, S. 55–165.

Vogel, Jakob, Nationen im Gleichschritt. Der Kult der „Nation in Waffen" in Deutschland und Frankreich, 1871–1914, Göttingen 1997.

Vollmer, Ferdinand, Die preußische Volksschulpolitik unter Friedrich dem Großen, Berlin 1918.

Volz, Günther, Briefe Andreas Georg Friedrich Rebmanns an Johann Peter Job Hermes aus den Jahren 1815 und 1816, in: MHVP 57 (1959), S. 173–203.

Vomm, Wolfgang, Reiterstandbilder des 19. und frühen 20. Jahrhunderts in Deutschland. Zum Verständnis und zur Pflege eines traditionellen herrscherlichen Denkmaltyps im Historismus, Bergisch Gladbach 1979.

V pamjat' svjaščennago koronovanija Gosudarja Imperatora Aleksandra III i Gosudaryni Imperatricy Marii Feodorovny, S.-Peterburg 1883.

Wagner, Monika, Allegorie und Geschichte. Ausstattungsprogramme öffentlicher Gebäude des 19. Jahrhunderts in Deutschland. Von der Cornelius-Schule zur Malerei der Wilhelminischen Ära, Tübingen 1989.

Wagner, Ulrich, Wilhelm Joseph Behr. Eine biographische Skizze, in: *ders.* (Hg.), Wilhelm Joseph Behr. Dokumentation zu Leben und Werk eines Würzburger Demokraten, Würzburg 1985, S. 17–62.

Wagner-Rieger, Renate (Hg.), Die Wiener Ringstraße. Bild einer Epoche. Die Erweiterung der inneren Stadt Wien unter Kaiser Franz Joseph, Bd. 9: Plastik, 1. Ringstraßendenkmäler, Wiesbaden 1973.

Walkin, Jacob, The Rise of Democracy in Pre-Revolutionary Russia. Political and Social Institutions under the Last Three Czars, New York 1962.

Waresquiel, Emmanuel de/Yvert, Benoît, Histoire de la Restauration 1814–1830. Naissance de la France moderne, Paris 1996.

Waresquiel, Emmanuel de, Talleyrand, le prince immobile, Paris 2003.

Weber, Hermann, Das *Sacre* Ludwigs XVI. vom 11. Juni 1775 und die Krise des Ancien Régime, in: *Ernst Hinrichs/Eberhard Schmitt/Rudolf Vierhaus* (Hg.), Vom Ancien Régime zur Französischen Revolution. Forschungen und Perspektiven, Göttingen 1978, S. 539–565.

Weber, Hermann, Das „Toucher Royal" in Frankreich zur Zeit Heinrichs IV. und Ludwigs XIII., in: *Heinz Duchhardt/Richard A. Jackson/David Sturdy* (Hg.), European Monarchy. Its Evolution and Practice from Roman Antiquity to Modern Times, Stuttgart 1992, S. 155–184.

Weber, Max, Charismatismus, in: Max Weber Gesamtausgabe, Abt. I, Bd. 22/4, hg. von *Edith Hanke*, Tübingen 2005, S. 454–472.

Weber, Max, Die drei reinen Typen der legitimen Herrschaft, in: Max Weber Gesamtausgabe, Abt. I, Bd. 22/4, hg. von *Edith Hanke*, Tübingen 2005, S. 717–742.

Weber, Max, Erhaltung des Charisma, in: Max Weber Gesamtausgabe, Abt. I, Bd. 22/4, hg. von *Edith Hanke*, Tübingen 2005, S. 536–563.

Weber, Max, Gesammelte Politische Schriften, München 1921.

Weber, Max, Gesammelte Politische Schriften, hg. von *Johannes Winckelmann*, 4. Aufl., Tübingen 1980.

Weber, Max, Herrschaft, in: Max Weber Gesamtausgabe, Abt. I, Bd. 22/4, hg. von *Edith Hanke*, Tübingen 2005, S. 117–149.

Weber, Max, Rußlands Übergang zum Scheinkonstitutionalismus, in: *ders.*, Zur Russischen Revolution von 1905. Schriften und Reden 1905–1912, hg. von *Wolfgang J. Mommsen* (Max Weber Gesamtausgabe, Abt. I, Bd. 10), Tübingen 1989, S. 281–684.

Weber, Max, Umbildung des Charisma, in: Max Weber Gesamtausgabe, Abt. I, Bd. 22/4, hg. von *Edith Hanke*, Tübingen 2005, S. 473–535.

Weber, Max, Wirtschaft und Gesellschaft. Die Wirtschaft und die gesellschaftlichen Ordnungen und Mächte. Nachlaß, Teilband 4: Herrschaft, hg. von *Edith Hanke* (Max Weber Gesamtausgabe, Abt. I: Schriften und Reden, Bd. 22, Teilband 4), Tübingen 2005.

Weber, Max, Wirtschaft und Gesellschaft, 5. Aufl., hg. von *Johannes Winckelmann*, Tübingen 1980.

Weeks, Theodore R., Nation and State in Late Imperial Russia. Nationalism and Russification on the Western Frontier, 1863–1914, DeKalb 1996.

Wegelin, Peter, Die Bayerische Konstitution von 1808, in: Schweizer Beiträge zur Allgemeinen Geschichte 16 (1958), S. 142–206.

Wehler, Hans Ulrich, Bismarck und der Imperialismus, Köln 1969.

Weigand, Katharina, Gaibach. Eine Jubelfeier für die bayerische Verfassung von 1818?, in: *Alois Schmid/Katharina Weigand* (Hg.), Schauplätze der Geschichte in Bayern, München 2003, S. 291–308.

Weinfurter, Stefan, Wie das Reich heilig wurde, in: *Bernhard Jussen* (Hg.), Die Macht des Königs. Herrschaft in Europa vom Frühmittelalter bis in die Neuzeit, München 2005, S. 190–204.

Weinstock, Erich, Ludwig Pfau. Leben und Werk eines Achtundvierzigers, Heilbronn 1975.

Weismann, Zeʾev, Charismatic Leaders in the Era of the Judges, in: Zeitschrift für die alttestamentliche Wissenschaft 89 (1977), S. 399–411.

Werkmann, Karl Freiherr von, Der Tote auf Madeira, München 1923.

Werner, Anton von, Erlebnisse und Eindrücke 1870–1890, Berlin 1913.

Werner, Eva Maria, Die Märzministerien. Regierungen der Revolution von 1848/49 in den Staaten des Deutschen Bundes, Göttingen 2009.

Westarp, Kuno Graf, Das Ende der Monarchie am 9. November 1918, hg. von *Werner Conze*, Berlin 1952.

Whelan, Heide W., Alexander III and the State Council. Bureaucracy and Counter-Reform in Late Imperial Russia, New Brunswick 1982.

White, R. J., Waterloo to Peterloo, Harmondsworth 1957.

Whittaker, Cynthia H., The Origins of Modern Russian Education. An Intellectual Biography of Count Sergei Uvarov, 1786–1855, DeKalb 1984.

Whittaker, Cynthia H., The Reforming Tsar: The Redefinition of Autocratic Duty in Eighteenth-Century Russia, in: SR 51 (1992), S. 77–98.

Whittaker, Cynthia H., Russian Monarchy. Eighteenth-Century Rulers and Writers in Political Dialogue, DeKalb 2003.

Wieland, Christoph Martin, Werke, Bd. 21, Kleine Schriften I (1773–1777), hg. von *Wilhelm Kurrelmeyer*, Berlin 1939.

Wien, Bernhard, Politische Feste und Feiern in Baden 1814–1850. Tradition und Transformation: Zur Interdependenz liberaler und revolutionärer Festkultur, Frankfurt 2001.

Wienfort, Monika, Kaisergeburtstagsfeiern am 27. Januar 1907. Bürgerliche Feste in den Städten des Deutschen Kaiserreichs, in: *Manfred Hettling/Paul Nolte* (Hg.), Bürgerliche Feste. Symbolische Formen politischen Handelns im 19. Jahrhundert, Göttingen 1993, S. 157–191.

Wienfort, Monika, Monarchie in der bürgerlichen Gesellschaft. Deutschland und England von 1640 bis 1848, Göttingen 1993.

Wild, Karl, Karl Theodor Welcker, ein Vorkämpfer des älteren Liberalismus, Heidelberg 1913.

[*Wilhelm II.*], Die Reden Kaiser Wilhelms II., 4 Bde., hg. von *Johs. Penzler* und *Bogdan Krieger*, Leipzig o. J.

Williams, Richard, The Contentious Crown. Public Discussion of the British Monarchy in the Reign of Queen Victoria, Aldershot 1997.

Willms, Johannes, Napoleon III. Frankreichs letzter Kaiser, München 2008.

Wills, Rebecca, The Jacobites and Russia 1715–1750, East Lothian 2002.

Wilson, Peter H., Absolutism in Central Europe, London/New York 2000.

[*Wilson, Woodrow*], The Papers of Woodrow Wilson, hg. von *Arthur S. Link*, 69 Bde., Princeton 1966–1994.

Winter, Georg (Hg.), Die Reorganisation des Preußischen Staates unter Stein und Hardenberg, Teil 1, Bd. 1, Leipzig 1931.

Wippermann, Karl, Jacoby, Johann (1805–1877), in: ADB 13 (1881), S. 620–631.

Wirth, Johann Georg August, Das Nationalfest der Deutschen zu Hambach, Neustadt 1832.

Witfogel, Karl A., Oriental Despotism. A Comparative Study of Total Power, New Haven 1957.

Witt, Peter-Christian, Die Gründung des Deutschen Reiches von 1871 oder dreimal Kaiserfest, in: *Uwe Schultz* (Hg.), Das Fest. Eine Kulturgeschichte von der Antike bis zur Gegenwart, München 1988, S. 306–317.

Wittram, Reinhard, Peter I., Czar und Kaiser, 2 Bde., Göttingen 1964.

Wolff, Christian, Grundsätze des Natur- und Völckerrechts, worinn alle Verbindlichkeiten und alle Rechte aus der Natur des Menschen in einem beständigen Zusammenhange hergeleitet werden, Halle 1754.

Woolf, Stuart, Napoleon's Integration of Europe, London 1991.

Wortman, Richard S., Scenarios of Power. Myth and Ceremony in Russian Monarchy, Bd. 1: From Peter the Great to the Death of Nicholas I, Princeton 1995; Bd. 2: From Alexander II to the Abdication of Nicholas II, Princeton 2000.

Wotke, Karl, Das österreichische Gymnasium im Zeitalter Maria Theresias, Bd. 1: Texte nebst Erläuterungen, Berlin 1905.

Würtenberger, Thomas, Die Legitimität staatlicher Herrschaft. Eine staatsrechtlich-politische Begriffsgeschichte, Berlin 1973.

Würtenberger, Thomas, Art. Legitimität, Legalität, in: Geschichtliche Grundbegriffe, Bd. 3, Stuttgart 1982, S. 677–740.

Yvert, Jean Benoît, Decazes et la politique du juste-milieu: „Royaliser la Nation, nationaliser la Royauté" (1815–1820), in: *Roger Dufraisse* (Hg.), Revolution und Gegenrevolution 1789–1830. Zur geistigen Auseinandersetzung in Frankreich und Deutschland, München 1991, S. 193–210.

Zacharova, L. G., Samoderžavie i otmena krepostnogo prava v Rossii 1856–1861, Moskva 1984.

Zaionchkovsky, Peter A., The Abolition of Serfdom in Russia, Gulf Breeze 1978.

Zaionchkovsky, Peter A., The Russian Autocracy under Alexander III, hg. von *David R. Jones*, Gulf Breeze 1976.

Zaionchkovsky, Peter A., The Russian Autocracy in Crisis, 1878–1882, Gulf Breeze 1979.

Zajončkovskij, Petr A., Otmena krepostnogo prava v Rossii, Moskva 1954.

Zajončkovskij, Petr A., Rossijskoe samoderžavie v konce XIX stoletija (Političeskaja reakcija 80-ch – načala 90-ch godov, Moskva 1970.

Zeldin, Theodore, Emile Ollivier and the Liberal Empire of Napoleon III, Oxford 1963.

Zeldin, Theodore, The Political System of Napoleon III, London 1958.

Zeman, Z. A. B., The Break-Up of the Habsburg Empire 1914–1918, London/New York/ Toronto 1961.

Ziechmann, Jürgen (Hg.), Panorama der fridericianischen Zeit. Friedrich der Große und seine Epoche. Ein Handbuch, Bremen 1985.

Zorin, Andrej, Kormja dvuglavogo orla, Moskva 2001.

15. Register

Ortsregister

Personenregister

Sachregister

Begriffe von hohem Allgemeinheitsgrad und ohne weitere Spezifizierung wie Dynastie, Gewalt, Herrschaft, Legitimität, Monarchie und Revolution wurden nicht aufgenommen